뉴레프트리뷰·1

World Copyright © 2009, New Left Review Ltd.
All rights reserved.

Korean translation edition © 2009, Ghil Publisher
Published by arrangement with New Left Review Ltd., London, UK
through Bestun Korea Agency, Seoul, Korea.
All rights reserved.

이 책의 한국어판 저작권은 베스툰 코리아 에이전시를 통한
저작권자와의 독점계약으로 도서출판 길에 있습니다.
저작권법에 의해 한국 내에서 보호를 받는 저작물이므로 무단전재와
무단복제를 금합니다.

뉴레프트리뷰·1
New Left Review

페리 앤더슨 외 지음 | 김정한·서용순·이강국·이택광·정병선·황정아 외 옮김

뉴레프트리뷰 · 1

2009년 1월 31일 제1판 제1쇄 발행

2009년 2월 20일 제1판 제2쇄 인쇄
2009년 2월 25일 제1판 제2쇄 발행

지은이 | 페리 앤더슨 외
옮긴이 | 김정한 · 서용순 · 이강국 · 이택광 · 정병선 · 황정아 외

편집위원장 | 백승욱
편집위원 | 진태원 · 홍기빈

펴낸이 | 박우정

기획 | 이승우
편집 | 이현숙

펴낸곳 | 도서출판 길
주소 | 137-723 서울 서초구 잠원동 50-2 롯데설악복지센터 301호
전화 | 02)595-3153   팩스 | 02)595-3165
등록 | 1997년 6월 17일 제113호

ⓒ 도서출판 길, 2009. Printed in Seoul, Korea

ISBN 978-89-87671-90-1 93100

| 한국어판 서문 |

『뉴레프트리뷰』는 2010년이면 창간 50주년이 된다. 이는 변변찮은 성취가 아니다. 우리는 전 세계의 강단과 의회가 자본주의의 승리를 선언하던 불리한 시절에 이 잡지를 지켜냈다. 이의 제기의 문화를 유지 보존하는 일은 쉬운 과업이 아니다. 따라서 그 일의 중요성을 과소평가해서는 안 될 것이다.

『뉴레프트리뷰』는 더 좋았던 시절에 창간되었다. 이 잡지는 핵무장 해제를 요구하는 대중운동 속에서 사회민주당 및 공산당이라는 좌파의 정통 교설에 반발하면서 등장했다. 1960년 『유니버시티스 앤드 레프트 리뷰』(Universities and Left Review)와 『뉴 리즈너』(The New Reasoner) — 두 잡지는 1956년 수에즈 운하 위기와 소련의 헝가리 침공이 끼친 정치적 영향 속에서 부상했다 — 의 편집진이 통합하면서 창간된 이 새로운 평론지는 광범위한 신좌파(New Left) 조직의 기관지로 구상되었다. 잡지는 당대에 직면한 정치 쟁점들을 대중적이고 개입주의적인 태도로 다루었다. 그러나 1961년 말이 되면 핵무장 해제 운동이 쇠퇴하면서, 신좌파는 운동의 추진력을 크게 상실했다. 편집진은 방향 감각을 잃고 분열했다. 결국 『뉴레프트리뷰』는 1962년 경험이 일천한 청년 집단에게 넘어가게 된다. 이 잡지는 1962년부터 1963년까지 보다 제한적인 전망 속에서 모호한 과도기적 특성을 드러냈다. 대체로 보아 지적으로는 대륙 이론에 더욱더 몰두했고, 정치적으로는 국내 문제보다 제3세계에 관심을 집중했다고 할 수 있을 것이다.

1964년 초『뉴레프트리뷰』는 새로운 체재를 채택했고, 이후로 많은 변화가 있었지만 크게 보아 1999년 말까지 지속되었다. 동시에 더 광범위하고, 더 야심 찬 편집 방향이 정해졌다. 1964년부터 1966년 사이에(통권 23~35호) 잡지의 전범이 창출되었고, 잡지는 새롭고 독특한 정체성을 확립할 수 있었다. 기사를 보면, 제3세계에 대한 관심이 영국 관련 논설들에 자리를 내주었다. 일련의 기사들이 영국 역사 발전의 구조적 특성과, 그것이 산출한 독특한 자본주의, 그리고 영국 특유의 계급 세력 균형을 탐구했다. 이 작업에서 가장 중요한 지적 영향력을 행사한 인물은 안토니오 그람시(Antonio Gramsci)였다. 그렇게 해서『뉴레프트리뷰』의 '테제들'이 만들어졌고, 여기에 에드워드 톰슨(Edward P. Thompson)이 1965년『소셜리스트 레지스터』(*Socialist Register*)에 발표한 글로 활발하게 대응하면서 1960년대 중반의 중요한 논쟁이 전개되었다.

『뉴레프트리뷰』는 정치적으로 노동당의 전통에 매우 비판적이었지만, 아마도 그 자신의 입장은 10년 후 유로코뮤니즘에 대한 관심을 예견하는 것이었다고 말할 수 있을 것이다. 정부나 국가 단위에서 사회주의적 진보를 성취하기에 앞서, 그리고 그 전제조건으로서, 시민사회 내부에서 사회주의적 헤게모니가 전개되어야만 한다고 잡지는 주장했다. 이 시기에는 국제문제를 다루는 기사가 크게 줄었으나, 짧은 평론과 비평은 물론이고 문화를 다루는 보도 기사까지 다양한 내용이 실리면서 잡지는 더욱 다채로운 읽을거리로 거듭났다. 영국에서 작가주의 이론을 개척한 피터 월런(Peter Wollen)의 논설들, 다양한 직업에 종사하는 사람들이 자본주의하에서 자신들이 겪는 노동 경험을 자세히 증언한 시리즈 기사(후에 로널드 프레이저Ronald Fraser가 두 권으로 묶어 펭귄에서 출간한다), 실존주의와 정신분석에 관한 논설들이 그런 예들이다. 확실히 말이 많았던 사르트르주의도 잡지의 정치학에 영향을 끼쳤다. 실제로 『레탕 모데른』(Les Temps Modernes)*은 모범으로 삼고 따라야 할 평론지였다.

1966년부터 1968년까지가 『뉴레프트리뷰』의 제4기였다(통권 36~51호). 당시의 편집자 페리 앤더슨(Perry Anderson)은 통권 50호에서 「민족문화의 구성 요소」라는 글을 통해 영국의 지식인 지도를 그렸다. 잡지는 20세기 국제혁명운동이라는 고전적 주제를 최초로 발의하여, 러시아 혁명과 이후의 사태 전개 과정에서 트로츠키가 차지하는 지위와 역할에 관한 논쟁이 조직되었다. 1956년 헝가리 봉기를 지도했던, 잡지 편집자 니콜라스 크라소(Nicolas Krasso)가 이 토론을 제안했다. 바깥으로는 쿠바의 성공 사례에 고무된 게릴라들이 라틴아메리카 전역으로 확산되었고, 인도차이나에서는 베트남 혁명이 승리를 거두고 있었다. 잡지도 갱신된 제3세계란을 통해 이런 사태의 추이를 추적하고, 소개했다. 게바라주의와 마오주의가 이 시기를 규정한 밑바닥 정서였다고 할 수 있을 것이다.

같은 시기에 『뉴레프트리뷰』는 그람시, 죄르지 루카치, 카를 코르슈를 필두로 '서구 마르크스주의' 문헌들을 번역 소개하기 시작했다. 이후로 이 사업이 잡지의 주요 축 가운데 하나를 형성한다. 서구 마르크스주의가 공식 공산주의의 정통 교리 문답과 사회민주주의의 냉담한 속물성을 기각하는 작업에서 유용하고 필수적인 자원으로 활용될 수 있을 것 같았다. 잡지의 이론적 지향은 절충적이었다. 정신분석에 관한 논설들(아도르노, 라캉)과 러시아 형식주의자들 및 구성주의자들이 발표한 주요 문헌을 재수록한 것에서 이 사실을

---

* '현대'라는 뜻의 프랑스어로, 사르트르가 주도한 프랑스의 월간 평론지.

확인할 수 있다. 잡지는 1966년부터 여성해방 문제를 다루었다. 통권 제40호에 실린 줄리엣 미첼(Juliet Mitchell)의 혁신적 에세이 「여성: 가장 오래 끄는 혁명」은 시몬느 드 보부아르, 프리드리히 엥겔스, 비올라 클라인(Viola Klein), 베티 프리던, 기타 여성 억압 분석가들의 견해를 독창적으로 종합했다.

잡지 발전의 제5단계는 대략 1968년 말부터 1971년 중반까지이다(통권 52~67호). 급진화가 대세를 이루던 시기였다. 서유럽 전역에서 학생과 노동자의 소요가 급증했고, 베트남 전쟁의 충격이 전 세계로 확산되면서 『뉴레프트리뷰』도 영향을 받았다. 특집으로 꾸며진 통권 제52호는 파리의 '5월 사태'를 "피억압자들의 축제"로 경축했다. 이 시기에 잡지의 초점은 북아메리카, 일본, 기타 OECD 국가들에 맞춰졌다. 제6기는 1971년부터 1975년까지이다. 『뉴레프트리뷰』는 서구 마르크스주의 전통의 주요 이론가들, 곧 루카치, 루이 알튀세르, 프랑크푸르트학파, 장 폴 사르트르, 루초 콜레티 등을 인터뷰하거나 비판적으로 평가하는 작업을 통해 자체의 이론적 프로그램을 마련했고, 마르크스의 주요 저작들을 새롭게 번역해 상세한 해설을 덧붙인 펭귄판 마르크스 문고를 기획 제작했다. 이 과정에서 독립적인 자체 출판사가 있어야 한다는 문제의식이 싹텄다. 1970년 뉴 레프트 북스(New Left Books)가 설립되었고(첫 번째 책이 에르네스트 만델의 『유럽과 미국의 대결?: 제국주의의 모순 Europe versus America?: Contradictions of Imperialism』이었다), 이 출판사는 나중에 버소 출판사(Verso Books)로 개명된다. 서구 마르크스주의의 주요 저작들은 비마르크스주의적인 아방가르드의 영향에 대해 개방적이었기 때문에 매력적인 데다가 부르주아 사회 및 공산주의 진영의 관료주의적 실정(失政)에 대한 새로운 비판을 제기하는 데 도움을 주었기 때문에 버소 출판사는 그 문헌들을 체계적으로 번역·출판했다.

『뉴레프트리뷰』의 '서구 마르크스주의' 프로그램은 1975년 이후 사실상 완료되었다. 상호 보완적이면서도 뚜렷하게 구분되는 두 가지 이론적 작업이 그 뒤를 잇게 된다. 고전 마르크스주의 자체의 전통, 다시 말해 카를 마르크스, 엥겔스, 레닌, 로자 룩셈부르크나 오스트리아 마르크스주의자들에 대한 비판적 평가와, 스탈린주의가 국제 노동운동에 끼친 유산을 재평가하는 게 그 첫 번째 주안 사항이었다. 잡지는 마르크스주의의 언어와 개념을 바탕으로 세계 여러 나라의 독자와 기고자에게 다가갈 수 있었다. 그러나 이 때문에 두 번째 주안점이 훼손되지는 않았다. 영국의 사회주의와 급진 사상이라는 자체 전통을 다루는 작업이 두 번째 과제였고, 레이먼드 윌리엄스와 E. P. 톰슨의 기여가 컸고, 여기서 영국 마르크스주의 역사학이 기원하였다. 정치적으로 보면 이 제7기(통권 91~120호)에 남유럽에서 독재정권들이 무너졌고, 제3세계(베트남, 앙골라, 에티오피아, 이란, 니카라과)에서는 급진적 혁명이 새롭게 진전되었다. 『뉴레프트리뷰』는 이런 사건들에 관심의 끈을 놓지 않았다.

1980년부터 1984년까지의 시기에는 평화운동이라는 의제에 편집 역량이 모아졌다. 미국과 영국이 새로운 무모함 속에서 군비 경쟁의 위험을 증대시켰던 것이다. 톰슨이 이 문제를 처음 거론했고, 『뉴레프트리뷰』가 응답해 국제적인 토론회를 조직했다. 그 결과물이 『절멸주의와 냉전』(*Exterminism and Cold War*, 1982)이다. 1980년대 중반부터 후반까지는 소비에트 진영 체계에 대한 경제적 비판―사회적 적대와 민주주의 거부는 더 이른 시기에 상세히 보고·분석되었다―과, 계획 및 시장에 관한 글들이 전면에 배치되었다. 통권 146호에는 포스트모더니즘에 대한 프레드릭 제임슨의 영향력 있는 글이 실려, 1980년대 선진 자본주의의 이론적·문화적 정세에 관한 광범위한 논쟁을 촉발시켰다. 마이크 데이비스가 로스앤젤레스에서 보내온 충격적인 보고서는 '실재하는' 자본주의 세계를 환기시켜 주었다.

1990년대에 접어들면서는 새로운 당면 과제가 『뉴레프트리뷰』의 의제를 정해주었다. 동유럽과 소련에서 공산주의가 몰락한 사태를, 잡지는 일련의 역사 회고를 통해 분석했다. 중국이 주요 열강으로 부상하는 사태―잡지가 전통적으로 많이 취급하지 않았던 지역이다―는 경제·사회·정치·문화로 분야를 나누어 자세히 다루는 일련의 글을 실었다. 리처드 스미스(Richard

Smith), 추이쯔위엔(Cui Zhiyuan), 로베르토 웅거(Roberto Unger), 린춘(Lin Chun), 류빈옌(Liu Binyan), 장쉬둥(Zhang Xudong), 제프리 워서스트롬(Jeffrey Wasserstrom)이 필자로 참여했다. 이런 일련의 작업은 6·4운동〔천안문 민주화운동〕의 지도자들이 중국의 미래를 놓고 원탁 토론을 벌인 통권 235호의 내용으로 절정을 이루었다. 이 시기의 정치를 살펴볼 때,『뉴레프트리뷰』는 대다수 좌파와 달리 당시의 신제국주의 내지 '인도주의적' 개입에 굴복하지 않았고, 페르시아 만과 발칸 반도에서 자행된 연합군의 무력간섭을 단호하게 성토했다(로버트 브레너와 피터 고언이 이라크 전쟁에 관한 글을 썼고, 타리크 알리, 로빈 블랙번, 에드워드 사이드, 피터 고언이 유고슬라비아 전쟁에 관한 논문을 발표했다). 이 과정에서 날카로운 의견 대립이 발생했고, 편집위원 몇 명이 사임하기도 했다.

  2000년에 『뉴레프트리뷰』는 새로운 체제로 재출범했다. 제1호에서 페리 앤더슨은 「새 출발」(Renewals)을 발표했다. 이 글은 잡지의 과거에 대한 실적 평가서이자 미래를 전망하는 선언이었다. 앤더슨의 말을 빌리자면 잡지의 전반적 기조는 '비타협적 현실주의'였다. "〔우리는〕 두 가지 측면에서 단호하고 강경했다. 지배체제와의 협력을 거부했고, 그 힘을 과소평가하려는 온갖 완곡어들과 경건주의도 기각했다."『뉴레프트리뷰』는 이후로 당대의 주요 정치 쟁점에 관한 글들을 게재해왔다. 미국의 헤게모니와 국가 간 체제, 이라크와 아프가니스탄 침공, 전(全) 지구 경제, 중국의 부상 외에도 개별 국가들 — 한국, 일본, 멕시코, 인도, 프랑스, 이탈리아, 이스라엘, 태국, 아르헨티나 등등 — 에 대한 연구 보고 등이 그 내용을 구성한다. 자본주의에 반대하는 저항 운동을 소개하는 글들 — 브라질의 무토지 농민 운동(MST), 댐 건설에 반대하는 인도의 활동가들, 중국의 노동운동 조직가들 — 과 전 세계의 주요 도시들이 자본주의 세계화 과정을 통해 변모하는 모습을 다룬 특집도 실렸다. 세계의 문학, 비정통적 예술, 영화에 대한 논의를 포함해 문화 기사들도 강화되었다. 새로운 세기가 시작되면서 잡지의 급진주의와 국제주의가 더욱더 유력해졌고, 잡지 또한 새로워졌다. 젊은 지식인 세대가 『뉴레프트리뷰』를 편집하여 발간하고 있는 것이다.

다른 발전상에도 주목해야 할 것이다. 자본주의가 헤게모니를 떨치는 시대에 잡지의 주장을 확산하려는 노력은 필수적이어서, 마드리드에서 아칼 출판사(Ediciones Akal)는 격월간으로 에스파냐어판을 내고 있으며, 터키·그리스·이탈리아·포르투갈에서는 우리와의 협력하에 매년 선집이 간행된다. 한국어판의 발행은 우리의 목소리가 극동에까지 이르렀음을 뜻하며, 이를 계기로 중국어판과 일본어판도 나오기를 기대해본다.〔정병선 옮김〕

2008년 12월
타리크 알리

| 편집자 서문 |

　신자유주의 금융 세계화가 초래한 모순은 1980년대 세계 각지에서 다양한 형태의 금융위기로 이어지다가 마침내 2천년대 들어 그 위기의 진원지인 미국에서 초대형 금융폭발로 귀결되었다. 1970년대 심각한 자본의 위기에 대한 대응으로 시작된 전 지구적 신자유주의 변환 프로젝트는 세계 곳곳에 극단적 폐해를 초래하면서도, 자본 승리의 신화를 새롭게 쓰면서 '다른 대안은 없다' (TINA)는 시대를 성공적으로 지속해가는 듯 보였다.
　그러나 신자유주의 금융화가 초래한 내적 한계는 1990년대 말 미국 신경제의 종료로 이어졌고, 2천년대 들어 이를 돌파하려는 부동산과 채권 시장 중심의 새로운 금융화의 동학은 관리 불가능한 '가공자본'의 폭발적 성장과 붕괴를 동반하면서 세계경제의 중심축인 미국 경제를 뒤흔들고 미국의 세계 헤게모니적 지위 쇠퇴에 대한 더 이상의 논의를 무의미하게 만들고 있다. 그렇지만 미국의 금융위기가 곧바로 미국의 세계적 지위의 종언을 가져온 것은 아니고, 미국은 여전히 최강 경제로서 자국 금융위기의 부담을 세계 여타 지역으로 이전할 수 있는 역량을 당분간 보유할 것으로 보인다. 오히려 전 지구적 위기 속에서 드러나는 것은 이러한 부담 이전의 망을 통해 확인되는 세계 경제의 계서제와 민중에 대한 착취·배제의 심화, 그리고 이 과정에서 두드러지게 나타나는 지역별 차별적 특성들의 재확인이다. 위기는 전 지구적이지만 그 구체적 모습은 지역과 국가마다 서로 매우 다르게 나타난다.

또한 2천년대에 신자유주의 세계화의 위기를 관리하기 위한 미국의 전 지구적 군사 개입은 아프가니스탄 전쟁 및 이라크 전쟁과 더불어 두드러졌다. 탈냉전 시기를 거친 이후 평화의 시기가 도래하기보다 오히려 전쟁이 일상화했으되, 그 형태는 '자동화된 무인 전쟁'이라는 끔찍한 표현에서 나타나듯이 중심부 국가와 주변부 국가 사이에 매우 비대칭적인 모습을 띤다. 신자유주의가 초래한 세계적 구조의 모순들의 관리 불가능성 때문에 해결할 수 없는 수많은 국지화된 전 지구적 전쟁들이 지속적으로 일어나고 있는 것이다.

그렇지만 이러한 신자유주의 시대는 매우 역설적인 모습을 보여준다. 이 신자유주의 이데올로기는 전성기의 19세기판과 20세기판 자유주의 이데올로기에 비교해 보면, 대중적 염원을 포섭해 사로잡기보다 끊임없이 대중을 배제하고 개체화함으로써만 유지될 수 있을 정도로 그 대중적 포섭의 토대가 취약하여 지속 가능성을 끝없이 의심받는데도, 페리 앤더슨의 말을 빌리자면 "종교개혁 이후 최초로 서구 사상계 내에서 의미심장한 반대파를 갖지 않은"[1] 이데올로기라 할 만큼, 막강한 위력을 떨치고 있다. 신자유주의의 폐해가 큰데도 불구하고 그에 대한 저항은 대중조직 차원에서나, 이데올로기 차원에서나 부재한 것은 아니지만 강력한 집중점을 찾지 못하고 있고, 오히려 수많은 편향과 절충, 그리고 다른 대안은 없다는 목소리만 울려 퍼지고 있을 뿐이다.

---

1) Perry Anderson, "Renewals", *New Left Review* no. 1, 2000, p. 17.

자본주의는 그 어느 때보다 구조적 위기에 처해 있으며, 이는 그 어느 때보다 매우 '마르크스적' 상황이고, 마르크스적 해석과 대응이 요구되고 있음을 의미함에도, 역설적으로 그런 마르크스적 해석과 대응은 전혀 중심에 떠오르지 못하고 있다. 자본주의의 구조적 위기 속에 이처럼 역사적 마르크스주의의 위기가 문제로 확인된다는 점에서 현 위기의 심각성이 있다. 그럼에도 이러한 위기에 마르크스의 중요성이 다시 부각되는 이유는, 현재 세계 자본주의의 구조적 모순이 자본에 의한 산노동의 포섭과 지속적인 노동 분할 과정의 결과라는 점, 그리고 또 이러한 모순의 해결은 대중 스스로의 운동을 통해서만 가능함을 다시 확인하게 되기 때문이다.

우리가 『뉴레프트리뷰』의 50여 년 역사에 주목하게 되는 것은 바로 이러한 배경 때문이다. 1960년에 창립되어 내년이면 50주년이 되는 『뉴레프트리뷰』는 세계운동의 고양기를 배경으로 등장하였지만, 그 시기 돌파구를 찾아내기 위해 마르크스주의의 쇄신을 핵심 목표로 삼았다는 점에서 주목된다. 그 자신 좌파 진보운동의 한 부분을 차지한 이 잡지는 그 누구보다 이론의 중요성을 강조하였다. 운동 고양기에 빠지기 쉬운 대중운동에 대한 막연한 기대, 이론의 완결성을 맹신하는 많은 좌파들의 태도 등과 거리를 두면서 『뉴레프트리뷰』는 마르크스 이론의 공백과 취약점에 대한 자기성찰을 추동해왔다. 그것이 여전히 이 잡지를 마르크스주의 이론 진영에서 가장 중요한 고려 대상의 하나로 살아남게 만든 동력이라고 할 수 있다. 『뉴레프트리뷰』를 일관해온 핵심적 영역 세 가지는 정치·이론·문화였는데, 이를 다른 말로 하면 정세에 대한 민감성, 이론적 분석 능력, 그리고 대중의 일상생활에 대한 관심이라 할 수 있고, 각 영역은 서로를 강화하는 역할을 해왔다.

1999년까지 40년간 238호까지 발간하고 나서 2000년부터 초심으로 돌아가 두 번째 시리즈를 시작해, 다시 제1호부터 새로운 출발을 모색한 것도 이렇듯 오랜 저력과 문제의식을 잃지 않는 긴장이 있었기 때문에 가능한 것이었다. 한국어판은 그에 앞선 시기는 물론이고 특히 2000년부터 시작된 이 두 번째 시리즈와 문제의식을 공유하고 있다. 40년이 지난 후 굳이 새로 시리즈를 시작하게 된 것은, 지나온 평판에 기대어 관성적으로 잡지 작업을 지속하기에는 정세가 엄혹해졌고, 대응은 매너리즘에 빠질 수 있기 때문이었다. 『뉴레프트리뷰』 발간을 시작하던 고양기의 정세는 사라지고, 이제는 전향과 맹종만을 남긴 시대로 변했다. 잡지도 스스로 변해야 하고, 마르크스주의는 자신의 한계에 더욱 민감해져야만 하는 시기가 된 것이다. 그 변화는 『뉴레프트리뷰』가 중시한 세 영역 모두에서 나타났는데, 첫째 정치적으로 보면 탈사회주의의 시기에 들어섰고, 정당에 기반을 둔 운동들의 시기가 종료되고 그러면서도 자본주의의 위기가 출현한 것, 둘째 이론적으로 보자면 마르크스주의가 주요한 이론으로서 핵심 쟁점의 무대에 등장하지 못하고 점점 더 주변화할 가능성이 커지고 있는 것, 셋째로 대중문화의 저항성이 포섭되고, 텔레비전 중심의 시각문화 시대가 문화의 탈정치화를 동반하고 있는 점 등의 변화가 포착된다.[2]

  2천년대 들어 쇄신된 『뉴레프트리뷰』는 이전의 전통을 계승하되, 당면한 문제들에 대응하기 위해 좀더 노력을 집중하고 있는 측면들이 있다. 첫째로, '비타협적 현실주의'를 모토로 하여 엄정하면서도 구체적인 정세 분석의 비중이 커지고 있으며, 전 지구적 영향력을 지닌 주요 주제들로 분석을 넓혀가고 있다. 둘째로 이러한 쟁점들이 실제로 전개되는 지역적 맥락이 중시되어, 현 시기 주요 쟁점들을 세계의 다양한 지역과 국가의 구체적 맥락 속에서 검토하려는 노력을 확대하고 있다. 셋째로 마르크스주의의 쇄신을 위한 이론적 노력을 지속하고 있으며, 이는 특히 비마르크스주의적이라 할 사상적 흐름과 적극적으로 소통하려는 모색을 포함한다. 넷째로 문화 영역의 연구에서도 여러 경계들이 무너지고 있는 상황을 고려하되, 할리우드주의에 매몰되지 않으면서 생동하는 구체적 관심들을 유지하려고 노력하고 있다. 이상의 노력들을

---

2) Perry Anderson, 앞의 글.

유의미하게 지속하기 위해 『뉴레프트리뷰』는 자체의 일정한 의견의 방향성은 공유하되(그리고 다소의 트로츠키주의적 선호가 보임에도), 분파주의적 배타성을 멀리하고 마르크스주의의 쇄신을 위한 소통 공간을 형성하려는 성격을 강조하고 있는 것으로 보인다.

『뉴레프트리뷰』의 한국어판은 단순히 '이론 수입'이나 '정보 제공'을 목표로 하는 것은 아니다. 『뉴레프트리뷰』 한국어판은 이 잡지가 특히 2천년대에 쇄신을 통해 목표하고 있는 정세 판단을 공유하면서, 이것이 한국 상황에도 마찬가지로 작동함을 재확인하고자 한다. 한국어판은 이 작업을 통해 전 지구적 차원에서 현 시기 정세에 대한 객관적 분석의 시야를 넓히기 위해 함께 노력하고, 동시에 운동의 전망을 둘러싼 논쟁의 쟁점을 확대하는 계기를 마련하는 것을 목적으로 한다. 이것은 마르크스적 이론과 운동의 쇄신을 위한 전망을 열고자 하는 것이며, 이는 단순한 이론적 절충이 아니라 진지한 이론적 모색을 바탕으로 하는 일임은 반복해 말할 필요도 없다.

『뉴레프트리뷰』는 격월간으로 1년에 6회 발간되지만, 한국어판은 향후 매년 대표적인 글들을 모은 한 호씩의 단행본 형태로 발간을 이어갈 계획이다. 다만 첫 호는 특별호 성격을 띠기 때문에 『뉴레프트리뷰』 두 번째 시리즈가 시작된 2000년 이후 8년간의 대표적 성과를 묶은 모음집 형태로 출간하기로 하였다.

편집위원회는 향후 출간을 위한 몇 가지 기준을 마련하였다. 첫째, 기본적으로 『뉴레프트리뷰』의 편집 방향을 존중하고, 잡지의 취지에 따라 정치·이론·문화라는 세 영역의 구분을 따르기로 하였다. 다만 '정치'에 해당하는 현 시기 정세 분석의 글들을 전 지구적 차원의 글들과 지역/국가별 쟁점의 두 영역으로 분류하기로 하였다. 둘째, 시의성이 있는 글들을 우선시하고, 한국 사회의 맥락을 중요한 선정 기준으로 삼기로 하였다. 셋째, 『뉴레프트리뷰』에 실리는 글들은 이후에 단행본으로 출간되는 경우가 많고, 그중에는 한국 사회에 번역 소개되는 책들도 적지 않은데, 일단 단행본으로 출간되었거나 번역이 진행 중인 경우는 선정에서 제외하고, 또 유사한 번역들이 많이 소개된 경우에도 빼는 것을 원칙으로 하였다. 넷째, 『뉴레프트리뷰』 두 번째 시리즈를 시작하며 의욕적으로 포함된 것이 '서평' 부분이고, 또 이 서평은 비영어권 저서들까지 포함해 흥미로운 글들이 많이 실리는 중요한 부분이지만, 분량과 구성의 문제 때문에 원칙적으로 서평은 선정에서 제외하고 예외적인 경우에만 포함하기로 하였다. 다섯째, 전문 번역을 지향해 해당 분야에서 이미 평판이 있는 번역자에게 번역을 맡기고, 각각의 호가 단행본의 완성도를 갖추도록 준비를 철저히 하기로 하였다.

이러한 기준에 따라 이번 호는 첫 호인 만큼 모두 다섯 분야에서 18편이라는 다소 많은 논문이 실리게 되었다. 제1부에는 세계정세에 관한 글 5편을 선정하였다. 페리 앤더슨은 세계정세 전반을 개괄하고, 그 정세에 대한 여러 실천적·이론적 대응들을 소개한다. 미국의 위상이 약화되긴 했지만 여전히 그 위상이 이례적으로 높은 상황에서, 새로운 열강 협조체제가 공고해지고 있고, 저항은 가능성을 보이며 산재하지만 집중점을 찾지는 못하고 있는 것으로 이야기된다. 제1부 나머지 부분에서는 이러한 전 지구적 정세를 세계경제적 차원과 국가들 체계의 차원에서 각각 살펴보는 글들을 골랐다. 로빈 블랙번의 글은 현재 진행되고 있는 금융위기를 서브프라임 모기지 위기 이후 새로운 금융기법이 출현시킨 모순의 맥락에서 매우 구체적으로 설명해준다. 로버트 웨이드는 이러한 금융위기의 맥락을 북-남 균열의 선과 관련지으며, 자유화된 세계 금융 시스템이 대다수 개발도상국에 끼친 파괴적인 결과를 분석한다.

미국 헤게모니의 변화는 세계적으로 국가 간 구도의 변화 또한 초래한다. 영-미 심장부 국가와 그에 대한 경쟁 국가의 도전이라는 맥락에서 국제 구도를 해석하는 키스 반 데어 페일은 유럽의 경쟁 국가들이 영미적 로크 국가의 신자유주의를 내부화하는 과정에서 위기가 촉발되고 있음을 강조한다. 피터 고언은 현재의 국가 간 구조에서 여전히 주요 쟁점이 되고 있는 20세기 초국가적 구조의 대표체인 UN 형성의 맥락을 되짚으면서 UN이 사실상 미국의 전 지구적 지배라는 맥락에 종속되는 방식으로 구성되어왔음을 보여주며, 미국에 종속된 UN이라는 이러한 구도는 루스벨트 구상의 실질적 실현임을 강조한다.

제2부는 지역별/국가별 쟁점들인데, 여기서는 단지 지역별 특성만을 보여주는 것이 아니라, 한 지역을 선택하여 그 지역을 통해 현 시기 전 지구적 쟁점이 어떻게 특수한 방식으로 관철되어 나타나는지를 보여준다. 『뉴레프트리뷰』가 다루는 지역은 무척 많은데, 이번 호에서는 전 지구적 관심사인 중동과 중국 지역을 중점적으로 택하였다. 타리크 알리는 미국의 군사적 전략이 중동 전체에서 실패하고 있음을 국가별로 검토하고 있다. 마이크 데이비스는 두바이의 공간에서 자본의 불가능한 꿈이 어떻게 파탄을 준비하고 있는지를 보여준다.

중국의 영역에 들어오면, 왕후이는 탈정치화라는 쟁점을 세계적 구도에서 제기하면서 그것을 문화대혁명 이후 중국 정치의 맥락과 연결해 설명하고 있다. 체링 샤카는 2008년 초 중요한 쟁점으로 등장한 티베트 문제를 '경계에 선' 입장에서 이야기하는데, 티베트의 통일된 정체성 문제로도 중국 일부의 문제로도 해결될 수 없는 티베트 문제의 복잡성, 그리고 중국과 모순적으로 얽혀 있는 현 시기 티베트의 쟁점들을 제기하고 있다. 그리고 여기에 인도의 임상실험을 다룬 커식 선더 라한의 글이 추가된다. 생산 공정의 전 지구적 분할, 그리고 서비스의 지리적 분할 시기에 임상실험 또한 중요한 쟁점으로 떠오르는데, 이는 단순히 기술적 문제이거나 신식민지적 지배의 문제에 그치는 것이 아니라, 보건 수혜자의 지리적 분할, 토착자본과 그에 의한 현지 주민의 잉여건강 착취 문제가 중요하게 제기됨을 강조하고 있다.

제3부는 사상의 재구성과 이론적 쇄신에 관한 부분이다. 이번 호에서 핵심 쟁점은 '정치적인 것'을 어떻게 인식할 것인가로 집약된다고 할 수 있으며, 다른 부분보다 여기서 이론가들 사이에 입장의 분기는 커진다. 여기에는 공산

주의에서 급진 민주주의까지 다양한 정치적 입장이 배경에 놓이며, 그럼에도 그런 정치적 입장을 가로질러 이론적 쟁점들의 토론 공간이 마련된다. 알랭 바디우는 보편성의 정치 차원에서 제기되는 공산주의라는 질문을 제기한다. 공산주의의 두 개의 시퀀스가 끝난 이후 새로운 시퀀스가 시작되지 않은 간주곡의 시기에는 '내쫓긴 자 없는 오로지 하나의 세계가 있다'는 테제를 적극적으로 제기해야 하는 과제가 주어지며, 이를 통해 정체성에서 보편적인 것을 통합하는 길이 마련될 수 있다.

레지 드브레는 '매체계'에 대한 그의 논리를 통해 사회주의의 삶의 주기가 문자계와 활자계를 지나 시각계에 들어선 시대에 부딪히는 난점과 새로운 돌파를 요구한다. 그에게 사회주의의 위기란, 그 설립 원리들이 가능했던 문화적 논리, 사유 생산의 회로와 보급의 단계로 다시 돌아갈 수 없다는 사실에 기인한다. 맬컴 불은 조르조 아감벤을 한편에, 아마르티아 센과 마사 누스바움을 다른 한편에 위치시켜 교차함으로써, 벌거벗은 생명의 근대성의 논리에 대해서 한편에서는 희망 없는 행선지를, 다른 한편에서는 그 능력이 기쁘게 변형되는 긍정적 토대를 발견하고서, 그 중간지의 생명정치적인 벡터들의 재통합을 시도하고자 한다. 낸시 프레이저는 '탈-베스트팔렌적 틀구성'을 목표로, 분배와 인정 외에 대의라는 차원을 포함하는 정의의 쟁점을 급진 민주주의의 관점에서 제기한다.

제4부는 문화와 예술을 다루고 있다. 자크 랑시에르는 미학적 체제에서 예술의 삶을 '타율성에 맞서 자율성을 실행하고, 자율성에 맞서 타율성을 실행하고, 예술과 비예술 사이의 한 가지 연결에 맞서 다른 연결 방식을 수행하는 왕복운동'으로 이해하고자 한다. 도쿄의 고급예술 시장을 다룬 우친타오의 글은 백화점 미술관이라는 현상을 통해 일본 소비문화를 분석한다. 테리 이글턴은 문학에서 형식이라는 쟁점을 제기하며, 이를 자본주의적 역동성과 부르주아의 안정성 사이에서 발생하는 모순을 해결하면서 흐름들을 정적인 것으로 응결시키는 것으로 분석한다.

마지막으로 이번 호는 제5부에 '회고'라는 제목 아래 로사나 로산다의 특별한 글을 실었다. 이 글은 로산다의 삶 전반기를 다룬 자서전을 축약한 글이다. 이탈리아 공산당 내 좌익 분파로 결성되었다가 나중에는 당에서 분리된 독립 좌파 그룹을 결성해 상당히 중요한 영향력을 발휘해온『선언』(Il Manifesto) 집단의 대표자로서 그녀가 살아온 역사가 감동적인 필치로 담담하게 그려져 있다. 이 자기 회고는 지금에도 던져주는 함의가 적지 않다. 이 제5부 부분은 이후에 형태와 제목을 바꾸어가면서 회고, 대담, 서평 등 다양한 내용을 포함할 수 있을 것으로 본다.

『뉴레프트리뷰』한국어판의 발간은 도서출판 길의 오랜 의지의 결과물이다. 작지만 탄탄한 작업을 해오고 있는 도서출판 길 스스로 이 의미 있는 계기를 마련해 왔으며, 편집진들은 도서출판 길의 도움 요청에 흔쾌히 응하지 않을 수 없었다. 한국어판의 기획에서 출간까지는 일 년 가까운 시간이 걸렸다. 어려운 출판 현실에 의욕적으로 이를 기획하고 추진한 도서출판 길과 특히 이승우 실장의 역량이 없었으면『뉴레프트리뷰』의 한국어판 출간은 사실 불가능했을지도 모를 일이다.

또한 적극적으로 훌륭한 번역자들을 주선하고 또 직접 번역 작업에도 참여하고 번역 원고를 교열하기도 한 한국어판 편집진인 진태원, 홍기빈 선생의 수고가 있었기에 이 정도 시기에 이만큼의 완성도를 갖춘 결과물이 나왔다고 할 수 있다. 좋은 글들을 오역으로 뒤덮어 한탄만 나오게 만드는 문화 속에서 어려운 글들을 꼼꼼하게 손보아 가독성을 높여준 훌륭한 번역진에게도 감사의 뜻을 전한다. 이후에 매년 출간이 이어지도록 노력할 것이며,『뉴레프트리뷰』한국어판 출간이 성과 있는 논쟁을 위한 좋은 기반을 제공하게 되기를 기대한다.

2009년 1월
『뉴레프트리뷰』한국어판 편집위원장 백승욱

● 차례

| 한국어판 서문 | 타리크 알리 5
| 편집자 서문 | 백승욱 12

제1부 세계정세의 현황
1. 21세기 세계는 어디로 가는가 | 페리 앤더슨 | ───────── 25
2. 세계 경제위기의 신호탄, 서브프라임 위기 | 로빈 블랙번 | ───── 68
3. 신자유주의에 포섭된 로크적 유럽? | 키스 반 데어 페일 | ───── 129
4. 미국에 종속된 역사 속의 유엔 | 피터 고언 | ───────────── 166
5. 세계경제의 남반구 목조르기 | 로버트 웨이드 | ──────────── 206

제2부 각 지역의 쟁점들
6. 미국의 이라크 점령 이후 중동 정세 | 타리크 알리 | ─────── 225
7. 탈정치화된 정치, 동에서 서로 | 왕후이 | ────────────── 245
8. 두바이의 공포와 돈 | 마이크 데이비스 | ─────────────── 266
9. 실험되는 가치들 ─ 인도의 임상실험과 잉여건강 | 커시 선더 라잔 | ─ 296
10. 대담 티베트인의 정체성과 중국 | 체링 샤캬 | ────────── 324

제3부 정치사상의 재구성
11. 사르코지라는 이름이 뜻하는 것 ─ 공산주의적 가설 | 알랭 바디우 | ─ 355
12. 매체론으로 본 사회주의의 역사 | 레지 드브레 | ────────── 374
13. 생명정치적인 것의 벡터들 | 맬컴 불 | ─────────────── 410
14. 세계화되는 현실에서의 정의, 새로운 틀구성 | 낸시 프레이저 | ─── 436

제4부 자본주의와 미학
15. 미학 혁명과 그 결과 ─ 자율성과 타율성의 서사 만들기 | 자크 랑시에르 | ─ 467
16. 문화적 포장지로서의 예술 ─ 일본의 터미널 데파트 | 우쳔타오 | ── 494
17. 자본주의와 형식 | 테리 이글턴 | ───────────────── 504

제5부 회고
18. 회고 격변의 시대 이탈리아의 정치와 삶 ─ 밀라노에서 온 동지 | 로사나 로산다 | ─ 525

출전 563
지은이 소개 566
옮긴이 소개 572

제1부
세계정세의 현황

21세기 세계는 어디로 가는가

페리 앤더슨(Perry Anderson)

어떤 측면에서는 1980년대 초 서구에서 일어난 경제적·정치적 전환을, 또 다른 측면에선 그로부터 10년 후에 있었던 소비에트 진영의 붕괴를 기점으로 잡을 수 있을 현재의 시기는 세계경제와 국제문제에서 중대한 구조적 변화들을 계속해서 겪어왔다. 이 변화들의 성격이 어떠하며 어떤 결과를 가져올 것인가 하는 점은 여전히 논쟁거리다. 한창 진행 중인 사건들의 프리즘을 통해 변화를 읽어내려는 시도는 필경 오류를 범하기 마련이다. 2000년 이후의 정치적 사건에 국한하여 국면 변동에 집중하는 접근 방식이 위험은 덜할 테지만 단순화와 거두절미를 피하기는 역시 어렵다. 아래에 씌어진 것도 분명 마찬가지다. 명제보다는 단상에 가깝기 때문에 수정되거나 폐기될 소지도 다분하다.

1. 화합의 집

2001년의 공격 이후 중동은 세계정치 무대의 전면을 차지했다. 대대적인 아프가니스탄 공격, (요르단 강) 서안(西岸) 지구 싹쓸이, 이라크 점령, 이란 봉쇄, 레바논 재침공, 소말리아 개입 등등. 이 지역에서의 미국의 공세가 머리기사를 독점했고 국내·국제 여론을 양극으로 갈라놓았다. 이 공세가 미국의 힘의 진로 및 냉전 종식 이후 세계 역사의 방향과 관련하여 함축하는 바를 둘러싸고 엄청난 양의 글이 쏟아져 나왔다. 미국의 주류 권력 내부에서조차 베트남 전쟁보다 더 심한 완패로 귀결되리란 우려가 드물지 않았다. 그러나 이런 유추는 차라리 경고가 되어야 마땅하다. 인도차이나에서의 굴욕적인 군사적 패배는 미국의 세계적 입지의 정치적 약화를 가져오지 않았다. 오히려 중국이 사실상의 동맹자가 된 반면 소련이 시한부 몰락으로 가라앉으면서 미국에게 유리한 지각 변동을 동반했다. 미 대사가 사이공에서 도망 나온 지 겨우 10년 남짓 만에 미 대통령이 승리자로 모스크바 땅을 밟았다. 오늘날 베트남에서는 미국 기업들이 미 국방부 사절단만큼이나 환영받는다. 역사적 유추란 기껏해야 암시 이상이 될 수 없고 그릇된 길로 이끈 경우도 허다하다. 그러나 동시에 이와 같은 사태의 역전은 사건들의 바다에 심해와 표면의 대조가 존재한다는 사실을 일깨워준다.

1

7, 8년이란 기간은 깊이를 헤아리기에 너무 짧은지도 모른다. 그래도 한번 시도해본다면, 주된 변모로 보이는 것으로는 무엇이 있었던가? 어느 모로 보나 가장 큰 변화는 중국이 세계의 새로운 공장으로 출현한 것을 들 수밖에 없다. 이는 단순히 하나의 특대형 국가경제의 급속한 확장이 아니라 세계시장

의 구조적 변화였고, 세계에 미친 영향으로 따지면 도금시대나 심지어 제2차 세계대전 이후의 미국이라는 상대적으로 국지적인 무대보다는 [대영제국 전성기였던] 빅토리아 시대 영국에 더 가깝다. 중국의 고속 성장이 낳은 세 가지 결과는 다음과 같다. 국내적으로는, 불평등이 급증하는 가운데 현 상태와 이해를 같이하는 상당 규모의 중산층이 형성되었고, 사기업의 이점에 관한 이데올로기적 확신이 중산층에만 국한되지 않고 더 폭넓게 확산되었다. 국제적으로는, 중국이 미국과 긴밀한 관계를 맺게 되어 양국 간의 경제적 상호 의존이 미일 관계 수준을 넘어서게 되었다. 전 지구적인 차원에서는 1960년대 이래 처음으로 지난 4년에 걸쳐 세계 성장률이 유지 혹은 상승되었다.

2

일본은 어떤가. 여전히 세계 2위 규모의 자본주의 경제를 보유하는가? 10년간 디플레이션과 경기 침체를 겪은 뒤 상당 부분 중국의 수요에 힘입어 마침내 동력을 약간 회복하기 시작했고 현 시기 대부분의 기간에 유럽보다 한참 높은 성장률을 기록했다. 정치적으로는 여당이 한층 일관된 신보수주의 세력이 되기 위해 자체 개조를 추구했다. 국내에서 더 노골적으로 우경화 노선을 취하는 것에 부응하여, 외교정책에서도 워싱턴과 보조를 맞추어 더 호전적인 방향으로 전환한 공격적 변화가 있었고 이라크 파병, 대북한 압박 강화, 헌법 평화 조항 폐기 시도 같은 일들이 벌어졌다. 현재로서는 선거 패배로 주춤하지만 크게 보아 같은 모태에서 나왔다고 할 야당은 이런 노선에 어떤 일관된 대안도 내놓지 못하고 있다.

3

유럽에서 다른 모든 과정들을 압도한 주된 변화는 유럽연합이 동유럽으로 확장된 점이다. 바르샤바 조약 지역을 유럽연합에 성공적으로 통합하는 과정은 이제 마무리 작업만 남았는데 유럽 자본이 거둔 인상적인 성취라 할 만하다. 옛 공산권 경제들의 사유화가 브뤼셀〔유럽연합 본부를 지칭함〕에 의해 추진되었으며 지역 정부가 서유럽의 표준에 맞추는지 면밀한 감독이 이루어지고 있다. 다른 한편, 미국이 유럽연합 기존 회원국들뿐 아니라 신규 회원국들로부터도 이라크 전쟁 지원을 얻어낸 점이나 그에 따른 내부 분열이 보여주듯이, 정치적으로 볼 때 지금까지 확장은 유럽연합을 강화하기보다는 약화했다. 현재 유럽연합은 미국이나 일본보다 다소 더 넓은 스펙트럼을 대변하는 정부들이 흩어져 있지만 겉으로 나타나는 공동 의지나 일관된 내적 방향은 그다지 없는 거대한 자유무역 지대이다. 독일에서 게르하르트 슈뢰더의 어젠다 2010, 프랑스에서 장피에르 라파랭의 개혁 및 이를 잇는 니콜라 사르코지의 개혁정책, 이탈리아에서 로마노 프로디의 종합정책이 말해주듯이 연합을 주도하는 대륙의 이들 3개국은 한층 신자유주의적인 방향을 향해 서서히 흘러가고 있으나 아직 영국의 신노동당(New Labour) 노선에 필적할 정도는 아니다.

4

러시아는 세계 상품시장의 호황에서 자금을 조달받은 신권위주의 정권에 의해 안정되었다. 보리스 옐친 정부보다는 서구에 덜 의존적인 블라디미르 푸틴 체제는 외교적 운신의 폭이 더 크고 민주주의라는 우아함을 가장할 필요가 더 적었다. 이 체제는 서구 언론의 열광을 덜 누리며 미국과 유럽연합의 신경을 더 긁는 파트너이다. 하지만 러시아의 이 새 정권은 이웃 나라들에 미치는 자국의 영향력을 회복하려고 시도하면서도 중요한 국제문제들과 관련하여 지금까지는 미국의 의지를 절대 거스르지 않으려고 조심해왔고, 심각한 정치적 반대파의 흔적을 완전히 쓸어냈을 뿐 아니라 경제 회복에 힘입어 높은 수준의 사회적 지지를 확보함으로써 옐친이 했던 것보다 훨씬 더 나은 자본주의적 발전의 토대를 제공한다. 러시아 내에서 푸틴은 상당 기간 동안 다른 세계 주요국 지도자들보다 단연 높은 인기를 누리고 있다. 이 나라 인구의 급격한 감소와 국민 대부분이 겪는 지속적인 고통을 감안할 때 이런 현상은 매우 인상적인 성취라고 하겠다.

5

중국에 비할 바는 못 되지만 인도 경제도 꾸준히 성장하고 있다. 방치된 광범위한 빈곤층의 존재와 선거에서 드러난 대중들의 선택이 결합하여 지금까지는 본격적인 신자유주의 노선의 추진을 막고 있다. 하지만 이제 중국 중산층보다 훨씬 더 열렬히 서구의 소비문화 및 유명인 문화를 내면화한 거대 중산층이 인도 인민당과 의회 정책의 기본 방향을 정한다. 아직은 국내 하층 계급 선거 진영의 무게에 눌려 있지만 인도 중산층의 열망은 미국과의 이데올로기적·군사적·외교적 친선 관계의 급성장을 뒷받침하기 위해 중립주의적 외교정책을 폐기하는 것으로 표현된다. 의회 내의 저항이 이런 움직임을 늦출 순 있지만 진로를 바꿀 수 있을 것 같지는 않다.

6

브라질에서는 사상 최초의 노동자 정당 출신 대통령이 러시아 정권처럼 세계 상품시장 호황에 힘입어 더 많은 일자리 창출과 빈곤층에 대한 수입 지원 조치들을 통해 대중적 지지 기반을 강화한 한편, 다른 점에서는 국제통화기금(IMF)의 요청으로 채택된 전임자의 신자유주의 정책들을 거의 수정하지 않고 따르고 있다. 전통적인 부패 수준은 계속 유지되었으나 선거 지지율에는 영향을 주지 않았다. 국제적인 면에서 볼 때 이 나라의 가장 두드러진 외교

정책의 동력은 프랑스와 미국에 이어 아이티에 개입한 일이었고 이를 통해 일본·독일·인도와 나란히 유엔 안전보장이사회(이하 안보리)의 상임이사국 지위를 얻고자 했으나 결과적으로 이 기대는 유보되었다. 지역적 차원에서는 라틴아메리카 내부의 무역 통합을 심화하는 일보다 세계무역기구(WTO)의 규칙을 자국에 유리하게 변경하는 데 정책적 우선순위를 둔다.

7

그렇다면 미국 자체는 어떤가? 2000년 선출된 공화당 정부는 로널드 레이건 이래 이 나라에서 진행되어온 부와 수입의 퇴행적 재분배를 더한층 강조하는 감세정책을 성공리에 완수했다. 파산법은 채권자에게 유리하도록 개정되었고 규제 시스템은 약화되었다. 대법원에서는 보수 표가 하나 더 늘었다. 그 밖에는, 극우적 수사에도 불구하고 사회적 안전, 보건, 교육, 은행, 환경 등에 관한 국내 지표에서 주목할 만한 점이 없다. 경제성장과 일자리 창출은 예전과 대동소이하다. 글래스-스티걸 법과 전통적인 복지제도들을 폐지한 빌 클린턴의 조치에 버금갈 구조적 변화는 없었고 앞으로도 없을 전망이다. 굳이 변화를 꼽는다 해도 노인 의료보험과 사베인스-옥슬리 법은 오히려 장부 반대편에 기입될 만한 것들이다. 패트리어트 법(애국법)이 시민적 자유를 깎아먹었지만 우드로 윌슨 시대에 비하면 초당파적이며 규모도 적다. 제도적 감시와 균형 장치 및 선거 실용주의 때문에 백악관이 국내에서 마음대로 할 여지는 제한받았으며 '가치' 의제들로 결정되는 투표 성향 집단은 여전히 고르게 양분된 상황이다. 공화당의 2006년 중간 선거 패배로 타격을 입은 조지 부시 정부는 미국 정치의 중심을 더 오른쪽으로 확고히 옮겨놓지 못했다. 1945년 이래 미국 대통령들의 표준적인 패턴이 그래왔듯이 부시 정부의 행동력은 국내의 침체를 보상하려고 해외에 집중되었고, 중동에서의 활동은 국제사회의 격동을 야기했으며 미 제국의 노골적 출현인가 혹은 미 제국의 급격한 쇠퇴인가 하는, 이제는 익숙한 대립적 명제들을 불러일으켰다.

8

중국, 일본, 유럽연합, 러시아, 인도, 브라질, 미국을 다 합치면 세계 인구의 절반을 훌쩍 넘어서고 세계 GDP의 80퍼센트를 차지한다. 제2차 세계대전 이래 미국 외교정책의 이중 목표가 자본주의를 지구 끝까지 확산시키면서 (이를 실현할 조건으로 인식되는) 국제 국가 간 체계 내에서 미국의 절대 우위를 유지하는 것이었다면, 21세기 첫 몇 년의 결산은 어떤가? 자본의 지배력 확대와 심화에 관한 한 긍정이 압도적이다. 금융시장은 예전의 사회적 혹은 경제적 관계를 무너뜨리며 국경을 가로질러 전진했다. 공산당, 자유민주당, 드골주의당, 신좌파당, 통합러시아당, 의회당, 노동당, 공화당 등 어느 정당이 권력을 잡건 간에 속도와 단계는 상이할망정 소유를 둘러싼 동일한 일련의 기본 권리와 정책들이 추진되었고 이를 거스를 어떤 중대한 저항 움직임도 없었다. 오히려 세계 무역이 여전히 세계 성장보다 앞서나가면서 주요 자본주의 경제들 간의 연동성이 꾸준히 증가하여 공동의 상호 의존 관계를 만들어냈다.

9

정치적 측면의 대차대조표는 어떤가? 현재 우리 앞에 놓인 것은 비록 초기 단계이긴 하지만 본질적으로 프랑스 혁명과 나폴레옹 전쟁 이후 형성된 열강 협조체제의 현대판이다. 다시 말해, 기존 질서의 안정 유지를 위한 공식·비공식 조율 수준이 상승하고, 여기에 동반하여 어떤 근본적 불화를 피하면서 한계 내에서 이익을 추구하는 전통적인 책략들이 벌어지는 것이다. 유엔 안보리의 결정은 이런 과정이 펼쳐지는 주된 무대이며 현재는 이란을 둘러싼 공동 결의가 상연 중이다. 그러나 빈 회의(1814~15) 이후의 열강 협조체제와 리처드 닉슨의 중국 방문과 파리 평화협정(1973) 이래의 열강 협조체제 사이에는 한 가지 커다란 차이가 있다. 이번에는 유일 초강대국이 나머지 열강들과 다른 지위를 차지한 채 그 체제를 통합하고 있다는 점이다. 메테르니히와 캐슬레이 시대에는 미국에 견줄 만한 헤게모니국가가 없었다. 미국은 여전히 세계 최대 규모 경제와 금융시장과 준비통화와 군사력과 전 지구적 기지와 문화산업과 국제어를 보유함으로써 다른 국가들이 상대할 준비조차 되어 있지 않은 막대한 자산을 갖추고 있다. 다른 강대국들은 미국의 비대칭적 지위를 받아들이고 미국이 전략적 중요성을 부여하는 문제들에서 뜻을 거스르지 않도록 조심한다. 에어버스와 도하 같은 예들이 보여주듯이 대체로 갈등은 낮은 수준의 통상 문제나, 아니면 카프카스나 발트 해 연안이나 투르키스탄처럼 지정학적 야심이 겹쳐지는 중간지대에 국한된다. 다른 주요 열강들은 미국에 맞서 균형을 맞춰보려는 전통적인 시도를 거의 하지 않는다. 19세기에는 생각할 수 없을 정도로 미국 경제에 이해관계가 묶여 있다는 이유도 있고, 또 한편으로는 워싱턴이 불안정한 지역의 치안 유지를 담당해주는 편이 유리했기 때문이었는데 이런 임무에는 비용이 많이 들고 때로 위험이 따르기 마련이므로 대체로 미국이 떠맡는 것을 다행으로 여겼다. 이런 이유로 해서 세계경제에서 미국의 상대적 무게가 눈에 띄게 쇠퇴하고 다른 자본주의적 권력 중심들이 빠르게 부상하는 와중에서도, 이제는 촘촘히 상호 연결되어 엘리트 국가들끼리는 서로를 '국제 공동체'의 동료라고 생각하는 이윤과 특권의 세계에서 미국의 정치적 영향력은 다른 어떤 국가와도 비견할 바 없는 지위를 유지한다.

10

이런 형세가 충돌이나 마찰 없는 시스템을 낳는 것은 아니다. 러시아와 중국은 미국이 중앙아시아에서 너무 깊숙이 세력을 뻗치지 않기를 원하고 이란을 너무 공격적으로 몰아붙이지 않았으면 한다. 인도는 미국의 파키스탄 후원에 대한 경계를 풀지 않는다. 유럽은 독자적인 신속배치군을 보유할 궁리를 하고 있다. 미국의 우위는 동맹 상대에게 줄어들 기미가 없는 일련의 부대 비용을 부과한다. 미국의 특수한 이해와 시스템의 일반적 이해가 자동적으로 일치한다는 법이 없기 때문에 이 양자 간의 긴장을 조정하기 위해서는 열강 협조체제를 의식적으로 관리할 필요가 있다. 이런 조정은 결코 완벽할 수 없고 이를 달성할 기제들도 아직은 충분히 공식화되지 않았다. 압력과 저항력이 맞물려 불평등하지만 현실적인 협상 과정을 낳는다. 그러나 지금까지는 시스템 내부의 간극과 날 선 모서리들이 전 지구적 자본주의 질서의 교향악이라 할 '국제 공동체'의 합법성을, 심지어 미덥지 못한 지휘자가 이끄는 와중에서도, 한 번도 심각하게 위협한 적이 없었다.

　이와 같은 협조체제에서 국가 간 관계가 고전적 모순이론이 정의하듯 적대의 문턱을 넘지는 않으리라고 예상할 수 있는 것이, 탈핵무기 시대에 금융과 상품시장은 세계적으로 상호 연동되어 있기 때문이다. 그렇다고 해서 주요 열강들이 똑같은 정도로 자본주의적이라는 뜻은 아니다. 서구의 기준으로 볼 때 중국과 러시아의 (경제적·정치적) 결함들은 시스템의 원활한 작동에 걸끄러운 요소로 남아 있다. 서구가 점치는 것은 이 나라들이 다시 한 번 세계 열강으로서 온전한 지위를 회복할 때쯤이면 서구와 같은 형태로 진화할 수 있으리란 점이다. 그때가 되면, 중국을 두고 너무나 자명하게 예측 가능한 대로, 존재의 유사성만 확실하다면 심지어 더 우월한 권력으로 깨끗이 인정받게 될 수도 있다. 미국의 제국주의를 다룬 가장 명석한 이론가들은 미국의 우위와 세계 규모의 자유주의 문명은 논리적으로 상호 연관되지 않는다는 사실을 충분히 인식하고 있다. 이들은 차분하고도 분명하게, 어쩌면 후자〔자유주의 문명〕를 완수하는 임무를 달성하자마자, 가장 냉엄한 추정에 따르면 단 한 세대 안에, 전자〔미국의 우위〕가 소멸할 수도 있다고 주장한다.

11

그와 같은 조건에서, 공화당 행정부의 전반적 경향은 대체로 이전 행정부들이 했던 것의 연장이었다. 가장 중요한 대목은 냉전 시기 미국의 가장 큰 적대국이던 중국과 러시아를 향한 매우 적극적인 정책적 접근이다. 이 두 나라 모두 거리낌 없이 열강 협조체제의 일원으로 받아들여졌고 시장경제의 발전을 위해 종종 미국에서 훈련된 관리들을 통해 지도와 보조를 받았으며, 가장 민감한 지역적 사안들(대만, 체첸)에서 이들의 입장은 존중되었고, 전 지구적 볼거리의 제전을 개최하는 일(성 페테르스부르그 정상회담, 베이징 올림픽 등)에 합류했다. 모스크바에 너무 가까이 미사일을 배치한다든가 위안화를 놓고 베이징을 위협한다든가 하는 쟁점들은 계속 남아 있었지만 지금까지는 무리 없이 봉쇄되어왔다. 이 시기에 일본과의 유대는 그 어느 때보다 가까웠다. 인도와 새로운 동맹 관계가 맺어졌고, 본격 정치의 층위에 그다지 영향을 미치지 않는 사소한 무역 분쟁 말고는 브라질과도 거의 마찰이 없었다. 내용보다는 방식에 더 크게 동요하는 유럽의 여론은, 조심스럽게 덮어두었던 클린턴과는 대조적으로 부시가 교토 의정서나 국제형사재판소를 직설적으로 거부한 데 짜증을 보였다. 하지만 부시 정부는 북대서양조약기구(NATO) 확대 이면에서 유럽연합의 확장을 추진했을 뿐 아니라 터키의 유럽 합류를 브뤼셀의 다음번 우선 목표로 세우는 등 중요한 문제들에서 상당한 성과를 기록했다. 일본이나 중국, 인도, 러시아, 브라질에서와 같이 유럽에서도 미국의 전략은 냉전 종식 이래 수사 자원을 넘는 구조적 연속성을 갖고 있었다.

2. 전쟁의 집

이런 배경에서 중동의 군사적 무대는 특히 두드러진다. 여기서는, 그리고 유독 여기서만, 공화당 정부는 냉전 이래, 아니 어쩌면 제2차 세계대전 이래 지속되어온 미국의 세계적 활동의 전통과 단절된 듯 보인다. 단순히 태도에서뿐 아니라 내용의 까칠함이란 면에서 유럽 주요 동맹국들의 분노를 샀는데, 유럽연합에게는 이라크 전쟁이 불필요하기도 하려니와 서구에 극히 위험한 것이어서 유럽인들의 입지가 미국인들만큼 혹은 그보다 더 흔들리는 결과를 낳을 것으로 널리 인식되었다. 이제 미국 자체는 말할 것도 없고 유럽에서 나온 거의 모든 논평이 이 전쟁을 철저히 불합리한 탈선이며 편협한 특수 이해집단(정유회사나 기업집단 전체)이나 워싱턴의 불안정한 이데올로기적 광신자(신보수주의 파벌)들의 작품으로 간주하고 있다. 하지만 공화당 행정부가 다른 곳에서는 제법 합리적으로 수단과 목적 사이에 조화를 맞출 수 있었다면 중동정책의 부조화는 논리적으로 미국이 아니라 중동에서 설명을 찾아야 한다. 핵심적인 질문은 이것이다. 이 지역의 어떤 독특한 특징이 이런 비정상적인 정책을 야기하는가?

1

두말할 필요 없이 엄청난 석유 매장량 때문에 이 지역은 오래도록 미국의 전략적 관심의 대상이었다. 하지만 미국은 이라크 침공 당시를 포함해서 지금껏 한 번도 석유 공급을 둘러싼 즉각적 위협을 받아본 적이 없다. 석유가 풍부한 아라비아 반도 전역을 미국의 종속국들이 통제하고 있고 따라서 (분명 침공의 한 가닥 배경이었을) 이라크 유전의 직접적 획득조차 미국의 에너지 상황에는 기껏해야 약간의 이득을 더 보태준 데 불과했다.[1] 석유수출국기구(OPEC)

에서 담당한 역할에 관한 한 2002년 무렵의 바트당 정권은 미국의 골칫거리로서는 이란이나 베네수엘라에 비해 더 심각하지 않았고 사실상 훨씬 덜했다. 그러나 쿠웨이트를 장악하려는 이전의 시도가 심각한 경보를 울리는 결과를 초래했는데, 그 시도가 성공했다면 이라크는 실질적인 군사 강대국이 될 뿐 아니라 사우디아라비아보다 더 큰 석유 공급국이 될 수도 있었기 때문이었다. 따라서 클린턴 시절부터 미국의 정책은 언제나 유럽의 지원을 받아 봉쇄든 폭격이든 쿠데타나 암살이든 사담 후세인을 제거하는 것이었다. 이런 노력들이 실패를 거듭하면서 어쩔 수 없이 더 강력한 조치가 있어야 한다는 암시가 나오게 되고 이 점이 침공 배경의 또 다른 요소였다. 누구랄 것 없이 미 당국의 일반적인 인식은 이라크가 해결되지 않은 사안이고 이라크 정권은 어떤 미 행정부도 받아들이지 못할 모욕이며 다른 수단을 통해 끌어내릴 시도라면 할 만큼 해보았다는 것이었다.

2

따라서 지상 공격은 난데없이 등장한 것이 아니었다. 그것은 1991년부터 거의 연달아 이라크에 가해진 전쟁 행위가 단계적으로 상승한 결과였다. 그런 점에서 역사가들이 대개 이해하는 의미에서의 '단절'이 아니라, 국제법의 기준으로 보아 10년 이상 지속된 교전의 '가속화'였다. 예전 관행에서 갑작스럽게 이탈했다는 명제가 성립하려면 아버지 부시와 클린턴 시절에 이라크와 이라크 국민들에게 가한 폭력의 수준을 최소화한 다음에나 가능하다. 침공 이후의 사상자 수는 2003년 이전보다 많지만 사망자가 10만 단위라는 데는 차이가 없다. 고전적 군사 용어로 '소모전'(Ermattungsstrategie)에 육박한

---

1) 앨런 그린스펀이 암시한 대로, 아직 확실치는 않지만 현 생산량의 몇 배에 이를 이라크의 미개발 석유 매장량이 전쟁에 대한 장기적 고려에서 더 큰 비중을 차지했을 법하다.

첫 단계 이라크 전쟁은 소련이라는 맞상대 세력이 제거됨으로써 비난을 면했다.[2] '전복 전략'으로 방침을 바꾼 두 번째 단계에서는 비난을 면하는 길이 '군사 부문의 혁명'(revolution in military affairs)이나 전자 전투 및 정밀 폭격에 달려 있다고 생각되었다. 클린턴의 손쉬운 유고슬라비아 공격과 도널드 럼스펠드의 저렴한 아프가니스탄 급습은 '군사 부문의 혁명'이 못 하는 게 없으리란 믿음을 부추겼다. 이런 태도는 공화당 주전파들 사이에서 가장 두드러졌지만 그들에게만 나타나는 건 아니었으니, 세계 최강의 군대를 갖고 있으면서 사용하지 않는다면 무슨 소용이냐고 한 사람은 매들린 올브라이트였다.

3

하지만 이런 점들은 이라크가 10년 동안 워싱턴의 끊임없는 불안의 대상이 된 이유와 위험의 최소화가 없었어도 이라크 공격이 하나의 계획으로서 구상될 법했다는 점을 일러주는 데 그친다. 계산을 잘못했다고 쳐도 부시 행정부가 유럽의 두 주요 동맹국과 국내 엘리트 집단의 중요한 소수 의견의 반대를 무릅쓰고, 더구나 다른 지역에서 보여준 근본적으로 전통적인 태도와는 딴판으로 전쟁을 감행했어야 하는 이유를 설명해주진 않는다. 이는 9·11의 정신분석적 측면을 통해서만 이해될 수 있다. 쌍둥이 빌딩과 펜타곤에 대한 공격은 중동의 군사 작전을 지지하는 국가적 동원을 가능하게 했고 이는 불시의 아프가니스탄 공격에 대한 만장일치의 국내적·국제적 찬사로 전이되었다. 하지만 일단 카불이 무너지자, 일반적 견해로 봤을 때 알카에다와 바트당 간에 어떤 연관도 없는 마당이니 바그다드로 밀고 들어갈 합리적인 이유가

---

[2] '소모전'이나 '전복 전략'이란 어휘는 독일의 군대사가 한스 델브뤼크가 보불전쟁 10년 후에 만들어낸 용어였다. 정치적 용법에 관해서는 "The Antinomies of Antonio Gramsci", *New Left Review* 1/100, November~December 1976, pp. 61~70.

없었다. 따라서 이런 불합리한 계획을 정당화하기 위해 대량살상무기라는 구실이 날조되어야 했다.

4

그러나 역사적으로 볼 때, 상황적 불합리, 가령 전형적으로 히틀러의 1941년 선전포고처럼 불필요하지만 치명적인 결정 같은 것들은 거의 언제나 더 큰 구조적 불합리의 산물이다. '이라크 자유 작전' 또한 마찬가지였다. 간단히 말해 현실은 이랬고 지금도 이러하다. 중동은 현재 세워진 것과 같은 미국의 정치 시스템이 국익이라는 합리적 계산에 따라 작동될 수가 없는 곳이다. 왜냐하면 또 다른 부가적 이익이 존재하기 때문이다. 아랍 세계 및 그 연장으로서의 이슬람 세계에서 미국의 전반적 입지는 이스라엘에 대한 여봐란 식의 엄청난 지원으로 인해 손상된다. 이 지역에서 이스라엘은 미국이 공급하는 군대와 자금 및 유엔에서 미국의 무조건적 보호가 없었더라면 40년 동안이나 지금처럼 아무렇지 않게 넘어갈 리 없었을 약탈국가로 널리 인식되며, 팔레스타인에 대한 갈취와 박해 때문에 이 지역 대중들의 증오의 표적이다. 논리적 연장선상에서 미국도 같은 이유로 미움을 받는다. 알카에다의 공격은 이런 맥락에 뿌리를 둔 것이었다. 미국 권력의 관점으로 보더라도 합리적으로 생각하면 반투스탄보다 약간 더 큰 팔레스타인 독립국이 위협일 리가 만무하고, 달러나 무기 공급과 이스라엘을 위한 거부권 행사를 그저 중단하기만 했어도 지난 반세기 어느 때라도 세워질 수 있었을 것이다. 왜 이런 일이 일어나지 않았는가 하는 점은 자명하다. 미국의 정치와 언론 시스템이 미국 내 강력한 유대인 공동체를 등에 업은 이스라엘의 로비에 장악되었기 때문이다. 이런 로비는 중동에 관한 '정상적인' 의사 결정 과정을 단계마다 왜곡하는 것으로 그치지 않는다. 최근까지 이스라엘은 어떤 주요 논쟁에도 등장할 수 없었던 금기였고 최근에도 처음에 잠깐씩 거론될 뿐이다. 이런 형태의 억압들

이 으레 그렇듯이, 이 금기 또한 미국의 중동정책 구상에 한층 더 많은 불합리를 초래했다.[3]

5

이라크 돌격은 이런 맥락에서 보아야 한다. 공화당 지도 세력은 1990년대 후반부터 이라크에 대한 더 강한 조치를 촉구하고 있었다. 하지만 새로 선출된 부시 행정부는 클린턴의 해외 개입이 마구잡이식이라며 비판하기도 했고 인권 독트린에 관해 거의 관심을 보이지 않았으며 첫 몇 달 동안은 국외 문제에 주도적으로 나설 움직임을 거의 혹은 전혀 취하지 않았다. 이런 정부를 갑자기 매우 행동주의적인 정권으로 바꾸어놓은 것은 9·11 공격이었다. 이 공격이 없었더라면 미국 유권자들을 후세인 제거 전쟁에 찬성하게 만들고 거의 만장일치에 가까운 의회의 지지를 확보하기란 어려웠을 것이다. 그러나 뒤이은 이라크 침공과 마찬가지로 9·11 또한 난데없이 일어난 일이 아니었다.[4] 오히려 이라크 침공과 마찬가지로 중동에서의 미국의 역할이 지닌 구조적 불합리가 고스란히 부메랑으로 되돌아온 결과였다. 이스라엘 팽창주의에 대한

---

3) 존 미어샤이머와 스티븐 월트의 뛰어난 작업이 마침내 이런 침묵을 깼다. 논문 "The Israel Lobby", *London Review of Books*, 23 March 2006과 그 이후에 나온 저서 *The Israel Lobby and US Foreign Policy*, New York 2007이 그런 성과이다. 문서에 의해 충분히 입증된 마이클 매싱의 "The Storm over the Israel Lobby", *New York Review of Books*, 8 June 2006도 참조할 것. 기독교 우파의 기능은 실상 보조 세력에 그친다는 점이 분명한데도 이 대단찮은 걱정거리를 더 만만한 대상으로 삼아 단죄하는 미국 좌파의 일반적인 비겁함은 이들의 작업과 선명히 대조된다. 이스라엘 정치인들은 훨씬 직설적으로 나오는데, 에후드 올메르트는 대놓고 "유대인 조직들"을 "우리의 미국 내 세력 기지"라고 얘기했다. *Financial Times*, 30 November 2007.
4) 공격 며칠 후 프레드릭 제임슨은 다음과 같이 지적했다. "역사적 사건은 때맞추어 등장하는 것이 아니라 때보다 앞서거나 뒤처진 시간대로 뻗어 있으며 다만 서서히 자신을 드러낸다." *London Review of Books*, 4 October 2001. 그의 논의 전체를 보려면 "The Dialectics of Disaster", *South Atlantic Quarterly*, Spring 2002, pp. 297~304.

수십 년간의 지지는 미국 자본 일반의 이해에 어떤 논리로도 부합하지 않았고 그저 워싱턴의 지역정책에 관한 (근래에는 기독교 근본주의를 마무리 장식으로 삼은) 이스라엘 로비의 결정적 영향력과 상응할 따름이었다. 역사적으로 미국 자체는 이스라엘 후원 때문에 국내적 대가를 치른 적이 없었다. 9·11과 함께 마침내 그런 사태를 맞았는데, 이 점이 알카에다 공격의 유일한 동기는 아니었지만 그것이 아니었다면 공격이 일어났으리라고 상상하기 힘들다. 7년 전에 있었던 오사마 빈 라덴의 최초의 공식 성명은 사우디아라비아의 미군 주둔을 포함한 여타의 사안보다 팔레스타인의 운명에 더 많은 관심을 표명한 바 있었다.[5] 일단 공격이 일어난 다음에는 복수를 향한 대중들의 욕망이 폭발했고 이는 애초의 불합리 자체를 더한층 격화시킬 도리밖에 없었는데 아프가니스탄에서 명백한 승리를 거둔 후 정부는 손쉽게 이라크 쪽으로 분노의 방향을 돌려놓았다.

6

이스라엘 당국과 미국 내 이스라엘 세력은 걸프 전쟁 당시 이스라엘을 폭격하려고 했던 숙적, 이라크에 대한 침공을 당연히 부추겼다. 그러나 이것 자체는 (비록 이스라엘이 전쟁에 반대했다면 일어나지 않았으리라 거의 확신할 수 있지만) 바그다드 진군에 힘을 보탠 한 요소 이상이었을 것 같진 않다. 그런 식의 직접적인 인과관계는 불필요했다. 요컨대 미국 대외정책의 표면상 결정 요인과 실제 결정 요인 간의 불일치로 중동에서는 수단과 방법을 재는 정상적 측정 자체가 이미 너무 오염된 나머지 어떤 독단적 위험 행동이 항상 패의 하나로 존재한다는 것이다. 워싱턴이 텔아비브에 붙어 있는 한, 미국 권력의 합리적

---

5) Bruce Lawrence, ed., *Messages to the World: The Statements of Osama Bin Laden*, London and New York 2005, pp. 9~10.

행사를 관장하는 일반적 법칙이 적용될 방법은 문자 그대로 전무하다. 이라크 전쟁의 경우, 바트당 정권의 생존은 이스라엘과 무관한 이유로 미 당국에게 상시적 모욕이었고 이를 제거하기 위한 첨단 무기들이 항상 준비되어 있었다. 이런 조건에서 계획 저변에 깔린 분위기는 '못 할 게 뭔가' 하는 것이었다. 반반으로 의견이 나뉘었던 걸프 전쟁과는 달리 9·11 이후의 환경에서 공격은 의회의 사전 승인을 확보한 초당파적 사건이 되었다.

7

이스라엘이 미국의 중동정책에 영향을 끼친 데서 비롯된 또 다른 결과는 워싱턴의 정책 입안자들과 중동 주민들 간에 장벽이 세워지고 아랍 대중들이 미국 문화권력의 통상적 영향권 안에 들어갈 수 없게 된 점이다. 가장 침투가 용이한 정치 시스템이자 대개 워싱턴의 가장 믿음직한 지지물이 되어주는 자유민주주의가 이 지역에서는 어느 나라에도 발붙이지 못했다. 그럼에도 불구하고 이 지역의 다양한 종족 군주들이나 이집트의 독재 체제만큼 미국에 충실히 복종한 정권도 드물다. 하지만 이런 나라들은 모두 미국에 대한 충성과 미국이 돈과 군대와 보호를 제공하는 이스라엘의 극악무도한 행위 사이에서 어떻게 항로를 조절할 것인가 하는 문제에 직면한다. 이들은 국가가 통제하는 언론 매체에서 미국에 대한 비방 공세를 쏟아내도록 허락함으로써 대중들의 분노로부터 자신을 보호하려는 특징을 보인다. 이렇게 되면 미국의 문화적·이데올로기적 기제가 자유롭게 운신하거나 미국 정보기관이 이들 사회의 표면 아래에서 무슨 일이 진행되는지 정확히 알기가 매우 힘들어지는 환경이 조성된다. 따라서 워싱턴은 9·11 공격자들 대부분이 사우디아라비아인임을 발견하고 충격을 받을 수밖에 없었다. 이 지역에서는 정상적인 분량의 '연성'권력이 결여되어 있으므로 바그다드에서처럼 저항에 부딪힐 때 미국은 맹목적으로 혹은 충동적으로 '강성'권력에 의지하고 싶은 유혹이 생기며, 이제

껏 닫혀 있던 사회를 그런 식으로 억지로 쪼개서 서구가 제시하는 것을 받아들이게 만들겠다는 희망을 품게 된다.

8

마지막으로, 석유나 이스라엘뿐 아니라 당연히 종교 또한 중동과 그 인근 지대를 미국 패권이 장악한 다른 안정된 비기독교 세계와 구분해준다. 사실 사우디 왕국의 역사가 잘 보여주듯이, 이슬람은 설사 가장 엄격한 형태라 하더라도 정권 차원에서는 미국에 대한 완전한 복종과 양립 불가능하지 않았다. 하지만 사회적이고 문화적인 차원에서는 미국식의 이데올로기적 승리에 가장 강력한 장벽이었다. 더구나 하나의 신앙으로서 이슬람은 날카로운 정치적 전하(電荷)를 띠고 있어서, 기독교 공동체와 움마〔이슬람 공동체〕 간에 우호적 공존의 주장보다 적대의 역사가 훨씬 장구했음을 감안하건대 영–프 식민 통치의 근대 역사로 한층 강화된 그런 갈등의 흔적이 대중들의 기억에 남아 있지 않다면 그게 더 놀랄 일일 것이다. 1970년대 이래 아랍 민족주의의 실패가 이런 갈등을 활성화하여 반제국주의 정서를 새로운 강도의 종교적 열정으로 바꾸어놓았고 '십자군과 유대인' 곧 미국인과 이스라엘인을 똑같이 표적으로 삼았다. 이미 이 방면으로 오랜 단련을 거친 기독교나 유대교에 비해, 지금까지 이슬람 세계는 오역이라거나 전적으로 은유적인 의미라거나 혹은 갱신될 필요가 있다는 식의 이러저러한 해명으로 원본 경전의 직접적 적용을 모면하는 전통이 매우 허약했다. 따라서 코란에 대한 문자 그대로의 독해가 성경이나 유대 율법의 경우보다 훨씬 큰 도덕적 힘을 지니고 있다. 마호메트가 이교도들을 성지에서 몰아내는 지하드를 분명히 명한 만큼, 서방 혹은 친서방 논평가들이 예언자의 말을 완곡하게 만들려고 아무리 노력해도 근대 살라피즘〔사우디아라비아에서 시작된 수니파 이슬람 근본주의〕은 확실히 경전에 기반을 둔 것이었고 이 점은 분명 다수의 온건파 이슬람교도들에게 당혹감을 안겨준다. 그 결과, '전 지구적 불신앙'에 대항해 싸우고자 하는 젊고 광신적인 전사들이 무진장은 아니겠지만 언제든 공급되었고 이들은 중동에서의 문명 충돌을 하나의 현실로 만들어놓았다. 이들의 세계관과 서구 개입자들의 세계관 사이에는 사실상 접점이라고는 없는 것이다.

9

이렇게 하여 이라크 침공으로 향한 고속 진로는 미 정책 입안자들에 의해 정상적 계산법이 통하지 않는 영역으로 들어갔으며 실책의 위험을 불가피하게 동반했다. 그렇지만 워싱턴에서 일어난 갑작스러운 쿠데타 같은 사건이 아니고 중동 지역에서 오래 지속되어온 왜곡된 제국주의적 세력장(場)의 산물이었다. 이런 세력장이 미국 자본주의에 미친 불합리함은 9·11에서 마침내 부메랑으로 돌아왔고, 미국 정치 시스템에서는 9·11의 원인을 근절하기는 고사하고 공개적으로 다룰 수도 없었으므로 결국 불합리의 나선을 한 번 더 꼬는 사태를 낳게 되었다. 결과적으로 보면, 미군 사상자를 최소화하면서 며칠 안에 바그다드를 함락하고 정권 수뇌를 제거할 수 있다는 미 국방부의 믿음은 틀리지 않았다. 그들이 예상하지 못한 점은 (이 문제에 있어서는 나 자신을 포함하여 바트당 정권의 사회적 기반을 과소평가한 대다수의 전쟁 비판론자들도 똑같은 실수를 범했는데) 이후 정예 유격대가 어떤 범위와 속도로 새롭게 조직되는가 하는 점이었다.[6] 바그다드 몰락 후 두 달이 채 지나기 전에 바트당 장교부대 생

---

[6] 미 점령군 치하에서 재무장관을 맡았고 후세인 정권의 폭압성을 최소화할 의도가 없는 알리 알라위의 다음과 같은 평가를 참조할 것. "정권이 무너질 당시 바트당 당원은 2백만 명이었다. 하지만 이들이 전부 수니파 아랍인들이 아니었던 건 물론이고 심지어 수니파가 압도적 다수도 아니었다. 정당 조직을 보면 시아파, 심지어 투르크멘과 쿠르드 사람들의 지분도 적당히 있었다. 물론 정당 상부나 주요 관리 및 안보 분과는 압도적으로 수니파이긴 했지만 말이다." 그는 이렇게 결론을 내린다. "바트당 집권 기간을 이라크에 일어난 재앙들과 등치시키는 것으로는 불충분하다. 바트당은 다른 것으로 탈바꿈했다. 그것은 한층 복잡한 충성심을 포괄하는 상징적 약칭이 되었다."

존자들이 이끄는 민족주의 게릴라가 살라피즘에 영감을 받은 종교 광신자들과 결합하여 침략자에 대항하는 저항군을 조직했고 이후 4년 동안이나 점령군과 그 협력자 집단의 사기를 헤집어놓았다. 현재 이라크는 세계적으로 미국의 권력에 대한 무장 저항의 중심 무대이고 미국 내부에서마저 전쟁 지지 여론이 고갈되고 있다.

10

상당수의 미 당국자들조차 믿고 있듯이 워싱턴이 현재 이라크라는 수렁에 빠진 게 사실이라 해도 중동 지역에서 미국의 입지가 극적으로 추락하는 일은 아직 생길 법하지 않다. 부분적으로는, 점령 때문에 수니파와 시아파 공동체가 그 어느 때보다 더 격렬히 분열되어 외국의 점령이 끝나더라도 애국적 승리가 아니라 내전 탓일 가능성이 더 많고 그렇게 되면 침략자 추방의 효과도 희석될 것이다. 더구나 반란 세력이 아무리 거세게 싸운다 한들 현재 세계 일반이 돌아가는 방식에 아무런 사회적·정치적 대안도 내놓지 못한다. 아직까지 이 지역 다른 곳에 있는 미국 권력의 요새들은 이 반란에 전혀 영향을 받지 않고 있다. 미국의 모든 종속국은 여느 때처럼 충성스러우며, 미국의 긴 날개는 한편으로는 모로코에서 이집트까지 뻗쳐 있고 다른 한편으로는 아라비아 반도 전체를 덮고 있으며 파키스탄이 미국 시스템의 동방 거점이 되어준다. 이런 기둥들이 건재한 동안 카타르와 쿠웨이트의 미군 중부사령부는 말할 것도 없고 현재 이라크에 건설되고 있는 거대한 군사 기지망이 이라크를 감독할 것이며, 유전에서 석유가 계속 솟아난다고 전제할 때 이라크의 혼란과 분열은 스스로 소진될 공산이 크다.[7] 물론 파키스탄에서 급진적 변화가 일

Ali Allawi, *The Occupation of Iraq*, New Haven 2007, pp. 148~49.
7) 결정적 아이러니를 담고 있으나 그와 같은 결과가 미국에게 최적의 낙착점이 되리라는 설득력 있는 논의에 대해서는, Jim Holt, "It's the Oil!" *London Review of Books*, 18 October 2007 참조.

어난다면 이 지역 전반의 세력 균형이 바뀔 것이며, 특히 지역 게릴라들이 이라크보다 늦게 발흥했지만 그사이 탄력을 얻은 아프가니스탄의 세력 판도가 달라질 것이다. 그러나 오랜 집단적 통일성을 지닌 파키스탄 군대가 내부 분열과 명목적 민간 통치의 부침과 무관하게 국가적 영향력을 발휘하는 것으로 보아 미국의 비위를 거스를 깜짝쇼가 일어날 가능성은 적다.

11

표면적으로 보면 이란은 이 지역 카드의 예측 불가능한 조커로 남아 있다. 이란의 종교 정권은 탈레반과 바트당을 전복하는 일에 미국의 동맹 역할을 하면서 미국이 이라크를 제압하는 동안 미국과의 미해결 사안들에 대한 포괄적인 타결책을 워싱턴에 제공했다. 테헤란에서 미국이라는 대사탄과 합의를 보는 데 열성적인 세력들, 다시 말해 백만장자 율법학자, 대상인, 서구화된 전문직, 블로그를 운영하는 학생들은 희망을 버린 적이 없었고 계속해서 닉슨의 중국 방문에 버금가는 사건을 요청해왔다. 하지만 2003년 이후 비록 전부는 아니라도 조건이 많이 바뀌었다. 물질적으로 더 여유로운 계층에 반발하는 세력의 일원이 덜 타협적인 대통령으로 선출되어 국내나 국외에서 이 정권의 오랜 수사에 좀더 많은 실질적 내용을 채우고자 했다. 친서방 언론들도 공개적으로 반대하기는 어려운 핵 복합기지라는 민족주의적 목표가 가속화되었다. 어느 쪽으로 전개되든 미국에겐 중대한 위협이 되지 못한다. 그러나 이곳에서는 미국의 중동정책에 대한 이스라엘의 압력이 이라크보다 더 강했으며, 텔아비브는 이란이 핵 프로그램을 포기해야 한다고 주장하고 있었다. 미국은 유럽 동맹국들의 전면적인 지지에 기대어 제재를 통해 이란에게 알아듣게 만들겠다는 기대를 품은 채 당분간은 첫 단계 이라크 공격이 밟은 진로로 되돌아가 전복보다는 소모에 초점을 둘 것이다. 이라크에서 이런 전략은 실패했지만 이란에서라면 미국만큼이나 대통령을 제거하고 최고지도자를 길들이길 원하는 적극적 내부 동조자의 존재에 더 많이 기댈 수가 있다.

12

이스라엘이라는 부담은 여전히 남아 있을 것이다. 단기적으로 워싱턴은 이스라엘 방위군이 헤즈볼라를 쳐서 남부 레바논에 터키나 프랑스 군대를 이스라엘을 위한 국경수비대로 무기한 심어놓을 수 있게 해주는 한편, 하마스를 쳐서 마무드 아바스에게 장벽 너머에 쪼개진 초소형 국가를 만드는 최종 항복 문서에 서명할 여지를 주리라 기대할 수 있다. 그 점에서 미국은 유럽연합에 의지할 수도 있을 것이다. 왜냐하면 유럽연합은 이라크 침공과 관련하여 정권 차원에서는 입장이 갈라져 있고 대중 차원에서는 대체로 적대적인 데 비해, 이스라엘과의 근본적 연대에 관한 한 항상 일치를 보았다. 미국에서처럼 내부의 유대인 공동체 세력 때문이 아니라 유대인 학살에 대한 죄책감 때문이다. 유럽연합은 말로는 이스라엘 방위군이 때때로 저지르는 과잉 작전을 얼마든지 개탄하면서도 행동으로는 언제나 미국의 지시를 따랐고 그리하여 하마스에 투표한 데 대한 처벌로 팔레스타인 원조를 끊었으며 이스라엘의 레바논 재침공에 공모했다. 팔레스타인 문제에 텔아비브가 최종적으로 어떤 결정을 내리든 유럽과 미국이 함께한다면 '국제 공동체'의 인가를 확보해주는 데는 아무 어려움이 없을 것이다. 중국, 러시아, 일본, 인도, 브라질 같은 다른 열강들은 석유시장만 널뛰지 않는다면 중동에 거의 관심도 없고 크게 걸려있는 이해관계도 없기 때문이다. 물론 그런 결과가 장기적으로 아랍 대중들의 분노를 잠재울 수 있을 것인가는 별개의 문제다.

3. 저항

 이상과 같은 것이 현재 권력의 점령 지도라고 할 때, (만일 존재한다면) 저항 세력은 무엇이며 어디에 있는가? 필연적으로 그런 저항은 '반미', 다시 말해 미국이 세계 헤게모니국가로 지속적으로 기능하는 것에 적대적이지 않을 도리가 없다. 그러나 그것만으로는 미국이 느슨하게 통제하는 동시에 팽팽하게 방어하는 체계 자체에 대한 거부를 정의하기에 불충분하다. 야망 넘치는 권력 중심이 체계 거부의 의향은 조금도 없으면서 반미 입장을 취하는 일이 언제든 가능하기 때문이다. 잠재적이건 실재적이건 진정한 저항을 나타내는 것은 이 양자의 결합밖에 없다. 이런 이중적 거부를 기준으로 삼을 때 현재의 정황은 어떤 것을 제시해주는가? 가장 두드러진 두 개의 지역은 유럽과 라틴아메리카이다. 유럽은 영국·프랑스·독일·이탈리아·스칸디나비아를 위시하여 근대적 현상으로서의 노동운동이 발생한 지역이며, 라틴아메리카는 제1차 세계대전 전의 멕시코 혁명과 제2차 세계대전 후의 쿠바 혁명에서 시작하여 냉전 이후 베네수엘라와 볼리비아의 경험에 이르기까지 20세기 내내 지속된 근본적 격변의 기록을 보유한 지역이다.

1

 전 지구적 현상 유지 상태에 대항한 이제껏 유일한 국제적 저항운동인 세계사회포럼이 이 두 지역에서 탄생했다는 사실은 우연이 아니다. 세계사회포럼은 매우 광범위하고 신속한 출발을 보인 후 현재 숨을 고르고 있는 듯 보인다. 하나의 주요 국가의 지원을 (그리고 부패를) 등에 업었던 코민테른 같은 조직과 기율을 갖고 있지 않은 탓에 포럼은 6개 대륙에서 애초의 항의 집단을 계속 유지하는 임무가 당연히 매우 어렵다는 것을 확인하게 됐다. 그에 비해 다소 예상치 못했던 점은, 임박한 이라크 침략에 항의하는 거대한 시위의 물결이 포럼에 두 번째 활력을 제공하진 못했다는 사실이다. 이는 부분적으로 상당 정도가 얄팍한 저항이어서 일단 점령이 완료되자 후속 작업이 거의 혹은 전혀 뒤따르지 못했기 때문이기도 했지만 동시에 세계사회포럼 자체가 애초의 NGO 문화를 뛰어넘어 더 확고한 반제국주의로 나아가는 데 주저했기 때문이다. 이런 한계들을 감안하면 포럼이 체제 전반에 충격을 가하지 못한 채 단명하리란 예상도 가능하다. 그러나 그것이 남긴 유산이 간단히 사라질 것 같지는 않다.

2

과연 그런가는 포럼을 구상한 나라인 프랑스를 놓고 가늠해볼 수 있다. 프랑스에서는 한 해 동안 세 차례의 주요한 사회적 격변이 일어났고 이 모두는 포럼의 정신에 기댄 바가 있다. 유럽연합 헌법을 저지한 대중적 캠페인, 교외 주택 지구에서 일어난 청년 폭동, 프랑스 최초고용계약제를 폐지한 대중운동이 그것인데, 각각이 강력한 집단 저항 시위였으며 첫 번째 운동은 세계사회포럼을 설계한 아탁〔ATTAC, 시민 지원을 위한 금융거래과세연합〕이 직접 조직한 것이었다. 유럽의 어느 다른 나라도 이만큼의 저항 수준에 근접한 적이 없다. 그러나 이런 격동으로부터 장기적 운동이 구체화되어 나오지는 않았다. 프랑스 유권자들은 사르코지를 대통령으로 선출하여 드골 이래 어떤 통치자보다 더 큰 권력과 프랑스를 더 완성된 신자유주의 틀로 재편할 권한을 부여했다. 1945년 이래 가장 강력한 급진적 전통을 지닌 이탈리아도 거의 위안을 주지 못한다. 이탈리아에서 실비오 베를루스코니를 근소하게 이긴 프로디의 좌파연합은 그 후 공산당의 재건자로 자처하는 공산주의재건당이 재정 삭감과 아프가니스탄 및 레바논 파병에 표를 던지면서 이탈리아 좌파가 더한층 약화되는 사태를 묵과했다. 한때 안토니오 그람시의 정당이었던 것에서 나온 가장 최근의 돌연변이가 사회주의라는 단어마저 도랑에 처박아버린 것이다. 독일에서는, 슈뢰더 정부의 사회복지 예산 삭감에 불만을 품은 노조가 사회민주당에서 조심스럽게 떨어져 나와 민주사회당(PDS) 세력과 융합하여 좌파당(Left Party)을 구성함으로써 상대적으로 여론조사 결과는 좋았고 사회민주당이 그런 식으로 더 밀어붙이는 일을 막았지만 전국적 차원에서는 다른 모든 정당에게 계속 보이콧을 당하고 있다. 서유럽 전반에 퍼진 사회적 불만의 풍부한 증거, 프랑스와 독일에서 벌어진 대규모 파업의 부활과 이탈리아의 시위에도 불구하고, 정치적 엘리트들의 의제는 속도와 대가의 차이는 있을지언정 어디서나 대체로 같은 방향으로 움직이고 있다. 프랑스에서 사르코지뿐 아니라 세골렌 루아얄마저 주당 35시간 노동의 후퇴를 요구하는 데서 드러나듯이 노동 유연성의 증가, 보건 시스템을 겨냥한 독일 앙겔라 메르켈 총리가 보여주는 복지국가 가지치기의 심화, 이탈리아에서 지역 서비스를 조준하여 프로디가 더 많은 민영화를 지시한 것이 그런 사례들이다. 이라크 전쟁을 개시한 인물 가운데 한 사람이 이끄는 유럽연합은 기억하는 한 가장 신자유주의적인 집행위원회에 의해 운영되고 있다.

3

라틴아메리카의 사정은 훨씬 다양하며, 더구나 극적으로 다양하다고 할 만하다. 브라질의 경우, 어떤 관점에선 루이스 이나시오 룰라 다 실바 정권을 단일 사례로서는 이 시기 전 세계 좌파가 겪은 가장 큰 실망거리로 여길 수도 있다. 브라질 노동자당은 20세기에 출현한 마지막 대규모 노동자 정당이며 사실상 제2차 세계대전 이후 유일하게 진짜 새로운 노동자 정당이었다. 애초에는 사회민주당 세력과 거리가 먼, 군사독재에 대한 전국적 대중투쟁에서 탄생한 전투적 급진 정당이었다. 비난해 마지않았던 8년간의 신자유주의 행정부의 뒤를 이어 이 대륙에서 가장 넓은 나라의 집권당으로 들어선 다음, 노동자당은 은행과 금융기관을 정권의 최대 수혜자로 삼는 정통파 관행을 단절하는 데 실패했다. 세계 어느 주식시장도 5년 사이 900퍼센트나 급상승한 상파울루의 증권거래소만큼 천정부지의 이익을 남긴 곳이 없었다. 하지만 이 정권이 전임 정권의 단순한 판박이는 아니었다. 더 많은 일자리를 만들어낸 세계 상품 가격의 상승에서 얻은 횡재의 일부를 가장 궁핍한 가정에 분배함으로써 여전히 놀랍도록 불평등한 브라질 사회의 극빈층 비율을 낮추기도 했기 때문이다. 그와 같은 개선책은 빈민들의 고통을 덜어주기는 했어도 결코 이들을 활동적으로 만들어주진 못했다. 이는 1990년대에 '북' 전역을 휩쓴 지배적 패턴이 '남'에서 변주된 가장 놀라운 최근 사례이다. 이 패턴은 '징벌적'이 아니라 '보상적'인 신자유주의라는 것인데, 대륙별 맥락에 따라 차이는 있지만 마거릿 대처와 레이건 노선에 이어 등장한 클린턴과 토니 블레어 노선을 가리킨다.[8] 후안 페론이 전후 유럽의 어떤 사회민주당 정권보다 노동자들에게 훨씬 더 많은 수입을 재분배했던 것과 마찬가지로, 룰라는 '북'의 대도시형 제3의 길보다 훨씬 효과적으로 적도형 보상 구조를 주관했다.

4

라틴아메리카 남회귀선 이남 지역에서는 비슷비슷한 체질의 정부들이 집권하고 있는데, 우루과이와 칠레의 정권은 브라질보다 소심하고 아르헨티나는 경제 전략을 위한 여지는 적어도 더 대담한 편이다. 모든 나라에서 원자재 가격 상승이 온건한 사회개혁에 유리한 환경을 제공해준다. 북쪽으로 가면 사정은 훨씬 양극화되어 있다. 베네수엘라에서는 급진적 재분배와 반제국주

---

8) 이런 구분법에 관해서는 Stephen Gill의 통찰력 있는 논문, "A Neo-Gramscian Approach to European Integration", in Alan Cafruny and Magnus Ryner, eds., *A Ruined Fortress? Neo-Liberal Hegemony and Transformation in Europe*, Lanham 2003 참조.

의 노선을 지지하는 일련의 막강한 대중 결집에 기반을 둔 우고 차베스 정권이 국민투표 방식으로 지나친 정권 연장을 시도하기 전까지는 수차례의 거듭된 전복 기도를 물리치면서 라틴아메리카와 그 너머의 좌파들에게 하나의 지침을 제공해주었다. 하지만 차베스 정권의 대중적 성공의 조건은 석유시장에 있었다. 이전 과두체제하에서 유가가 무너지는 바람에 차베스가 집권하게 된 것이 첫째고, 둘째는 금세기에 유가가 회복됨으로써 정권 유지를 가능하게 해주었다. 볼리비아 역시 충격요법의 첫 시험 무대가 되었다가 이것이 실패하면서 궁극적으로는 그로부터 촉발된 대중 결집과 원주민들의 각성 결과로 진정한 급진 정부가 출현했다. 그리 다르지 않은 과정이 에콰도르에서도 진행 중이다. 한편, 1960년대 이래 처음으로 고립에서 풀려난 쿠바는 이와 같은 안데스 지역의 격변에 도움을 주기도 했고 또 받기도 했다. 하지만 페루에서 오얀타 후말라가 근소한 차이로 패배하고 콜롬비아에선 알바로 우리베가 연임에 성공했으며 멕시코의 펠리페 칼데론 정권이 안정화되면서 그 이상의 정치적 파급은 당분간 중단되었다. 정치적으로 보아 라틴아메리카는 대륙들 가운데 여전히 가장 유동적이고 희망적이다. 그러나 유럽에서처럼 정치적 지평이 닫히진 않았지만, 라틴아메리카식으로 다채롭게 변형됐을망정 결국 정치적 체면에 불과한 틀을 부수고 나아가려면 당분간은 엄청난 석유 매장량과 인디오 인구 집중이라는 예외적 조건에 기대야만 할 듯하다.

5

그 밖에 세계의 다른 지역들은 사정이 어떠한가? 미국에서는 현재 전후의 패턴을 뒤집으며 양당 간의 갈등과 이데올로기적 긴장이 유럽보다 훨씬 강하다. 이 갈등과 긴장은 대부분 미국의 정신분열적 가치체계, 다시 말해 가장 막나가는 상업주의와 가장 경건한 독실함이 결합된 문화, 혹은 극단적 '자유주의'와 극단적 '보수주의'가 한데 묶인 문화에서 비롯되었고, 자본에 대한 저항과는 거의 아무 관련도 없다. 이라크 전쟁은 민주당 지지층의 불만을 들쑤셔놓았고 무난히 이루어졌을 법한 클린턴의 부활에 일정한 소란을 야기하여 이 과정을 다소 더 명목에 그치게 만들었다. 이런 환경에서 소수의 미국 좌파들에게 부시의 집권은 양가적인 효과를 갖는데, 한편에서는 좌파를 정치적으로 활성화했고 다른 한편에선 가뜩이나 체질적으로 민주당 수중에 떨어지지 않겠다는 의지가 허술했는데 이를 더 약하게 만들어놓았다. 민주당의 주요 후보들은 이라크 철수가 내키지 않으며 이란 공격을 적극 검토할 의향이 있음을 분명히 했다. 하지만 20년간의 사회적 불평등 확대에 대한 불만이 이미 목소리를 내고 있으므로 대출과 주택시장의 위기가 심화된다면, 분명 해외에서의 선택권이 줄어들 것이며 국내에서도 국지적 시정 조치를 취하지 않을 수 없게 될 것이다.

6

러시아에선 현 정권에 어떤 식으로든 저항하는 일이 조만간에는 일어날 것 같지 않다. 남아 있는 자유주의자들과 공산주의자들을 함께 거세하기 위해 새로운 선거법이 만들어졌다. 옐친 시절에는 많은 계층이 재앙적 궁핍에 시달렸어도 아무런 사회적 저항이 일어나지 않았다. 오늘날 엄청난 다수가 여전히 빈곤을 겪고 있긴 해도 푸틴 정권에서 생활수준의 전반적 향상이 실질적으로 이루어졌고 이 점이 그의 통치에 대한 광범위한 승인을 낳았다. 이 정권에 명백한 위험 지점이라고는 체첸이 유일하며 그곳에서 반란군은 격감했지만 변절자 일족의 통치란 원체 자폭할 수도 있는 기제이다. 국가 정체성도 쉽게 뿌리 뽑히지 않을 것이다. 자민당이 여전히 허약한 권력을 유지하는 일본으로 말할 것 같으면, 두 주요 정당의 차별성이 미국보다 더 흐릿하다. 일본 사회당은 멸종했고 공산당은 게토에서 명맥만 유지하고 있다. 선진 자본주의 국가치고 정치 시스템이 이보다 더 마비된 곳도 없다.

7

 인도는 그와 정반대이다. (종교적 학살은 말할 것도 없고) 끊임없는 정권 교체, 선거 불안정, 대중 시위, 대규모 파업, 농촌 지역 소요 들이 발생하고 있다. 현재 델리에서는 국민회의의 통치가 공산당의 관용에 의존하여 근근이 유지되고 있고 따라서 중앙에서 이루어지는 신자유주의 전략의 운신 폭을 제한한다. 서부 벵골에선 마르크스주의공산당이 연이어 6차례나 재선되었는데 이는 세계 어느 곳 어느 정당을 기준으로 보아도 인상적인 기록이다. 하지만 인도의 다른 지역에서 찾아볼 수 없는 농촌의 토지개혁을 성공시킨 후 새로운 인물을 지도자로 뽑은 마르크스주의공산당은 외국인 투자를 끌기 위해 조세법을 고치고 농민과 노동조합을 단속하면서 기업 친화적인 방향으로 노선을 재조정하는 중이다. 물론 자본주의 사회에서 냉전을 거치고 살아남은 또 하나의 주요 공산당, 남아프리카공산당에 비하면 아직 갈 길이 멀다고도 할 수 있다. 남아프리카공산당은 아프리카민족회의 정권 내에 안주함으로써 브라질의 아프리카산 짝패이되 그 비극적인 양상을 집약했다. 거대하고 활발한 인도 지식인 집단은 상당한 마르크스주의 분파를 보유하고 있으며 결코 관료주의 좌파에 완전히 종속되지 않는다. 또한 네팔 쪽에서 아래로 길게 뻗은 수직 벨트 지역에서는 마오주의 반란군이 봉건 군주제를 거의 무너뜨리다시피 했고 부활한 낙살라이트〔인도 극좌혁명그룹〕 게릴라들이 농촌 지역을 장악하고 있다. 인도가 워낙 크기 때문에 이 모든 저항의 표현들이 여전히 안정적이고 점차 더욱 신자유주의화하는 국가와 공존한다. 하지만 인도는 라틴아메리카를 제외하고 세계 다른 어느 곳보다 훨씬 더 개방적인 정치 환경을 보여준다.

8

집단행동으로 본다면 중국은 여전히 무자비하게 억압적인 정권이어서, 토지 몰수와 모리배 관리들과 환경 파괴에 항의하는 시골 마을의 시위는 매년 수천 건의 단위로 진압되며 차츰 사망자도 발생하고 있다. 농촌 지역의 불안정 수준에 놀란 통치자들은 농민층에 예산을 양보해주는 한편으로 폭동 진압 경찰을 보강해왔다. 고립된 탄광촌을 별개로 치면, 지금까지는 도시가 농촌보다 훨씬 조용했다. 도시에서는 관리들과 관리자들에게 곧바로 진압되지 않은 노동 분쟁의 경우 대개 법원에서 해결할 문제로 돌려진다. 고속 성장과 국가적 자부심의 호소에 의존하는 정부는 불신을 사기도 하지만 동시에 일반적으로 소극적 정통성을 인정받는다. 중국 사회에서 전통적으로 권력의 한 요소였던 지식인층의 다수는 불만을 품고 있다. 자유주의 평자들은 정치적 자유가 없다는, 사회주의 평자들은 타락한 양극화 경제체제를 향해 돌진한다는 불만이다. 금세기 첫 몇 년간 일어난 일 가운데 가장 희망적인 사태 전개 중의 하나였던 중국 신좌파의 등장은 현재 중국 정권의 면밀한 주시 대상이 되고 있다.

9

요약: 2001~02년의 세계사회포럼, 2002~03년의 베네수엘라, 2004년의 볼리비아, 2005년의 프랑스처럼 대중 의지의 극적인 과시들이 있었고 그 밖에도 드문드문 전개된 저항 움직임이 있었으나 이 시대의 전반적인 경향은 오른쪽으로 좀더 옮겨 가는 것이었다. 새로운 열강 협조체제가 점점 공고해졌고 아랍의 거리는 계속해서 마비 상태이며, 유럽에서 동아시아, 라틴아메리카에서 서부 아프리카, 호주에서 외딴 미크로네시아에 이르기까지 금융시

장의 요구가 점차 사회적 존재 조건으로 당연시되었다. 공화당원들조차 최저임금 인상에 동의한다든지 푸틴이 연금을 늘린다든지 중국 공산당이 농촌 부역을 폐지한 사례들이 보여주다시피 현재 신자유주의적 교리들은 대개 이런저런 '사회적' 배려로 치장한 채 거의 모든 곳에서 정부의 기본 문법을 구성하고 있다. 신자유주의적 교리말고는 아무 대안이 없다는 확신이 대중들의 의식에 깊이 새겨졌다. 프랑스에서처럼 한 극단에서는 유권자들이 이 교리를 시행하는 공직자들을 정기적으로 거부하지만 그러고 나서는 또 전과 마찬가지의 정책을 따르는 새 통치자들이 임명되는 결과가 나온다. 이처럼 제자리에 멈춰 선 세계에서 '다른 세계가 가능하다'는 구호는 점점 더 절망적으로 들릴 위험이 있다. (뢰머의 바우처 사회주의 같은) 규범적 추상태나 (토빈세나 외채 탕감 운동 같은) 국지적 마취제를 논외로 하면, 현재 어떤 전략적 대안이 나와 있는가? 당국자들의 골칫거리, 곧 연금 위기와 유럽연합 공동농업정책을 예기치 않게 급진적이고 포괄적인 방향으로 더 비틀어 돌리는 로빈 블랙번의 '세계 연금'(Global Pension)이나 필리프 슈미터의 '유럽연합 기초생활보장제도'(Eurostipendium)가 가장 타당한 후보일 것이다.[9] 하지만 그와 같은 독창적인 계획은 매우 드물다. 달리 눈에 띄는 것으로는 어떤 것들이 있을까? 더 고도의 추상적인 방식에 해당하는 것으로는 주체적 역량을 강화하는 일련의 방식들을 제시한 로베르토 웅거의 실험주의가 있는데,[10] 그의 명시적 전제는 현재의 상황이 과거에 급진적 혹은 혁명적 운동을 불러일으킨 체제 내부의 객관적 위기의 구성 요건을 충족하지 않으며 이런 위기가 발생할 가능성도 줄어들고 있다는 것이다.

---

9) 각각 "Plan for a Global Pension", *New Left Review* 47, Sept~Oct 2007, pp. 71~92 그리고 *How to Democratize the European Union … and Why Bother?*, Lanham 2000, pp. 44~46 참조.

10) 가장 최근의 *What Should the Left Propose?*, London and New York 2006; 위기와 관련된 주장에 대해서는 *False Necessity*, London and New York 2004, pp. 540~46.

10

그러나 미래의 자물쇠를 여는 열쇠는 다름 아닌 이런 경제적·사회적·생태적 가정들의 타당성이다. 『지구적 혼란의 경제학』(The Economics of Global Turbulence, Robert Brenner, 2006)이나, 『슬럼, 지구를 뒤덮다』(Planet of Slums, Mike Davis, 2006), 『조류독감: 전염병의 사회적 생산』(The Monster at Our Door, Mike Davis, 2005)을 읽은 독자라면 쉽게 설득되지 않을 것이다. 이 체제의 궁극적 취약성은 칼 폴라니가 60년 전에 규명했던 세 가지 영역, 즉 노동·자연·화폐에 있다. 폴라니의 주장은, 이 세 가지가 시장에서 교환되긴 하지만 어느 것도 판매를 위해 생산되지 않았으므로 자본이 만들어낸 "허구적 상품" 트리오라는 것이었다. "노동은 삶 그 자체와 함께 가는 인간 활동의 또 다른 이름일 따름이며 판매와는 전혀 다른 이유로 생산된다. 토지는 자연의 또 다른 이름이며 인간에 의해 생산되지 않는다. 그리고 현실의 화폐는 구매력의 표상에 지나지 않으며 구매력이란 통상 생산되는 게 아니라 은행이나 국가 재정의 기제를 통해 존재하게 된다." 그러나 이런 허상들이 일단 완전히 뿌리를 내리면 실제 사회적 존재를 파괴하는 능력을 갖는다. 아무런 보호막도 갖지 못한 채 적나라한 상품으로 환원된 "인간은 사회적 노출의 결과로 소멸할 것이며 격렬한 사회적 탈구의 희생자로 죽을 것이다." 또 "자연은 개별 요소들로 환원되어 주변 지역과 경관은 손상되고 강은 오염되며 치안은 위태로워지고 식량과 원료를 생산하는 능력은 파괴될 것이다." 다른 한편 "화폐 부족과 과잉은 원시사회에서 홍수와 가뭄이 그랬던 것처럼 거래 활동의 재앙으로 판명될 것이다."[11]

"기업조직뿐 아니라 인간과 자연 물질 또한 이런 악마의 분쇄기의 파괴 작

---

11) *The Great Transformation*, London 1944, pp. 72~73.

용에 노출된다면 그런 체제를 단기간이라도 견딜 수 있는 사회는 없을 것"이라 생각했던 폴라니는 19세기에 이런 파괴를 억제해주었다고 믿는 개혁의 충동이 부활하기를 고대했다. 1980년대 이래 '거대한 변형'은 반대 방향으로 움직였다. 체제의 지배적 허상들은 어떻게 되었는가? 자본의 수중에 있는 노동은 전례 없는 비율로 증가했다. 1980년대에 전 세계 자본주의 경제의 노동력은 10억에 조금 못 미쳤고 2000년에는 15억가량이었다. 그러나 그 무렵 중국과 옛 소련과 인도가 자본이 고용한 총 노동자 수를 살짝 넘는 수치를 보탰다. 때로 19세기만큼이나 열악한 조건에서 세계 노동계급이 불과 몇 년 사이에 두 배가 된 것은 이 시기의 가장 큰 구조적 변화이다. 이 변화의 장기적인 영향은 더 두고 보아야 한다. 단기적으로는 자본에 위협보다는 이득으로 작용하여 노동의 교섭력을 약화했고, 가장 믿을 만한 추정치에 따르면 전 지구적 자본/노동 비율을 55~60퍼센트 정도 떨어뜨렸다.[12] 저항의 기록이 암시해주듯이 이 점에 관한 한 체제는 당분간 충분히 안전할 것으로 보인다.

　자연은 좀더 예측 불가능하다. 체제 안정을 뒤흔드는 자연의 잠재적 위협의 규모에 관해서는 이제 일반적으로 인정하지만, 각각의 위험들의 근접성은 덜 분명하고 이것들을 피할 조치를 둘러싸고는 계속 의견이 분분한 실정이다. 시스템 전체를 뒤흔들고 장차의 모든 계산을 바꾸어놓을 충격도 확실히 하나의 가능성이다. 체르노빌은 인간이 만든 재앙이 어떤 결과를 낳을 수 있는지 얼핏 보여준 사례였다. 세계적 규모의 생태 재난은 현재 점차 두려움의 대상이 되고 있지만 지금까지는 국가들을 어떤 공동의 예방 프로그램으로 묶어주진 못했다. 노동과 맞서 연합한 자본은 자연을 두고는 분열되어, 경쟁하는 기업들과 정부들이 서로서로 복구 비용을 떠넘기려 하고 있다. 궁극적으

---

12) 이런 추정치에 관해서는, Richard Freeman, "What Really Ails Europe (and America): The Doubling of the Global Workforce", *The Globalist*, 3 June 2005 참조. 하버드 대학의 저명한 경제학자인 프리먼은 전미경제연구소의 노동 연구 프로그램을 주도하고 있다.

로는 공동 행동의 논리가 지배할 공산이 크고, 그런 점에서 이 체제는 분명 탄소 방출과 해수면 상승, 삼림 황폐, 물 부족, 새로운 전염병 등등에 원칙적으로는 적응할 수 있다. 실제로는, 필요한 시간의 척도에 맞추어 적응할 수 있을지 보장할 수 없다. 그런 측면에서 보면 느긋해도 좋다고 장담하기 어렵다. 지구를 청소하는 데 드는 비용을 누가 지불할 것인가를 두고 벌어지리라 예상되는 갈등은 과거에 체제의 균형을 뒤흔든 제국주의 내부의 적대 관계와 가장 흡사한 것으로 판명될지 모른다.

아마 화폐는 최소한 앞으로 얼마간은 가장 약한 고리로 남을 것이다. 미국이 계속해서 엄청난 규모의 무역 적자를 늘리고, 중국과 일본이 거대한 달러 더미를 쌓고 있으며, 유럽은 값싼 아시아의 수입품과 가치가 떨어지는 미국의 통화 때문에 고통을 겪는 상황에서, 전 지구적 금융질서의 불균형은 이제 세계경제 관련 언론의 경고성 논평들이 걸핏하면 들먹이는 주제가 되었다. 미국, 영국, 스페인, 아일랜드, 호주 등 주요 자본주의 경제에서 차례차례 대책 없는 대출 확산으로 주택경기 거품이 과열 양상을 보이고 있으며, 독일처럼 자국 내에서는 그리 문제가 없는 나라들도 담보의 미궁에 얽혀들었다. G-8과 더 최근에 이루어진 중앙은행들 간의 비공식 협약으로 대표되는, 1970년대 이후 발전된 국가 간 조율 기제들은 자본시장의 붕괴를 방지하기 위해 경계 태세를 취하고 있다. 그러나 현재의 속도와 규모라면 금융위기가 이런 기제들을 압도할 위험이 있다는 데 모두가 동의한다. 어쨌든 화폐 요동의 배후에는 실물경제의 거대한 구조적 변화가 놓여 있고 금융위기는 이런 변화의 표현 가운데 폭발 잠재력이 가장 크다. 이 점과 관련하여 해결되지 않은 문제는 명확하다. 중국과 인도의 진입 이전에도 많은 주요 산업국가들의 과잉 생산에 시달린 세계시장에서, 이 두 나라가 대표하는 세계 수요의 확대가 그들이 초래할 더 심한 과잉 공급의 가능성을 능가할 것인가, 아니면 후자가 전자를 훨씬 초과하여 체제 전체에 긴장을 심화할 것인가? 어떤 답이 나오건 단기적으로 화폐는 미래의 불안정을 촉발할 공산이 가장 큰 영역으로 보인다.

4. 지성의 낙관주의?

이와 같은 문제들과는 별개로, 위에서 서둘러 개괄해본 것은 7년가량에 지나지 않는 짧은 기간에 한정될뿐더러 사건들의 표면에만 머물러 있다. 하지만 더 장기적 시각을 채택한다면 다른 정치적 결론을 가리키는 더 깊은 변화의 준비들을 감지할 수 있을까? 더 많을 수도 있지만 세계가 훨씬 더 낙관적인 방향으로 움직인다는 진단을 내놓는 시대 분석으로 최소한 네 개의 대안적 읽기가 있다. 이 중 세 개는 1990년대 초중반에 나왔지만 9·11 이후에 더 발전되었다. 가장 잘 알려진 것은 말할 필요도 없이 마이클 하트와 안토니오 네그리의 『제국』(Empire)*인데, 나머지 세 가지도 적극적이면서 동시에 비판적으로 여기에 관해 언급하고 있다. 톰 네언의 『민족주의의 양면성』(Faces of Nationalism)과 『세계국가』(Glabal Nations)가 두 번째 시각을 제시한다. 세 번째는 조반니 아리기의 『장기 20세기』(The Long Twentieth Century)**와 『베이징의 애덤 스미스』(Adam Smith in Beijing)이다. 「실패의 국가」(States of Failure)에서 정점을 이룬 맬컴 불(Malcolm Bull)의 최근 논문들은 네 번째를 제안하고 있다. 현시대를 사유하려면 표면적으로 직관에 반하는 시대읽기로 보이는 것이라도 마땅히 진지하게 고려할 필요가 있다.

1

거칠게 정리하면 네언의 설명은 다음과 같다. 마르크스-주의는 늘 1840년대 라인 지방의 민주주의 투쟁에서 형성된 카를 마르크스 자신의 사유를 왜

---

* 『제국』, 윤수종 옮김, 이학사, 2001.
** 『장기 20세기』, 백승욱 옮김, 그린비, 2008.

곡하는 데 토대를 두었다. 마르크스는 자본주의가 세계시장 형성이라는 본연의 임무를 완수할 때 비로소 사회주의가 가능하다고 가정했지만, 대중과 지식인의 조급함은 레닌과 마오쩌둥이 택한 치명적인 지름길을 만들어냈고 민주주의와 경제성장을 국가권력으로 대체했다. 그 결과 세계 역사의 강물은 엉뚱하게 근대의 중세라는 늪지로 흘러들어가게 되었다. 그러나 1989년 소비에트 공산주의의 몰락으로 이제 이 강이 자연스러운 진로로 돌아와 하구의 삼각주, 곧 현재의 세계화로 흐를 수 있게 되었다. 세계화의 핵심 의미는 민주주의가 세계 전역으로 일반화되어 마르크스 생전에 궤멸된 1848년의 꿈이 마침내 실현되는 것이기 때문이다. 하지만 마르크스 자신도 계급이 프롤레타리아의 형태로 역사적 해방의 담지자가 될 것으로 생각한 점에서 중대한 실수를 하나 저지른 셈이었다. 1848년의 유럽적 유형이 이미 보여주었고 20세기 전체가 확인해주었듯이, 실상은 계급이 아닌 국가가 역사의 동력이자 마르크스가 이루고자 했던 민주주의 혁명의 운반자가 될 것이다.

그러나 마르크스-주의가 가짜 민주주의를 건설했듯이 국가 역시 오래지 않아 미국 남북전쟁과 보불전쟁 이후 국가-주의, 즉 제국주의 열강에 압수당했다. 하지만 20세기 후반의 제3세계 탈식민화와 제2세계 탈공산화는 잠재적으로 국가주의 없는 국가가 자기 역량을 발휘할 수 있게 해주었는데, 이것이 "눈앞의 열린 바다에서 어떤 형태의 사회라도 가능하게 해줄 전제조건인 민주주의의 일반화와 심화"를 성취할 유일한 틀이다.[13] 9·11 이후 소생한 미국의 강대국 국가주의와 신자유주의적 경제지상주의는 일시적으로 세계화의 진보적 원동력을 강탈했다. 하지만 그 때문에 시장 획일성으로 귀착되지는 않을 것이다. 오히려 이런 것들의 저변에 깔린 논리를 인간적으로 감당할 수

---

13) "History's Postman", *London Review of Books*, 26 January 2006. 다른 주요 저작으로는 "Out of the Cage", "Make for the Boondocks", "Democratic Warming", "The Enabling Boundary"가 있다. 각각 *London Review of Books*, 24 June 2004, 5 May 2005, 4 August 2005, 18 October 2007. 그리고 "America: Enemy of Globalization", *openDemocracy*, 2003.

있으려면 민주국가의 다양성이 하나의 인류학적 필수조건으로 요구되며, 만일 그것이 없다면 어떤 종류의 정체성도 성립할 수 없는 경계 상실의 고통이 따를 것이다. 인류의 종말이라는 지점에서 우리를 기다리는 사회적 혹은 문화적 동질성이란 없다. "우리는 여전히 근대성의 급류 한가운데 있다."

2

하트와 네그리는 세계화가 본질적으로 해방의 과정이라는 데 네언과 의견을 같이하지만 그 안에서 국가가 하는 역할에 관해서는 정반대의 평가에 도달한다. 그들의 이야기는 더 이전, 16세기에 르네상스의 해방 정신이 근대적 주권의 초기 형태인 절대주의를 설립한 바로크의 반혁명으로 파괴당한 때로부터 시작한다. 반혁명의 유산은 아무런 본질적 수정 없이 산업화 시대의 민족국가로 계승되는데 민족국가가 유일하고 동질적인 '제국'으로 해소되어 이 유산이 소멸하는 것이야말로 자유와 평등의 새 시대를 알리는 서막이다. 여기서 전환점은 1989년의 공산주의 몰락이 아니며 이 사건은 거의 언급되지도 않는다. 대신 1968~78년의 10년이 전환점으로 지적되는데, 이 기간 동안 베트남 반제투쟁의 승리 및 서구 노동자와 실업자와 학생들의 반란이 자본주의 재편을 강요하여 현재와 같은 보편적 외양을 갖추도록 만들었다. 보편 제국의 등장과 더불어, 점차 자본이 단일하고 역시 보편적인 다중의 '비물질적' 노동을 만들어내면서 계급 또한 국가와 마찬가지로 소멸한다. 민족 해방과 노동계급과 혁명 전위의 시대는 끝났다. 그러나 아래로부터의 저항으로 제국이 만들어진 것처럼, 제국 또한 그런 저항에 직면하게 될 것이고 이 저항의 자발적 네트워크가 지구에 확산될 것이다. 평화와 민주주의를 향한 공동의 생체정치적 욕망에서 비롯된 시위와 이민과 폭동 같은 다중의 행동들이 나선형으로 상승하며 탈자유주의·탈사회주의적 세계를 꽃피울 것이다. 주권과 재현을 신비화하지 않고 처음으로 모든 사람이 자유와 평등으로 통치할 것이다.

이는 언제라도 일어날 수 있다. "오늘날, 시간은 이미 죽은 현재와 이미 살아 있는 미래로 나뉘어 있고 그 사이로 거대한 심연이 입을 벌리고 있다. 머지않아 하나의 사건이 우리를 화살처럼 저 살아 있는 미래로 쏘아 보낼 것이다."[14]

3

아리기의 서사도 르네상스에서 시작하지만 16세기 스페인의 절대주의가 아니라 14세기 제노바 은행업의 발생이 출발점이다. 그의 서사 형식은 주기적이다. 자본주의적 팽창은 처음에는 항상 상품 생산에 대한 투자나 시장 개척처럼 실물적 성격을 띤다. 하지만 과열 경쟁이 이윤을 떨어뜨리면 탈출구로 투기와 중개에 대한 투자, 곧 금융팽창으로 전환한다. 그러다 다시 이것도 흐름이 다하면 "체계의 카오스의 시대"가 뒤따르는데 이때는 영토 소속이 다르고 경쟁 관계에 있는 자본들이 각자의 국가를 통해 전쟁터에서 맞붙어 싸워 결판을 낸다. 이 전쟁의 결과 승리한 국가는 전 체계를 포괄하는 헤게모니를 확립하여 실물적 팽창의 새로운 순환이 시작될 수 있게 해준다. 그런 헤게모니는 대개 자본주의와 영토주의를 유례없는 방식으로 결합한 새로운 생산 모델을 수반하고 그럼으로써 더 광범위한 사회적 블록에 의지하여 다른 나라들에게 헤게모니국가가 "피지배자들에 맞서 모든 지배계급의 권력을 일반적으로 확장해주는 동력"임을 설득할 수 있게 된다. 30년 전쟁에서 네덜란드의 헤게모니(전 지구적 금융 더하기 무역 독점)가 나왔고, 나폴레옹 전쟁에서 영국의 헤게모니(전 지구적 금융, 자유무역의 우세, 초기 공장 체계)가, 그리고 양차 세계대전에서 미국의 헤게모니(전 지구적 금융, 자유무역, 산업 법인기업)가 나왔다. 오늘날은? 하트와 네그리처럼 아리기도 1960년대와 1970년대의 반제국주의와 노

---

14) *Multitude*, New York 2005, p. 358. 〔『다중 — 제국이 지배하는 시대의 전쟁과 민주주의』, 조정환 외 옮김, 세종서적, 2008〕

동자 폭동이 근대의 전환점이며 전후의 실물적 팽창 순환을 끝내고 자본주의로 하여금 금융팽창으로 대책 없이 돌진하게 만들었다고 본다. 미국의 헤게모니가 이라크에서 치명적 위기에 돌입한 것처럼 이 순환 또한 이제 점차 소멸하는 중이다.

그 다음은 무엇인가? 세계 노동자들도 꾸준히 힘을 쌓아왔지만[15] 큰 발전은 동아시아의 성장이다. 1990년대 초에 아리기는 일본에 초점을 두면서 인류에게 세 가지 미래가 있다고 생각했다. 첫째는 세계 제국, 즉 전 세계를 장악한 미국의 제국주의적 지배에 대한 최종적 확인이고, 둘째는 일본이 이끄는 동아시아가 미국에 맞선 균형추 역할을 해서 어떤 단일 국가도 더는 헤게모니를 행사할 수 없게 만드는 세계시장사회의 출현, 마지막으로는 지구 전체를 파괴할 수 있는 체계의 카오스의 말기적 발작 속에 상시적 전쟁 상태로 전락하는 길이다. 10년 후, 훨씬 더 의미심장한 중국의 성장과 더불어 그는 첫 번째 시나리오를 배제하고 희망적인 두 번째와 (점점 비중이 약해지는) 재앙적인 세 번째만 남겨놓았다.[16] 오래전 애덤 스미스가 예견했던 세계시장사회가 출현한다면 이는 국가 간 경쟁에서 탄생하여 자본주의의 정의가 된 국가와 금융 간의 연계가 사라졌다는 얘기가 되므로 자본주의의 종말을 나타낼 것이며, 동시에 그가 고대했으나 오래 지체되었던 모든 나라들 간의 부의 평등이 실현되었음을 의미할 것이다.

4

이와 달리 맬컴 불의 이야기는 17세기 스피노자의 정치사상에서 의식적인

---

15) Beverly Silver, *Forces of Labor: Workers' Movements and Globalization since 1870*, Cambridge 2003 참조. 〔『노동의 힘 — 1870년 이후의 노동자운동과 세계화』, 백승욱 외 옮김, 그린비, 2005〕
16) *Adam Smith in Beijing: Lineages of the Twenty-First Century*, London and New York 2007, pp. 7~8.

집단 의지와 구분되는 무의식적 집단 지성이 처음으로 암시되면서 시작된다. 버나드 맨더빌을 거쳐 스미스에게 시장의 보이지 않는 손으로, 존 스튜어트 밀에게 정부의 자연적 기원으로 내려오면서, 이 전통은 마침내 가장 강력한 자본주의 정당화 논리일 법한 프리드리히 하이에크의 자연발생적 질서에 대한 일반 이론을 낳았다. 오늘날에는 하트와 네그리의 '무리 지성'(swarm intelligence)으로 다시 등장했는데 이는 루소에서 비롯되어 인민 주권을 구현한다고 되어 있는 국가와 대치한다.[17] 그러나 하트와 네그리가 되돌아간 이분법은 사실상 현재의 행위 주체가 맞닥뜨린 난국의 표현이며 이 난국은 세계화하는 시장과 그에 대한 대중들의 수세적 반응 사이에서 옴짝달싹할 수 없는 지경을 가리킨다.

불은 헤겔이 생전에 이런 대립의 해결책을 제시한 바 있었다고 주장한다. 그의 『법철학』이 시민사회의 자발적 지성에서, 다시 말해 스코틀랜드 정치경제학에서는 시장으로 이론화된 것에서 자유주의 국가의 정돈된 의지로 가는 통로를 만들었기 때문이다. 20세기 초 좌우를 막론한 비판자들에 의해 붕괴된 이 논지는 계승되어야 하되 변형이 필요한 유산이다. 그 사이 일어난 사건은 유럽, 소련, 미국이라는 제국이 부분적으로 중첩 구현했던 세계국가(the global state)의 해체였다. 이 해체는 처음에는 탈식민화, 그 다음에는 탈공산화로 나타났고 이제는 미국 패권의 쇠퇴로 가시화된다. 그렇다면 이것이 세계시장사회, 또는 집단 의지 없는 집단 지성의 거스를 수 없는 대세를 뜻하는가? 반드시 그렇지는 않다. 대신 세계국가의 엔트로피가 헤겔적 공식을 뒤집으며 분산 구조를 내놓을 수도 있다. 다시 말해 시민사회가 국가로 포섭되는 게 아니라, 한때 마르크스와 그람시가 상상했듯이 그 반대 방향으로 진행되

---

17) "The Limits of Multitude", *New Left Review* 35, September~October 2005, pp. 19~39 및 후속편 "States of Failure", *New Left Review* 40, July~August 2006. 이후의 텍스트로는 "Vectors of the Biopolitical", *New Left Review* 45, May~June 2007과 "The Catastrophist", *London Review of Books*, 1 November 2007.

어 국가의 쇠퇴로부터 시민사회가 잠재적으로 비시장적인 토대 위에 재조직 될 수도 있다.

5

이와 같은 이론적 구조물들은 이 시대의 피상적인 헤드라인을 넘어 우리가 살아내는 세계-역사적 변화들의 장기적 논리를 보고자 하는 일련의 상상력 넘치는 계획을 이루고 있다. 현재적 사건의 고색창연함과는 다소 멀어 보일지라도, 이들 각각은 이 시기의 경험적 특징들을 근거로 제시한다. 1980년대 후반 이래 동유럽에서 동아시아와 남아프리카에 이르기까지 대의민주주의가 전 세계에 퍼졌고 어떤 명백한 반전이나 종착지도 보이지 않는 한편, 카프카스 지역에서 태평양까지 새로운 민족국가들이 탄생하고 있으며 아직까지는 민족국가를 넘어서는 어떤 민주주의 형태도 발명된 바가 없다. 시애틀과 제노바에서 중앙의 지시를 받지 않는 대중 네트워크들이 결집되었다. 세계 무역과 생산에서 미국의 지분은 줄어들었다. 중국, 혹은 더 일반적으로 동아시아가 수십 년 내로 세계경제의 중심이 될 공산이 크다. 세계화를 낳는 시장 확대를 둘러싸고 지금까지 벌어진 대응 가운데 가장 중요한 것은 사실상 대중들의 반발이었다.

6

지적인 측면에서 보면, 위의 네 가지 버전 모두 근대 사회주의의 출현보다 앞선 사상가들을 출발점으로 삼는다. 네그리에겐 스피노자, 아리기에겐 스미스, 불에겐 헤겔, 그리고 네언에겐 마르크스 이전의 마르크스(『공산주의자 선언』 이전 라인 지방의 젊은 민주주의자)가 출발점이었다. 이들은 모두 이탈리아를 배경으로 하고 있으나, 또 얼마간은 "나는 센 강에서 옷을 빨았다"고 한 네그리

21세기 세계는 어디로 가는가 65

의 말에 다 해당된다. 하트와 네그리의 경우가 가장 뚜렷한데, 평면제국, 노마드, 생체권력 같은 이들의 어휘 상당 부분은 질 들뢰즈나 미셸 푸코에서 직접 따온 것들이다. 하지만 자본주의에 대한 통찰을 주로 페르낭 브로델에게 기댄 아리기도 그리 다르지 않다. 네언에게는 근대성의 인류학적 전제들을 매우 대담하게, 심지어 다소 광적으로 파고든 에마뉘엘 토드가 그런 위치를 차지한다. 불이 인용한 가장 최근의 사상가이자 서술상으로 그의 해결책에 가장 가까운 인물은 장 폴 사르트르이다. 정치적으로는, 세계화란 환영받아야 하는 대상이고 이미 우리에게 미국 패권의 사망을 알리는 최초의 혹은 최후의 신호를 보내주었다고 보는 데 이 네 가지 버전의 의견이 일치한다.[18]

7

각각의 버전을 가르는 주된 차이는 국가라는 축에 놓여 있다. 하트와 네그리, 아리기와 불에게 자본의 쇠퇴를 완수하는 것은 국가(하트와 네그리에게는 민족국가, 아리기에게는 헤게모니국가, 불에게는 전 지구적 국가)의 소멸이다. 네언은 정반대로 민족국가의 완전한 해방만이 민주주의를 보편화할 수 있고 신자유주의 질서 너머의 새로운 사회 형태 발명에 필요한 문화적 다양성을 보장해준다고 믿는다.

이 구조물 각각에 던질 수 있는 질문은 분명하다. 네언에게는, 민주주의가 세계 전역에서 확산되고 있는지는 모르지만 확산될수록 점점 더 빈약해지고 있지 않은지, 게다가 이런 현상은 우연이 아니라 민주주의 확산의 한 조건이 아닌지? 새로운 민족국가가 생성되고 있지만 거의 모든 신생국가가 허약하거나 주변적이다. 어떤 종류의 경계가 있어야 한다는 게 인류학적인 선험일지도 모르지만, 이런 경계가 왜 하필 문명이나 지역이나 주(州) 같은 것이 아닌

---

[18] 『제국』과 『다중』의 주된 차이는 후자가 미국 공화국의 우상을 파괴했다는 점이다.

국가여야 하는가? 하트와 네그리에게는, '엑소더스'가 약속되어 있다는 점이 암시하듯이 다중이란 그저 신학적인 표상이 아닌지, 그리고 제국을 대체하여 보편적 민주주의를 세울 '사건'이란 기적에 대한 믿음 같은 것이 아닌지? 아리기에게는, 만일 자본주의가 무역이나 생산이 아니라 국가 간 경쟁에서 발생한 대형 금융거래의 영역일 뿐이라고 설명한 브로델의 정의가 옳다면 세계제국 혹은 세계시장사회는 자본주의의 종말을 초래할 수 있을 것이다. 하지만 과연 그런가? 그리고 세계 노동 반란이 1980년대 이래 증가했다는 게 사실인가? 불에게는, 세계화하는 시장과 그에 대한 대중들의 반응 사이의 막다른 길이라고 하면 이 둘이 동등한 무게를 지니고 있어서 어느 쪽도 다른 쪽을 희생하고 나아갈 수 없다는 얘기가 되는 셈이다. 그런데 지난 20년이 과연 이런 양상을 보여주는가? 현재의 세계국가 즉 미국의 헤게모니가 해체되고 있다면, 그 결과로 세계시민사회나 시장 등이 아니라, 새뮤얼 헌팅턴 식으로 서로 다른 문명의 공간으로 경계가 정해진 지역시장권력의 조각모음이 되지 말라는 법이 있는가?

하지만 이들의 주장은 미래의 토론을 위해 벤치마크가 되는 비전이다. 이들을 반박하려면 그에 필적하는 논의를 펼쳐야만 할 것이다.

〔황정아 옮김〕

세계 경제위기의 신호탄, 서브프라임 위기[†]

로빈 블랙번(Robin Blackburn)

2007년 여름, 미국과 유럽의 많은 주요 은행들이 그들 스스로 패키지로 만들어 발행했던, 모기지에 기초한 증권의 가치가 급락하여 심각한 피해를 입었다. 놀랍게도 이 악성 채권들이 그들의 기초자산에서 중요한 부분을 구성하고 있다는 사실이 밝혀졌다. 모든 금융기관들이 현금을 보유하려 했고 다른 기관들에 대출할 때 매기는 프리미엄을 인상했기 때문에, 이 채권의 부도(default)[*]는 신용경색(credit crunch)을 야기했다. 월스트리트의 투자은행들

[†] 이 논문은 앤드루 글린(1943~2007)을 추모하며 그에게 바치는 글이다. 나는 그의 지혜, 관용, 그리고 비판적인 시각이 매우 그립다. 또한 나는 유익한 논평과 제언을 해준 알리 에이브러햄퍼, 제인 다리스타, 던컨 폴리, 맥스 개스너, 존 그랄, 제프리 잉엄, 그리고 줄리아 오트 등에게 감사를 표한다.

[*] 원리금 상환의 지급을 불이행하는 채무 불이행 혹은 지급불능 사태를 뜻함.

과 증권회사들은 2007년 7월에서 2008년 3월 사이에 1750억 달러의 자본을 잠식했고, 다섯째로 큰 금융기관인 베어스턴스는 2008년 3월 미국 연방준비제도이사회〔이하 '연준'〕의 290억 달러 지원에 기초하여 JP모건체이스에 헐값으로 '구제되었다'. 그 외 많은 금융기관들은 아부다비, 싱가포르, 한국, 그리고 중국 등 정부가 소유한 일련의 '국부펀드'(sovereign funds)에 엄청난 규모의 우선주를 높은 수익률을 보장하며 매각하여 겨우 살아남았다.

2008년 1월에는 750억 달러의 새로운 자본이 은행에 수혈되었지만 충분하지 않았다. 영국에서는 유동성 자금의 비용이 너무 높아져 대규모 모기지 금융기관들의 영업 모델이 심각한 타격을 받았고, 150년 만에 처음으로 뱅크런(bank run)*이 발생했다. 이에 대해 영국 정부는 처음으로 약 600억 파운드의 자금을 지원하여 예금자들의 예금을 보장하고 노던록(Nothern Rock)을 국유화했다. 1월 말에는 금융기법으로 유명한, 그리고 바로 그달에 『리스크』(Risk)지로부터 '올해의 최고 파생금융기관' 상을 받은 소시에테 제네랄(Société Générale)이 31세의 트레이더가 이 은행에 70억 달러의 손실을 입혔다고 발표했다. 이 회사의 경영진은 1월 21일 이 트레이더가 매수한 끔찍한 자산을 매각하기 시작했고, 이에 따라 각국의 주가가 폭락했다. 이로 인해 다음 날 연준은 금리를 0.75퍼센트포인트 인하하는 비상 결정을 내렸던 것으로 보인다.

금융시장의 리스크, 특히 시스템 리스크의 관리에 분명히 심각한 문제가 있었다. 중요한 문제는 핵심적인 금융기관들이 손실을 숨기기 위해 불투명한 2차 은행 시스템을 사용했다는 것이다. 시티그룹, 메릴린치, HSBC, 바클레이스 캐피털, 그리고 도이치뱅크 등은 엄청난 부채를 지고 다른 이들의 자금을 위험한 담보에 기초하여 필사적으로 대출을 했다. 1990년대 미국의 규제완화와 영국의 민영화 이전에는 미국의 투자은행들이 1933년 글래스-스티걸 법

* 유동성 인출 사태.

(Glass-Stegall Act)에 의해 소매금융에 참여하는 것이 금지되어 있었고, 그러한 변화가 없었다면 노던록은 건실하고 매우 보수적인 회사로 유지되었을 것이다.

신용경색은 달러 가치의 하락을 막기 위해 금리가 인상되자, 2006년 4분기와 2007년 초 서브프라임 모기지대출을 받았던 이들의 지급불능 사태가 늘어난 것으로부터 촉발되었다. 이로 인해 2007년 2월과 3월, 몇몇 대형 모기지 중개기관들이 파산했다. 그러나 본격적인 문제는 2007년 여름에야 나타나기 시작했다. 이 문제를 최초로 보고한 투자은행은 도이치뱅크였는데, 이 은행은 7월에 두 개의 부동산 관련 펀드에 구제금융을 제공한 기관이었다. 10월에는 미국 재무부가 메릴린치, 모건스탠리, 그리고 뱅크오브아메리카 등 월스트리트의 최대 투자은행 세 곳으로 하여금 부실자산을 청산하기 위한 700억 달러의 펀드를 설립할 것을 촉구했다. 그러나 이는 성공하지 못했다. 한 애널리스트는 다음과 같이 불평했다. "제일 윗부분의 크림만 걷어 먹는 그들의 방식은 밑바닥에 독이 남아 있는 현실의 문제를 해결할 수 없다"〔우량자산만 청산하는 그들의 방식은 훨씬 더 많은 부실자산이 존재하는 현실을 해결할 수 없다〕.[1]

2007년 말 신용위기가 매우 심각해지자, 전 세계의 중앙은행들은 엄청난 규모의 유동성을 세계의 금융 시스템에 투입하기 위해 노력했다. 그러나 그 효과는 일시적이었고 은행들은 여전히 서로 자금을 대출해주기를 꺼렸다. 로런스 서머스 미국 전 재무장관은 지난 6개월 동안의 사태가 별것 아니었다는 듯 앞으로 닥쳐올 더욱 '심각한 신용경색'에 대해 경고했다. 이러한 위험은 더욱 많은 자본이 투입되지 않는다면 주요한 은행들의 자산 '부실'(impaired)이 더욱 심각해질 것이라는 현실 때문이었다.[2] 경제 상황이 악화되어 나타났던 서브프라임 위기와 신용경색 자체가 다시 미국과 세계 경제의 불황을 악

---

1) "Some Wonder if Stabilization Fund Will Work", *New York Times*, 12 November 2007.
2) Lawrence Summers, "Beyond Fiscal Stimulus", *Financial Times*, 28 January 2008.

화시켰다. 2월 10일 헨리 폴슨 미 재무장관은 신용 문제가 여전히 "심각하고 지속되고 있으며" 더 큰 문제가 예상된다고 확인했다.[3] 2월 29일 시니어 투자은행가인 데이비드 그린로(모건스탠리)와 잰 해치어스(골드만삭스), 그리고 경제학자인 아닐 K. 카샵(시카고 대학)과 신현송(프린스턴 대학)이「레버리지 손실」이라는 제목의 연구를 발표했다. 이 논문은 서브프라임 위기로 인한 손실이 약 4,000억 달러에 이를 것이고, 국내총생산(GDP)을 1~1.5퍼센트 하락시킬 것이라고 조심스레 예측했다.[4] 이 논문의 제목은 주로 모기지대출을 받은 수백만의 주택보유자들의 문제를 이야기하는 것처럼 보이지만, 과도한 차입에 기초한 자산으로 인한 파괴적인 문제점은 사실 여러 금융기관들에게서 나타나고 있었다.

미국 대통령과 의회는 신속하게 1,500억 달러 규모의 경기회복안의 도입에 동의했고, 3월 11일 각국의 중앙은행들이 모여 은행들에게 2,000억 달러의 자금을 관대한 조건으로 지원하기로 했다. 그러나 사태는 그들이 통제할 수 있는 상황이 아니었던 것으로 보인다. 3월 16일 연준은 베어스턴스의 파산을 막기 위해 JP모건체이스가 낮은 가격으로 이 회사를 매입하도록 했다. 나머지 투자은행들은 역사상 최초로 불충분한 담보와 신용에 기초하여 낮은 금리로 직접 자금을 제공받았다.

신용경색은 오랫동안 나타난 지속 불가능한 글로벌 불균형(global imbalances)*과 자산 버블의 정점으로서 발생한 것이었다. 불황을 우려하여 연준은 2001년에서 2006년까지 금리를 낮게 유지했고, 이는 대출을 값싸고 손쉽게

---

[3] Michael Phillips and Yuka Hayashi, "Markets at Risk for Additional Shocks", *Wall Street Journal*, 11 February 2008.

[4] David Greenlaw, Jan Hatzius, Anil K. Kashyap and Hyun Song Shin, "Leveraged Losses: Lessons from the Mortgage Market Meltdown", presented at US Monetary Policy Forum, 29 February 2008.

* 최근 미국의 경상수지 적자가 심화되는 반면, 중국 등 동아시아 국가들의 경상수지 흑자가 늘어나 국제적 자본이 이들 나라로부터 미국으로 이동하는 현상.

만드는 배경이 되었다. 전 세계의 금융과 기업의 리더들은 세계적 호황의 지속을 위해 '최종 소비자'인 미국 가구의 소비에 의존했다. 로버트 브레너는 1998년 『뉴레프트리뷰』에 세계경제의 구조적인 문제점과 시스템의 불안에 대해 흥미로운 분석을 발표했다. 2006년 출판된 『글로벌 격동의 경제학』의 긴 후기에서 그는 2002년에서 2006년 사이의 의도된 '소비 주도의' 호황이 낮은 수익성과 저투자를 극복하는 데에 실패했다고 강조했다. 이 시기 동안 노동생산성은 상승했지만 실질임금은 상승하지 않았다. 중국으로부터의 값싼 수입품 덕택에 호황이 좀더 쉽게 유지되었지만, 소비 증가를 추동한 핵심적인 요인은 개인 부채의 증가였다. 브레너는 연준과 미 재무부의 수요촉진 정책을 '시장 케인스주의'라고 불렀다.[5] 앤드루 글린과 조반니 아리기는 조금 다른 의견을 제시했지만 그들도 1995~2007년의 버블경제가 통제되지 못했고 금융이 규제의 범위를 벗어났다고 지적했다.[6]

연준의 자금 순환 데이터에 따르면 미국 경제의 총부채는 1997년 GDP의 255.3퍼센트에서 2007년 352.6퍼센트로 증가했다. 부채의 증가는 가구와 금융 부문에서 가장 급속하게 나타났다. 가계부채는 1997년 GDP의 66.1퍼센트에서 2007년 99.9퍼센트로 증가했다. 그러나 은행과 다른 금융기관들의 부채가 가장 급속하게 늘어나서, 1997년 GDP의 63.8퍼센트에서 2007년 113.8퍼센트가 되었다.[7] 자산 버블의 지속이 이렇게 부채를 증가시켰던 것이다.

1996년 그의 유명한 '이상 과열'에 관한 연설에도 불구하고, 연준의 의장

---

5) Robert Brenner, *The Economics of Global Turbulence: The Advanced Capitalist Economies from Long Boom to Long Downturn, 1945~2005*, London and New York 2006. 개인과 기업의 부채 증가에 관해서는 pp. 157~59, 276~78 참조.
6) Andrew Glyn, *Capitalism Unleashed*, Oxford 2006, and Giovanni Arrighi, *Adam Smith in Beijing*, London and New York 2007.
7) Federal Reserve Bank, *Flow of Funds*, Washington, DC 2008. 이러한 수치들의 중요성은 제인 다리스타의 중요한 논문에서 논의되었다. Jane D'Arista, "Broken Systems: Agendas for Financial and Monetary Reform", presented at 17th Annual Hyman Minsky Conference, 17 April 2008.

이었던 앨런 그린스펀(Alan Greenspan)은 1990년대 후반 주식 버블을 억제하기 위해 단호한 조치를 취하지 않았다. 재무장관이었던 로버트 루빈(Robert Rubin)과 로런스 서머스는 그런 조치를 더욱 취하지 않았으며, 서머스는 주가의 상승을 미국의 저축 증가로 보아야 한다고 주장했다.[8] 2000년대 초반 미국 정부는 미국 경제를 주식 버블로부터 '연착륙'(softlanding)시키고 미국의 힘이 테러로 인해 약화되지 않았음을 보여주기 위해 확장적 통화정책을 실시했다. 미국 소비자의 구매력을 증가시키는 것이 국가 안보에서 중요한 일이 되었다. 9·11 테러 이후 미국인들은 소비 증가를 위해 더욱 많은 부채를 지고, 은행과 규제기관은 이를 실현할 애국적 의무를 졌던 것이다.

은행들은 저축과 예금의 관리인이라는 그들의 전통적 역할이 점점 펜션펀드와 뮤추얼펀드로 넘어가게 됨에 따라 그리고 전통적인 기업금융으로부터 수익의 비중이 감소함에 따라 소비자대출을 증가시켰다. 1997~2007년 사이에 총 금융 부문 자산에서 예금은행이 차지하는 비중은 56.3퍼센트에서 23.7퍼센트로 급락했으며, 펜션펀드와 뮤추얼펀드의 비중은 21퍼센트에서 37.8퍼센트로 증가했다. 규제완화로 인해 자유로워진 은행들은 소비자부채를 거래 가능한 채권으로 전환하고 그것을 펀드(혹은 다른 은행들)에 판매하는 새로운 사업을 고안해냈다. 이 사업에 자금을 충당하기 위해, 은행들은 채권 판매 수익이 차입 비용보다 더욱 클 것이고 어떻든 채권을 다른 이들에게 판매할 수 있을 것이라는 낙관적인 기대 아래 스스로 더 많은 부채를 지게 되었다. 이러한 방식은 '대출자산 유동화'(originate and distribute)* 모델이라 알려졌다. 대부분의 행동이 은행들의 '섀도 은행 시스템'(shadow banking system)의 '보이지 않는 대차대조표'(invisible balance sheet)에만 나타났기 때문에 누구

---

8) Robin Blackburn, *Banking on Death or Investing in Life: The History and Future of Pensions*, London and New York 2002, p. 218 참조.

* 은행들이 대출에 기초한 자산을 증권의 형태로 판매하여 대출자산을 유동화하는 것을 의미함.

도 상황이 어떻게 돌아가는지 혹은 이러한 가정이 어떻게 정당화되는지 알기 어려웠다.[9] 제인 다리스타는 이러한 경향은 또한 전통적인 경제정책 수단의 유효성을 약화시키는 것이라고 주장했다. 왜냐하면 정부가 금리를 변화시키고 추가적 유동성을 경제에 투입하는 효과는 예금기관인 은행에 끼치는 영향을 통해서 나타나기 때문이다.[10]

아래의 논의에서 나는 신용경색을 금융화(financialization)의 위기, 즉 그린스펀이 최근 회고록에서 찬양한 모험 가득한 레버리지와 규제완화, 그리고 '금융혁신'의 '신세계'의 위기로 해석한다. 나는 거의 모든 부문에서 시장을 추구하는 것이 어떻게 주요한 자산이 제대로 평가될 수 없는, 은행가에게는 악몽과 같은 상황을 낳았는지 보일 것이다. 나는 구조화 금융(structured finance)을 발명한 피셔 블랙의 생각에 주목해야 한다고 주장할 것이다. 그는 이미 롱텀캐피털매니지먼트의 창립 멤버가 되는 것을 거부했을 때 금융기관이 '너무 많은 위험을 지는 것'에 대해 경고한 바 있다. 나는 금융시장의 실패에 대한 뉴딜 식의 대응과 제2차 세계대전 이후에 나타난 소비자금융의 발전을 검토한 후, 결론에서 오늘날 무엇을 할 수 있는지 살펴볼 것이다.

1. 섀도 은행 시스템 들여다보기

2001~06년 동안의 매우 낮은 금리는 미국의 은행들에게 엄청난 수익을 안겨다 주었다. 저금리 덕분에 그들은 더욱 많은 부채를 지고 더 좋은 사업 조건

---

9) '보이지 않는 대차대조표'의 본질은 아래에서 논의될 것이지만, 그 개념은 Salih N. Neftci, "FX Short Positions, Balance Sheets, and Financial Turbulence", in John Eatwell and Lance Taylor, eds., *International Capital Markets: Systems in Transition*, Oxford 2002, pp. 277~96에서 가져온 것이다.
10) J. D'Arista, "Broken Systems", pp. 8~10.

하에서 대출을 증가시켰다. 그들은 헤지펀드와 사모펀드의 매입(buyout)을 보증하고, 모기지 관련 금융상품을 패키지화했으며(packaged), 채권을 발행하고 그들의 구조화투자회사(SIVs: structured investment vehicles)*와 콘듀이트(conduit)**라고 불리는 특수 회사에 신용을 공급했다. 이러한 사업들은 보통 부채에 기초하여 이루어졌는데, 투자은행과 헤지펀드 등의 기관들은 차입에 기초하여 그들의 자본보다 30배나 되는 자산을 매입하기도 했다. 이것이 바로 2007년 8월 위기의 주역들이 서로에게 부채를 지며 엄청나게 많은 부채를 안게 된 방식이었다. 이렇게 변화된 상황에서 은행들이 직면한 문제는 엄청난 모기지 차입을 하게 된 주택구입자가 직면한 문제와 적어도 한 가지 비슷한 점이 있다. 두 경우 모두, 차입자들이 비용 상승과 수입 감소에 의해 압박을 받아서 그들의 자산을 가격이 하락하고 있는 시장에 매각했던 것이다. 먼저 2006~07년의 금리 인상으로 인해 주택구입자들의 차입 비용이 상승했고, 2007년 8월 은행들과 그들의 특수 콘듀이트들의 차입 비용이 더욱 높게 상승했다. 높은 연봉을 받던 금융전문가들은 이 문제를 알아차려야 했지만 그들은 자기 속임수에 속고 있었던 것 같다.

2007년 말 『파이낸셜 타임스』는 아래와 같이 보도했다.

투자자들이 금융산업의 유명한 금융기관들의 상황을 조사하는 동안, 하나

---

* 은행들이 부채담보부증권(CDO: Collateralized Debt Obligations)과 같이 수익은 높지만 위험성도 큰 자산들을 장부외(off-balance sheet)로 거래하기 위해 설립한 특수 목적 기관으로 고수익-고위험 채권에 집중적으로 투자함. 이들은 상대적으로 규제를 덜 받으며 주로 단기채권을 발행하여 모기지 관련 채권 등 장기채권에 투자하여 수익을 올림. 부채담보부증권이란 회사채나 대출채권 등을 기초자산으로 발행되는 유동화증권으로, 투자은행들이 일반 여신은행 등으로부터 대출채권 등의 부채를 넘겨받은 후, 이들을 한데 묶어 투자자들을 대상으로 발행하는 새로운 채권.
** 구조화투자회사와 유사하게 은행들이 설립한 특수 목적의 장부상 회사로서 장부외 거래에 기초하여 자산유동화기업어음(ABCP: Asset Backed Commercial Paper) 등의 단기채권을 발행하여 자금을 조달함.

의 유령이 조용히 등장할 것이다: 잘 알려지지 않은 이른바 '섀도' 은행 시스템의 현실. 2000년대 미국과 유럽의 금융시장에서는 불투명한 금융기관들과 금융상품들이 우후죽순처럼 등장하여 금융 시스템에 신용을 공급하는 데에 중요한 역할을 했다.[11]

이러한 '숨겨진' 시스템은 1990년대와 2000년대에, 많은 금융기관들이 은행의 기능을 수행하도록 허용하고 차입과 대출을 규제하는 원칙을 완화한 규제완화의 결과로 급속하게 성장했다. 엔론의 파산 이후, 몇몇 주요한 은행들이 대차대조표에 기록되지 않는(장부외의, off-balance sheet) 다양한 특수 목적 항목을 만들어서 엔론이 투자자와 규제기관을 속이도록 도와주었다는 것이 밝혀졌다. 놀랍게도 그 이후의 입법도 보다 강력한 금지 조치를 도입한 것이 아니라, 사베인스-옥슬리 법(Sarbanes-Oxley Act)의 46-R 규칙 아래 대부분의 수입과 위험이 서로 연결되어 있는 한, 장부외 자산을 보유하는 것을 허용했다.[12] 이로 인해서 다른 투자자들은 약간 영향을 받았지만, 구조화투자회사의 보유자인 은행들은 구조화된 금융상품들은 그 가치가 '0' 이하로 떨어지지 않는 단순한 자산에 비해 손실을 통제하기가 훨씬 더 어렵다는 것을 알게 되었다.

가상적인 가치평가

마틴 울프는 2006년에 매우 높았던 은행의 이윤을 장기적인 주식 수익률과 비교했다. 후자는 약 7퍼센트였지만, 미국·독일·프랑스·이탈리아 은행들의 수익률은 약 12퍼센트였고 영국의 은행은 20퍼센트였다.[13] 이러한 높은

---

11) Gillian Tett and Paul Davies, "Out of the Shadows: How Banking's Secret System Broke Down", *Financial Times*, 17 December 2007.
12) Floyd Norris, "Why Surprises Still Lurk After Enron", *New York Times*, 29 February 2008.
13) Martin Wolf, "Why Banking Remains an Accident Waiting to Happen", *Financial Times*, 28

수익률은 높은 차입, '낮은'(thin) 자본 확충 규모, 그리고 위험 부담을 반영한 것이었다. 은행의 이러한 기적적인 성과는 은행의 유동자산이 그들의 대출 금액에 비해 훨씬 더 적다는 사실 때문이었다. 이는 은행의 신용창출 기능 때문이다. 또한 영란은행이 영국 재무부의 도움을 받아서 마지못해 노던록을 구제해주고 미국 연준이 베어스턴스의 매각을 지원해준 것과 같이 최종 대부자인 중앙은행이 뱅크런이 발생하지 않도록 보장해주는 것과 관련이 있다.

중앙은행은 엄격한 자산 규정과 자본/대출 비율을 설정하여 은행들의 위험을 통제한다고 알려져 있다. 2007년 말 현재 영국 은행들의 1급(level 1) 자본은 그들의 총부채에서 4퍼센트에 지나지 않았다. 미국 은행들의 자본은 1급 자본의 비중이 약 8~9퍼센트로서 이보다는 높다고 주장된다. 하지만 시티그룹은 이 비율이 8퍼센트가 넘어야 한다는 규제에도 불구하고 이 비율이 7.3퍼센트로 하락했다. 이는 사실 충분한 자본 규모가 아니다. 게다가 은행들이, 대차대조표에 차입은 기록하지 않고 대출은 자산으로 기록하며, 장부외의 대출 급증에 의해 만들어진 문제들을 숨기고 있었다는 점을 고려하면 이는 사기와 같은 것이었다. 은행들이 대차대조표에 잡히지 않는 구조화투자회사, 그들의 콘듀이트, 그리고 은행이 지원하는 헤지펀드 등에 의해 구성되는 2차 시장인 '숨겨진' 은행 시스템의 붕괴라는 문제를 인식하게 되었을 때 이 문제는 명백해졌다. 이러한 '슬로 모션' 파산은 보고 기간 공시의 원칙을 반영한 것이었다. 구조화투자회사들은 엄청난 낙관주의 혹은 완전히 환상에 기초한 모델에 의해 가격이 매겨진 수십억 달러의 신용파생상품들을 보유하고 있었다. 그러나 특정한 시간 제한 내에서, 은행의 회계사들은 이들 자산에 대해 시가에 기초하여 가격을 매기도록 하는(mark to market) 의무가 있었다. 최고의 자산인 '1급' 자산은 블룸버그의 화면에 나타나는 가격에 기초하여 가치가 매겨질 수 있는 것들이었다. '2급' 자산은 거래되는 비슷한 자산의 인덱스에 그

November 2007.

자산을 연관시키는 모델에 기초하여 매겨졌다. '3급'자산은 직접적으로 거래되는 요인이 아니라 단지 추측, 혹은 문제가 있는 경우는 기대와 소망에 기초한 모델에 의해 매겨졌다.

2007년 8월이 되자, 모기지에 기초한 증권들은 팔기가 어려워졌고 서브프라임 모기지에 기초한 증권들은 더욱 팔리지 않았다. 그들은 결코 1급자산이 아니었지만 이제는 2급자산조차도 아니었다. 11월 8일, 『이코노미스트』는 다음과 같이 보도했다: "월스트리트의 금융기관들 사이에서, 3급증권의 금액이 급증하여 이제 그들의 주식자본을 초과했다."[14] 시티그룹의 경우, 그들의 부채담보부증권(CDO)의 가치만도 주식 가치보다 높아져서 다음 몇 주 동안 이 회사는 새로운 투자자들을 찾는 것을 넘어서서 이들에게 우선주 혹은 그들의 현존하는 주주의 주식 보유 비중을 축소시키는 '전환사채'(convertibles)를 발행해야만 했다. 전환사채는 기업의 수입에 대한 우선적인 청구권이라는 점에서는 증권이지만 동시에 주어진 전환가격 이상에서 주식으로 전환될 수 있다.[15] 2008년 4월 국제통화기금(IMF)은 서브프라임 위기와 관련된 총손실이 9,450억 달러에 이를 것이라 추정했다. "전 세계의 은행들이 총 잠재 손실의 거의 절반인 약 4,400억에서 5,100억 달러를 떠맡을 것이고 나머지는 보험회사, 펜션펀드, 단기금융투자신탁(MMF: Money Market Funds), 헤지펀드 그리고 다른 기관투자가들이 손실을 볼 것으로 예상된다."[16] 그러나 특히 보험회사와 펜션펀드 등 이들 펀드들은 대규모의 은행 주식을 보유하고 있어서 엄청난 간접적인 손실을 볼 것이다. 사실 이들은 서브프라임 CDO를 거의 보

---

14) "CDOh no!" *Economist*, 8 November 2007.
15) "Breaking Views: To Raise More Capital, Citigroup Is Shoving Aside its Shareholders", *Wall Street Journal*, 16 January 2008.
16) IMF, *Global Financial Stability Report: Containing Systemic Risks and Restoring Financial Soundness*, Washington DC, April 2008, p. 12. IMF 연구의 손실 추정치는 그린로 등이 "Leveraged Losses"에서 발표한 추정치의 거의 두 배인데, 이는 주로 IMF 연구의 추정 범위가 보다 세계적이고 광범위하기 때문이다.

유하고 있지 않기 때문에 이들이 입을 손실의 대부분은 '2차적인 손실'(collateral damage)이다.

저금리로 인해 많은 주택구입자들은 재모기지(re-mortgaging)를 통해 더욱 심각한 저당의 늪으로 빠져들었다. 브레너가 지적했듯이, 처음은 기술주 그리고 나중에 주택 부문에서 나타난 자산 버블이 호황과 소비 증가라는 환상이 지속되는 것을 도왔지만, 이는 개인과 기업의 부채 증가라는 문제를 낳았다.[17] 비금융기업들, 특히 자동차회사들은 오랫동안 소비자금융을 제공해 왔는데, 이는 이러한 방식이 매출액을 유지하는 유일한 방법이었기 때문이다. 이제 주택보유자들은 그들의 주택을 현금 자동인출기처럼 다루도록 부추겨졌다. 2003년 미국 소비자의 가처분소득의 약 18퍼센트가 부채를 상환하기 위해 지불되었다. 그러나 연준이나 증권거래위원회(SEC: Securities and Exchange Commission) 그 누구도 주택담보대출의 증권화라는 엄청난 사업 기회를 규제하는 조치를 취하지 않았다. 부자라고 느끼는 이들은 맥맨션(McMansion)*을 지을 수 있었고 고정 수입을 얻는 이들 대부분은 여전히 텔레비전이나 잡지 광고에 나오는 안락한 생활을 즐기기를 희망했다. 티저 금리(teaser rates)**가 낮았으므로 수백만의 가난한 이들도 주택을 보유할 수 있을 것이라 믿었다. 2007년에 이르자 주택 관련 대출과 소비자대출이 거의 1조 달러에 육박했다. 얼마 동안은 금융기관들이 소매업자와 협력하여 소위 골드카드와 플래티넘 카드를 대량으로 발행했는데, 이는 소비자들이 이를 사용하여 소비자부채를 상환할 것이라는 기대에 기초한 것이었다. 은행들은 스스로는 3~4퍼센트의 금리를 지불하며 자금을 조달한 후 이러한 카드 관련 대출에 대해서 나중에 18~20퍼센트의 이자를 매겼다. 이렇게 금리가 높았기 때문에

---

17) Robert Brenner, *The Boom and the Bubble*, London and New York 2002, pp. 146~52.
* 맥도널드와 같이 대규모로 특색 없이 비슷하게 지어진 저택을 부르는 단어.
** 모기지회사가 판촉을 위해 제시하는 낮은 금리.

은행들은 의심스러운 대출을 계속하고자 했다.

2008년 2월, 주택 가격이 1년 이상 하락하자 순 자산이 마이너스인 미국의 주택구입자 수가 전체의 10분의 1 수준인 880만 명으로 늘어났다.[18] 주택은 매우 좋은 담보로 인식되었기 때문에 총 주택담보 모기지대출은 약 11조 달러나 되었고 그중에서 10분의 1이 약간 넘는 금액이 '서브프라임'(subprime) 혹은 이와 비슷하게 부실한 'Alt A'* 등급이었다. 신용카드 부채는 1조 달러에 육박할 정도로 증가했고, 그중에서 자동차 관련 대출은 7,000억 달러에 달했다. 이러한 대출을 갚기 위해 필요한 자산은 냉장고나 자동차가 아니라 사실 차입자가 소득을 버는 능력이었다.

전염?

앞으로 상황이 얼마나 악화될 수 있을까? 몇몇 이들은 매우 나쁘다고 생각한다. 뉴욕 대학 스턴 경영대학원(Stern School of Business)의 누리엘 루비니는 미국 경제의 전체 손실이 수조 달러에 이를 것이라 전망했다. 울프는 이를 "모든 위기의 시작"이라 생각한다. 주택 버블이 꺼지면 4조에서 6조 달러에 달하는 가구의 부가 사라질 수 있다는 것이다. 그에 따르면 서브프라임 모기지 관련 손실이 약 2,500~3,000억 달러에 달한다. 또한 소비자신용의 부도, 채권보증기관의 신용등급 하락, 상업적 부동산시장의 붕괴, 대규모 은행의 파산, 차입매수(leveraged buy-outs)로 인한 손실, 수많은 기업들의 파산(기업들 중 "두터운 꼬리fat tail"**에 있는 기업들은 수익성이 낮고 부채가 많다), '섀도 금융

---

18) Edmund Andrews and Louis Uchitelle, "Rescues for Homeowners in Debt Weighed", *New York Times*, 22 February 2008.

* 모기지대출 중 보통의 등급을 이르는 말. 미국 금융기관의 모기지 담보대출은 차입자의 신용도와 부채 규모, 담보 능력 등에 따라 프라임(우량), 알트에이(Alt-A, 보통), 서브프라임(비우량)의 세 등급으로 분류된다.

**분포에서 확률이 낮은 극단적인 경우가 실제로는 자주 발생하는 경우.

시스템'의 붕괴, 주가 폭락, 헤지펀드들의 연쇄 파산, 그리고 심각한 신용경색이 나타날 것이다. 결국 "손실……, 경기불황……, 그리고 헐값 매각의 악순환"이 발생할 것임은 말할 필요도 없다.[19]

울프는 이것이 가능한 시나리오이며—사실 '대규모 은행이 파산할 것'이라는 예측은 한 달 내에 현실이 되었다—전 세계에 연쇄적으로 끼칠 영향이 매우 클 것이라고 주장한다. 월스트리트가 재채기를 하면 쇠약해진 미국 경제가 몹쓸 바이러스에 감염될 것이고 전 세계가 독감으로 쓰러질 것이다. 물론 이러한 재앙들 중 일부는 우려하는 것보다는 심각하지 않을 수도 있고, 정부가 이러한 파국의 요소들 각각을 방지하기 위해 노력할 것이다. 그러나 루비니에 따르면 규제기관들은 이러한 손실을 막을 수 있는 필요한 수단들을 가지고 있지 않다. 사실 현재의 문제들 중 일부는 필연적인 손실을 인정하지 않고 연기하기 위한 과거의 노력들로 인한 것이다. 손실이 인정되지 않고 후순위 지분(subordinated shareholdings)이 수용되지 않는다면, 1990년대 일본에서 그랬듯이 어느 부문에 새로운 자본의 투입이 필요한지 여전히 불확실할 것이고 불황이 나타날 것이다.[20]

무책임의 연쇄

이렇게 엄청난 위험이 어떻게 해서 만들어졌을까? 2007년에 표면화되었던—비록 일부는 몇 년 전에 문제를 경고하기도 했지만—문제들의 원인은 단지 미국의 적자나 연준의 확장적 통화정책에만 있는 것이 아니었다. 과도하게 확장된 금융중개 시스템을 허점투성이로 만든 제도적 복합체와 일련의

---

19) Martin Wolf, "America's Economy Risks the Mother of All Meltdowns", *Financial Times*, 20 February 2008.
20) 정치기관과 금융당국이 손실을 인정하지 않으려 했고 지분의 수용을 수행하려 하지 않았다는 점은 장-찰스 로셰가 강조했다. Jean-Charles Rochet, *Why Are There So Many Banking Crises? The Politics and Policy of Bank Regulation*, Princeton 2008, pp. 4~5, 28~33, 284.

파괴적인 인센티브와 대리인 문제들에도 존재하고 있었다. 우선 악명 높은 '서브프라임' CDO와 관련이 있는 인센티브 문제를 살펴보자. 새로운 서브프라임 모기지대출은 2001년 1,600억 달러에서 2006년 6,000억 달러로 급등하여, 전체 모기지대출의 5분의 1을 차지했다. 이러한 급등에 책임이 있는 판매원들은 각각의 새로운 대출에 대해서 후한 수수료를 받았고 몇 년 동안 상환되어야 할 지불 금액의 일부를 미리 받았다. 브로커들은 수십만의 소득이 없고 직업이 없으며 자산도 없는, 이른바 '닌자들'(ninjas: no income, no job and no assets)과 계약을 했다. 이러한 행동은 그들의 인센티브 구조로 인해 더욱 촉진되었다. 규제체제도 이에 한몫을 했는데 이미 1960년대에 제정된 법률은 그 효과를 고려하지 않고, 임금이 낮고 직업이 없는 이들에게 신용조건을 완화했던 것이다. 조지 부시 정부의 '자산보유자 사회'(ownership society) 비전은 어떻게 보면 린든 존슨 대통령의 '위대한 사회'(Great Society) 프로그램을 보충하는 것으로서 자산 버블의 정점에서 가난한 이들이 주택을 담보로 부채를 지도록 조장했다. 가난한 모기지대출자들에 대한 규정은 분명히 적절하지 않았다 — 즉 상환에 대한 보증이 없었다. 이는 또한 현실에 존재하는 미국의 엄청난 빈곤 문제를 무시하고 이를 부채를 통해 마술처럼 없애버릴 수 있다는 어리석은 상상에 기초한 것이었다.[21] 사실 서브프라임 차입자들은 나중에 상환해야 할 대규모 상환액과는 아무 관계가 없는 낮은 '티저 금리' 때문에 근본적으로 문제가 심각한 거래에 유혹되었다.

부실한 모기지대출은 재판매를 위해 모기지부채를 구입한 투자은행들에 의해서 훨씬 더 악화되었다. 이들은 '대출자산 유동화' 모델에 따라 부채를 인수한 후 이를 패키지화해서 판매했다. 월스트리트의 한 리포트는 다음과 같이 설명했다.

---

21) Louis Hyman, "The Original Subprime Crisis", *New York Times*, 26 December 2007.

월스트리트에서 선불 중개료와 수수료는 관행이다. 수십억 달러의 합병이 체결되면 투자은행들이 보수를 받고 복잡한 새로운 증권을 만들어낸 기업들은 비공식적으로 일부분을 지불받는다. 신용평가기관들은 비공식적인 수수료를 받고 새로운 증권의 위험을 평가한다.[22]

자산담보부증권(asset-backed securities)을 고안하고 판매하는 투자은행가들만이 이러한 수수료를 버는 것은 아니다. 한 투자은행이 80억 달러가 넘는 평가손실(write-down)을 발표했을 때, 그 은행의 전무이사는 위험 평가를 담당한 그 은행의 선임 직원이 지난해에 CDO 사업의 대성공에 기여했기 때문에 2,100만 달러의 보너스를 받았다고 설명했다. 더욱 심각한 문제는 경영진이 이사회에 이를 직접 보고하지 않았다는 것이다.

위험 수익

서브프라임 모기지 위기는 금융화(financialization)의 위험, 그리고 내가 '회색 자본'(grey capital)*이라고 부르는 자산, 즉 사적연금과 같이 금융산업의 내부자에게 맡겨진 대규모의 기관화된 저축의 위험을 잘 보여준다. 나는 이전의 연구에서 1990년대와 2003~06년의 경제성장 방식이 어떻게 불평등을 심화했고 지속 불가능한 부채의 증가에 기초하고 있었는지 설명했다.[23] 어

---

22) Charles Forelle and Jeanne Whalen, "US Financiers' Pay Spurs Financial Crunch", *Wall Street Journal*, 17 January 2008. 이것은 이전의 버블에서 명백하게 나타났던 구조적인 인센티브 문제의 일부이다. 통찰력 있는 두 금융경제학자 프랭클린 앨런과 게리 고턴은 1993년 논문에서, 금융업자들이 결국 파산할 것임을 알면서도 투기적인 밴드웨건 효과(bandwagon effect)에 편승하도록 만드는 인센티브 구조 설계의 문제점에 대해서 경고했다. "Churning Bubbles", *Review of Economic Studies*, vol. 60, no. 4, 1993, pp. 813~36.
* 회색이란 노년 인구의 증가를 의미하는 것으로 회색 자본이란 연금 등 기관화된 저축을 말한다. 회색 자본주의란 이 회색 자본이 자본축적에서 중요한 역할을 차지하는 자본주의를 의미한다.
23) Robin Blackburn, "Finance and the Fourth Dimension", *New Left Review* 39, May~June 2006 and *Age Shock: How Finance Is Failing Us*, London and New York 2006, especially pp. 175~81.

떤 시점에 이르면, 부채 상환의 부담으로 인해 신용이 증가하지 못할 것이다. 이전의 성공에 고무되어서 은행들은 '민스키 모멘트'(Minsky moment), 즉 새로운 위험과 금융화된 자본주의 불안정이 금융시장을 불안정하게 만드는 시기에 직면하게 되었다.[24]

은행들 스스로 때로는 '약탈적 대출'(predatory lending)까지 사용하여 서브프라임 대출을 매입하기도 했는데, 이는 그들이 열망하던 것, 즉 부실자산에 접근할 수 있기 때문이었다. 은행들은 수수료 수입을 얻으면서도 부실대출을 CDO로 패키지화하고 이를 고객들에게 판매하여 위험을 제한할 수 있는 방법을 고안한 것처럼 보였다. 안전한 부채는 위험이 높은 부채에 비해 가격이 높고 액면가보다 더 가치가 높을 수 없는 반면, 위험이 높은 부채의 가치는 크게 할인되고 낙관적 상환 전망과 교묘하게 고안된 '구조화 금융' 덕분에 재판매 가격은 높았기 때문에 위험한 부채가 수익이 더욱 높을 수 있었다.[25]

서브프라임 모기지에 직접 접근할 수 있었기 때문에 은행들과 헤지펀드들은 서브프라임 모기지 대출을 함께 CDO로 묶는 범위를 확대했는데, 이는 위험을 분산하고 보험을 통해 제거하는 방식으로 생각되었다. 수천의 주택담보대출이 하나의 상품으로 통합되고, 그 결과로 부채의 풀은 주택담보대출로 인한 수입의 청구권을 대표하는 10개의 계열(tranche)*로 분할되었다. 최하

---

24) 하이먼 민스키는 자본주의 금융시장은 호황을 거치며 필연적으로 더욱 불안해진다고 주장했다. 여러 이유들 중 하나는 은행들이 낮은 부도와 낮은 예대마진에 익숙해지기 때문이다. 또한 호황으로 인해 폰지 효과(Ponzi effects)가 나타나기 때문인데, 이는 피라미드 판매를 분석했던 찰스 폰지를 따라서 만들어진 이름이다. Hyman Minsky, "The Financial Instability Hypothesis", in Charles Kindleberger and Jean-Paul Laffargue, eds., *Financial Crises: Theory, History and Policy*, Cambridge, 1982, pp. 1~39. 민스키의 논의에 대한 훌륭한 소개는 Geoffrey Ingham, *The Nature of Money*, Cambridge 2004, pp. 159~62 참조.
25) Tony Jackson, "Crazy Crisis May Herald the End of New Derivative Folly", *Financial Times*, 24 December 2007.
* 트랑시: 증권을 계층화하여 발행할 때 각각의 분할 발행분을 대표하는 신용등급별 계층을 의미함.

등급의 계열은 가장 먼저 부도가 날 부분을 대표하고, 둘째 계열은 다음으로 부실한 자산이며 그 다음의 계열들은 그 다음 등급의 자산들을 대표한다. '후순위'(equity)라 불리는 CDO의 가장 낮은 등급의 계열은 위험이 높지만 수익이 높았고, 둘째 계열인 메자닌(mezzanine) 부분도 수익이 높았다. 상위 70~75퍼센트의 선순위(senior) 계열은 수익과 위험이 무척 낮았기 때문에 판매하기가 더욱 어려웠다. 서로 다른 계열의 위험은 부도 위험의 정도에 따라 요금이 서로 다른 보험을 드는 방식으로 헤지되었다. 증권화와 계층화 과정의 한 특징은 한 계열 보유자가 특정한 기간 내에 부도 비율이 명확해지기 전에는 어떤 특정 모기지를 그들이 보유하고 있는지 알지 못한다는 것이다. 부도가 만연하게 되면, 다양한 계열의 보유자들도 묶음된 증권의 이름에 따라 서로서로 생각지도 못한 기묘한 방식으로 묶여 있음을 알 수 있게 된다.

　부도율과 금리가 낮았던 2003~06년의 호황 시기에는 CDO에 대한 보증 (insurance)이 저렴했다. 이렇게 보증을 구입한 이들은 안전하게 헤지되고 신용평가기관으로부터 전체 패키지가 'AAA'를 받은 CDO를 조합한 기관들에 의해 보장을 받았다. 보증을 받은 CDO는 매우 복잡했기 때문에 이 신용파생상품의 총가치를 매기기는 매우 어려웠다. 판매되지 않은 부분은 은행 스스로의 신용에 의해 만들어진 구조화투자회사나 콘듀이트에 모델 가격에 기초하여 '판매'될 수 있었다. 이 가격들은 그 상품들을 만들어내고 평가했던 은행들과 신용평가기관들에 대한 신뢰를 반영한 것이었다. CDO 호황의 정점 시기에는 신용평가기관들의 수입의 절반가량이 이러한 수수료 수입이었다.[26] 구조화투자회사들은 장부외로(off-balance sheet) 운영되었기 때문에 은행들의 구조화투자회사 지분은 자산이었지만 부채는 장부에 나타나지 않았다. 구조화투자회사들은 등급이 높은 단기 상업어음을 기관투자가들에게 판매하고 만기가 길고 등급이 낮은 자산을 구입하여 그 둘 사이의 스프레드

---

26) "The Moody's Blues"(editorial), *Wall Street Journal*, 15 February 2008.

에 기초한 수익을 얻었다. 등급이 낮은 자산에는 대규모의 모기지, 신용카드 부채, 학자금대출, 그리고 다른 채권(receivables)들이 포함되었다. CDO와 비슷하게 구조화투자회사들도 지분을 가진 은행과 함께 계층화되었다. 약 5년 동안 구조화투자회사와 콘듀이트의 이러한 거래는 그들이 투자가들에게 판매한 상업어음의 수익률과 구조화투자회사의 증권화된 채권으로 얻는 수익률 사이의 스프레드에 기초하여 매우 성공적으로 이루어졌다. 그러나 2007년 8월, 이는 사라져버렸고 은행들은 구조화투자회사의 부실이라는 심각한 문제를 떠안게 되었다.[27]

시장의 무지?

호황이 지속되는 동안 대규모 은행들은 CDO의 제조에 필요한 모기지를 충분히 조달할 수 없었다. 따라서 은행들은 서브프라임 모기지를 얻기 위해서 열광했고 브로커들이 표준적인 '실사'(due diligence)에 필요한 과정인 신용 상태의 확인을 건너뛰도록 부추겼다. 보도에 따르면, "많은 투자은행들의 주택대출을 심사하던" 회사인 클레이턴홀딩스는 기소를 받지 않는 대가로, 뉴욕의 변호사인 앤드루 쿠오모에게 문서들을 제출했다. 이 서류들은 그들의 고객들 — 은행들 — 이 통상적인 대출 조건에 많은 '예외 조항들'을 추가하고 그와 관련된 액수를 감추도록 했다는 것을 보여주는 것이었다. 이 보도는 일련의 무책임성을 잘 보여준다.[28]

CDO와 CDS — 채권 보유자들에게 보험 역할을 했던 신용부도스와프* — 는

---

27) 구조화투자회사가 어떻게 작동했는지에 관한 설명은 BCA Research, Special Report: *A Vicious Circle of Credit Retention*, Montreal, 12 February 2008, p. 8 참조.
28) Jenny Anderson and Vikas Bajaj, "Loan Reviewer Aiding Enquiry into Big Banks", *New York Times*, 27 January 2008.
* 주로 금융기관이 대출을 해준 기업의 부도 위험을 헤지하기 위해 제3자에게 판매하는, 대출채권에 기초하여 발행되는 신용파생상품의 일종.

무척 복잡했기 때문에 새로운 위험들을 만들어내었다: 증거문서 위험 (documentation risk), 운용 위험, 신용평가 위험, 거래상대 위험(counter-party risk), 유동성 위험, 그리고 거래 당사자들의 연관 위험. CDO와 CDS가 엄청난 규모로 발행되었을 때는 매주 수천의 모기지채권이 패키지되었고 등급이 매겨졌다. 때때로 지원 사무실의 서류 작업이 더디거나 필요한 단계가 생략되어서 예상치 못한 복잡한 사태가 발생하기도 했다. 2007년 11월 15일 오하이오의 한 판사는 모기지 풀의 투자자들이 차압하고자 했던 차입자의 자산 소유권을 증명하는 데에 실패했다는 이유로 14건의 재판에서 이들이 차입자의 자산을 몰수할 권리를 부정하는 판결을 내렸다.[29]

전통적인 서브프라임 대출기관들은 그들이 자세한 정보를 가지고 있는 특정한 지역을 대상으로 대출을 해왔다. 그들은 또한 매우 복잡한 기준에 따라 잠재적인 차입자들의 위험을 평가하는 팀과 모기지 보유자와 연락을 지속하는 징수요원을 운용했다. 그러나 대규모 모기지 브로커들과 투자은행들은 다른 방식으로 운영되었다. J. P. 모건의 시대에는 은행들이 담보보다 '신용' (trust)을 더욱 중요하게 생각했다. 그러나 당시에는 은행들이 제한된 소수의 부자나 기업들과만 거래를 했다. 이제는 개인부채가 크게 증가하여 엄청난 시장이 되었지만 개인에 관한 지식과 평가는 제한적이었다. 페어아이작과 다른 개인 신용평가기관들은 고객의 신용 상황이 그가 파산할 통계적인 확률을 반영하는 세 자리의 숫자로 표현될 수 있다고 믿었다.[30] 차입자와 브로커 들은 그 수치를 조작하는 방법을 배웠다. 순 자산이 마이너스가 되어 파산이 발생하자, 이러한 알고리즘은 믿을 수 없게 되었다. 보통 때에는 그들의 집을 담

---

29) Gretchen Morgenson, "Foreclosures Hit a Snag for Lenders", *New York Times*, 15 November 2007.

30) Jan Kregel, "Minsky's Cushions of Safety: Systemic Risk and the Crisis in the US Subprime Mortgage Market", Levy Economics Institute of Bard College, Policy Brief no. 93, January 2008, p. 11.

보로 잡힌 사람들은 부채 상환을 위해 크게 신경을 쓰지만, 9백만 명이나 되는 순 자산이 마이너스인 사람들에게는 지급불능을 선언하는 것이 큰 유혹이다. 자산이 부채보다 적다고 믿는 순간 그들은 자산을 포기하고 부채로부터 자유로워지는 결정을 내릴 유인을 가지게 된다.[31]

모기지의 발행자는 페어아이작의 신용등급 점수를 무시하고 시장 위험을 심각하게 받아들였어야만 했을 것이다. 지급불능 비율은 결국 무엇보다도 경기변동과 밀접한 관련이 있다. 그러나 이러한 요인들은 무시되었고 신용평가가 악화되고 있는 신호도 무시되었다. 몇 년 동안 호황인 시장에서는 호황이 조금은 더 지속될 것이라는 — 적어도 '팔아치울' 수 있을 때까지는 호황이 지속될 것이라는 — 가정에 기초하여 돈을 벌 수가 있었다. 그리고 많은 이들은 경기변동이 순화되었고 중앙은행의 반경기적 조치가 매우 강력하고 효과적이어서 소비자신용의 부도 사태가 감소할 것이라 믿었다.

투자은행들은 고속의 '폭탄 돌리기' 게임을 하고 있었다. '평평한 세계'라 표현되는 숨 가쁜 세계화에 관한 설명에 따르면, 어느 날 대출이 이루어지고 그날 밤에 인도에서 패키지되어서 다음 날 기관투자가들에게 판매될 수 있었다. 이 증권은 일찍 판매가 될수록 위험은 더욱 낮아졌다. 그러나 2006년에는 CDO의 공급이 수요를 초과했다. 많은 공공 부문과 '확정급여'(defined benefit)* 펜션펀드들은 그것이 어떻게 작동하는지 의심했기 때문에 CDO를 구입하기를 거부했다. 그러나 뮤추얼펀드와 '401(k)' 퇴직연금**의 펀드매니

---

31) Dean Foust and Aaron Pressman, "Credit Scores: Not-So-Magic Numbers", *Business Week*, 7 February 2008; Nicole Gelinas, "The Rise of the 'Mortgage Walkers'", Wall Street Journal, 8 February 2008.
 * 근로자가 받을 급여가 사전에 확정되고, 사용자가 부담할 금액은 적립금 운용 결과에 따라 변동되는 연금제도.
** 미국의 직장인들을 대상으로 하는 최대 규모의 연금제도로 소득세가 면제되어 미국의 직장인들이 가장 선호하는 노후연금 플랜이다. 미국 정부가 기업연금의 활성화를 위해 근로자 퇴직소득보장법의 401조 K항에 세제 혜택 조항을 규정하고 있어서 이러한 이름이 붙었다. 이 연금은 기업과

저들은 이를 구매했다. 특히 헤지펀드와 같은 다른 금융기관들도 CDO를 구매했는데 이들은 CDO가 신용등급이 높고 그들의 기초자산을 간접적으로 증가시키는 데 사용될 수 있다는 사실을 좋아했다. 몇몇 주요한 은행들 스스로도 그들의 자산에 이를 추가했다. 그들은 부도가 발생할 것임을 알았으면서도, 이러한 위험을 헤지하거나 위험이 낮은 트랑시에만 투자할 수 있다고 생각했다. 게다가 은행의 자산관리부서는 그들의 기관 고객들 중 조심성이 덜한 이들에게 신용등급이 높은 파생상품을 속여서 팔아먹을 수 있는 여지가 있었다. 실제로 2008년 1월 매사추세츠 주의 스프링필드 시 당국은 시 정부의 연금운영기관인 메릴린치가 안전한 자산이라는 가정하에서 그들에게 총액 1억 3,900만 달러의 CDO를 팔았다고 고소했다. 2007년 11월 그 가치는 겨우 120만 달러에 불과했다. 평판이 나빠지는 것을 두려워한 메릴린치는 그 자산을 판매 가격에 다시 매입해주었다.[32]

불안

다양한 금융 서비스와 상품과 관련된 보고의 시기가 계속 지연되어 서브프라임 위기가 끼치는 영향도 연기되었다. 지진이 발생한다 해도 모든 것을 한 번에 파괴시키는 것은 아니다. 2006년 하반기에는 부도율이 급증했다. 2007년 2월이 되자, 부도율이 너무 높아져서 미국에서 가장 큰 모기지 브로커 중 하나인 컨트리와이드를 파산시킬 정도가 되었다. 연준의 지원 아래, 뱅크오브아메리카는 컨트리와이드에 구제금융을 제공했고 그 사업을 보증했지만, 이는 몇 달의 시간이 걸렸다. 2007년 3월 초, 뉴욕주식거래소는 뉴센추리 파이낸셜을 상장 폐지했는데, 이는 대규모 은행들 대부분의 모기지부채의 위

---

* 근로자가 공동으로 부담하며, 일정 금액을 적립한 뒤 운용 성과에 따라 연금을 지급받는 확정기여형(defined contribution) 연금의 대표적 사례이다.
32) Craig Karmin, "Merrill Faces Fraud Allegations", *Wall Street Journal*, 1~2 February 2008.

험도가 높은 계열(tranche)들을 보증한 기업이었다.

구조화투자회사와 콘듀이트의 CDO 계열(tranche)은 이제 내부자들에게는 '유독 폐기물'로 불렸다. 신용경색과 모기지 부도가 증가하는 상황에서 이 생생한 단어는 매우 정확한 의미였다. CDO 계열은 그 수익률이 콘듀이트가 발행한 상업어음에서 투자자들에게 약속했던 금리보다 낮아지자, 안정적인 수입원에서 손해를 발생시키는 원천으로 변해버렸다. 구조화투자회사와 콘듀이트를 소유했던 은행들은 그들의 이름으로 발행된 상업어음의 보유자들에 대한 의무를 수행하기 위한 방법을 찾아야만 했다. 그들은 증권화된 모기지와 다른 채권들을 매각해야만 했지만 아무도 그것들을 사려고 하지 않았다. 자산가치가 마이너스가 되자 '부채에 기초한 자산'은 이제 저주스러운 것이 되었다.

금융화 시대는 가구가 스스로 기업이 되도록 부추겼다. 예를 들어, 가구는 그들의 주택 가격이 상승했기 때문에 두 번째 모기지를 대출받았다. 그러나 많은 가구들은 그들의 주택에서 계속 살고 싶었기 때문에 주의 깊게 행동했다. 금융중개기관들은 가구에 비해 훨씬 더 많이, 적극적으로 자산가치의 변동에 대응하여 그들의 재무제표를 조정했다. 이는 그들의 화려한 본부들에 의해 추동되었는데, 은행들은 그들의 재무제표에 있는 자산들로부터 사용가치를 얻지 못하고 금융 수익을 추구해야만 했다. 그린로와 해치어스, 그리고 다른 공동 저자들은 가구와 금융기관들의 대응 방식의 차이를 다음과 같이 비교했다.

> 금융중개기관들은 순 가치의 변동에 대해 가구나 비금융기업들과는 무척 다른 방식으로 대응했다. 〔……〕 가구는 자산가치의 변화에 대응하여 그들의 재무제표를 급격하게 변화시키지 않았다. 전반적으로 총자산이 상승하면 레버리지는 하락했다. 〔……〕 그러나 금융중개기관은 이와는 매우 달랐다. 레버리지의 변화와 재무제표의 변화가 같은 방향으로 움직였다. 금융중개기관들은

그들의 재무제표를 매우 적극적으로 조정했다.[33]

이 저자들에 따르면, 금융중개기관들의 이러한 행동이 모기지 버블의 중요한 요인이었다. "미국의 서브프라임 모기지 시장의 경우 〔……〕 재무제표(의 자산이) 충분히 급속하게 증가하면 채무 상환 능력이 없는 차입자들도 대출을 받을 수 있어, 잉여자본을 사용하려는 의욕이 무척 높았다. 이는 신용 사이클의 위기의 씨앗을 뿌리는 것이었다." 그러나 일단 불황이 시작되면 재무제표의 압박이 금융기관을 짓누르고 은행들은 현금을 보유해야만 한다. 레버리지가 매우 높은 콘듀이트와 구조화투자회사 들은 모회사로부터 자동적으로 신용을 제공받았기 때문에 이러한 경향을 더욱 악화시켰다. 그린로 등은 다음과 같이 설명한다.

> (이들이) 은행 신용의 제공을 요구하자 은행의 재무제표의 제약이 심화되었을 것이고 이는 은행들이 대출을 꺼리게 만들었다. 〔……〕 은행의 재무제표상 자산이 감소되지 않았다는 사실은 이들에 대한 신용이 비자발적으로 증가했음을 의미한다. 그 결과 중 하나로 〔……〕 은행들은 대출을 감소시키기 위해 다른 방법을 찾았다. 그들의 자연스러운 반응은 재량적인 대출을 축소하거나 줄이는 것이었다. 은행 간(interbank) 신용시장의 경색은 은행들의 재무제표상 자산 감소와 어려움에 빠진 그들의 자회사들이 신용제공을 요구하여 '비자발적' 대출이 동시에 나타난 결과였다.[34]

회계 결산일이 다가오자 재무제표의 압박은 더욱 심각해졌다. 은행의 감사들은 고객들이 이러한 자산들의 대규모 상각을 받아들이기를 원했다. 그러

---

33) Greenlaw et al., "Leveraged Losses", pp. 25~26.
34) Greenlaw et al., "Leveraged Losses", pp. 30, 32~33.

나 이는 은행의 자본을 상당히 잠식하는 것이었고 취약한 은행들에게는 파산을 의미하는 것이었다. 콘듀이트와 관련된 재무제표의 압박과 씨름하는 동안, 은행들은 또한 취약한 보증으로부터 발생하는 다른 위험들에 대해서도 경계해야만 했다.

채권 보증

레버리지가 높은 은행들의 연쇄 파산은 신용부도스와프(CDS) 시장을 곤경에 빠지게 할 것이다. '모노라인'(monolines)이라 불리는 지역정부 채권(municipal bond) 보증기관들은 보수적인 전문화 덕분에 '트리플 A' 신용등급을 누려왔다. 모노라인들은 펜션펀드와 다른 금융기관들에 2007년 말 8,000억 달러에 달하는 투자를 하고 있었다. 그러나 몇 년 전 모노라인들은 다각화를 통해 지역정부의 채권뿐 아니라 기업의 채권에 대해서도 보증을 했다.[35] 이들 대규모 채권보증기관들은 자본이 취약했기 때문에 과거의 높은 등급에도 불구하고 신용등급이 하락했다. 이들은 더욱 높은 수익을 좇아 기업과 금융기관에 대해 보증을 했는데 이는 그들의 자본을 너무 확대하는 것이었다.

한 기관투자가는 출자자본이 50억 달러에도 미치지 않는 모노라인 업체인 암박이 세계에서 여섯째로 큰 경제인 캘리포니아의 부채를 보증하고 있다고 비판했다.[36] 만약 모노라인이 그들이 열망하던 트리플A 등급을 받지 못한다면 그들의 자본 비용이 급속히 상승할 것이다. 은행들을 포함한 몇몇 고객들이 신중하게 자본을 확충했기 때문에 그들은 신용등급의 하락을 모면했다. 주주들은 주식의 희석으로 고통을 받았지만, 파산의 가능성은 지연되었다. 연준이 베어스턴스의 매각 당시 분명히 그랬던 것처럼, 이러한 결과를 유도

---

35) Saskia Scholtes and Gillian Tett, "'Casualties and Shipwrecks' Warning for Credit Markets", *Financial Times*, 11 January 2008.

36) William Gross, "Rescuing Monolines Is Not a Long-Term Solution", *Financial Times*, 8 February 2008.

했을 가능성이 있다. 인수를 통한 베어스턴스와 컨트리와이드의 회생은 그들의 채권 보유자와 그들의 채권을 보증한 금융기관 모두에게 도움이 되는 일이었다.[37] 사실, 기업이 파산할 가능성이 높을 때는 채권 보유자들과 주주들의 이해가 매우 다를 수 있다. 기업을 헐값에 매각하여 '구제'하는 것은 주주들에게는 손해이지만 채권 보유자들에겐 별다른 피해를 입히지 않는다.

증권화 호황은 2001년 이후 경기불황으로 인한 은행의 기업대출, 회사채나 주식 인수—IPO와 주주 배당 발행 등—의 수수료 수입의 감소를 메워주었다. 사실 은행들은 모기지 기반 CDO를 포함한 모든 종류의 '신용파생상품'을 패키지로 묶고 판매하는 것을 통해, 신용위기가 실제로 발발하기 직전까지 매우 높은 수익을 기록했다. 이는 유명한 투자은행과 상업은행 모두에게 마찬가지였는데, 규제완화 이후에는 이들 사이의 구별도 약화되었다. 여전히 남아 있는 차이점은 투자은행이 '주요한 브로커'(prime brokers)이고 그들 스스로의 자금을 투자하여 위험을 감수하면서 그러나 이해하기는 어려운 방식으로 거액의 자산 거래를 한다는 것이었다. JP모건체이스와 같이 금융그룹에서 상업은행 부문이 큰 기업은 재무제표가 상업적으로 건실해서 베어스턴스를 흡수할 여력이 있었다. 그러나 신용파생상품은 투자은행과 상업은행 모두에게 매력적이었고, 이들 사이의 차이를 약화하도록 만들었다.

카산드라*와 다른 이들

2002년 워런 버핏은 파생상품이 '대규모 살상 금융무기'라 경고했다. 버크셔 해서웨이의 주주들에게 보낸 편지에서 그는 버크셔의 주요한 사업인 재보증(re-insurance) 자체도 파생상품의 사용과 개념적으로 유사하다고 인정했는

---

37) Gretchen Morgenson, "In the Fed's Cross-Hairs: Exotic Game", *New York Times*, 23 March 2008.

* 진실을 이야기해도 다른 사람들이 들어주지 않은 그리스 신화의 여자 예언자.

데, 그에 따르면 이는 보증업자들에 의해 고안된 것과는 달리 미래 사건들의 패턴에 대한 보다 정확한 예측에 기초한 것이었다. 그는 파생상품 시장에는 광범위하게 공유되는 위험이 있고, "보증이나 파생상품에는 도미노가 쓰러지는 것을 방지하는 역할을 맡은 중앙은행과 같은 기구가 없다"고 지적했다. 그는 또한 다음과 같이 이야기했다.

> 많은 사람들은 특정한 위험을 질 수 없는 시장 참가자가 위험을 감수할 수 있는 다른 이에게 이를 넘길 수 있다는 점에서 파생상품이 체계적 문제를 감소시킨다고 주장하며 〔……〕 미시적 수준에서 그들의 주장은 때때로 사실이다. 사실 버크셔에서 나는 특정한 투자 전략의 실행을 돕기 위해 대규모 파생상품 거래를 하기도 한다. 그러나 찰리(멍거)와 나는, 현재의 거시적인 상황은 위험하며 더욱더 위험해지고 있다고 믿는다. 대규모의 위험, 특히 신용위험이 상대적으로 소수의 파생상품 딜러의 손에 집중되었는데, 이들은 또한 서로서로 대규모로 거래를 하고 있다. 게다가 이 딜러들은 딜러가 아닌 상대방 기관들에게 엄청난 빚을 지고 있다. 이 상대방들 중 몇몇은 〔……〕 하나의 사건으로 인해 그들 모두가 동시에 문제에 빠질 수 있는 방식으로 서로 연결되어 있다. 상황이 갑자기 악화되면 이러한 연관으로 인해 심각한 체계적인 문제가 발생할 수 있다.[38]

버핏은 은행들이 파생상품의 보유를 설명하는 방식을 전혀 이해할 수 없고 이는 그들의 공시 의무를 완전히 무시한 것이라고 비판했다. 그에 따르면 파생상품 혁명은 규제완화로 가는 가장 결정적인 단계였다. 버핏은 또한 은행들의 주인-대리인 문제가 심각하다고 지적했다.

---

38) Warren Buffett, "Letter to the Shareholders of Berkshire Hathaway", 2002, p. 14; available on Berkshire Hathaway website.

나는 파생상품 사업에서의 실수(즉 '시가 평가'의 실패)는 대칭적이지 않다고 확신한다. 거의 항상, 이러한 실수는 수백만 달러의 보너스를 받을 수 있는 트레이더나 성공적인 '수익'을 보고하고 싶어 하는 CEO(또는 둘 모두)에게 도움이 되었다.

이런 문제들을 감독하는 것이 그의 직무였던 그린스펀은 금융 서비스 산업의 치어 리더 역할을 계속하기를 희망했다. 1999년 선물산업연합회에서 한 연설에서 그는 파생상품에 대한 어떠한 새로운 규제도 "큰 실수일 것"이라고 주장했다. 그는 "규제기관의 위험 측정 구조가 은행들 스스로의 위험 측정 모델에 비해 덜 정확하다"고 덧붙였다.[39] 그의 입장은 그해 이루어진 글래스-스티걸 법의 철폐와 하원의원 필 그램과 짐 리치, 그리고 토머스 블라일리에 의해 입안되고 2000년 클린턴 대통령의 서명으로 제정된 금융현대화법과 맥이 닿아 있었다. 그린스펀은 회고록을 쓸 때 다음과 같이 설명했다. "나는 서브프라임 차입자에게 모기지 신용을 완화하면 금융적 위험이 커질 것이라는 점을 알고 있었다. 〔……〕 그러나 나는 지금과 같이 그때에도 주택 소유의 확대로 인한 이득은 위험을 감수할 만한 것이라고 믿었다."[40] 그 책이 출판되었을 때 '주택 소유의 확대'라는 환상은 깨지기 시작했고, 이는 생산성이 빠르게 상승하고 실업과 인플레이션이 낮은 그의 '멋진 신세계'를 위협했다.

하지만 그린스펀의 몇몇 동료들은 부채를 급증시키는 그의 대담한 정책에 대해 우려를 표명했다. 연준의 이사인 네드 그램리치는 2000년 그린스펀의 정책에 의문을 표시했고, 나중에는 엄청나게 발전된 모기지 제품이 어떻게

---

39) Nelson D. Schwartz and Julie Creswell, "What Created This Monster?", *New York Times*, 23 March 2008.
40) Alan Greenspan, *The Age of Turbulence: Adventures in a New World*, New York 2007, p. 233.

가난한 이들에게 떠넘겨지는지 상세한 비판을 제시했다.[41] 연준과 관련이 있는 다른 이들도 우려하고 있었다. 2004년 연준은 등급이 낮은 CDO가 기업 환경에 어떻게 영향을 끼치는지 설명한 마이클 깁슨의 논문을 발표했다. 그에 따르면 불황의 기미가 서로 연관된 지불의 흐름을 위협하면 금융시장은 혼란에 빠지게 된다.[42] 미국의 규제기관은 연결과 상호연관으로 인한 위험이라는 광범위한 문제를 무시한 것으로 보인다. 분명 그들은 은행과 그들의 구조화 투자회사, 그리고 보증기관들 또는 이들 사이의 연관이 자초한 위험에 대중이 주목하는 것을 싫어했다. 크고 작은 투자자들은 연결 혹은 상호연관된 부도로 인한 위험 문제를 해결할 방법이 없었다—보증을 위해 400베이시스 포인트*를 지불해야 한다면 이들 자산의 보유로 인한 모든 이윤이 사라질 것이었다. 앞에서 살펴보았듯이 많은 공공 부문 펜션펀드는 CDO와 CDS를 피했는데, 이것이 투자은행들이 이들을 떠안게 된 이유 중의 하나였다. 이 펀드 경영자들은 보다 주의 깊고 정보에 정통한 전문가들의 경고에 주의를 기울였다.

이러한 문제들을 예측할 수 있었지만 실패한 두 사람이 있는데, 그들은 로버트 루빈과 헨리 폴슨이다. 루빈은 시티의 존경받는 이사였고 따라서 시티가 위험한 금융상품을 훨씬 덜 보유하도록 할 수 있었을 것이다. 자신이 일하던 골드만삭스에 최고의 위험평가 전문가를 채용했던 1980년대에는, 그는 금융혁명의 최전선에 서 있었다. 골드만삭스의 사장이었던 폴슨은 서브프라임 위기로부터 이 금융기관이 거의 피해를 받지 않도록 만들었다. 그러나 재무

---

41) Edmund Andrews, "Fed and Regulators Shrugged as Subprime Crisis Spread", *New York Times*, 18 December 2007. 그램리치는 그의 죽음 직전에 열린 2007년 8월 연준의 잭슨홀 컨퍼런스에서 마지막으로 경고를 했다.

42) Michael S. Gibson, "Understanding the Risk of Synthetic CDOs", Federal Reserve Working Paper No. 36, Washington, DC 2004.

* 국제금융시장에서 금리 또는 수익률을 나타내는 기본단위로서 1퍼센트의 100분의 1.

부에서 그는 이 위기를 방지하기 위해 어떠한 공적인 혹은 효과적인 수단도 취하지 않았다. 서브프라임 문제는 너무 복잡해서 이들과 같이 최고의 지성을 가지고 금융시장의 지식이 풍부한 전문가들조차 쉽게 이해하지 못했던 측면이 있었을까? 아니면 그들은 시장에 대한 믿음 또는 금융산업의 자기규제 능력에 대한 믿음이 너무 강해서 눈이 멀고 말았을까?

2. 금융화라는 안개

서브프라임 위기와 그 후의 사태는 사람들로 하여금 금융화에 대해 주목하도록 만들었다. 사회적 통제가 적절하게 이루어지면, 금융은 자본을 배분하고, 투자를 촉진하며 수요를 안정시키는 데 도움을 줄 수 있다. 그러나 책임소재가 불명확해지고 규제되지 않는다면 금융은 재분배 과정에서 독립되고, 실현되기 이전의 예상 수익을 포함하여 창출할 수 있는 수익의 최대 부분을 차지할 수 있다. 금융중개기관이 발달하고 정보에 대한 접근의 비대칭성과 권력 불균형을 이용하면 문제가 더욱 심각해진다. 금융화가 진전되면 이러한 왜곡은 더욱 심화된다. 금융의 논리가 학자금대출, 소액채권(baby bonds),* 모기지, 주택지분 릴리스(home equity release),** 신용카드 부채, 의료보험, 개인화된 펜션펀드(개인연금) 등 삶의 전 영역의 상품화를 통해 전 사회에 확장되면 이러한 왜곡은 더욱 악화된다.[43] 금융화는 또한 기업들이 금융기관을 특별하게 대우하도록 만들고 스스로를 상황의 변화에 따라 계속 쪼개지고 재구성되어야 하는 자산의 집적체로 생각하도록 만든다. 금융화에 따라 개인은

---

* 10달러에서 50달러까지의 소액으로 발행된 채권.
** 주택지분의 일부 혹은 전부에 대해 정기적으로 수입을 받는 역모기지의 일종인 금융상품.
43) Randy Martin, *The Financialization of Daily Life*, Philadelphia 2002, and Blackburn, *Age Shock*, pp. 29~74.

스스로를 독립적인 비용과 이윤 센터로 생각하게 되고, 기업은 변화하는 시장 시그널에 반응하여 계속 재편되는 임시적인 조직이 된다.

금융화된 세계에서 나타나는 '레버리지'(leverage)에 대한 의존은 개인과 기업이 '수익이 따르지 않는 위험'을 제거하고 산출을 극대화할 수 있도록 한다. '부채'라는 단어는 부정적인 의미로 들리지만 '레버리지'라는 단어는 긍정적이다. 이 단어는 수익 극대화를 위해 우리의 자산을 최대한 활용한다고(leverage) 이야기하듯 동사로도 자주 사용된다. 아르키메데스의 지렛대에는 받침점(purchase point)이 있었다는 것을 망각하고 금융 엔지니어들은 그들이 서 있는 땅에 기초하지 않고 세계를 움직이려고 한다. 그들의 철학에서는 모든 고정된 것은 사라지고 만다(all that is fixed melts into air).* 이를 통해 그들은 자본주의의 운동에 관한 약간의 통찰을 보여주지만 그 한계는 인식하지 못한다. 현재의 자본주의 상황, 특히 주인과 대리인 문제가 심각한 회색 자본주의(grey capitalism)에서 금융화는 매우 파괴적으로 변한다.

1950년대와 1960년대에 금융화를 촉진한 두 가지 변화는 소비자신용의 새로운 발전, 그리고 기관투자가와 펀드 매니지먼트(fund management)의 등장이었다. 전후 미국의 소매업자들과 제조업자들은 리볼빙 크레디트(revolving credit)**와 옵션 어카운트(option accounts)***라는 새로운 세계를 창조하였고, 이는 결국 신용카드의 등장으로 이어졌다.[44] 소비자신용의 발전은 곧 다

---

* 카를 마르크스의 『공산주의자 선언』의 문구를 인용.
** 결제일에 상환해야 할 금액을 모두 결제할 필요 없이 상환 금액의 일부만 결제하고 나머지는 일정한 수수료를 내고 나중에 갚아나가는 방식. 정기적으로 일정 금액을 상환해야 하는 할부와는 다름.
*** 옵션 거래를 할 수 있도록 허용된 계정.

44) Louis Hyman, "Debtor Nation: How Consumer Credit Built Postwar America", Harvard University PhD 2007, Ch. 6 참조. 이 현상은 『먼슬리 리뷰』(Monthly Review)도 예상하고 기록한 바 있다. 개인부채에 대한 우리의 관심은 폴 배런과 폴 스위지의 고전인 『독점자본』(Monopoly Capital, 1966)에서 제시된 논의를 반영한 것인데, 이 저작은 미국 경제에 과잉생산이 만연해 있다고 주장한다. 보다 최근의 유사한 논의로는 John Bellamy Foster, "The Household Debt Bubble", Monthly Review, vol. 58, no. 1, May 2006 참조.

양한 부문의 사업 성공에 핵심적인 요인이 되었다. 상업신용회사(CCC: Commercial Credit Corporation)는 스스로의 대출 사업을 수행할 충분한 전문성이나 자본이 부족한 소매업자들에게 서비스를 제공했다. 제너럴일렉트릭은 그 회사의 다양한 소비 내구재를 구입하는 이들에게 신용을 제공했고, 이는 2000년 현재 이 그룹의 전체 이윤의 42퍼센트를 차지하는 GE 캐피털이 등장하는 기초가 되었다. 제너럴모터스는 1960년대 후반 제너럴모터스 인수회사(GMAC: General Motors Acceptance Corporation)를 설립했는데, 이 회사는 20세기 마지막에는 그룹 이윤의 거의 전부를 차지했다. 루이스 하이먼은 "이러한 신용관행은 은행이 주도하여 소비자와 소매업자에게 제공된 것이 아니라, 소매업자들이 먼저 그들의 자본의 한계에 대응하기 위해 금융기관들을 움직여서 이루어진 것이었다"[45]고 결론지었다. 다이너스클럽과 아메리칸 익스프레스, 그리고 비자 등은 이렇게 이미 확립된 대출관행을 더욱 발전시켰다.

금융화로의 강력한 흐름은 펜션펀드·보험회사·뮤추얼펀드, 그리고 대학기금 등의 기관투자가의 등장에서도 뚜렷이 나타난다. 사실 새로운 신용관행에 필요한 자금을 공급한 이들은 바로 그들이었고, 다양한 금융중개기관들도 펀드매니저와 다른 대출기관들과 같이 상당한 수수료를 받았다. 19세기와 20세기 초반, 말 그대로 '상호적인'(mutual), 즉 개인 주주가 아니라 구성원들이 소유하는 방식에 기초하여 운영되던 협동조합과 주택조합, 그리고 보험회사들은 상업적 중개인을 거치지 않고 금융중개 비용을 절감할 수 있었다. 그러나 1950년대와 1960년대의 소비혁명은 대규모 상업적 소매업자와 그들의 은행이 주도했다. 그 이후 많은 진정한 상호적 조합들은 사유화와 함께 구성원들이 적당한 보수를 받고 약화되거나 몰락했다.

---

45) L. Hyman, "Debtor Nation", Ch. 6, p. 3.

이론적 모델

금융의 급성장과 함께 기관투자가들의 조언자들뿐만 아니라 경제학자들도 혁명적인 금융이론을 제시했는데, 대학의 경제학자들은 대부분 일상의 금융세계에 직접적 관련이 없었기 때문이었다. 1970년대 중반의 세계적 경제위기와 컴퓨터 기술의 발전은 새로운 금융경제학 이론과 금융공학 기법에 엄청난 기회를 제공했다. 그 원칙과 방법론은 경제학자들과 금융전문가들이 발전시켰는데, 이들은 모두 새로운 신용관행에 관심이 많았고 정부 규제와 경영자주의(managerialism), 대기업들의 위계, 그리고 점점 영향력이 커져가던 펀드매니저들에게 반감이 있었다. 피셔 블랙(Fischer Black, 1938~95)이 이 부상하는 학파에서 가장 왕성하고 야심 있는 학자였는데, 그는 금융산업과 학계에서 모두 활동했다. 한편으로 블랙은 금융산업에서 가장 자주 사용되는 공식 중 하나인 블랙-숄스 옵션가격 결정공식(the Black-Scholes option-pricing formula)을 만들어내었고 다른 한편으로 새로운 균형모델을 발전시키고자 했다.

1960년대 중반 블랙은 펀드매니저의 연합체인 투자기업연구소(ICI: Investment Company Institute)로부터 다가오는 의회 청문회에 제시하기 위해 펀드매니저가 그들의 고객인 펜션펀드와 대학기금, 그리고 뮤추얼펀드 등을 위해 제 역할을 하고 있다는 것을 보여주는 증거를 준비해달라고 부탁받았다. 블랙은 이 문제에 대해서 연구하던 두 학자들인 시카고 대학의 마이클 젠센과 시애틀 대학의 윌리엄 샤프와 함께 블랙-숄스 옵션가격 결정모델의 기반이 되는 '자산가격 결정모델'(capital asset pricing model)을 새로이 정의하고, 결국에는 1997년 그와 다른 연구자들인 마이런 숄스와 로버트 C. 머턴에게 노벨 경제학상을 안겨주는 공동 연구를 시작했다.[46] 그러나 상업적인 지

---

46) 블랙-숄스 모형의 탄생과 중요성에 관해서는 Donald MacKenzie, "An Equation and its Worlds", *Social Studies of Science*, vol. 33, no. 6, December 2003, pp. 831~68 참조.

원자들에게는 실망스럽게도 그는 펀드매니저들이 그들의 자산가치를 증가시켰다는 증거를 찾지 못했다(ICI는 출판된 보고서에 이러한 실망스러운 결론을 싣지 않았다).[47]

이 '금융공학자들'은 특정한 주식을 주식시장이나 산업 전체의 주식가격 변화를 단순히 반영하는 가격 변화로부터 분리하여, 특정한 관리가 주식의 성과에 미치는 기여에 대해서 정확히 지적했다. 그들은 평균적으로 주식가격 변동의 절반은 기업이나 산업 부문에 특정한 것이 아니고 전반적인 시장의 변화를 반영한다는 것을 발견했다. 이들에 따르면 또한 산업 부문의 변화는 주식가격 변동의 약 10퍼센트를 차지했다. 이러한 접근법에 기초하여 투자자들이 위험을 피하고 수익을 확보하기 위해 주식가격의 변화에 베팅할 수 있는 다양한 주식지표들이 개발되었다. 이것이 리스크 아비트리지(risk arbitrage), 즉 적대적 인수합병과 같은 사건 이후에 자산가격이 잘못 결정되는 경우를 활용하는 투자기법의 시작이었다.[48] 블랙은 신중한 투자자는 자산을 완전하게 분산투자해야 하며, '수익이 따르지 않는 위험'(unrewarded risk)은 피해야 한다고 주장했다. 금융투자에서 이러한 모토는 예상치 못한 측면을 수반했다. 블랙은 현재 투자 가능한 다양한 자산들뿐만 아니라 시간적으로도 분산투자를 해야 한다고 주장했다. 그리스의 한 철학자가 같은 강물을 두 번 밟을 수 없다고 지적했듯이, 사실 동일한 명목자산이라 하더라도 3일 후 혹은 3

---

47) Perry Mehrling, *Fischer Black and the Revolutionary Idea of Finance*, Hoboken, NJ 2005, pp. 60~64.
48) 그 예로는 리스크 아비트리지의 장인으로 불린 존 폴슨 — 헨리 폴슨과는 관계가 없다 — 을 들 수 있다. 리스크 아비트리지는 보통 하나의 사건에 초점을 맞추지만, 2005년 폴슨은 주택 가격과 모기지, 그리고 CDO를 엄청난 규모의 버블로 생각하고 이를 더욱 발전시켰다. 그는 가격 하락에 베팅하는(bearish) 두 개의 헤지펀드를 설립했는데, 이들의 자산은 2006년 3,000만 달러에서 2008년 초 40억 달러 이상으로 늘어났다(2007년에는 조지 소로스도 폴슨을 지원하며 좋은 수익을 거두었다). Gregory Zuckerman, "House Money: How Trader Made Billions on Subprime Downturn", *Wall Street Journal*, 16 January 2008.

년 후에는 똑같은 자산이 아니었다.

그러나 시간에 걸친 분산투자를 강조한 블랙의 주장은 또한 '동학적 헤징'(dynamic hedging)을 옹호하는 것이었는데, 이러한 헤징에 따라 포트폴리오는 계속적으로 재평가되고 재구성된다. 수익이 따르지 않는 위험에 대한 회피는 헤징을 통해 위험들 — 통화와 인플레이션, 혹은 금리 위험과 같은 — 을 없애기 위한 합리적인 노력을 촉진하거나, 아니면 수익이 따르는 위험을 끊임없이 추구할 수 있도록 했다. 이러한 아이디어는 흔히 '모든 것의 레버리지'(leverage with everything)라는 접근 방식의 기초가 되었다. 포트폴리오의 자산을 레버리지하면 더 높은 수준의 분산투자가 가능해진다. 한 종류의 자산에만 투자하는 경우에도 투자자는 그것을 담보로 삼거나 옵션을 구매하거나 숏 포지션(short position)*을 택함으로써 다른 종류의 자산에 대한 청구권을 설정할 수 있다. 이러한 방식은 또한 세금을 최소화할 수도 있다.

블랙은 필연적인 전체적 균형을 통해 스스로 작동하는 '강력한 경제적 힘'을 옹호하며 통화주의와 케인스주의 모두를 비판했다. 그에 따르면 통화정책은 사람들이 원하는 상황이 변화하기 때문에 언제나 무력했다. 블랙은 모든 지급준비율의 철폐를 포함하는 '통제받지 않는 은행제도'를 지지했다. 「화폐 없는 세계의 은행제도와 금리」에서 그는 제임스 토빈을 원용하며 수동적 은행 시스템의 실질적인 이점에 대해 주장했는데, 그에 따르면 (이러한 시스템에서는) "실물경제가 금융 부문을 지배할 것이고 거꾸로 금융 부문이 실물경제에 영향을 끼치지 않는다." [49]

블랙은 시장가격이 주어진 시점에서 사용 가능한 모든 정보를 반영한다는 '효율적 시장 가설'(efficient market hypothesis)에 관한 다양한 견해들을 표

---

* 매도 포지션.
49) Fischer Black, "Banking and Interest Rates in a World Without Money: The Effects of Uncontrolled Banking", in Black, *Business Cycles and Equilibrium*, Oxford 1987, pp. 1~19.

명했다. 그러나 그는 다음과 같은 방식으로 그가 수용할 수 있는 효율적 시장 가설에 대한 설명을 제시했다.

    우리는 효율적 시장을 가격이 가치의 2배의 팩터 범위, 즉 가치의 2분의 1보다는 높고 2배보다는 낮은 범위 내에 있는 시장이라고 정의할 수 있다. 〔……〕 이 정의에 따르면, 나는 거의 모든 시장이 거의 모든 시기에 효율적이라고 생각한다. '거의 모든'의 의미는 적어도 90퍼센트를 뜻한다.[50]

많은 이들은 그렇게 넓은 범위에 대해 매우 엄밀하지 못한 효율성의 개념이라고 생각한다. 그러나 블랙은 어림의 추정(approximation)을 선호하는데, 블랙-숄스 모델 그 자체도 정확한 가격 설정을 목표한 것은 아니다. 블랙에 따르면, 마르크스주의 경제학자들이 시장가격이 가치 주위를 변동한다고 주장하는 것처럼 시장가격은 효율적 가격 주위를 변동한다. 사실 가격과 가치가 '사회적 필요노동시간'을 반영한다는 생각 자체도 효율성의 근사화라고 할 수 있다.[51]

블랙은 모순적이고 알 수 없는 인물이다. 그는 누구보다도 먼저 인간을 그들의 수익을 극대화하는 '인적 자본'(human capital)의 소유자로서 다루는 균형모델을 제시했다. 페리 멜링은 그가 스스로의 이론을 위해서 어떻게 음식물과 섹스, 그리고 약품 등으로 실험을 했는지 설명했다. 그는 부채를 진 이들만이 균형을 필요로 하는 성과에 한결같이 집중한다(당황스럽게도 이 개념은 마르크스주의자들의 축적에 관한 설명과 유사하게 작동한다)고 믿었기 때문에 레버리지의 예언가였다. 그는 스스로 분산투자를 추구하여 학계와 월스트리트를 오가며 일했다. 그러나 시카고 거래소(Chicago Board)가 그의 옵션가격 결정모델

---

50) Fischer Black, "Noise", *The Journal of Finance*, vol. 41, no. 3, 1986, pp. 539~43, 533.
51) Slavoj Žižek, "The Parallax View", *New Left Review* 25, January~February 2004 참조.

에 기초하여 파생상품시장을 구축해달라고 부탁했을 때, 그는 이를 거부하고 다음과 같이 말했다. "옵션은 도박하는 데에 재미있는 방법이고, 시카고 거래소의 옵션거래위원회(Chicago Board Options Exchange)는 도박장처럼 역할을 하여 그 몫을 얻길 원한다. 그것에 잘못된 것은 없지만, 이러한 형태의 도박을 우리가 허용한다면 정부가 경마에 대해서 과세하는 것만큼 그것에도 높게 과세하는 것이 논리적일 것이다."[52]

위험과 불확실성

블랙이 최초로 고안한 퀀트금융(quantitative finance)은 언제나 최악의 경우를 알고 싶어 했다 ― 즉 시장의 붕괴가 지속되면 투자자들은 얼마나 많이 손해를 볼 것인가? 신용경색에 의해 파산했던 은행들은 모두 그들의 VaR(Value at Risk)*에 대한 복잡한 측정 수단들을 사용했다. 그러나 이것들은 문제가 많다는 것이 드러났다 ― 그들은 예상치 못한 사건에 대응하지 못하고 반복되고 심화되는 불리한 사건들을 제대로 반영하지 못한다. 몇 년 동안 경제의 변동성이 낮아지면서 VaR 수치는 낮아졌다. 이러한 시스템에 나쁜 뉴스가 터지면 매도 신호를 촉발하는데, 이는 이 지표가 처음 강조했던 위험을 심화하는 것이었다.[53] 1987년 주식시장 붕괴는 컴퓨터화된 프로그램 매매의 경

---

52) Mehrling, *Fischer Black*, p. 138에서 재인용.

* 주어진 포트폴리오 아래서 불리한 가격 변동으로 인해 일정 기간 동안 특정 확률 아래서 나타날 수 있는 최대 손실가능액, 즉 일정 기간 동안 발생 가능한 손실가능액의 확률적 수치를 뜻함.

53) Gillian Tett, "Volatility Wrecks Financial World's Value at Risk Models", *Financial Times*, 12 October 2007; Boris Holzer and Yuval Millo, "From Risks to Second-Order Dangers in Financial Markets: Unintended Consequences of Risk-Management Systems", *New Political Economy*, vol. 10, no. 2, 2005 참조. 이 저자들은 1987년 주식시장 폭락과 LTCM의 파산을 그 예로 제시한다. 잘못된 별명이지만, '금융의 체 게바라'로 불리는 제롬 케르비엘도 1월 24일 드러난 소시에테 제네랄과 관련된 엄청난 손실은 그의 포지션을 너무 성급하게 현금화해서 발생한 것이라며 비슷한 주장을 제기한다.

우 나타나는 이와 유사한 문제점을 보여주었다.

  손해를 본 이들이 가장 정확한 판단을 내리는 것은 아니다. 보다 잘 구성된 VaR을 사용할 수 있는 규제기관들은 간헐적인 현금 인출에 의해 타격을 받는 기관들보다 더 합리적으로 행동할 수 있었다. 공개되고 이사회가 승인한 VaR과 VaR과 관련된 모든 부채에 대해 적절한 공시를 요구하는 것을 통해 장부상의 재무제표를 현실의 재무제표에 더 가깝게 만드는 것은 어려운 일이 아닐 것이다. 증권거래위원회의 서류에 따르면 주요한 투자은행의 거래 활동으로 인한 VaR이 2006년 5월과 2007년 11월 사이에 두 배가 되었다.[54] 우리가 살펴보았듯이 최근 몇 년 동안, 월스트리트 은행들은 기업금융으로부터 수입이 감소되었기 때문에 — 이것은 그 자체로 미국 경제의 낮은 투자를 반영하는 것이었다 — 스스로의 재원에 기초한 투자에 대해서 더욱 큰 위험을 져야만 했다. 그들은 헤지펀드에 자금을 대었을 뿐 아니라 투자 레버리지를 높이고 차익 거래를 추구하는 프라임 브로커처럼 행동하여 헤지펀드와 점점 유사해졌다.

  사회주의에 대해 비판하고 자유시장을 지지했던 오스트리아학파는, 정부는 주어진 상대가격의 집합을 변동시킬 수 있는 여러 국소적 가능성들에 대해서 결코 알 수 없기 때문에 '가격 통제'(administered prices)가 비합리적이라 주장했다. 퀀트금융의 실무자들은 블랙-숄스-머턴 옵션가격 결정모델이 금융상품 가격이 적절할 수 있도록 새로운 가격 설정 방식을 확립했다고 믿었다. 이 공식은 매우 명성이 높아서 '오버더카운터'(over the counter) — 기관 대 기관의 직접적인 거래 — 파생상품의 가격 설정에 선례를 제시했다. 이에 대해 도널드 매킨지는 다음과 같이 설명한다.

  이 시장에서 거래되는 많은 상품들은 고도로 전문화되어 있고, 때때로 유동

---

54) Greenlaw et al., "Leveraged Losses", p. 32.

적인 시장이나 쉽게 관찰되는 시장가격이 존재하지 않는다. 그러나 판매자들(보통 투자은행들)과 적어도 더욱 발전된 기법을 사용하는 구매자들은 보통 이론적인 가격을 계산할 수 있고 따라서 기준이 되는 '적정'(fair) 가격을 가지고 있다.[55]

이러한 이론적 모델에 기초하여 CDO의 매입자들은 시장의 부재에도 불구하고 그들이 적정한 가격을 지불하고 있다고 믿었고, 은행들도 스스로의 몫을 투자하며 책임과 위험을 지는 것이 아니라고(no skin in the game) 확신했다.

'회색' 자본주의 상황에서는 금융공학자들의 개념과 기법이 시장 메커니즘을 약화하고 부패하도록 만들기 시작한다. 문제는 이러한 기법들이 정보에 덜 밝은 참여자들을 속이고, 세금을 회피하거나 자산의 끊임없는 재구성을 촉진하기 위해 흔히 사용된다는 것이다. 현재의 위기가 보여주듯이 이러한 기법들은 사기꾼을 속일 수도 있다. 어느 정도는 금융기법 자체가 아니라 그것의 남용이 문제라 할 수 있다. 금융기관의 단기적 시야(short-term horizon), 공동체에 대한 책임의 부재, 그리고 내부자 거래의 취약성 등은 모두 현존하는 자본주의의 전형적인 특징이다. 더 광범위하게 말하면, 현재의 기관투자 — 즉 '회색 자본주의' — 는 금융의 부정행위를 흔히 '퀀트'(quants)와 공학이라는 최근의 단어로 포장하여 용인하거나 더욱 확대했다.

파생상품과 사기

효과적으로 규제되는 주식시장은 모든 시장 참여자들에게 놀랄 만한 정보의 원천이다. 주식시장은 매초당 거래량과 가격에 관한 데이터를 만들어내고, 그 결제 시스템은 구매자와 판매자의 정보를 기록한다. 금융경제학자들

---

[55] D. MacKenzie, "An Equation and its Worlds", p. 855.

의 분석적인 업적들은 그러한 데이터에 기초한 것이다. 그러나 구조화 금융(structured finance)이 도래한 이후에는 기관들 사이에 엄청난 거래량의 직접적인 거래가 이루어졌는데, 기관들의 상세한 정보는 거래 참여자들에게만 알려졌다. 이러한 '오버더카운터' 거래가 2000년대 이후 주식시장의 거래보다 더욱 많아졌고, 증권거래소는 경쟁력을 잃지 않기 위해 그 절차를 더욱 간소하게 만들었다. 여기서 우리는 신용경색의 원인과 전 세계를 시장화하려는 서구 자본주의의 노력이 가져다준 궁극적인 아이러니를 모두 알 수 있다. 증권화의 물결은 가장 수익 전망이 낮은 투자 혹은 개인적인 야심도 거래가 가능하도록 목표한 것이었다. 그것은 세계의 주요한 자본시장에 부실채권과 가격이 제대로 설정되지 않는 증권의 홍수를 가져다주었다. 회색 자본의 안개가 금융 부문에 드리워져서 대규모 은행을 뒤덮고 투자자와 규제기관 모두의 시야를 가렸다.

    오늘날의 자본주의를 이해하기 위해서 금융에 대한 분석이 필요하지만 금융화라는 현상은 사실 대기로부터 산소를 빨아들이는 것과 유사하다. 금융화는 공개되어야 할 정보를 사유화한다. 또한 금융화는 일상생활을 상업화하고 '비창조적인 파괴'(uncreative destruction)의 패턴을 촉진하는데, 그 속에서 기업과 노동 단위는 일시적인 차익 거래의 이득을 얻기 위해 계속적으로 파괴되고 재조합된다. 금융화의 기법들은 금융기관이 고객들을 속이는 것을 도울 뿐 아니라 대기업과 부자 등의 대자본이 세금을 피하고 소액주주들로부터 이득을 얻어내도록 해준다. 대부분의 펜션펀드들과 자선기금은 헤지펀드나 이상한 파생상품에 투자하려면 신탁 원칙에 의해 제한을 받지만, 미국의 뮤추얼펀드는 그렇지 않다는 점에 주의해야 한다. 금융화의 필연적인 귀결로서 신용창출을 관할하는 규제들이 먼저 완화되었고, 그 이후에는 거의 무시되었다. 부주의한 신용의 확장은 오랫동안 금융위기와 붕괴에 이르는 환락의 길(primrose path)이었다.[56]

    1972년 이후 본격적으로 진행된 금융화는 컴퓨터 기술의 발전, 그리고 옵션의 가격을 설정하고 파생상품을 고안하는 새로운 수학적 기법의 발견과 함께 발전했다. 이러한 기법들은 처음에는 주로 불확실성을 감소시키고 통화 위험을 헤지하기 위해 사용되었다. 그러나 곧 파생상품 스와프가 조세기관과 주주들을 속이는 데 사용될 수 있음이 분명해졌다. 금융공학은 한 종류의 소득 흐름을 다른 종류로, 또는 자산을 소득으로 또는 그 반대로 변경해 세금을 줄이거나 피할 수 있었다. 파생상품도 펀드매니저의 기법과 인수합병 전략을 더욱 발전시키기 위해 사용될 수 있었다. 책임 있는 펜션펀드는 하이퍼트레이딩* 프로그램을 피하고 장기투자 전략을 고수한다. 그러나 그들도 그들의 포지션을 헤지하기 위해 파생상품을 사용한다. 몇몇 금융상품들은 유용하지 않지만 그렇다고 해서 모든 옵션과 파생상품을 전반적으로 거부할 수는 없을 것이다. 대신 미 국세청(IRS: Internal Revenue Service)이 이미 노력하고 있듯이 진정으로 위험을 헤지하는 파생계약과, 그 목표가 조세기관을 속이고 주의 깊지 않은 주주를 속이기 위한 것일 뿐인 파생계약을 구분할 필요가 있을 것이다. 이미 이러한 상품들, 그리고 '섀도 은행 시스템'에 대한 적절한 규제와 등록을 요구하는 주장들이 존재한다. 사실 더 많은, 그리고 더 효과적인 규제가 필요하다. 하지만 규제만으로 충분할 것인가? 금융화는 규제가 매우 많던 시대에, '가치'를 평가·공개하기 위한 것뿐만 아니라 규제기관을 좌절시키고 피하기 위해 고안된 몇몇 기법과 함께 발전했다는 사실에 유의할 필요가 있다.

1930년대의 교훈

1920년대의 주식시장 버블, 1929년의 뱅크런, 그리고 그 후의 사건들은

---

56) Salih Neftci, "FX Short Positions, Balance Sheets and Financial Turbulence"는 과도한 신용과 금융의 실패를 만들어내는 과정에서 파생상품의 역할을 잘 설명한 바 있다. 그러나 네프치는, 파생상품이 적절히 규제된다면 건전한 금융 시스템 내에서 그것이 담당할 역할이 있을 것이라고 주장한다.
* 증권시장에서 과도하게 단기거래를 하는 것.

1999년 클린턴 정부에 의해 폐지된 1933년 글래스-스티걸 법의 통과 등 다양한 규제의 물결로 이어졌다. 오랫동안 — 대략 1929년에서 1972년까지 — 금융화의 범위는 제한적이었는데 이는 먼저 대공황 시기의 심각한 금융수축, 그리고 브레턴우즈 시스템과 제2차 세계대전 이후 경제에서 나타난 포괄적인 경제적 조정(coordination) 때문이었다.[57]

현재의 위기에서 은행의 중심성, 그리고 부동산과 관련된 채권의 역할은 대공황의 발발과 무서운 유사점을 지니고 있다. 조지프 슘페터(Joseph Schumpeter)는 플로리다의 부동산 가격 하락이 어떻게 부동산 채권과 관련된 투기적 버블의 붕괴로 이어졌는지 강조했다. 슘페터에 따르면 주식시장의 하락이 은행에 끼치는 영향은 부차적이었는데, 이는 신용버블의 붕괴를 반영한 것이었다. 그는 1929년의 붕괴가 '쥐글라르 순환'(Juglar Cycle)*이 시작되는 고전적인 모습들을 보여준다고 지적했다. 경제사가인 클레망 쥐글라르의 이름을 딴 이 순환은 파괴적인 금융위기와 신용경색으로 시작되었고, 이는 그 이후 산업과 농업에 심각한 악영향을 끼쳤다. 슘페터는 이미 경제변동에서 주택투자의 특별한 역할을 인식하고 있었다. "상업은행으로부터 엄청난 규모의 자금을 조달받아서 지출되는 수많은 가구의 경상비용(overhead)만큼 누적적으로 경제에 악영향을 끼치는 것은 없다."[58]

이번에도 역시 플로리다 지역을 중심으로 부동산 모기지에 기초한 투기적인 금융상품이 붕괴했다. 아직 불확실하지만, 서브프라임 위기로 인해 미국의 GDP가 1930년대의 위기 상황만큼 감소하지는 않고 단지 정체하게 될 것

---

57) Gérard Duménil and Dominique Lévy, "La Finance capitaliste", in Suzanne de Brunhoff et al., *La Finance capitaliste*, Paris 2006, pp. 131~80.

* 경제학자 쥐글라르의 이름을 딴 약 10년 사이의 주기를 가지는 단기적 경기변동으로 이는 기업의 설비투자의 변화주기로 인한 것이다.

58) J. A. Schumpeter, *Business Cycles* [1939], Philadelphia 1982, Vol. 2, pp. 747~48. 슘페터는 1929년 대공황이 심각했던 이유를 쥐글라르, 키친, 콘트라티예프 사이클이 함께 겹쳐졌기 때문이라고 설명하려 했다.

이라고 예측하는 것이 합리적일 것이다. 그럼에도 잠재적 산출의 손실은 엄청날 수 있다. 우리가 살펴보았듯이 그린로와 그의 동료들은 손실이 GDP의 1~1.5퍼센트가 될 것이라고 보수적으로 추정한다. 지금까지 정치인들과 규제기관은 새로운 규제 방식을 도입하는 대신 은행들이 자구책을 제시하라고 재촉하는 것을 통해 위기를 해결하려고 해왔다. 고든 브라운 정부는 노던록을 국유화하기 이전에 6개월이나 망설였다. 미국에서는 연준이나 재무부 어느 쪽도 위기로 인한 손실을 발표하거나 위기로 타격을 받은 금융기관의 자본 확충을 위한 결단을 내리지 않았다. 허버트 후버(Herbert Hoover)*조차 부실해진 자산과 금융기관을 재생하기 위한 금융재건공사(RFC: Reconstruction Finance Corporation)를 설립했는데 이는 결국 미국 경제의 재건에 커다란 역할을 했다.

대공황에 대응하기 위해 도입된 뉴딜정책에도 글래스-스티걸 법 이외에 1933년 주택소유자대출공사(HOLC: Home-Owners Loan Corporation)의 설립, 1935년 사회보장법의 통과, 그리고 1938년 지금은 패니메이(Fannie Mae)로 알려진 연방전미모기지협회(Federal National Mortgage Association)의 설립 등이 포함되었다. HOLC는 점증하는 모기지 관련 담보의 압류를 막기 위해 고안되었던 반면, 패니메이는 프라임 주택 모기지에 대해 보증하고 보조해주기 위해 만들어졌다. HOLC는 은행으로부터 부도가 나서 지불 정지된 모기지를 매입했고, 차입자들에게 더 좋은 상환 조건을 제시했다. 2년 동안 HOLC는 어려움에 빠진 주택보유자들로부터 190만 건의 신청을 받았고, 모기지 100만여 건의 조건을 성공적으로 재조정했다. 이 기관은 1,936건의 모기지가 최종적으로 상환된 1951년 문을 닫았다.[59]

---

* 성공한 기업가 출신의 제31대 미국 대통령으로 재임 기간 중 대공황이 발생했고 엄청난 경제위기에 제대로 대응하지 못했다는 평가를 받음.

59) Alan Blinder, "From the New Deal, a Way Out of a Mess", *New York Times*, 24 February 2008. 이러한 접근 방식은 판매를 잘못한 책임이 있는 은행들에 대해 그들이 대가를 지불하도록 만들면

HOLC가 서브프라임 차입자들을 상대한 반면, 패니메이는 연방정부의 보증과 면세적 지위를 사용하여 주택 모기지를 어느 정도까지 인수하는 2차 모기지 시장을 조직하여 프라임 차입자들이 주택담보대출을 더욱 쉽고 싸게 얻을 수 있도록 했다. 연방정부의 보증과 면세 덕분에 패니메이는 값싼 금리로 자금을 차입하여 개인 차입자들에게 대출해줄 수 있었다. 이러한 주택 모기지 시장의 부분적인 탈상품화(decommodification)는 결국 큰 성공을 거두었다. 1968년 패니메이는 반민영화되었고 투자자들로부터 자금을 조달할 수 있게 되었지만, 여전히 연방정부의 보증과 면세의 지위를 유지하고 있다. 이러한 보조 덕분에 패니메이는 그 이후 40년 동안 5000만의 가구가 주택을 소유하는 과정에 자금을 조달했다. 그러나 현재 이 기관의 반민영화는 정부 보증을 받는 두 기업, 패니메이와 프레디맥(Freddie Mac)*이 증권화를 추진하고 수익을 극대화하기 위해 과도한 부채를 지도록 했기 때문에 심각한 실수로 인식되고 있다.[60] 더욱 일반적인 문제는 — 이는 영국의 주택금융조합(building society) 민영화의 경우에서도 나타나는데 — 민영화 이후에는 이러한 기관들이 부분적으로 탈상품화된 사회적 질서에 반대하고 기업적인 모델을 과도하게 추구한다는 점이다.

서 구제해주는 것이다.

* 1968년 패니메이의 부분 민영화 이후 독점을 막기 위해 설립된 회사로 패니메이와 유사하게 모기지대출에 대한 보증을 주요 업무로 한다. 정식 명칭은 연방주택모기지대출회사(Federal Home Loan Mortgage Corporation)이다.

60) Ronald Utt, "Time to Reform Fannie Mae and Freddie Mac", Heritage Foundation, Backgrounder 1861, June 2005. 어트는 패니메이와 프레디맥이 "사적 부문과의 자유롭고 공개적인 경쟁 아래 주택 모기지대출의 증권화에 〔……〕 집중하도록" 하기 위해 연방정부의 보증과 면세를 철회할 것을 제안했다. Manuel Aalbers, "The Financialization of the Home and Mortgage Crisis", *Competition and Change*, vol. 12, no. 2, June 2008 참조.

3. 붕괴

2007년 8월 모기지 관련 금융상품의 부도에 의해 야기된 어려움이 전체 CDO 부문에 퍼져나갔고, 이에 따라 '신용경색'(credit crunch)이 발생했다. 이 놀랄 만큼 복잡한 금융상품에 투자된 자금이 이제 전체 금융기관의 자산에서 중요한 부분을 차지하고 있었다. 헤지펀드도 위험에 대해 검토하지도 않고 또 구조화 금융에 대해서 의심하지도 않고 이러한 자산을 선호했다. 그들은 파생상품을 위해서는 시장이 존재하지 않는다는 것을 알았지만 그들의 모델이 산출하는 가치와 보증에 대해 믿었다. 큰 손실을 입은 몇몇 펀드들을 포함한 여러 경우, 헤지펀드 스스로가 투자은행의 자회사였으며 마진콜(margin call)*을 위해 필요한 신용을 투자은행으로부터 제공받았다.

CDO의 문제 중 하나는 은행의 직원과 금융변호사에게 지급된 임금이 수천의 모기지를 다루는 도매 영업과만 연관되어 있었고, 각각의 등급이 낮은 모기지에 대한 개별적인 검사와는 관련이 없었다는 것이다.[61] 한편, 즉각 인도할 수 있는 모기지가 부족했고 CDS 계약의 청산에 현실적인 제약이 있었기 때문에 몇몇 경우 보충협약(protocol)이 체결되고 헤지된 금액보다 더 적은 현금이 지불되기도 했다. 2007년 10월 연준에 제출한 다른 논문에서, 깁슨은 먼저 모든 종류의 신용파생상품들의 이득을 강조한 다음, 복잡하고 난해한 서열매기기(sequencing)와 조정으로 인한 다양한 위험들에 관해 항목별로 지

---

* 증거금의 증액에 대한 요구를 뜻한다. 은행들이 대출을 해준 금융기관들에 대해 계약 이행을 보증하기 위해 예치해놓은 증거금이 부족하므로 이를 증액하라고 하는 요구이다. 보통 선물 가격이 하락할 경우에 대비하기 위해 도입됐지만, 채권 발행이나 대출에도 사용되며, 만약 은행들의 마진콜에 응하지 못하면 부도 처리된다.

61) Satyajit Das, "How Supposed Risk Hedgers Could Become Risk Creators", *Financial Times*, 6 February 2008; Robert Cookson and Gillian Tett, "Pressure Builds Over CDS Settlements", *Financial Times*, 21 February 2008.

적했다.[62]

  CDO 가치의 붕괴, 그리고 CDS의 커버리지에 대한 회의는 단순히 이 채권들이 이해하기 어렵다는 것뿐만 아니라 이 채권들을 보유하고 있는 이들 사이의 불신을 반영하는 것이었다. 신용경색은 은행들이 보유하고 있는 자산의 위험에 대한 불신뿐만 아니라 은행들 서로에 대한 의심으로 인해 발생했다. 은행들은 CDO들을 패키지화하는 것을 도왔기 때문에 CDO의 문제들을 어떻게 평가할지 알고 있었다. 은행 내의 금융전문가들은 이러한 자산들이 아무리 복잡하다 해도, AAA의 신용등급에도 불구하고 사실은 매우 위험하다는 것을 알기에 충분한 정보를 가지고 있었다. 그들은 전염에 대한 우려가 시간이 지나면 괜찮을 수도 있는 채권들을 포함한 여러 채권들에 손실을 끼칠 것이며, 이와 유사하게 이러한 금융상품들을 커버한 보증도 가장 필요할 때에 붕괴될 것임을 알고 있었다. 신용경색은 모든 모기지 관련 증권에 손실을 끼치고 CDO와 CDS의 개념 자체에 손해를 입혔다. 이 위기는 사람들을 보다 신중하게 만들 것이다. 그러나 파생상품들은 금융시스템에 꼭 필요하며 단순히 철폐되기에는 너무 광범위하게 보급되어 있기 때문에, 이 위기가 모든 파생상품의 거래를 없애지는 않을 것이다. CDS의 총액은 미국 GDP의 3배인 48조 달러에 이른다(비록 많은 CDS들이 서로 겹치기 때문에 실질적인 총액은 그보다 훨씬 적지만). 지난 5년 동안 CDO의 발행액도 1.6조 달러에 이르며 현재 금융채권의 총액은 무려 10.8조 달러나 된다.

  위기에 대응하여 연준이 은행들에 대해 보다 많은 유동성을 공급했지만 이들의 문제는 유동성(liquidity) 문제가 아니라 지급능력(solvency) 문제일 가능성이 매우 높다. 그린로 등의 논문은 다음과 같이 설명한다.

---

62) Michael S. Gibson, "Credit Derivatives and Risk Management", FEDS Working Paper No. 47, Washington, DC 2007.

중앙은행의 유동성 공급은 금융중개기관이 다른 이들에게 대출해주기 위해 중앙은행으로부터 자금을 차입하여 재무제표의 자산을 증가시키도록 하는 것이다. 그러나 자본의 부족을 겪고 있는 차입 수준이 높은 기관들은 그러한 조치에 반응하지 않을 것이다. 은행들이 이렇게 서로에게 대출해주기를 꺼렸기 때문에 우리가 살펴보았듯이 은행 간 시장의 불안이 지속된 것이다.[63]

이 저자들은 미국식의 저금리 덕분에 은행들이 현재의 대출을 더욱 유리한 금리 조건하에서 만기연장(roll over)해줄 수 있다는 것은 인정하지만, 저금리로 인해 새로운 대출이 이루어지지는 않을 것이라고 지적한다.

주요 은행들이 그들의 CDO의 장부가치를 절반으로 줄이도록 한다면 그들의 자본가치가 감소되어 실질적으로 파산 상태에 직면할 것이다. 시티그룹, 메릴린치, 리먼브러더스, 그리고 모건스탠리 등이 이러한 위험에 직면한 은행들이지만, 물론 어떠한 주요 은행도 파산하도록 허용되지는 않을 것이다. 그 대신 정부는 구제금융과 다른 은행으로의 매각, 그리고 합병 등을 추진할 것이다. 엔론과 월드콤의 경우와 같은 단호한 조치 대신, 정부는 파산하기에는 너무 큰 주요 은행들을 지원하기 위해 공적자금이 지출되는 '은행을 위한 사회주의'를 실행할 것이다. 베어스턴스의 구제는 주주들에게는 가혹한 조치였지만 채권보유자나 이 은행을 매입한 상대에게는 그렇지 않았다. 베어스턴스를 매입한 JP모건은 베어스턴스가 보유한 290억 달러의 자산에 대해 연준의 보증을 받았다. 이 구제 조치가 이루어진 다음 몇 주 동안 연준은 이와 유사한 금액을 비밀리에 다른 은행들에게 3등급의 채권을 담보로 하여 대출해주었다. 공적자금 투입 이외의 해결책은 국부펀드(sovereign wealth funds)로부터의 투자였다.

---

63) Greenlaw et al., "Leveraged Losses", p. 43.

2008년 초반, 서브프라임 등급, Alt A, 그리고 이보다 나은 부채 등을 포함하여 위험이 높은 CDO의 총액이 전체적으로 9,000억 달러에 달했다. 이러한 자산들은 가치가 있었지만 엄청나게 할인되어야만 매각될 수 있었기 때문에 정확하게 어느 정도의 가치가 있는지 알기가 어려웠다. 몇몇은 이렇게 저평가된 '덤핑자산'(distressed assets)을 인수하여 막대한 돈을 벌 수도 있겠지만 좋은 투자인지 아닌지 알 길이 없었다. 포트폴리오의 재조정을 위해 몇몇 은행들은 보다 이익이 높다고 생각되는 자산의 조합을 만들기 위해 신용파생상품을 교환하거나 스와프하기도 했다.

은행들이 입은 손해로 인해 은행의 주주들과 손실을 입은 부문의 하급 직원들이 타격을 입었다. 금융주는 평균적으로 4분의 1 이상 하락했고, 몇몇 주식은 그보다 더 하락했다. 그러나 주주들에게 이렇게 큰 손실을 안겨준 고위급 경영인들은 여전히 자기편인 이사회에 의해 높은 보수를 지급받았다. 월스트리트 은행 2곳의 CEO들은 엄청난 보수를 받고 2007년 사임했다. 메릴의 스탠리 오닐은 1억 6,000만 달러를 받았고, 시티그룹의 찰스 프린스는 9,000만 달러를 받았다. 구제금융을 받은 베어스턴스의 주식은 전해 170달러에서 10달러로 폭락했는데, 이 은행 주식의 3분의 1은 직원들이 보유하고 있었고 많은 직원들은 일자리를 잃게 될 것이었다. 이사회의 구성원들도 큰 손해를 입었지만, 이들은 베어스턴스가 큰 수입을 올린 CDO 호황 시기에 수천만, 혹은 수억 달러의 수수료와 보너스를 받았기 때문에 여전히 엄청난 부자였다.

고위급과 중간급 은행 직원들은 끔찍한 결과에도 불구하고 계속 후한 보수를 지급받았다. 모건스탠리는 2007년 4/4분기 94억 달러의 손실을 발표했지만, 이 손실은 주로 구조화 금융에서 발생했고 계속 이윤을 내고 있는 이들의 사기를 저하시키면 안 된다고 주장하며 전체 보너스 금액을 18퍼센트 증액했다. 일반적으로 직원들에 대한 보수는 투자은행 수입의 약 50퍼센트에 달한다. 2007년에는 이 비율이 크게 상승했고 몇몇 경우 100퍼센트에 이르렀다.[64]

은행의 주주들은 심각한 손실을 보았다. 시티그룹의 최대주주는 사우디아라비아의 왕자 알왈리드인데, 그는 석유로부터 얻은 수익이 이 은행에서 입은 손실을 보충했다. 그러나 분명히 여러 펜션펀드와 소액투자자들은 피해를 볼 것이다. 그들은 분산투자를 위해 여러 시장에 투자했기 때문에 CDO를 많이 보유하고 있지는 않을 것이지만, 사실 여러 금융기관들에 투자하고 있다. 한 보고서는 펜션펀드들이 2008년 1월에만 1,100억 달러의 손실을 보았다고 주장했다.[65] 2007년 116개의 펀드들이 안전할 것이라던 투자자산에서 28퍼센트에서 84퍼센트까지 손해를 입자, 그들은 매니저들에 대한 소송을 제기했다. 2조 달러의 펜션펀드를 운용하고 있는 스테이트스트리트는 이미 법적 소송을 위해서 6억 1,800만 달러의 예산을 할당했다.[66]

서브프라임 위기의 가장 직접적인 피해자는 집을 잃거나 잃게 될 200만에서 300만에 이르는 미국의 모기지 보유자 혹은 그들의 세입자들이었다. 이들 중에는 젊은 여성, 흑인 그리고 다른 소수자 집단의 비중이 높았다. 신용경색은 불황을 심화시키고 임금과 노동시장 사정을 악화시키며, 학자금대출도 더욱 어렵고 비싸게 만들 것이다. 공공주택 건물을 포함한 수많은 지역정부의 주택들도 영향을 받았다. 물론 이 위기로 인해 보증기관과 신용평가기관이 함께 지역정부의 채권 보증을 위해 얼마나 터무니없이 높은 가격을 매겼는지 드러났기 때문에 장기적으로는 긍정적인 측면도 있을 것이다. 위기는 또한

---

64) Raghuram Rajan, "Bankers' Pay Is Deeply Flawed", *Financial Times*, 9 January 2008. CEO와 펀드매니저 '대리인 문제'에 대해서는 다음을 참조하라. Blackburn, *Age Shock*, pp. 164~65; Michael Useem, *Investor Capitalism*, New York 1996; John Bogle, *The Battle for the Soul of Capitalism*, New Haven 2005; Nomi Prins, *Other People's Money*, New York 2004 and Yally Avrahampour, "Agency, Networks and Professional Rivalry: the Valuation and Investment of UK Pension Funds (1948~2006)", PhD University of Essex, 2007.

65) Andrew Sheen, "Funds Lose $110 billion in a Month", *Global Pensions*, 1 February 2008.

66) Vikas Bajaj, "State Street Corp is Sued Over Pension Fund Losses", *New York Times*, 4 January 2008.

미국 이외 지역에 살고 있는 많은 이들에게 피해를 입혔는데, 특히 고도로 금융화된 영국 경제가 큰 타격을 받았다.[67] 은행의 손실이 금융 시스템에서 해결되지 못하면, 1990년대 일본에서 나타났던 것과 같은 지연된 장기불황과 1997~98년 아시아 금융위기와 같은 광범위한 혼란이 동시에 겹쳐져서 나타날 우려가 존재한다. 이것은 '앵글로색슨식' 금융 주도 자본주의가 초래한 혼란이기 때문에 아시아와는 다른 그 자체의 독특한 특징을 보여줄 것이다. 일본의 경우 산업이 공동화되지 않았고 저축률이 마이너스가 아니었으며 검사되지 않고 가격을 매길 수도 없는 구조화 금융이 만연하지도 않았다.

재무부의 대응

서브프라임 위기가 시작되었을 때부터 폴슨 재무장관은 은행과 채권보증기관, 그리고 다른 금융기관들에게 자구책을 제시하라고 강조했다. 그러나 이는 효과가 없었다. 따라서 그는 2007년 9월 그가 승인했던 슈퍼구조화투자회사(super-SIV)를 2008년 1월 포기해야만 했다. 1월 28일 휴고 딕슨은 『월스트리트 저널』의 기사에서 "책임지고 있는 사람은 없는가"라는 질문을 제기했다.[68] 며칠 후 폴슨은 텔레비전 인터뷰 기자인 찰리 로즈와의 인터뷰에서 모기지의 원천, 증권화, 은행의 자산비율, 장부외 항목, 공시, 그리고 파생상품의 개발과 판매 등을 모두 포괄하는 새롭고 광범위한 규제안을 마련하고 있다고 이야기했다. 3월에 이러한 계획이 발표되었을 때, 그는 금융산업이 스스로 규제하고 있다는—적어도 그렇게 보인다는—믿음을 버리지 않았다는 것이 분명해졌다. 그 계획은 투자은행과 헤지펀드의 몇몇 공시 의무를 명시

---

67) Alex Frangos, "Credit Losses Stall Affordable-Housing Projects", *Wall Street Journal*, 18 March 2008; Julie Creswell and Vikas Bajaj, "States and Cities Start Rebelling on Bond Ratings", *New York Times*, 3 March 2008; Alistair MacDonald and Mark Whitehouse, "London Fog: Credit Crunch Pounds UK Economy", *Wall Street Journal*, 7 February 2008.
68) *Wall Street Journal*, 28 January 2008.

했지만 규제기관의 권한은 약했다. 신용경색으로 인해 재무부와 연준이 개입해야 했지만, 이는 가능한 한 금융산업의 자구책이나 자율규제라는 이름으로 포장되었다. 앞에서 살펴보았듯이 JP모건의 베어스턴스 인수도 재무장관이 승인한 계획에 따라 연준이 베어스턴스의 290억 달러의 위험을 떠맡았기 때문에 진행될 수 있었다. 이러한 헐값 매각을 통해 이 무분별하고 문제 많던 은행은 가혹하게 처리되었는데, 베어스턴스 스스로도 1998년 LTCM*의 구제 조치에 참가하기를 거부한 바 있다. 그러나 이러한 방식은 월스트리트의 다른 금융기관들도 괴롭히던 문제, 즉 이들의 자본 수준이 적정한가(capital-adequacy) 하는 의문에 대해서는 아무런 해답을 제시하지 않았다.

연준은 또한 미국 경제의 경기를 진작하기 위해 단기금리를 대폭 인하했다. 그러나 연준의 가장 주된 관심은 핵심적인 금융기관의 상태 혹은 생존이었다. 금리 인하 이후에도 은행들은 언제나 매우 천천히 고객들에 대한 금리를 인하했다.[69] 은행들은 가장 위험이 큰 담보에 기초해서도 2.25퍼센트의 금리로 자금을 차입할 수 있었지만, 가장 안전한 모기지 담보에 기초해서도 6퍼센트가 넘는 금리를 부과했다.

퀀트금융이 예측할 수 있는 범위를 넘어서는 여러 문제들이 있다는 것은 당연하지만, 금융전문가들이 이러한 가능성을 전혀 예측하지 못했다는 것은 이상한 일이다. 시카고 대학의 박사이자 리먼브러더스 홀딩스의 퀀트주식 전략부서의 책임자인 매튜 로스먼은 2007년 8월 금융위기가 심화된 며칠이 지난 후 이렇게 말했다. "수요일은 퀀트랜드(Quant Land)의 사람들이 매우 오랫동안 기억할 만한 날이다. 모델들이 1만 년 만에 한 번 일어날 것으로 예측

---

* 롱텀캐피털매니지먼트(Long Term Capital Management): 1998년 파산한 대규모 헤지펀드로서 이 펀드의 파산으로 인해 전반적인 금융위기의 우려가 높아져 연준은 긴급자금을 지원하고 금리 인하를 단행했다.

69) Floyd Norris, "An Effort to Stem Losses at Citigroup Produces a Renewed Focus on Risk", *New York Times*, 16 January 2008.

하는 사건들이 사흘 내내 일어났다."[70] 사실 베노이트 만델브로트는 오랫동안 퀀트모델에 대해 회의적이었고, 스스로 트레이더였던 나심 니콜라스 탈레브는 퀀트금융이 '두터운 꼬리'와 '검은 백조 사건'*에 대해서는 취약점을 지니고 있다고 경고했다.[71] 블랙은 '블랙-숄스 모델의 취약점'에 관한 논문과 이를 어떻게 활용할 것인가에 관한 논문을 썼다.[72] 블랙-숄스 모델의 문제점 하나는 정규분포를 가정하여, 두터운 꼬리가 존재하는 경우 심각한 문제에 직면한다는 것이다. 금융 데이터는 보통 장기간의 분산을 파악하기에는 샘플의 규모가 충분히 크지 않다는 문제가 있다. 장기적인 관점에서 볼 때 현재의 금융 데이터에 기초하여 의사 결정을 내리는 사람에게 사용 가능한 정보는 매우 제한적이다. 미래를 포함하지 않기 때문에 분포의 꼬리가 두터운지 아닌지** 추정하는 것이 불가능하다. 블랙은 금융이론의 정리들이 시간이 지남에 따라 엉망이 될 수 있음을 알았지만, 일반적인 퀀트경제학자들은 소득이나 수입의 미래 흐름의 순 현재가치를 계산하는 데에 사용될 수 있는 산술적인 할인율이 존재한다고 믿는다. 이러한 산술적 단순화 과정은—이는 또한 '시가 평가'(mark to market)와 '적절한 가격'(fair value)을 찾아내는 회계에 의해 이루어졌는데—미래로부터 그 가장 불안정한 특징을 제거해버린다. 즉 미래는 예측이 불가능하며 동시에 과거의 영향을 받는다는 점.

금융화는 가계가 기업처럼 행동하도록, 기업이 은행처럼 행동하도록 그리고 은행이 헤지펀드처럼 행동하도록 만들었다. 하지만, 그러면 헤지펀드의

---

70) Kaja Whitehouse, "'Quant' Expert Sees a Shakeout for the Ages", *Wall Street Journal*, 14 August 2007.

* '검은 백조'와 같이 극단적이고 예측 불가능한 비현실적인 일이 현실에서 발생하는 경우를 일컫는 단어.

71) Nassim Nicholas Taleb, *Fooled by Randomness*, New York 2004, and *The Black Swan*, New York 2007 참조.

72) Fischer Black, "The Holes in Black-Scholes", *Risk*, no. 1, March 1988.

** 평균에서 먼 사건들이 발생할 확률이 큰지 작은지.

운명은 어떻게 되는가? 그들이 성공적인지 우리가 어떻게 알 수 있을까? 금융시장에는 '탈레브 분포'(Taleb distribution)*가 상대적으로 흔하기 때문에 전문적인 기관투자가나 개인투자자조차도 헤지펀드의 성과를 평가하기 매우 어렵다. 그런 시장에서는 어떤 한 해에는 고수익 확률은 높고 엄청난 손실을 볼 확률은 낮다. 그러나 20년 동안을 고려하면 이 낮은 확률이 높아져서 헤지펀드가 청산될 확률이 아마도 10분의 1 혹은 5분의 1 정도까지 높아진다. 헤지펀드의 매니저들은 매년 펀드 가치의 2퍼센트를 지급받고 매년 자본수익의 20퍼센트를 지급받는다. 20년 후에 청산될 펀드의 매니저들도 엄청난 부자가 되어서 퇴직할 수 있다. 신용경색으로 인해서 몇몇 유명한 헤지펀드가 이미 파산했고 헤지펀드의 공식에 관해 근본적인 회의가 높아졌다. 울프는 투자자의 이해에 맞는 인센티브를 고안하는 것이 얼마나 어려운가를 보여주는 연구를 다음과 같이 인용했다.

> (해결책으로서) 헤지펀드의 매니저들을 최종 수익에 기초하여 보상하는 것, 그들이 상당한 규모의 주식지분을 소유하게 하는 것, 혹은 성과가 낮은 경우 벌금을 물리는 것 등을 생각해볼 수 있다. 그러나 이들 해결책 중 어느 것도 행운과 기술을 구분할 수 없다. 첫 번째 방식도 매니저들이, 그 수준보다 높으면 그들의 보수 지급이 시작되는 기준수익률에 가까운 수준에서 상당한 위험을 지도록 만든다. 두 번째 방법은 매니저들이 감독하기 어려운 파생상품을 매입하여 회피할 수 있다. 마지막 방법은 외견상 효과적으로 보인다. 그러나 능력이 없는 매니저들을 처벌하는 엄격한 계약은 능력 있는 매니저들의 사기도 저하시킬 것이다.[73]

---

* 높은 확률로, 즉 흔히 작은 수익이 발생하고 이따금 엄청나게 큰 손실이 발생하는 특징을 지닌 분포. 이 경우 기대수익은 마이너스가 될 수 있지만 위험도가 낮고 꾸준하게 수익이 발생하기 때문에 흔히 사람들은 이를 망각하게 된다. 현실의 금융시장과 특히 헤지펀드 산업이 이러한 상황이라고 주장한 탈레브의 이름을 따왔다.

언제, 그리고 어느 정도로 금융위기가 실물경제의 위기로 파급될 것인가 하는 것은 여전히 불투명하다. 금융 부문이 거의 마비된 지 6개월이 지난 후 미국 경제는 여전히 성장하고 있고 뉴욕 주식시장은 여전히 위기를 부정하는 것처럼 보인다. 경기가 위축되는 징후들이 나타났지만, 이는 신용경색이 야기했다기보다는 그것에 의해 악화된 것이다. 결국 신용경색을 촉발한 것은 주택시장의 붕괴였지만 그 반대는 아니었다. 2001년과 그 이후 미국 경제의 주된 특징은 낮은 국내 투자와 은행으로부터 비금융기업들에 대한 대출의 감소였다. 그 대신 금융기관들은 서로서로 대출을 하고 거래를 했다. 그린로와 해치어스, 그리고 그들의 동료들은 재무제표에 기초한 '금융 액셀러레이터' (financial accelerator)가 서로 연결된 한 금융 부문에서 다른 금융 부문으로 어떻게 쇼크를 전달하며 손실을 증가시키는지 설명했다.[74] 얼마 동안은, 금융의 신용에 의존하지 않았던 실물경제의 나머지 부분은 단지 정체 상태에 빠질 것이지만, '두터운 꼬리'에 존재하는 부채비율이 매우 높은 기업들은 어떻게 될 것인가? 그들은 전체 기업들의 5퍼센트에 불과할지 모르지만 그들의 파산은 자산의 새로운 상각 사태로 이어질 수 있다. 2008년 4월 IMF의 보고서는 이러한 가능성을 조심스럽게 제기했다. "9,450억 달러로 추정되는 손실로 인해 은행자본이 더욱 축소되고 비은행 금융기관들의 손실과 결합되어 〔……〕 더 많은 상각 사태가 나타날 수 있다. 〔……〕 부채의 축소가 진행됨에 따라 전체 은행 시스템이 악영향을 받을 위험이 존재한다."[75]

---

73) Martin Wolf, "Why Today's Hedge Fund Industry May Not Survive", *Financial Times*, 19 March 2008. Dean Foster and Peyton Young, "Hedge Fund Wizards", *The Economists' Voice*, vol. 5, no. 2, 2008과 "The Hedge Fund Game", Oxford University Economics Department Discussion Paper No. 378, January 2008도 참조.
74) Greenlaw et al., "Leveraged Losses."
75) IMF, *Global Stability Report*, p. x.

4. 신용경색에 대한 대응

모기지 버블의 붕괴와 그로 인해 금융 시스템과 실물경제가 받은 타격은 규제완화와 민영화, 그리고 금융화의 연금술에 대한 믿음에 기초한 앵글로색슨 자본주의의 실패를 보여주었다. 섀도 은행 시스템의 일부는 유용하지 않고 단순하게 폐지될 수 있겠지만 다른 기능들은 잠재적으로 유용하고 책임 있는 공적기관에 의해 수행될 수 있을 것이다. 은행들은 그들의 구조화투자회사들을 폐쇄하고 있지만 은행의 부채를 장부외에 감추도록 해준 법은 그대로 남아 있다.

미국과 영국의 정부기관은 은행을 스스로의 잘못으로부터 구제하기 위해 엄청난 자원을 동원했는데, 이러한 구제는 아직 전혀 끝나지 않은 것일 수 있다. 가계와 금융기관 모두에게 부채의 부담은 여전하고 그로 인해 이들이 파산할 가능성이 존재한다. 은행들이 사업을 재조직하고 지급능력을 회복하는 것을 통해 '레버리지를 낮추려고'(de-leveraging) 한다면 지원이 필요할 것이다. 이러한 지원을 위해 공적인 자원을 사용하는 것은 그러한 행동을 다시 반복하게 만들지는 않는다 하더라도 ― 이는 경제학자들이 흔히 말하는 '도덕적 해이'(moral hazard)이다 ― 대가를 수반한다. 이와는 달리 JP모건과 같이 공적인 개입으로 이득을 얻는 금융기관들이 공적기관이 보유한 펀드에 대해서 우선주를 의무적으로 발행하게 할 수도 있다. 미국의 경우 주정부의 사회보장신탁기금네트워크(Social Security trust fund network)가 이와 같은 기관이다. 다른 대안으로는 이와 비슷한 방식으로 새로운 사회적 기금의 지역 네트워크를 설립하는 방안을 고려해볼 수 있다. 모든 기관들이 저금리로 이득을 얻었기 때문에 모두가 위기의 해결에 기여하도록 강제할 수 있을 것이다. 새로운 버블을 방지하기 위해 자본에 대해 세금을 물리는 방안도 고려할 만하다. 만약 그 수입이 배당을 지출하는 이로부터 수입을 재투자하는 미래 지향적인 펀드로 재분배된다면, 이 방안은 인플레이션의 압력을 진정시키는 데 도움이 될 것이다.

개혁이 필요한 다른 분야는 단지 4개의 대기업들이 지배하고 있는 회계 업무와 '시가 평가' 방식이 '친경기적'(pro-cyclical)이어서 붐-버스트 사이클(boom-bust cycle)을 악화시킨 회계 기준이다. 공적인 감사기구와 다변화된 회계 기준이 도입된다면, 감사가 감사를 받는 기관과 흔히 결탁하는 이 산업의 문제점들이 완화될 수 있을 것이다.[76] 이와 비슷하게 전문적인 공적 소유 기관만을 헤지펀드로서 운용되도록 하고 '사모'(private equity)펀드를 '공모'(public equity)펀드로 전환하는 방안도 고려해볼 수 있다. 다른 방안으로는 1932년에서 1946년 사이에 운영되었던 공적기관인 금융재건공사(RFC)의 설립을 생각해볼 수 있다. 당시에 이 기관은 불황을 극복하고 1940년 이후에는 전쟁을 위한 생산을 조직하기 위해 약 395억 달러(현재 가치로는 약 4조 달러에 이르는)를 투자했다. 이 기관은 새로운 생산설비를 많이 창출해내고 대신 주식 지분을 소유했다. 이 기관은 너무 성공적이었기 때문에 1946년 급하게 해산되었다. 이 기관은 비미국적인 기관으로 생각되었으며 몇몇 최고경영자들은 소련의 스파이로 몰리기도 했다.[77]

구제 방식의 또 다른 예는 1989년 미 의회가 설립한 정리신탁공사(RTC: Resolution Trust Corporation)이다. 이 기관은 연방의 자금을 사용하여 어려움에 빠진 저축대부조합(Saving and Loan concerns)을 구제했다. RTC는 모든 자산들의 소유권을 인수하여, 시장이 회복된 후에 이를 매각했다. 이런 방식으로 RTC는 연방의 공적자금을 엄청난 규모로 투입했고 이후에 자진 청산되었다. 이 기관은 매우 성공적으로 운영되었다. 그러나 이는 불투명하게 은행

---

76) 나는 이에 관해 더 많은 논의를 *Age Shock*, pp. 285~92에서 제시했다.
77) James Olson, *Saving Capitalism: The Reconstruction Finance Corporation and the New Deal, 1933~40*, Princeton 1988.

부문에 대해 보조를 해주는 방식이었다.[78] RFC와 RTC가 모두 경제의 위험을 줄이고 투자와 안정성을 높이는 데 기여하는 공공기관으로 남아 있었다면 훨씬 더 좋았을 것이다. 재자본화(recapitalization)를 위한 지출은 경상지출이 아니라 투자를 위한 자본예산의 일부로 생각되어야 한다.

장-찰스 로셰는 노르웨이가 1988~92년 사이에 발생한 은행위기에 대처했던 해법이 성공적이었다고 지적한다. 이 과정에서 당시 노르웨이의 최대 규모 은행 3개가 국유화되었고, 그 주주들은 손해를 보았다. 이 은행들은 매우 성공적으로 재건되어서 정부가 이들을 다시 사적 부문에 매각했을 때 큰 수익을 얻었다.[79] 적어도 이 중 일부는 노르웨이의 공적 펜션펀드 2개로 귀속되었는데, 그중 하나는 지역경제 투자에 전념하는 기관이다.

더 일반적으로 말하면, 국가부채에 대한 낡은 앵글로-아메리칸식의 접근은 개별적인 '위험'이 아니라 기후 변화와 고령화, 그리고 시장의 불안정과 같은 대규모의 '공통적인 쇼크'(common shocks)에 직면한 세계에는 적당하지 않다. 이러한 문제들은 '미래펀드'(future fund)와 국부펀드의 설립에서 나타나듯이 가장 보수적이고 주의 깊은 일부 국가들도 인식하고 있다. 호주의 노동당 정부는 이 국가의 '미래펀드'를 계속 발전시킬 것이라고 발표했고, 노르웨이·싱가포르·한국·중국 등도 이와 같은 사례이다. 노르웨이의 재무장관은 자산 규모가 3,500억 달러인 노르웨이 정부의 펜션펀드가 "도덕적인" 의제와 "영업의 모든 분야에서 높은 수준의 투명성"을 추구할 것이라고 강조한다. 이 펀드는 "장기적인 투자시계"를 가지고 '레버리지'를 회피하며 시장에 유동성을 공급한다. 이 펀드는 "정치적 자리매김이나 정치화된 투자 결정"을 엄격하게 삼가고 있다.

---

78) Joseph Stiglitz and Bruce Greenwald, *Towards a New Paradigm in Monetary Economics*, Cambridge 2003.
79) Rochet, *Why Are There So Many Banking Crises?*, pp. 29~30.

우리는 주주로서 소유권을 행사하고 펀드로부터 기업들을 제외하는 것을 통해서 도덕적 기반을 증진하기 위해 노력한다. 도덕 위반의 위험을 줄이는 시스템을 기업이 도입하도록 촉진할 수 있는 경우, 우리는 소유권을 행사하는 수단을 선호한다.[80]

최근에는 많은 공공 부문 펀드와 사회적 펀드들이 위험한 생산과정, 노동자의 권리 무시, 그리고 너무 높은 경영진의 보수 등의 문제들에 대해서 단순히 주식을 매각하는 것이 아니라 연차 주주총회에서 의견을 발의하는 방식으로 '개입'(engagement)하기를 선호한다. 그러나 여전히 대중적인 캠페인, 법률의 제정 그리고 노조의 행동 등에 비교할 때 이러한 수단에 의해 성취될 수 있는 일들을 과장하지 않도록 주의해야 한다. 국부펀드 등은 여전히 국가자본주의이며, 보통 진정한 책임성은 제거되어 있다. 그러나 변화무쌍하고 불안정한 금융화된 자본시장에서 국부펀드들은 안정성을 높이는 역할을 해왔다. 이러한 긍정적인 측면을 고려하면, 자본에 대한 정기적인 과세에 기초해서 이들의 재원이 조달되어야 한다고 주장할 근거가 있으며, 이러한 과세는 슘페터가 지적했듯이 버블경제를 억제하는 효과가 있다.[81]

---

80) Kristin Halvorsen, "Norway's Sovereign Fund Sets an Ethical Example", *Financial Times*, 15 February 2008.
81) 제2차 세계대전이 끝난 후 초반 시기, 일본의 대장성은 전쟁으로 인한 기업의 이윤을 수용하고 인플레이션을 진정시키기 위해 슘페터의 자본과세를 성공적으로 도입했다. Barry Eichengreen, "The Capital Levy in Theory and Practice", in Rudiger Dornbusch and Mario Draghi, eds., *Public Debt Management: Theory and History*, Cambridge 1990, pp. 191~220 참조. 나는 *Age Shock* (pp. 263~310)에서 현재 상황에서 자본과세의 최선의 형태는 루돌프 마이드너의 아이디어에 기초한, 보다 약화된 종류라고 주장했다. 그의 계획은 모든 기업들이 매년 주식을 지역의 사회적 펀드 네트워크에 기부하는 것이다. Blackburn, "A Global Pension Plan", *New Left Review* 47, Sept~Oct 2007 참조.

1930년대에 등장했고 브레턴우즈 시스템에 의해 전 세계적으로 조정되었던 전국적인 규모의 규제 시스템이 이제 새로이 개선되고 국제적인 차원으로 확장되어야 할 것이다. 사실 케인스와 덱스터 화이트는 언제나 IMF와 세계은행이 더욱 큰 힘을 가지기를 원했다. 이는 예를 들어, 한 국가가 오랫동안 국제수지 흑자를 내지 못하도록 하는 것을 포함했다. 현재의 위기 상황에서는, 모두 새로운 수장이 임명된 이들 기관들이 분명히 적극적으로 행동하려 할 것이다. 또한 은행들이 스스로의 가치평가 모델을 사용할 수 있도록 허락한 바젤 II 조항은 폐지되어야만 한다.

존 이트웰과 랜스 테일러는 최근 '세계금융기구'(World Financial Authority)의 설립을 주장했다.[82] 국제금융 시스템이 위험할 정도로 불안정할 수 있다는 그들의 경고는 여러 사건들에 의해 증명되고 있다. 이와 유사한 연구에서 제인 다리스타는 '거시적-건전성 프레임워크'(macro-prudential framework)를 확립해야 한다고 주장했는데, 이는 금융기관들이 아니라 연금저축을 보장해주는 것이다.[83] 그녀는 또한 금융기능의 확대를 고려한 새로운 준비금제도와 준비금을 보유하는 모든 기관들이 적절한 수준의 준비금을 보유하도록 하는 제도를 주장했다. 그녀는 모든 중앙은행과 국제기구에 적용되는 다음과 같은 주장을 했다.

금융 시스템 전반에 대해 연준의 영향력을 확대하는 준비금제도를 설립하려면 중앙은행에 대한 부채로서 준비금이 금융기관들에게 발행되고 그들에 의해 보유되어야 한다. 준비금을 금융기관의 대차대조표의 부채 항목으로 이동

---

82) John Eatwell and Lance Taylor, *Global Finance at Risk: The Case for International Regulation*, New York 2000. The contributions to Eatwell and Taylor, eds., *International Capital Markets* 참조.
83) Jane D'Arista, "Including Pension Funds in the Macro-Prudential Framework", presented at Center for Economic Policy Analysis conference, 10~11 September 2004, New School for Social Research, New York.

시키면 통화기관이 은행과 비은행 금융기관들의 준비금을 창출하거나 상각할 수 있게 된다.[84]

조지프 스티글리츠도 현재의 세계 금융 시스템의 심각한 문제점에 대해 지적했다.[85] 이제 1997~98년 아시아 위기 이후 월든 벨로와 다른 이들이 제안했던 체크 리스트들을 재검토할 시간이 된 것이다.[86] 역외금융센터를 통해 거대 기업들과 부자들이 조세와 국민경제의 규제를 회피한다는 것은 이제 주지의 사실이다. 따라서 리히텐슈타인에 대한 독일 정부의 정보 공개 요구는 새로운 접근을 의미한다. 더욱 광범위하게는 금융기관을 국가와 지역 차원에 더욱 밀착하도록 만들어야 할 것이다.

앞에서 논의된 심각한 문제들에 대한 해결책은 화폐나 금융을 포기하는 것이 아니다. 대안은 화폐나 금융을 적절하게 규제되는 시스템에 결합시키는 것, 기업과 은행의 본질을 소유와 작동 면에서 모두 진보적으로 전환하는 것, 그리고 루돌프 마이드너(Rudolf Meidner)*가 생각했던 방식으로 재원이 조달되는 사회적 펀드의 세계적인 네트워크와 세계적인 금융규제 시스템을 만들어내는 것 등이다. '섀도' 은행 시스템은 통제되어야만 하고 파생금융상품을 판매하는 이들은 새로운 원칙들을 준수해야 한다. 파생상품은 인간의 창조성

---

84) D'Arista, "Broken Systems", p. 14. 또한 D'Arista, "Rebuilding the Transmission system for Monetary Policy", Financial Markets Center report, Howardsville, VA, November 2002 참조.
85) Joseph Stiglitz, *Globalization and its Discontents*, New York 2002, and *The Roaring Nineties*, New York 2003; Stiglitz and Greenwald, *Towards a New Paradigm in Monetary Economics*.
86) Walden Bello, Nicola Bullard and Kamal Malhotra, eds., *Global Finance: New Thinking on Regulating Speculative Capital Markets*, New York 2000. 자본통제와 금융거래세를 지지하는 몇 년 전의 주장이 최근 다시 논의되고 있다. Dani Rodrik and Arvind Subramanian, "Why We Need to Curb Global Flows of Capital", *Financial Times*, 26 February 2008 참조.
* 스웨덴의 임노동자기금을 제안했던 경제학자. 그의 계획은 기업 이윤의 일정 부분을 매년 신규로 발행하는 주식의 형태로 노동조합이 관리하는 기금에 적립하도록 하여 노조에 의한 기업과 사회의 통제를 실현하는 것이었다.

의 산물이며 이상한 존재로 두려워해서는 안 될 것이다. 그러나 그것의 작동은 보다 투명하고 책임성이 있도록 만들어져야 한다. 조지 소로스는 "모든 현재와 미래의 계약들이 이루어지는 건전한 자본 구조와 엄격한 증거금 조건을 갖춘 청산기관이나 거래소"를 설립할 것을 주장했다.[87] 아마도 파생상품의 거래를 독점적으로 운영하는, 국유화된 파생상품위원회(Derivataives Boards)의 전 세계적인 네트워크가 확립되어야 할 것이다.

신용경색의 현실적이고 잠재적인 비용은 이미 엄청난 규모이지만, 이는 불평등이 심각하고 임금이 정체되며 사회적 보호가 약화되는, 금융화된 자본주의의 보다 포괄적인 문제점의 일부로 파악되어야 한다. 글로벌 불균형으로 인해서 중국과 일본, 그리고 독일이 주요한 자본 수출국이 된 반면, 가난한 이들은 식량과 에너지 가격의 상승으로 인해 고통 받고 있다. 이러한 상황은 전간기 이후 전 세계적 자본주의를 엄습하는 최악의 위기로 치닫고 있다. 자본주의적 제도의 위세는 이미 약화되었으며 위기가 실물경제에 타격을 끼치면 더욱더 약화될 것이다. 그러나 위기의 파괴적인 영향에 대처하기 위해서는 실용적이고 급진적이며 체제를 변화시키는 행동들이 필요하다. 금융화의 고질병을 치유하기 위해 완고한 자본주의적 해결책들이 도입된다면, 많은 사람들의 생활은 더욱 악화될 것이며 이러한 행동들만이 이를 저지할 수 있을 것이다.

〔이강국 옮김〕

---

87) George Soros, "The False Belief at the Heart of the Financial Turmoil", *Financial Times*, 3 April 2008.

신자유주의에 포섭된 로크적 유럽?

키스 반 데어 페일(Kees Van Der Pijl)

2005년이 저물어갈 무렵, 프랑스 전역의 도시와 읍 교외 지역은 격렬한 사회적 폭동으로 불이 붙었다. 10월 말 파리에서 시작된 교외 주택 지구의 소요와 방화는 11월 14일 자크 시라크 대통령을 텔레비전으로 끌어내어 "어려운 지역"에 거주하는 젊은이들을 "공화국의 아들딸"로 부르며 "차별의 독약"을 비난하는 연설을 하도록 만들었으나, 통금과 비상조치는 그와는 다른 언어로 말하고 있었다. 어찌 됐건 집권 우파에겐 레퍼토리가 제한될 수밖에 없었다. 처음에는, 신자유주의자 내무장관이자 유력한 대통령 후보였던 니콜라 사르코지가 무시무시한 "관용 제로" 정책과 "어중이떠중이"라는 모욕적 언사를 내놓은 정치적 대가를 치를 것이고, 프랑스 대권을 둘러싸고 그의 라이벌이었던 드골주의 총리 도미니크 드 빌팽이 수혜자가 될 것처럼 보였다. 그러나 우파의 역풍이 전개되면서 오히려 사르코지가 프랑스 국민 다수를 사로잡은

'대공포'가 선사한 이득을 놓고 네오파시스트 국민전선의 (서둘러 나붙은 국민전선 포스터에 따르면 오래전부터 이런 일을 예언해왔다는) 장마리 르펜과 다투게 됐다. 마침 폭동과 함께 벌어진 국영 프랑스전력의 민영화에서 지분을 얻을 기대에 들뜬 수백만 명의 사람들도 '대공포'의 대열에 포함시킬 수 있을 것이다.

프랑스 이민 2세대 혹은 3세대 젊은이들이 처한 곤경에 대해서는 여기서 굳이 하나하나 짚어볼 필요도 없다. 그 점은 1995년에 만들어진 마티유 카소비츠의 「증오」를 비롯하여 일련의 충격적인 영화들이 진작부터 다룬 바 있으며 그 밖에도 셀 수 없는 언론 보도를 통해 거론되었다. 최악의 조건들을 개선하겠다는 프로그램에 엄청난 액수가 쏟아부어졌다. 실상, 반인종주의 대중 캠페인, 불법체류자들에 대한 언론의 지원, 국가대표 스포츠팀의 다인종적 구성은 흔히 뚜렷한 해체 상태에서 회복하는 프랑스 사회의 역량을 보여주는 증거로 여겨진다. 이슬람 여학생들의 히잡 착용을 금지한 정부의 결정조차 많은 사람들에게 이 나라가 통제를 시행하는 데 자신감을 갖고 있다는 표시로 보였다.

하지만 다른 곳에서처럼 프랑스에서도 민영화와 재정 삭감은 서비스와 소득과 권력을 가난한 사람들에게서 부자들에게 재분배하고 더 잃을 것이 없는 최하층의 구성원 수를 늘리는 방향으로 작용해왔다. 서구가 이슬람 세계를 표적으로 공격을 벌이는 상황에서, 아랍 혹은 아프리카 성을 물려받고 교육도 제대로 받지 못한 교외 젊은이들은 자신들이 새로운 '개혁' 세상에서 일자리를 한 번도 얻지 못할 가능성이 높다는 사실을 알고 있다. 발상이 나빴던 히잡 금지 결정은 부당한 처우에 모욕을 더하는 결과를 초래했을 뿐이었으니, 늘어나는 경제적 불평등으로 가장 고통을 받는 이들에게 '공화국의' 정치적 평등을 강요하는 일이 무슨 소용이겠는가? 빈곤은 이제 샤를 드골 공항으로 가는 길을 따라 수백 명의 부랑인들이 진을 치고 배기가스를 마시며 도로변 담장 밑 좁은 땅뙈기를 거처 삼아 플라스틱 판자와 하드보드 아래 웅크리고 지내는 지경까지 이르렀다. 다른 한편에서는 나치 점령에서 해방된 후

국영화되었고 공산주의 프랑스 노동총연맹의 마지막 요새 중 하나인 프랑스 전력의 민영화가 모든 기록을 다 깨는 중이었다. 근 5백만 명의 부유한 프랑스인들이 주당 32유로에 주식을 구입하려고 몰려들었고 이에 지불된 총액은 약 70억 유로가량이었다.[1] (사소한 범죄 혐의로 쫓아오는 경찰을 피해) 변전소로 달아난 두 소년의 죽음이 있고서야 점점 더 분리되는 부자의 세계와 빈자의 세계를 가로지르는 지름길이 비로소 만들어졌고 그리하여 프랑스 교외를 갈가리 찢은 폭력이 점화되었다.

프랑스부터 유럽까지

사르코지가 채택한 관용 제로 정책은 가난한 사람들이 어떻게 살아가고 있는지에 대한 관심 제로와 마찬가지로 폭발성을 지녔음이 드러났다. 그러나 프랑스의 상황을 이웃 나라들과 구분해주는 것은 현재의 폭발이 지닌 폭력성만이 아니었다. 알랭 주페 정권을 끌어내린 1995~96년 불만의 겨울에 벌어진 대규모 파업과 1998년 시민단체들의 네트워크로 조직된 아탁(ATTAC, 금융거래과세연합)의 결성에서, 코르시카의 페리회사 민영화를 둘러싼 최근의 격심한 투쟁과 철도를 국영기업으로 지켜내기 위한 파업에 이르기까지, 최소한 지난 10년 동안 신자유주의에 반대하는 대중들의 저항은 점차 확산되는 꾸준한 추세를 보였다. 그러나 프랑스 사회가 직면한 문제들이 많은 면에서 독특하고 특히 이 문제들에 대한 대중의 반응이 정치적 본능과 전투성을 띤다는 점이 그렇지만, 다른 측면에서는 상당 부분 유럽적인 특징도 있다. 아래에서는

---

1) 11월 18일에 공식적으로 485만 명의 프랑스 시민들이 프랑스전력 주식을 구입했고, 이는 그해 7월의 국영 가스업체 가즈 드 프랑스의 사례에서 있었던 310만 명의 수혜자나 1997년 프랑스 텔레콤의 380만 명을 거뜬히 넘어선다. *Le Monde*, 19 November 2005.

바로 이런 점들을 다루고자 한다.

현재의 프랑스 소요 사태에 걸려 있는 것은 근본적으로 신자유주의적 '시장' 원리들을 역사적으로 (비록 자본주의적 소유 관계와 착취 형태에 의존하지만) 여러 면에서 자유주의에 어긋나게 정부 보조를 받으며 발전한 대륙의 유럽 사회에 적용하는 어려움이기 때문이다. 적용이 진행되는 한편으로, 불만을 표현하는 집단적 능력은 1970년대 후반에 시작된 신자유주의적 구조조정이 의회 민주주의에 부과한 제약들 때문에 속박을 받아왔다. 소비에트 진영이 붕괴한 후 유럽연합이 서둘러 '시장개혁'을 시행한 바람에 몇몇 유럽 국가에서 자유화와 시장 개입 전통 사이의 오랜 모순들이 격화되었고 프랑스에서 가장 심하게 나타났다. 이와 관련하여 1991년의 마스트리흐트 조약은 이정표가 된 사건이다. 마스트리흐트에서 합의된 '경제 및 통화 동맹'이 프랑스에서는 간신히 비준을 받았는데, 당시 녹색당 정치가이자 저술가인 알랭 리피츠가 마스트리흐트 합의는 대중들로부터 실제로 권한을 부여받지 않은 상태에서 이루어졌고 따라서 사회적으로 파괴적인 함의를 담고 있어서 수십 년 내에 내전을 촉발할 수 있다고 경고한 사실은 기억함직하다.[2]

지역적 통합은 국가 기능의 공동 관리와 조율이 필요한 자본의 초민족화가 지닌 구조적 특징이다. 그러나 1945년 이후 서유럽의 조건에서 그것은 이 대륙에서 가장 강력한 국가가 영어권 서구와 그 헤게모니에 대한 새로운 도전자인 소련 및 동유럽 진영 사이에 뻗어 누운 배치 형태를 취했다. 그런 이유로 유럽 통합은 제도적 짜임새에서 다른 지역에는 없는 계급과 지정학적 타협의 요소를 담고 있었고, 대부분의 협정에서 더 큰 정치 구조들 사이에 불안하게 얹힌 프랑스가 그에 대한 첫 번째 지지자가 되었다. 따라서 독일 주권의 완전한 회복 및 재통일 그리고 소련의 붕괴와 더불어, 비록 국가들이 연합하여 자본주의적 초민족화를 수용하고 지원해야 한다는 일반적 논리는 여전할

---

2) *Le Monde diplomatique*, August 1992, p. 30.

지라도, 유럽의 유사-국가적 조직들을 만든 특정한 통합 과정은 수명을 다할 것으로 예상되었다. 하지만 이런 전제에서 본다면 유럽연합을 나프타〔NAFTA: 북미자유무역협정〕나 아세안〔ASEAN: 동남아시아국가연합〕이나 메르코수르〔Mercosur: 남미공동시장〕와는 구분해준 유럽식 '제도-건설' 유형은 동력을 상실하고 심지어 무산되었어야 한다.

자유주의의 영어권 심장부

유럽 통합의 기초가 되는 역사적 지정학과 전 지구적 정치경제 간의 융합은 대상에 걸맞은 분석 양식을 요구한다. 그러나 학계의 개별 분과학문은 이런 임무를 감당할 채비를 제대로 갖추지 못했다. 특히 국제관계 이론은 역사에 대한 이중적 오독으로 불구가 된 지 오래다. 첫 번째 오독은 '1648년 신화'로서, 근대 세계 정치에 영토를 갖는 주권국가 체제를 구축한 하나의 시발점(종교전쟁을 끝낸 베스트팔렌 조약)이 있다는 생각이다. 하지만 벤노 테슈케가 설명했다시피, "근대적 국제관계와 전근대적 국제관계를 가르는 '구조적 틈'은 없다. 오히려 1688년부터 제1차 세계대전 및 그 이후까지의 국제관계는 영국이라는 자본주의 국가가 발산한 근대화 압력을 놓고 지정학적 매개와 경쟁을 통해 협상이 벌어지는 과정으로 이루어진다."[3] 하지만 두 번째의, 더 근본적인 오독은 근대성의 출발점이 지닌 공간적 성격에 관한 것이다. 정확한 명제가 될 법도 했을 이 견해를 오독으로 만드는 점은, 해외 정착과 해상 우위권으로 개척된 영어권 초국적 영역, 혹은 『통치론』(『정부에 관한 두 논문』)의 저자를 따서 '로크적 심장부'로 불릴 법한 영역을 '영국'이라는 국가로 파악

---

3) Benno Teschke, *The Myth of 1648: Class, Geopolitics and the Making of Modern International Relations*, London 2003, p. 250.

한 대목이다.

　설사 전근대에서 '대외'관계(가령 서로 다른 종족들의 관계나 보편적 통치권을 주장하는 제국 문명들과 그 변방에 있는 유목민들 간의 관계)를 추상해내더라도, 근대 초기 지정학의 중심축은 영토국가와 꼭 일치한다고 볼 수 없는 국가적 실체들 사이에 있었다. 당시 내전으로 들끓고 있던 영국은 베스트팔렌 조약에 서명하지 않았고 오히려 서쪽 대서양 건너편을 바라보았다. 환(環)대서양 구도를 고려해야만 '1648년'을 결정적 사건으로 받아들일 수 있다. 실상 애초에 영국 제도(British Isles)와 뉴잉글랜드로 구성되었던 영어권 서구가 그로부터 발산되는 '근대화 압력'과의 협상에서 가장 유리했던 유럽 대륙 및 그 바깥의 지배계급들로 하여금 근대화를 따라잡으려는 노력의 핵심 수단으로 국가주권에 의존하도록 강요했던 것이다.

　로크적 심장부는 자본주의 블록으로 출발한 것이 아니었다. 무엇보다 그것은 확장된 자기조정적 사회로서, 영어를 언어로 삼고 권위와 법을 향한 뿌리 깊은 태도를 지니고 있었는데 이는 북미 정착민들이 청교도주의와 더불어 영국 제도에서 가져간 것이었다. '시민'사회에 대한 국가의 종속을 찬양한 (그 때문에 '로크적'이라는 형용사를 얻은) 명예혁명은 북미에서 강력한 반향을 낳았다. 1689년 초 명예혁명 소식이 보스턴과 다른 식민정착지에 도달하자, 무혈혁명들이 줄을 이었다. 특히 매사추세츠는 오렌지 공 윌리엄을 칼뱅주의 메시아로 환영했고 북미 식민지들은 모국에 "전보다 더" 가까워졌다.[4] 얼핏 역설적으로 들리지만, 대서양 다른 편에 별개의 국가 관할권을 떼어준 1776년의 미국 독립도 이런 근본적 유대를 확인해주는 데 지나지 않는다. 이후 영

---

4) 영국 내전에서 의회파 이데올로그들 중 몇몇은 북미 망명에서 돌아온 사람들이었고 올리버 크롬웰 자신도 신학이나 교회 조직의 문제에서 "스코틀랜드보다는 뉴잉글랜드에 의지했다." Angus Calder, *Revolutionary Empire: The Rise of the English-Speaking Empires from the Fifteenth Century to the 1780s*, London 1981, pp. 217, 212. 명예혁명이 북미에 끼친 영향에 관해서는 pp. 384~85, 388 참조.

어권 서구의 지휘권을 둘러싸고 영국과 미국의 경쟁이 이어졌지만 바깥 세계에 대한 그들의 태도에는 항상 이런 형성기 경험들의 특징이 그대로 남아 있었고, 여기에는 국가 권위로부터의 자유와 다른 사람들을 '해방하는' 관용에 헌신한다는 청교도적 '선민' 의식이 여러 겹으로 연결되어 있었다.

경쟁국들

이런 배경을 고려해야만 세계적 규모의 사회적·정치적 발전을 서서히 진화해가는 자유주의의 심장부가 18세기 프랑스를 필두로 일련의 **경쟁국들**(contender States)을 만나게 되는 하나의 과정으로 적절히 이해할 수 있다. 독일과 이탈리아는 두 번째 물결의 일부로서, 일본과 협력하여 제2영국제국과 미국에 도전했다. 그 다음으로는 소련이 20세기 후반의 주된 경쟁자로서 확장된 서구와 맞섰다. 이런 관점에서 보면 전후 유럽의 통합은 이전 경쟁국과의 일화들을 토대로 이루어졌고 그 자체가 더 넓은 과정의 새 주기로 가는 문턱에 있다. 결국에는 경쟁국들 대부분이 예전의 단층을 완전히 극복하지는 못한 채 확장하는 심장부로 병합되었다. 거기서 비롯된 금이 유럽 통합의 한 구성 요소가 되어 확장된 서구 여기저기에 뻗어 있다.

이 과정의 한발 더 진전된 상황, 즉 중국이 오늘날 주된 경쟁국이 된(물론 브라질, 멕시코, 터키, 이란, 인도 같은 일단의 '2급 경쟁국들'도 내내 측면에서 활발한 역할을 하는) 상황은 다른 데서 더 상세히 논의하도록 하자. 여기서는 무정부적 세계에서 국가들이 권력투쟁을 벌인다는 정통 홉스 식 모델과는 근본적으로 다른 지정학 및 세계 정치경제학을 재고하기 위해 개요를 제시하는 것으로 충분하다. 이 과정에는 어떤 형이상학적이고 초역사적인 기제의 작동도 없었다. 경쟁국들은 그저 지배계급이 (영국 자체뿐 아니라 영어권 심장부에서 나오는) '근대화 압력과 협상하는' 데 가장 성공적이었고 따라서 사회 통합과 근대화로 가는 가장 짧고 대개 가장 잔인한 길을 내놓은 나라들이었다. 여기에는 어떤 '시민'사회도 없었던 대신, 정도는 다르지만 사회적 토대를 몰수한 국가, 분명히 구분된 주권 영토, 대개 국가주의적 성격을 띠며 따라잡기 시도에 국민들을 동원하는 몇몇 '혁명적' 독트린 등의 패턴이 나타난다. 이런 것들이 경쟁국의 특징이다.

자본의 유목주의

이런 관점에서 볼 때 자유주의적이고 로크적인 심장부의 체질에 '자본주의'는 다만 부차적이다. 그것은 애초의 대서양 횡단형 배열의 특징이 아니었고 실상 그 수준의 사회적 발전 단계에선 특징이 될 수도 없었다. 자본은 확실히 심장부/경쟁국 구조의 역사적 결과지만, 구획된 공간의 경계를 피해 하나의 영토 외적 규율로 전 지구적 사회에 밀고 들어오는 경향이 있다.[5] 역사적으로, 자본의 구성 요소들은 장원과 길드, 유럽 사회의 주권적 실체들의 관할권 바깥의 원격 금융과 거래 같은 봉건적 생산조직들 사이의 틈에서, 즉 제후의 궁정과 교회 재판소, 도시나 지방의 동맹에서 발생했다. 이런 것들이 뒤섞여 단일한 포괄적 과정이 되고 생산이 화폐와 상품의 초민족적 순환으로 통합된 것은 산업혁명에 와서였고 물론 그 중심은 영국이었다. 그러나 자본은 세계 시장 수준에서 작동하는 '총자본'이 된 다음에도 계속해서 분리된 정치적 관할권 사이의 상호 연결망을 점유하는 쪽을 선호했다. 왜냐하면 그편이 상업적 거래와 신용의 통제를 통해 서로 다른 사회의 임금과 생활/노동 조건들에

---

5) 카를 마르크스는 자본이 "경제학자들의 믿음처럼 생산력 발전의 절대적 형태가 아니다. 〔……〕 그것은 생산력을 관장하는 규율로서 생산력 발전의 어떤 수준에 이르면 불필요하고 성가신 것이 된다"고 했다. *Grundrisse*, Harmondsworth 1973, p. 415.

경쟁의 압력을 가하고 개별 기업들, 혹은 마르크스의 용어로 '특정 자본들'의 이윤 전략을 과잉결정할 수 있었기 때문이다. 이런 의미에서 자본은 로넨 팰런의 주장대로 국가가 내부화할 수 없는 상상적인 '매끄러운 공간'에서 작동하며 조직상 '유목적인' 패턴을 보이는 경향이 있다.[6]

로크적 심장부와 자본 간의 관계가 지닌 특이성은 형식적 자율성을 띤 국가라는 한 성분과, 재산과 계약, 그리하여 자본의 통치 아래 조직된 더 넓은 공간이라는 다른 성분 사이의 결합에 있다. 개별 국가에 외재적인 이 초민족적 공간은 더 넓은 구조로서의 심장부에는 내재적이다. 브레턴우즈 제도같이 이 초국적 공간에서 활동하는 유사—국가적 구조들은 (유엔이나 보편적 국제조직 일반처럼) 어떤 의회적 성격을 지녔다기보다는 최강의 심장부 국가들이 우선적으로 접근할 수 있는 기술적·통계적 하부구조로 보아야 한다. 이론적으로 이런 것들은 민주주의와 계급 타협과는 무관하다.

유럽 통합

이제 유럽 통합 문제로 돌아가 이런 틀을 적용하여 해석해볼 차례다. 유럽 통합은 냉전의 개시, 혹은 소련이 새로운 경쟁국으로 등장한 교착 상태와 함께 시작되었다. 그러나 로크적 노선에 따른 영미 쪽의 자유화 및 프랑스—독일의 화해는 서로 다른, 종종 양립 불가능한 해결책을 요구했다. 서유럽 대륙은 경쟁국의 선도 전략과 노선이 축적된 오랜 역사를 지니고 있었으며 갑작스러운 자유화는 사회 전반에 걸친 지배계급의 장악력을 불안정하게 만들 수도 있었다. 제2차 세계대전으로 영국의 힘이 소진되자 유럽 대륙을 광범위한

---

6) Ronen Palan, *The Offshore World: Sovereign Markets, Virtual Places, and Nomad Millionaires*, Ithaca 2003, p. 15 and ch. 7.

서구권으로 통합하기 위해 국가 개입의 요소들을 종합하는 일에서 미국이 주도적 역할을 떠맡아야 했다. 중동과 동아시아에서처럼 여기서도 워싱턴과 런던 사이의 격심한 라이벌 관계가 작용했다. 하지만 마셜 플랜이 대륙의 폐쇄된 재건경제들을 강제 개방하고 정부에서 공산주의자를 제거하며 영어권 국가들을 중심으로 자유주의 진영을 결속하는 것을 목표로 하는 한, 영국은 전적으로 미국과 보조를 같이했다.

그러나 포드주의로 전환하려는 마셜 플랜의 적극적 추진 전략은 전통적 자유주의와의 단절을 의미했다. 이는 **질적** 변화였고 따라서 근본적으로 유럽적 성격을 띤 과정에 플랜이 소소하게 도움을 준 데 불과하다는 주장은 초점을 벗어난다.[7] 마셜 플랜 집행관 폴 호프먼은 이 플랜을 "미국식 조립 라인과 공산주의식 정당 라인 간의" 경쟁이라고 불렀는데 이는 적절한 설명이었다.[8] 프랑스 투자은행 및 전시 동맹 병참업무 관리자 장 모네도 호프먼과 생각을 공유했다. 그는 미국 뉴딜정책의 노선에 따라 유럽 사회를 근본적으로 변화시키는 것만이 사회주의의 대안이 될 수 있으리라 확신했다. 1945~50년 사이에 모네를 위시하여 프랑스 정부와 국정 입안 조직에 몸담은 그의 동료들은 서독 산업의 재기를 실질적 규제력을 가진 '유럽적' 틀 안에 묶어둘 전략을 개발했다. 그렇듯 프랑스-독일 축을 중심으로 조직된 경제는 프랑스가 계획된 근대화에서 얻은 일시적 이점을 더 확고히 해주거나, 최소한 영어권 심장부에서 자유주의와 법치를 토대로 달성한 평화적이며 타협적인 재분배를 유럽에서도 달성할 수 있게 해줄 것이었다. 독일연방공화국은 주권과 경제력 회복을 통해 프랑스의 유럽적 선도 전략에 기꺼이 보답할 태세가 되어 있

---

7) 이는 Alan Milward, *The Reconstruction of Western Europe 1945~51*, London 1984에 개진된 명제이다.

8) Anthony Carew, *Labour under the Marshall Plan: The Politics of Productivity and the Marketing of Management Science*, Manchester 1987, p. 8에서 재인용. 호프먼과 모네의 전기에 관해서는 졸저 *The Making of an Atlantic Ruling Class*, London 1984(www.theglobalsite.ac.uk에 게시) 참조.

었다.

 최초의 본격적인 '유럽적' 제도라 할 '석탄철강공동체'(Coal and Steel Community)는 민족국가의 통제와 의회의 감독 범위에 속하지 않는 사회화된 노동조직을 만들어냈지만, 그 밖의 면에서는 조합주의 노선을 따르는 업계와 노조의 대표자들을 포함하여 정치에 좌우되는 경제라는 경쟁국가의 전통을 상당 부분 답습했다. 유럽석탄철강공동체에 속한 6개국의 석탄·철강산업은 철강 사용 부문에 종속되게 되었으나 유럽 포드주의의 자동차 분야는 아직 유아기 단계였다. 한국전쟁 발발 이후에는 사실상 군수 생산이 제한된 민간 내수시장을 메워야 했다. 그렇긴 해도 철강산업의 투자 계획과 (몇몇) 가격 통제조치의 조율을 통해 개별 정부에 가해지는 민주주의적 압박보다 초민족적 계급 이해가 우선하는 정책 결정 층위가 만들어졌다.[9] 경쟁국가 전통을 이은 연방주의 제도인 최고위원회(High Authority)〔석탄철강공동체의 실질적 집행위원회〕가 결국 유럽사법재판소(European Court of Justice)의 그늘에 가려지게 되었다는 것은 사실이다. 재판소는 자본의 규율이 정치제도에 의해 시행되기보다는 시장의 불완전성이나 반독점법 위반 행위로 고통을 겪는 원고들의 소송을 통해 시행되는, 로크적 의미에서의 초민족적 법률 공간을 지향했기 때문이다.[10] 하지만 이는 미리 정해진 결론은 아니었고 실제로 이후 통합 과정의 구조적 특징은 두 가지 발전 노선의 병행이었다.

---

9) Ernst B. Haas, *The Uniting of Europe: Political, Social and Economic Forces, 1950~1957*, Stanford 1968(second edition), p. 194. 석탄산업이 급속도로 석유에 자리를 내주면서 기본적으로 유럽석탄철강공동체는 공정한 방식으로 스스로의 사멸을 처리하는 조직으로 작동했다. 그것은 또한 각국 정부가 상위의 권위를 들먹여 더 용이하게 탄광 폐쇄를 '정당화'할 수 있게 해주었다.

10) Albert Statz, "Zur Geschichte der westeuropäischen Integration bis zur Gründung der EWG", in Frank Deppe, ed., *Europäische Wirtschaftsgemeinschaft: Zur politischen Ökonomie der westeuropäischen Integration*, Reinbek 1975, p. 144.

대안적 통합 논리들

서독이 피점령국이라는 조건에서 해방되는 과정은 통합 과정과 맥을 같이 했다. 1950년과 1954년 사이에 있었던 유럽방위공동체의 제안, 정정 및 궁극적 몰락은 대개 유럽 통합이 실패했다는 설명의 근거로 제시된다. 하지만 방위공동체는 (그에 필적하는 정치 공동체를 통해) 경쟁국가 전통을 이은 견고한 연방주의 기구가 될 것이었으므로 그것의 몰락은 이 전통의 실패에 불과했다. 그보다, 프랑스가 유럽방위공동체를 통해 봉쇄해온 독일 재무장 문제가 독일연방공화국의 주권 회복에서 획기적 사건이 되었고 주권 회복은 다시 통합 과정 진전에 핵심 요소가 될 것이었다. 이것이 사회·경제적 토대를 좌우하고 자본의 초민족적(transnational) 확장을 정치화함으로써 그에 걸림돌로 작용할 국가이상적(supranational) 유사국가를 만들어내지 않는다는 조건에서 말이다. 이즈음 프랑스는 1954년 디엔비엔푸에서 베트남인들의 손에 극적으로 패배한 때로부터 알제리 민족주의 봉기를 진압하지 못하는 상황에 기름을 부은 수에즈 굴욕을 거치며 제국주의적 입장에서 완전히 퇴각한 상태였다. '유럽'은 그 어느 때보다 더 프랑스의 세계적 역할을 담보할 구명부표가 되었다. 그러나 서독의 재기를 유럽의 품안에 가두고 프랑스의 현재 역량을 이용하여 불가피한 재분배 과정을 통제하게 해줄 전략은 바야흐로 공동시장(Common Market)에 대한 서독(그리고 네덜란드)의 관심에 직면하여 주춤거리고 있었다. 다시, 이 두 전략은 각각 경쟁국가 전통을 이은 유럽식 초민족가적 구조 건설을 한편으로 하고, 초민족적 자본이 '로크적' 노선에 따라 자유화하고 국가가 자본에 종속되는 시민—법률적 공간 형성을 다른 한편으로 하는 대립 구도로 이해할 수 있다.

역설적으로 '유럽'이 점차적으로나마 자유주의적 진로에 들어선 것은 프랑스가 후자의 의미를 띤 '공동시장'에 고통스럽게 적응을 완료한(그리고 자국의 식민주의적 소유물을 탈식민주의적 틀에서 재편한) 다음이었다. 그때까지도 대부분의 자유주의 정당들은 '공동시장' 역시 하향식 연방제도라고 생각하여 자국 의회에서 승인을 거부했다. 하지만 이 초민족적 배치 계획에서 민족국가는 더 큰 구조 내에서도 여전히 특권을 보유하며 공동의 규칙에만 종속된다. 1958년 샤를 드골의 집권은 프랑스에서 민주적 수단을 통해 이런 변화를 실현하기가 불가능했다는 표현으로 파악해야 한다. 전쟁 이래 계속 쇠퇴 일로였지만 프랑스 공산당은 여전히 의회 내 단일 분파로는 최대 세력이었다. 드골은 공산주의자들과 프랑스 주권에 대한 헌신을 공유했으며, 그의 관점에서 볼 때 연방 초국가주의(federal supranationalism)는 유럽을 미국의 세계 계획에 맞춘 냉전 구도로 몰아넣는 것이었다. 이 과정에서 제4공화국 정부는 프랑스의 핵심 이해관계가 걸린 사안을 팔아넘기고 유럽 통일을 빙자한 대서양 측의 구도에 따라 독일의 소생을 허용한 바 있었다.[11] 따라서 엘리제 궁에 자리 잡자마자 드골은 유럽 통합 과정의 성격에 대한 논의를 재개했다. 그러나 종종 제기되는 지적처럼 통합 과정을 공격하기 위해서가 아니라, 로크적 초민족주의(transnationalism)이되 어디까지나 유럽적 초민족주의의 기치 아래 통합 과정을 자유주의적인 정부 간(intergovernmental) 구조로 바꾸기 위해서였다.

지령적(directive) 국가 전통에 상응하는 통합 유형에서 서서히 멀어지면서, 명백히 자유화를 지향하고 전 세계적으로 자본주의적 근대화를 촉진하기 위해 노력한다는 점에서 여러모로 광범위한 대서양적 관점과 일치하는 하나의 '유럽적' 이해관계가 생겨났다. 그러나 이런 방향으로의 진전이 경쟁국가 경험과 유사한 구조(가령 유럽석탄철강공동체의 고등기관뿐 아니라 드골이 이끄는 재건 프랑스의 선도정책의 산물인 공동 농업정책과 과거 식민지에 대한 연합정책)를 통해 이루어졌다는 사실은, 그와 같은 통합 전략이라는 것이 전술적으로 적용했다

---

11) Charles de Gaulle, *Mémoires d'espoir*, Paris 1970, vol. 1, *Le Renouveau 1958~1962*, pp. 178~79, 182.

가 나중에 제거할 수 있는 성격이 아님을 보여준다. 그것은 기준을 설정했다는 점에서 하나의 사회화 구조로 작용했고, 그로 인해 제약을 받은 사회 세력들 사이에서 특정한 관점을 불러일으켰다.

1970년대의 도전

이런 추세는 1968년 5월과 뒤이은 좌파의 성장 같은 위기 상황에 대처하는 '유럽식' 해결책으로 더 강화되었다. 남유럽에서는 사회민주주의의 명백한 급진화 및 주요 공산당들의 유러코뮤니즘 채택이 중대한 도전이었다. 이탈리아와 프랑스, 그리고 프란시스코 프랑코 치하 스페인의 지하당에서 가장 두드러진 유러코뮤니즘은 권위주의적 좌파를 정치의 중심부로 몇 걸음 더 가까이 데리고 갔고 소비에트의 경험에서는 그만큼 떼어놓았다. 또한 공산당이 이질적인 정치문화에 속한다는 오명을 제거해주었고, 자유주의의 맥락에서 권력을 다투는 경쟁자로서 공산당의 합법성을 부인하기 어렵게 만들었다. 좌파 등극에 대한 대륙 자본가 계급의 단기적 반응은 생산과 자본 도피의 초민족화(transnationalization)였고, 논리상으로는 국내적·유럽적 자유화의 증대로 귀결될 수 있었을 것이다. 하지만 정치가들은 서독·네덜란드·영국의 사회민주주의와, 공산당과 선거 협정을 맺을 태세가 된 듯이 보이는 남유럽, 특히 프랑스의 유럽식 사회주의자들 사이의 의사소통 라인을 단축할 유럽적 의회 기구를 만들어내는 데 더 관심이 있었다. 따라서 1976년 연방주의자 레오 틴데만스의 보고서(Tindemans Report)는 직선제 유럽의회를 여러 권고 사항들 가운데 하나로 올려놓았다. 국가와 정부 지도자들로 이루어진 '유럽이사회'(European Council)가 보강되고 '유럽위원회'(European Commission)가 준-사무국으로 축소된 상황을 감안하면 유럽의회 제도는 분명 실질적 권력이 없었고 어떤 주권적 권위에도 상대가 되지 못했다. 하지만 그것은 유럽식 정당 형태를 낳은 한편, 스트라스부르의 의회에서 기독교 사회민주주의가 다수를 확보하도록 보장하고 공산주의자들을 안전하게 소수 지위로 강등하는 역할을 했다.

틴데만스의 제안 중 유럽 공동 방위와 공동 대외정책 계획을 포함한 상당수는 사문(死文)으로 남아 있었다. 그러나 통합의 마지막 단계에서 그것들이 대변한 연방주의적 개입은 통합 유럽이 하나의 '대내적 치외법권'(internal extraterritoriality)으로, 다시 말해 민주주의와 계급 타협이 구조적으로 배제된 더 넓은 공간으로 영어권 심장부에 합류되는 사태를 막아주는 장애물을 다시 한 번 놓은 셈이었다. 오늘날의 유럽연합은 분명 주요한 측면에서 심장부와 흡사한 자유주의 구조를 향해 발전해왔고 여기에는 유럽사법재판소의 역할 강화가 중요한 매개가 되었다. 그러나 이런 일이 경쟁국가 경험을 계승한 형식들에 내내 의지해서 이루어졌다는 사실은 그것이 독특하게 '유럽적인' 태도와 관심사를 재생산해왔음을 의미하며, 이는 소비에트 진영과 제3세계 및 현재 이들을 계승한 정치체제들과의 관계 같은 지정학적 영역에서도 마찬가지다. '서구식' 규율을 강요하려는 미국의 고압적인 시도는 항공우주산업 같은 핵심 부문에서 유럽의 독립성을 추구하려는 시도에 오히려 보탬이 되어주는 결과를 낳았다.[12]

로크적 자유주의와 경쟁국가 전통을 오가는 양가성은 영국의 대유럽 정책에서 그 면모가 낱낱이 드러난다. 원조 심장부의 창립 '멤버'지만 지리적으로 또 점차 경제적으로도 '유럽'에 속하는 영국은 처음에는 바깥에 머물렀지만 이후 유럽연합에 관계된 구조적인 경쟁 이점을 놓고 협상에 참여했다. 영국에서는 런던의 대륙외적 지위를 보존하고 웨스트민스터 의회의 특권을 유

---

12) 1982년 미국이 자국에서 생산된 부품에 대해 수출 규제를 적용함으로써 에어버스 여객기의 리비아 판매를 금지한 조치는 유럽연합 항공우주산업의 완전한 유럽화를 향한 과정을 촉발했고 이 과정은 현재 사실상 완료되었다. Gert Meijer, *Internationalisatie van de Europese vliegtuigindustrie*, Amsterdam 1984, p. 88.

지할 필요가 상호 규정 관계를 이루고 있었고, 유럽연합이 유럽적 '초강민족' (super-nation)이 될 것을 우려한 대중들이 계속해서 초민족적 자유주의의 유지를 지지했다. 그러나 유럽 통합 과정이 (냉전적 원리를 상실하고 독일 주권과 관련된 복잡한 주고받기의 필요가 사라지자) 보편적 자유화를 위한 연방제적 동력을 폐기하면서, 영국 정치에서 유럽연합 문제가 가진 돌출성은 줄어들고 있다.

대륙에서는 그와 같은 연착륙이 불가능하지만 기존의 선거적 통제 방식은 이 메시지를 전달하는 임무에 부적합해졌다. 유럽 통합은 정책 결정의 주요 영역을 각국 의회로부터 한 발짝 떼어놓았다. 유럽의회는 그와 같은 민주주의의 침식에 대한 보상이 되어주지 못했다. 더구나 유럽의 특정 조합주의적 기구들과 마찬가지로 그것은 원조 심장부의 기준이 초민족적 자유주의 공간을 침범한 사태를 대표한다. 이렇듯 독특한 방식으로, 그리고 물론 부분적으로 의회의 특권을 '유럽'으로 이전한 점은 제한적 선거민주주의라는 더 큰 조류에 들어맞는다.

민주주의 혁명

현재의 세계정치와 세계 정치경제의 토대를 이루는 심장부/경쟁국가 구조는 근대정치의 추동력이었던 더 넓은 민주주의 혁명의 한 양상이다. 북서유럽을 중추로 한 민주주의 혁명은 봉건-귀족적 통치, 왕권 절대주의, 정신적이고 문화적인 삶을 지배한 로마 가톨릭교회의 통제에 대항하는 해방투쟁의 형태를 취했다. 한 요소만 떼어내거나 '부르주아 혁명'을 말하기보다는, 민주주의 혁명의 초기 단계들, 즉 종교개혁과 계몽을 국가 형태 및 국가와 사회의 관계를 둘러싼 재조직의 견지에서 살펴보는 편이 낫다. 애초의 국가는 민주적이었고 오직 부차적으로만 상업적 지주와 상인과 장인의 이해에 복무했다. 당시 부르주아는 새로운 현실을 구조적으로 강화하는 과정에서 하나의 계급을 형성했으며 이 과정은 또한 부르주아를 하층 계급과 구별하는 과정이었다. 실상 영국 혁명과 프랑스 혁명에서 부르주아는 결코 하나의 응집된 계급이 아니라, 도시 거주와 상업 활동을 매개로 느슨하게 연합한 다양한 사회 세력들의 혼합물이었으며, 프로테스탄티즘과 인권 철학처럼 개인주의적인 교의 아래 규합했다. 이런 세기적 사건들을 이은 왕정복고 시대에 와서야 부르주아의 계급적 이해가 완전히 구체화됐다.[13] 19세기 중반이 되면 오노레 드 발자크가 소설 여기저기서 하나의 특정한 인간 유형으로 묘사한 부르주아가 나타나는데, 그렇지 않았더라면 『공산주의자 선언』은 나올 수 없었을 것이다.

경쟁국가들이 연이어 달려드는 와중에도 심장부의 노선을 따라 지정학적 공간이 분배된 것은 바로 민주주의 혁명에서 국가권력의 장악이 시간적으로 불균등했고 상승하는 부르주아가 국가권력에 자신의 흔적을 새기는 정도가 각기 달랐기 때문이다. 대륙과 영국의 종교전쟁들에서 근대 국가/사회 조직과 대외 개입의 서로 다른 유형들이 처음으로 분명해졌다. 이런 의미에서 민주주의 혁명의 부르주아 단계가 심장부/경쟁국가 구조를 만들어냈다고 할 수 있고, 1688년의 명예혁명 이후 모든 민주주의 혁명이 그 구조에 의해 과잉결정되었다. 그 결과, 경쟁국가가 심장부 특유의 사회적 영역을 몰수하는 데 반대하는 혁명들이 잇따라 일어났다. 아마도 이는 부르주아 혁명과 사회주의 혁명의 연속이라는 도식을 뒤엎어버리겠지만, 심장부/경쟁국가 양편 모두에 해방과 평등을 위한 압력이 널리 퍼져 있었다는 점에 비추어 보면 그리 문제적인 사실도 아니다.

여기서 민주주의 혁명의 연속적 궤도에 관해 포괄적 분석을 할 계제는 아니다. 다만, 민주주의 혁명은 종교개혁과 계몽 단계를 포함하여 그 궤도 내내 보편적 해방과 사회적 평등을 위한 계획으로 주조되었다는 점은 지적해둘 필

---

13) Eugen Rosenstock-Huessy, *Out of Revolution: Autobiography of Western Man*, Providence, RI 1993 참조.

요가 있겠다. 이것이야말로 혁명이 일어날 때마다 다수 대중들을 거리로 나오게 만든 것이며 이는 다시 급진파(토마스 뮌처, 수평파, 허버트주의자 등등)들로 하여금 평등의 이름으로 반란을 밀어붙일 수 있게 해주었다. 실상 사회주의 노동운동 자체도 산업화가 유럽에 퍼지기 시작하면서 민주주의 혁명의 왼쪽 날개로 발전했던 것이다. 노동계급 정당들은 처음엔 자유주의자들에게서 별개의 정치적 경향으로 갈라져 나왔지만, 이후에는 중간에 자리를 잡아 상이한 이해관계들이 사회로부터 한 걸음 물러난 곳에서 타협할 수 있게 해주는 부르주아 체제인 의회민주주의를 받아들였다. 이는 물론 사회주의 정치가들에 대한 징벌로 작용하기도 한다. 그러나 진보적-자유주의적 중산계급을 같은 역사적 운동의 일부이며 따라서 잠재적 동맹으로 인정한 사회주의 조류는 중대한 진전을 이룩할 수 있었다. (프러시아-독일에서 페르디난트 라살이 그랬듯이, 또 1930년대 초 코민테른 제7차 회의에 앞서 공산주의자들이 사회민주주의를 파시즘의 동맹으로 낙인찍었을 때 그랬듯이) 좌파가 인접한 온건파 성분들을 주적으로 규정하는 순간 자신의 사망 진단서에 서명하는 것이나 다름없었다.[14] 결국에는 실제 권력을 가진 의회가 해방과 사회적 평등을 위한 입법도 할 수 있는 것이다.

통치 불능의 위기

이런 것들이 1970년대 중반에 선언된 '통치 불능 위기'를 야기했다. 1968년 5월의 폭발, 베트남 민족해방투쟁을 선봉으로 한 제3세계 반제국주의 조류, 국유화와 급진적 민주화라는 칠레 살바도르 아옌데의 의회 전략이 모두

---

14) Lucian Goldmann, "Die Marxistische Erkenntnistheorie und ihre Anwendung auf die Geschichte des Marxistischen Denkens", in Kurt Lenk, ed., *Ideologie: Ideologiekritik und Wissenschaftssoziologie*, Neuwied and Berlin 1971.

저변에 흐르는 강력한 민주적 열망을 증언해주며, 여기서 정치적·문화적 해방에 대한 요구와 물질적 평등에 대한 요구는 똑같이 부각된다. (역설적으로 소련이 체코슬로바키아 공산주의 부흥 시도를 탄압한 직후에 이루어진) 동서관계의 정상화는 지역적 폭력이 동서 간의 본격적인 대치 상황을 점화하지 않도록 굴절시키는 작용도 했다. 새로운 민주화의 물결은 포괄적 해방과 사회적 평등이라는 목표를 몇 걸음 더 앞당겼다. 그렇다고 이 운동에 아무런 심각한 모순도 없었다는 뜻은 아니다. 가령, 제3세계 해방투쟁과 데탕트의 조류를 토대로 개혁주의 연합을 결성하고자 한 '신국제경제질서'(New International Economic Order)의 추진은 종종 이를 지지하는 국가 내부에 반민주적 결과를 야기하기도 했다. 그 이유 가운데 적지 않은 것은 이 또한 국가가 '보나파르트'적 틀로 사회를 몰수하려는 집단적 경쟁 시도였다는 점이다. 그러나 이후의 단계와 뚜렷이 대조되는 이 세 가지 축(서구의 계급관계, 제3세계 해방, 데탕트)에 공통된 요소는 이들이 모두 일국적으로나 국제적으로 사회에 부과된 자본의 규율에 명시적으로 도전했다는 사실이다. 1982년, 두 명의 소련 저자는 다음과 같이 쓰고 있다.

> 1960년대의 사회저항운동은 〔……〕 이데올로기적 명제에 기여했다. 그에 따르면 사회-정치적 삶에서 일관성 있는 진정한 민주주의는 자본주의의 제한 혹은 심지어 부정으로서만 가능하다. 이와 대조적으로 1970년대 중반에는 다수의 〔신자유주의자들이〕 정반대의 명제를 정식화했다. '진정한', 즉 '합리적으로 조직화된' 〔……〕 자본주의는 민주주의에 대한 제약으로서만 가능하다는 것이다.[15]

---

15) Y. A. Zamoshkin and A. Y. Melvil, "Between Neo-Liberalism and Neo-Conservatism", in Edward D'Angelo et al., eds., *Contemporary East European Marxism*, Amsterdam 1982, vol. 2. p. 225. '신자유주의자'라는 용어는 현재 유럽에서 이해되는 의미로 사용했다.

이렇게 해서, 소비에트 진영 국가들로부터는 그다지 덕을 보지 못했으나 데탕트가 낳은 세계 무대의 세력 균형에서 객관적인 이득을 얻은 신국제경제 질서 운동은 유엔의 지원 아래 초국적 기업들에 대한 통제체제를 확립하는, 다시 말해 '자본주의의 제한 혹은 심지어 부정으로서의' 민주주의를 확립하는 제안들을 포함시켰다. 확실히 이런 이유 때문에 사회민주주의자들과 유러코뮤니스트들은 신국제경제질서 운동을 환영했고, 데탕트를 적극적으로 평가했는데, 빌리 브란트와 얀 틴베르헨 같은 인물들은 데탕트를 사회-경제적 발전 유형들의 장기적 수렴이라는 견지로 해석한다. 다른 한편, 사회적·경제적 민주주의 운동에 대한 반응은 '정반대의 명제', 즉 '합리적으로 조직화된' 자본주의는 민주주의에 대한 제약으로서만 가능하다는 주장을 산출했다. 이렇게 제약된 민주주의야말로 애초에 유럽 통합 과정의 신자유주의적 전환을 가능하게 만든 원흉이며, 현재 프랑스에서, 그리고 당분간은 유럽 대륙의 다른 나라들에서 그보다 작은 규모로 일어나고 있는 일들은 이런 전환이 낳은 결과이다. 전(前) 소비에트 진영의 엘리트들이 유럽연합에 애처롭게 매달리는 모습은 이런 극적 전개에서 별개의 장(章)을 구성하고 있으나 여기서 다룰 여력은 없다. 다만, 폴란드 같은 나라에서 정치가 권위주의적으로 흘러가는 현상은 신자유주의적 경제정책과 절망적 사회 분위기 간에 어떤 상호관계가 있음을 암시한다는 점만 지적해두겠다.

대항문화?

1968년 5월에 대한 구조적 반응을 처음으로 정리한 사람은 매카시 시대 때 공산주의 색출에 나선 지식인으로 1950년대 말에는 '이데올로기의 종말'이란 논제를 내놓았던 대니얼 벨이었다. 1969년에 쓴 논문 「자본주의의 문화적 모순들」(이후 같은 제목의 책으로 증보 출판되었다)은 민주주의에 대한 제약이 본격화되기 전에 쓰어진 것이지만 그 배후의 정치적 근거를 이해하려는 사람이라면 지금도 꼭 읽어보아야 할 텍스트이다. 벨은 복지국가를 가만히 내버려두면 개인을 각자의 경제적 지위에 맞는 물질적·심리적 한계에서 분리하여 자본주의 질서 자체를 뒤흔들 세력들을 만들어낸다고 주장했다. 포드주의적 대량 생산/소비 경제가 '재량소득'(생활필수품을 넘어 각자의 선택에 따른 소비 스타일을 발전시키는 데 사용되는 소득 부문)을 증가시키듯이, "고등교육의 확대와 관대한 사회 분위기는 재량사회행동 영역을 넓혔다"고 벨은 주장했다. 이를 토대로, 상대적으로 보잘것없는 계급의 젊은이들이 계급적 제약에서 도망쳐 나와 삶이 어쩌면 자신들에게도 무제한의 가능성과 참여의 영역일지 모른다고 생각하기 시작한다. "전통적 계급 구조가 분해되면서 점점 더 많은 개인들이 (마르크스적 의미의) 직업적 근거가 아니라 문화적 취향과 생활 양식으로 정체성을 확인받길 원한다." [16]

벨의 견해에서는 이런 현상이 사회적 문제가 되는데, 왜냐하면 젊은이들이 모더니즘에 내재된, 사회 관습에 대항하는 자유로운 창조 정신의 투쟁이라는 '대항문화'로 이끌리기 때문이다. 이렇게 해서 모든 사람이 스스로를 진보의 아방가르드에 합류할 자격을 갖추었다고 여기며, 사회가 역사의 끝에서 '필연성 너머의' 영역, '완전한 자유의 왕국'에 도달했다는 가정하에 근본적 변화를 강력히 요청할 자격이 있다고 생각하기 시작한다. 따라서 이런 종류의 '대항문화'가 대중적으로 형성된 맥락을 살펴볼 필요가 있다. 벨의 분석이 내놓은 해결책은 개개인의 삶의 주기에 미시경제적 합리성을 회복하고 케인스식 수요 관리나 사회적 서비스 공급, 재분배 같은 사회적 차원을 제거하는 것이다. '무임승객'을 내보내면 급진적 변화를 실험하고 집적거릴 수 있는 특권

---

16) Daniel Bell, "The Cultural Contradictions of Capitalism", in Daniel Bell and Irving Kristol, eds., *Capitalism Today*, New York 1971, pp. 31~32.

을 살 수 있는 사람만 남을 테고 나머지 사람들은 구매력의 한계 때문에 물러나리라는 것이었다. 거칠게 정리하면 이렇다. 대학에서 공부하면서 붉은 깃발 아래 데모를 하고 싶은가? ― 그래, 그렇다면 학자금대출을 엄청 받아놓는 걸 잊지 마라.

물론 지배계급이 다른 근거들을 제시하여 뒷받침하지 않았더라면 벨의 고독한 목소리는 1970년대 민주주의의 조류에서 그다지 효력이 없었을 것이다. 여기서 1960년대 후반과 1970년대 초의 국가적·국제적 반전(反轉)의 결과로 서구의 정치 구조들이 혼란에 빠져들었음을 상기할 필요가 있다. 리처드 닉슨 행정부는 이 위기의 표현이었고 계획성 없는 대응으로 위기를 더욱 격화시켰다. 닉슨 행정부는 1960년대 후반에는 이미 아시아에서 야단법석을 치르게 만든 폭력적 해결책을 여전히 추구하다가, 제3세계 반란과 좌파의 등극을 부추겼다고 비난했던 모스크바와 베이징과의 데탕트 쪽으로 갑작스레 돌변하였다. 이들에게 각각 돈을 쥐여줘 서로에게 달려들게 만들고 자신은 베트남의 수렁에서 빠져나올 심산이었지만 동시에 전략 핵무기 통제를 향한 실질적인 진전을 성취하려는 소망도 작용했다. 1973년 아옌데 정부의 전복을 지원한 한편으로 닉슨과 헨리 키신저는 집권 공산주의자들에게 보상해주는 일도 마다하지 않았다. 미 제국주의의 이런 모순이야말로 삼각위원회(Trilateral Commission)가 형성되고 서구 대외정책이 지미 카터 주도의 포괄적 '인권' 전략으로 전환하여 결과적으로 정치적 지향을 불문하고 강대국의 정당성을 부인하게 된 변화들을 낳은 주된 동력이었다.

1975년에 나온 삼각위원회 보고서 「민주주의의 위기」는 이 시기 지배층이 직면한 근본적 문제들을 규명하는 길잡이 역할을 했다. 공동 집필자인 미셸 크로지에, 새뮤얼 헌팅턴, 조지 와타누키는 상대적 풍요가 문제적 '가치 신드롬'을 만들어낸다는 벨의 주장을 받아들였다. 그들은 기존 권위에 비판적인 "가치 중심의 지식인층"("대항적 지식인")에 우려를 표명하는 반면 "기술관료적이며 정책 지향적인 지식인"층의 성장을 좀더 희망적인 어조로 언급했다.

그러나 이들은 "최근 몇 년간 작동한 민주주의적 과정이 전통적 사회 통제 수단을 파괴하고 정치적 권위 및 다른 형태의 권위의 정당성을 훼손했으며 정부에 대해 감당할 수 없을 정도로 과도한 요구를 해온 것이 사실이다"고 결론 내렸다.[17]

신자유주의적 종합을 향하여

보고서는 산업화와 민주화가 나란히 발전한 영어권 서구와, 민주주의가 역사적으로 산업화에 뒤진 독일·이탈리아·일본이나 다른 나라들이 이런 측면에서 노정하는 차이를 강조했다. 후자의 경우, 특정한 불균형이 만들어지면서 사회 내의 정치 질서를 다양한 각도의 '부르주아 민주주의' 비판에 노출시켰다. 다시 말해, 기존 질서를 뒤흔들 위험은 로크적 심장부 바깥에서 가장 심했다. 그러므로 해결책은 서구 중에서도 이 지역에서 나와야 한다는 유추가 가능했다. 헌팅턴은 자기가 맡은 대목에서 민주주의를 사회적 평등과 등치하는 것이 일반적으로 인정된 민주주의 개념의 주된 문제점의 하나라고 지목했다.[18] 따라서 보고서 권고 사항의 핵심은, 암묵적으로는 경제체제 문제까지 포함하여 사회구조와 소득 분배의 사안은 선거 과정을 통한 변화의 대상이 되어서는 안 된다는 것이었다. 보고서나 삼각위원회 내에서 보고서를 놓고 벌어진 논의의 결론은 시대의 혼란상을 반영한 듯 때로 상호 모순적일 경우도 있지만, 보고서가 장기적으로 기여한 바가 이런 식이었음이 이제는 분명해졌다.

---

17) Michel Crozier, Samuel Huntington and Joji Watanuki, *The Crisis of Democracy: Report on the Governability of Democracies to the Trilateral Commission*, New York 1975, pp. 8~9.
18) 헌팅턴은 존 롤스(John Rawls)의 *Theory of Justice*(『정의론』, 황경식 옮김, 이학사, 2003)가 민주주의와 평등의 이 같은 동일시를 유포했다고 비난한다.

벨의 주장은 지속적 민주화가 사회주의로 가는 길을 열 것이므로 개인의 경제적 자원과 정치적 열망 사이의 균형이 어떤 식으로든 회복되어야 한다는 것이었다. 「민주주의의 위기」 보고서는 경제가 정부와 의회가 다룰 자격이 있는 사안들의 범위 바깥에 있다고 규정함으로써 민주적 요구들이 지운 '부담'을 덜라고 권고했다. 이런 두 가지 주장의 노선을 한데 모아준 것이 프리드리히 하이에크와 밀턴 프리드먼의 신자유주의였다. 널리 알려진 대로 하이에크가 국가의 경제 개입을 허용할 때 나오는 결과라고 말한 "농노제로 가는 길"(The Road to Serfdom)과 싸우고 로크적 조치들을 장려하기 위해 두 사람은 1947년에 몽페를랭 협회(Mont Pèlerin Society)를 결성했다. 몽페를랭 네트워크는 시카고 대학이나 런던 정경대학 같은 서구 엘리트 대학 경제학과에 칩거하면서 공적 활동의 주변적 지위를, 심지어 당대 주류 케인스학파가 보내는 조롱까지 30년 동안 견뎌냈다. 그리고 마침내 1970년대 초 케인스주의와 포드주의가 위기에 빠진 상황에서 의기양양하게 등장했다.

사회민주주의의 무효화(와 그에 동반하는 정치적 민주주의의 제약)는 신자유주의적 '열린 사회' 성립의 핵심 요소이다. 자유주의적 자본주의와 의회민주주의가 함께 경쟁국가의 변종인 '전체주의'에 승리를 거두었다는 프랜시스 후쿠야마의 '역사의 종말' 명제는 자본이 신자유주의적 규율을 부과하려면 민주주의의 날개가 꺾여야 한다는 사실을 흐린다.[19] 신자유주의 규율이 대량 고문과 억압이 횡행하던 피노체트의 칠레에 처음으로 적용되었다는 사실은, 로널드 레이건과 마거릿 대처 정부의 본격 시행에 앞선 당혹스러운 서곡에 불과한 것이 결코 아니다. 신자유주의는 예전의 사회가 완전히 파괴되었다고 가정한

---

19) Francis Fukuyama, *The End of History and the Last Man*, Harmondsworth 1992. 서구 민주주의의 승리의 성격에 관한 더 정확한 평가는, William Robinson, *Promoting Polyarchy*, Cambridge 1996; Christoph Görg and Joachim Hirsch, "Is International Democracy Possible?", *Review of International Political Economy*, vol. 5, no. 4(1998). 이들은 모두 민주주의의 침식이 동반된 점을 강조한다.

다. 그것은 지나간 자유주의로의 회귀가 아니며, 변화를 가로막는 것은 누구건 무엇이건 폭력적으로 제거되어야 한다고 요구하는 과격한 유토피아이다. 칠레 군사정권이 작성한 새 헌법은 하이에크의 책 제목을 따서 "자유의 헌법"으로 명명되었다. 실상 대처 전 총리는 하이에크와 나눈 편지에서 의회민주주의 때문에 모든 것을 다 성취하기란 불가능하다고 지적함으로써 신자유주의의 밀사가 제기하는 비판에 스스로를 방어해야 했다.[20]

여기서 문제가 되는 민주주의에 대한 신자유주의적 해석은 **국가에 맞선 '시민사회'**의 해방이라는 로크적 공식에 기초를 둔다. 사회적 평등은 고사하고 경제도 더는 민주주의적 의제에 오르지 않는다. 신자유주의적 관점에서는 경제적 재분배와 계획과 위기 관리의 기제들과 더불어 국가는 추상적 개인 앞에서 물러나야 한다. 여기서 중심 개념은 선택이다. 개리 베커 같은 사상가들의 해석을 통해 사회적 삶의 모든 양상으로 확장된 합리적 선택 이론은 국가의 규제와 재분배 정책을 서슴없이 경제의 오작동 원인으로 지목했다. 벨이 강조한, 개인의 존재에 미시경제 논리를 복구하는 일은 이제 다름 아닌 1968년 5월 운동을 관통한 자율성, 창조성, 자기실현의 열망들을 조절하는 방식으로 일컬어진다. '무임승차 문제', 즉 벨이 말한 즐기면서도 돈은 안 내는 사람들의 '재량사회행동'은 복지국가의 기반이 되는 사회적 연대의 구조가 제거될 때 비로소 해결될 수 있다.

---

20) 경탄의 시선으로 몽페를랭의 무용담의 전말을 서술한 예는 Richard Cockett, *Thinking the Unthinkable: Think-Tanks and the Economic Counter-Revolution, 1931~1983*, London 1995. 비판의 관점에서 서술한 것으로는 Bernard Walpen, *Die offenen Feinde und ihre Gesellschaft: Eine hegemonietheoretische Studie zur Mont Pèlerin Society*, Hamburg 2004(이 책은 대처와 하이에크가 주고받은 편지들을 인용하고 있음).

경제 괄호 치기

하나의 경제이론으로서 신자유주의는 사회를 조직하는 주권적 힘이 자본이라 여기며 떠받든다. 그것이 분명히 인정하는 행위 주체는, 개선을 향한 경쟁적 추구에 참여할 '자유'가 있는 개인 재산소유자와 이런 추구의 조정자인 시장밖에 없다. 세계화를 추동하는 경제의 지휘권에 힘입어 입지를 굳힌 축적된 유동적 부(富)로서의 자본이 하나의 사회적 힘이라는 사실은 개인으로 이루어진 상상된 세계의 부활로 인해 흐려진다. 이 상상된 세계에서 몇몇 개인들은 마이크로소프트사를 소유하고 다른 이들은 달랑 노동력 하나만 가졌거나 심지어 그나마도 없지만 그런 것은 문제가 되지 않는다. 이렇게 해서 신자유주의는 통합적 사회과학을 위한 출발점으로 남/녀에 관한 경제적 정의를 채택하는 한편, '생산물'을 순전히 우연적인 것으로 치부함으로써 자본주의적 관계를 자연스러운 것으로 만든다. 이런 것들이 어우러져 개인의 선택을 훈육하고 그의/그녀의 실제 예산에 맞춘다. 그렇지 않은 경우 해당 시민은 감당할 수 없을지 모를 위험을 감수하는 셈이 된다. 신자유주의적 구조조정('개혁')은 이렇게 해서 '자유로운' 개인을 급속히 발전하는 자본주의의 역동적 불안정에 기여하는 힘으로 바꾸어놓는다. '위험'이 내재된 환경에서 '선택'은 삶의 경험 전체를 좌우하는 엄청난 결과를 갖기 때문이다.[21]

마지막으로, 자본의 주권 앞에서 자신의 주권을 거둔 무기력한 국가와 짝을 이루는 것이 무기력한 사회이다. 기존의 용법을 대체하여 들어선 새로운 '시민사회' 개념은 무엇보다 강압적 국가의 정반대 개념으로 만들어졌으므

---

21) 알렉스 드미로빅에 따르면, 있을 법한 잘못된 선택 혹은 기회를 놓칠 가능성에 대한 끊임없는 예상이 개인들을 과도하게 긴장시키고 삶의 조건을 바꿀 집단행동을 상상하거나 그에 참여하는 능력을 손상시킨다. Walpen, Die offenen Feinde, p. 243 참조.

로 경쟁국가 전통의 정당성을 박탈하고 따라서 사실상 초민족적 자본으로 통제되지 않은 모든 발전의 정당성을 박탈했다. 그것은 또한 민주주의가 정해진 한계 내에서 벌이는 경쟁적 게임이라는 변화된 개념을 함축했다. 경제적 경쟁자들이 시장경제 자체의 본성에 도전하지 않는 것처럼 (그렇기 때문에 국가는 경제에서 분리되어야 하고 사적 주체가 다룰 수 있는 활동이라면 어떤 것도 담당하기를 삼가야 한다), 민주적 경쟁의 참여자들도 주어진 '공평한 경쟁의 장', 다시 말해 기존의 사회·정치 질서를 받아들여야 한다. 그러므로 정치적 경쟁은 기존 질서를 바꾸고 싶어 하는 사람들을 받아들일 수가 없다. 후쿠야마가 썼듯이, "가장 발전된 민주주의 사회에서는 공동체의 통치와 관련된 큰 문제들은 이미 해결"되었고 마찬가지로 경제에 대한 '선택' 문제도 해결됐다. 그러니 불평등은 선거 이슈가 될 수 없는 것이다.

경제를 괄호 쳐서 정치적 선택의 영역에서 떼어내는 일, 스티븐 길의 표현을 빌리면, 경제를 사회 구성의 전제로 '입헌 제도화'하는 일이 갖는 의미는 바로 이와 같은 것들이다.[22] 따라서 '책임 있는' 정치 엘리트라면 마땅히 이런 사회조직의 원리에 이의를 제기할 수 없다는 데 동의해야 하고, 유권자들의 정서적 에너지는 정체성과 도덕성의 문제로 돌려지는 것이 바람직하다. 물론 이런 조건이라면 선거에 대한 관심이 떨어질 수밖에 없다. 사회의 운영 원리가 유권자들의 선택 범위 밖에 자리 잡고 있다면 뭣하러 투표 같은 걸 하겠는가? 서구의 기부자들이 경쟁국가 계급을 관직에서 쫓아내기 위한 방편으로 '민중의 힘'을 연출하는 경우처럼, 살균 처리된 민주주의의 본분을 지켜주는 일에 민주주의적 열정이 동원될 때도 있다. 하지만 전 세계 텔레비전으로 방영된 팝 콘서트와 24시간 연속 대중 시위들이 하나같이 신자유주의적 대안

---

22) Stephen Gill, "European Governance and New Constitutionalism: Economic and Monetary Union and Alternatives to Disciplinary Neoliberalism in Europe", *New Political Economy*, vol. 3, no. 1(1998).

을 퍼트리는 데 기여하게 된 이상, 서로 다른 아기들을 안은 채 하나같이 민영화를 공약한 후보들 중에 하나를 고르는 행위가 말할 수 없이 공허하게 느껴진다. 사회 변화에 헌신하는 사람들을 민주주의의 과정에 기꺼이 포함시키고자 한 (아옌데 같은 사회주의자는 말할 것도 없고) 빌리 브란트나 알도 모로 같은 인물들이 안전한 정치적 '경쟁'을 위해 제거되어야 했다는 사실은 이런 살균 처리된 민주주의 혹은 '다두정치'(polyarchy)의 실상을 밝혀준다.

종교개혁과 계몽주의 이래 민주주의의 기반이 되어온 보편적 해방이라는 내재적으로 혁명적인(실제로도 혁명적 위기들이 있었고 사회적 평등을 장기적 목표로 삼았던) 과정은 이렇게 해서 원칙적으로 종결되었다. 우리는 탈역사적 우주로 진입했으며, 그곳에서 가치가 있는 유일한 열망이란 개인적 향상밖에 없고 모든 시민들은 내가 어떻게 이것을 성취할 것인가, 내가 성취할 가능성은 어느 정도인가, 하는 질문을 해야만 하는 자리로 배치된다. 확실히 종교가 다시 '애석상(賞)' 수상자 자격으로 중심 무대로 돌아와 전망 없는 현재에 내세의 약속을 제공한다. 하지만 특히 서구의 세속사회에서 종교가 소외계층에 발휘하는 장악력은 늘 일정치 않았는데, 프랑스 교외 주거 지역은 다양한 이민자 출신들을 단일한 신앙의 영향으로 쉽게 도매 처리할 수 없음을 일러준 수많은 사례 가운데 하나이다.

성급한 자신감

오늘날, 소유권과 자본주의적 규율이 모든 다른 것을 압도하는 듯 보인다. 토니 블레어가 1998년 말 뉴욕증권거래소에서 한 연설에서 말했듯이, 당시 세계를 뒤흔든 연쇄적 금융위기는 "시장의 규율이 실패한 것이 아니라 전 지구적 경제에서 그런 규율의 부재가 파괴적 결과를 낳을 수 있음을 의미한다. 각 나라들은 마땅히 올바른 정책 틀을 세워야 한다"는 결론으로 이어졌다.[23]

그런 점에서 신자유주의적 '올바른 거버넌스'는 자본의 주권적 권력이 전 지구적 규모로 구체화되는 상황을 전제한다. 민주주의는 그런 상황에서 수지를 맞출 임무를 위탁하는 행위로 격하된다.

하지만 '세계화'라는 용어가 암시하는 보편적 동질화 개념은 지나친 시기상조이다. 개별 사회가 자본주의적 규율에 순종하는 능력은 각각 다양하며 이 규율의 압력 자체가 역설적으로 각 사회에 고유한 전통을 새로운 조합을 통해, 혹은 로베르 부아예가 '잡종화'로 부른 과정을 통해 재활성화하는 경향이 있다.[24] 그 결과, '문명적' 성격을 둘러싼 분열과 종교적이고 민족적·인종 문화적인 구분들이 자본의 세계 주권을 깎아먹는 방식으로 강화된다.[25]

2005년 5월과 6월, 프랑스와 네덜란드에서 유럽헌법(European Constitution)이 거부된 일은 사회가 흘러가는 방향에 관해 발언할 권리를 되찾으려는 유권자들의 관심이 예기치 않게 선거, 그것도 거의 무익한 '유럽 차원의' 선거에까지 확장된 예로 읽을 수 있다. 물론 이런 것들이 그저 사회적 평등과 해방을 향한 정당한 열망만을 표현한다고 해석할 수는 없다. 네덜란드에서는 대중적 반(反)이민 정서가 '거부'에 상당한 역할을 했고 터키의 유럽연합 가입 자격도 중요한 관심사였다. 또한 유럽연합이 동유럽으로 확장하는 사안을 놓고 일반적인 불만의 감정이 형성되었으며 기준 이하의 임금과 노동 조건을 받아들일 이주노동자들의 유입을 예상한 불안도 있었다. 프랑스에서도 '거부' 투표를 결집하는 데 '폴란드 배관공'이 적잖은 역할을 했으며, 교외 지역의 소요가 다수 계층의 외국인 혐오증을 최소한 단기적으로라도 자극하리란 두려

---

23) Paul Langley, *World Financial Orders: An Historical International Political Economy*, London 2002, p. 132에서 재인용.

24) Robert Boyer, "De la première à la seconde pax americana", in Robert Boyer and Pierre-François Souyri, eds., *Mondialisation et régulations: Europe et Japon face à la singularité américaine*, Paris 2001, p. 43.

25) Amy Chua, *World on Fire: How Exporting Free-Market Democracy Breeds Ethnic Hatred and Global Instability*, London 2003.

움이 분명 있었다. 그러나 국민투표 이후, 2005년의 '거부'와 1848년에 있었던 최초의 프랑스 선거 결과 사이에 지속성이 존재한다는 사실이 명백해졌다. 1848년 좌파 후보 프랑수아 라스파유(François Raspail)와 오귀스트 르드뤼롤랭(Auguste Ledru-Rollin)이 승리했던 지역에서 157년 후 '거부' 투표가 다수로 나왔고, 반면 우파 후보 다시 말해 루이 카베냑(Louis Cavaignac)이 이겼던 지역에선 '찬성'이 다수였다. 다시 말해 프랑스 내부의 분열은 깊은 역사적 뿌리를 갖는다.[26]

유로를 공동 통화로 도입한 결과를 둘러싼 불만, 특히 그에 수반된 물가 상승과 유럽중앙은행이 (암암리에) 시행한 통화 긴축 원칙에 대한 불만이 '거부'의 공통분모였다. 프랑스에서는 경제 및 통화 동맹(EMU)을 확립한 마스트리히트 조약의 비준부터가 이미 정치권 당국으로서는 구사일생의 탈출이었고 덴마크는 심지어 이 '올바른 결과'를 두고 재투표를 실시해야 했다. 하지만 EMU는 인플레와 싸우고 적자를 관리할 조항들을 구비하여 가맹국들에게 항구적인 구조조정을 부과했고, 산업자본과 고용을 중심으로 조직된 경제에 손해를 안겨주었다. 이런 의미에서 EMU는 독일이 너무 강해져서 통제할 수 없는 지경이 되기 전에 가두려고 했던 프랑스의 역사적 패턴을 본떴다. 프랑스는 통화정책을 유럽화함으로써 독일과 네덜란드처럼 강력한 통화를 가진 나라들을 대상으로 일정한 통제력을 얻고자 했던 것이다. 하지만 유럽중앙은행은 '독립적'이기 때문에, 다시 말해 정치권이나 의회의 통제에서 자유롭기 때문에, 그것이 내놓는 지시나 안정화 협약은 '합헌적으로' 모두를 위한 신자유주의 노선을 확립한다.

---

[26] (프랑스 사회주의 당과 가까운) 장 조레스 재단(Fondation Jean-Jaurès)의 연구를 다룬 *Le Monde*, 1 October 2005 참조.

유럽식 원탁회의

이렇듯 마스트리히트 조약은 로크적 심장부의 노선을 중심으로 유럽연합을 조직화하기 위해 내디딘 중요한 한 걸음이었다. 개별 국가의 관할 영역이 상위 구조와는 별개로 정치적 주권과 민주주의를 유지하는 한편으로, 자본을 위한 자유로운 공간은 유럽을 앵글로색슨식의 성숙한 신자유주의와 거의 구분할 수 없게 만든다. 거기서 비롯된 결과는 '보상적 신자유주의' 혹은 '배태된(embedded) 신자유주의'로 불리며 잔존하는 계급 타협과 사회적 보호의 요소들을 전면에 부각하지만, 회원국들은 EMU의 통화 긴축 조건을 충족시킨 다음에나 이런 것들을 유지할 수 있다.[27] 소비에트 진영과 사회주의의 몰락을 활용하여 신자유주의적인 대처 식 변화를 유럽 전역에서 가속화하려는 유럽 자본의 야심을 충족시킬 목적으로 이런 조건들이 부과되고 있으며, 여기에 수반되는 국가 간·계급 간의 불균형은 '시장'이 해결해줄 것으로 기대된다. 마스트리히트 조약과 EMU는 동유럽에 대한 유럽의 우선적 접근권을 확보하려는 강력한 '유럽산업가원탁회의'(ERT: European Round Table of Industrialists)에 밀려 애초의 선도적 위치에서 상당 정도 강등되었다. ERT의 취지는 생산을 동유럽으로 아웃소싱하여 유럽 대륙의 서쪽 절반에 아직도 남아 있는 사회적 보호 장치들을 전복하는 방식으로 동유럽의 '해방된' 노동력을 고용한다는 것이었다. 소련의 사망에 이어 1993년에 ERT는 유럽연합 집행위원장 자크 들로르에게 보내는 제안서에서 '경쟁력'이라는 특정 목표를 담당할 기구의 설치를 주장했다. 유니레버, ABB, 노키아, BP의 최고경영자들이 참여한

---

27) 각각 J. Magnus Ryner, "Maastricht Convergence in the Social and Christian Democratic Heartland", *International Journal of Political Economy*, vol. 28, no. 2(1998), 그리고 Bastiaan van Apeldoorn, *Transnational Capitalism and the Struggle over European Integration*, London 2002 참조.

자문 기구는 세 개의 보고서를 통해 바야흐로 등장하는 전 지구적 정보경제에서 유럽의 입지를 향상하기 위한 교육 근대화, 공공 부문의 자유화, 기업 경쟁력에 유리한 방식의 고용뿐 아니라, 변화하는 수요에 적응하기 위한 항구적 훈련과 재훈련을 동반한 노동의 유연화를 권고했다.[28]

1997년 말 룩셈부르크에서 열린 정상회의에서 경쟁력제고자문그룹(Advisory Group on Competitiveness)의 작업은 유럽연합 국가들에게 (재)훈련 프로그램을 설치하고 소규모 신생기업에 더 유리한 환경을 만들며 노동을 유연화하고 더 많은 여성들을 유급노동에 동원하며 야간 근무 직업에 관한 규제나 기타 조치들을 제거함으로써 노동자들의 '고용 가능성'을 향상하는 고용 전략으로 옮겨 갔다. 각국 정부가 연례 보고서를 제출한다는 원칙에 합의를 보았고 그렇게 해서 각 지역에서 벌어지는 과정을 점검하고 조치의 이행을 보장할 수 있게 되었다. 다른 한편, 재구성된 자문그룹은 네 개의 다른 보고서를 작성하기 시작했다. 첫 번째 보고서는 사회적 보호가 노동의 이동성에 초점을 맞추어 이루어져야 한다고 주장했고, 두 번째는 더욱 경쟁적인 유럽 자본시장의 건설과 그에 동반한 유럽 연금시장의 성장을 권고했다. 세 번째는 다시 한 번 노동시장이 더 유연해져야 한다고 요구했고, 1999년의 마지막 보고서는 미국을 따라잡기 위한 노력에 초점을 두고 여러 다른 권고들을 한데 모은 행동 계획을 작성했다. 보고서의 관점에 따르면 1990년대에 미국은 역동적이고 개방된 경제로 번영을 누렸고 세계 다른 지역의 경제 활동에도 기여했다는 것이다.

이 대목에서, 자본은 결코 주어진 영토적 실체와 일치하지 않으며 유럽연합의 수준에서조차 영토라는 테두리를 피해 가는 유동적 과정으로 작용한다

---

28) Henri Houben, "Het nieuwe hoofddoel van de Europese Unie: de Lissabon-strategie", *Marxistische Studies*, 65, 2004, pp. 29~31. 리스본으로 이어지는 ERT의 전략에 관한 더 상세한 내용은 이 논문과 van Apeldoorn, *Transnational Capitalism*에서 도움을 얻었다.

는 점을 상기할 필요가 있다. 바스티안 반 아펠도른이 기록한 대로, 유럽 상위 19개 기업의 비유럽 매출액은 1987년 34퍼센트에서 2000년 46.2퍼센트로 오른 반면, 자국 외 유럽연합 내 매출액은 (유럽 특유의 추이를 보이면서) 거의 조금도 성장하지 않았다.[29] 그렇다면, 이제 유럽연합은 원조 영어권 서구만큼이나 자본의 전 지구적 확장에 편리한 구조가 되었고 경쟁국가적 자세를 그 보호주의적 함의와 더불어 확실히 폐기했다고 볼 수 있을 것이다. '유럽적'이라는 것은 유럽의 거대기업이 누리는, 유럽연합 내 정책 결정 층위에 대한 우선적 접근을 의미하고, (가령 에어버스나 갈릴레오 위성항법 시스템 같은) 우주항공 부문의 계획처럼 하부구조적이고 '정치적'인 개발 계획에 참여하는 능력을 말한다.

그렇지만 유럽연합의 경제적 포트폴리오가 그에 적절한 정치체제, 다시 말해 경제 전략을 둘러싼 초국적 지원 연합을 건설할 수 있게 해주고 국가의 경계를 가로질러 현실적 내지 상징적 이권과 대가 지불을 통해 반대를 무화해주는 적절한 정치체제에 들어 있는 것은 아니다. 유럽의회가 공식적인 정치적 하부구조의 일부이기는 하지만, 행정·입법·사법기구로 나뉘는 일국적 권력 분립 구조를 유럽 차원에서 복제했다는 연상은 잘못된 것이다. 오토 홀만은 만일 이런 의미의 유럽연합 '삼권분립'이 존재한다면 그것은 유럽 기업들과 긴밀히 공조하는 유럽위원회와 사법재판소, 그리고 회원국들을 대표하는 각료이사회(정부 지도자들의 경우 유럽이사회)로 이루어진다고 지적한다. 이런 구도는 의회적 통제를 이사회의 (25분의 1인) 개별 구성원들의 의견으로 축소시키며 의회를 엄밀한 유럽연합 '삼권'에서 제외한다.[30]

---

29) Van Apeldoorn, *Transnational Capitalism*, pp. 140, 174.
30) Otto Holman, "Asymmetrical Regulation and Multidimensional Governance in the European Union", *Review of International Political Economy*, vol. 11, no. 4(2004), p. 719.

리스본 의제

미국이 유럽연합 국가들을 강요하여 새로운 동유럽에서 교전의 규칙을 정하는 데 참여하게 만든 코소보 사태 직후, 유럽위원회가 리스본에서 소집되어 이전 몇 년간 ERT의 경쟁력제고자문그룹이 내놓은 권고안에 토대를 두고 포괄적 전략을 논의했다. 그러나 2000년 리스본의 합의는 새로운 대결 분위기를 만들어내기도 했다. 한편으로 그것은 신자유주의적 민영화와 유연화의 도입을 가속화하고자 했다. 다른 한편으로는, 미국에 대한 도전이라는 요소가 뚜렷했고 2010년까지 미국을 따라잡을 더 경쟁력 있는 경제라는 목표를 설정했다.

리스본 합의는 노동 참여 비율을 현재의 경제 활동 인구의 61퍼센트에서 2010년까지 70퍼센트로 늘려야 한다고 정했다. 나아가 2002년 바르셀로나에서 개최된 유럽정상회의에서는 실질적 은퇴 연령을 5년 더 높이기로 결정했다. 이런 결정들은 사람들의 삶에 엄청난 영향을 미칠 것이지만 아무런 의견 수렴 절차도 거치지 않았다. 또한 리스본 모임의 준비를 위한 예비 문서에서 유럽위원회는 고용 기회가 증가할 때 일자리는 유리한 시장 조건에서 재빨리 채워져야 하되 인플레를 유발하지 않는 (해석하면, 임금 상승 없는) 성장을 보장하는 방식이어야 한다고 권고했다. 이런 식으로, 유연한 노동시간, 더 많은 시간제 노동, 지나치게 엄격히 고용을 보호하고 과도한 퇴직수당을 부과하는 법률에 대한 재검토가 착착 일정에 올랐다. 리스본 계획의 세 번째 기둥은 내부시장의 완성이다. 이는 가스와 전기, 우편 서비스와 교통 같은 분야들의 자유화를 통해 단일시장 구축에 남아 있는 걸림돌을 제거하는 방식으로 추진될 예정이었다.

하지만 ERT가 10년 동안 준비한 것에 기초한 리스본 의제들이 제대로 실현되려면 유럽인들의 입맛에 맞게 가공되어야 한다는 점이 이제는 분명해졌다. 어쨌건 중요한 변화가 실행되기 위해서는 이 층위에서 합의를 얻어내야 하기 때문이다. 피노체트의 칠레, 혹은 대처의 영국이나 레이건의 미국처럼, 민족국가의 경계 내부에서 이루어질 변화가 아니었다. 유럽에서는 정치가 유럽연합 수준에서 개발된 경제 전략을 합법화하는 방편이었다. 그러나 대륙의 최대 가맹국이 경쟁국가 경험에서 비롯된 조합주의적이고 연방제적인 조치들을 지녔음에도 불구하고, 연합 내에서 실제 정치 구조, 다시 말해 경제적 이해관계를 일반적 이해관계에 관한 해석 경쟁으로 변형하는 구조는 제대로 발전하지 못했다. 하지만 유럽의회가 있고, 유럽연합 수준의 다양한 이해 분출 통로들이 있으며, 대서양 양안이나 나프타나 아세안의 차원에서는 볼 수 없는 제도들이 있다. 따라서 현재로선 있을 법하지 않아 보이더라도 유럽연합 차원에서의 정치적 결집과 계급투쟁 혹은 타협이 언제든 발생할 가능성이 있다. 원조 심장부에서는 일국적 정치와 초민족적 경제 간의 구분이 선명하고 자본을 위해 초민족적 공간을 비축하는 동시에 각 나라 내부의 민주적 열망을 봉쇄하는 식이었다면, '유럽 정치'의 가장 큰 특징은 어느 쪽으로도 갈 수 있다는 점, 즉 정치를 다시 완전히 재-국유화하고 유럽연합 차원에는 (브레턴우즈 기구들과 유사한 기능을 하는 유럽중앙은행과 더불어) 규제를 담당할 하부구조만 남겨둘 수도 있고, 아니면 더 밀고 나가서 유럽연합 차원의 정치로 온전히 발전시킬 수도 있다는 모순이다. 여기서 '유일한' 문제는 유럽인들이 곱으로 권한을 박탈당해왔다는 사실이다. 일반적으로는 신자유주의적 개혁 추진이 민주주의를 제약했고, 특정하게는 경제 영역에서 일국 의회의 주요한 권한들이 유럽적 조직으로 전이된 탓이다.

헌법에 걸린 이해관계

따라서 리스본 의제에서 절정을 이룬 신자유주의 프로그램을 실제 유럽헌법을 통해 '합헌적으로' 규정하여 일반 시민들이 이 의제를 내면화할 수 있도록 대중적 권한 위임장을 확보하자고 결정되었을 때, ERT를 매개로 유럽위원회와 직접 공조하는 지배적 자본가들의 이해관계가 한편이 되고, 기업의 이해가 지배하는 유럽의 정치 과정에서 사실상 배제되어왔고 졸지에 전후의 계급 타협을 해체할 결과들을 떠안게 된 다수 대중들이 다른 편이 되어 벌어져온 심각한 격차가 명백히 드러날 수밖에 없었다. 그런 이유로 유럽연합은 언제나 일국 정부가 할 수 있는 한도보다 더 신자유주의적이었다. 국경을 넘어 정치 계급들 간에, 즉 좌파와 우파 간에 신자유주의 일괄정책이 중요하고 불가피하다는 합의가 이루어졌음에도 불구하고, 실상 각국 정부는 주어진 일정에 맞춰 합의된 조치들이 채택되도록 하는 데 어려움을 겪었다. 2002년에 이미 유럽 고용주들의 조직인 '유럽경영인총연맹'(UNICE)은 리스본 의제가 실패하지 않으려면 구체적 조치들이 필요하다고 불평했다. 하지만 점점 더 많은 나라에서, 특히 이탈리아와 프랑스, 벨기에서, 새천년의 첫 10년 동안 자유화를 반대하는 강력한 저항운동이 출현했다. 실제로 게르하르트 슈뢰더 총리는 자기 당에게 삭감과 자유화와 민영화의 필요성을 확신시키느라 더 시간을 허비하지 않으려고 오스카 라퐁텐에게 이양받은 독일 사민당 당수 직에서 사임하는 비상조치를 취하기도 했다.

이렇듯 유럽헌법은 유럽연합 차원의 정치조직들의 핵심적 구성 성분으로 신자유주의를 엮어놓고 각 회원국들에게 민주적 투표를 근거로 기본 프로그램들을 실행하게 하는 고정장치였다. 물론 모든 정부가 유권자들에게 이 문제를 어떻게 생각하는지 묻는 위험을 감수하진 않았다. 프랑스와 네덜란드의 국민투표를 보면 왜 그런지가 잘 드러난다.

헌법을 거부했다고 해서 신자유주의 프로그램을 보류할 수 있었던 것은 아니다. 빌팽은 총리 직을 맡으며 "귀를 기울이겠다"고 약속했으나 곧바로 민영화를 진행했다. 교외 지역의 방화에 연료를 제공한 것이 바로 그 점이었다. 실상 유럽적 사회 발전이 들어맞지도 않는 신자유주의에 몰두한 유럽연합에 저당 잡혀 있는 한, '개혁' 추진이 야기하는 변칙들과 줄줄이 이어지는 몰이해와 과장, 논쟁과 오작동은 계속될 것이다. 응집력과 장기적 투자 역량을 지령적 국가에서 끌어내는 유럽 대륙 경제의 특징은 단순히 진보와 더불어 밀려날 과거의 유물이 아니다. 새로운 금융 관행이 급속도로 퍼지고 있는지는 모르지만, 부아예의 주장대로 노동과 고용의 관행은 노동자들의 숙련도와 수습 기간에 달려 있고 이런 것들을 성취하는 데는 각각 상이한 시간대가 소요되므로 서서히 변할 수밖에 없다. 또한 유럽(혹은 일본과 남한)은 자신들에게 유리한 조건으로 세계경제의 금융화에 합류할 채비가 제대로 되어 있지 않을 공산이 크고, 보다 장기적으로는 장차 생산이 새로운 형태로 우위를 점하는 상황이 불가피하게 되돌아올 때 국가적 기업 활동과 감독, 계급 타협과/혹은 기업 온정주의의 유산이 한층 더 유리한 환경을 제공할지도 모른다.[31] 유럽연합의 리스본 전략이 지닌 근본 문제는 미국적 모델을 전면적으로 채택함으로써 미국과 경쟁해보겠다는 생각에 기존의 유럽적 강점과 지위를 파괴하는 접근 방식을 택한 점이다. 그 결과 서유럽 대륙의 거대 산업 경제들은 모두 구조적 위기로 빠져들었고, 오늘날 그 사태의 중심에 프랑스가 있다.

〔황정아 옮김〕

---

31) Boyer and Souyri, *Mondialisation et régulations*, pp. 35, 42; Emmanuel Todd, *Après l'empire: Essai sur la décomposition du système américain*, Paris 2004, pp. 248, 250 참조.

미국에 종속된 역사 속의 유엔

피터 고언(Peter Gowan)

20세기 동안 미국의 지도자들은 국제적 갈등을 해결하기 위한 야심적인 집단 안보 체제를 두 번 내건 바 있다. 그런데 두 번 모두 그 계획이 출범하는 즉시 기초가 흔들리거나 변형을 겪게 되었고, 게다가 그 근원은 미국 내부 자체에 있었다. 토머스 우드로 윌슨의 국제연맹(League of Nations) 아이디어는 미국 상원에서 공화당의 반대에 부닥쳐 흔들리게 되었다. 프랭클린 루스벨트가 착상한 바의 국제연합(UN: United Nations) 계획은 그의 사후 들어선 민주당 정부에 의해 유산되었다. 1950년경 딘 애치슨에 인도된 해리 트루먼 정권은 세계정치를 관리하는 사뭇 다른 정치적 틀을 생각해냈다. 이는 기존의 유엔을 해체하거나 탈퇴할 것을 요구하지 않았으니, 그렇게 하기엔 이 세계적 조직체와 그 기구들이 미국을 위해 수행해주는 유용한 기능들이 너무 많았던 것이다. 하지만 트루먼 정권은 유엔을 미국 외교의 부수적 도구라는 부차적 역할 그 이하의 것으로 격하하려 했음은 분명하다. 훗날 애치슨이 말한 대로, 유엔은 "이 혼란한 세계를 위해 미국이 기여한 바임은 틀림없다. 〔하지만〕 나는 개인적으로 이것을 낳은 아버지가 아니냐는 의심에 대해 완전히 무관하다." [1)]

하지만 1940년대가 끝날 무렵 미국의 지도자들이 루스벨트 시절의 유엔 기획을 밀쳐버렸다는 사실은 투명하게 드러난 것은 아니었다. 표면적으로 볼 때 이러한 유엔 기획의 변화가 완결된 것은 워싱턴이 유엔을 자신의 용도에 맞게 동원하는 개가를 올린 순간이었으니, 바로 한국의 내전에 대한 서구의 개입을 유엔이 지지하도록 만든 순간이었다. 하지만 실상을 보면 그때에 유엔은 이미 미국의 지구적 지배가 표출될 수 있는 통로 및 도구로서는 버림받은 상태였다. 이미 유엔의 위상은 격하되어 전략적으로나 제도적으로나 루스벨트가 최초에 제시한 조직 설계와는 전혀 이질적인 틀 안에 갇혀 있었던 것이다. 게다가 1960년대가 되면 정말로 워싱턴은 유엔을 부수적인 것 정도가 아니라, 어떤 면에서는 성가신 골칫거리로까지 여기게 된다. 예전의 유럽 식민지 신생국들과 여타 나라들이 스스로를 비동맹운동으로 조직화하여 미 국무부가 달가워하지 않을 의견들을 표출할 수 있는 연단으로서 유엔 총회를 활용하게 되었으니까. 사태가 이렇다 보니 애치슨은 공공연하게 "유엔의 의결은 아무것도 아닌 정도도 못 된다(less than nothing)"고 공언하지 않을 수 없게 되었다.[2)] 게다가 애치슨이 유엔에 대해 품고 있던 감정은 사석(私席)에 가면 더욱더 신랄하게 표현되었다. 루스벨트 정부에서 유엔을 기술적으로 설계했던 사람은 러시아 출신의 행정 공무원이었거니와, 애치슨은 WASP[*] 특유의 경멸감을 듬뿍 담은 채 "저 쬐끄만 쥐새끼 같은 레오 파스볼스키(Leo Pasvolsky)가 만든 유엔"이라는 언급을 서슴지 않았다.[3)]

---

1) Robert Beisner, "Wrong from the Beginning", *Weekly Standard*, 17 March 2003 참조.
2) Douglas Brinkley, *Dean Acheson. The Cold War Years, 1953~1971*, New Haven 1992, p. 304.
* 백인(white)-앵글로색슨(anglo-saxon)-개신교(Protestant)의 준말로서, 미국 지배 집단의 전통적 주류 계층을 비꼬아 부르는 말.

오늘날 파스볼스키라는 인물의 존재는 오래도록 잊혀져왔다. 하지만 유엔의 질서를 확립했던 두 달에 걸친 큰 규모의 비밀회의 또한 잊혀진 상태이다. 베르사유 조약에 대한 영어 문헌은 그 양이 엄청나며 빈(Wien) 회의에 대해서도 아주 상당한 양의 문헌이 존재한다. 또 베스트팔렌 조약에 대해서 들어본 사람들도 많을 것이다. 하지만 샌프란시스코 회의라고? 이 국제회의는 유엔 헌장과 유엔 자체를 출범시킨 것이었음에도 영미권의 공공의 기억에서 거의 지워져 있다. 전후 세계에서 오스트리아가 거두었던 멋진 성취가 있다면 히틀러와 베토벤의 국적을 거꾸로 속여 전 세계로 하여금 마치 히틀러는 독일인이고 베토벤은 오스트리아인인 듯 확신하게 한 것이라 하겠다. 미국의 보수파들도 똑같은 성공을 거두어서 많은 미국인들로 하여금 유엔이 외국인들의 작품 ― 음모까지는 아니겠으나 ― 이라고 믿게 만든 바 있다. 스티븐 슐레진저의 『창조의 행위』는 유엔이 착상에서나 구성에서나 샌프란시스코 회의 자체와 마찬가지로 미국에 의한 것이었음을 생생한 세부 묘사로써 우리에게 상기시켜준다.[4] 그런데 1945년 4월 25일과 6월 25일 사이에 샌프란시스코에서 무슨 일이 벌어졌던가에 대해 그런대로 학문적인 설명이 나온 것은 그의 책이 처음이었다. 미국의 학계는 실로 거대하고 다양한 분야로 뻗어 있건만, 그의 책이 출판될 때까지 이 문제에 대해 50년간 침묵하고 있었던 셈이다.

샌프란시스코 회의가 많은 연구자의 관심을 끌지 못했던 부분적인 이유는, 1944년 9월의 덤바턴오크스 회의와 다음 해 2월의 얄타 회담 사이의 기간에 주요 강대국들 사이에서 이 새로운 조직체에 대한 핵심적 결정 사항들의 다수가 이미 해결되었기 때문이다. 하지만 이러한 무관심의 한 결과로, 유엔의 기획이 루스벨트 시절 전후 세계에 대한 최초의 계획에서 샌프란시스코 회의

---

3) Beisner, "Wrong from the Beginning." 파스볼스키는 거친 반(反)볼셰비키주의자로서, 자신이 1916년 뉴욕에서 트로츠키와 논쟁을 벌였다는 것을 떠벌리기를 좋아했다.
4) Stephen Schlesinger, *Act of Creation: The Founding of the United Nations*, Boulder 2003.

까지 변모해가는 전 과정을 학문적으로 다룬 연구가 여전히 부족한 상태이다. 이제 슐레진저의 책을 통해 캘리포니아에서 열린 회의 진행에 대해서는 꽤 포괄적인 연구—그래도 여전히 공백들이 있다—를 얻게 된 셈이지만, 그의 책은 다른 면에서는 좀 깊이가 부족해서 당시 강대국들의 계산이 어떠했기에 그러한 최종 결과가 나오도록 결정되었는가에 대해서는 아무런 역사적 시각이 제시되고 있지 않다. 이 점에서 그의 책은 덤바턴오크스 협상에 대한 로버트 힐더브랜드의 고전적 연구[5]에 견줄 바가 되지 못한다. 전후 미국의 계획을 좀더 포괄적으로 다룬 논의들이 있지만, 루스벨트의 전략에서 유엔의 위상이라는 가닥을 잡아 초점을 두지는 않았다. 그래서 가브리엘 콜코(Gabriel Kolko)의 『전쟁의 정치』(The Politics of War)가 출간된 지 거의 40년이 되었음에도, 이 전체 그림을 온전하게 보여주는 지도서로서는 필수 불가결이며 거의 유일한 책으로 남아 있는 상태이다.

루스벨트의 팽창주의

스탈린그라드 전투를 통해서 제2차 세계대전의 군사적 결과의 종점이 분명해지자 미국은 그 이후를 위한 거대 전략이 필요하게 되었고, 루스벨트는 그러한 거대 전략을 개발할 만한 자질을 충분히 갖추고 있었다. 그는 소년 시절부터 국제정치에 매료되어 대학을 들어가기 전에는 앨프리드 머핸(Alfred Mahan)을 열성적으로 공부했으며, 하버드에 들어간 후로는 해전에 대한 책들로 개인 서재를 꾸밀 만큼 잔뜩 모아둔 바 있다. 프랭클린 루스벨트는 자신의 사촌이었던 시어도어 루스벨트*를 열렬히 숭모—프랭클린의 부인 엘리

---

[5] Robert Hilderbrand, *Dumbarton Oaks. The Origins of the United Nations and the Search for Postwar Security*, Chapel Hill 1990.

너(Eleanor)는 시어도어의 질녀였다 — 했으며, 팽창주의 정책을 공공연히 천명했던 친척의 발자취를 상당히 의식적으로 밟아나갔다. 그는 1912년 해군부(Navy Department)의 차관보가 되면서 정치 이력을 시작했거니와, 해군부는 그 세대 미국인에게는 군사 전략을 배울 수 있는 최고의 학교였다. 여기에서 그는 영국과 어깨를 나란히 할 수 있는 함대를 미국이 갖추어야 한다고 강력히 주장하는 대(大)해군주의자(Big Navy man)였다. 1914년 멕시코와의 갈등에서는 멕시코 혁명으로 야기된 '혼란을 깨끗이 청소할 수 있도록' 멕시코와의 전면전을 기대하였다. 같은 해에 그는 이렇게 천명한다. "우리의 국가 방위 범위는 서반구 전체로 확장되어야 하며, 바다로 1천 마일을 뻗어 필리핀을 아우르고 또 우리 상인들이 진출하는 곳은 어디로든 뻗어나가야 한다."[6] 루스벨트는 자신의 상관인 해군장관 조지퍼스 대니얼스(Josephus Daniels) — 노스캐롤라이나 출신의 평화적인 감리교인 — 를 경멸했는데, 그는 미국을 제1차 세계대전에 밀어넣기 위해 안달을 했던 사람이었다.

전쟁이 끝났을 때 루스벨트는 윌슨의 국제연맹을 지지했지만, 민주당의 외교정책을 형성할 위치에 자리 잡는 가운데 또 미국의 군사력을 늘리기를 원했다. 대통령의 권력을 잡게 되자 섬너 웰스(Sumner Welles)를 파견하여 쿠바의 1933년 혁명을 분쇄하고 풀헨시오 바티스타 독재를 수립하였으며, 니카라과의 아나스타시오 소모사와 같은 자를 고객으로 한껏 키워주었으며, 스페인 내전 기간에는 독재자 프란시스코 프랑코를 지원하기 위해 — 국내의 가톨릭 유권자들의 지지를 계산에 넣고 — 스페인 공화국에 무기 수출을 봉쇄하도록 신경을 쓰기도 하였다. 그는 파시즘에 대해서도 거의 두려움이 없었다. 베니토 무솔리니와의 관계도 대단히 좋았고, 프랑스의 비시 정부를 정상적인

---

* 미국의 제26대 대통령(1901~09): 그는 특히 머핸 등의 인물을 중요시하면서 먼로 선언 이래 전통적인 미국의 고립주의를 넘어서 세계적인 해양 제국이 되어야 한다는 외교 노선을 처음으로 확립한 인물이다.

6) Robert Dallek, *Franklin D. Roosevelt and American Foreign Policy, 1932~45*, New York 1979, p. 9.

외교 파트너로 인정했다. 그런데 나치 독일에 관해서는 달랐다. 제1차 세계대전 당시 영국의 윈스턴 처칠이 전 세계 해군력의 균형이라는 맥락에서 그랬던 것처럼, 루스벨트도 나치 독일을 독일이 원래 가지고 있던 팽창주의의 위협이 또다시 부활한 것으로 간주하였기 때문이다—그래도 독일에서 온 유태인 피난자들에게 망명처를 제공할 의지는 없었지만. 따라서 일단 유럽에서 전쟁이 발발하게 되자, 루스벨트 정부는 아직 미국이 채 전쟁에 뛰어들기도 전에 이미 이 전쟁이 끝난 후 미국이 지도하는 새로운 세계를 그리고 있었던 것이다.

미국의 지구적 지배를 위한 거대 계획을 위해서는 반드시 풀어야 할 한 가지 근본적인 문제가 있었으니, 그러한 대외적 역할을 감당하도록 미국의 국내 정치를 어떻게 재구조화할 것인가이다. 루스벨트 이전의 윌슨 대통령이 실패를 맛보았던 부분도 바로 이러한 도전이었다. 하지만 1930년대 말경이 되면 국내 정치 세력들의 지형이 윌슨 대통령 때와는 크게 변한 상태였다. 무엇보다도 자본계급의 주요 부분들이 미국의 세계 지도라는 생각에 이제 홀딱 반해 있는 상태였다. 제2차 세계대전 중에 벌어진 공화당 세력 가운데에 웬들 윌키의 상승, 그리고 루스벨트에 맞선 토머스 듀이의 출마(이는 존 포스터 덜레스가 조언한 바이다) 등은 이러한 새로운 합의를 명백히 보여주는 것이었다. 이 점은 루스벨트 정부 내에 있었던 중요한 공화당 집단들도 마찬가지였고, 그 중에는 헨리 스팀슨, 로버트 러벳, 존 매클로이 등도 있었다. 이렇게 공화 민주 양당 간에 이루어진 대자본의 동맹은 루스벨트에게 국제적 팽창이 미국 지배의 이익이라는 관점에서 충분히 만족스러운 것이 될 보장을 원하였다. 이 점에서 볼 때 당시 부통령이었던 헨리 월리스가 대표하는 종류의 국제주의는 너무 진보적이라서 의지할 것이 못 된다는 판단이 내려졌고, 그래서 루스벨트는 월리스를 내버리고 대신 트루먼을 러닝메이트로 지명했으니, 트루먼은 보수주의자들의 심기를 건드릴 가능성이 없는 사람으로 생각되었기 때문이다.[7]

하지만 미국인들 사이에 퍼져 있던 고립주의는 여전히 생생하게 살아 있었으며, 따라서 일단 전쟁이 끝나면 국내 문제들을 해결하는 데나 치중하라는 압력으로 작동할 위험이 현저하였다. 자본계급 동맹의 입장에서는 따라서 루스벨트가 이러한 가능성에 대해 강력한 대응책을 마련하는 것이 필요했다. 즉 대중 정치란 무릇 수백만의 사람들을 일관된 방식으로 움직이는 것이기 때문에 그 주장에는 강력한 '도덕적' 요소가 곁들여져 있어야 하는 법이니, 바로 그러한 대응을 준비해야 한다는 것이었다. 실제 국내 여론이 유엔을 지지하도록 준비시키려던 루스벨트의 노력은 대부분 바로 그러한 이상주의적 호소를 만들어나가는 것을 포함하고 있었다. 물론 그렇다고 해서 미국 자본주의가 국제적으로 팽창하고 국가로서의 미국이 지구적 권력 정치에 몰입할 수 있어야 한다는 요청을 위태롭게 하는 것은 절대 아니었다. 문제는 이렇게 미국이 세계 지도국의 지위를 잡아야 한다는 캠페인을 위해서는 무언가 깃발이 필요하지만, 전쟁 기간 동안 미국의 지방 정치문화에는 그러한 깃발을 만들어낼 만한 재료가 고작해야 윌슨주의적 국제주의의 최신판 정도밖에는 없었다는 것이다. 이렇게 유엔을 경건한 것으로 받드는 루스벨트의 태도에 대해서는 이후 여러 비판자들이 나왔거니와, 그들은 그렇게 새롭고도 무언가 평화적인 세계질서라는 식의 너무 고고한 윤리적 호소보다는 탄탄한 반공주의와 같이 좀더 현실적인 내용을 유엔의 도덕적 이상으로 내거는 쪽을 더 선호했을 것이다. 하지만 이는 전쟁 기간의 루스벨트로서는 선택할 수 있는 바가 아니었다. 당시로서는 아직 소련과의 군사적·외교적 동맹 유지가 전쟁 승리에 필수적인 것이었으니까.

루스벨트 정부는 그 과제를 해결하려 노력하는 가운데 아주 근본적인 지혜를 하나 얻게 된다. 국제제도란 두 개의 근본적으로 상이한 방향을 동시에 지향하면서도 건설하는 것이 가능하다는 것이 그것이었다. 국제제도는 미국

---

7) Dallek, *Roosevelt and American Foreign Policy*, pp. 482~83.

내에서나 국제적으로나 대중 정치를 상대하는 얼굴 하나를 가질 수가 있었으니, 이는 더 나은 세계의 약속을 제시하면서 사람들의 윤리적인 심성과 상상력을 자극하는 그러한 면모를 띠게 될 것이다. 하지만 동시에 이 조직의 내부를 향한 반대쪽 얼굴은 전혀 다르고, 사실상 정반대의 방법을 택하여 패권국의 권력 정치를 위한 틀로서 모습을 만들 수가 있는 것이었다. 더욱이—이 점이 유엔 설립에서 성공의 열쇠였다—이 두 개의 얼굴이 서로 긴장을 일으키는 것도 아니었다. 이 제도가 둘러쓴 도덕적인 가면은 그 가면 아래의 얼굴 생김새를 감추어주고 또 강화해줄 것이다. 루스벨트의 유엔 계획은 강대국 간의 정치라는 국제정치의 현실에서 도피하기는커녕, 그것과 정면으로 대결하여 오히려 그러한 정치 행태를 적극적으로 추구하자는 루스벨트 자신의 독특한 방식의 산물이었던 것이다.

강대국으로 구성되는 상임이사회를 놓고 벌어진 진통

애초부터 루스벨트가 하고자 마음먹은 바는 한 줌의 강대국들이 좌우하는 숨 막힐 정도의 독재체제를 구성해놓고, 거기에다가 윌슨주의의 향기가 가득한 유엔이라는 깃발을 덧씌우는 것이었다. 특히 주도권이 이 강대국들에게 주어져야 한다는 점에서 루스벨트는 아주 단호하였다. 새로 만들어질 조직에서 총회에 참가하는 보통 회원국들은 별다른 권력을 가져서는 안 되는 것이었으니, 이는 국제연맹의 규칙과는 날카로운 단절이라고 할 수 있다. 심지어 강대국들과 여타 회원국들을 결합한 '집행위원회'(executive committee)조차 대충 무력한 존재로 만드는 것이 루스벨트의 계획이었다. 모든 집행 권력은 소수의 상임이사국들의 손아귀에 집중되어야 하는 것이었다. 루스벨트가 중요하게 고민했던 문제는, 이 소수 강대국의 이사회를 어떻게 하면 미국이 확실하게 지배할 수 있도록 할 것인가 하는 점이었다.

이 문제에서 루스벨트는 처칠과 스탈린 모두와 문제에 부닥치게 된다. 여러 면에서 볼 때 이 새로운 구조를 놓고 루스벨트와 충돌을 일으킨 것은 스탈린보다는 처칠 쪽이 더 심했다. 애초에 루스벨트가 마음속에 두었던 전후 질서의 상임이사회 모습은 미국·영국·소련의 세 나라로 구성되는 삼각체제였으니, 즉 힐더브랜드가 건조하게 부른 바로 비스마르크 시절의 삼제동맹(Dreikaiserbund)을 현대판으로 만든 것이라 볼 수 있었다.* 이러한 생각이 테헤란에서 제시되었을 때, 특히 스탈린은 이를 군침을 삼키며 받아들였다. 하지만 전쟁의 승리가 다가오게 되자 루스벨트는 지구 상의 모든 민족들을 공동의 의회로 모으자는 고상한 목표에 대한 이야기를 점점 더 많이 하게 된다. 그런데 이러한 목표에 대해서 스탈린은 별로 열정이 없었다. 그가 우선순위를 둔 목표들이란 본질적으로 지역적인 것이며 실제적인 것들이었으니, 전쟁의 결말은 반드시 소비에트 러시아에 대한 확실한 지정학적 안전을 보장할 장치를 제공해야 한다는 것이었다. 그래서 스탈린은 이제 그가 처음에 이해했던 바에서 그의 파트너인 루스벨트가 점점 멀어지고 있는 것이 아니냐는 두려움을 품을 만한 상황이었다. 그럴 법도 한 것이, 유엔의 설계가 덤바턴오크스에서 철저하게 꼴을 갖추고 있을 무렵에는 힐더브랜드의 말대로 "미국인들이 지역주의(regionalism)를 버리고 보편주의적 접근(universalistic approach)을 향해 가고 있었다. 크레믈린이 원래 기대했던 바는 지역주의 원칙을 관철해서 소련이 주변 인접국들에 대한 권력을 얻게 되는 것이었는데, 이렇게 보편주의 원칙이 채택될 경우엔 오히려 서방이 소련의 영향권에 개입할 수 있는 길이 열리게 될 것이었다."[8]

---

* 프러시아(독일)·오스트리아·러시아는 모두 제국체제를 가진 나라들로서, 19세기 후반에 들어 혁명과 민주주의 운동에 맞서서 19세기 전반의 신성동맹(Holly Alliance)과 같은 모종의 동맹을 맺을 필요를 느꼈다. 독일의 비스마르크는 이에 특히 문제가 많았던 발칸 반도 지역을 놓고 세 나라가 일종의 공동 외교 행동을 할 수 있는 틀로서 이러한 삼제동맹을 형성한 바 있었다.

8) Hilderbrand, *Dumbarton Oaks*, p. 215.

이러한 변화를 감지한 스탈린은 이 새로운 지구적 조직의 설계가 혹시라도 여러 나라들을 소련과 맞서도록 줄 세우는 장치로 쓰이지 않도록 보장하는 작업에 착수하였다. 모스크바의 입장에서 볼 때 이러한 보호 장치를 확보하는 데에는 여러 어려움이 있음이 분명하였다. 이 새로운 국제조직의 회원국들을 보게 되면, 우선 군대처럼 일사불란하게 미국의 통제로 움직일 서반구의 나라들이 한 무더기가 있을 것이며, 또 영국이 통제하는 대영제국의 국가들이 한 무더기가 있을 것이다. 따라서 소련으로서는 모든 위원회와 모든 기구에서 고립당하기 십상이었다. 그래서 스탈린이 내놓은 최초의 대응은 소련을 구성하는 여러 공화국들이 모두 따로따로 회원국이 될 수 있도록 해달라는 것이었다.

　이러한 요구를 받고서 워싱턴은 경악에 빠졌다. 루스벨트 행정부는 미국 내의 여론이 이러한 요구를 결코 용납하지 않을 것이라는 점을 잘 알고 있었기 때문이다. 하지만 루스벨트는 어차피 원래부터 어떤 회원국도 중대한 권력을 갖게 할 생각이 없었기에 그다지 큰 쟁점이 되지는 않았다. 그래서 그는 딱 두 개의 예외 국가들 — 우크라이나와 벨로루시 — 에게만 총회 참석의 자격을 주는 선에서 만족하도록 스탈린을 설득할 수 있었다. 그리고 얄타 회담에서 미국과 영국은 이러한 양보를 원칙적 — 물론 이 문제의 실질적 결정은 샌프란시스코 회의에서 이루어져야 한다는 것을 두 나라 모두 주장하였다 — 으로 승인하였다. 그보다 좀더 풀기 어려웠던 스탈린의 요구는, 새로 만들어질 유엔에서 다루어지는 사안의 내용이나 절차 등 모든 문제들에 걸쳐 강대국들이 광범위한 거부권을 가져야 한다는 것이었다. 이에 대해 미국은 저항하였다. 혹시 그 강대국들 중 다른 나라와 분쟁 중인 나라가 있다면 그 분쟁 중인 사안에 대해서는 투표권을 가져서는 안 되며, 또 거부권이란 정책으로 제한되어야지 절차상의 문제들에까지 확장되어서는 안 된다는 것이 미국의 주장이었다.

지역권을 인정할 것인가 중앙화할 것인가

영국 또한 비슷한 문제를 제기하였다. 코델 헐에 의하면, 처칠은 유엔이 미주위원회(Council of Americas), 유럽위원회(Council of Europe), 동아시아위원회(Council of East Asia)의 세 개로 구성된 지역적 구조를 가질 것을 원하였고, 그를 통해 남아시아·중동·아프리카(즉 대영제국 영토의 대부분)를 유엔의 규제 바깥에 두는 환상적인 상태를 요구했다고 한다.[9] 이러한 구상에 대해 루스벨트도 매력을 느꼈다. 이대로 된다면 워싱턴은 중남미를 확실하게 장악하면서도 유럽이나 동아시아의 문제에서 미국이 배제되는 일도 없을 것이며, 그러면서도 독일에 미국의 권력을 확실하게 심어놓을 수 있으며 또 유엔 신탁통치의 껍질을 쓰고서 지중해·서아프리카·인도차이나·한국·대만 등에 발판을 마련할 수도 있을 테니까. 지역주의적 구상은 이렇게 미국의 필요를 충족시켜주는 가운데, 대영제국의 영토를 보전할 수 있는 최상의 보호를 제공하며 동시에 유럽에서 영국의 지도력까지 보장할 수 있다는 것이 처칠의 계산이었던 것이다.

만약 루스벨트가 유라시아의 양쪽 끝에서 균형을 맞추는 전후 전략을 선택했더라면, 처칠의 계획도 매력적이었을 것이다. 그렇게 느슨한 지역주의적인 장치를 둔다면 미국은 유럽이나 극동에서의 지역 분쟁보다 '높은 곳에 자리를 잡은' 자신의 기지에 앉아서 양쪽 어디에든 적대적인 동맹이 형성되지 못하도록 필요할 때마다 개입할 수 있게 되었을 테니까. 하지만 루스벨트는 잠시 망설인 뒤 처칠의 계획을 거부하고 대신 전 지구를 관장하는 단일의 강대국 상임이사회라는 집중화된 구조를 선택하였다. 그의 국무장관 헐은 자유무역 질서라는 생각에 집착하고 있었기에 (세계의 여러 시장들을 미국의 산업에 개

---

9) *Memoirs of Cordell Hull*, New York 1948, vol. II, p. 1640.

방할 수 있도록) 그의 세계질서 구상은 상당히 협소할 정도로 무역 문제에만 중심을 두고 있었고, 그러기에 그러한 종류의 전 세계적 자유무역 질서를 방해할 모든 종류의 지역주의적 '영향권들'(spheres of influence)을 깨끗이 일소하기로 마음먹고 있었던 것이다. 파스볼스키 또한 그러한 여러 블록 형성의 위험을 논하면서 ― 그의 상관인 루스벨트에게 감히 일본인들도 자신들의 대동아 공영권을 아시아의 먼로 선언으로 묘사하지 않았느냐고 상기시키는 무례를 무릅쓰고 ― "우리가 특권을 요구한다면 다른 모든 나라들도 그럴 것"이며, 그렇게 되면 "소비에트도 스스로의 국가 합동체(combines)"를 만들겠다고 나설 것이며 이러한 사태는 반드시 막아야 한다고까지 주장하였다.[10] 루스벨트도 이러한 생각에 공감하고 있었으며 또 헐이 전하고 있는 목소리가 의회에서 강력한 힘을 가진 세력들의 목소리라는 사실도 알고 있었다. 결국 미국의 이익에 가장 잘 복무하도록 만들 수 있는 것은 집중화된 구조라는 것이 루스벨트의 계산이었다.

이러한 단일의 지구적 상임이사회 내부에서 미국의 지배력을 보장하기 위한 그의 핵심적인 수가 바로 중국이라는 카드였다. 세계질서를 유지하는 것은 셋이 아닌 "네 명의 경찰관"(Four Policemen)이 될 것이라고 그는 설명했다. 물론 이렇게 모자에서 토끼를 꺼내는 마술사 같은 재주를 부리기 전에, 그는 이미 절망적으로 타락하고 부패한 장제스(蔣介石)의 정권 ― 이 당시에는 충칭에 웅크린 잔당의 수준으로 전락해 있었다 ― 이 미국의 믿을 수 있는 고객으로서 이 게임을 하도록 보장해놓은 상태였다. 이렇게 되면 네 표 가운데 두 개가 미국의 것이 될 것이었다. 또 영국의 경우에도 런던이 전쟁이 끝난 뒤에 오랫동안 미국의 군사적·금융적 권력에 결정적으로 의존할 수밖에 없다는 것도 명확하였다. 그렇게 되면 워싱턴이 결정적으로 중요하다고 생각하는 모든 사안들에서는 두 표가 아닌 세 표를 확보하게 될 것이었다. 그렇다면 소

---

10) Hilderbrand, *Dumbarton Oaks*, p. 248.

련은 어떻게 되는가? 이 단계에서 워싱턴이 압도적으로 중요하게 생각하고 있었던 문제는 미국의 권력과 영리 활동을 자본주의 세계 전체로 확장하는 것이었다. 이것이 당시 백악관이 씨름하고 있었던 거대한 구조적 목표였으며, 소련을 통째로 집어삼킨다는 것 따위는 목표가 아니었다. 그래서 상임이사회에서 세 표를 확보하고 여기에다가 소련의 지정학적 안보의 이해에 대한 존중만 덧붙인다면 아주 현실성 있는 공식으로 보일 수밖에 없었다.

하지만 처칠은 1942년 10월 이러한 루스벨트의 계획을 알게 되자, 충격과 분노를 금할 수 없었다. 그는 "미국과 미국의 거수기 투표자 중국"(the United States with her faggot-vote China)이라는 말을 반복해서 떠들었고, 중국이라는 꼼수와 집중화된 유엔의 구상과 대영제국에 대한 미국의 계획 등이 서로 어떻게 연결되어 있는지를 쉽게 간파하였다. 루스벨트가 3대 강국의 뒤에 살짝 붙이려 드는 이 '돼지 꼬리'(pig-tails)*는 "영국의 해외 제국을 해체하려고 미국이 시도할 때마다 그편에 붙는 거수기 투표자(faggot-vote)가 될 것"이라는 것이었다.[11] 앤서니 이든(Anthony Eden)은 루스벨트에게 중국이 "전쟁 후에는 혁명을 겪게 될지도 모른다"고 경고하여 방향을 바꾸고자 했다.[12] 루스벨트가 꿈쩍도 않는 것을 보고 처칠도 전혀 상임이사회에 들어올 형편이 되지 못했던 프랑스 — 드골에 대한 그의 악감정을 감안해보라 — 를 자신의 거

---

* 이 말은 청나라 시대 중국인들의 변발(辮髮)을 비하하여 부르는 말이었다.

11) Gabriel Kolko, *The Politics of War. The World and United States Foreign Policy, 1943~1945*, New York 1968, pp. 266~67. 이 'faggot'이라는 처칠의 용어에는 동성애 혐오적인 의미는 없다〔이 말은 원래 막대를 묶은 다발이라는 뜻이지만, 특히 영국 영어에서 남성 동성애자들을 비하하여 부르는 용어로 쓰인다 — 옮긴이〕. 이 말은 원래 징병에서 결원이 발생할 때에 그것을 메우기 위해 일시적으로 고용된 사람을 부르는 말이었는데, 19세기 초반경에는 특정 정당이 자기들에게 유리하도록 우르르 양산한 투표권자들 다발(막대 묶은 다발처럼)을 의미하는 말로 바뀌었다. 그 방법은 하나의 보유 재산을 수많은 명목상의 소유자들에게 쪼개서 합법적으로 투표권을 가질 만큼 재산이 없는 이들에게 이양하는 것이었다. 처칠이 젊었던 시절까지도(1887) 『타임스』(*The Times*)는 '거수기 투표 문제'(The Question of Faggot-voting)에 대한 기사들을 쓰고 있었다.

12) Dallek, *Roosevelt and American Foreign Policy*, pp. 389~90.

수기로 끌어들임으로써 이 '거수기 투표'에 대한 오랜 싸움을 시작하였다. 인도차이나·튀니지·세네갈 등지에서 획책되고 있던 미국의 계획을 견제하기 위해서 처칠은 전쟁이 끝나면 이 지역에서 프랑스 제국의 재건을 보기로 결심했던 것이다.

　루스벨트는 강력하게 저항하였고, 1944년 유럽 상륙 작전(D-Day) 이후에도 오래도록 비시 정부와 외교적 관계를 유지하였으며, 조지타운의 덤바턴오크스에서 유엔의 구조를 놓고 '4대 강국'이 협상을 벌이던 1944년 9월이 되도록 프랑스에서의 드골 정부를 인정하기를 여전히 거부하고 있었다. 이 덤바턴오크스의 회의는 중국 정부가 아직도 독일에 선전포고를 하지 않았다는 이유로 러시아인들이 퇴장해버리는 바람에 다시 두 개의 회의로 갈라져야 했다. 루스벨트가 결국 비시 정부를 버리고 드골 정부를 인정하였을 때조차도 워싱턴은 프랑스를 5대 강국의 하나로 완전히 인정하는 것을 질질 끌었다. 드골은 처칠의 후견을 믿을 이유도 없었고, 또 얄타 회담에서 자리를 얻지도 못하였다. 심지어 샌프란시스코 회의에서도 드골은 워싱턴이 그를 대하는 태도 때문에 덤바턴오크스 회의에서 반란을 주도하고 안전보장이사회의 상임이사국 지위조차 거부할 지경이었다. 하지만 샌프란시스코 회의에서 프랑스인들은 분을 삭이고 5대 강국에 합류하였고, 미국인들도 프랑스 제국을 조금씩 뜯어내어 미국의 기지를 두는 장소로 쓴다는 애초의 계획을 포기하지 않을 수 없었다.

루스벨트가 구상한 모델

　이렇게 유엔의 논의 과정에서 불만에 가득 찬 권력투쟁의 소리가 으르렁거리며 일어나고 있었다. 그렇지만 루스벨트는 죽기 전 몇 달 몇 주간의 시간을 유엔의 계획에 모조리 바쳤다. 이러한 그의 열정에 힘입어 미국 국내에서

나 국제적으로나 유엔을 건설하자는 동력이 생겨나서 그가 죽은 뒤 몇 개월 만에 샌프란시스코 회의를 통해 새로운 조직이 탄생하였다. 그것은 본질적인 여러 사항들에서 루스벨트와 그의 협력자들이 구상했던 모습 그대로를 담고 있었다. 이는 제도적 공학이라는 면에서 볼 때 실로 천재적인 작품이었다. 이 유엔 계획은 애초부터 국제연맹에서 물려받은 두 개의 깃발을 가지고 있었다. 첫째는 전 세계적인 지평을 담고자 하는 시도였다. 사실 이는 샌프란시스코 회의 때까지만 해도 하나의 약속에 불과하였다. 왜냐하면 추축국의 강대국들은 모두 배제되어 있었고 또 유럽의 여러 제국들도 아직 부수어지지 않은 상태였기 때문이다. 하지만 시간이 지나면서 독일과 일본의 전후 재건, 그리고 아시아와 아프리카의 탈식민화가 진행되면서 유엔은 그 전의 국제연맹을 오히려 능가하는 지위와 규모를 가지게끔 되었다. 그리고 그 두 번째 깃발은 군사적 갈등의 해결과 평화라는 목적에 대한 각오를 새롭게 가다듬자는 것이었다. 유엔 헌장에는 물론 이 밖에도 많은 선언적인 수사가 있고 또 그 이후로 전문영역을 다루는 수많은 유엔 기구들이 출현하게 되지만, 그때나 지금이나 그 주요한 상징은 이 두 개의 깃발이다.

유엔을 정초한 이 회의에서 가장 두드러졌던 것은 이 두 번째의 깃발이었다. 첫 번째 깃발의 경우는 앞에서 말했듯이 아직 정치적 조건이라는 변수가 붙어 있었기 때문이었다. 독일과 일본은 말할 것도 없이 그들과 동맹관계를 유지한 나라들은 물론이고 심지어 중립국이라 할지라도 추축국을 지지했던 나라들은 이 회의에 참가하는 것이 허락되지 않았던 것이다. 유엔의 의장(意匠)은 지구를 화환이 둘러싸고 있는 문양이거니와, 슐레진저는 독일과 친교를 맺고 있었다는 이유로 아르헨티나가 이 그림에 보이지 않도록 그 의장이 주의 깊게 디자인되었던 과정을 설명하고 있다. 트루먼 정부는 어떻게 해서든 아르헨티나를 끌어들이겠다는 굳은 결의를 갖고 있었지만 미국 언론의 다수는 이를 마키아벨리즘이라면서 백악관을 비판하였고, 덕분에 뱌체슬라프 몰로토프는 샌프란시스코 회의에서 가만히 앉은 채로 이념 공세의 효과를 거둘 수 있었다. 하지만 유엔의 세계주의를 연합국 동맹과 의도적으로 연계시키는 일은 그 후로도 유엔의 특징으로 남게 되는데, 이는 무엇보다도 일본과 독일을 배제한 채로 선정된 5대 강국의 구성에서 가장 명백하게 드러나고 있는 바이다.

하지만 이와 동시에 샌프란시스코 회의는 또 모든 나라를 평등한 주권체로 인정한다는 원리를 천명하였고 또 잠재적으로 모든 나라들이 가입할 수 있는 개방성을 지니고 있었기에, 언젠가는 전 세계 모든 민족들의 대표를 그 안에 모으게 될 것이라는 매력 있는 메시지를 담고 있기도 했다. 이로 인해 유엔은 대중들의 눈에 독특한 종류의 아우라(aura)를 걸치게 되었으니, 이는 사회적 정의의 아우라나 정치적 민주주의의 아우라 같은 것이 아니라 지구라는 행성 전체를 포괄한다는 실로 단순 명쾌한 아우라였다. 세계 정부의 문제는 결코 나오지 않았다. 그런 것을 얻고자 하는 시도에 대해서 루스벨트 정부는 그 맹아 같은 것조차 강력하게 반대하는 태도를 항상 견지했었기 때문이다. 하지만 유엔은 모든 민족 집단을 포괄하도록 넓은 폭을 가지고 있기에 오늘날까지도 비록 모호하기는 해도 힘 있는 권위의 풍모를 항상 지닐 수 있었던 것이다. 이렇게 되면 세계 거의 어느 곳이든 무장 갈등이 벌어지려 한다든가 아니면 이미 현실적으로 벌어진 상태인 지역이 생기게 되면, 유엔은 외교의 집중점으로서 역할을 맡도록 항상 강화될 수밖에 없게 된다. 오늘날까지도 갈등의 쌍방 우두머리들의 한쪽 혹은 양쪽 모두가 유엔을 자신들의 주장에 대한 지지를 얻기 위한 발판으로 활용하고자 일관되게 노력하고 있다. 또 이와 마찬가지로 미국도 유엔을 자신에게 그다지 절실한 전략적 이해가 없어 보이는 갈등을 관리하거나 억제하는 책임을 떠넘길 기관으로서 아주 일관되게 활용해왔다.

유엔이 이러한 규범적인 약속들을 내놓기는 했지만, 루스벨트가 마련한 꾸러미에는 또 동시에 미국이 자신의 지구적 전략을 추구하는 데 유엔이 결코 장애가 될 수 없도록 보장하기 위한 장치들도 들어 있었다. 유엔은 세계주의의 이상을 내걸고는 있었지만, 유엔 총회에는 의미 있는 정책 생성의 권력을 일절 부여하지 않아 그것을 알맹이 없는 빈껍데기로 만들어버렸던 것이다. 의사 결정의 권한은 안전보장이사회에 집중되었으니, 여러 나라들의 의사를 대표하는 데서 적나라한 폭력이라는 것 이외에 어떤 다른 원리도 작동하고 있다는 주장을 조금도 찾아볼 수 없는 것이다. 이렇게 범위가 넓은 유엔 총회, 그리고 누구에게도 석명(釋明)의 책임을 지지 않는 과두제인 안전보장이사회 사이에는 이토록 근본적인 단절이 있었으니, 이 중 어느 쪽을 중요시할 것이냐는 문제가 루스벨트 행정부 내에서 실로 끊임없는 논쟁의 주제였다. 루스벨트는 본능적으로 이 권력 정치 쪽의 극단에 서게 되었고, 별로 숨기거나 치장하거나 할 것도 없이 그냥 4개의 경찰국가들에게 완전한 절대 명령권을 부여해버리자는 입장을 보였다. 여기에 덧붙여 또 하나의 미국의 부하로서 브라질을 첨가하자는 생각을 하기도 했지만, 그의 부하들이 말리는 바람에 그만두었다. 그 대신 그는 6개의 다른 국가들을 집어넣자는 제안에 설득당하기도 했다. 이 6개 나라는 순서에 따라 유엔 총회의 전체 차원으로 선출되며 (웰스가 강력히 주장한 지역적 차원이 아니라) 안전보장이사회 자리에 앉게 되지만, 본질적으로는 루스벨트가 뽑은 지구 경찰 4인방의 자의적 대권을 미화하는 눈속임일 뿐이었다. 그 4대 강국이 행사할 수 있는 전 방위적인 거부권이라는 것은 그 선출된 이사국들을 무력화하고 그 어떤 대의적(representative) 원칙도 공허한 것으로 만들어버리고도 남는 것이었다.

유엔 출산 작전

1945년 4월 샌프란시스코에는 덤바턴오크스에서 미국이 궁리해내고 이후 몇 달 동안 워싱턴이 다듬어놓은 유엔의 큰 그림에 최후의 손질을 가하기 위해 46개국의 대표들이 모이는 회의가 열리게 되었던바, 그 전까지의 상황은 대략 위에서 말한 것과 같았다. 루스벨트는 그 2주일 전에 타계하였다. 트루먼은 별로 내키지 않는 선택이었지만 루스벨트의 마지막 국무장관이었던 에드워드 스테티니어스(Edward Stettinius) — 철강회사 유에스스틸(US Steel)의 전직 회장이었다 — 를 파견하여 회의 진행을 총괄하도록 하였다. 슐레진저의 책을 보면 이 상황을 미국이 완벽하게 통제하고 있었던 것을 그림처럼 보여주는 설명이 나온다. 전체 회의의 무대가 펼쳐지는 곳은 참으로 적절하게도 샌프란시스코 오페라 하우스였으니, 여기에서 각국 대표들은 마치 브로드웨이 뮤지컬의 구경꾼들처럼 객석에 앉게 되어 있었다. 이 자리를 위해서 강당 자체가 이미 새로운 디자인으로 변형되어 네 개의 황금 기둥은 올리브 가지로 함께 묶여 있었고 막대에 높이 걸린 깃발들이 반원을 이루고 있었으며, '미관상의 효과를 위해 여러 가지 푸른색 필터를 덮은' 스물네 개의 스포트라이트가 비추고 있었다. 여기에 무대 뒤에 숨은 악대가 군대 음악을 연주하면서 개막식을 장식하였다. 여러 특별위원회 위원들은 그 옆의 재향군인 건물(Veteran's Building)에서 이보다 지루한 여러 회의에 출석해야 했다. 이러한 그림이 수동성과 무능력을 암시하는 판짜기의 모습을 보여주는 것이라 한다면, 페어몬트 호텔(Fairmont Hotel) 옥상에 있었던 스테티니어스의 대형 호화 객실에서는 그러한 성격을 전혀 찾아볼 수 없었으니, 이곳에서는 다른 강대국 대표들이 소환되어 주최국인 미국과 회합을 하면서 실질적인 활동이 벌어지고 있었던 것이다.

그러는 한편, 여기에서 몇 마일 떨어진 옛 스페인 요새의 군부대에서는 미국의 군 정보기관이 각국 대표가 본국과 주고받는 암호화된 교신을 체계적으로 가로채고 있었고 그 내용은 모두 해독되어 스테티니어스의 아침 식사 테이블에 고스란히 올라왔다. 그리고 미국연방수사국(FBI) 또한 도시에서 벌어지는 각국 대표들의 동태는 물론, 반(反)식민주의적인 로비 활동이나 여타 샌프란시스코 회의 주변에서 벌어지는 전복적 성격을 띤 집단 회합의 동태를 모조리 추적하고 있었다. 오늘날까지도 이렇게 해서 캐낸 내용들의 대부분은 문서에서 검은 잉크로 칠해져 비밀로 남아 있다.[13] 이렇게 외국 대표들(그리고 심지어 일부 미국 대표들까지)에 대한 총체적인 감시 활동이 벌어지는 가운데, 다른 한편으로는 미국의 부유함과 화려한 매력으로 각국 대표들의 혼을 쏙 빼놓는 일들도 함께 진행되었다. 샌프란시스코 회의보다 훨씬 더 선별적으로 구성되어 있었던 덤바턴오크스의 회합 당시에도 이미 스테티니어스는 영국과 소비에트의 협상자들을 몰래 맨해튼의 환락가(다이아몬드 호스슈Diamond Horseshoe 나이트클럽의 심야 쇼, 라디오 시티Radio City의 캐서린 햅번,* 넬슨 록펠러 Nelson Rockefeller와의 칵테일)와 버지니아의 장중한 저택들(어떤 영국 대표의 표현을 빌리면 테라스에서 박하술을 마시는 가운데 스테티니어스는 경치의 아름다움을 "마치 그것이 자기 소유일 뿐만 아니라 자기가 그린 것이거나 한 것처럼" 신이 나서 떠들어댔다고 한다[14])로 데리고 다녔던 것이다. 샌프란시스코에서는 특별 유엔 상영 극장에서 할리우드 영화들을 매일 무료로 틀어댔으며, 비행선을 타고서 해안만(Bay Area) 상공을 돌아본다든지 해안경비대의 경비정을 타고 바다로 나간다든지 스카치위스키, 버번위스키, 샴페인, 럼, 브랜디, 담배 등의 특별 위탁 판매를 벌인다든지 또 그 밖에도 이와 비슷한 효과의 무수한 환영 행사들이 줄줄이 이어져 각국 대표들의 눈을 어질어질하게 만들었다.

이렇게 사람의 눈을 어지럽게 만드는 행사들이 융단 폭격으로 퍼부어지는 가운데, 샌프란시스코 회의의 논의는 결국 두 개의 주요 쟁점으로 귀착되었

---

13) 샌프란시스코에서의 도청 및 암호 해독 작전의 책임을 맡은 군인은 자신의 성취감을 이렇게 표현하고 있다. "마침내 일의 양이 줄어들기 시작했고, 하루 24시간 돌아가던 업무 시간도 짧아졌다. 우리 지부에서 공유되는 느낌은 샌프란시스코 회의의 성공은 상당 부분 자신들이 기여한 바에 빚을 지고 있다는 것이었다." Schlesinger, *Act of Creation*, p. 331.

* 라디오 시티는 뉴욕의 유명한 음악회장. 이곳에서 캐서린 햅번과 스펜서 트레이시는 뮤지컬 스타로서 큰 성가를 올렸다.

14) 그리고 나서 "이 기마 행렬은 스테티니어스의 집인 호스슈에 도착하여 뷔페 저녁을 먹었고, 그 다음엔 흑인 사중창단의 흑인 영가를 여흥으로 즐겼다." Hilderbrand, *Dumbarton Oaks*, pp. 82~83.

다. 첫째는 소련의 문제였다. 그 회의를 통해 생겨나게 될 구조란 기실 루스벨트가 구상한 대로 미국의 지구적 권력이 오롯이 안착되는 것으로 고안된 것이었으니, 여기에서 소련이 어떤 위치를 점해야 할 것인가가 문제 되지 않을 수 없었던 것이다. 몰로토프와 안드레이 그로미코(Andrei Gromyko)가 가져온 서류가방은 덤바턴오크스 때와 동일한 것이었다. 안전보장이사회의 상임이사국들은 안건 내용뿐만 아니라 절차 문제에 대해서도 거부권을 행사할 수 있어야 한다는 것이 이들의 주장이었다. 회의를 하다 보면 이 절차 문제가 어느새 내용 문제로 순식간에 변해버리기가 너무나 쉽기 때문이라는 것이 그로미코의 지적이었다. 외관상으로는 이 문제 때문에 트로이 전쟁을 방불케 하는 씨름이 벌어지는 것 같았고, 미국 언론들은 이 문제에 막히는 바람에 회의 전체가 실패로 돌아갈 수도 있다고 법석을 떨어댔다. 하지만 실상은 달랐다. 스탈린의 생각은 오로지 전후의 폴란드를 소련이 통제하는 것에 서방의 동의를 확보해내는 것에 집중되어 있었다. 스탈린은 이미 폴란드에 잽싸게 위성국가 체제를 수립해놓은 바 있었는데, 이것이 미국 공화당 상원의원들은 물론 미국 언론과 여론 다수의 분노를 일으킨 상태였기 때문이었다.

트루먼은 보통 루스벨트보다 더 원칙 있는 반공주의자로서 동유럽을 전체주의가 강탈하는 것에 더욱 확고하게 맞서는 노선을 견지했던 사람이라고 여겨지고 있지만, 이 경우에서는 소련과 타협하기를 주저하지 않았다. 이렇게 거부권의 범위라는 문제 때문에 일이 비비 꼬여들게 되자, 이를 일도양단으로 해결하기 위해 그는 해리 홉킨스를 모스크바로 파견하였고 다음과 같은 훈령을 보냈다. "폴란드·루마니아·불가리아·체코슬로바키아·오스트리아(원문 그대로)·유고슬라비아·라트비아·리투아니아·에스토니아, 기타 등등(또 원문 그대로)은 미국에 아무런 이해관계가 없음"을 분명히 하라는 것이었으며, 루스벨트 말고는 아무도 능가할 수 없을 만한 냉소주의로써 폴란드의 선거는 캔자스 시의 톰 펜더개스트(Tom Pendergast)나 시카고의 보스 헤이그의 선거만큼* 자유로운 선거가 될 것으로 믿는다고 덧붙이고 있었다.[15] 미주리 출신의 조그만 '영웅적' 민주당 정치가로부터 이러한 보장을 얻게 되자, 스탈린은 거부권 문제에 대한 미국 측 주장에 대해 그동안 한사코 반대해왔던 입장을 불현듯 중요한 문제가 아니라고 하면서 손짓 하나로 모두 철회해버린다. 결국 유엔을 정초하는 이 샌프란시스코 회의는 모든 주요 쟁점에서 소련이 한발 뒤로 물러서는 것으로 끝나게 된다. 미국 측 대표단의 강경론자들 — 공화당 상원의원인 아서 밴덴버그가 지휘하고 있었다 — 이 기뻐서 날뛸 만도 했다.

샌프란시스코에서 이렇게 미국이 손쉽게 승리를 얻게 된 것을 어떻게 설명할 수 있을까? 본질적으로 스탈린은 새롭게 나타나게 될 지구적 제도들의 구조 같은 문제보다는 동유럽을 자신의 통제 아래에 두는 것을 훨씬 더 중시하고 있었다. 그래서 그 후자에 대한 인정을 간절히 원하였기에 그것을 얻기 위해 전자의 문제에서는 모든 중요한 결정을 양보해버렸던 것이다. 물론 스탈린은 양심 따위와는 거리가 먼 것으로 전설적인 인물이었지만, 자신의 제국을 구축해놓은 소련 공산당이라는 추운 동굴 밖으로 나오게 되면 그도 어리숙한 촌놈 정치가에 불과했던 것이다. 히틀러에게 장난감처럼 농락당한 바 있고, 심지어 장제스 같은 자에게도 깊은 감명을 받곤 했던** 이 '대원수'(大

---

* 둘 다 1930년대 미국 정치의 보스주의(Bossism)를 대표하는 민주당 인물들. 펜더개스트는 큰 기업을 운영하면서 노동자들에게 일자리를 주고 그 힘으로 자신이 선별한 인물들을 큰 정치가로 키워냈고, 트루먼 역시 그의 후원으로 상원의원이 될 수 있었다. 프랭크 '보스' 헤이그(Frank 'Boss' Hague)도 비슷한 행태로서 '뉴저지 보스들의 대부'라고 불렸던 사람이다. 양쪽 모두 그 과정에서 엄청난 재산을 모았고, 결국 선거 과정을 타락과 정실주의의 온상으로 바꾸어버렸다는 비판을 받는다.

15) Schlesinger, *Act of Creation*, pp. 213, xvii.

**독소 불가침 조약과 코민테른의 중국 국민당 지지 노선을 말하는 듯. 스탈린은 히틀러와 독소 불가침 조약을 맺음으로서 유럽 전선을 안심해도 된다고 생각했으나 그 허를 찌른 히틀러의 폴란드 침공으로 일대 혼란을 겪었다. 또 잇따른 반혁명 공작에도 불구하고 스탈린은 중국에서의 당면 혁명이 중국 부르주아들의 반봉건 민족 혁명이라는 방침을 코민테른에서 일관되게 고수하여 중국 공산당을 외면하고 장제스의 국민당을 계속 지지하였다.

元帥: the Marshal)는 이제 루스벨트가 상대해주자 우쭐하게 된 나머지 어린 애처럼 고분고분해져서 루스벨트의 의도대로 제2차 세계대전 중의 동맹이 전쟁이 끝난 뒤에도 평화로운 권역 분할로 이어질 것이라고 믿게 된 것이다. 이러한 권역 분할에 대해 스탈린이 심각하게 골몰했던 계획이란 어떻게 하면 소련의 서쪽 경계선에 방벽을 세울 수 있을까였을 뿐이었다. 그래서 그 동쪽 경계선에 대해서는 쿠릴 열도, 미 점령군의 일본 철수와 한반도의 절반 포기 등과 같은 아주 보잘것없는 빵 부스러기 정도로 만족해버렸던 것이다. 소비에트 병사는 단 한 사람도 로마에 발을 들여놓는 것이 허락되지 않았고, 베를린은 미국이나 영국 군대가 단 한 치도 그것을 점령하지 않은 상태였음에도 연합국 합동 통제 아래로 넘어오게 되었다.* 일단 동유럽을 물리적으로 확보하고 나자—서베를린이라는 구멍이 여전히 뚫려 있었음에도 불구하고—스탈린이 얻고자 한 것은 본질적으로 영미 세력이 그것을 사실로서 즉각 인정하는 것이었고, 이를 위해서 그는 유엔의 창설과 같은 문제에 대해서는 독립적 요구 따위를 얼마든지 희생할 각오가 되어 있었다. 거부권만 가지고 있다면 유엔에서 어떤 위험한 일이 나타난다고 해도 모두 중립화할 수 있다는 믿음을 고수했던 것이다.

루스벨트 자신도 자기기만에 넘어가지 않았던 것은 아니었다. 그도 모스크바와 워싱턴의 관계가 전쟁 이후에도 비록 동등한 것은 아니라고 해도 좋게 유지될 것이라는 너무나 막연한 믿음을 가지고 있었다. 하지만 그래도 그는 비교할 수 없을 만큼 더 넓은 시야를 가지고 있었다. 미국의 권력은 지역적인 것이 아니라 전 지구적인 것이었고, 그래서 거기에 걸맞은 제도적 틀을 요구하는 것이었다. 스탈린은 루스벨트로 하여금 유엔을 창설하도록 내버려두었지만, 그렇게 해서 생겨난 유엔은 조만간 소비에트의 가장 악몽과 같은 원초적 공포를 현실화하는 것이 될 수밖에 없었다. 그 다음 반세기가 지나도록

---

* 1945년 최후의 저항을 넘어서 베를린을 실제로 점령했던 것은 소련 군대였다.

소비에트 연방이 유엔을 통해 얻어낸 구체적 이익이란 하나조차 생각하기 어렵다. 반면 힐더브랜드의 구절을 빌려 표현하자면, 유엔에서 곧 소련은 "갈수록 고립되고 취약한 처지가 되어, 진정 만국일가의 집안에서 말썽만 피우는 천덕꾸러기(black sheep of the family) 신세가 되었음을 알게 되었다."[16)]

한편, 루스벨트의 유엔 구상도 그 모습 그대로는 다음 해를 넘기지 못한다. 슐레진저의 저서가 가장 새롭게 드러내주는 사실은, 미국이 이미 샌프란시스코 회의에서 자신의 패권을 위한 정치적 틀로서 유엔을 활용하면서도 그 이상까지 뻗어나갈 수 있는 대안적인 계획을 갖고 있었다는 증후가 이미 샌프란시스코 회의에서 나타났다는 증거를 제시하는 부분이다. 애치슨의 거대 전략*의 기원에 대한 정통적 설명은 미소 관계가 점차 갈등으로 치닫게 되자, 그 결과로 나타났다는 것이다. 이러한 정통 학설의 일부는 그 긴장 고조의 책임을 소련에 돌리기도 하며 다른 쪽은 트루먼 정부에 돌리기도 한다. 하지만 애치슨이 미국의 외교정책에 가져온 전환을 바라보는 또 다른 방식이 있다. 미소 관계가 악화되기 이전에 애초부터 미국 패권이 취해야 할 형식으로 루스벨트가 내놓은 비전에 내재하고 있던 모호성을 지적하면서, 세계 평화를 위한 집단 안보 조직 대신에(이 경우엔 원리상 누구도 규칙을 어기지 않는 한 적으로 간주되지 않는다) 적과 동지라는 이분법에 근거한 양자 간 안보동맹을 더욱 강조하는 노선이 존재했었고 그것이 애치슨 거대 전략의 기원이라는 것이다.

---

16) Hilderbrand, *Dumbarton Oaks*, p. 254.

* 냉전 시기 미국의 세계 전략의 기조가 된 유라시아에서 공산주의 진영의 '봉쇄'(containment)를 말한다. 애치슨은 우리에게는 한반도를 미군의 최종 방위선에서 제외하여 한국전쟁의 한 원인이 되었다는 논란에 휩싸인 이른바 '애치슨 라인'으로 알려져 있지만, 국무차관으로 봉직하면서 기실 조지 케넌(George Kennan)이 입안한 봉쇄 전략을 일관된 정책으로 옮겼던 주역은 애치슨이었다. 1947년 그리스와 터키의 공산화 위협에 대해 미국이 개입할 것을 주장한 소위 트루먼 독트린, 그 이후의 마셜 플랜, 심지어 NATO의 창설과 미국의 군사동맹 등이 모두 그가 주도하여 일구어낸 것들이었다.

록펠러의 역할

여기에는 이러한 정황이 있다. 루스벨트 정부 전체는 전쟁을 치르는 일, 그리고 집단 안보 기구를 통해 미국 지배의 기초를 준비하는 일에 몰두하고 있었지만, 넬슨 록펠러의 지휘 아래 남미 지역을 관장하던 부문은 그 두 가지 과업 어느 쪽에도 들어가 있지 않았다. 남미 지역에는 싸울 만한 전쟁도 없었고, 또 록펠러 스스로가 달라붙어 건설한 조직은 적과 동지의 이분법에 기초한 패권적인 안보동맹의 조직이었다. 록펠러는 1940년 이래 미국 행정부에서 미주협력조정관(Co-ordinator of Inter-American affairs) 자리를 맡고 있었는데, 여기에서 그가 노렸던 주요한 목표 가운데 하나는 그의 공식 비망록에서 스스로 말하고 있는 것처럼 "남미가 원자재 판매 시장으로, 또 공산품 수입처로 유럽에 의존하는 정도를 줄이는 것"이었고, 그 방법은 이 지역의 영국 자산들을 취득하는 것에 적지 않게 의지하고 있었다. 또 다른 공식 비망록에 나오는 것처럼, 남미의 "영국 자산에는 훌륭한 것들이" 있으니 "이것들을 지금 즉시 취하는 것이 좋을 것"이라는 것이었다. 물론 개중에는 "쓰레기들도 많으니, 이것들은 영국인들이 계속 가지고 있도록 내버려두면 될 것"이었다.[17] 이러한 목적에서 록펠러는 모든 남미 국가들마다 그에 해당하는 협력위원회를 건설하였다. 한 선임 미국 외교관이 록펠러의 상관인 남미 담당 국무차관에게 보낸 편지에 나오는 것처럼, 이 협력위원회들이란 "가장 큰 대기업의 사업가들로 구성" 되어 있었으니, 이 중에는 스탠더드석유회사(Standard Oil), 구겐하임(Guggenheim), 제너럴일렉트릭, 유나이티드 프루트사(United Fruit) 등도 있었다. "이들은 우리의 세계정책이 어떠해야 하는지에 대해 아주 명확한 생각을 가지고 있었으며, 일반적으로 그들의 생각은 가장 반동적인 것들

---

17) Peter Collier and David Horowitz, *The Rockefellers, An American Dynasty*, New York 1976, p. 230.

이었다."[18)]

이러한 작업에서 록펠러가 이렇게 성공을 거두었으므로, 1944년 11월에는 남미 담당 국무차관보로 승진할 수 있었다. 1945년 초 그는 멕시코시티의 차풀테펙에서 미대륙회의(Inter-American conference)를 조직하여 군사안보동맹을 통해 이 지역에서 미국의 지배력을 공식화하였다. 형식적으로 보자면 차풀테펙 협정(Chapultepec Pact)은 미국에게 이 지역의 여러 나라들을 외부의 공격으로부터 수호하는 책임을 위임하는 것이었지만, 현실적인 목적은 미국이 각국의 친미 정권들을 국내의 반란으로부터 지켜주고 그 대가로 미국은 이 협정에 가입한 다양한 나라들의 자원을 무엇이든 원하는 대로 얻는다는 것이었다.

하지만 차풀테펙에서 록펠러의 활동은 미 국무부의 국제 분과에서 격렬한 반대를 불러일으켰다. 그것은 모든 국제 분쟁을 유엔이 취급해야 한다는 덤바턴오크스의 원칙과 모순되기 때문이었다. 또 록펠러의 활동에는 더 심한 문제가 있었으니, 이는 그가 다양한 남미 국가에서 지원하고 육성해놓은 정치 세력들이 어떤 종자들이었는가의 문제였다. 미 국무부 남미조사국(Bureau of Latin American Research)의 우두머리였던 니콜로 투치(Niccolo Tucci)는 "우리 국(局)의 임무는 남미에서 나치와 이탈리아 파시스트의 선전을 무력화하는 것이건만, 록펠러는 최악의 파시스트와 나치들을 워싱턴으로 초청하고 있다"고 밝히면서 사임하게 된다.[19)]

하지만 록펠러는 결국 차풀테펙 문제에서 승리를 거두게 되었고, 샌프란시스코 회의의 미국 대표단에 포함되지도 않았는데 회의에 출현하여 그 회의의 가장 힘 있는 인사의 하나가 된다. 그 이유는 간단하다. 이 회의에서 결정적인 비중을 가지고 있는 것은 남미 대표들의 투표였는데, 이들이 충성을 바치

---

18) *The Rockefellers*, p. 233.
19) *The Rockefellers*, p. 236.

는 대상은 록펠러였지 그의 형식적 상관이자 미국 대표단의 장(長)이었던 스테티니어스가 아니었기 때문이었다. 록펠러는 남미 블록의 모든 필요를 해결해주었다. 미국 해군에 명령하여 세탁물까지 해결해주었고, 회의의 여러 사안들에 대해 공동 전선을 펼칠 수 있도록 정기적으로 막후 작전회의(caucus)를 했다. 게다가 FBI와도 그의 상관 국무장관보다 오히려 훨씬 더 친밀하였다. 그는 회의에 파견된 FBI의 최고 요원에게 명령하여 스테티니어스에게 올라가는 모든 FBI 보고서들을 자신을 통해 전달하도록 하였다. FBI는 따르지 않을 도리가 없었고, 결국 모든 자료를 샌프란시스코 회의에서 아무런 공식적 역할도 맡지 않은 록펠러에게 넘겼다. 스테티니어스는 이러한 연관관계를 전혀 알지 못하였다.[20]

처음으로 문제가 터진 것은 아르헨티나였으니, 그 정부는 노골적으로 파시즘을 지지하고 있었다. 록펠러가 이끄는 남미 국가들의 막후 작전회의는 아르헨티나가 유엔에 참여할 수 있도록 허용해야 한다고 주장하였다. 나아가 아르헨티나가 참가하지 못하게 되면 남미 국가들도 아예 우크라이나와 벨로루시의 참가를 저지함으로써 소련과 공공연한 대규모의 결별을 이끌 것이라고 협박하였다. 스테티니어스도 동의하지 않을 수 없는 처지가 되었다. 그 다음으로 유엔의 핵심 원칙들과 관련하여 훨씬 더 심각한 문제가 되었던 것은, 워싱턴의 공식 입장이 강대국들이 자기 영향력이 관철되는 지역 권역을 움켜쥐는 것을 종식시키고 단일의 집중화된 세계 기구로 모이자는 것이었음에도 불구하고 샌프란시스코 회의가 차풀테펙 협정을 인정할 것을 보장하도록 하려는 록펠러의 움직임이었다.

스테티니어스는 이 문제에 대한 록펠러의 간섭에 싸움으로 맞섰고, 그 결과 샌프란시스코 회의의 미국 대표단 내부에서 가장 심각한 내부 분쟁이 벌어지게 되었다. 록펠러는 영리하게도 강경파의 수뇌인 밴덴버그 공화당 상원

---

20) Schlesinger, *Act of Creation*, p. 87.

의원의 지지를 얻어내었고, 이것이 그 상원의원의 조언자이자 미국 대표단이 민주 공화 양당의 협력에 기반하여 페어몬트 호텔에 설치해놓은 비밀회의장에서 핵심 역할을 맡은 인물이었던 덜레스의 격노를 사게 된다. 그러자 여기에 전쟁부(War Department)까지 끼어들게 되고, 매클로이는 이 문제를 그 스스로의 표현으로 "케이크를 챙겨두면서 또 먹어치울 수도 있는" 기회라고 보아 여기에 개입하기 위해 워싱턴에서 날아오게 된다. 이 차풀테펙 협정을 유엔이 인정해주기만 한다면, 워싱턴은 미 대륙의 서반구 전체를 통제하면서 또 동시에 유럽에도 자유롭게 개입할 수 있도록 보장받을 수 있게 된다는 것이었다. 매클로이는 록펠러의 입장을 선호하였고 스팀슨에게 통화를 넣었으며, 스팀슨도 결국 "그건 지나친 요구가 아니다"라고 동의하기에 이른다. 매클로이와 스팀슨은 러시아도 또한 동유럽에 스스로의 안보 벨트를 가져야 한다 — 그 스스로의 영향권을 가져야 한다는 것이다 — 는 것을 인정하게 된다.[21]

이리하여 록펠러는 스테티니어스와의 싸움에서 승리를 거두게 되었고, 유엔 헌장 제51조에는 애매모호한 형식의 언어로 지역 차원에서 개별 국가 차원 혹은 집단적 차원의 자기방어를 허용한다는 내용이 합의된다. 덜레스도 훗날 록펠러의 개입이 "계산이 불가능할 정도의 엄청난 가치"가 있었다고 인정한다. 1950년대 언젠가 어떤 저녁 식사 자리에서 록펠러의 옆자리에 앉게 된 덜레스는 이렇게 분명히 말한다. "자네에게 분명히 사과를 해야 하겠네. 자네들이 그 일을 하지 않았다면 우리는 결코 북대서양조약기구(NATO)를 만들 수 없었을 테니까."[22] 덜레스의 이 말은 실로 충격적이지만, 어떤 면에서는 법적 틀에 갇혀 있는 그의 협소한 사고방식을 드러내주는 것이다. 남미와 샌프란시스코에서 록펠러의 활동의 진정한 의미는 그러한 법적 틀의 문제

---

21) Walter Isaacson and Evan Thomas, *The Wise Men*, New York 1986, pp. 275~76.
22) Schlesinger, *Act of Creation*, p. 174.

보다 훨씬 더 근원적인 것이었다. 록펠러는 미국의 지구적 권력을 어떻게 조직할 것인가의 정치적 모델을 제공하고 있었던 것이며, 이는 루스벨트 식의 유엔 모델을 부분적으로는 대체하는 것이었고 또 부분적으로는 보완하는 것이었으니, 자본주의 세계의 전체 윤곽은 반공주의를 중심으로 한 적-동지의 동맹 관계 체제로 이루어져 결국 미국에 복속하게 만든다는 것이었다. 록펠러는 이 구상의 도토리를 샌프란시스코에 심었던 셈이고, 이것이 자라나서 결국 애치슨의 거대 전략이라는 떡갈나무가 된 것이다.

덜레스에서 헌팅턴으로

폴 니츠(Paul Nitze)의 말을 믿는다면, 덜레스는 애치슨의 생각이 갖는 정치적 함의 전체를 전혀 제대로 파악하지 못하고 있었다. 니츠는 1940년대 말 애치슨이 새로운 미국 중심의 세계질서를 설계하는 작업에 매진하고 있을 때 그 조수 역할을 했던 이로서, 1950년대 말 출판된 아닐드 울퍼스의 책에 기고한 「동맹정책과 세 질서의 개념」(Coalition Policy and the Concept of World Order)이라는 짧은 글에서 자신과 덜레스의 차이점들을 설명하고 있다.[23] 이 글에서 니츠는 냉전기 미국의 동맹을 사유하는 데에 두 개의 학파가 있다고 설명하였다. 하나는 미국과 그 동맹 세력을 '소련-중국의 공산주의 블록'의 적대적 권력에서 보호할 필요에서 생겨난 학파였다. 이 학파에 관해서 그는 "덜레스는 종종 구성원이 되기도 했지만, 항상 그런 것은 아니었다"고 말하고 있다. 하지만 두 번째 조류의 학파가 있으니, 그 자신은 이 학파에 일관되게 속한다는 것이었다. 이 학파의 주장은,

---

23) Arnold Wolfers, ed., *Alliance Policy in the Cold War*, Baltimore 1959.

미국의 대외정책은 단순히 부정적이고 수세적인 것이 아니라 적극적인 것이며 혹은 그렇게 되어야만 한다. 이 학파는 우리가 현재 취하고 있는 유형의 국가로서 미국을 계속 발전시키는 것에 적합한 형태의 세계질서를 창출하고 유지하는 일이 미국의 이익과 안보 모두를 직접적으로 결정하게 되었다고 주장한다.

1946년에 시작되어 1953년 완성을 볼 때까지 계속되었던 이 적극적인 노력이란 모종의 지역동맹 체제를 건설하는 것에 중심을 두고 있었다고 니츠는 설명한다. 물론 그도 이러한 권력 장치가 "그 세계적 측면은 유엔 구조와 맞물리도록" 되어 있었음을 분명히 인정하고 있지만, 이는 오로지 하나의 분야에서만 벌어진 일이었다고 한다. 그것은 바로 경제 분야였고, 여기에서 절대적 역할을 맡았던 것은 바로 국제통화기금(IMF)과 세계은행이었던 것이다.

니츠의 생각은 훗날 새뮤얼 헌팅턴에 의해 좀더 직선적으로 제시된다.

제2차 세계대전 이후 20년간에 걸쳐 세계정치에서 미국 정부의 권력, 그리고 미국이 소련·중국·공산주의에 맞서서 다른 나라 정부들과 모종의 동맹체제를 발전시킬 이해관계로 인하여 [영리 활동의] 초국가주의(transnationalism)의 발흥을 가능케 해줄 저변의 정치적 조건이 창출되었다. 서유럽·남미·동아시아·남아시아의 넓은 부분, 중동과 아프리카 등이 모두 동일한 구역으로 묶이게 되었으니, 이는 듣기 좋은 말로는 '자유 세계'라고 불리지만 사실상은 하나의 안보 지대(security zone)인 것이다. 이 지대 안에 들어 있는 나라의 정부들은 다음을 자신들의 이익으로 삼게 된다. 1) 자국의 독립과 또 어떤 경우에는 그 정부의 권위까지도 워싱턴이 명시적 혹은 암묵적으로 보장한다는 것을 받아들일 것, 2) 미국의 다양한 정부 및 비정부 조직들이 자신들에게 중요하다고 생각되는 목표들을 추구하는 가운데 자국의 영토 내부로까지 접근하는 것을 허락할 것. [······] 이시도어 스톤(Isidor F. Stone)이 표현했던 대로, "미국의 평화(Pax Americana)란 스탠더드석유회사, 체이스맨해튼사(Chase Manhattan), 미국방부의 '국제주의'인 것이다."[24]

이러한 세계질서에서는 유엔의 역할이 무엇이건 또 그것이 아무리 다양한 기구들을 가지고 있건, 미국의 지상 권력을 유지하는 정치적 구조 내의 조력자 이상이 될 수 없는 것이었다.

대미를 장식하다

샌프란시스코 회의는 그에 어울리는 스타일로써 록펠러가 샌프란시스코 요트 클럽에서 연 마지막 연회로 끝을 맺었고, "여기에 '브라질의 뇌쇄 미녀' 카르멘 미란다가 회의 종료를 축하하기 위해 출현하면서 더욱 빛을 발했다."[25] 그 뒤로는 휘황찬란하게 안무된 마지막 행사가 오페라 하우스에서 열렸다. 사치스러운 기둥 장식 위로 아크등이 다양한 색조의 푸른색을 연출하였고, 각국 대표단들의 이동을 쫓는 흐름도와 함께 무대 뒤의 숨겨진 방에서는 유엔 헌장의 각국 서명이 하나하나 사전 연습을 거치게 되었고, 조인국들이 알파벳 순서로 행진을 하게 되어 있었지만 그 때문에 아르헨티나(Argentina)가 맨 앞에 등장하는 일이 없도록 최후의 순간에 여러 술수가 벌어지기도 했다.[26] 그리고 식이 끝나자 그 즉시 "무장경비대가 달려들어 유엔 헌장을 가지

---

24) Samuel Huntington, "Transnational Organizations in World Politics", *World Politics*, April 1973.
25) *Act of Creation*, p. 243. 록펠러는 또 이어서 유엔 총회장을 세우도록 맨해튼의 자신의 부동산을 이 새로 생겨나는 세계 기구에 팔았다.
26) *Act of Creation*, p. 243, 251~57. 외교상의 안전사고는 이것뿐이 아니었다. 트루먼이 식에 참가하기 위해 샌프란시스코에 도착하자 스테티니어스는 그의 유명한 페어몬트 대형 호화 객실에 모든 미국 요원들이 참여하는 대형 연회를 열고, 거기에서 5대 강국의 여러 회의를 좌석 배치까지 밝혀가면서 마치 여행 안내자가 여행객들에게나 할 법하게 경박스러운 웃음거리처럼 보고하였다. 미국 대표단의 유일한 여성이었던 저 고상한 정신을 가진 버지니아 길더슬리브(Virginia

고 위층으로 올라가 75파운드나 나가는 화재 방비 금고 안에 잠가버렸다." 이 귀한 화물은 곧 특별 군용기로 ─ 만일의 사태에 대비하여 별개의 낙하산에 폭 싸여서 ─ 워싱턴으로 수송되었던바, 다른 이도 아닌 샌프란시스코 회의의 사무총장이었던 앨저 히스(Alger Hiss) 스스로가 몸소 이를 지휘하였다. 히스는 자신이 워싱턴에 도착하면 이에 걸맞은 정장 차림의 환영 행사가 벌어질 것을 기대했지만, 막상 그가 이것을 모셔갔을 때에 분개하지 않을 수 없었다. 대통령부터 아예 셔츠 바람에다가 버번위스키 잔을 손에 든 느슨한 모습이었고, 번호 자물쇠가 달린 강철의 성궤에 담긴 이 새로운 십계명의 장엄함 앞에 전혀 고개를 숙이는 태도가 아니었기 때문이었다.

샌프란시스코 회의 이후의 사태 전개도 마찬가지로 대단히 상징적이다. 예전의 국제연맹 가입은 미국 상원에서 거부당하여 죽어 없어져버린 바 있었다. 하지만 이번의 유엔 가입에 대해서는 미 국회가 거의 황홀경에 도취되어 환영하였다. 여기에 모인 국회의원들이 그 비준을 어찌나 서둘렀는지 거의 꼴사나울 지경의 모습이 연출되었던 것이다. 49개의 협정 조인국들 가운데 이들을 멈칫하게 만들었던 나라는 오직 소모사의 니카라과와 엘살바도르뿐이었다. 반대는 두 표뿐이었다. 오페라 하우스에서의 성공을 연출해낸 이들 가운데 하나로 불러 마땅할 인물인 밴덴버그 상원의원은 의회에서 심금을 울리는 명연설 ─ "나는 이 위대한 모험을 향해 나아갈 각오가 되어 있다. 다른 길은 없다. 이것이야말로 이 지구에 내릴 축복이라고 믿어 의심치 않는다" 등 ─ 을 토해내었다. 연설 중에서 그는 몇몇 조인국들은 "심지어 협정에 서명하는 순간조차 자신들이 설파하는 바와 정반대를 행하는 나라들"이라고 비

Gildersleeve) ─ 조앤 롤링(J. K. Rowling)한테서 나온 (『해리 포터』의 저자. 그런데 『해리 포터』에는 길더슬리브라는 인물은 나오지 않는다. 필자가 착각하고 있는 것인지 불분명하다 ─ 옮긴이) ─ 는 이러한 '국제적 결례'와 '수치스러운 예절 무시'에 대해 불만을 표시했다. 유엔 헌장에서 가장 깊은 울림을 갖고 있는 부분인 교육과 인권에 대한 구절은 그 문제들에 대해 깊은 열정을 지녔던 버지니아 덕분에 우리가 얻게 된 것이다.

판할 수도 있음을 인정하였지만, "나는 그러한 암담한 비판이 사실에 가까울수록 그러한 사악한 흐름을 막을 것을 약속하는 새로운 형태가 더욱더 절실하게 필요하다고 대답하고자 한다. 〔……〕 그러한 비판이 옳을수록 샌프란시스코의 유엔 헌장이 성취하고자 하는 여러 해방의 힘에 호소해야 할 필요가 더욱 절박해지는 것이다."[27] 유엔의 특징인 위선적 성격을 압축적으로 보여주는 것으로 이보다 더 좋은 문장도 없을 것이다. 유엔을 지배하는 강대국들이 잔혹하고 냉소적으로 행동할수록 그것의 고상한 원칙들의 향기에 '호소'하고 또 그것을 '성찰'하는 일이 절실하게 필요해진다는 말이니까. 스테티니어스는 샌프란시스코에서 임무를 완수한 며칠 후 급작스럽게 트루먼 대통령에 의해 방출되어버렸거니와, 그의 운명은 아마도 그 이후 미국의 거대 전략에서 유엔에 실제로 할당된 위치가 어떤 것이었는지를 더욱 솔직하게 드러내주는 지표일 것이다. 냉전 기간 전체에 걸쳐서 미국의 지구 전략은 애치슨 노선에 따라 이루어졌던 것이다.

슐레진저의 책은 유엔의 창설이 "그 시작부터 국무부가 고안하고, 직접 소매를 걷어붙인 두 명의 대통령이 노련하게 지도하고, 미국의 힘으로 추동된 미국의 기획이었다"고 의기양양하게 주장한다. 그는 샌프란시스코에서 "스테티니어스가 총괄하고 있었던 사업이라는 것이 이미 사전에 그의 정부가 주도하고 또 모습을 짜놓은 것"[28]이라는 사실에 대해서도 크게 개의치 않는다. 그가 보기에 어쨌든 결과는 대단한 위업이었으니, "미국은 그 무수한 여러 업적들에 대해 응당 자부심을 가져 마땅한 나라이지만 이 샌프란시스코 회의야말로 항상 그 빛나는 목록의 맨 앞자리를 차지해야 할 것"이며, 다른 나라들은 미국이 자신들에게 유엔을 만들어준 것에 대해 마땅히 감사해야 한다는 것이다. "훗날 유엔이야말로 미국이 세계에 선사한 가장 빛나는 선물로 판명

---

27) *Act of Creation*, p. 266.
28) *Act of Creation*, p. 174.

될지도 모른다"[29]고 그는 외친다. 미국이 인류에게 최고의 선물을 줄 수 있었던 것은 미국이 인류를 지배한 결과라는 셈이다. 이런 식의 주장에 따라 상황을 보게 되면 미국에 대해 어떠한 적개심도 가질 이유가 없어질지 모르겠으나, 과연 이러한 그림이 역사적으로 볼 때 현실에 가까운 것일까?

더 진전된 목표 하나

그런데 루스벨트의 유엔 설계안도 분명히 그 목적은 자본주의 세계 내부(소련은 거부권을 통한 보호 장치를 갖고 있다)의 정치에서 미국의 지배를 확보하는 것이었음을 생각해본다면, 미국 지도자들이 왜 그런 조직으로는 미국 패권의 가장 주요한 도구가 되기에 부족하다고 생각하게 되었는지가 이상하게 느껴질 수도 있다. 그 대답은 이 유엔이라는 세계 기구에 대해 애치슨이 했던 또 다른 말에서 단서를 찾을 수 있다. 그는 유엔이란 19세기식 사고방식이라고 주장하였다. 물론 이는 분명히 지나친 말이지만, 그가 말하려고 했던 바가 유엔이라는 것 자체가 미국 패권 이전 시기에 속하는 관념이라는 점이었음은 분명하다. 왜냐하면 유엔의 공식적인 존재 이유가 그 이전의 국제연맹과 마찬가지로 (자본주의) 국가들 사이의 대규모 전쟁을 막을 수 있는 집단행동의 규칙들을 정해놓음으로써 그것을 종식시킨다는 것이기 때문이다. 양차 대전 사이의 기간 동안 현상 유지에 만족하던 영국 등의 강대국들로서는 이것이 실로 경배할 만한 위대한 원리였다. 이 당시 런던은 전 지구에 걸쳐 자신이 원하는 것들을 — 그리고 그 이상을 — 거머쥐고 있었기에, 국제연맹에 체현되어 있고 또 그 법적 체계의 기초가 되었던 자유주의적 법치주의(liberal legalism)는 영국의 이익에 합치하는 것이었다. 이를 에드워드 핼릿 카(E. H.

---

29) *Act of Creation*, p. xiii, xviii, 279.

Carr)가 꼼짝 못하도록 붙들어서 철저히 비판한 바 있다.[30]

그런데 루스벨트가 생각했던 바의 유엔에는 이러한 자유주의적 법치주의가 여전히 심장부에 남아 있었다. 물론 거기에다가 민족자결주의라는 윌슨주의적 수정을 가미하여 대영제국 등의 유럽 제국들을 개방시키려는 미국의 작업에 도움이 되는 면은 있었다. 하지만 이것이 목표로 삼는 바, 국제정치의 현존 권력 배분 상태에 도전하여 그것을 바꾸려 드는 현상 타파 세력(revisionist powers)에 맞서기 위해 집단 안보를 통해 현상 유지(status quo)를 수호한다는 유엔의 기능이란 미국 패권하에서는 사실상 무의미한 것이었다. 이유는 간단하다. 미국은 영국과 달리 서유럽과 동아시아의 모든 여타 자본주의 강대국들에게 일극적(unipolar) 통제를 강제할 만한 권력 자원을 보유하고 있었기 때문이다. 이러한 의미에서는 애치슨의 말이 옳았다. 집단 안보의 원리란 미국 패권하에서는 낡은 것이며 또 불필요한 것이었다. 기본적으로 그 원리는 여전히 유럽 중심의 세계에서 가장 풀기 어려웠던 문제와 관련된 것이었거니와, 그러한 세계는 미국 지배가 관철되던 당시에는 더는 존재하지 않게 된 것이었다.

물론 미국이 자본주의 세계 핵심부 전체를 관리하는 수호자 역할을 맡기 위해서는 미국 국가 자체를 영구적으로 군사적 국가로 전환해야만 한다. 그런데 이는 가뜩이나 풀기 어려웠던 미국 내의 정치와 경제 문제에 대한 해결책으로서 큰 도움이 되는 것으로 여겨지기도 했다.* 이러한 조건에서 볼 때 유엔이란 단지 자본주의 중심국들 간의 관계를 안정화하는 데에 별 도움이 되지 않는 불필요한 도구 정도만이 아니라 그보다 훨씬 나쁜 것이 되고 만다.

---

30) E. H. Carr, *The Twenty Years' Crisis*, London 1946.

* 주지하듯이, 뉴딜(New Deal)정책도 1938년 경기후퇴를 겪으면서 경기부양책으로서 막다른 골목에 처한 바 있었으나, 결국 제2차 세계대전이 발발하면서 경제위기가 극적으로 해결된 바 있었다. 이러한 군비 지출로 총수요를 진작하여 경제성장을 계속하는 군사적 케인스주의(military Keynesianism)는 제2차 세계대전 후 미국 경제의 주요한 특징이 된다.

왜냐하면 애치슨 식의 관점에서 볼 때, 유엔이란 여러 나라들의 집단행동을 통해 현상 유지를 정치적으로 수호한다는 명분으로 도무지 미국에게는 도움이 되지 않는 법적 원리 하나를 또다시 끌어내게 되어 있었던 것이니, 그 원리란 바로 각국 주권의 절대성이라는 것이었다. 이것 또한 미국 제국주의가 아닌 영국 제국주의 시대에나 더 어울리는 원리였다. 영국인들은 강제력을 동원하여 다른 **자본주의적** 국가들의 여러 국내 제도를 재구성할 만한 힘을 결코 가진 적이 없었다. 그들이 전문으로 삼았던 일은 전(前) 자본주의 사회들을 취하여 그 내부의 전통 세력의 저항을 패배시키고, 그 사회들을 자본주의적으로 재구성하는 것이었다. 따라서 일단 대영제국이 더 팽창할 곳이 없게 되자, 영국 제국주의자들로서는 모든 국가의 절대적 권리와 그것에 대한 불개입의 원리라는 것을 너무나 온당한 것으로서 받아들였던 것이다.

하지만 워싱턴의 경우 영국 제국주의와는 다른 좀더 진전된 목표가 있었다. 그 첫째는 기존 자본주의 국가들 내부까지 뚫고 들어가 그 국내의 제도 장치들까지도 미국의 목적에 맞도록 재조직하는 것이었고, 둘째는 혹시라도 그 내부에 전통을 고집해서가 아니라 대안적인 근대화를 추구한다는 명분을 내걸고 미국이 요구하는 근대화 코스를 거부하려는 사회 세력들이 있을 경우 이를 패퇴시킨다는 것이었다. 그런데 워싱턴에게는 대단히 중심적인 이러한 문제들을 유엔이라는 모델은 전혀 해결해줄 수 없었다. 오히려 유엔은 민족국가의 주권을 강조함으로써 사실상 미국의 개입을 막아낼 이론적 무기를 제공하는 것이기까지 했다. 그 결과 유엔이라는 정치적·법적 질서는 전후 미국의 대외 활동에서 상당 부분 귀찮은 장애물이 되었고, 결국 미국은 다른 나라 내부의 체제 전환을 꾀하는 활동을 비밀리에 조직하지 않을 수 없게 되었다. 근대사회를 건설하는 미국 방식에 대한 모든 저항 — 이것이 '공산주의'라는 딱지가 붙는 대상이다 — 에 맞서기 위해 자유(시장) 세계 전체가 단결해야 한다는 애치슨 식의 원칙은 유엔 헌장의 어구들을 후닥닥 대충 처리해버릴 수밖에 없었다. 애치슨 원칙은 소련의 위협을 계속해서 더욱 강조하여 유라시아 대륙의 두 개의 자본주의 중심, 즉 서유럽과 일본을 미국의 준(準)보호령으로 만들어버리고 말았다. 그리하여 워싱턴은 독일과 일본이 또다시 미국에 맞서기 위해 자기들 지역을 재조직하는 지정학 전략을 개발할 것이라는 두려움 없이도 그들 각각의 지역에서 산업 중심지가 되도록 재건해줄 수 있었던 것이다. 유엔체제는 전 세계를 포괄한다는 명분으로 볼 때 소련을 포함하는 것에 큰 상징적 의미를 둘 수밖에 없었고, 그래서 소련은 유엔에서 두드러진 위치를 점하게 되어 있었다. 이를 마비시킨다는 것이야말로 애치슨 식의 지배 방식에서 필수적 구성 요소였던 것이다.

공산주의 몰락 이후

이 글의 앞에서 말한 대로, 냉전 초기에 한국전쟁은 이 유엔 시대의 여명을 알리는 사건인 듯했으나, 사실은 그렇지 않았다. 1991년 제1차 걸프 전쟁 또한 탈냉전 시기 유엔의 개막을 알리는 것 같았으나, 그렇지 못했다. 사담 후세인의 쿠웨이트 침공은 무조건적 국가주권의 원칙을 침해하였기에 미국은 절대적 주권을 원칙으로 삼는 유엔을 극도로 활용하여 소련도 사멸해가던 당시 새로운 지평으로 넓어지게 된 자신의 패권을 과시할 수 있었다. 하지만 탈냉전 시대로 접어들게 되자, 유엔이 미국에게 여전히 쓸모 있는 것이 되려면 국가주권이라는 핵심 원칙을 도려내는 작업이 그 어느 때보다도 절실하게 되었다. 이 원칙에 따르면 각국은 자국 내의 정치와 경제를 스스로가 원하는 대로 마음껏 조직할 수 있게 되어 있는 반면, 미국 기업(그리고 유럽 특히 영국 기업의 다수)들의 이윤의 흐름을 결정적으로 좌우하는 것은 이제 다른 나라들의 국내 제도가 해외의 금융기업에게는 자국 내에 들어와 온갖 활동을 다 할 수 있는 무제한의 자유를, 외국 회사들에게는 자국 기업들을 마음껏 매수할 수 있는 무제한의 권리를, 또 지적 소유권자들에게는 독점적 지대를 거둘 수 있는 무제한의 보호를 제공하도록 만들어져 있는가이다. 그런데 유엔 헌장은 그 어느 것도 보장하지 않으며, 이론상으로 보자면 사실상 그것에 반대하도록 작동하게 되어 있는 것이다.

그리하여 1990년대 동안 유엔과 그 유럽의 협조자들은 전통적인 유엔의 담론을 다시 만들기 위해 노력하였고, 주권이란 무조건적인 것이 아니라 '국제 공동체'가 각국에 내준 일종의 취소 가능한 면허증이니 그 내부의 체제가 입맛에 맞는가 그렇지 않은가에 따라서 발행해줄 수도 있고 철회해버릴 수도 있는 것이라고 주장하였다. 만약 어떤 국가가 적절한 국제적 기준을 충족시키지 못한다면, 그 국가에 맞선 봉쇄 혹은 침공까지 정당화될 수 있다는 것이다. 무수한 법률가들과 외교관들이 달라붙어 땀을 뻘뻘 흘리며 이러한 수정을 해나가는 과정에서 워싱턴(그리고 런던)은 유엔의 여러 이상들 가운데 다른 흐름의 것들을 이용하여 좋은 효과를 거둘 수 있었다. 유엔 헌장 자체가 여러 관점이 절충되어 잔뜩 쌓여 있는 것이기에 그 가운데 서로 모순되는 조항들을 잘 주워 모아 잡탕 찌개를 끓인다면 너무 협소하게 민족국가의 주권만을 내세우는 어떤 주장에 대해서도 즉효를 발휘하는 해독제를 만들어낼 수 있었던 것이다. 따지고 보면 유엔 헌장은 전 세계에 울려 퍼졌던 보편적 인권선언이기도 하다. 이 보편적 인권이야말로 냉전이 끝난 당시 시대가 요구했던 상위의 가치였으며, 그것을 수호하기 위해서 나타난 새로운 '군사적 인본주의'(military humanism)까지도 정당화해줄 만한 것이었다. 발칸 반도의 곳곳에서 NATO는 인권과 자유시장의 이름 모두를 내걸고 전쟁을 치를 수 있었으며, 여기에 유엔 사무총장의 축복도 얻을 수 있었던 데다가 전쟁이 끝난 뒤에는 안전보장이사회가 관장하는 애프터서비스까지 받을 수 있게 되었다. 루스벨트가 원래 꿈꾸었던 바의 유엔이 1990년대 후반 들어 미국의 지구적 권력의 중심적 도구로서 다시 한 번 살아나는 것처럼 보였고, 게다가 이번에는 루스벨트가 기대했던 바를 훨씬 더 넘어서기까지 했다. 왜냐하면 그가 얄타 회담에서는 꿈도 꾸지 못했을 방식으로 이제는 러시아마저 미국의 종속국의 하나로 볼 수 있게 되었기 때문이다.

비록 유엔에 이러한 변화가 일어났지만, 그 뒤를 이은 미국 대통령들에게 이제 유엔을 그들 패권의 도구로 간택하도록 설득할 만큼 충분한 변화는 아니었다. 백악관은 여전히 다른 모든 주요 자본주의 국가들을 미국의 안보에 의존하게 하는 차축-바퀴살(hub-and-spoke) 안보동맹으로 조직하는 군림의 모델에 더욱 골몰하고 있었다. 하지만 현재의 미국 공화당 정권 아래에서는 애치슨 식 '봉쇄'(containment)의 지정학이 거꾸로 물구나무를 서게 되었다. 유라시아의 심장 지역(heartland)과 대결함으로써 유럽과 동아시아라는 유라시아의 두 주변 지역(rimlands)을 보호한다는 구상 대신, 조지 부시 대통령은 미국의 힘을 유라시아 심장 지역 중심으로, 즉 동지중해로부터 페르시아 만과 중앙아시아 지역을 거쳐 중국의 서쪽 변경에까지 이르는 지대로 깊숙이 밀어넣고 있는 것이다. 이 지대는 내적으로 불안정할 수밖에 없으며 모든 주요 유라시아 강대국들에게 불안감을 심어주고 있다. 이 지대는 또 러시아를 제외한 그 강대국들 모두에게 필요한 에너지 자원을 포함하고 있다. 따라서 이 지대를 쥐고 있는 한 워싱턴은 냉전 시절에 누렸던 군림의 위치를 더욱 확장할 협상력을 얻게 되며, 이제는 옛날의 적국이었던 모스크바와 베이징까지 아우를 수가 있게 되는 것이다. 이러한 관점에서 보자면, '테러리즘'을 둘러싸고 새롭게 나타난 지구적 분열이야말로 미국이 전 지구에 걸친 전 방위적 개입을 수행하는 데에 유엔 사무총장이 제아무리 미국에 대한 충성심으로 노력한다고 해도 그가 내놓을 수 있는 그 어떤 합법적 처방보다도 훨씬 더 탄력적인 기초를 제공하는 것이라 볼 수 있다.

이러한 전망이 현실화된다면 유엔은 냉전 시절처럼 다시 한 번 미국 패권의 틀 내에 하나의 보조 장치로서 끼어들어가게 될 것이다. 하지만 이번에는 안전보장이사회의 다른 4개 상임이사국들도 굳건하게 미국의 지령에 종속된 상태이니 전 세계적 독재를 행하기 위해서는 실로 근사한 동력 장치가 아닐 수 없다. 설령 이러한 계획이 실패한다고 해도 워싱턴은 최소한 다른 어떤 세력도 유엔을 도구로 사용하여 미국과 그 짝패인 영국이라는 육식동물의 야수적 본능을 효과적으로 저지하는 일이 절대 없을 것이라고 확신할 수 있다. 여러 해에 걸쳐 안전보장이사회에서 실제로 거부권이 행사된 것은 단 한 번이었고, 그것을 행사한 나라 또한 미국이었다.

부시 대통령의 '일방주의'는 적-동지 이분법에 기초한 지구적 분열 구조의 부활을 대표하는 것이며, 여기에는 새로운 집합의 여러 안보동맹들과 그에 걸맞도록 크게 확장된 기초적 제도 장치들이 따라오고 있다. 1990년대의 관행에 익숙해져 있었던 동맹국들에게 이는 상당한 충격이었다. 그런데 루스벨트 식의 틀 또한 더욱 취약한 상태가 되기는 했지만, 그래도 여전히 유지되고 있다. 미국이 유엔 헌장을 정면으로 침범하는 가장 뻔뻔스러운 전쟁들을 몇 번이나 치렀음에도 안전보장이사회의 모든 나라들은 ─ 일부는 열정적으로 다른 일부는 시무룩한 표정으로 ─ 정복자 미국이 현지에 세운 괴뢰 정권을 승인하는 것에 손을 들어주었고, 결국 그 정복 행위 자체를 비준해주었던 것이다.[31]

하지만 이라크 반군(maquis)이 단지 미국과 영국의 점령군뿐만 아니라 그 유엔 동조자들 또한 공격할 능력이 있음이 드러나면서, 이 '국제 공동체'가 미국이라는 패권국에 대해 갖던 신뢰 또한 흔들리게 되었다. 코피 아난 사무

---

31) 2003년 10월 16일 안전보장이사회는 "폭넓은 대표성을 가진 통치위원회(Governing Council)가 〔이라크에 ─ 옮긴이〕 수립된 것에 대해 국제 공동체가 보여준 긍정적 반응을 환영한다." "이라크 인민들을 동원하려는 통치위원회의 노력을 지지한다." "통치위원회와 그 각료들은 이라크 임시 행정부의 최고 기구이며, 이것의 이후 진화 과정과 무관하게 이라크 국가의 주권을 체현하고 있는 것으로 결의한다." "통일된 명령 체계하의 다국적군에게 이라크의 안보와 안정의 유지에 기여하기 위한 모든 조치를 취할 수 있도록 권위를 부여한다." 그리고 "미국은 다국적군의 노력과 진전에 대해 그것을 대표하여 안전보장이사회에 보고하도록 요청한다." 서명국: 프랑스, 러시아, 중국, 영국, 미국, 독일, 스페인, 불가리아, 칠레, 멕시코, 기니, 카메룬, 앙골라, 파키스탄, 시리아. 폴 포트 정권이 베트남민주공화국(DRV)에 의해 무너진 뒤에도 그 대표가 14년이나 유엔에 자리를 차지했던 것과 비교해보라.

총장은 심지어 전 세계를 향해 다음과 같이 말할 정도였다. "미국과 유엔을 혼동하지 않도록 조심해야 한다." 마치 그러한 일이 자신의 임기 중에 이미 벌어질 수도 있는 것처럼 말이다.[32] 하지만 아직 그 정도까지 유엔 내에서 벌어질 것이라는 증후는 거의 보이지 않는다. 유엔의 가장 날카로운 비판자 다닐로 졸로(Danilo Zolo)가 암시한 바 있듯이,[33] 실질적인 유엔 개혁이 벌어지려면 아마도 하나 혹은 몇 개의 큰 제3세계 나라들이 유엔에서 탈퇴하여 안전보장이사회의 지위와 입장에 변화를 가져오고, 또 유엔 총회로의 분명한 권력 이전이 벌어지도록 강제하는 수밖에 없을 것 같다. 이 정도의 충격이 주어지지 않고서는 1945년에 만들어진 저 철갑을 두른 협정이 깨어질 리가 없다. 하지만 누가 보아도 이런 정도의 일을 할 수 있을 만한 나라들은 몇 개 되지 않으며, 그 지도 세력이라는 것이 얼마나 타락하거나 또 서방 국가들에 고분고분한 세력들인가를 한 번만 훑어보면 이런 식의 전망이라는 것이 여전히 유토피아적인 것이라는 점은 쉽게 알 수 있다. 지금으로서는 미국의 권력에 대한 저항은 팔루자(Fallujah)와 바그다드의 뒷골목에 있지 어퍼이스트사이드(Upper East Side)*의 여러 로비에 있지 않다.

〔홍기빈 옮김〕

---

32) *Financial Times*, 22 August 2003.
33) *Cosmopolis*, Cambridge 1997, p. 170. 이 저작과 그 속편 *Invoking Humanity, War, Law and Global Order*는 지금까지 나온 것 중 유엔에 대한 비판적 평가로서 최고의 저작이다.
* 맨해튼의 이곳에 유엔 건물이 있다.

세계경제의 남반구 목조르기

로버트 웨이드(Robert Wade)

신자유주의적 세계화를 비판하는 사람들은 세계 금융 시스템 자체의 역할 보다는 국제통화기금(IMF), 세계무역기구(WTO), 세계은행(World Bank) 같은 국제기구의 역할에 초점을 맞추는 경향이 있었다. 그렇지만 브레턴우즈 체제 붕괴 이후의 시기(Post-Bretton Woods era) 세계 금융 시스템의 작동은 절대 다수의 사람들이 실질소득의 급격한 하락에 직면해 있고 경제성장률이 하락하고 있는 개발도상국의 취약성의 주요한 원인이었다. 물론 금융 시스템이 끼치는 영향을 예전의 '제3세계 나라들'이 부가가치가 더 높은 경제 활동으로 가치 사슬(value-chain)을 성장시키는 발전 과정에서 제약으로 작용했던 무역 시스템의 영향으로부터 따로 분리해내기는 어려운 일이다. 서로 뒤섞인 상태로 금융과 무역 시스템은 지난 사반세기 넘게 개발도상국 대부분의 평균소득의 낮은 증가율을 낳았다. 전 세계 가구의 소득 분배와 마찬가지로 1인당 국민

소득의 국제 분포는 말만 그럴듯한 몇몇 조치들에 의해 더욱 불평등해졌다.

  내가 설명하려는 것은 다음과 같다. 첫째, 현재의 자유화된 세계 금융 시스템이 대다수 개발도상국에 끼친 파괴적인 결과들. 둘째, 이러한 결과들을 양산하게 된 주된 이유는 민간자본의 자유로운 이동, 그리고 미국이 주요 국제통화의 공급자로서 지속적으로 경상수지 적자를 유지할 수 있는 능력, 이 두 가지가 상호 결합되어 나타났기 때문이라는 점. 이 결합으로 전 세계 유동성은 지속적으로 증가했다. 이들 특징으로 인해 주요 경제변수인 환율과 주식시장, 이자율의 변동성과 파괴적인 영향을 높임으로써 구조적인 취약성을 증가시켰다. 동시에 그것들은 '실질' 투자 기회를 제한했는데, 이는 실질 투자 기회가 가장 클 것으로 예상되는 개발도상국에서도 벌어졌다. 마지막으로 나는 지금까지는 주로 IMF와 WTO와 같은 공공 부문 대상에 초점을 맞추어온 활동가들과 비정부기구(NGO)들이 민간자본의 흐름을 감시하고 규제하기 위해 정부에 압력을 행사해야만 한다고 주장할 것이다.

  1940년대 중반에서 1970년대 초반까지, 브레턴우즈 국제 금융 시스템의 시기에는 고정환율, 금에 의해 보장되는 국제 교환 수단과 가치 저장 수단인 미국의 달러, 그리고 자본 운동의 제한(폐쇄 자본 계정closed capital account)에 따라 세계경제가 운용되었다. 이 결합은 세 가지 결과를 낳았다. 첫째, 주요 국제통화가 금에 의해 보장되자 지속적인 무역 불균형은 억제되는 경향이 있었다. 무역 불균형이 지속되면 금 혹은 금으로 태환되는 달러가 국경을 넘어 이전되고, 이것이 국내 가격 수준에 변화를 가져와서 결국 무역 균형을 회복시켰던 것이다. 둘째, 국제 민간자본의 이동은 미미했다. 냉전으로 정당화된 미국의 군사 지출을 포함하는 국제 공공자본의 이동이 훨씬 컸다. 셋째, 주요 경제변수들 — 환율, 주식시장 지표, 이자율, 물가 수준 — 은 아주 안정적이었다. 세계 경제성장률 또한 이전 시기에 비해 높고 안정적이었다. 그리고 특히 개발도상국은 상대적으로 아주 빠른 경제성장을 향유했다.

브레턴우즈 시스템 이후

1973년 브레턴우즈 시스템이 붕괴되자, 이 모든 것이 변했다. 그때 이후 세계 금융 시스템은 주요 통화들 간의 변동환율, 달러의 금으로의 불태환(non-convertibility), 자국 통화로 표시된 채무증서(debt instrument: 각종 IOUs, 예를 들어 재무부 채권의 형태)를 발행해서 세계의 나머지 나라들을 통해 부채를 조달하는 미국의 능력, 그리고 자유로운 자본 이동(개방 자본 계정open capital account)에 기초했다. 브레턴우즈 시스템에서 무역 불균형을 억제했던 조정 메커니즘은 더는 작동하지 않았다. 미국은 금이나 금으로 보장되는 달러로 수입 대금을 지불할 필요가 없었고 공급 측의 제한이 없는 달러나 재무부 채권으로 대신 지불할 수 있었으므로, 달러가 전 세계로 유통되는 만큼 미국의 적자는 증가하기 시작했다. 오늘날 국내총생산(GDP)의 6퍼센트에 달하는 미국의 경상수지 적자의 필연적인 결과는 대부분 달러와 달러 표시 채무증서로 구성된 다른 나라 중앙은행 준비금의 증가였다.

각국 중앙은행 준비금의 증가는 빠른 신용팽창의 토대를 제공했다. 전 세계 유동성은 급격히 증가했고, 금융의 소유자와 경영자는 정부에 국경 간 자본 이동의 제한을 철폐하라는 압력을 행사했다. 몇몇 주요 경제협력개발기구(OECD) 국가들, 특히 미국과 영국은 1970년대 동안 그들의 자본 계정을 자유화했다. 그리고 다른 OECD 국가들은 1980년대 그 뒤를 따랐고, 다음 10년 동안 점차 많은 수의 개발도상국이 합류했다. 동시에 브레턴우즈 체제가 부과한 금융 제한의 철폐로 인해 민간 금융기관이 급증했다. 그들은 보험회사, 연금기금, 주식 브로커, 투자은행, 뮤추얼펀드, 벤처자본, 헤지펀드와 금융관리 회사들을 포함한다. 이들 기관들은 보험료와 연금 적립금 같은 자금 제공자로부터 자금을 받아 운용하여 거대한 자산을 축적했다. 선진국 보험회사들은 약 14조 달러의 자산을 보유하고 있다. 선진국 연금기금은 약 13조 달러를 보유하고 있다. 이와 비교하면 세계은행의 총대부액은 1조 달러 미만에 지나지 않는다.

민간 금융기관에 유입된 광범위한 자금 풀은 세계경제의 지형을 변화시켰다. 그들이 수행한 투자는 대부분 국경 간 거래이며 세계 화폐시장의 일일 거래량 1.5조 달러 정도의 대부분을 차지하는 외환 거래를 포함하고 있다. 민간 금융 기관의 투자는 산업 부문들—예를 들어 건설 부문과 제조업과 관련된 금융 서비스 부문들—사이의 균형과 국내 혹은 해외 소유권의 성격에 영향을 끼친다. 그것들은 또한 소유권과 경영자 책임의 격차를 확대하여 회사의 책임경영(accountability)을 더욱 어렵게 한다.

세계경제에서는 한편으로 유동자금의 빠른 증가와 그 결과인 '경제의 금융화'(financialization)—실물자산 대비 금융자산의 비중 증가와 실물경제의 이해집단에 비해 금융적 이해집단의 정치권력 증가—와 다른 한편으로 제한된 실질 투자 기회를 의미하는 수익성의 위기 사이에 주요한 긴장이 존재한다. 지나치게 많은 화폐가 실질 투자를 거의 수행하고 있지 않기 때문에 이들 자금은 실질 재화와 서비스에 대한 미래 수요의 예측을 기초로 투자되는 것이 아니라 본질적으로 투기적 수요를 촉진하는 지속적으로 증가하는 금융자산의 가격에 기초해 투자된다.

경제의 금융화로 발전 의제는 신자유주의적 방향으로 전환했다. 이것은 개발도상국의 생산자와 장래의 생산자와 선진국의 기존 생산자들 간의 공개 경쟁(open competition)을 강제했다. 이들 조건에서 낮은 기술과 노동 집약적인 산업을 제외한 유치산업들(infant industries)이 자리를 잡고 성장하기는 어렵다. 그 결과 가장 필요한 곳에 이루어져야 할 개발도상국의 투자가 극도로 불균등하게 이루어져 스펙트럼의 한 극단에 중국과 다른 한 극단에 서부 사하라 이남 아프리카 지역이 공존하게 되었다. 개발도상국 전역에 대한 신자유주의적 정책의 확산은 투자의 지리적 집중을 감소시키지 못했다.

증가하는 변동성

브레턴우즈 시스템의 붕괴 이후 유동성의 급증과 그 결과로 나타난 경제의 금융화는 세계경제의 내재적인 불안정의 근원을 낳았다. 주식시장과 외환시장의 가격은 강력한 '실물적'(real) 기초를 가지지 못하고 생산물 가격이 생산비용에 기초한다는 의미에서 '펀더멘털'(fundamental)과 밀접한 관계가 없다. 이로 인해 금융시장은 과도한 상승이나 균형에서 일탈하는 '이상' 과열(irrational exuberance)이나 비관주의에 지배되었다. 이러한 추세들은 초국적 금융거래로 더욱 악화되었는데, 이는 본국보다는 다른 나라(특히 개발도상국)에 투자를 할 때 소유자와 경영자가 더 현저한 정보의 '불완전성'(imperfections)을 경험했고 이로 인해 '선도자를 따라'(following the leader) 우르르 몰려다니는 경향이 있었기 때문이다.

〈그림 1〉에 제시한 것처럼, 지난 20세기의 마지막 20년은 제2차 세계대전 이후 주요 통화국들 간의 가장 심각한 환율변동을 보여준다. 두 명의 분석가들의 말대로, "G3 나라들의 실질환율의 단기 변동성은 브레턴우즈 시스템 붕괴 이후 시기 변동환율 경험에서 가장 강력한—그리고 많은 연구자들을 혼란스럽게 하는—특징 중 하나이다."[1] 〈그림 2〉와 〈그림 3〉에서 드러나는 것처럼, 주가지수와 세계 실질이자율 또한 이 시기에 훨씬 더 변동이 심했다. 브레턴우즈 시스템 붕괴 이후 시기의 이들 주요 경제변수들의 높은 변동성으로 인해 세계적으로 은행위기와 금융위기가 빈번하게 발발했다.[2] 〈그림 4〉

---

1) Jeffrey Frankel and Nouriel Roubini, "The Role of Industrial Country Policies in Emerging Market Crises", NBER Working Paper 8634(2001), p. 6. 〈그림 1〉~〈그림 3〉은 다음 논문에서 처음으로 제시되었다. Hansjörg Herr, "Deregulation, Currency Competition and Deflation in the Global Economy", in Michael Dauderstädt, ed., *Towards a Prosperous Wider Europe*, International Policy Analysis Unit, Bonn 2005.

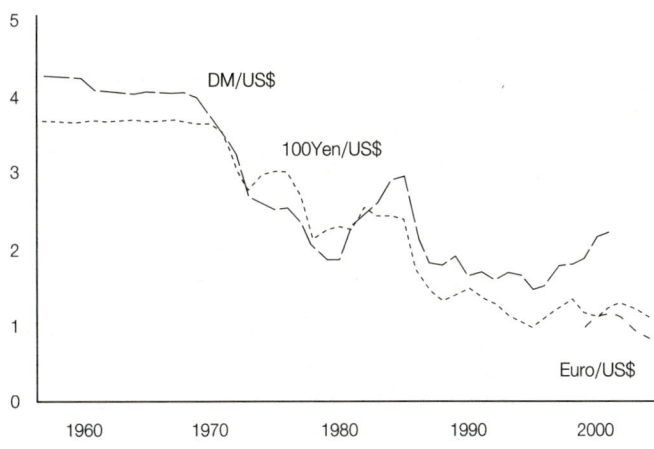

〈그림 1〉 외환시장, 환율의 추이 (비율)

* 주: 달러의 평가절하는 이 비율의 하락을 뜻한다.
* 출처: IMF, Bureau of Labor Statistics, Deutsche Bundesbank, Bank of Japan.

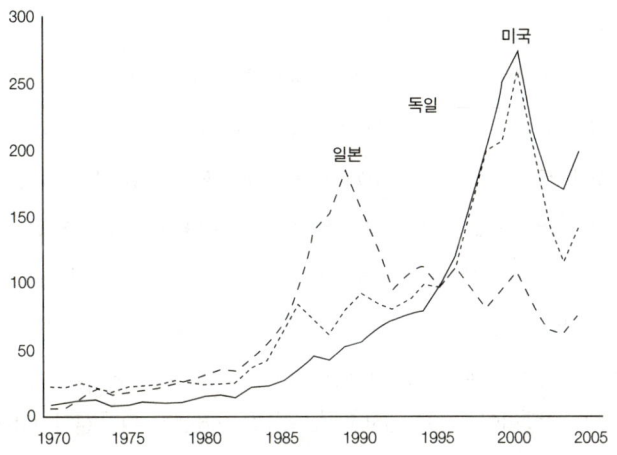

〈그림 2〉 주식시장, 주가지수의 추이 (1995=100)

* 출처: IMF, International Financial Statistics Yearbook 2000~05.

2) 훌륭한 개관은 다음의 글들을 보라. Louis Pauly, "The Political Economy of International Financial Crises", in John Ravenhill, ed., *Global Political Economy*, Oxford 2005; Barry Eichengreen, *Financial Crises*, Oxford 2002.

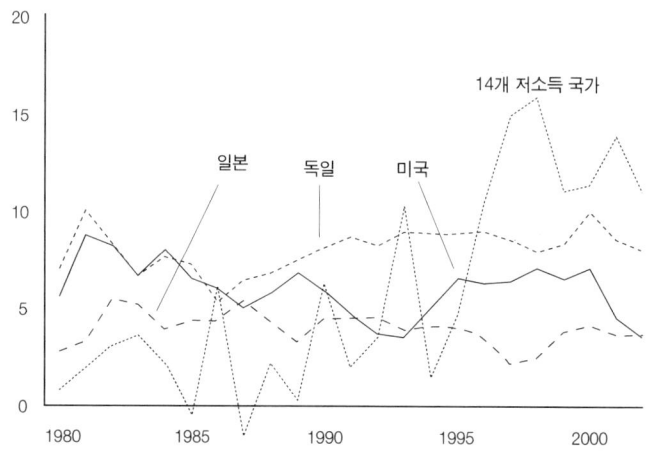

〈그림 3〉 실질이자율의 변화

* 주: 저소득 국가들은 자료가 사용 가능한 곳 전체를 선택했다. 이들 나라들은 방글라데시, 카메룬, 중앙아프리카공화국, 차드, 콩고공화국, 감비아, 인도, 케냐, 레소토, 말라위, 나이지리아, 시에라리온, 잠비아, 짐바브웨이다.
* 출처 : World Bank 2004.

는 12년 동안 21개 선진 공업국과 '신흥시장 경제'를 표본으로 분석한 것이다. 은행위기나 금융위기가 일어날 확률이 브레턴우즈 시스템 붕괴 시기 이후 더욱 증가했는데 이는 전간기(戰間期)의 확률과 비교될 정도이다.

지난 20년 동안 주요 금융위기가 발생한 곳은 다음 나라들을 포함한다. 미국(1980년대 후반의 저축대부조합 사태 Savings & Loan debacle); 1990년 부동산 버블의 붕괴로 10년간 장기침체를 겪은 일본; 1991~92년 스칸디나비아 나라들; 1992년의 유럽 환율 메커니즘(European Exchange Rate Mechanism) 위기를 겪은 영국과 이탈리아; 1994~95년 페소화의 50퍼센트 평가절하, GDP의 6퍼센트 하락, 은행 시스템의 기능 장애를 경험한 멕시코; 1994년 터키; 1997~98년 한국·태국·말레이시아·인도네시아·필리핀의 전체 합산한 GDP가 11퍼센트 떨어지고 타이완은 약간의 손상을 입은 동아시아; 1998년 러시아; 또한 1998년 월스트리트의 롱텀캐피털매니지먼트(Long-Term Capital Man-

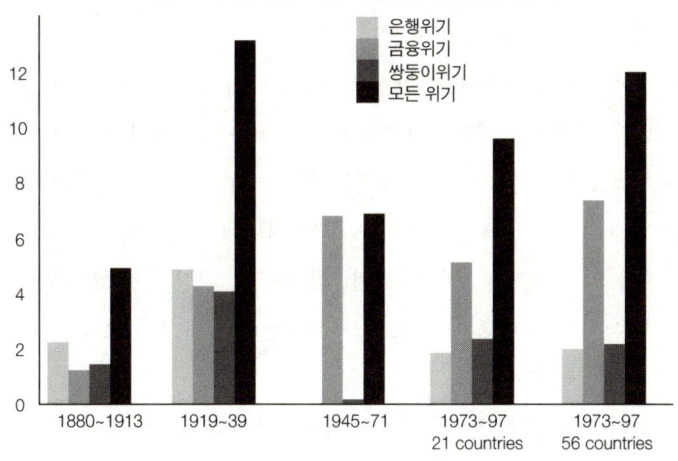

〈그림 4〉 위기가 발생한 빈도(매년 발생 확률, 퍼센트)

* 주: 처음 네 개의 패널은 21개 선진국과 신흥시장을 분석한 것이다. 다섯 번째 패널은 35개 개발도상국을 추가로 포함한다.
* 출처: Michael Bordo et al, "Is the Crisis Problem Growing More Severe?" *Economic Policy* 32, 2001, pp. 51~82.

agement) 파산; 레알화가 한 달 동안 80퍼센트 평가절하된 1999년 브라질과 다시 2001년 브라질; 1998~2000년 중앙아시아 지역의 나라들; 1995년과 2001~02년 경제가 20퍼센트 위축된 아르헨티나.

이들 위기의 정점에서 많은 개발도상국은 1980년대부터 남미와 1990년부터 터키의 '잃어버린 10년'(lost decades)과 같은 장기침체를 겪었다. 한편 서부 사하라 아프리카 대부분의 나라들은 1990년대 동안 지속적으로 발발한 외채위기를 경험했는데, 이 위기는 GDP나 수출에 비해 상대적으로 (공적 그리고 사적) 부채 수준이 아주 높은 관계로 재정위기를 초래하고 공적 서비스를 붕괴시키는 외환위기와 함께 발생했다. 몇몇 나라들에서는 이것이 큰 평가절하의 형태를 띠었다. 다시 말해, 고정환율로 외환이 거래되는 암시장이 급증했다. 주빌리 2000(Jubiliee 2000)의 '부채 탕감'(Drop the Debt) 캠페인은 부채 청산에 대한 고부채 빈국들(HIPC: Heavily Indebted Poor Countries)의 적극적인 행동을 만들어냈지만, 대부분의 경우 그 결과는 이미 감당할 수 없는 부담을 더욱 악화시키지 않는 것이었다.

환율과 주식시장, 이자율 불안정과 1980년대와 1990년대 많은 금융위기의 주요 원인은 점증하는 세계적인 민간자본 이동의 변동성이었다. 이것은 변동환율과 자유로운 자본 이동을 옹호하는 사람들이 주장하는 것처럼 새로운 시스템이 민간시장의 균형을 추구하는 경향 때문에 더 순탄한 조정과 더 빠른 경제성장을 야기한다는 것을 뜻하지 않는다. 그 대신에 1990년대의 경험은 1929년 주식시장 붕괴로부터 제2차 세계대전의 발발까지 오래 지속된 위기의 부활의 망령을 불러냈다.

변동성의 증가뿐만 아니라 세계의 경제성장은 1990년대 들어 낮아졌고 디플레이션 국면이 증가했다. 〈표 1〉에서 제시한 것처럼, 디플레이션 국면은 오늘날 일본·독일·타이완·홍콩·중국[3]과 심지어 미국에서 강력한 것이다. 논쟁의 여지가 있지만, 이러한 디플레이션은 천정부지로 치솟는 인플레이션보다 경제적 후생에 더 큰 손실을 입힐 수 있다. 디플레이션의 발생은 또한 높은 변동성과 위기의 경향에 영향을 주는 동일한 요인인 브레턴우즈 시스템 붕괴 이후 시작된 자본 이동의 제한 철폐로부터 일어난 것으로 짐작된다.

〈표 1〉 디플레이션 추이, 생산물 시장: 인플레이션 증가율

	1985~89년	1990~94년	2000~04년
전 세계	16	30	4
선진국	4	4	2
개발도상국	48	53	6

* 주: 소비자 물가지수, 연평균 증가율.
* 출처: Kenneth Rogoff, "Globalization and Global Disinflation", IMF, 2003.

3) 중국은 (대규모 과잉 설비에 따른) 산업 부문의 디플레이션과 도시 식료품과 서비스, 그리고 자산의 인플레이션을 동시에 경험하고 있다. 소비자 물가지수(CPI)는 2004년 10월 5퍼센트 증가했지만 이후 하락했다.

개발도상국에 끼친 영향

〈그림 4〉의 네 번째 패널과 다섯 번째 패널의 비교는 1973~97년 사이에 발생한 금융위기의 발생 빈도가 선진국보다는 신흥 공업국에서 더 많았다(다섯 번째 패널의 35개 다른 개발도상국을 포함하면 위기의 발생 빈도는 더욱 증가한다)는 것을 보여준다. 배리 아이켄그린이 주장한 것처럼, "자산 가격의 급격한 변화 — 가끔은 금융 시스템과 경제의 안정을 위협할 정도의 — 는 정보와 계약 여건이 덜 발달한 개발도상국에 특히 광범위한 것 같다." [4]

〈표 2〉 GDP에서 대외채무가 차지하는 비중 (퍼센트)

	1981년	1991년	2000년
아프리카	31	63	68
아시아	19	33	28
남미	40	39	39

* 출처: IMF, World Economic Outlook, Various Issues.

1980년대 이후 개발도상국으로의 민간자본 이동이 공공자본 이동을 훨씬 초과했다. 개발도상국으로의 공공자본 이동은 1986년 500억 달러, 1995년 880억 달러, 2000년 660억 달러였지만, 순 민간자본 이동 액수는 1986년 250억 달러, 1995년 1,710억 달러, 2000년 1,400억 달러로 훨씬 더 컸다.[5] 동시에 개발도상국은 〈표 2〉에서 볼 수 있는 것처럼, 통화 변동성에 따라 그들의 취약성을 증가시키는 대외채무에 짓눌려 있었다.

취약성의 정도는 외환 보유고나 GDP 대비 대외채무 총액의 비중뿐만 아

---

4) Barry Eichengreen, *Financial Crises*, p. 4.
5) OECD, Development Assistance Committee, Various Years.

니라 이자율에 의존한다. 이자율이 증가하면, '지불 능력'과 상관없이 경화 (hard currency)의 채무 원리금 상환(debt-service) 의무 또한 증가한다. 이에 따라 개발도상국 통화가 평가절하되고 정부가 이자율을 올리는 경우에는, 높은 이자율이 국내 통화의 가치 하락을 저지하지 않는다면, 그리고 저지할 때까지 대외채무를 보유한 경제 주체는 이중적인 타격을 받게 된다. 〈그림 3〉에서 볼 수 있는 것처럼 개발도상국의 실질이자율은 1990년대 동안 주요 선진국의 실질이자율보다 더 심하게 변동했고 미국과 일본보다도 훨씬 더 변동이 심했다. 국내의 높은 이자율은 투자와 성장을 정체시킬 뿐만 아니라 자본계정의 개방을 통해 해외로부터 차입할 유인을 제공하고, 따라서 대외채무의 수준을 높이는 경향이 있다.

브레턴우즈 시스템 붕괴 이후 시기의 탈규제된 세계 자본시장은 통화 경쟁을 강제하는데, 이는 경제 행위자들이 국내 통화나 해외 통화로 그들의 부를 쉽게 유지할 수 있기 때문이다. 이것은 금융 취약성의 다른 원인을 만들어내고 개발도상국 정부의 거시경제 운용을 더욱 어렵게 한다. 〈표 3〉에서 볼 수 있는 것처럼, 이들 개발도상국에서 해외 통화, 주로 달러나 유로화로 부를 보유하는 경향이 뚜렷했다.

이 수치들은 개발도상국 국내 통화의 경쟁력 하락을 반영한다. 이러한 하락이 발생하는 하나의 이유는 〈표 1〉에서 볼 수 있는 것처럼 인플레이션의 연

〈표 3〉 총예금에서 평균 외환 예금이 차지하는 비중 (퍼센트)

	1996년	2000년
선진국	7	7
남미	46	56
이행기 국가	37	48
아프리카	28	33
아시아	25	28

* 남미에서 멕시코는 제외.
* 출처: IMF Working Paper 03/146.

평균 증가율이 개발도상국에서 여전히 높기 때문인데, 이들 나라들의 인플레이션 증가율은 약 6퍼센트로 선진국의 2퍼센트보다 높다. 통화 평가절하의 위험이 중요하다. 따라서 국내에 부를 소유한 사람들은 통화가치를 유지하는 데 더 적합한 통화를 고려해서 국내 통화로부터 다른 통화로 이동하는 경향이 있다.[6] 이와 같은 통화 경쟁의 결과는 통화의 위계를 양산한다. 상위 통화들은 국내 기능과 해외 기능을 수행하며, 중위 통화들은 국내 기능을 수행하지만 국제적으로 통용되지 못하며, 하위 통화들은 국내 기능과 해외 기능 모두를 수행하지 못한다.

이 최종 조건 — 통화의 통용 불가능성(non-acceptance), 따라서 경제의 '달러화'(dollarization)는 중앙은행이 무시할 수 없는 것이다. 통용 불가능성이 야기하는 하나의 결과는 통화정책의 실효성을 제한하는 것이다. 경제 활동의 확장을 바라는 중앙은행은 국내 통화를 창출하고 이를 상업은행에 제공하며 상업은행은 이를 다시 소비자에게 대부한다. 그런데 만일 소비자가 국내 경제가 취약하다는 것을 깨닫고 통화들 간 선택을 쉽게 할 수 있다면, 그들은 많은 국내 통화를 심지어 국내 거래에서도 선호되는 가치 저장 수단과 교환 수단으로 기능하는 해외 통화로 교환하려 할 것이다. 이것은 국내 통화 가치에 대한 하방 압력(평가절하 압력)을 만들어낸다. 만일 중앙은행이 이자율을 올려 평가절하에 대항한다면, 이것은 신용팽창을 막고 따라서 경제 전체의 팽창을 둔화시킨다. 최초의 목적은 훼손된다. 다시 말해 달러화는 투자 증대와 경제발전에 기초가 되는 국내 신용의 창출 기능을 제한한다.

달러화의 또 다른 결과는 통화 변환의 충격을 확대하는 것이다. 많은 국내 부와 거래가 외환 통화 단위로 이루어질 때, 평가절하를 단행하는 것은 해외 차관에 대한 이자 지불을 증가시키는 결과를 야기할 뿐만 아니라 국내 경제

---

[6] 많은 '신흥시장'에서 기업체와 몇몇 학자들은 신자유주의적 입장을 정부 정책에 고착화하기 위해서 또한 공식적인 달러화를 장려한다.

에 더 큰 충격을 준다. 따라서 비경쟁적인 통화를 가진 나라들의 중앙은행은 사람들에게 국내 통화를 보유하도록 유인하기 위해서 높은 이자율을 유지하려 한다. 8퍼센트 이상의 높은 이자율은 경제성장을 제약하는데, 이는 어떤 투자 프로젝트도 차입한 화폐에 따르는 비용을 넘어서는 수익률을 얻을 수 없기 때문이다.

'통화 경쟁'은 개발도상국 대부분의 저성장 원인 중 하나이며, 세계 소득 불균형을 확대하는 원인이기도 하다. 또 다른 원인은 그들의 중앙은행이 외환 보유고로 자금을 묶어둘 수밖에 없으며—따라서 이자율을 낮추고 국내에 투자될 수도 있는 자금을 사용해서 선진국 경제에 투자를 증대하는 자유로운 자본 이동의 상황에서 개발도상국 통화의 변동성이 확대되는 것이다. 같은 상황이 해외 투자자의 '환위험'을 보상하는 데 필요한 수준 이상으로 개발도상국의 이자율을 압박하는데, 이것은 국내 기업이 투자 자금을 충당하는 수단으로 부채를 사용하는 것을 어렵게 만든다. 이들 요인은 금융 자유화로 인해 가능하게 된 민간자본의 유입 증가의 긍정적인 효과를 상쇄하고도 남는 것이다.

저항의 지점들

주요 나라들은 국내 당국의 규제와 감독 정책의 기술적인 조정을 개선하여 높은 변동성과 금융시장의 위기를 양산하는 경향에 대응했다. 1990년대 후반 G7 재무장관에 의해 설립된 금융안정포럼(Financial Stability Forum)이나 1996년 금융감독을 위한 바젤위원회(Basel Committee on Banking Supervision)가 설립한 금융복합기업에 관한 연합포럼(Joint Forum on Financial Conglomerates)과 같은 새로운 포럼은 이러한 목적을 위해 설립되었다. 1997년 동아시아 위기에 대한 G7과 IMF의 대응은 국민경제의 금융 시스템을 더 개방하도록 강요하는 것이었지만, 그들은 지금 차입한 정부에 대한 '건전성 규제'(sound regulation)에 더 많은 관심을 가지고 있다. 무엇보다도 G7과 IMF는 개발도상국에 경제 운용의 수단으로 자본 이동의 제한을 사용하지 않도록 강요한다. '규제는 허용, 제한은 금지'가 계시(mantra)였다.[7]

지난 20년 동안 발생한 일련의 금융위기의 결과로 1930년대 형태의 대붕괴(meltdown)가 없었다는 점에서 기술적인 조정이 어느 정도 작동했다고 주장할 수는 있을지 모른다. 그러나 시스템은 유연성을 보장할 만한 수단이 취약한 상황이다. 그리고 더 기본적인 수준에서 '건전성 규제'에 대한 요구는 한 나라가 금융시장을 안전하게 개방할 때를 어떻게 판단할지에 관한 근본적인 무지를 은폐한다. 이와 같은 무지의 첫 번째 증거물(Exhibit A)은 1997년 4월에 세계은행이 발간한 『개발도상국으로 향하는 민간자본 이동』(*Private Capital Flows to Developing Countries*)이다. 개발도상국에 그들의 자본시장을 개방할 것을 강요하면서, 이 보고서는 충분히 강력한 규제체제에 관한 목록을 제시했다.

개발도상국들은 금융통합에 필요한 자본시장의 특성에서 상당한 편차를 보여준다. 지난 5년 동안 특히 발전이 강력했던 대부분의 역동적인 신흥시장은 높은 성장을 기록한 아시아 나라들(한국·말레이시아·태국과 아주 뒤처져 있지 않은 인도네시아와 필리핀)과 남미의 두 시장(칠레·멕시코와 더 나은 순위에 있는 브라질)을 포함한다. 〔……〕 표본에서 지체되고 있는 신흥시장은 남아시아(인도·파키스탄·스리랑카)와 중국이 있다.

---

7) Robert Wade, "The US Role in the Long Asian Crisis of 1990~2000", in Arvid Lukauska and Francisco Rivera-Batiz, eds., *The Political Economy of the East Asian Crisis and Its Aftermath*, Cheltenham 2001 참조.

단지 몇 달 후에 동아시아 위기는 보고서가 치하하던 나라들을 삼켜버렸지만, '지체'로 판별했던 경제는 그렇게 큰 악영향을 받지 않았다.

1980년대 이후 빈곤 퇴치 활동가들과 비정부기구는 발전 의제를 형성하고 공공자본을 공업화가 진행되고 있는 나라들로 보내는 국제기구의 활동들을 감시하고 공론화하는 역할을 활발히 했는데, 이는 세계은행, IMF와 WTO 정상회의가 열린 1999년에서 2001년 사이 벌어진 시위로 절정에 달했다. 개발도상국에 유리하게 이 기구들을 재편하려는 일련의 제안이 있었다. 아직까지 개발도상국 경제에 광범위한 국제자본을 제공하는 민간기업은 대중적인 감시를 훨씬 덜 받았다. 이들 제안의 뚜렷한 장점이 무엇이든 간에, 토빈세(Tobin Tax)나 통화거래세를 둘러싼 논쟁은 민간기업에 대한 감시가 없었음을 고려하면 환영할 만한 일이다. 중앙은행과 규제 당국이 소유한 외환동시결제(CLS: Continuous Linked Settlement) 은행이 최근 설립된 것은 하나 이상의 정부가 수입을 올리기에는(아마도 세계적 공공재에 자금을 조달하는 데는) 아주 낮은 세금이든 자본 쇄도의 유출입을 막기 위한 더 높은 세금이든 상관없이 그들의 통화에 대한 외환 거래에 세금을 쉽게 부과할 수 있는 방법을 제공한다.[8]

부활한 반세계화 운동은 민간 금융 조직과 그들의 자본 이동에 훨씬 더 관심을 가져야만 한다. 그와 동시에 반세계화 운동은 금융시장에 대한 훨씬 더 큰 규제를 만들기 위해 압박을 해야만 한다.[9] 이것은 국민경제 운용의 정당한

---

8) 국제 금융 시스템의 개혁에 대한 더 자세한 논의는 다음을 보라. Jane D'Arista, "Reforming International Financial Architecture", *Challenge*, vol. 43, no. 3(2000); Geoffrey Underhill and Xiaoke Zhang, eds., *International Financial Governance Under Stress*, Cambridge 2003; Roy Allen, ed., *The Political Economy of Financial Crises*, Cheltenham, 2004; Rodney Schmit, "Efficient Capital Controls"와 Paul Bernd Spahn, "Stabilizing Exchange Rates with a Tobin-cum-Circuit-Breaker Tax"와 *Asian Exchange*, vol. 17, no. 1(2001)의 특집호에 실린 다른 논문.

9) 하나의 예는 장외 거래(OTC: Over-the Counter) 파생상품 시장이 될 것인데, 이 시장은 1993년 8조 달러에서 1998년 50조 달러로 성장했다. 장외 거래는 레버리지가 높으며 따라서 본성적으로

수단으로서 다양한 종류의 자본 통제에 대한 명시적인 인식을 포함해야만 한다. 개방된 자본시장이 더 큰 안정과 평등한 세계질서를 야기한다는 명제를 뒷받침하는 증거는 거의 없다. 그리고 많은 증거들은 개방된 자본시장이 변동성과 금융위기의 경향을 증가시킨다는 것을 보여준다. 우리는 현재의 '훨씬 더 큰 개방'이라는 대중적 견해(doxa)를 대체할 수 있는 자본시장의 대안을 찾기 위한 새로운 담론이 필요하다.

〔장시복 옮김〕

불안정하고 이 시장은 전염의 위험을 증가시키는 소수의 세계적인 은행이 지배하고 있다. 기업뿐만 아니라 미국의 연방준비제도이사회(Federal Reserve)와 증권거래위원회(SEC: Securities and Exchange Commission)는 1990년대와 이후 이를 규제하려는 시도에 저항했다. 미국의 상품선물거래위원회(CFTC: Commodity Futures Trading Commission)의 수장이 CFTC의 완화 조치가 장외 거래 파생상품으로 확대되어야 한다고 주장했을 때 앨런 그린스펀, 로버트 루빈 재무장관, 아서 레빗 SEC 의장은 그녀를 강하게 성토했다. 1999년 세 사람은 빌 클린턴 대통령의 동의로 CFTC 수장을 해고했다. Robert Wade, "Out of the Box", *Journal of Human Development*, vol. 1, no. 1(2000), pp. 145~57 참조.

제2부
각 지역의 쟁점들

미국의 이라크 점령 이후 중동 정세

타리크 알리(Tariq Ali)

 2001년 가을 백악관 대통령 집무실에서 딕 체니와 조지 부시 일당은 9·11 사태를 이용해 전 세계를 개조해낼 수 있겠다고 확신했다. 펜타곤의 아서 체브로스키 해군 중장은 자본주의와 전쟁의 관계를 이렇게 요약했다. "세계화라는 지배적인 경향에서 '벗어난' 국가들과 지역에서 미군은 위험에 직면하고 있다." 5년이 지난 지금 그 대차대조표는 어떨까?
 대변(貸邊)을 보면 러시아, 중국, 인도가 압도되었다. 동유럽과 동남아시아도 여기에 보태야 할 것이다. 서방의 정치학자들이 미국의 부정직한 정책을 개념적으로 은폐해주었다. '제한적 민주주의', '후견 민주주의', '비자유 민주주의', '중산층 독재', '비자유 독재' 등등. 그러나 워싱턴 컨센서스의 수용이야말로 제국의 승인을 받는 가장 중요한 기준이었다는 게 사태의 진실이다. 서유럽에서는 이라크와 관련해 소란이 몇 차례 있었지만 유럽연합(EU)이 확실하게 미국을 편들고 있다. 요즘은 중동 문제에서 자크 시라크가 부시보다 더 호전적인 것 같다. 독일의 엘리트들도 필사적으로 워싱턴을 달래고 있다. 차변(借邊)을 보자. 카라카스 효과가 전 세계로 퍼지고 있다. 오랫동안 지속된 쿠바의 고립이 무너졌다. 볼리비아의 과두 지배가 라파스에서 무너졌다. 볼리바르주의 베네수엘라 공화국이 중요한 역할을 자임하며 거의 모든 라틴아메리카 국가들의 반(反)신자유주의 대중운동을 결집하고 있다.[1]

중동에 대한 미국의 통제력이 약해지고 있다는 사실이 워싱턴으로서는 더 불안하다. 사태를 역전할 수 있는 상황 따위는 전혀 없었다. 오히려 지난 1년 [2005] 동안 이 지역에서 미국의 지위는 더욱더 위태로워졌다. 물론 그 변화가 한결같지는 않았다. 적어도 한 개의 전선에서는 사태가 정반대 방향으로 흘러갔다. 레바논 개입은 성공적이었다. 그러나 그 밖의 다른 곳에서는 사태의 향방이 워싱턴에 불리하게 돌아가고 있다. 이란과 팔레스타인 선거에서는 미국이 말 잘 듣는 수하로 여겼던 세력이 패배했다. 더 급진적인 세력이 권좌에 오른 것이다. 이라크에서는 저항 세력이 미국의 점령 활동을 끊임없이 방해했다. 협력 정권의 안정을 전혀 기대할 수 없는 처지이고, 미국 내에서도 전쟁에 대한 지지가 약해지고 있다. 중동에 모범적인 위성국가를 세우겠다던 체니와 폴 월포위츠의 프로젝트는 팔루자의 잔해 속에 묻혀버렸다. 아프가니스탄을 보자. 게릴라들이 활동을 재개했다. 워싱턴은 파키스탄 군 정보부를 통해 탈레반 분파들에게 추파를 던지고 있다. 미군과 영국군의 고문 사실이 추가로 폭로되었다. 점령군과 그 대리자들의 자원 약탈은 말로 다 할 수 없을 정도다. 아랍 세계 전역에서 서방에 대한 증오가 광범위하게 끓어올랐다. 미군

---

1) 지난 몇 년 동안 우고 차베스는 모든 대륙의 주요 국가를 방문했다. 그는 제국주의에 반대하는 전 세계적 전선을 요구했고, 초청국들을 난처하게 만들었다. 알자지라가 그와의 장시간 인터뷰를 내보내자, 아랍 시청자 2,600만 명이 커다란 충격을 받았다. 방송국은 프로그램 사상 가장 많은 수의 이메일 반응을 접수하게 된다. 수만 건의 이메일은 한결같이 이렇게 묻고 있었다. 아랍 세계에는 왜 차베스 같은 인물이 없는가?

에게는 과부하가 걸려 있다. 군대의 임무 수행 능력에 대한 신뢰가 하락하고 있다. 국내에서는 지배계급이 베트남에 버금가거나, 더 심각한 완패 사태가 벌어지는 것 아니냐며 걱정을 하기 시작했다. 그러나 전체 전역(戰域)의 결과는 여전히 불투명하고, 동질적이지도 않을 것이다.

팔레스타인

예상되었던 것처럼 무지개 혁명에 대한 서방의 기대는 물거품이 되고 말았다. 녹색*이 대세를 이루었던 것이다. 팔레스타인 입법의회 선거에서 하마스가 승리를 거두었다. 서방 세계는 이 사태를 근본주의가 부상하는 흉조로 받아들였다. 대서양 양안의 지배자들과 기자들은 이스라엘과의 평화 전망에 먹구름이 끼었다고 걱정했다. 바로 금융 및 외교 압박이 가해졌다. 하마스에게 전임자들과 동일한 정책을 취하게 하려는 조치였다. 숫자상으로만 보면 하마스가 거둔 승리는 별게 아니었다. 78퍼센트의 투표율에 45퍼센트 득표율을 기록한 하마스는 전체 의석의 54퍼센트를 차지했다. 그러나 실제로 한번 생각해보자. 이스라엘, 미국, EU가 공공연히 개입해 파타당을 지원했다. 따라서 하마스의 승리는 압도적인 대승이라고 할 만했다. 선거운동 과정에서 하마스 조직원들과 기타 야당 세력은 수시로 억류 구금되었고, 이스라엘 군대의 공격을 받았다. 그들의 포스터는 압수 폐기되었고, 미국과 EU는 파타당에 자금을 지원했으며, 미국 의원들은 하마스의 활동을 허용해서는 안 된다고 주장했다. 그러나 팔레스타인 유권자들은 '국제사회'의 조직적인 위협과 뇌물 공세를 단호하게 거부했다. 〔집권 파타당과 서방 세력은〕 선거 결과를 조작하겠다는 결연한 의지 속에서 투표 일정까지 바꿔버렸다. 원래 선거는 2005

* 녹색은 하마스를 상징하는 색이다.

년 여름이었다. 그러던 것이 2006년 1월로 연기되었다. 마흐무드 아바스가 가자에서 돈을 살포할 수 있는 시간을 벌어주기 위한 조치였다. 한 이집트인 정보장교의 말을 들어보자. "그때쯤에는 대중이 하마스보다 집권 여당을 지지할 것이다."[2] 파타당 집권 10년 동안 부패·협박·허세가 만연했고, 깨끗한 정부에 대한 대중의 소망은 그 모든 것을 능가했다.

팔레스타인 정부는 탐욕과 종속 상태를 결합해버렸고, 당국의 굴종적 대변인과 경찰은 스스로 부자가 되었으며, 더한층의 토지 수용과 주민 대다수의 불행만을 야기한 '평화 과정'을 묵인했다. 하마스는 여기 굴하지 않았고, 대안으로 우뚝 섰다. 그들은 재원이 거의 없는 가운데서도 병원과 학교와 직업훈련소를 세웠고, 빈민을 위한 복지 프로그램을 실시했다. 하마스의 지도자와 기간 당원은 검소하게 살았다. 누구라도 그들을 찾아가 만날 수 있었다. 하마스는 일상의 요구와 필요에 이렇게 대응하면서 광범위한 지지 기반을 확보했다. 코란의 구절을 매일 암송해서 얻은 결과가 아니었던 것이다.

제2차 인티파다에서의 활약상이 하마스에게 추가로 어느 정도의 신뢰를 가져다주었는지는 덜 확실하다. 하마스도 파타당의 알아크사 순교자 여단이나 이슬람 지하드처럼 이스라엘을 무장 공격했다. 하마스의 그 어떤 활동보다 훨씬 더 치명적인 점령을 응징하려는 보복이었던 셈이다. 이스라엘 군대의 살육 작전 규모와 비교해보면 팔레스타인들의 공격은 새 발의 피였다. 하마스는 2003년 6월 일방적으로 휴전을 선포했다. 그 이후로 양측 간 공격 행위의 비대칭성이 극에 달했다. 이스라엘은 이후로도 서안에서 하마스 기간 당원 약 300명을 체포하는 등 공습과 포격 및 대량 체포를 단행했지만 하마스의 휴전정책은 여름 내내 계속되었다.[3] 2003년 8월 19일 헤브론의 자칭 '하마

---

2) Graham Usher, "The New Hamas", *MERIP*, 21 August 2005.
3) 2004년 말에 이르면 이스라엘 암살부대와 헬리콥터 공격으로 하마스 지도자 상당수가 암살당하고 만다. 셰이크 야신, 압델 아지즈 란티시, 이브라힘 마카드메, 아드난 굴, 셰이크 칼릴이 그렇게

스' 세포조직이 서예루살렘에서 버스를 폭파했다. 지도부는 관계를 부인했고, 그 행위를 비난했다. 이스라엘이 즉각 보복에 나섰다. 그들은 하마스의 휴전 협상 책임자 이스마일 아부 샤나브를 암살했다. 이번에는 하마스가 대응에 나섰다. 팔레스타인 행정 당국과 아랍 국가들은 하마스 구호 기금을 끊어버렸다. 2003년 9월 EU는 하마스의 활동 일체를 테러라고 선언했다. 이것은 텔아비브가 오래전부터 요구해온 바였다.

완전히 불공평한 전투 상황에서 실질적으로 하마스를 구별해주었던 것은, 다양한 경쟁 조직들이 의존했던 자살 폭탄 공격자들이 아니라 그들의 뛰어난 규율과 질서였다. 하마스가 한 해 동안 이스라엘을 상대로 휴전을 하겠다고 선포하고 이를 실질적으로 강제할 수 있었던 능력에서 그 사실을 분명하게 알 수 있다. 민간인 희생은 비난받아 마땅하다. 그러나 그 짓의 으뜸은 이스라엘이다. 그러므로 유럽과 미국의 비난은 자신들의 위선을 폭로할 뿐이다. 살인의 책임은 압도적으로 딴 데 있다. 전투기, 탱크, 미사일로 무장한 최신식 군대가 현대사 최장기의 억압정책 속에서 팔레스타인을 무자비하게 압살하고 있는 것이다. "군사 점령 치하에서 45년 동안 고통을 받고 있는 민족이 점령군에 맞서 일으키는 반란을 그 누구도 부인하거나 비난할 수 없다." 이스라엘 군 정보부 수장을 지낸 슐로모 가지트 장군이 1993년에 한 말이다.[4]

EU와 미국이 하마스에 대해 느끼는 진짜 불만은 다른 데 있다. 하마스가 오슬로 협정이라는 항복 문서를 받아들이지 않았고, 타바에서 제네바에 이르기까지 자신들의 곤경을 팔레스타인인들에게 떠넘기려던 온갖 후속 조치를 거부했던 것이다. 이제 서방의 최우선정책은 그런 저항을 분쇄하는 것이 되었다. 팔레스타인 행정부에 자금 지원을 중단하는 것이야말로 하마스를 굴복

───

사망했다. 살해 시도가 실패한 인물들도 있다. 무함마드 다이프, 마무드 자하르는 확실하다. 칼레드 메살도 가능성이 높으며, 무사 아부 마르주크는 다마스쿠스에서 살해 시도가 있었을 것이다.
4) *Yediot Aharonot*, 12 August 1993, Khaled Hroub, *Hamas: Political Thought and Practice*, Washington 2000에서 재인용.

시킬 수 있는 명백한 몽둥이 정책이다. 입법의회를 무시하고 아바스의 대통령직 권한을 강화해주는 것은 또 다른 무기이다. 바그다드의 폴 브레머처럼 워싱턴이 그를 대놓고 임명했다.[5] 그러나 이런 강경책은 전부 부메랑이 되어 돌아올 위험을 수반한다. 하여 하마스를 길들이려는 공작이 시도될 가능성이 더 많다. 하마스도 공직 취임이라는 열매에 안주하며 전임자들처럼 '실용주의적'으로 바뀔 것이라고 보는 것이다. 이것은 분명 합리적인 추론이다. 하마스는 역사적으로 무슬림 형제회의 분파다. 무슬림 형제회의 이집트 지파는 강령에서 더는 터키의 집권 여당보다 급진적이지 않다.[6] 다른 모든 종교처럼 이슬람교도 자본 및 제국과의 구역질 나는 협력관계에서부터 그것들에 대한 열광적인 반대에 이르기까지 광범위한 이데올로기적 토대를 제공한다. 당연히 그 양극단 사이에서 엄청난 기동의 여지가 존재한다.

하마스를 서방과 이스라엘의 입맛대로 빠르게 매수할 수 있을지는 여전히 의심스럽다. 그러나 그런 일이 일어난다고 해도 새로운 사건은 아닐 것이다. 하마스의 강령은 팔레스타인 민족주의라고 하는 가장 치명적인 약점에 저당

---

5) 이런 기대 섞인 전망을 확인하려면 Hussein Agha and Robert Malley, "Hamas: The Perils of Power", *New York Review of Books*, 9 March 2006을 보라. "정치적 책임이 하마스에게 넘어갔으므로 미국과 이스라엘은 구정권이 득세했던 때보다 더 적은 비용으로 그들의 목표를 달성할 수도 있을 것이다. 〔……〕 이 새로운 환경에서 얻을 게 가장 많은 지도자는 아바스 대통령이다. 〔……〕 그는 모두가 처다보는 핵심인물로 부상했다. 이슬람주의자들은 외부 세계와의 연락 창구로서 그가 필요하다. 이스라엘은 팔레스타인 정치 무대에서 그가 가장 비위에 맞으며, 그래서 확실한 대화 상대라고 본다. 미국과 유럽은 팔레스타인인들을 외면하지 않으면서도 하마스를 배격하고자 한다." 리야드에서 치러진 사우디아라비아 파드 국왕의 장례식에서 찍힌 사진을 보면 아바스, 이야드 알라위, 하미드 카르자이가 더 저명한 조문객들의 말석에 함께 앉아 있다. 꼭두각시 세 명이 나오는 영화의 할리우드 판 리메이크를 위해 오디션에 참가한 삼총사처럼 말이다.
6) 세속주의를 표방한 경쟁 조직 PLO가 요르단에서 몰살당하고, 베이루트로 쫓겨 간 1960년대 말과 1970년대에 팔레스타인 무슬림 형제회는 이를 수수방관했다. 무슬림 형제회의 방조 및 묵인은 신을 외면하는 호전적 투사들과의 공동 활동을 거부한다는 명분 속에서 정당화되었다. 그들은 그때 '모스크를 건설했다.' 세속주의 지도자들은 1990년대에 대중의 신뢰를 잃었다. 바로 이때 하마스가 이슬람의 외피를 유지한 가운데 민족주의의 상징으로 부상했다.

잡혀 있다. 결국 그들 앞에 놓인 정치적 선택은 이스라엘의 존재를 전면적으로 거부하거나 면적은 5분의 1로 줄고 조각조각 분할된 잔여 영토를 받아들이는 것뿐이다. 제1안의 환상적인 최대 강령에서부터 제2안의 애처로운 최소 강령에 이르기까지 그 길은 너무나도 짧다. 이것은 파타당의 역사가 보여주는 바이기도 하다. 하마스의 시험대는 서방의 요구를 만족시키면서 길들여지느냐의 여부가 아니라 그 심각하게 손상된 전통과 단절할 수 있느냐이다. 그렇게 하려면 팔레스타인의 민족적 대의를 하마스의 진정한 원리로 삼아야 한다. 아울러 팔레스타인의 영토와 자원을 두 민족의 비율에 따라 동등하게 나누자고 요구해야 한다. 한 민족이 80퍼센트를 차지하고, 다른 민족이 20퍼센트를 받는 식이어서는 안 된다. 그런 식의 퇴거 탈취라는 불법 행위를 순순히 따를 민족은 없다. 유일한 대안은 버지니아 틸리가 개설한 방안이다. 유태인과 팔레스타인인 모두를 포괄하는 단일국가를 수립하고, 그 속에서 시온주의의 부당한 요구를 바로잡아야 하는 것이다.[7]

레바논과 시리아

북쪽으로 가보자. 시리아는 바트당 정권이 비교적 독립적이며 체제도 안정되어 있다. 시리아는 이를 바탕으로 일정하게나마 지역의 맹주로 군림할 수 있었고, 당연히 텔아비브와 워싱턴에는 오랫동안 눈엣가시였다. 시리아가 선보인 정치적 기회주의 역사가 어떠했든지 간에 다마스쿠스는 카이로와 달랐다. 그들은 이스라엘과의 단독 강화에 서명함으로써 팔레스타인의 대의를

---

7) Virginia Tilley, *The One-State Solution*, Ann Arbor and Manchester 2005. 실용적인 2국가 안이 어떤 사태를 초래할지에 관한 *New Left Review*의 주장들을 확인하려면 Perry Anderson, "Scurrying Towards Bethlehem", Guy Mandron, "Redividing Palestine?", Gabriel Piterberg, "Erasures", Yitzhak Laor, "Tears of Zion", *New Left Review* 10, July~August 2001 참조.

폐기하지 않았고, 미국의 이라크 점령에도 협력하지 않았다. 시리아의 국경 지방으로 이라크 저항 세력이 흘러들어왔다. 반란군은 우호적 배후지에 의지할 수 있었다. 아들 아사드에게 중립을 요구하거나 제거하는 일이 미국의 의제로 부상했다.[8] 미군의 현재 상황은 또 다른 침략을 단행할 처지가 못 된다. 때문에 시리아 정부를 끌어내릴 확실한 방법은 레바논에서 급소를 찾는 것이었다. 서방 열강들은 레바논에서 자유롭게 공작을 수행할 수 있기 때문이다. 1976년에 진주해 떠날 줄 모르는 시리아 군대는 레바논 사람들에게 인기가 없다. 시리아 군대의 철수를 요구하면 정권 교체에 도움이 될 만한 국내 불안정을 야기할 수도 있을 터였다.

현대의 레바논은 그 시초부터가 프랑스 식민주의의 인위적인 창조물이다. 대(大)시리아의 해안 지대를 파리가 그 배후지에서 잘라내버렸다. 시리아의 독립이 피할 수 없는 사태로 명백해지자 지역의 똘마니 국가를 구축해야겠다는 의도였던 것이다. 그렇게 해서 동지중해 연안에서 오랫동안 프랑스의 끄나풀로 활약해오던 마론파 교도들이 레바논을 장악했다. 레바논의 교파 혼주(混州) 지역에서는 정확한 인구조사가 시행된 적이 없다. 무슬림 다수파 — 오늘날은 어쩌면 시아파까지도 — 가 정치제도에서 당연히 기대할 수 있는 대의체제를 거부당하고 있다는 사실이 드러나는 게 두려운 것이다. 곤경에 처한 팔레스타인 난민의 유입으로 과잉 결정된 교파 간 갈등이 1970년대 중반에 내전으로 폭발하고 말았다. 그 사태를 빌미로 시리아 군대가 미국의 묵인 아래 레바논에 진주했다. 그렇게 시리아군의 장기 점령이 시작되었다. 적대적인 집단들 사이에서 완충장치 역할을 할 수 있다는 것이 표면상의 이유였다. 이스라엘의 완전 정복을 막아내는 억지 수단이라는 구실도 보태졌다. 실제로

---

8) 영국의 의과대학에서 교육을 받은 바샤르는 처음에는 무바라크 2세나 무아마르 가다피처럼 서방에 순종할 것이라는 기대를 받았다. 아버지가 세운 전통에 그가 충성해버리자 서방 세계는 크게 실망했다.

1978년과 1982년에 이스라엘 군대가 레바논을 침략하기도 했다. 시간이 흐르면서 다마스쿠스가 레바논 정치의 광범한 분야에서 상당한 통제력을 행사하기에 이르렀다. 시리아의 군대와 정보기관이 레바논 최고위직 후보자들을 선발했고, 내각과 당파 분쟁을 배후 조종했으며, 말 안 듣는 정치인들을 암살했고, 그 과정에서 개인 재산을 몰수했다.

1994년 억만장자 부호 라피크 하리리 — 사우드 가문의 앞잡이 — 가 수상으로 취임했다. 권좌에 오른 그는 레바논의 베를루스코니이자 탁신이었다. 그는 자신의 기업을 동원해 베이루트를 재개발하면서 이익을 챙겼다. 그는 외환위기를 불러일으켰고, 쫓겨났다가, 사태를 해결할 수 있는 유일한 부자여서 다시 복귀했다. 그는 엄청난 현금 동원력을 바탕으로 다양한 연줄을 확보했고, 다마스쿠스와의 협상에서도 기동의 여지가 더 많아졌다. 그 연간의 친구들로 또 다른 부패 정치인 자크 시라크를 빼놓을 수 없을 것이다. 하리리가 시라크의 선거운동 자금을 상당히 지원한 것으로 전해진다.[9] 프랑스는 자신의 식민 거점에 대한 관심을 놓았던 적이 없다. 이미 2004년에 시라크는, 국내적 요구에 직면해 이라크 문제에서 미국을 외면했던 것을 만회하고 있었다. 아이티에서 프랑스와 미국의 합작 쿠데타를 조종한 시라크에게는 부시와 하리리가 레바논에서 시리아를 축출하는 것을 도와야 할 충분한 이유가 있었다. 물론 다마스쿠스도 무슨 일이 벌어지고 있는지 잘 알았다. 8월에 바샤르 아사드가 하리리를 불렀다. 아들이 전하는 바에 따르면 바샤르는 그에게 이렇게 말했다고 한다. "시라크와 당신이 레바논을 통치하게 될 것으로 생각한다면 오판이다. 〔에밀레 라후드 대통령의 임기가〕 연장되어야 한다. 그렇지 않으면 당신과 왈리드 줌블라트는 레바논이 쑥대밭이 되는 꼴을 보게 될 것이다."[10]

---

9) 엘리제 궁의 선거운동에 관해서는 Flynt Leverett, *Inheriting Syria: Bashar's Trial by Fire*, Washington 2005, p. 259 참조.
10) 하리리 암살에 관해서는 Detlev Mehlis의 UN IIIC 보고서(October 2005)를 보라. 줌블라트는 친서방계 인물로 드루즈 종파의 지도자이다.

그 다음 주에 프랑스와 미국 주도로 유엔 안전보장이사회에서 시리아의 레바논 철수와 헤즈볼라 민병대의 무장 해제를 요구하는 결의안이 채택되었다. 그에 대한 반응이 일어나는 데에는 오랜 시간이 걸리지 않았다. 2005년 2월에 레바논 총선이 시작되었다. 베이루트 소재 세인트조지 호텔 밖에서 자동차 폭탄 공격으로 하리리가 폭살당했다. 그가 이런 운명을 맞이한 레바논 최초의 정치인은 물론 아니었다. 전임 대통령 두 명, 곧 바시르 게마이엘이 1982년에, 르네 모아와드가 1989년에 비슷한 방법으로 목숨을 잃었다. 그때는 별다른 소요 없이 사태가 진정되었다. 그러나 이번에는 달랐다. 유엔 사무총장이 바로 진상조사단을 파견했다. 독일인 전권 검찰관이 특파되어 조사 활동에 착수했고, 바로 시리아가 범인이라고 지목했다. 처음부터 사태가 그런 식으로 전개되리라는 게 명백했다. 조사단은 딱한 허수아비 코피 아난과 유엔이 서방의 의지에 따라 움직이는 자동인형에 불과하다는 사실만을 폭로했다. 헤즈볼라, 파타, 하마스 지도자들을 상대로 한 이스라엘의 암살 작전에 대해 조사단은 고사하고 유엔 사무국의 비난 성명 한 자 없었다는 사실을 상기해보라. 파트리스 루뭄바, 벤 바르카, 체 게바라, 살바도르 아옌데, 사모라 마첼*의 운명이 서방 세계의 유구한 전통을 웅변해준다.

레바논 국내에서는 보다 진지한 대응이 촉발되었다. 하리리의 광범위한 부조 행위에 의존하던 사람들이 많았다. 레바논의 중간계급이 시위를 벌이며 시리아 군대와 경찰의 철수를 요구했다. 서구 단체들이 삼나무 혁명을 진전시키기 위해 개입했다.[11] 워싱턴과 파리의 위협은 막강했고, 시리아는 철수하

---

* Samora Moisés Machel, 1933~86: 모잠비크의 군사지도자였고 나중에 대통령이 되었다.

11) 사치&사치가 '자유의 광장' 집회를 조직했다. 스피리트 오브 아메리카는 샌드위치와 깃발, 그리고 극적 효과를 낼 수 있는 것들을 제공했다. '자유로운 시대가 오기까지 남은 날수를 계산하는' 전자시계인 대형 프리덤 클락(Freedom Clock)이 대표적이었다. 시리아인의 얼굴을 인쇄해 '지명수배자' 명단으로 꾸민 카드 일습이 배포되었다. 카드는 이스라엘 신문 『마리브』가 팔레스타인인들을 표적으로 삼으면서 처음 고안한 방법인데, 미군이 이라크에서 채택함으로써 세계적으로도 유명해졌다. CounterPunch, 18 November 2005 참조.

지 않을 수 없었다. 베이루트에 서방의 구미에 맞는 정부가 들어섰다. 그러나 레바논 내의 다양한 분파는 과거 그 어느 때보다 더 강력하다. 헤즈볼라는 무장을 해제하지 않았다. 아사드도 건재하다.[12] 미국은 졸을 잡았다. 그러나 아직 성을 함락시키지는 못했다.

지옥의 전장 이라크

시리아 동부 지역이 이라크 저항 세력의 은신처로 활용되면서 시리아가 미국 압박의 표적으로 부상했다면 거기에는 충분히 그럴 만한 이유가 있다. 이라크 자체의 전쟁 상황이 워싱턴에게는 최악으로 치닫고 있는 것이다. 저항군은 불굴의 의지로 맞서고 있고, 점령군은 3년 동안 2천억 달러 이상의 전비를 지출했음에도 불구하고 피정복민들에게 물과 전기를 안정적으로 공급하지 못하고 있다. 공장들은 여전히 놀고 있다. 병원과 학교가 거의 운영되지 못하고 있는 실정이다. 미국의 지역 추종자들이 석유 수입을 통째로 약탈해 가고 있다. 미국의 기업들이 호시탐탐 기회를 노리고 있음은 말할 것도 없다. 유엔의 경제제재로 주민 대다수의 생활 수준이 이미 피폐한 상태였다. 미군이 진주했고, 이라크 주민의 삶은 훨씬 더 비참해졌다. 종파 간 갈등과 살육이 폭증했고, 최소한의 치안도 보장되지 못하고 있다.

지옥과 같은 참상이 펼쳐지고 있다. 점령군의 사기가 꺾이고 있다는 징후들이 보인다. 사상자가 발생할 걱정이 없는 9킬로미터 상공의 사치스러운 공격 작전이 이루어지지 않으면서 미군은 궁지에 몰리고 말았다. 그들은 병영

---

12) 최근의 위기 상황에서 시리아의 몇몇 야당 세력이 아사드 정권에 거래를 제안했다. 서방의 위협에 맞서 시리아를 방어하기 위해 거국 내각을 구성하고, 바트당이 주요한 역할을 수행하게 될 총선을 치르자는 제안이었다. 바트당 최고위원회는 그 제안을 거절했다. 그들은 국내정치에서는 억압을 선호하며, 국외에서는 교묘한 책략을 즐겨 사용한다.

미국의 이라크 점령 이후 중동 정세 235

에 처박혀 있고, 공군력과 막강한 지상군 엄호 속에서만 임무에 나선다. 그러나 거의 매일 목숨을 잃고 있다. 2006년 2월 이라크에서 복무 중인 미군을 상대로 조그비가 실시한 여론조사 결과에 따르면 72퍼센트가 미국이 1년 안에 철수해야 한다고 답변했으며, 그 가운데 29퍼센트는 '즉각' 철수해야 한다고 응답했다. 4분의 1 미만인 23퍼센트가 대통령과 국내의 기성 권력이 되풀이하는 공식 입장, 곧 미국이 '끝까지 버텨야 한다'는 주장을 지지했다. 군 예비자원이 고갈된 나머지 펜타곤은 신병 충원을 위해 범죄 기록을 삭제해주겠다고 발표했다. 펜타곤은 용병들에 점점 더 의지하고 있다.

침략과 점령을 성공시키기 위해 수고스럽게 구축한 정치적 위장 술책은 실패하고 말았다. 꼭두각시 정부를 선출하기 위한 첫 번째 총선은 수니파가 집단적으로 거부해버렸다. 미제 헌법은 조작된 국민투표로 밀어붙이지 않을 수 없었다. 두 번째 총선은 미국의 사주를 받고 있던 상이한 세력들 간의 쟁투로 비화했다. 결국 의회가 교착 상태에 빠지고 말았다. 엄선된 인물과 선호하는 후보들에게 뇌물과 자금을 퍼부었지만 기대에 못 미쳤다. CIA와 펜타곤의 장학생들인 알라위와 아흐메드 찰라비는 선거에서 굴욕을 당했다. 글을 쓰고 있는 지금〔2006년 초〕 미국 총독은 쿠르드족 대통령을 이용해 요구에 부응하지 못해온 시아파 총리를 내치려 하고 있다. '보라색 혁명'에 대한 대중의 냉소가 만연해 있다. 바그다드 행정 당국에 대한 신뢰는 거의 찾아볼 수 없다.

이라크의 해방과 독립은 요원하다. 점령이 지속되면서 종파 간 갈등이 심화되었다. 점령군은 그런 상황에 의존하고 있다. 수니파의 시아파 공격, 시아파의 수니파 공격은 이제 일상사가 되어버렸다. 두 집단 모두에서 비극적인 인명 손실이 끊임없이 발생하고 있다. 수니파 저항 세력이 목숨을 걸고 완고하게 투쟁하는 가운데 사태가 이렇게 비화되었다. 그러나 재앙적인 내전 사태—당연한 얘기지만 외세에 맞서는 애국적 투쟁과 결합되어 있다—의 최초 책임은 시아파 성직자들에게 있다고 할 수 있다. 아야톨라 시스타니를 필두로 하는 시아파 성직자들이 이라크 점령 세력과 동맹을 맺는 바람에 시아파 종단이 저항 세력의 보복 공격이라는 치명적인 위험에 노출되고 만 것이다. 평범한 신자들이 종교 지도자들의 명령을 따르는 한 사태는 바뀌지 않을 것이다. 시스타니가 브레머, 존 네그로폰테, 잘마이 칼릴자드와 결탁한 것은 만년에 점령 세력과 거리를 두면서도 말없이 민족을 보호했던 또 다른 시스타니를 생각할 때 참으로 통탄스럽다. 그러나 이 나자프의 페탱*은 더 나은 운명을 기대할 수 있을 것 같다. 미국 군인의 목숨을 구하는 데서 그가 맡은 역할에 대한 감사의 표시로 노벨 평화상 후보로 지명된 것이다. 거만한 침략 옹호자 토머스 프리드먼이 그를 추천했다.[13]

시아파 지도자들과 특히 시스타니가 2004년 봄 미국에게 짐을 싸라고 말했다면 이라크는 지금쯤 종파 융합이라는 바람직한 미래상을 공유하며 자유 독립국가로 우뚝 섰을 것이다. 2004년 봄에 수니파와 시아파가 공히 점령에 반대해 봉기했으므로, 공동 투쟁의 기반 위에서 그렇게 할 수 있었을 것이라는 얘기이다. 그러나 시스타니와 측근들은 미국과 합세해 남부에서는 무크타다 알사드르의 마흐디 민병대를, 북서부에서는 수니파의 저항을 분쇄했다. 그들의 목표는 분명했다. 미국의 후견을 받으며 바그다드에서 권력을 장악하고, 다수파 우위와 외세를 등에 업고 편협한 종파 정권을 세운다는 것이었다. 이런 선택지를 채택한 종파적 의회주의는 능히 예상할 수 있듯이 종파 간 증오를 심화했다. 무차별 복수와 상호 학살이 이어졌다. 폭력 사태의 원흉들은 이제 그것을 빌미로 침략 세력의 이라크 점령을 연장해달라고 요구한다. 반

* 시스타니를 가리킴.
13) CIA 중동 지역 책임자였던 라울 마크 게레츠도 비슷한 견해를 피력했다. 다음의 에세이 내용을 보자. "이라크에서 1월 30일에 치러질 선거는 이스라엘이 1967년 가말 압델 나세르의 연합군을 6일 전쟁에서 패퇴시킨 이래 아랍 역사에서 가장 중대한 사건일 것이다." 게레츠의 결론은 이렇다. "아야톨라 시스타니의 건강과 행복과 위세를 위해 매일 밤 기도하라〔원문대로〕. 〔……〕 시스타니와 그의 추종자들이 중동의 현대사를 미국과 유럽의 자유주의자들보다 훨씬 더 잘 이해하고 있다는 사실은 다행스러운 일이다." "Birth of a Democracy", in Gary Rosen, ed., *The Right War? The Conservative Debate on Iraq*, Cambridge 2005, pp. 237, 243.

격에 직면한 수니파 정치인들은 미국에 더 머물러달라고 간청했다. 증오와 폭력 행위를 불러일으킨 점령 세력이 계속되는 재앙의 원인이 아니라 구제책이라도 되는 것처럼 말이다.

이런 폭력의 악순환을 종식시킬 수 있는 방법은 하나뿐이다. 2004년에 시스타니가 거부했지만 알사드르가 다시 한 번 지지한 방침이 있다. 수니파와 시아파 지도자들, 지방의 반미 유격대와 수도의 민병대가 전국적 합의를 이뤄내 더 이상의 혼란을 막고 이라크에서 모든 점령 세력을 축출하자는 노선 말이다. 알사드르는 레바논에서 폐허가 된 사마라와 바그다드로 돌아와 이렇게 호소했다. "뱀의 머리를 자르면 모든 악을 제거할 수 있다." 대개가 도시 빈민인 그의 민병대는 과거 한때 이라크 공산당의 거점이었던 지역에서 충원되고 있다. 미국과 영국 원정군은, 시아파가 수니파 동포들의 전례를 따르기 시작한다면 이라크에서 한 달도 버틸 수가 없다. 꼭두각시 의회에서 외국 군대의 즉각 철수를 요구하는 표결만으로도 워싱턴과 런던의 입장이 지지받지 못하고 있음을 보여줄 수 있다. 이라크의 현대사를 고려할 때 두 공동체 사이의 관계에서 심각한 갈등이 여전하리라는 것은 불문가지다. 침략군의 구르카로 행세 중인 쿠르드족의 최근 행보는 말할 것도 없다. 그러나 서방의 침략이라는 독소가 제거될 때까지는 과거든 현재든 상처가 치유될 가망이 전혀 없다. 영미 군대는 이라크에서 완전히 철수해야만 한다. 그래야만 이라크의 미래가 보장될 것이다.

표적으로 떠오른 이란

이라크 남동부 바스라와 마이산 지방에서는 지금 시아파 지역 행정부가 영국군과 협력하기를 거부하고 있다. 아마도 국경 너머에서 새로운 상황이 전개되고 있기 때문에 그들의 태도가 바뀌었을 것이다. 마흐무드 아흐마디네자드가 2005년 이란 대선에서 승리를 거두었다. 그가 승리한 사건은 새 세기 들어 중동에서 발생한 가장 커다란 정치적 격변이다. 노동계급 가정 출신으로 단호한 성직 투사이자 이라크 전쟁 참전용사인 이 테헤란 시장이 서방 언론과 그 소유주들이 지지한 후보를 크게 물리쳤다. 부패한 교계의 거물이자 정치 사기꾼 하셰미 라프산자니는 1980년대 말과 1990년대 초반에 이란을 다스렸던 인물로, 그의 막대한 금권선거운동—첨단 기술이 동원된 집회, 범퍼 스티커, 히잡 여성들로 절정을 이루었다—은 가난한 빈민들의 항의 투표로 무너졌다. 아흐마디네자드는 자신 있게 환경 미화원 복장을 하고 테헤란의 거리를 청소할 수 있는 유일한 후보자였다. 그는 온갖 호사를 누리는 백만장자 적수와 봉급의 상당액을 가난한 사람들에게 나눠주는 자신을 함께 보여주는 CD를 제작해 평등주의적 재분배 정책을 선전했다. "석유 수입을 가난한 빈민들의 식탁 위에 올려놔야 한다"는 게 그의 선거 구호였다. 그는 겉만 번지르르한 라프산자니의 공약을 비판하면서 주택 문제와 실업 위기, 그리고 이것들이 결혼을 원하는 젊은 남녀에게 야기한 문제들의 구체적인 해결책을 제시했다. 그는 에너지 문제와 관련해 미국의 명령에 순순히 따르지 않을 것이고, 부패를 종식하겠다고도 약속했다.[14] 그 결과 이란의 선거 운동은 2004년 미국 선거나 2005년 영국 선거보다 더 격렬한 대립 양상을 띠었고, 더 진지한 사회정책 선택을 가능케 했다. 당연히 투표율도 더 높았다.

아흐마디네자드는 불만의 열매를 거두었다. 라프산자니가 과거 대통령 직을 수행하면서 보여준 잔혹하고 부패한 전력뿐만 아니라 결단력이라고는 없는 그의 후계자 덕도 보았다고 할 수 있다. 개혁가 모하마드 하타미 치하에서

---

14) 좌파의 적대적인 논평을 확인하려면 *Iran Bulletin—Middle East Forum*, series II, no. 3, December 2005 참조. 이란의 계급 양극화를 폭로하는 영화로는 Jafar Panahi의 「붉은 황금」 (Crimson Gold, 2003)이 있다. 하타미 정부는 압바스 키아로스타미가 대본을 쓴 이 영화의 상영을 금지했다. 파나히의 최신작 「오프사이드」—여성과 축구에 관한 영화—가 하타미의 계승자 치하에서 동일한 운명을 맞이하게 될까?

경제 상황은 꾸준히 악화되었다. 석유가는 계속 올랐는데도 말이다. 미하일 고르바초프 스타일의 순진한 외교정책도 부시의 악의 축 대응만을 낳고 말았다. 부시의 정책은 로널드 레이건이 러시아를 악의 제국이라고 부른 것과 닿아 있었다. 하타미는 외국 투자자들의 권리는 방어할 준비가 되어 있었지만 독립 언론과 학생 시위대의 권리는 외면했다. 그는 영적 가치에 대해 교황과 공허한 대화를 나눌 수는 있었지만 시민의 권리를 단호하게 보호할 능력은 없었다. 하타미는 모순적 압력 사이에서 무기력하게 우왕좌왕하다가 도덕적 신뢰를 완전히 잃고 말았다. 아흐마디네자드는 자신의 대중적 계급 기반 때문에 대통령 직에 대한 사회적 감수성이 훨씬 더 크다. 그러나 그렇다고 해서 실질적인 결과가 더 나아지리라는 보장은 전혀 없다. 청년 실업자 수백만 명의 생활 수준은 열악하기 이를 데 없다. 그들에게는 일관된 국가 발전 계획이 사활적으로 필요하다. 그러나 이슬람의 비의존적 자유주의는 신자유주의를 대체할 수 있는 견실한 대안이 아니다. 문화적 억압을 강화해 경제 실패를 만회해보려는 유혹은 거역하기가 쉽지 않다.

이란의 정치체제는 불투명하고 제멋대로이며, 대통령은 경쟁하는 권력기관들에 둘러싸여 있다. 거의 모든 기구가 공무원들보다 더 보수적이다. 최고지도자 아야톨라 알리 하메네이는 젊은 말썽꾼의 인기가 치솟는 것을 원하지 않는다. 라프산자니 지지 세력인 율법학자–상인 연합은 아흐마디네자드의 석유부 숙정 작업을 이미 방해하기 시작했다. 그들은 체제이득판별위원회(Expediency Council)에도 똬리를 틀고 있다. 하타미와 자신들을 동일시했던 서방 친화적 중간계급은 상처를 핥으면서 재기를 도모하고 있다. 미숙함이 드러나거나 실책을 저지르면 사방에서 달려들어 맹렬한 비난을 퍼부을 테고, 그런 일이 결코 적지 않을 것이다.[15] 이런 갈등의 사회적 배경 역시 긴장감이

---

15) 이슬람 원리주의 문화의 무지와 어리석음과 편견을 그대로 노출한 유태인 학살 부인 건이 첫 번째 사례이다. 유럽과 미국의 분노—프랑스 사회당의 로랑 파비우스는 국제사회가 아흐마디네자

팽팽하다. 왜곡된 발전 모형은 샤에게서 유래했고, 거의 10년을 끈 전쟁으로 망가졌으며, 다시 라프산자니의 호경기 통화 팽창과 하타미의 사유화를 겪었다. 그 결과 거대한 암시장이 탄생했다. 비공식 실업률이 25퍼센트이고, 농업 위기가 불안하게 다가오고 있다. 학생들은 이반한 상태고, 노동자들은 반항하고 있으며, 남서부의 아랍인, 북부의 쿠르드족과 아제리족, 남동부의 발루치족은 분노가 폭발하기 일보직전이다. 이런 난맥상 속에서 달갑지 않은 승자를 권좌에서 끌어내리려는 온갖 음모가 국내외에서 진행 중임을 알려주는 증거들이 속속 드러나고 있다. 미국의 개입을 통해 '해방'을 꿈꾸었던 사람들은 악화일로를 치닫고 있는 이라크의 악몽에 주목해야 한다.

그러나 우선 당장 초점이 되고 있는 것은 이란의 대외적 역할이다. 이 방향성 없는 성직국가는 거기서도 혼란스러운 장면을 연출했다. 이라크와의 전쟁이 종식된 이래 이란의 외교정책은 일관성 없는 기회주의로 점철되었다. 이란은 신중하고, 대체로 협력적인 진부한 외교술을 동원해 해외의 시아파 형제들에게 비용이 안 드는 연대의 제스처를 취해왔다. 레바논 남부의 헤즈볼라가 중요했고, 팔레스타인인들에게도 입에 발린 말을 했다. 테헤란은 1991년 걸프전 때 약삭빠르게 침묵을 지켰다. 미군이 이슬람의 성소들을 장악했을 때도 불평 한마디 하지 않았다. 이란은 북부동맹 내 앞잡이들을 시켜 미국의 아프가니스탄 침공을 도왔다. 이란은 미국이 이라크 점령을 준비하는 과정에서 CIA와 협력했고, SCIRI〔이라크 이슬람혁명최고평의회〕와 다른 정치적 자산을 동원해 미국의 바그다드 지배를 지원했다. 이란은 사탄에게 이런 호의를 베풀고 대가로 무얼 받았을까? 미 육군이 이란의 동부와 서부 국경에 주둔

드의 여행을 금지해야 한다고 주장할 정도로 멀리 나아갔다—는 물론 위선적인 태도일 뿐이다. 이란은 쇼아에서 어떠한 역할도 담당하지 않았다. 반면 터키는 분명히 책임을 져야 할 대량학살을 부인하는데도, 유럽의 보수주의자들은 외교 무대에서 눈 하나 꿈쩍하지 않았다. 다문화주의의 미명하에 그렇게 열정적으로 수용된 논제도 없을 것이다. 터키는 곧바로 EU에 가입했다. 아르메니아는 이스라엘이 아니다. 누가 신경이라도 쓰겠는가?

지를 마련했다. 미국은 이란의 원자로를 파괴하겠다고 위협하고 있다.

오늘날의 '국제사회' 기준에 비추어 보더라도 이란에게 핵 에너지 연구를 포기하라고 강요하는 서방의 책동은 기가 막힐 지경이다. 이란의 핵 활동은 핵확산금지조약에서도 허용하는 수준이다. 이란은 핵무기 보유 국가들, 곧 인도·파키스탄·중국·러시아·이스라엘에 둘러싸여 있고, 미국의 핵 잠수함이 이란의 남쪽 해안을 정기적으로 순찰한다. 이란이 외부 위협을 두려워하며 민감하게 반응할 이유는 역사적으로도 충분하다. 이란은 제2차 세계대전 때 중립을 표방했는데도 영국과 소련 세력에게 점령당했다. 이란의 선출 정부는 1953년 영국과 미국이 지원하는 쿠데타 세력에 의해 전복되었다. 세속주의 야당 세력이 괴멸했다. 1980년부터 1988년까지 서구 열강은 사담 후세인의 공격 행위를 부추겼다. 그 과정에서 이란인 수십만 명이 죽었다. 이란-이라크 전쟁의 최종 단계에서 미국은 페르시아 만의 이란 해군 거의 절반을 궤멸했다. 그들은 덤으로 민간 항공기를 격추하기까지 했다.

현재 이란은 핵 자위권에 필요한 기술을 초보적 단계에서 암중모색하는 수준에 불과하다. 그러나 부시와 블레어와 시라크와 에후드 올메르트에게는 이것만으로도 충분한 개전의 이유가 된다. 그들 자신의 국가가 수백 수천 기의 핵무기로 무장하고 있음에도 불구하고 말이다. 빈 의정서*의 단서 조항들을 트집 잡거나 푸념하는 게 보장된 권리이기는 해도 이란이 추구할 외교정책으로서는 쓸데없는 짓이다. 차라리 적당한 기회를 포착해 핵확산금지조약을 탈퇴하는 게 더 나을 것이다. 이란이 시대착오적인 국가라고는 해도 가장 노골적으로 발가벗겨진 상태임을 부인할 수는 없다. 현 시기 핵 열강들의 소수 독점체제를 정당화할 만한 근거는 전혀 없다. 그들은 너무나 위선적이어서 핵 보유 사실을 공언하지도 않는다. 핵폭탄이 200개나 있는 이스라엘은 언급도 되지 않는 것이다. 이런 금기가 깨져야만 비로소 핵 무장 해제가 이루어

---

* 1979년 오스트리아 빈에서 미국과 소련이 조인한 제2차 전략무기제한협상(SALT).

질 것이다.

이란을 응징하려는 적들에 맞서려면 일관성과 규율을 갖춰야 한다. 현재로서는 그런 기미가 거의 안 보인다. 이란의 성직자들은 통제적 관행과 교의를 전면에 내세우며 매우 분열적인 행동을 일삼았다. 시아파 정당들과 시스타니 ― 테헤란이 이라크라는 체스판에서 활용 중인 수염 난 여왕 ― 가 저항 세력과 맞서도록 했던 것이다. 테헤란에서 바스라와 바그다드를 경유해 다마스쿠스에 이르기까지 여러 세력들이 종파를 초월해 단결할 수만 있다면 내전적 갈등이 종식되고, 이란의 지위도 강화될 것이다. 이란의 최근 행적에서는 이 나라의 지배계급이 오만한 제국주의 세력에 감연히 맞설 것 같은 조짐이 거의 안 보인다. 온갖 무능력만을 드러내고 있는 것이다. 그러나 현재 상황이 그들에게 지금까지 회피하려고 해온 결정을 강요하고 있을지도 모르겠다. 민족적 자존심 때문에 서방의 위협에 항복을 가장하는 것도 쉬운 일이 아닐 것이다. 국경 너머에서 시아파 군중과 민병대를 서방 점령군에 맞서도록 돌려놓는 것은 어려운 일이 아니다. 테헤란은 자국 주재 대사관 직원보다 훨씬 더 많은 수의 인질을 통제하고 있는 셈이다. 이란이 용기를 낸다고 해도 펜타곤과 그 대리인들이 위험을 무릅쓰고 공격에 나설 가능성은 낮다.

전망

2001년 시작된 중동의 위기는 해결될 기미가 안 보인다. 기껏해야 우리는 계속되는 드라마의 중반부에 이른 것일지도 모른다. 공통점을 가진 새로운 세력과 면면들이 부상하고 있다. 알사드르, 이스마일 하니야, 하산 나스랄라, 아흐마디네자드. 이들 모두는 각자의 지역에서 도시 빈민을 조직하면서 그 존재를 알렸다. 바그다드와 바스라, 가자와 예닌, 베이루트와 시돈, 테헤란과 시라즈가 그 무대였다. 하마스, 헤즈볼라, 사드르 여단, 바시즈의 기원은 슬럼이다. 서방이 의존하고 있는 하리리, 찰라비, 카르자이, 알라위는 재외 동포 백만장자, 사기꾼 은행가, CIA 끈대로 그들과는 확연한 대비를 이룬다. 지구상에서 가장 비참한 처지에 놓인 판자촌과 골목길에서 급진적인 기운이 몰아치고 있다. 석유 수입으로 구축된 환상적인 부가 이곳을 둘러싸고 있다는 사실은 의미심장하다. 이런 급진주의가 코란에 묶여 나아가지 못하는 한 그 한계는 명백하다. 자비와 연대의 정신은 제국주의적 탐욕과 매판적 복종보다 훨씬 더 낫다. 그러나 그 결과가 재건이기보다 사회적 완화 요법에 머무르고 만다면 결국 기성의 질서가 복귀하고 말 것이다. 차베스나 에보 모랄레스에 필적하는 지도자들이 나와줘야 한다. 국가와 공동체의 분열을 극복할 수 있는 비전과 대륙적 단결에 대한 감각, 그리고 그런 견해를 확산시키겠다는 자신감을 가진 지도자여야 한다. 아흐마디네자드 시장 재임 시절에 테헤란에 시몬 볼리바르의 동상이 세워졌다. 중동에도 볼리바르와 같은 인물이 필요하다.

한편으로 패권국은 전혀 물러날 기미가 안 보인다. 현재의 혼란은, 서안, 바트당의 이라크, 호메이니의 이란 등 미국이 20년 넘게 침투하지 못한 지역들로 한정되어 있다. 중동에서 미국의 거점 역할을 했던 곳은 이집트, 사우디아라비아, 페르시아 만 연안 국가들과 요르단 등 다른 지역이었다. 미국의 전통적 졸개 국가들은 현상을 유지해왔고, 중동 문제를 해결하는 수단으로 계속 이용될 것이다. 그 밖에도 유럽과 일본이 이란과 팔레스타인 문제에서 미국과 서로 협력하고 있다. 러시아, 중국, 인도도 전혀 이의를 제기하지 않는다. 제국주의 세력의 패배를 기대하기에는 때가 너무 이른 것이다.

〔정병선 옮김〕

탈정치화된 정치, 동에서 서로 †

왕후이(汪暉)

    1960년대 그 격동의 10년간에 문화대혁명(文化大革命)이 그렇게도 중심적이었음에도 불구하고, 중국인 평론가들은 기이하게도 1960년대에 관한 국제적 논의들에서 부재하여왔다. 나는 이 침묵이 문화대혁명의 급진적 사상과 실천에 대한 거부뿐만 아니라 중국의 '혁명의 세기' 전체 — 1911년 공화혁명〔신해혁명〕으로부터 1976년경까지 이르는 시기 — 에 대한 부정(否定)도 나타낸다고 주장하고 싶다. 그 세기의 프롤로그는 1898년의 백일유신(百日維新)의

† 『뉴레프트리뷰』와 저자는 "Depoliticized Politics"의 본 편집 발췌의 출판을 친절하게도 허락해준 것에 대해 Kuan-Hsing Chen, Chua Beng-Huat, Christopher Connery, 그리고 저널 *Inter-Asia Cultural Studies*에 감사하고 싶다. 텍스트 전문은 Christopher Connery가 편집한, 아시아의 1960년대에 관한 특집호인 *Inter-Asia Cultural Studies*, vol. 7, no. 4에 "Depoliticized Politics, Multiple Components of Hegemony and the Eclipse of the Sixties"로 출판되었다.

실패로부터 1911년 우창(武昌) 봉기에까지 이르는 시기였다. 그 세기의 에필로그는 1970년대 후기부터 1989년까지의 10여 년간이었다. 이 시기 내내 프랑스 혁명과 러시아 혁명은 중국에 중심적인 모델이었고, 그것들을 지향하는 것이 그 시대의 정치적 분기(分岐)들을 규정하였다. 5·4 시기(五四時期)의 신문화운동(新文化運動)은 프랑스 혁명과 자유·평등·박애라는 그 혁명의 가치를 옹호하였다. 제1세대 공산당 멤버들은 러시아 혁명을 하나의 모델로 간주하였고, 1789년의 부르주아적 성격을 비판하였다. 1980년대 사회주의의 위기와 개혁의 홍기를 따라, 러시아 혁명의 아우라는 감소되었고 프랑스 혁명의 이상(理想)이 다시 나타났다. 그러나 중국 혁명의 세기가 마지막 대단원을 맞이함과 함께, 프랑스와 러시아의 경험 양자 모두의 급진주의는 비판의 대상이 되어버렸다. 1960년대에 대한 중국인들의 거부는 이렇게 하나의 고립된 역사적 우연이 아니라, 지속적이고 총체적인 탈혁명화 과정의 유기적 구성 부분이다.

왜 1960년대는 오늘날 아시아적 주제라기보다 서구적 주제로 보이는가? 첫째, 서구의 1960년대와 아시아의 1960년대는 연관되어 있긴 하지만 중요한 차이들도 있었다. 유럽과 아메리카에서 1960년대 저항운동의 홍기는 자본주의의 정치적 제도들에 대한 의혹 제기와 자본주의에 대한 광범한 비판을 목도하였다. 서양의 1960년대는 '전후국가'(戰後國家)를 표적으로 하여, 그 국내정책과 대외정책을 가차 없이 비판하였다. 대조적으로, 동남아시아(특히 인도차이나)와 기타 지역에서, 1960년대의 봉기들은 서양의 제국주의적 지배와 사회적 억압에 대한 무장투쟁의 형태를 취하였다. 혁명적인 정치운동들은 민족국가를 변혁하기 위해, 경제발전과 사회변혁을 위한 그들 자신의 주권적 공간을 만들어내기 위해 싸웠다. 오늘날의 상황에서, 1960년대의 무장혁명들은 사상뿐만 아니라 기억 속에서도 사라진 것으로 보인다. 그러나 자본주의 비판이라는 문제들은 여전히 남아 있다.

둘째, 1960년대 중국의 특수한 성격과 관계가 있다. 1950년대부터 시작해서, 중화인민공화국(中華人民共和國)은 여지없이 제3세계 해방운동과 비동맹운동(非同盟運動)을 대체로 지지하여, 한국과 베트남에서 세계 최강의 군사강국인 미국과 충돌할 지경이었다. 유럽의 급진주의자들이 1960년대에 스탈린주의에 대한 좌파적 비판을 발전시켰을 때, 그들은 중국이 이미 정통 소비에트 노선에 대한 광범한 비판적 분석을 발전시켜놓았음을 발견하였다. 그러나 중국에서 전체적으로 새로운 형태의 당국가(黨國家)가 수립되고 있었기 때문에, 탈정치화의 침식 작용은 이미 시작되고 있었다. 그것의 가장 중요한 표현들은 당국가 내부의 관료화와 내부 권력투쟁이었고, 이는 다시 언론 자유의 억압을 가져왔다. 문화대혁명을 시작할 때, 마오쩌둥(毛澤東)과 그 외 인물들은 이 경향들과 싸울 일련의 전술을 찾아 나섰지만, 마지막 결과는 언제나 이 투쟁이 그들이 맞서 싸우려고 계획했던 — '탈정치화하는' 분파투쟁과 관료화의 — 그 과정들 자체에 관련되게 되었다는 것이었으며, 이는 재개된 정치적 억압과 당국가의 엄격화를 가져왔다.

심지어는 1976년 이전에도, 1960년대는 문화대혁명 동안 발생했던 지속적인 분파투쟁과 정치적 박해 때문에 많은 중국인들이 보기에 그 영광을 잃어버렸다. 마오쩌둥의 죽음과 덩샤오핑(鄧小平) 및 그 외 인물들의 권력 회복을 따라, 중국 정부는 1970년대 후반부터 문화대혁명에 대한 '철저한 부정'을 취하였다. 의심과 실망이라는 대중적인 감정과 결합되어, 이는 오늘날까지 지속된 근본적 태도 변화를 초래했다. 지난 30년간 중국은 계획경제로부터 시장사회로, 세계혁명의 사령부로부터 자본주의적 활동으로 번성하는 중심지로, 제3세계 반제국주의 국가의 하나로부터 제국주의의 '전략적 파트너들' 중 하나로 자신을 변형시켰다. 오늘날, 중국의 문제들 — 농업사회의 위기, 농촌 지역들과 도시 지역들 사이의 벌어져가는 격차, 제도화된 부패 — 에 대한 비판적 분석의 여하한 시도에도 가장 강력한 반박은 "그래서, 당신은 문화대혁명 시절로 돌아가고 싶다는 거요?"이다. 1960년대가 시야에서 사라진 것은 이 탈정치화의 산물이다. 그러나 '급진적 부정'의 과정은 현재의 역사적 경향에 대한 그 어떤 진정한 정치적 비판의 가능성도 감소시켰다.

혁명의 종결들

그렇다면 우리는 앞선 전후시대(戰後時代)의 탈정치화를 어떻게 이해해야 하는가? 양차 세계대전의 결과는 유럽 중심적 국가 간 체계를 뒤흔들었다. 냉전의 시작과 함께, 세계질서는 무엇보다도 미국 블록과 소비에트 블록 사이의 적대적 대립에 의해 규정되었다. 1960년대의 한 가지 경이로운 성취는 이 양극질서의 파괴였다. 1955년 반둥 회의로부터 1975년 베트남 혁명의 승리에 이르기까지, 아시아·아프리카·라틴아메리카의 사회운동과 무장투쟁은 냉전질서의 개막을 강요한 하나의 '정치화 과정'(politicization process)의 형태를 취하였다. 마오쩌둥의 '3개 세계 이론'(Three Worlds Theory)은 이 새로운 역사적 지형(地形)에 대한 반응이었다. 민족해방운동이 서양 제국주의의 장악력을 깨부숨에 따라, 중·소 분열(中蘇分裂)과 함께 시작된 공산주의 블록의 파열 역시 사회주의의 미래에 관한 토론을 재개할 수 있는 공간을 창조하였다. 이론투쟁과 사회투쟁은 사회주의 진영 내부에서 훨씬 경직되게 자라났던 권력 구조에 대한 도전을 가져왔다. 이것 역시 하나의 정치화 과정으로 볼 수 있다.

그러나 중국의 1960년대는 또한 자기모순적인 '탈정치화 경향'을 담고 있어서, 반관료화 투쟁이 분파투쟁 속에 — 그리고, 무엇보다도, 1960년대 말에 그 투쟁에 동반된 폭력 속에 — 포함되었다. 중요한 논문인 「문화대혁명을 어떻게 번역할 것인가」에서 이탈리아 사회학자 알레산드로 루소는 공개 토론과 여러 형태의 조직을 중심으로 문화대혁명 초기 수년간 발전했던 정치문화 속에서, 이 폭력적 분파투쟁들이 하나의 위기를 만들어내었다고 주장한다.[1] 이 위기는 당국가의 재진입에 기회를 제공하였다. 이런 의미에서, 문화대혁명의 최종 단계들은 하나의 탈정치화 과정 내부에서 전개되었다.

서구식 민주주의의 공동화(空洞化)

문화대혁명에 관한 루소의 소견은 지난 30년간 서구 의회민주주의의 쇠퇴에 대한 그의 분석에 기대어 수립된다. 이 의회민주주의의 초석은 정당(political party)이라고 그는 주장한다. 다당제(多黨制)는 각 당이 특정한 대의적(代議的) 성격과 정치적 가치를 가지고 있고 그것들을 위해 그 당이 의회적-제도적 틀 내부에서 라이벌들과 맞서 싸운다는 것을 전제한다. 그러나 정당들의 성격과 가치가 넓은 거시경제적 컨센서스 내부에서 점점 더 비확정적이 됨에 따라, 진정한 민주정치는 사라진다. 이런 상황하에서, 의회는 하나의 공공 영역으로부터 국가적 안정성을 보장하는 장치로 변형된다.

이제, 당대 민주주의의 위기 한가운데는 정당의 쇠퇴가 있다. 약해진 정당제라는 배경 아래에서, 민족국가들은 탈정치화된다. 이 시각에서 볼 때, 일당제(一黨制)와 다당제 모두에 공통된 하나의 내적인 동력(動力)이 있음이 보일 것이다. 그 구조적·내적·역사적 차이에도 불구하고, 지난 30년간 중국과 서구는 모두 하나의 탈정치화 조류 내부에 사로잡혀 있었다. 당대 중국에서 정치적 토론을 위한 공간은 대개 제거되었다. 이제 당은 특정한 정치적 가치를 가진 조직이 아니라 권력의 메커니즘이다. 당 내부에서조차도 진정한 토론을 수행하기는 쉽지 않다. 분기(分岐)들은 현대화로 가는 경로에 관한 기술적 차이라고 무시되고, 그래서 그 분기들은 권력 구조 내부에서 용해될 수 있을 뿐

---

1) Alessandro Russo, "How to Translate Cultural Revolution", *Inter-Asia Cultural Studies*, vol. 70, no. 4. 나는 2004년 볼로냐 대학에서 나와 함께 이 주제들에 관해 확장된 논의에 참가한 루소와 클라우디아 포차나(Claudia Pozzana)에게 깊은 감사를 표하고 싶다. 그들이 없었다면 이 글은 씌어지지 못했을 것이다.

이다. 1970년대 중반 이래로 중국 공산당은 정치적 가치 혹은 전략에 관해 아무런 공공적 토론을 행하지 않았다. 그러나 20세기 중국의 혁명적 변혁들의 두드러진 한 가지 특징은 이론적 토론과 정치적 실천 사이의 지속적이고 밀접한 연관이었다.

이 과정의 한 가지 핵심적 사례는 문화대혁명 이후 '노선투쟁' 개념의 소멸이었다. 만약 이것이 분파투쟁의 승자들에 의해 이용된 용어였다면, 그것은 중국 공산당 역사의 한 중심 요소이기도 하다. 즉 1927년의 재난[국공합작을 깬 장제스의 배신]에 뒤이은 혁명의 패배라는 문제에 대한 상충하는 분석들로부터, 중국 혁명의 사회적 성격에 관한 1930년대 초의 이론적 논쟁에 이르기까지, 모든 커다란 정치적 싸움은 진지한 이론적 고려와 정책 토론에 예외 없이 연관되었다. 중앙소비에트와 옌안(延安) 시기의 국내정치와 국제정치에 관한 논의로부터 문화대혁명 동안의 모순(矛盾)에 관한 논쟁에까지, 우리는 사회적 상황에 대한 상이한 분석으로부터 떠오르고 또 당의 전략에 대한 여러 갈래의 함의를 가진 일련의 중요한 이론적 분기들을 추적할 수 있다. 내가 보기에, 한 당의 내적 활력을 유지하고 또 그 당이 탈정치화된 정치조직이 되지 않도록 보장하는 것은 정확히 이 이론 싸움들이다. 이론과 실천을 '노선투쟁'에 종속시키는 것 역시 교정 메커니즘으로서 기능하며, 당으로 하여금 자신의 착오를 인식하고 교정할 수 있게 해준다.

당내 민주주의를 위해 기능하는 메커니즘의 부재 덕분에, 이 토론과 차이는 종종 분파투쟁을 통해 '해결'되었다. 문화대혁명 이후, 그 과정에서 고통을 받았던 이들 다수는 '노선투쟁' 개념을 처음에는 혐오하고 그 다음엔 거부하였다. 1970년대 후반에 권력을 재획득하자마자 그들은 '노선투쟁'을 그저 권력놀이로 타락시켰던 상황을 분석하기보다는, 당의 통일을 명분으로 이런 유형의 논쟁을 그저 억압하기 시작하였는데, 이는 당의 정치적 삶의 철저한 억압을 가져왔을 뿐만 아니라 당과 민주주의 사이의 관계에 대한 탐색의 가능성도 파괴하였다. 오히려 그것은 당의 국가화 — 즉 탈정치화 — 를 위한 토대를 놓았다.

1960년대에 중국은 광범한 이론적 어젠다를 발전시켰는데, 이는 역사의 동력, 시장경제, 생산수단, 계급투쟁, 부르주아의 권리, 중국 사회의 본질, 그리고 세계혁명의 상태와 같은 문제를 둘러싸고 전개되었다. 이 모든 문제에 관해 상이한 정치 블록들 사이에서 열띤 논쟁이 있었다. 이론과 정치문화 사이의 연관이 그 시기를 집약적으로 보여준다. 그것에 이어지는 궤적을 배경으로 하여, 우리는 중국의 탈정치화 과정이 두 개의 핵심적 특징을 갖고 있음을 볼 수 있다. 첫째, 이데올로기 영역의 '탈이론화'. 둘째, 경제개혁을 당 사업의 유일한 초점으로 만들기.

탈이론화의 견지에서 볼 때, 전환점은 이론과 실천 상호 간의 내적 연관이 주의 깊게 '강바닥의 돌을 더듬으며 강을 건넌다'는 인식으로 대체된 1970년대에 도래하였다. 그럼에도 불구하고, '강바닥의 돌을 더듬는다'는 비유는 몇 가지 이유로 인해 개혁 과정을 정확히 기술해주지 못한다. 첫째, 1970년대 중반에 중국 공산당은 시장·노동보상·공민권 그리고 기타 문제들에 관한 매우 생생한 이론적 논의에 개입하였고, 그리하여 나라가 직면한 근본적 이슈들 중 많은 것에 손을 대었다. 이 토론들이 없었다면, 개혁 노선과 시장경제의 발전이 어떻게 발생하였을지 상상하기가 어렵다. 그 결과, 1970년대 말부터 중국 공산당 내부와 중국 사회 전체 양자 모두에서 사회주의·인도주의·소외·시장경제의 문제와 소유권 문제에 관한 일련의 논의가 있었다. 당 안팎에서 두 논의가 하나의 연속적인 과정을 이루었다. 당시 이것들은 전반적인 '탈정치화'에 대한 상쇄적(相殺的) 경향이었다.

탈정치화 과정의 두 번째 특징은 경제개혁을 모든 당 사업의 중심에 두는 것이었다. 형식적으로 말하자면, 이것은 '건설'로써 이전의 '혁명과 건설'이라는 '이중적' 목적을 대체하는 것과 관련되었다. 이 정치적 선택들 — 이해할 만한 — 은 1970년대 말에 광범하게 승인되었는데, 문화대혁명의 후반 수년간 분파투쟁과 혼란한 성격의 정치에 대한 반응으로 보인다. 그러나 이 단계가 되자, 문화대혁명 초기 수년간을 특징지었던, 당과 정치 사이의 긴장은 철저히 제거되었다. 정치와 국가(state)의 통일 ─ 당국가 체제 ─ 은 이전의 정치문화를 손상시켰다.

당국가에서 국가-당으로?

물론 '당국가' 개념은 서방이 공산주의 나라들에 적용한 경멸적인 냉전 용어였다. 오늘날 세계의 모든 국가들은 당국가들 혹은 ─ 그 용어를 확장하자면 ─ 당들(parties)-국가들(states)이 되었다. 역사적으로, 그 이전의 군주적 형태로부터 현대 정치체제의 발전은 고도로 불균등한 과정이었다. 20세기 중반까지도 여전히 중국에서 당들은 국내정치의 요소들 속에 전혀 포함되지 않았다. 당국가 체제라는 새로운 형태의 창조는 전후 시기의 근본적인 하나의 발전이었다.

당이 권력 행사의 과정을 통해 국가질서의 주체가 됨에 따라, 그것은 점점 더 탈정치화된 장치, 관료적 기계로 변경되었고, 더는 이념들과 실천을 위한 자극제로서 기능하지 않았다. 이런 이유로 인해, 나는 당대의 지배적인 형태가 당국가로부터 국가-당 혹은 '국가-다당' 체제로 변형을 겪었다고 특징짓고 싶다. 이것은 당이 이제는 과거의 정치적 역할과 일치하지 않고 국가장치의 한 구성 요소가 됨을 함축한다. 내가 여기서 강조하고 싶은 것은 당의 정체성에서의 변화이다. 즉 그 자신의 특유한 가치평가적 입장 혹은 사회적 목적을 더는 가지고 있지 않기에, 당은 국가장치에 대해 하나의 구조-기능적 관계를 가질 수 있을 뿐이다. 만약 국가-당 체계가 당국가 체제의 위기 변환(crisis transformation)의 결과라면, 당대 중국은 이 경향의 구현체이다. 그러나 중국의 사례는 또한 탈정치화를 향한 전 세계적인 추세의 한 징후로도 간주되어야 한다. 정당정치에서 일반화된 위기의 인정을 회피하면서, 중국 체제를 개혁하는 최상의 수단을 처방하려 시도하는 저 분석들은—서구식 다당제 대의민주주의를 중국 정치개혁의 목적으로 설정하기를 포함하여—그 자체로 그저 이 탈정치화의 연장(延長)일 뿐이다.

문화대혁명은 아마도 당국가 자신이 위기를 맞이했음을 인정하고 자기갱신을 수행하려 시도한 연속적인 정치적 과정의 최종 단계였을 것이다. 프롤레타리아 문화대혁명 초기 단계에서의 정치 토론들은 진정한 인민주권을 향한 진보라는 목적을 진전시키기 위해서 당과 국가의 절대적 권위를 분쇄하기를 희망했던 조류들을 포함하였다. 문화대혁명은 당의 국가화의 초기 단계에 대항한 하나의 반작용이었다. 노선을 변경하기 위해서, 당의 정치적 가치들을 재고찰하는 것이 필요하다고 생각되었다. 사회적 재동원(再動員)과 당국가라는 배경 외부에서의 정치 생활을 자극하려는 시도는 이 초기 시기의 중대한 특징이었다. 이 수년간, 중국 전역의 공장은 파리 코뮌의 노선을 따라 재조직되었고, 학교와 기타 단위는 사회적 실험에 종사하였다. 당국가 체제의 강력한 재천명 때문에, 이 혁신들의 대부분은 단명했고 또 국가 외적인 정치적 행동주의의 진행 과정은 신속히 억압되었다. 그러나 이 초기 실험은 이후 당의 재조직화—예를 들어, 노동자·농민·군의 대표들에게 영도적 위치를 허여하는 정책, 혹은 국가와 당의 모든 수준에서 시골의 향촌 혹은 공장에서 사회사업을 하도록 그 구성원들을 파견하도록 하는 요구, 기타 등등—속에 여전히 남아 있었다. 관료화된 체계의 성격으로 인해 더럽혀졌고 그래서 창조적 에너지들을 해방시킬 수가 없었기에, 1970년대 말에 이 실천들은 혼란을 일소하고 정상으로 되돌아가려는 정부 공세의 일차적 표적이 되었다.

오늘날, 노동자와 농민은 당과 국가의 영도(領導) 집단뿐 아니라 전인대(全人大)에서도 완전히 사라졌다. 문화대혁명의 실패와 시장사회의 발전을 따라, 탈정치화는 시대의 주된 흐름이 되었다. 그 핵심에는 정치와 당국가의 커져 가는 수렴(收斂)과, 국가-당 체계의 등장이 있었다.

계급 개념

중국적 상황에서 국가-당 체계의 공고화는 계급 개념에 직접 연관된다. 공산당들의 대의적 성격은 불가피하게 공산당이 지도하는 국가들의 수립에서 점점 더 문제적이 되었다. 1950년대 후반과 1960년대 초 중·소 분열 후에, 마오쩌둥은 당의 정치문화 갱신을 자극하기 위해 계급 개념을 강조하였다. 그의 표적은 '전 인민의 당'이라는 소비에트식 개념이었는데, 이는 소련 공산당의 대의적 성격에 관한 혼돈을 지적했을 뿐만 아니라 당국가 체계의 탈정치화를 표시하였다. 여기서 고전적인 마르크스주의 계급론을 평가할 여지는 없지만, 강조할 필요가 있는 것은, 중국의 정치적 실천에서 계급은 단순히 재산 소유의 성격을 중심으로 한 구조적 범주이거나 혹은 생산수단과의 관계이기만 한 것이 아니라는 점이다. 그것은 오히려, 동원과 자기갱신을 향한 혁명당의 호소에 기반한 정치적 개념이다. 이와 유사하게, 당 내부에서 그 개념은 당의 권력 행사라는 조건 아래에서 탈정치화를 피하기 위해서 토론과 투쟁을 자극하는 데 이용되었다. 그 개념은 사회 계급의 구조적 상황을 나타내기보다는, 혁명적 정치를 향한 사회적 혹은 정치적 세력들의 태도를 나타내었다.

그러나 이 고도로 주관적인 계급 개념은 내적 모순과 위험을 담고 있었다. 일단 구조적이고 변경 불가능한 개념 — 즉 탈정치화된 계급 개념 — 으로 굳어지자 그것의 정치적 활력은 사라졌다. 하나의 본질화된 계급 정체성 담론으로서, 그것은 정치적 변혁을 자극할 수 없는 것으로 증명되었다. 도리어 그것은 가장 억압적인 종류의 힘의 논리(power logic), 즉 뒤이어 일어난 무자비한 성격의 분파투쟁의 기반이 되었다. 출신 성분 담론, 즉 '집안 내력' 혹은 '혈통'의 커져가는 지배는, 폭력과 불평등한 소유권 관계의 역사를 통해 형성된 계급 관계들의 해체를 그 중심 과제로 하는 중국 혁명의 핵이었던 주관주의적이고 실천주의적인 관점의 부정이자 배신이었다.

문화대혁명의 비극은 그것의 정치화—정치 공간과 담론 공간의 자연발생성과 활력뿐 아니라, 토론과 이론적 탐색, 자율적인 사회조직이 의미하는—의 산물이 아니었다. 비극은 탈정치화—자율적인 사회 영역들의 가능성을 제거하여, 정치 논쟁을 하나의 단순한 권력투쟁의 도구로 변형하고, 또 계급을 본질주의화된 출신 성분 개념으로 변형한 극단화된 분파투쟁—의 결과였다. 이 시기의 비극을 극복하는 유일한 길은 그것의 재정치화 차원을 이해하는 것이다. 만약 우리가 1989년을 1960년대의 마지막 종점 즉 탈정치화의 공고화로 간주한다면, 이는 1989년이 재정치화를 향한 기나긴 길의 시작을 표시하는 것일 수도 있음을 함축함이 틀림없다.

패배들과 탈정치화

탈정치화 현상을 설명하는 일은 복잡한 과제이다. 분명히 그것의 역학은 단지 중국 경계(境界) 내부에서만 분석될 수는 없다. 역사적 시각에서 고려할 때, 탈정치화의 넓은 조류는 실로 모든 패배한 혁명적 격변의 직후에, 즉 프랑스 혁명과 1848년 봉기의 분쇄 이후에, 유럽과 아시아의 1960년대 이후에, 1989년 이후에, 일어났다고 할 수 있을 것이다. 자신이 '중립화'라고 부른 것에 대한 카를 슈미트의 분석은 이 과정에 한층 더한 통찰을 제공한다.[2] 슈미트에게 1920년대의 중심적인 정치적 문제는 노동계급의 부상하는 권력의 억제였다. 이 시각에서 볼 때, 그 시기 동안의 정치적인 것과 경제적인 것에 대한 비체계적 해석은 실수이자 위험이었다. 그는 정치적인 것과 경제적인 것 사이의 관계의 새로운 형태를, 자유방임적이지도 않고 사회민주주의적이지도

---

2) Carl Schmitt, "The Age of Neutralizations and Depoliticizations" [1929], *Telos*, Summer 1993, Issue 96.

않은 형태를 찾으려 하였다. 슈미트의 중립화 개념은, 비록 서양 지성사와 정치사의 맥락 내부에 특별히 위치하긴 하지만, 분명히 더 널리 적용될 수 있다.

역사적으로, 자본주의 체계의 발전은 경제와 정치 양자 모두의 봉건 귀족 독점에 대한 초기 부르주아지의 도전을 통해서, 경제와 정치를 가정적(假定的)으로 분리하는 것에 기반하고 있었다. 조지프 슘페터는 이것이 발생한 과정을 기술하기 위해 '정치적 교환'의 개념을 이용하였다. 일부 귀족 분자들의 실질적 보호가 없었다면, 부르주아지는 자기 계급의 이익을 증진할 수 없었을 것이다. 정치적 교환은 이미 정치적 영역과 경제적 영역의 어떤 분리를 함축하는데, 그 분리 없이는 그러한 거래가 있을 수 없을 것이다. 이 시각으로 볼 때, 정치와 경제의 분리는 자연적으로 존재하는 현상이 아니라 끊임없이 더 커지는 권력의 몫을 실현하려는 자본의 드라이브의 산물이다. 장기(長期) 19세기에 걸쳐, 이 목적은 시장경제의 국가적 혹은 초국가적 구축(構築) 속에서 점차로 성취되었다. 당대 자본주의는 자기폐쇄적인 시장경제 영역과 탈정치화된 정치질서를 만들어내려 시도하는데, 여기서 핵심 개념은 중립적 국가라는 개념이다.

고전적으로, 일단 부르주아지가 군주와 귀족의 권력에 맞서 자기의 통치를 천명하자, 일종의 탈정치화된 정치가 혁명 시기의 다중적인 정치적 구조들 — 이는 지배층 속의 자본주의적 분자들과 비자본주의적 분자들의 통일을 통한 정치적 교환의 산물이었다 — 을 대체하였다. 예를 들면, 이 탈정치화 과정은 신흥 부자들이 사회적 자산과 국가적 자산의 탈취를 헌법적 수단을 통해 정당화하는 것과 관련되었다. 그 결과, 민주주의의 의미는 대중적 형태에서 대의적 형태로 옮겨갔고, 민족국가는 정치적 공간에서 제도화된 통치 구조로, 정당정치는 대의(代議)를 위한 투쟁에서 권력 분배 메커니즘으로 변형되었다.

금융자본의 시대는 자연발생적으로 자기조직화하는 시장이라는 개념 — 신고전주의 경제학의 핵심적 비방(秘方)으로, 그 아래에서 모든 비자본주의적 제도들과 노동 배치 형태는 '정치적 간섭'이라고 비난받는다—의 더한층의 제도화 및 법제화와 관련되었다. 시장경제가 정치·문화·가정(家庭) 및 기타 영역들로 무제한 팽창하는 것은 하나의 비정치적·'자연적' 과정으로 간주된다. 이런 의미에서, 신고전주의적·신자유주의적 시장 개념은 공격적으로 실증주의적이며, 탈정치화된 정치 이데올로기이다. 이 세력들이 옹호한, 국가의 후퇴는 근본적으로 탈정치화하는 명제이다.

중국의 당-계급 교환

현재 중국의 탈정치화는 그러나 또 다른 종류의 정치적 교환을 포함하는데, 정치권력을 여전히 붙잡고 있는 한편으로 특수한 이익의 대표자로 자신을 변형하는 당 엘리트의 노력으로 특징지어진다. 이 경우, 권력 장치의 지지를 얻기 위해 반드시 탈정치화하는 교환 과정을 통과해야만 하는 것은 초국적 자본이다. 시장화는 국가의 비호 아래 발생하기 때문에, 그 장치의 많은 측면은 경제 영역 속에 겹쳐진다. (국가-당 체제에서, 이것은 반드시 당 장치party apparatus도 포함해야만 한다.) 대규모 탈취를 가져온 소유권 '개혁'은 이 탈정치화하는 교환의 두드러진 예로서, 소유권 이전(移轉)을 탈정치화하기 위해 법률을 이용한다. 당대 중국의 상황에서 현대화, 전 지구화 그리고 성장과 같은 관념들은 탈정치화된 혹은 반(反)정치적인 정치 이데올로기의 핵심 개념들로 간주될 수 있는데, 그것들의 광범한 사용은 시장화 속에서 위기에 처한 사회적·경제적 이동들에 대한 대중의 정치적 이해(理解)에 불리하게 작용한다. 이러한 배경 아래에서, 부패에 대한 비판은 자산 이전 과정에 관련된 훨씬 더 깊은 수준의 불평등과 부정의에 대한 비판이기도 하다.

세 가지 요인이 중국의 탈정치화의 현 단계를 떠받친다.

▶ 시장화 과정에서, 정치적 엘리트와 자본 소유자 사이의 경계는 점차로 더 불분명해져간다. 정당은 이렇게 자신의 계급적 기반을 변경하고 있는 중이다.

▶ 전 지구화의 상황 아래서, 민족국가의 경제적 기능들 중 몇몇은 초국가적(supranational) 시장제도들(WTO)에게 양보되며, 그렇게 해서 전 지구화되고 탈정치화된 법적 질서가 공고해진다.

▶ 시장과 국가 양자가 점차로 중립화하거나 혹은 탈정치화함에 따라, 발전의 문제에 관한 분기(分岐)들은 시장 적응 메커니즘에 관한 기술적 논쟁이 된다. 노동과 자본, 좌와 우 사이의 정치적 분기들은 사라지게 된다.

이 발전들이 1970년대 말에 시작되어 1980년대에 번성하였다면, 그것들은 신자유주의적 전 지구화 시대에 전 세계적인 우세를 획득하였다.

국가와 이데올로기

당대의 탈정치화 과정은 이 역사적 변형의 산물로서, 그 아래에서 새로운 사회적 불평등은 자연화되어왔다. 이 불평등에 대한 비판은 그 자신의 성공의 전제조건으로서 재정치화를 실현해야 한다. 이 재정치화의 중심에는, 이론상으로나 실천상으로나, '자연적인' 중립적 국가의 파괴가 있다. 탈자연화는 탈정치화와 싸우기 위해 반드시 이용되어야 한다.

우리는 국가를 어떻게 개념화해야 하는가? 마르크스주의 이론의 영역 내에서, '중립적' 국가의 등장은 몇몇 저자들로 하여금 국가권력과 국가장치 사이의 분리를 설정하도록, 그리고 정치투쟁의 대상을 국가권력의 문제에 한정하도록 이끌었다. 사실, 알튀세르가 지적하였듯이, "자신들의 정치적 실천에서, 마르크스주의 고전들은 국가를" 자신들의 이론이 제공한 정의에서보다

"더 복잡한 현실"로 취급하였다.[3] 이 정의에는 '이데올로기적 국가장치'에 대한 객관적 기술이 빠져 있다고 그는 주장하였다. '억압적 국가장치'와 대조적으로, 이데올로기적 국가장치는 종교·교육·가족·법·노동조합·정당·미디어 그리고 문화적 영역을 포함한다. 오직 하나의 통일된 억압적 국가장치가 있는 반면, '복수의 이데올로기적 국가장치들'이 존재한다. 그리고 억압적 국가장치가 공적 영역에 속하는 반면, 이데올로기적 국가장치의 대부분은 사적 영역 속에 있다. 전(前) 자본주의 국가에는 '하나의 지배적인 이데올로기적 국가장치 — 교회'가 있는 반면, 자본주의하에서 지배적인 이데올로기적 국가장치는 학교-가족 커플로 이동하였다. 이제 국가권력을 향한 정치투쟁에서의 승리 역시 이데올로기적 장치들의 영역 내부의 투쟁에 개입하는 데 달려 있었다.

사회주의 중국의 중심적인 이데올로기적 국가장치 시스템은 선전부·문화부·교육부였다. 이 시스템은 이데올로기적 국가장치와 억압적 국가장치의 기능들을 결합하였지만, 이데올로기적 국가장치가 최우선이었다. 당대 중국에서는, 비록 이 장치가 여전히 이데올로기적 기능을 수행하려고 애쓰고 있기는 하지만, 그 장치는 넘어설 수 없는 장애물들과 마주친다. 그러므로 그것은 대체로 억압적인 것으로 전환되었다. 미디어 및 기타 영역들에 대한 그것의 통제는 일차적으로 이데올로기적인 것이 아니라 오히려 안정성을 보존할 필요에 기반하고 있다. 그러나 모든 국가장치는 일상생활의 제도들 속으로 깊숙이 침투해 들어가기 때문에, 국가 자체의 근본적인 실존적 성격은 일종의 탈정치화된 정치 형태를 띤다. 점점 더, 이것은 바야흐로 시장의 이데올로기적 헤게모니에 의해 보충된다.

---

3) Louis Althusser, "Ideology and Ideological State Apparatuses(Notes Toward an Investigation)", in *Lenin and Philosophy and Other Essays*, trans. Ben Brewster, London 1971, p. 135.

헤게모니의 세 가지 구성 요소

그러므로 탈정치화된 정치의 논리에 맞서기 위하여 우리는 당대 헤게모니의 형태들을 분석해야만 한다. 나는 이 헤게모니에는 복잡한 역사적 상호관계들을 가진 세 가지 구성 요소가 있다고 주장할 것이다. 첫째, 안토니오 그람시(Antonio Gramsci)의 헤게모니 개념과 알튀세르의 '이데올로기적 국가장치'에서 명확해졌듯이, 헤게모니와 주권국가의 폭력 독점은 상호 연루된다. 그람시는 헤게모니 작동의 두 양식, 즉 직접적 권력과 지적·도덕적 리더십을 정체규정했다. 직접적 권력은 강압의 영역에서 작동하는 반면, 리더십은 공통된 문제들에 대한 지배집단의 해결책 제시 전략을 가리키는데, 이는 동시에 그 자신에게 예외적 권력을 할당한다. 『옥중수고』에 따르면, 국가는 자신의 총체적 능력의 확장과 발전을 위한 가장 유리한 상황을 만드는 것을 그 목적으로 하는 집단적 구조의 한 특수한 형태이다.

둘째, 헤게모니 개념은 국가 간 관계들과 밀접히 연관되어왔다. 서구 학계에는 그람시의 접근법을 중국 정치사상 내부의, 국제적 헤게몬(hegemon)에 대한 비판과 구별하는 경향이 있었다. 여기서 나의 관심사는 그 둘 사이의 이론적·역사적 연관을 재구축하려고 시도하는 것이다. 마오쩌둥의 헤게몬 개념은 언제나 전 지구적 관계들의 영역 내부에서 이용되었다. '3개 세계' 이론은 제2세계 분자들과의 결합이나 단절을 통해 두 헤게모니 강대국, 즉 미국과 소련에 반대할 제3세계를 정치적 주체로 설정하기만 한 것이 아니다. 그것은 이론적 탐색을 통해서, 미국 체제와 소련 체제의 이데올로기적 힘과 위신을 깨부술, 정치적 논쟁과 도덕적 호소를 추구하기도 하였다. 대항헤게모니의 실천은 문화적 권위의 쟁탈을 함축하였다. 고대 중국의 경전인 『춘추좌전』(春秋左傳)은 '백권'(伯權) 또는 '패권'(霸權)이라는 개념을 이용하여 고대국가인 제(齊)·진(晋)·초(楚)·진(秦)의 폭력에 의한 통치와 의례(儀禮)를 통한 지배라는 이중적 능력을 종합하였다. 비록 중국어권에서 헤게모니 개념은 보통 정치적·경제적 혹은 군사적인 지배와 통제를 가리키긴 하지만, 그것은 또한 이데올로기의 문제와도 관련된다.

그람시의 헤게모니 개념과 마키아벨리의 권력 개념은 조반니 아리기 (Giovanni Arrighi)의 『장기 20세기』에서 명백히 결합되는데, 거기에서 국가적 이데올로기적 헤게모니의 영역은 국제적 정치 관계들에 연관된다. 마키아벨리에게서, 권력은 동의(同意)와 무력(武力)을 이어준다. 즉 권력은 무력의 이용 혹은 무력의 위협을 함축한다. 동의는 도덕적 권위를 함축한다. 자신의 헤게모니적 권력 덕분에 미국은 탈정치화의 모델이 되었고, 마찬가지로 현대화·시장화·전 지구화의 모델이 되었다. 미국은 이렇게 그 자신의 전 지구적인 이데올로기적 권위를 수립하였다. 미국의 헤게모니는 폭력, 경제적 지배, 그리고 이데올로기적 '소프트 파워'의 독점이라는 다중적인 기초들에 의존한다. 그러나 탈정치화 과정이 국가적 차원과 국제적 차원을 가진 것과 꼭 마찬가지로, 이 탈정치화된 정치적 틀거리를 깨부술 가능성 역시 이 두 차원들 내부에 존재한다. 2001년 이래 미국의 군사적 확장의 와해는 증가하고 있는 전 지구적 세력들을 '탈미국화' 속에서 결합시킬지도 모른다.

셋째, 헤게모니는 국가적 혹은 국제적 관계들과 관련될 뿐만 아니라, 국가 횡단적이고 초국가적인 자본주의에도 밀접히 연관된다. 그것은 전 지구화된 시장 관계들의 영역 내부에서도 분석되어야 한다. 고전주의 정치경제학자들은 모든 재생산 과정은 소진 불가능하고 끝나지 않는 전 지구적 과정이라고 강조하였다. 시장 이데올로기가 헤게모니의 한 유형을 이루고 있는 오늘날보다 이것이 더 명확한 때는 없었다. 신고전주의 경제학은 그 자체가, 전 지구화된 이데올로기적 헤게모니의 교과서적 사례의 하나이다ㅡ그것의 원리들은 주요한 국가 간 무역과 금융제도들의 규칙과 조례에 침투한다. 이 모든 것들은, 물론 역시 경제적 강압의 힘을 갖고 있긴 하지만, '이데올로기적인 전 지구적 장치'로서 기능한다. 시장 이데올로기적 장치의 가장 직접적인 표현들은 미디어와 광고, '쇼핑의 세계', 기타 등등이다. 이 메커니즘들은 상업적일 뿐만 아니라 이데올로기적이기도 하다. 그들의 가장 큰 힘은 '상식'에 대한 그들의 호소에, 사람들을 소비자로 전환시켜 일상생활에서 자발적으로 시장논리에 따르게 하는 일상의 수요에 있다. 시장 이데올로기적 장치는 맹렬히 탈정치화하는 성격을 가지고 있다.

위에서 논한, 헤게모니의 세 구성 요소는 서로 분리되어 작동하는 것이 아니고, 상호 뒤얽힌 권력 네트워크를 형성한다. 그것들은 당대 사회 메커니즘과 제도에 내재적이며, 인간 활동과 믿음에 내재적이다. 탈정치화된 정치는 이 헤게모니 네트워크처럼 구조화된다 — 이는 중국의 현재 상황을 이해하는 데에 가장 중요하다. 당대 헤게모니는 보통 자신의 작동성을 확장하기 위하여 내적 모순들을 사용한다. 예를 들어 중국의 경제정책과 발전 경로는 자본주의적 전 지구화의 과정과 맞물려 있으며, 그 결과는 연속적인 금융위기와 증대되는 사회적 긴장 및 불평등이었다. 그러나 중국에서, 자본주의적 전 지구화는 결코 국가적 수준에서의 모순들과 이익 충돌들 속의 한 요인으로 간주되지 않는다.

탈국가화?

1970년대와 1980년대 중국의 더욱 개방적인 분위기는 이데올로기적 국가장치들에 도전한 자율과 자유화의 정의(定義)들을 허락하였다. 그러나 비판적인 지식인 서클들 내부에서 알고 있는 것과 같은 이 '탈국가화 과정'은 재정치화를 결과하지 않았다. 오히려 마침 민족국가의 주권적 권위가 자본주의적 전 지구화라는 새로운 세력에게 도전받기 시작할 때 발생하였기에, 그 시기의 자율화와 자유화의 과정은 탈정치화의 추세와 국제적인 이데올로기적 헤게모니의 공고화 속으로 재병합되었다.

실제로 '탈국가화'는 두 개의 상이한 국가적 정치체계들, 두 개의 이데올로기 사이의 강렬한 충돌의 결과를 표시한다. '탈국가화'되어야 할 '국가'는 단지 사회주의적 국가만을 가리키는 것으로 이해된다. 그러므로 탈국가화는 그저 다른 헤게모니적 형태와의 동일시 과정일 뿐이다. 당대 중국에서, 반사회주의적 이데올로기는 자신이 이 새로운 국가 형식과 가지는 내적 연관을 은폐하기 위해 반국가주의의 이미지를 이용한다. 그러나 헤게모니의 다중적 차원에 대한 위의 분석은 국가 이데올로기의 이 새로운 형태가 초국가적(supranational) 차원 역시 가지고 있음을 증명하는데, 이 새로운 형태는 종종 그 자신을 초국가적 입장으로부터의 국가에 대한 공격으로서 표현한다.

이 탈국가화 과정에는 이데올로기적 탈정치화가 동반되며, 현대화와 전 지구화, 그리고 시장에 특권을 준 새로운 헤게모니 형태 속으로 병합된다. '탈국가화'는 국가권력과 국가장치 사이의 모든 구분의 부식(腐蝕)을 전제한다. 일단 이 구분이 흐려지자, 정치적 투쟁을 위한 공간은 감소되고, 정치적 문제들은 탈국가화(de-nationalization 혹은 de-statification)의 '비정치적' 과정으로 전환된다. 실제로 오늘날 사회운동들 가운데 다수는 (대부분의 NGO들을 포함하여) 그 자체가 탈정치화 과정의 일부분이다. 그것들은 국가장치에 의해 흡수되든지, 아니면 국가기금(國家基金)이나 국제기금(國際基金)의 논리에 의해 속박된다. 그것들은 발전과 민주주의, 혹은 대중의 참여에 대한 상이한 이해들을 제공하지 못할 뿐만 아니라, 실제로 탈정치화된 전 지구적 메커니즘의 톱니바퀴의 톱니로서 기능한다. 이렇게 우리 시대의 절박한 이슈는 사회운동이 스스로에게 부과한 탈정치화를 어떻게 극복할 것인가이며, 또 비판적 국제주의를 민족국가라는 틀 내부의 정치투쟁에 어떻게 연관지을 것인가이다.

오늘날, 탈정치화된 정치의 근본적 논리에 대한 그 어떤 도전도 우리로 하여금 헤게모니의 세 형태 내부의 균열들을 식별하도록, 또 이 영역들의 총체적 성격을 해체하고 그것들 내부에서 정치투쟁을 위한 새로운 공간을 찾도록 요구할 것이다. 당대의 전 지구화와 그 제도들은 금융과 생산, 그리고 소비의 초(超)국가화를 고무하지만, 동시에 이민(immigration)을 국가적 규제의 틀 속에 제한하고 그리하여 노동자들 사이에 지역 간 라이벌 관계들을 만들어내려 애쓴다. 우리의 반응은 민족주의적 양상으로의 후퇴여서는 안 되며, 오히려 전 지구화의 내부 모순들을 폭로하기 위해 비판적 국제주의를 발전시키는 것이어야 한다. 중국에는, 개혁의 실천과 사회주의적 가치 사이의 거대한 충돌 때문에, 개혁운동과 이데올로기적 국가장치 사이에 내적 모순들이 남아 있다. 그 결과 이데올로기적 국가장치는 억압적 국가장치로 변신하고 있으며, 통제체계를 부과하기 위해 무력 혹은 행정적 권위에 의존한다. 이런 면에서 볼 때, 중국의 이데올로기적 국가장치는, 설령 그것이 이데올로기의 언어로 호소한다 하더라도, 탈이데올로기화와 탈정치화의 논리에 따라 작동한다.

일차적으로 정당화(legitimation)의 요구에 기반하고 있기에, 철저히 문화대혁명을 부정하는 동안에도 중국 공산당은 중국 혁명이나 사회주의적 가치들을 부정하지도 않았고 마오쩌둥 사상의 최종 변론을 거부하지도 않았다. 이것은 이중적 효과를 낳았다. 첫째, 사회주의적 전통은 일정 정도로 국가개혁에 관한 내적 억제력으로 기능하였다. 국가-당 체계가 주요한 정책 전환을 할 때마다, 그 전환은 이 전통과의 대화 속에서 이루어져야만 했다. 최소한, 그것은 자신의 공고(公告)를, 정책 전환을 자신의 공언된 사회적 목적들과 조화시키기 위해 고안된 특수한 언어로 표현해야 했다. 둘째, 사회주의적 전통은 노동자와 농민, 그리고 다른 사회적 집단에게 국가의 부패 혹은 불평등한 시장화 절차와 싸우거나 거부할 어떤 합법적 수단을 주었다.

그리하여 문화대혁명을 부정하는 역사적 과정 내부에서, 중국 유산의 재활성화는 미래 정치의 발전을 위한 기회도 제공하였다. 이 기회는 20세기로 되돌아가는 단순한 길이 아니라, 혁명의 시대가 끝난 후 탈정치화된 정치 이데올로기의 지배력을 부수기 위한 수단을 찾는 출발점이다. 정치적 주체성의 모든 옛 형식들―당·계급·국가―이 탈정치화의 위기에 직면한 상황에서,

새로운 형식의 모색에는 정치 자체의 경계(境界)의 재규정이 동반되어야만 한다.

〔최정섭 옮김〕

두바이의 공포와 돈[†]

마이크 데이비스(Mike Davis)

　여객기가 하강하기 시작하면 여러분은 창에서 눈을 뗄 수 없게 된다. 지상에 놀라운 광경이 펼쳐지기 때문이다. 거의 완성된 세계 지도 모양의 산호빛 군도가 보이는 것이다. 그 면적은 무려 62제곱킬로미터에 이른다. 대륙들 사이로 얕은 초록빛 물속으로는 기자의 피라미드와 로마의 콜로세움이 선명하게 비친다. 먼 데로 다른 군도 세 개는 초승달에 둘러싸인 야자수 모양을 하고 있다. 거기에는 고층 건물과 놀이공원, 고급 아파트가 즐비하다. 그곳 '팜스' 군도는 간선 도로로 마이애미 식 해변과 연결된다. 본토에도 초호화 호텔, 맨션, 요트 정박지가 펼쳐져 있다.

[†] 이 에세이는 Mike Davis and Daniel Monk, eds., *Evil Paradises: Dreamworlds of Neo-Liberalism* (New Press, 2007)에 실렸다.

아라비아 만 두바이에 조성 중인 '아일랜드 월드' 군도

    비행기가 사막의 본토로 서서히 기수를 돌리면 훨씬 더 놀라운 광경에 숨이 멎을 것이다. 마천루의 숲을 배경으로 새로운 바벨탑이 솟아 있는 것이다. 그 높이가 무려 804미터에 이른다. 엠파이어 스테이트 빌딩보다 더 높다. 여러분은 그 경이로움에 여전히 눈을 비비고 있을지 모르겠다. 이윽고 비행기가 착륙한다. 공항 내 상가가 여러분을 맞이한다. 구찌 백, 카르티에 시계, 1킬로그램짜리 금괴 등 각종 상품이 여러분을 유혹한다. 호텔 소속 운전기사가 여러분을 롤스로이스 실버 세라프에 태워가려고 대기 중이다. 친구들이 170층짜리 아르마니 호텔에 투숙하라고 추천해주었을 것이다. 이 7성급 호텔의 중앙 홀은 자유의 여신 상을 집어넣을 수 있을 정도로 크다. 서비스 역시 최고 수준이다. 방마다 개인 집사가 따라 나온다. 그러나 여러분은 어린 시절의 환상을 충족시키기로 마음먹었다. 여러분은 『해저 2만리』의 네모 선장과 놀 수도 있다.

    여러분이 머무는 해파리 모양의 호텔 히드로폴리스는 사실 해수면 아래 20미터 지점에 위치하고 있다. 220개의 고급 객실 전부에는 투명한 유리벽이 설치되어 있는데, 투숙객은 이를 통해 인어가 헤엄치는 장관은 물론 명성이 자자한 '수중 불꽃놀이'도 감상할 수 있다. "기포가 발생하고, 모래가 소용돌이치며, 주의 깊게 배치된 조명"이 환상적인 쇼를 연출한다고 한다. 바닷속 휴양지가 과연 안전할까 하는 걱정은 환하게 웃는 호텔 직원들을 보면서 잊은 지 이미 오래다. 이중, 삼중의 안전장치가 마련되어 있다. 미사일이나 항공기는 물론이고 테러리스트가 잠수함으로 공격해와도 끄떡없다.

하이데라바드와 타이페이에서 날아온 고객들과 인터넷 시티에서 업무상 중요한 회합이 있지만 여러분은 하루 일찍 도착했다. 테마파크 '레스틀리스 플래닛'〔잠들지 않는 행성〕에서 신나게 즐기기 위함이다. 바닷속에서 편안한 밤을 보낸 여러분은 그 쥐라기공원행 모노레일에 탑승한다. 평화롭게 풀을 뜯고 있는 브론토사우루스가 맨 처음 눈에 띈다. 애니마트로닉스 기술로 설치된 벨로키랍토르 떼가 여러분을 공격한다. 영국 자연사박물관 소속 전문가들이 그 프로그램을 설계했다고 하는데, 정말이지 너무나 생생해서 환희와 공포에 비명을 지르지 않을 수가 없다. 위기일발의 상황에서 아드레날린이 폭발한다. 오후에는 실내 스키장에서 보드를 타면서 재미있게 논다. 바로 옆에는 세계에서 가장 큰 쇼핑몰이 있다. 두바이는 쇼핑 페스티벌로 명성이 자자한 도시다. 매년 1월이면 광적인 소비자 수백만 명이 이 도시를 찾는다. 세계 최대 규모의 쇼핑몰은 그 제단인 셈이다. 그러나 여러분은 그 유혹을 잠시 뒤로 미루기로 한다. 태국식 퓨전 요리를 먹기로 했기 때문이다. 식당에 갔더니 금발의 늘씬한 러시아 미녀들이 여러분에게 끈적끈적한 눈길을 보낸다. 이곳의 퇴폐적 유흥과 오락이 쇼핑만큼이나 지나친 것은 아닐까 하고 궁금해지는 대목이다…….

부유하는 환상

낯선 천국에 오신 것을 환영한다. 그러나 여러분은 어디에 있는가? 이것은 마거릿 애투드의 신작 소설인가? 필립 K. 딕이 『블레이드 러너』에 첨가한 미

간행 속편인가? 그도 아니라면 도널드 트럼프의 허풍인가? 아니다. 그곳은 페르시아 만의 도시국가 두바이의 2010년 모습이다. 두바이(현재 인구 150만 명)는 지구에서 상하이(현재 인구 1,500만 명) 다음으로 규모가 큰 빌딩 천지다. 화려한 소비가 이루어지는 꿈의 세계가 출현 중이다. 두바이 사람들은 '최고의 라이프스타일'이 펼쳐지는 곳이라고 이 도시를 자랑한다. 두바이의 기후는 용광로 같다. 여름 기온은 섭씨 50도에 육박한다(최고급 호텔들은 수영장을 냉장해버린다). 이라크에서는 전쟁이 한창이다. 그럼에도 불구하고 두바이는 자신한다. 2010년경이면 600개의 마천루와 쇼핑몰로 무장한 이 도시를 매년 1,500만 명의 외국인이 찾을 것이라고. 이는 뉴욕 관광객보다 세 배가 많은 숫자다. 에미리트 항공은 이 지역의 새로운 허브 공항 제벨 알리를 드나들며 관광객을 실어 나를 신형 보잉 항공기와 에어버스를 무려 370억 달러어치 주문해놓았다.[1] 과거의 두바이는 어촌이자 밀수꾼들의 은거지였다. 그러던 두바이가 죽어가는 행성이 아랍산(產) 석유에 중독되어 마지막 삶의 불꽃을 태우는 덕분에 21세기 세계 수도의 하나가 되겠다고 설치고 있다. 가짜가 아니라 진짜를 사랑하는 두바이는 자본주의적 욕망의 또 다른 아케이드(역시 사막에 세워졌다)인 라스베이거스를 이미 압도했다. 스펙터클의 규모는 물론이고 물과 전기 소비량에서도 말이다.[2]

수십 개의 대규모 건설 프로젝트가 진행 중이거나 예정되어 있다. 인공 섬 '아일랜드 월드'(전하는 바에 따르면 로드 스튜어트가 거기서 3,300만 달러를 내고 '영국'을 샀다고 한다), 세계에서 가장 높은 빌딩(스키드모어, 오잉스 & 메릴*이 설계한 버즈 두바이), 수중 호텔, 공룡 테마파크, 실내 스키장, 초대형 쇼핑몰 등등.[3] 부문

---

1) *Business Week*, 13 March 2006.
2) "Dubai Overtakes Las Vegas as World's Hotel Capital", *Travel Weekly*, 3 May 2005.
 * 미국 시카고에 있는 건축 및 토건회사로 1936년에 설립되었다.
3) "Ski in the Desert?", *Observer*, 20 November 2005; *Hydropolis: Project Description*, Dubai, August 2003(www.conway.com).

삼각돛 모양의 7성급 호텔 버즈 알-아랍은 하룻밤 객실료가 5,000달러라고 해서 이미 세계적인 유명세를 타고 있다. 아랍의 왕족, 영국의 록 스타, 러시아의 억만장자 들이 즐겨 찾는다는 방들은 전망이 무려 160킬로미터에 이른다고 한다. 자연사박물관의 재정 책임자가 전하는 바에 따르면, 공룡은 "런던박물관이 인증한 것으로, 교육과 과학이 흥미진진할 수 있음을 증명하게 될 것"이라고 한다. 테마파크는 당연히 수지맞는 장사가 될 터인데, "쇼핑몰을 통해서만 거기 입장할 수 있기" 때문이다.[4]

가장 큰 프로젝트는 두바이랜드다. 두바이랜드는 현기증 나는 판타지 세계의 새로운 단계라 할 만하다. "테마파크 중의 테마파크"가 두바이랜드의 문자 그대로의 모토다. 두바이랜드의 규모는 디즈니월드의 두 배 이상이고, 고용 인원만도 30만 명에 이른다. 그들은 매년 1,500만 명이 방문해 그 위락시설을 즐길 것으로 내다보고 있다(숙박비를 제하고도 한 사람당 하루에 최소 100달러를 쓸 것이라고 한다). 마치 초현실주의 백과사전을 들여다보는 느낌이 든다. '세계 최고 수준의' 프로젝트 45가지에는 바빌론의 공중 정원, 타지마할, 피라미드를 재현하겠다는 야심 찬 계획들이 포함되어 있다.[5] 그게 다가 아니다. 스키 리프트가 있고 북극곰이 돌아다니는 설산, '익스트림 스포츠'의 메카, 누비아 마을, '에코-투어 지대', 안달루시아형 온천 휴양 단지, 골프장, 자동차 경주 트랙, 경마장, 거인들의 나라 '자이언트 월드', 환상의 세계 '판타지아', 중동 최대 규모의 동물원, 5성급 호텔, 현대 미술관, 아라비아 몰(Mall of Arabia) 등등.[6]

---

4) *Mena Report 2005*, at www.menareport.com 참조.
5) 두바이 관광청 관리 한 명이 미국인 기자를 붙들고 이집트에 관해 이렇게 말하기도 했다. "그들에게는 피라미드가 있지만 그걸 갖고도 아무것도 안 한다. 우리가 피라미드로 무얼 할지 한번 생각해보라." Lee Smith, "The Road to Tech Mecca", *Wired Magazine*, July 2004.
6) Official Dubailand FAQS(from the marketing department). "인류사에 등장했던 모든 것들이 파워포인트 슬라이드에 수집되어 아무렇게나 거수 투표로 승인된 것 같았다." Ian Parker, "The Mirage", *The New Yorker*, 17 October 2005.

과대망상

두바이의 수장이자 CEO는 58세의 셰이크 모하메드 알 마크툼이다. 그가 두바이를 일종의 계몽 전제군주제로 통치하고 있다고 할 수 있다. 현재 두바이는 그의 구상 아래 기획도시의 전 세계적 아이콘으로 떠올랐다. 흔히 셰이크 모로 통하는 이 억만장자는 뻔뻔스러우면서도 솔직한 목표를 천명한다. "나는 세계 최고가 되고 싶다."[7] 그는 순혈종 말(세계 최대의 마구간 소유자다)과 초호화 요트(그가 가지고 있는 전장 160미터짜리 '프로젝트 플래티넘' 호에는 부속 잠수함과 비행 갑판이 있을 정도다)를 광적으로 수집한다. 그러나 최고가 되겠다는 그의 열정은 여기서 그치지 않는다. 그의 소비 욕구는 터무니없을 정도로 상식을 벗어나 있다.[8] 정말이지 그는 스콧과 벤추리의 초현실주의 고전 『라스베이거스에서 배우기』를, 독실한 무슬림들이 코란을 암송하듯이 머릿속에 집어넣고 있는 것 같다. 그는, 유목민과 천막의 땅인 아라비아 반도에 대문을 단 지역 사회와 공동체를 도입 정착시킨 것이 자신의 가장 자랑스런 업적 가운데 하나라고 방문객들에게 자랑한다.

콘크리트와 강철에 대한 그의 무한한 열정 덕에 해안 사막이 거대한 회로기판으로 탈바꿈했다. 다국적 건설회사와 개발업자들이 모집되었고, 그 기판 위에 첨단 산업단지, 위락시설, 인공 섬, 유리 천장 '설산', 「트루먼 쇼」에 나올 법한 교외 지구, 도시 안의 도시를 끼워넣고 있다. 뭐가 되었든 우주에서도 보일 정도로 커야 한다. 건축학적 스테로이드가 분출해야 한다. 그 결과는 단

---

7) Parker, "Mirage."
8) 마크툼 가문은 런던에 마담 튀소 밀랍인형 박물관, 맨해튼에 헬름슬리 빌딩과 에식스 하우스, 선벨트 주들에 아파트 수천 채, 켄터키에 대규모 목장들, 다임러크라이슬러에 『뉴욕 타임스』가 "상당한 돈"이라고 보도한 자산도 소유하고 있다. "Royal Family of Dubai Pays $1.1 Billion for 2 Pieces of New York Skyline", 10 November 2005 참조.

순한 잡종이 아니라 무시무시한 키메라다. 바넘, 에펠, 디즈니, 스필버그, 존 저드, 스티브 윈, 스키드모어, 오잉스 & 메릴의 그 모든 키클롭스적 판타지가 마구잡이로 결합되어 있는 것이다. 두바이 왕국은 라스베이거스, 맨해튼, 올랜도, 모나코, 싱가포르와 다양한 방식으로 비교되지만 그 모든 것의 총합이자 신화적 해석과 더 부합한다. 크고, 나쁘고, 추악한 것이 환각적으로 혼성 모방된 것이다.

물론 마찬가지로 환영 같은 비슷한 레고 블록들을 대망을 품은 요즘 도시들에서도 확인할 수 있다. 두바이가 시샘하는 이웃의 석유 오아시스 도하와 바레인도 거기에 포함된다.[9] 그러나 알 마크툼은 신성불가침의 뚜렷한 기준을 가지고 있다. 모든 게 '세계 최고'여야 한다. 그는 기네스북에 등재될 세계 최고를 원한다. 그렇게 해서 두바이는 세계 최대의 테마파크, 가장 커다란 쇼핑몰(그 안에는 가장 커다란 수족관이 들어간다), 가장 높은 빌딩, 가장 큰 국제 공항, 가장 큰 인공 섬, 최초의 수중 호텔(표 참조)을 갖춘 도시가 되었다. 그런 건축적 과대망상을 목도하면서 알베르트 슈페어*와 후원자 히틀러가 베를린을 제국의 수도로 탈바꿈시키려던 계획이 오싹한 느낌 속에 연상되지만 그 거대주의가 비합리적인 것은 또 아니다. '라스베이거스에서 배운' 알 마크툼은 잘 알고 있다. 두바이가 중동과 남아시아에서 사치품 소비자의 천국으로 자리를 잡으려면(공식 확인된 '국내 시장'의 규모가 16억 달러이다) 시각적·환경적 과잉 상태를 확보하기 위해 끊임없이 노력해야 한다는 것을 말이다. 로언 무어가 말한 것처럼 키치적 판타지가 거대하게 정신병적으로 조합된 상황이 현기증을 불러일으킨다면 알 마크툼은 우리가 황홀해하다가 졸도해버리기를 원한다.[10]

---

9) 사우디아라비아의 '압둘라 왕 경제도시'가 두바이의 위성도시가 될 것이다. 300억 달러 예산의 이 홍해 개발 사업은 마크툼 왕가 소유의 부동산 개발 회사 에마르가 담당할 것이다. "OPEC Nations Temper the Extravagance", *New York Times*, 1 February 2006 참조.
* 독일 제3제국의 대표적인 건축가로 히틀러에게 발탁되어 제2차 세계대전 후반 군수장관을 지냈다.

〈표 1A〉 세계 최고의 빌딩들

건물	위치	높이(피트)	완공 연도
1. 버즈 두바이*	두바이	2600+	2008
2. 알 버즈*	두바이	2300	?
3. 타이베이101	타이완	1667	2004
4. 상하이 세계금융센터*	중국	1613	2008
5. 포드햄 스파이어*	시카고	1550	2010
6. 페트로나스 타워	중국	1483	1998
7. 시어스 타워	시카고	1451	1974
8. 진마오	중국	1381	1999
9. 프리덤 타워*	맨해튼	1362	2012
10. 투 인터내셔널 파이낸스 센터	홍콩	1362	2003
〔……〕			
13. 에미리츠 타워 원	두바이	1140	1997
22. 버즈 알-아랍 호텔	두바이	1053	1999

〈표 1B〉 세계 최대의 쇼핑몰들

건물	위치	면적(백만제곱피트)	완공 연도
1. 두바이 몰*	두바이	12.0	2008
2. 아라비아 몰*	두바이	10.0	2010
3. 차이나 몰*	중국	10.0	?
4. 트리플 파이브 몰*	중국	10.0	?
5. 사우스 차이나 몰	중국	9.6	2005
6. 오리엔탈 플라자*	중국	8.6	?
7. 골든 리소시스	중국	7.3	2004
8. 웨스트 에드먼턴 몰	캐나다	5.3	1981
9. 판다 몰*	중국	5.0	?
10. 그랜드뷰 몰	중국	4.5	2005

* 계획/건설 중

후원자의 관점에서 보면 두바이의 거대한 미래주의적 모습은 세계시장에 대응하는 영리한 브랜드 구축 전략일 뿐이다. 한 개발업자가 『파이낸셜 타임스』와의 인터뷰에서 말했듯이, "버즈 두바이도 없고, 팜도 없고, 아일랜드 월드도 없다면 오늘날 누가 두바이를 화제로 삼겠는가? 당신은 각종 프로젝트가 아무 생각도 없는 정신 나간 계획일 뿐이라고 생각해서는 안 된다. 그것은 브랜드 구축의 일환이다."[11] 건축가와 도시계획가 들이 두바이를 최첨단 도시라고 상찬하는 것은 더없는 명예가 된다.

두바이는 세계화 이후를 대표하는 새로운 도시의 전형이다. 두바이는 문제를 해결하기보다는 욕망을 창조한다. 〔……〕 로마가 '영원한 도시'였고, 뉴욕의 맨해튼이 20세기식 과밀도시의 극치였다면 두바이는 21세기형 도시의 떠오르는 모범으로 여겨질 것이다. 고립된 도시들에 불과했던 유목민 오아시스가 육지와 바다로 뻗어나가고 있다.[12]

두바이는 건축 분야의 기록을 갈아치우겠다는 욕망에 불타고 있다. 게다가 이 도시에게는 사실상 경쟁자도 딱 하나뿐이다. 중국 말이다. 백만장자가 30만 명이나 되는 중국이 몇 년 안에 세계 최대의 사치품 구매 시장(구찌에서 메르세데스에 이르기까지)으로 부상할 것이 예상된다.[13] 제각기 봉건주의와 농민 중심의 마오주의에서 출발한 두 나라가 트로츠키가 "불균등 결합 발전의 변증법"이라고 부른 과정을 통해 고도 자본주의 단계로 진입했다. 바루치 크네이 파스는 트로츠키의 사상을 개설한 자신의 뛰어난 저서에서 이렇게 쓰고 있다.

---

10) Rowan Moore, "Vertigo: The Strange New World of the Contemporary city", in Moore, ed., *Vertigo*, Corte Madera, CA 1999.
11) "Emirate Rebrands Itself as a Global Mmelting Pot", *Financial Times*, 12 July 2005.
12) George Katodrytis, "Metropolitan Dubai and the Rise of Architectural Fantasy", *Bidoun*, no. 4, Spring 2005.
13) "In China, To Get Rich Is Glorious", *Business Week*, 6 February 2006.

후진 사회는 새로운 형태를 보탤 때 그 초기 단계가 아니라(발전의 각 시기도 아니다) 완성된 최종 형태를 취한다. 실제로 보면 훨씬 더 나아간다는 것도 알 수 있다. 후진 사회는 원조 국가들에 존재하는 결과물이 아니라 그 '이념형'을 모방한다. 후진 사회가 그렇게 할 수 있는 이유는 발전 과정을 경유하지 않고 채택할 수 있는 처지에 놓이기 때문이다. 후진 사회에서 볼 수 있는 새로운 형태가 선진 사회에서보다 더 완벽하게 드러나는 이유를 알 수 있는 대목이다. 선진 사회에서는 새로운 형태라는 것이 '이념형'의 근사값으로만 존재한다. 생각해보라. 이념형의 근사값이라는 게 조금씩 점차로 도래했으며, 그렇게 역사적 가능성의 틀을 획정한다는 걸 알 수 있다.[14]

두바이와 중국의 경우를 보면 상업적 발달의 그 모든 고된 중간 단계가 생략 단축되었음을 알 수 있다. 쇼핑과 오락, 스펙터클한 건축물이 가장 화려하고 장대한 규모로 '완벽하게' 통합되어 있는 것이다.

아랍과 중국의 민족적 자부심이 격돌한다는 것도 상기해둘 만하다. 이렇게 미쳐서 돌아가는 과대망상 추구병은 전례가 있다. 영국과 독일은 20세기 초에 드레드노트형 전함 건조 경쟁에 사활을 걸었다. 그러나 생각해보자. 과연 그런 경쟁이 경제적으로 지속 가능한 발전 전략일까? 교과서의 대답은 아니라는 것이다. 거대 건축물은 언제나 경제가 투기적 과열 상태에 놓였음을 알려주는 징후였다. 현대 자본주의는 호경기 때마다 그 오만한 자신감을 뽐내면서 마천루를 생산했다. 엠파이어 스테이트 빌딩이나 이제는 사라져버린 세계무역센터는 그 묘비라 할 만하다. 냉소적인 평자들은 두바이와 중국의 도시들에 형성된 대규모 부동산 시장이 세계적 과잉 이윤을 빨아들이는 수챗구멍이라고 바르게 지적했다. 그 밑천은 각각 석유와 제조업 수출이다. 부국

---

14) Baruch Knei-Paz, *The Social and Political Thought of Leon Trotsky*, Oxford 1978, p. 91.

들은 석유 소비를 자제할 능력이 없어 보인다. 미국의 경우는 경상수지도 못 맞추고 있다. 과거의 경기 순환 주기가 안내자 역할을 해준다면 무질서하고 혼란스러운 잔치가 끝나가고 있는지도 모른다. 그러나 알 마크툼은 『걸리버 여행기』에 나오는 수수께끼의 천공의 성 라푸타의 왕처럼 군다. 그는 자신이 공중에 영원히 떠 있을 수 있는 비밀을 찾아냈다고 믿는 것 같다.

물론 두바이의 동력은 '최고가를 경신 중인 석유가'이다. 여러분이 50달러를 내고 주유를 할 때마다 알 마크툼의 오아시스는 환희에 젖는다. 중국의 석유 수요가 급증하고, 세계 각처의 유전 지대에서 전쟁과 테러의 공포가 격증하면서 석유 가격이 치솟고 있다. 『월 스트리트 저널』에 따르면, "소비자들은 2004년과 2005년 석유 제품에 2003년보다 1조 2,000억 달러를 더 〔지불했다〕."[15] 1970년대처럼 석유 소비국과 석유 생산국 사이에서 부가 대규모로 이전되고 있다. 그리고 그 결과는 파괴적이다. 허버트의 정점도 보이는 듯하다. 허버트의 정점이란 새로운 석유 자원이 전 세계적 수요를 더는 상쇄해주지 못하면서 석유가가 고공 행진하게 되는 전환점을 가리킨다. 일부 유토피아적 경제모형은 이런 추세야말로 절호의 기회라고 보는 듯하다. 온실 가스 배출을 줄이고, 도시체계의 환경 효율을 끌어 올리면서 세계경제를 재생 가능 에너지에 기초해 운용할 수 있는 호기라는 것이다. 그러나 실제의 자본주의 세계에서는 그 뜻밖의 횡재수가 묵시록적 사치 행각의 장려금으로 쓰이고 있으며, 두바이는 그 전형이다.

페르시아 만의 마이애미

위인전 작가들에 따르면 두바이의 축복과 번영은 알 마크툼이 아버지 셰

---

15) "Oil Producers Gain Global Clout from Big Windfall", *Wall Street Journal*, 4 October 2005.

이크 라시드에게서 물려받은 기업가적 비전 덕택이다. 셰이크 라시드는 "모든 역량과 자원을 쏟아부어 자신이 수장으로 있는 두바이를 세계적 수준의 물류 통과항으로 탈바꿈시켰다. 자유 기업이 번성할 수 있는 조건을 닦아놓은" 셈이다.16) 사실 모국 아랍에미리트연방처럼 두바이가 거침없이 발전할 수 있었던 것은 지정학적 행운에 힘입은 바 크다. 역설적으로 들리겠지만 해안에서 퍼내던 석유라는 기본 자산이 빠르게 고갈되고 있는 현 상황이 두바이에게는 중요한 지역적 강점으로 작용했다. 두바이는 좁은 내륙 지역에서 쿠웨이트나 아부다비처럼 지질학적 부를 기대할 수 없었고, 싱가포르형 전략을 채택해 빈곤에서 탈출할 수 있었던 것이다. 그렇게 두바이는 페르시아 만의 상업·금융·여흥의 중심지로 부상했다. 두바이는 브레히트가 '마하고니'라고 부른, 포스트모던한 도시이다. 국제 석유 거래의 초과 이윤이 탈취되어 아라비아 반도에서 유일하게 부족함이 없는 단 하나의 천연자원인 모래에 재투자된다. (실제로도 두바이의 거대 건설 프로젝트들은 투입된 모래의 양으로 측정된다. '아일랜드 월드'의 경우 2,830만 입방미터의 모래가 소요될 예정이다.) 두바이랜드가 좋은 예일 텐데, 현행의 대규모 건설 사업들이 예정대로 진행된다면 2010년경에는 두바이의 전체 GDP가 관광과 금융처럼 석유와 전혀 무관한 활동에서 나오게 된다.17)

두바이가 이렇게 독특한 야망을 갖게 된 데에는 나름의 근거와 이유가 있다. 두바이는 역사 속에서 밀수업자, 금 거래인, 해적 들의 피난처 역할을 오랫동안 수행했다. 후기 빅토리아 시대에 협정이 맺어졌는데, 런던은 이를 바탕으로 두바이의 외교 업무를 장악했다. 그들은 오스만 세력과 그 세금 징수원들을 이 지역에서 축출했고, 알 마크툼 왕조를 대리인으로 내세워 두바이

---

16) Joseph Kechichian, "Sociopolitical Origins of Emirati Leaders", in Kechichian, ed., *A Century in Thirty Years: Shaykh Zayed and the UAE*, Washington DC 2000, p. 54.
17) Jack Lyne, "Disney Does the Desert?", 17 November 2003, online at *The Site Selection*.

를 지배케 했다. 두바이는 '해적들의 해안'으로 알려진 약 640킬로미터의 해안선에서 유일하게 수심이 깊은 천혜의 항구이다. 석유가 채굴되면서 상업적 자각과 항만 서비스에 대한 수요가 증가하기 전까지는 진주조개잡이와 밀수가 이 지역의 주요 생업이었다. 1956년에 최초의 콘크리트 건물이 지어졌다. 그 전까지는 전체 인구가 야자수 잎으로 만든 전통 가옥 '바라스트리'에서 살았다. 그들은 공동 우물에서 물을 길었고, 좁은 길에 염소를 매어두었다.[18]

1968년 영국이 수에즈 동안(東岸)에서 철수했다. 셰이크 라시드는 아부다비의 지배자 셰이크 자예드와 결탁해 1971년 아랍에미리트연방을 창설한다. 그 봉건 연합은 오만의 마르크스주의자들, 이후로는 이란의 이슬람주의자들의 위협에 맞서 단결한 것이었다. 아부다비는 아랍에미리트연방의 석유 자원을 훨씬 더 많이 소유했다(확인된 전 세계 탄화수소 자원의 거의 12분의 1). 그러나 두바이는 항구이자 상업 중심지라는 규정이 논리적으로 더 타당했다. 깊다고 자부했던 두바이의 애초 수로가 번영하는 거래를 감당하기에는 너무 작다는 게 드러났다. 아랍에미리트연방의 지도자들은 최초의 '석유 파동'에서 발생한 수입 일부를 투입해 두바이가 세계 최대 규모의 인공 항만을 건설할 수 있도록 지원한다. 그 공사가 1976년 마무리되었다.

1979년 호메이니의 혁명이 발생했다. 두바이가 페르시아 만의 마이애미로 떠올랐다. 이란인 망명자들이 대규모 공동체를 형성하면서 두바이에 정착했다. 그들 다수가 금괴, 면세 담배, 주류를 금욕주의가 지배하는 조국과 인도로 밀수했다. 보다 최근에는 테헤란의 암묵적 동의하에 상당수의 이란 부자들이 두바이에 정착했다. 마이애미보다는 홍콩과 더 비슷해진 그 도시를 이란인들은 무역과 이국적(二國的) 생활 방식의 근거지로 삼고 있다. 두바이에서 현재 진행 중인 부동산 개발 사업의 무려 30퍼센트를 그들이 장악하고 있는 것으로 전해진다.[19] 두바이는 그렇게 은밀한 거래와 연계 위에 서 있었다. 이 도시

---

18) Michael Pacione, "City Profile: Dubai", *Cities*, vol. 22, no. 3, 2005, pp. 259~60.

가 1980년대와 1990년대 초반에 페르시아 만에서 으뜸가는 돈세탁 장소로 부상한 까닭을 짐작할 수 있는 대목이다. 두바이는 이 지역 일대에서 가장 악명 높은 폭력단과 테러리스트의 은신처로도 활용되었다. 『월 스트리트 저널』이 최근 이 도시의 이면을 소개한 보도 기사를 살펴보자.

금과 다이아몬드가 밀수되고, 주택이 물물 교환으로 거래되며, 비공식적 현금 이전이 수시로 이루어진다. 이 속에서 오래전부터 씨족에 대한 충성과 결연에 기초해 불투명한 사업 세계가 형성되었다. 암시장 투기꾼, 무기 거래상, 테러리스트 자금 조달책, 돈세탁업자 들이 이렇게 자유로운 환경을 활용하고 있다. 사업 거래의 상당 부분이 완전히 합법적이다.[20]

2006년 초 미국 의회에서 분노가 폭발했다. 두바이포트월드가 런던에 본부를 둔 페닌슐라 앤드 오리엔탈 스팀 네비게이션 컴퍼니를 인수하려고 했던 것이다. 이 회사는 뉴욕에서 마이애미에 이르는 각급 항만을 운영한다. 두바이는 조지 부시 행정부의 지원에도 불구하고 거래에서 손을 떼야만 했다. 케이블 뉴스 프로그램과 라디오 토크쇼가 총동원되어 미국의 상업항들에 대한 통제권을 중동 정부에 넘겨주는 게 위험천만한 일이라는 집중 포화가 쏟아졌다. 논란의 상당 부분이 반아랍 정서에 기댔다는 것은 말할 나위도 없다(미국 항만의 상당 부분을 이미 외국계 회사가 운영하고 있다). 그러나 두바이가 페르시아 만의 스위스로 행세하면서 '테러리스트 조직과 연계되었다는 점'은 널리 알려진 사실이다.

실제로 9·11 이후 작성된 다량의 조사 보고서가 두바이의 역할에 주목했

---

19) "Young Iranians Follow Dreams to Dubai", *New York Times*, 4 December 2005. 부유한 이란계 미국인의 최근 유입도 인상적인 광경이다. "두바이의 일부 거리는 로스앤젤레스를 닮아가고 있다."
20) *Wall Street Journal*, 2 March 2006.

다. '이슬람 투쟁 그룹들의 재정 조달원'이라는 것이다. 알카에다와 탈레반도 빼놓을 수 없었다. "〔테러 조직의〕 자금 문제에 이를라치면 모든 길이 두바이로 통한다." 미 재무부 전직 고위 관리의 말이다. 오사마 빈 라덴은 정부 소유의 두바이 이슬람 은행을 통해 많은 돈을 송금했다고 전해진다. 탈레반도 두바이의 무질서한 금 시장을 활용해 금괴로 받은 아편 대금을 세탁된 달러화로 바꾸었다.[21] 스티브 콜이 베스트셀러『그림자 전쟁』에서 폭로한 내용은 무척이나 흥미롭다. 알카에다 세력이 나이로비와 다르에스살람의 미국 대사관을 공격한 후 CIA가 아프가니스탄 남부에서 매 사냥을 하던 빈 라덴을 크루즈 미사일로 폭살할 계획을 세웠다고 한다. 그러나 막판에 그 작전 행동이 중단되었는데, 빈 라덴이 에미리트의 왕족과 동행 중이었기 때문이라는 것이다. 콜은 다음과 같은 내용도 첨언했다. CIA는 "두바이를 출발한 C-130 수송기들이 탈레반에게 무기를 전달했다고도 의심했다."[22]

이게 다가 아니다. 알 마크툼은 거의 10년 동안 뭄바이의 알 카포네라고 할 수 있는 유명한 폭력단 우두머리 다우드 이브라힘에게 호화로운 은신처를 제공해주었다. 1980년대 후반에 그가 두바이에 머물고 있다는 사실은 공공연한 비밀이었다. 수케투 메타*는 이렇게 쓰고 있다. "두바이는 다우드의 마음에 들었다. 그는 두바이에서 뭄바이를 재현했다. 흥청망청 파티를 열었고, 영화배우와 크리켓 선수 들이 손님으로 참석했다. 인기 상승 중이던 여배우 만다키니가 그의 정부였다."[23] 인도 정부에 따르면 다우드는 1993년 초에 파키스탄 정보부와 내통하고 있었다고 한다. 그가 뭄바이에서 257명의 목숨을 앗아

---

21) Gilbert King, *The Most Dangerous Man in the World: Dawood Ibrahim*, New York, NY 2004, p. 78; Douglas Farah, "Al Qaeda's Gold: Following Trail to Dubai", *Washington Post*, 18 February 2002; Sean Foley, "What Wealth Cannot Buy: UAE Security at the Turn of the 21st Century", in Barry Rubin, ed., *Crises in the Contemporary Persian Gulf*, London 2002, pp. 51~52.
22) Steve Coll, *Ghost Wars*, New York 2004, p. 449.
* 1963년생 인도 캘커타 출신으로 미국 뉴욕에서 활동하는 작가이자 기자.
23) Suketu Mehta, *Maximum City: Bombay Lost and Found*, New York 2004, p. 135.

간 '암흑의 금요일' 폭탄 테러를 두바이에서 모의했다는 것이다.[24] 인도 정부는 두바이 당국에 그 즉시로 다우드를 체포해줄 것을 요구했다. 그러나 그는 카라치로 무사히 도망칠 수 있었다. 다우드는 여전히 파키스탄 정부의 비호 아래 있다. 그의 범죄조직 '디-컴퍼니' 역시 두바이에서 여전히 암약 중이라고 한다.[25]

전쟁 지역

현재 워싱턴은 테러와의 전쟁을 수행 중이고, 두바이는 그 협력자로 상당한 지위를 누리며 미국의 전쟁 계획에 협조하고 있다. 두바이가 이란 정탐 활동의 전초 기지라는 점도 기억해야 할 대목이다.[26] 그러나 다른 에미리트의 지배자들처럼 알 마크툼도 이슬람 급진주의자들과 내통하고 있을 가능성이 아주 많다. 예를 들어 알카에다는 마음만 먹는다면 버즈 알-아랍이나 두바이의 다른 고층 건물들을 불바다로 만들 수도 있다. 그러나 지금까지 두바이는 잘 버텨왔다. 서구인들이 찾는 관광지로서 차량 폭탄 테러나 기타 공격을 거의 완벽하게 피해온 중동 지역의 몇 안 되는 도시 가운데 하나가 바로 두바이이다. 도시국가로서 1940년대의 탕헤르나 1960년대의 마카오처럼 돈세탁과 거물 은닉 같은 본연의 임무를 지속적으로 수행하겠다는 분명한 태도 표명 속에서 그 안전이 보장되리라는 것을 능히 짐작할 수 있다. 번창하는 두바이

---

24) S. Hussain Zaidi, *Black Friday: The True Story of the Bombay Bomb Blasts*, Delhi 2002, pp. 25~27, 41~44.
25) "Dubai's Cooperation with the War on Terrorism Called into Question", *Transnational Threats Update*, Centre for Strategic and International Studies, February 2003, pp. 2~3; "Bin Laden's Operatives Still Using Freewheeling Dubai", *USA Today*, 2 September 2004를 보라.
26) Ira Chernus, "Dubai: Home Base for Cold War", 13 March 2006, Common Dreams News Centre.

의 암흑경제는 자동차 폭탄 테러범과 항공기 납치범 들을 막아주는 보험인 셈이다.

두바이가 공포로 먹고사는 방법은 복잡하고도 놀랍다. 예를 들어, 제벨 알리의 대규모 물류 통과 단지는 미국의 이라크 침공에 따른 교역으로 막대한 부를 축적하고 있다. 두바이 공항의 제2터미널은 핼리버튼사 직원, 민간인 신분의 용병, 미국 군인 들로 항상 붐빈다. 그들은 이곳을 경유해 바그다드와 카불로 들어간다. 사람들은 제2터미널이 미국의 중동전쟁으로 "세계에서 가장 바삐 움직이는 상업 터미널"이 되었다고 설명한다.[27] 9·11 이후의 사태 전개는 전 세계의 투자 양상을 바꿔놓았는데, 이것도 두바이에게는 커다란 혜택으로 작용했다. 알카에다가 미국 본토를 공격하자 워싱턴의 기독교도들은 분노했고, 세계무역센터 생존자들의 소송이 빗발쳤다. 크게 덴 무슬림 산유국들은 오일 달러의 안전한 피난처로 더는 미국을 고려하지 않게 돼버렸다. 겁에 질린 사우디아라비아 한 나라만 보더라도 1조 달러에 이르던 해외 유가증권의 최소 3분의 1을 회수한 것으로 추정된다. 사태가 진정되기는 했지만 두바이는 여전히 막대한 이득을 누리고 있다. 석유 부자들이 역외보다는 역내 투자를 선호하고 있는 것이다. 에드워드 챈슬러는 이렇게 말했다. "1970년대 후반의 마지막 호경기와는 달리 아랍의 현행 석유 잉여 가운데 미국의 자산에 직접 투자되는 액수는 매우 적다. 국제은행에 예치되는 금액도 거의 없다. 요즘은 오일 머니의 상당 부분이 역내에 머문다. 고전적인 투기 광풍이 이제는 중동에서 벌어지고 있는 것이다."[28]

사우디아라비아인들(1년에 최소 한 번 두바이를 방문한 사우디아라비아인이 50만 명으로 추정된다)이 2004년에 알 마크툼의 부동산에 최소 70억 달러를 투자한

---

27) Pratap Chatterjee, "Ports of Profit: Dubai Does Brisk War Business", 25 February 2006, Common Dreams News Centre.
28) Edward Chancellor, "Seven Pillars of Folly", *Wall Street Journal*, 8 March 2006; 사우디아라비아의 자금 회수에 관해서는 *AME Info*, 20 March 2005, www.ameinfo.com.

것으로 여겨진다. 사우디인들은 아부다비, 쿠웨이트, 이란, 심지어 경쟁 관계에 있는 카타르의 투자자들과 함께 두바이랜드(공식적인 개발 주체는 두바이의 억만장자 갈라다리 형제다)와 기타 대규모 판타지 프로젝트에 자금을 투자하고 있다.[29] 경제분석가들은 페르시아 만 지역의 호경기를 추동하는 것은 주식투자라고 강조한다. 그러나 지불준비금이 60퍼센트나 증가하면서 싼 은행 융자가 넘쳐나고 있다. 미국 연방준비제도이사회의 저금리정책으로 파생되는 효과도 보태야 할 것이다(페르시아 만 수장국들의 통화는 전부 달러화와 연계되어 있다).[30]

물론 이 돈의 상당액은 옛 방식에 따라 춤을 춘다. 『비즈니스 위크』의 설명을 들어보자. "새롭게 조성 중인 두바이 부동산의 절대다수는 투기 목적으로 구매되고 있다. 소액만 기탁해도 손쉽게 살 수 있다. 당대 마이애미 식으로 거래되는 것이다."[31] 그러나 일부 경제학자들이 지적하는 것처럼, 당구공이 쿠션에 부딪히듯이 단기간에 소유권이 자주 바뀌는 자산은 결국 부도가 나게 되어 있다. 부동산 거품이 언젠가는 터지면서 두바이가 하늘에서 추락하게 될까? 아니면 세계경제의 모순과 석유가 고공 행진에 힘입어 사막의 라퓨타로서 계속 버틸 수 있을까? 알 마크툼은 자신감이 넘친다. "나는 자본가들에게 두바이에는 투자자가 필요 없다는 사실을 알려주고 싶다. 두바이가 필요한 것은 오히려 투자자들이다. 돈을 투자하는 게 위험한 것이 아니라 금고에 쌓아두는 게 위험하다는 점도 알려주고 싶다."[32]

두바이의 철학자 왕(근해의 대규모 섬 프로젝트들 가운데 하나가 아랍어로 그의 경구 하나를 형상화할 예정에 있다)은[33] 자신의 모래 언덕을 쇼핑몰과 마천루로 바꿔

---

29) *AME Info*, 9 June 2005.
30) Chancellor, "Seven Pillars."
31) Stanley Reed, "The New Middle East Bonanza", *Business Week*, 13 March 2006.
32) Lyne, "Disney Does the Desert?"
33) 제벨 알리 팜의 워터 홈스 1060 하늘에서 보면 다음과 같은 문구를 읽을 수 있다. "현명한 사람으로부터 지혜를 얻어라. 말을 탔다고 해서 모두가 다 기수인 것은 아니다."

주는 석유 수입에서 공포가 가장 유력한 요소임도 잘 알고 있다. 반란 세력이 니제르 강 삼각주에서 송유관을 폭파하고, 순교자가 폭탄이 실린 트럭을 몰고 리야드의 주택 단지로 돌진하며, 워싱턴과 텔아비브가 테헤란을 위협할 때마다 미래 시장의 불안 요소가 커지면서 석유 가격이 오른다(당연히 두바이의 수입도). 다시 말해, 이제 페르시아 만의 경제는 석유 생산만이 아니라 그 붕괴의 공포마저 자본으로 계산된다. 『비즈니스 위크』에 실린 전문가들의 최근 조사 연구에 따르면, "전 세계가 페르시아 만의 산유국들에 작년 한 해 추가로 1,200억 달러를 지불한 까닭은, 예기치 못한 공급 두절에 대한 공포를 미연에 막아보려고 프리미엄 가격을 냈기 때문이다. 냉소적인 일부 평자들은 수입이 증가하기 때문에 산유국들이 붕괴의 공포를 반기고 있다고 주장한다." 잡지의 자문에 응한 베테랑 에너지 분석가 한 명은 이렇게 요약했다. "산유국들에는 공포가 뜻하지 않은 선물이었다."[34]

그러나 공포는 석유로 벼락부자가 된 자들이 높은 담장으로 둘러싸인 조용한 오아시스에서나 쓸 수 있는 선물이다. 두바이의 주권은 결국 제벨 알리에 정박 중인 미국의 핵 항공모함에 의해 보장된다. 수장국들이 이슬람 테러리스트 조직과 맺는 관계를 통합하는 모종의 비밀협정도 거기 보태야 할 것이다(아프가니스탄으로 매 사냥 여행을 가서 협약을 맺고 온 것일까?). 두바이는 금융거래의 비밀을 보장해주는 스위스 식 법률에서부터 호화 사치의 지성소를 보호해주는 관리인, 경비인, 수행원 부대에 이르기까지 생명의 안전이 담보되는 낙원이다. 관광객들이 사유지 섬에 우뚝 솟은 버즈 알-아랍을 엿보기라도 할라치면 보안요원들의 제지를 당하기 일쑤다. 물론 호텔 투숙객은 롤스로이스를 타고 입장한다.

---

34) Peter Coy, "Oil Pricing", *Business Week*, 13 March 2006.

밀턴 프리드먼의 해변 클럽

다시 말해 두바이는 경비가 지키고 선 대형 커뮤니티로, 이라크 바그다드 중심가의 그린 존과 다를 바가 없다. 싱가포르와 텍사스를 훨씬 능가하는 두바이는 당대 자본주의의 신자유주의적 총아이기도 하다. 시카고 대학교 경제학과가 두바이를 설계했을지도 모를 일이다. 실제로 두바이는 미국의 반동분자들만이 꿈꿀 수 있는 내용을 성취했다. 소득세, 노동조합, 야당 세력(당연히 선거도 없다)이 없는 자유 기업의 오아시스 말이다. 소비의 천국답게 두바이의 비공식 국경일은 쇼핑 페스티벌이다. 25개의 쇼핑몰이 후원하는 이 한 달 동안의 호화찬란한 쇼는 1월 12일에 시작되고, 주로는 중동과 남아시아에서 400만 명의 부자들이 찾는다.[35]

〈표 2〉 3인 연합 행정부

	'공공 부문'	민간 부문
모하메드 알 게르가위	집행위원회	두바이 홀딩스
모하메드 알라바르	경제개발부	에마르
술탄 아흐메드 빈 술라엠	제벨 알리 항	나크헬

그사이에 절대주의 봉건왕조가 계몽적 기업행정국가라는 최신판 조어로 탈바꿈했다. 정치가 공식적으로 경영 감독 개념에 무릎을 꿇고 말았다. 두바이 개발투자국장 사에드 알 문타피크는 이렇게 말한다. "국민은 우리의 왕세자를 두바이의 최고경영자라고 부른다. 정말이지 그가 국가를 위해서가 아니라 민간 부문을 위해서 정부를 사기업처럼 운영하기 때문이다." 게다가 알 마크툼의 주장처럼 국가가 단일 기업이라면 '대의정치'는 요점을 벗어나도 한

---
35) Tarek Atia, "Everybody's a Winner", *Al-Ahram Weekly*, 9 February 2005.

참 벗어난 게 된다. 제너럴일렉트릭과 엑손은 민주주의 기구가 아니다. 헛소리를 해대는 사회주의자들을 제외하면 누구도 그들에게 민주적으로 굴라고 기대하지 않는다.

따라서 국가와 사기업을 구별할 수 없게 됐다. 두바이의 고위 경영자들— 모두가 능력 위주로 고용된 평민이다—은 중요한 정부 직책을 맡고 있으면서 동시에 마크툼 소유의 부동산 개발 회사를 운영한다. '정부'는 실제로 핵심인물 3명이 이끄는 주식관리 팀이다. 그들이 서로 경쟁하면서 알 마크툼에게 최고의 수익을 가져다주기 위해 노력한다(표 2). 윌리엄 월리스는 이렇게 말한다. "이런 체제에서는 이해관계가 상충한다는 관념이 들어설 여지가 거의 없다." [36) 두바이는 궁극적으로 주인이 한 명이고, 무수한 임대료 수입이 전부 수익자 한 명으로 흘러들어가기 때문에 다른 나라 정부들에 필수적인 소득세, 관세, 영업세를 대부분 생략할 수 있다. 이제는 세금 부담을 최소로 해줘도 판매와 임대가 영향을 받는다. 한편 산유국 아부다비는 외교관계와 국방 등 에미리트연방 행정부에 위임된 잔여 국가 기능과 관련해 돈을 주고 전문가의 도움을 받는다. 에미리트연방 자체가 셰이크[수장]와 그 친척들의 이해관계를 수호하는 공동 주권국가이다.

두바이에서는 비슷한 기조에서 개인의 자유도 헌법이 아니라 사업 계획에서 도출된다. '양도할 수 없는 권리'라는 관념은 웃기는 생각이 된다. 알 마크툼과 그의 집행관들은 한편으로는 혈연 기반의 권력과 이슬람 율법을 중재해야 하고, 다른 한편으로는 서구의 기업문화와 퇴폐적 오락을 조정해야만 한다. 그들은 영리한 해결책을 내놓았다. 이른바 '모듈화된 자유'라는 것이다. 따로 분리되어 독자적으로 기능하는 복수의 자유들은 경제활동과 민족 및 사회계급을 공간적으로 엄격하게 분리하고 개별적으로 대응한다는 방침 위에

---

36) William Wallis, "Big Business: Intense Rivalry among the Lieutenants", *Financial Times*, 12 July 2005.

서 있는 것이다. 이 모듈화된 자유가 실제로 어떻게 기능하는지 알려면 두바이의 종합 발전 전략을 살펴보아야 한다.

관광 개발 열기가 두바이 '열광'의 대부분을 차지하고 있지만 사실 이 도시국가는 다른 야망을 품고 있다. 특화된 자유무역 지대와 첨단산업 단지를 유치해 부가가치를 최대한 생산하겠다는 비상한 계획을 세우고 있는 것이다. ABC 방송의 한 뉴스 논평가는 이렇게 썼다. "이 무역도시가 메갈로폴리스로 거듭난 방법 가운데 하나를 보자. 두바이는 기업들의 투자와 정착을 도모하는 유인책으로 생각할 수 있는 모든 것을 쏟아부었다. 자유무역 지대에서는 외국인 소유가 100퍼센트 허용된다. 주민세와 법인세는 물론 수출입 통관에 따른 관세도 전혀 없다."[37] 제벨 알리 항만 지역의 자유무역 지대에는 현재 수천 개의 무역기업과 산업체가 입주해 있다. 그곳은 사우디아라비아와 페르시아 만 시장에서 영업 활동을 하는 미국 기업들의 중요한 기지다.[38]

그러나 향후의 성장은 대부분이 군도의 특별 '산업 단지'에서 이루어질 것으로 예상된다. 이 도시 속의 도시들 가운데서도 최대 규모를 자랑하는 곳이 인터넷 시티이다. 아랍 세계 최고의 정보기술 허브로 자리 잡은 인터넷 시티에는 델, 휴렛패커드, 마이크로소프트 등의 지역 본사가 입주해 있다. 미디어 시티는 알 아라비야 위성방송 네트워크 및 국제 뉴스 공급 기업들의 본산이다. 두바이 인터내셔널 파이낸스 센터도 빼놓을 수 없다. 알 마크툼은 이곳의 두바이 국제금융거래소가 유럽과 동아시아를 잇는 최대 규모의 주식거래소로 성장해주기를 바라고 있다. 그는 외국의 투자자들이 몰려와 페르시아 만 지역의 엄청난 석유 수입을 개발로 연결해준다면 그게 가능하리라고 본다. 수만 명을 고용하는 이들 대규모 고립지대 외에도 두바이에는 또 다른 개발 계획이 있다. 휴매니테리언 에이드 시티는 재난 구호 기지를 염두에 둔 것이

---

37) Hari Sreenivasan, "Dubai: Build It and They Will Come", ABC News, 8 February 2005.
38) Pacione, "City Profile: Dubai", p. 257.

다. 중고차 거래만 전담하는 자유무역 지대도 설정되었다. 두바이 메탈스 앤드 커머더티스 센터라는 것도 있다. 국제체스협회의 본부가 유치될 '체스 시티'는 거대한 체스판으로 설계되었다. 두 개의 '킹' 타워는 각각 64층 높이를 자랑한다. 60억 달러 규모의 헬스케어 빌리지도 빼놓을 수 없다. 이 사업 계획에는 하버드 의과대학이 협력하고 있다. 페르시아 만 지역의 부자들은 여기서 미국의 최첨단 의료기술을 제공받게 된다.[39]

물론 이 지역의 다른 도시들에도 자유무역 지대와 첨단산업 단지가 있다. 그러나 개별 집락이 외국 자본과 해외 전문가 집단의 구체적 요구에 입각한 규제 법령 아래서 운영되도록 허용한 곳은 두바이뿐이다. 『파이낸셜 타임스』의 보도 내용을 살펴보자. "그들만의 특별한 방식으로 돈벌이 수단을 개척하겠다는 태도야말로 두바이 발전 전략의 핵심이다."[40] (두바이의 다른 지역에서는 극악하게 자행되는) 언론 검열이 미디어 시티에서는 대부분 유보된다. (그 밖의 다른 곳에서는 내용이 단속 통제되는) 인터넷 이용도 인터넷 시티에서는 무제한으로 허용된다. 두바이는 아랍에미리트연방의 허가 속에서 "금융지구에 완전히 분리된 서구형 상업 시스템을 구축했다. 이곳에서는 달러화와 영어로 거래가 이루어진다." 두바이는 영국의 금융감독관과 은퇴한 판사 들까지 영입했다. 논란이 분분했지만 두바이 국제금융거래소가 취리히, 런던, 뉴욕과 동일한 규칙과 방식으로 운영된다는 믿음을 심어주기 위한 고육지책이었던 것이다.[41] 한편으로 알 마크툼은 팜 주메이라의 맨션과 '아일랜드 월드'의 섬들을 판촉하기 위해 2002년 5월 '자유 보유 부동산 혁명'을 발표했다. 외국인들은

---

39) Smith, "The Road to Tech Mecca"; Stanley Reed, "A Bourse is Born in Dubai", *Business Week*, 3 October 2005; Roula Khalaf, "Stock Exchanges: Chance to Tap into a Vast Pool of Capital", *Financial Times*, 12 July 2005.
40) Khalaf, "Stock Exchanges."
41) William McSheehy, "Financial Centre: A Three-way Race for Supremacy", *Financial Times*, 12 July 2005.

이를 통해 호화 고급 부동산을 99년 임대뿐만 아니라 완전히 구매할 수도 있게 됐다.[42]

이들 고립 지대가 언론과 기업 경영의 무한 자유를 누리고 있다는 사실 외에도 두바이는 서구식 악덕을 눈감아주는 것으로 유명하다(여흥을 즐기기 위해 사용하는 각종 마약은 예외이다). 사우디아라비아, 심지어 쿠웨이트 시티와 비교해 보더라도 두바이의 호텔과 술집에는 술이 넘쳐난다. 홀터넥 의상이나 비키니 수영복을 흘겨보는 사람도 없다. 여행 안내책자가 비유하는바, 두바이는 '중동의 방콕'이기도 하다. 각종의 초국적 깡패집단과 마피아가 러시아인, 아르메니아인, 인도인, 이란인 매춘부 수천 명을 거느리고 있다. 러시아 여성들이 술집에서 고혹적 자태로 남성 고객을 유혹하는 상황 이면에는 유괴, 노예 상태, 가학적 폭력이 사악하게 도사리고 있다. 물론 알 마크툼과 두바이 정부는 번창하는 홍등 산업과의 결탁을 부인한다. 그러나 그들은 5성급 호텔을 유럽과 아랍의 사업가들로 가득 채우려면 매춘부가 필수적이라는 사실을 잘 알고 있다.[43] 무국적자들이 두바이의 독특한 '개방성'을 찬양할 때 그들이 실제로 칭찬하는 것은 술 마시면서 흥청거리고 여자를 유혹할 수 있는 자유이다. 노동조합을 결성하고, 비판적 의견을 개진할 수 있는 자유가 아닌 것이다.

보이지 않는 절대다수의 계약노동자

두바이와 이웃 수장국들은 노동자의 공민권 박탈에도 성공했다. 두바이는 노예제가 무려 1963년에 폐지된 나라다. 노동조합, 파업, 선동 행위 일체가 불법이다. 민간 부문에 고용된 노동자의 99퍼센트는 언제라도 국외 추방이 가

---

42) "A Short History of Dubai Property", *AME Info*, August 2004.
43) Lonely Planet, *Dubai: City Guide*, London 2004, p. 9; William Ridgeway, "Dubai, Dubai — The Scandal and the Vice", *Social Affairs Unit*, 4 April 2005.

능한 외국인이다. 정말이지 미국 기업 연구소와 카토 연구소의 공론가들은 두바이의 계급제도와 권리 부여 체계에 침을 질질 흘릴 것이다.

사회적 위계의 정상에는 알 마크툼 일가와 친척이 포진하고 있다. 그들은 관할 영토의 알짜배기 수입원을 몽땅 소유하고 있다. 그 다음 순서는 인구의 15퍼센트를 차지하는 원주민이다(그들 다수는 원래 이란 남부 출신으로 아랍어 강론가였다). 하얀색 전통 의상 디시다시는 이들 유한계급의 특권을 상징하는 제복이다. 그들은 왕가에 복종하는 대가로 소득 이전, 무상 교육, 주택 보조금, 정부 관직을 제공받는다. 다음 계층은 당국의 묵인하에 제멋대로 처신하는 고용 인력이다. 영국 출신자 10만 명 이상(이와는 별도로 영국인 10만 명이 두바이에 주택과 콘도를 소유하고 있다)에 기타 유럽인, 레바논인, 이란인, 인도인 경영자와 전문 직업인 들로 구성된다. 그들은 최신 냉방시설에서 근무하고 여름이면 두 달씩 해외에서 휴가를 보낸다. (해변을 소유한) 데이비드 베컴과 (섬을 소유한) 로드 스튜어트로 대변되는 영국인들이야말로 알 마크툼의 낙원을 선전하는 최고의 치어리더들일 것이다. 실제로 그들 다수가 잃어버린 제국의 영광을 불러낸 세상에 탐닉하고 있다. 래플스에서 진토닉을 마시고, 심라의 방갈로에서 장난치던 기억이 새로울 것이다. 두바이는 그렇게 식민지에 대한 향수를 탁월하게 서비스하고 있다.[44]

도시국가 두바이는 인도식 미니 토후국이기도 하다. 더 중요하고 악명 높은 측면이라고 할 수 있겠다. 인구의 절대다수가 남아시아 출신의 계약노동자들이다. 그들은 법률에 의해 단 한 명의 고용주에 묶여 있고, 전체주의적 통제에 따라야만 한다. 두바이의 호화로운 생활 방식을 돌보는 것은 엄청난 인력의 필리핀인, 스리랑카인, 인도인 가정부와 하녀 들이다. 형편없는 보수를 받는 파키스탄과 인도(상당수가 케랄라 주 출신이다)의 노동부대가 건설경기(전체

---

44) William Wallis, "Demographics: Locals Swamped by a New Breed of Resident", *Financial Times*, 12 July 2005.

노동력의 4분의 1을 고용한다)를 지탱해주고 있다. 그들은 12시간 2교대로 일주일에 6일 반을 열사의 사막에서 버틴다.

이웃 국가들처럼 두바이도 국제노동기구(ILO)의 노동 규정을 무시하고, 이주 노동자 헌장을 채택하지 않고 있다. 휴먼 라이츠 워치는 2003년 아랍에미리트연방이 '강제 노동'으로 번영을 구가하고 있다며 비난했다. 『인디펜던트』의 최근 보도 내용을 보자. "두바이의 노동시장은 과거의 식민지배자 영국이 그곳에 도입했던 그 옛날의 계약노동제도와 꼭 닮았다." 런던에서 발행되는 그 신문은 계속해서 이렇게 얘기하고 있다. "오늘날의 아시아 노동자들도 그 옛날 가난에 시달렸던 선배 노동자들처럼 사실상의 노예노동에 몇 년씩 자신을 옭아매지 않을 수 없는 처지다. 인력 수급 담당자들이 공항에서 여권과 비자를 압수하는 순간 그들의 권리는 사라져버린다."[45]

두바이의 헬로트들은 초착취 문제 말고도 프리츠 랑의 「메트로폴리스」에 나오는 프롤레타리아트처럼 사람들 눈에 띄어서는 안 된다. 두바이 언론은 이민노동자, 열악한 근로 조건, 매매춘에 관해 보도할 수 없다. (아랍에미리트연방은 전 세계 언론 자유 지수에서 참담하게도 137등을 기록하고 있다.) "아시아 노동자들은 화려한 쇼핑몰, 새로 개장한 골프장, 근사한 레스토랑을 출입할 수 없다."[46] 궁색한 노동자 캠프는 도시 외곽에 설치된다. 거기서 노동자들은 한 방에 여섯, 여덟, 심지어 열두 명까지 수용된다. 냉방 설비나 제대로 된 화장실이 없는 경우도 많다. 빈민가가 없는 화려한 도시 두바이의 공식 이미지와는 사뭇 다른 풍경이다.[47] 심지어는 아랍에미리트연방의 노동부장관마저 대형 건설업체가 운영하는 노동자 캠프의 누추하고 참기 힘든 조건을 최근 둘러보고 상당한 충격을 받았다고 전해진다. 그러나 노동자들은 임금 인상을

---

45) Nick Meo, "How Dubai, Playground of Business Men and Warlords, Is Built by Asian Wage Slaves", *Independent*, 1 March 2005.
46) Meo, "How Dubai."
47) Lucy Williamson, "Migrants' Woes in Dubai Worker Camps", BBC News, 10 February 2005.

쟁취하고, 생활 조건을 향상시켜보려고 노동조합을 결성했다가 그 즉시로 체포당했다.[48]

두바이 경찰은 다이아몬드와 금괴 밀수, 매춘 사업, 한 번에 현찰로 빌라를 25채씩 구입하는 수상한 사람들은 그냥 외면한다. 그러나 나쁜 짓을 예사로 하는 건설업자가 임금을 떼먹은 것에 항의하는 파키스탄 노동자들을 추방하고, 필리핀인 가정부들이 고용주에게 강간당했다고 신고하면 '간통'으로 잡아넣는 데에는 도가 텄다.[49] 바레인과 사우디아라비아는 언제 터질지 모르는 시아파의 소요를 항상 경계한다. 두바이와 아랍에미리트연방의 다른 수장국들은 그런 사태를 피하기 위해 인도 서부, 파키스탄, 스리랑카, 방글라데시, 네팔, 필리핀 등 아랍 이외 지역의 노동력을 받아들였다. 그러나 아시아 노동자들이 점점 더 반항적으로 나왔고, 아랍에미리트연방은 방침을 바꿔 '문화 다양성 정책'을 채택했다. 한 건설업자는 이렇게 설명했다. "우리는 아시아인들을 더 뽑지 말라는 요구를 받았다." 아랍 노동자를 더 많이 들여와 민족적 밀집도를 희석하여 노동자 통제를 강화하겠다는 속셈이었던 것이다.[50]

그러나 아시아인 차별 정책이 건설 현장에서 보잘것없는 임금(한 달 임금이 100~150달러)을 받으면서도 기꺼이 일하겠다는 아랍 노동자들의 충원으로 이어지지는 못했다. 분출하는 스카이라인과 진행 중인 대규모 건설 프로젝트의 탐욕스러운 요구를 만족시키기에는 턱없이 부족했던 것이다.[51] 실제로 두바이의 건설경제는 무시무시한 안전사고 기록과 노동자들의 가장 기본적인 요구에 대한 무시로 점철되어 있다. 결국 두바이 최초의 노동자 반란이 일어났

---

48) 2005년 2월 15일자로 secretdubai.blogspot.com에 포스팅된 이야기를 참조.
49) 강간 피해자들의 투옥 건에 관해서는, Asia Pacific Mission for Migrants, *News Digest*, September 2003 참조.
50) Meena Janardhan, "Welcome Mat Shrinking for Asian Workers in UAE", Inter Press Service, 2003.
51) Ray Jureidini, *Migrant Workers and Xenophobia in the Middle East*, UN Research Institute for Social Development, Identities, Conflict and Cohesion: Programme Paper No. 2, Geneva, December 2003 참조.

다. 휴먼 라이츠 워치는 2004년 한 해에만 무려 880명의 건설노동자가 작업 현장에서 사망했다고 추정한다. 고용주들은 대부분의 인명 사고를 보고하지 않았고, 정부 역시 은폐했다.[52] 거대 건설기업들과 그들의 하위 도급업체들은 사막의 노동 캠프에서 최소한의 위생시설은 물론이고 마실 물도 제대로 공급해주지 않았다. 노동자들은 작업 현장까지 더 긴 통근 시간을 견뎌야 했고, 감독관들의 비열한 횡포를 참아야 했으며(인종적·종교적 편견이 난무했다), 숙소에서는 밀정과 회사 경비들을 묵인해야 했고, 노동 계약상의 부채 상환 노예 상태에 묶여 있었고, 파산해서 임금을 줄 수 없다고 선언하거나 야반도주해버리는 무책임한 사장들을 기소하지 않는 정부에 좌절했다. 마침내 그들이 들고일어났다.[53] 케랄라 출신의 한 노동자는 『뉴욕 타임스』와의 인터뷰에서 흥분해 이렇게 말했다. "부자들은 누가 이 건물을 짓고 있는지 알아야 한다. 이곳 생활이 얼마나 처참한지 그들이 와서 봐야 한다."[54]

2004년 가을에 최초로 소요가 발생했다. 아시아 노동자 수천 명이 셰이크 자예드 8차선 도로를 점거하고 용감하게 노동부로 행진했다. 그러나 그들을 맞이한 것은 폭동 진압 경찰과 관리들의 추방 위협뿐이었다.[55] 임금 미지급과 위험한 작업 환경에 항의하는 더 작은 규모의 시위와 파업이 2005년 내내 계속되었다. 봄에 쿠웨이트에서 방글라데시 노동자들의 대규모 봉기가 있었고, 거기에서 영감을 받은 것이었다. 9월에는 약 7,000명의 노동자가 3시간 동안 시위를 벌였다. 두바이 역사상 최대 규모의 항의 행동이었다. 2006년 3월 22일에는 경비원들의 협박에 분기한 노동자들이 버즈 두바이 타워 공사 현장에서 폭동을 일으켰다.

52) "UAE: Abuse of Migrant Workers", Human Rights Watch, 30 March 2006.
53) Anthony Shadid, "In UAE, Tales of Paradise Lost", *Washington Post*, 12 April 2006.
54) Hassan Fattah, "In Dubai, an Outcry from Asians for Workplace Rights", *New York Times*, 26 March 2006.
55) Julia Wheeler, "Workers' Safety Queried in Dubai", BBC News, 27 September 2004.

노동자 2,500명이 교대 근무 시간을 마치고 사막의 숙소로 타고 갈 버스를 기다리고 있었다. 한참을 기다려도 버스가 오지 않던 차에 경비원들이 그들을 괴롭히며 자극했다. 격분한 노동자들(다수가 인도계 무슬림이었다)이 몰려가 경비원들을 두들겨 팼고, 건설 현장 본부에 난입했다. 그들은 회사 자동차를 불태웠고, 사무실을 약탈했으며, 컴퓨터를 때려 부수고, 서류를 내동댕이쳤다. 다음 날 아침에도 노동자들은 경찰의 현장 진입을 허용하지 않았고, 연좌농성을 벌이며 작업을 거부했다. 두바이에 본부를 둔 알 나보다 라잉 오루크 사가 임금 인상과 근로 조건 개선을 약속하고 나서야 비로소 그들은 농성을 풀었다. 새로 건설 중이던 공항 터미널의 건설노동자 수천 명도 살쾡이 파업*을 벌였다. 당국자들은 약간의 양보 조치와 무시무시한 협박을 병행해 노동자들을 후퇴시킬 수 있었다. 그러나 근저의 불만은 계속해서 악화되고 있다. 2006년 7월에는 에미리트 로드의 아라비아 랜치 공사 현장에서 노동자 수백 명이 폭동을 일으켰다. 그들은 숙소에서 요리하고 씻을 물이 만성적으로 부족한 사태에 항의했다. 다른 노동자들도 비밀리에 노조 회합을 열었으며, 호텔과 쇼핑몰을 봉쇄하겠다고 천명하기도 했다고 전한다.[56]

노동자들의 분노의 목소리가 다른 어느 곳보다 아랍에미리트연방의 사막에서 더 크게 울려 퍼지고 있다. 결국 생각해보면, 두바이는 값비싼 석유만큼이나 값싼 노동력을 이용하고 있는 셈이다. 다른 수장국들처럼 마크툼 일가도 그들이 남아시아 노동자들의 등골을 빼먹으며 건설된 왕국을 호령하고 있음을 잘 안다. 안전한 자본의 천국이라는 두바이의 이미지를 쌓기 위해 많은 노력이 투입되었고, 따라서 아무리 사소한 소요라도 투자자들의 믿음에 커다란 균열을 낼 수 있다. 현재 주식회사 두바이는 노동자 소요를 다룰 다양한 대

---

* 노동조합 지도부가 주관하지 않는 평조합원(rank-and-file)들의 비공식 파업을 말한다.

56) Fattah, "In Dubai"; Dan McDougall, "Tourists Become Targets as Dubai's Workers Take Revolt to the Beaches", Observer, 9 April 2006; "Rioting in Dubai Labour Camp", Arab News, 4 July 2006.

응책을 강구 중이다. 강제 추방과 대량 체포에서부터 단체 교섭이라는 제한적 유화책에 이르기까지 다양한 안들을 저울질하고 있다. 그러나 항의 행동을 관용하고 인내하면 노동조합뿐만 아니라 시민권까지 내놓으라는 요구에 직면할 위험성이 있다. 그렇게 되면 마크툼의 절대주의적 통치 기초가 위기에 봉착하고 만다. 두바이의 주주 가운데 사막에서 연대 노조가 출현하는 꼴을 보고 싶어 하는 사람은 아무도 없다. 그들이 미국 해군이든, 사우디아라비아의 억만장자든, 쾌락을 좇는 무국적자든 말이다.

알 마크툼은 자신을 페르시아 만의 근대화 예언자로 포장했다. 그는 근사한 격언과 묵직한 잠언으로 방문객들에게 깊은 인상을 심어주는 것도 좋아한다. 그가 제일 좋아한다는 말을 인용해보자. "감연히 미래에 맞서지 않는 자는 과거에 사로잡히고 말 것이다."[57] 그러나 그가 두바이에 건설 중인 미래는 과거의 악몽과 그리 달라 보이지 않는다. 물론 세계 각지의 억만장자들과 초국적 기업들은 환영 일색이지만 말이다. 슈페어가 아라비아의 해안에서 디즈니를 만나고 있다.

〔정병선 옮김〕

---

57) Lyne, "Disney Does the Desert?"에서 인용.

실험되는 가치들

인도의 임상실험과 잉여건강

커식 선더 라한(Kaushik Sunder Rajan)

인도의 저명한 두 내과의는 최근 인도에서 이루어지는 신약 임상실험을 '신식민주의'로 묘사했다. 사미란 눈디와 찬드라 굴하티는 법적 승인 없이 진행되는 "불법적이고 비윤리적인 실험"[1]에 대한 논문을 미국의 주요 의학 전문지에 실었다. 그러나 이와 같은 도덕적 비판론은 그것이 제아무리 합당할지라도, 국제 건강산업이 세계적인 규모로 직조해놓은 경제적·사회적 관계망을 온전히 파악하지 못한다. 인도나 다른 제3세계 국가에서 행해지는 모든 임상실험이 법의 문구와 도덕 정신에 정확히 부합한다 해도, 그 관계망의 구조 자체는 하나의 착취로 남는다. 나는 이 글에서 인도 임상실험에 작동하

---

1) Samiran Nundy and Chandra Gulhati, "A New Colonialism?—Conducting Clinical Trials in India", *New England Journal of Medicine*, vol. 352, no. 16(2005), pp. 1633~36.

는 역학관계를 개관할 것인데, 그중에서도 특히 현재 국제적인 실험을 아대륙*으로 이전하려는 기대 속에서 구축되고 있는 거대한 힘에 초점을 맞출 것이다. 이 글은, 나를 비롯하여 현재 이 분야를 연구하고 있는 전문가들이 개발한 개념들, 특히 **생명자본**(biocapital)과 잉여건강(surplus health)이라는 개념에 입각하여 위와 같은 현상**을 해석할 수 있는 토대가 될 것이다.

1. 임상실험 조망하기

임상실험은 신약 분자(molecule)를 시장에 내놓을 만큼 안전하고 효능 있는 것으로 보증하는 데 필요한 일련의 절차를 말한다.[2] 여러 단계로 구성된 미국 내 임상실험 절차는 의약 개발에 드는 시간과 위험성, 비용의 막대한 부분을 차지하는 매우 복잡한 과정이다. 첫 단계는 가능성 있는 신약 분자에 대한 임상 전(前) 독성실험이다. 실험되는 분자가 유기체에 투여될 수 있을 정도로 안전한 지 판별하기 위해 보통 동물실험을 한다. 둘째 단계는 권장 복용량을 추산하는 계량법 제시를 위해 고안된 투약 연구이다. 물론 약의 효능은 일

---

* 인도나 그린란드 등 비교적 작은 규모의 대륙을 이르는 말로 이 글에서는 인도를 뜻함.
** 인도와 같은 제3세계 국가에서 선진국의 임상실험이 이루어지는 현상.
2) 임상실험은 과학 인류학의 초관심 분야가 되었다. 특히 주목할 논문으로는 Melinda Cooper, Brian Salter and Amanda Dickins, "China and the Global Stem Cell Bioeconomy: An Emerging Political Strategy?", *Regenerative Medicine*, vol. 1, no. 5(2006); Joseph Dumit, *Drugs for Life*, Durham, NC forthcoming; Jill Fisher, "Human Subjects in Medical Experiments", in Sal Restivo, ed., *Science, Technology and Society*, Oxford 2005; Wen-Hua Kuo, "Japan and Taiwan in the Wake of Bio-Globalization: Drugs, Race and Standards", PhD dissertation, MIT 2005; Adriana Petryna, "Ethical Variability: Drug Development and Globalizing Clinical Trials", *American Ethnologist*, vol. 32, no. 2(2005), pp. 183~97; and Petryna, "Drug Development and the Ethics of the Globalized Clinical Trial", Princeton Institute for Advanced Study Occasional Paper 22(Oct 2005).

회 복용량에 비례해 강화되지만 그 독성도 함께 높아지기 마련이므로, 이 연구의 목적은 안전성을 크게 훼손하지 않으면서 효능을 극대화하는 최적의 범위를 찾아내는 데 있다. 만일 동물실험에서 약물의 독성이 지나치게 높게 나오면 그 실험은 더 진행되지 않지만, 기준에 맞는 복용 범위를 구한 경우에는 세 가지 세부 단계로 이루어진 인간실험으로 넘어간다. 세부 단계의 첫 번째 실험은 약물의 기본적인 안전성을 검사하기 위해 소수의 건강한 지원자들을 대상으로 치러진다. 동물에게 안전해 보이는 약물이 여전히 인간에게는 역효과를 낼 수 있기 때문이다. 전후 단계의 교량 역할을 하는 둘째 단계는 환자와 건강한 일반인을 가리지 않고 최대 수백 명의 피실험자들을 대상으로 하는, 한층 규모가 크고 체계적인 실험을 포함한다. 세부 마지막 단계는 치료제가 목표로 삼은 질병을 앓고 있는 수천 명의 환자들에 대한 광범위한 무작위 실험이다. 이러한 실험들은 여러 의료센터들의 협동 작업으로 빈번히 이루어지며, 점차 국제적인 규모로 커지고 있다.

미국과 여타 지역의 의약 개발은 주로 민간 분야가 주도하기 때문에 실험 후원자들은 대개 생명공학이나 제약 관련 회사들이다. 대학과 공립 실험실들이 초기 단계 — 유망한 분자의 확인과 임상 전 실험의 수행 — 에서 중요한 역할을 하지만, 신약 개발의 제도적 구조로 인해 유망한 분자는 점차 그것에 일련의 임상실험을 실행할 기업체에게 인가되는 방향으로 가고 있다. 이것이 의미하는 바는, 임상실험의 생명의학적·실험적 명분이 그 회사들이 미래에 완성될 약품을 통해 보는 시장가치와 그 의약 개발에 동반되는 시장 위험성에 완전히 밀착되어 있다는 것이다. 미국의 건강재정관리협회(Healthcare Financial Management Association)에서 발간한 회보에 따르면, "20년 전에는 임상연구실험의 80퍼센트가 대학 의료센터에서 이루어졌으나, 1998년에는 이러한 연구 현장의 수가 절반 이하로 줄어든 것으로 파악되었다."[3] 이와 같

---

3) 덧붙여 법률과 정책 연구가인 트레이시 루이스, 제롬 레히먼, 앤서니 소는 국가가 지원하는 임상

이 점차 자본에 점령되고 있는 건강 관련 연구와 생산은 이제 자본의 반(半)자율적인 지부로 인식될 필요가 있다.[4] 그러나 임상실험의 구조적 복잡성으로 인해 제약회사가 임상실험을 관리하는 것은 줄곧 쉽지 않은 일이어서, 결국 실험의 관리와 경영에 매진할 완전히 새로운 세력이 출현하였다. 임상연구조직(CRO: Clinical Research Organization)으로 알려진 이러한 기업들은 이제 생명의학 경제 전반에 없어서는 안 될 요소가 되었다.

다수의 관계자들

임상실험을 미국의 경계선을 넘어 세계 각 지역으로 파견하는 움직임은 1990년대 중반에 본격화되었다. 아드리아나 패트리나는 이러한 실험에 동원된 인간 피실험자의 수가 1995년 4천 명에서 1999년 40만 명으로 급격히 늘어났음을 보여주는 통계를 인용한다.[5] 컨설팅 회사 A. T. 키어니의 최근 연구는 2005년 1,200건의 미국 임상실험 가운데 대략 절반이 해외에서 실행되었음을 보여준다.[6] 패트리나가 주목하듯, 1990년대에는 이러한 팽창의 대부분이, 인간 투여를 목적으로 한 약품 등록 절차의 동질화를 추구하는 국제협의회(the

---

실험을, 필수 치료요법들을 한층 접근 가능하게 만들기 위한—그리하여 건강함에 대한 집착(being about healthiness)에 빠져 있는 추상적인 시장가치로부터 건강(health)을 구하기 위해—결정적인 장치로서 옹호해왔다. Tracy Lewis, Jerome Reichman and Anthony So, "The Case for Public Funding and Public Oversight of Clinical Trials", *The Economists' Voice*, vol. 4, no. 1(2007) 참조. 건강재정관리협회의 수치를 확인하려면, www.hfma.org에서 Jennifer Jones and Alan Zuckerman, "Clinical Research Trials: Creating Competitive and Financial Advantages", *Managing the Margin Newsletter* 참조.

4) 이는 에티엔 발리바르가 가치 형태의 지속적인 팽창과 무한정한 축적의 과정으로 묘사하는 것의 일례이다. Etienne Balibar and Immanuel Wallerstein, *Race, Nation, Class: Ambiguous Identities*, London and New York 1992, p. 180.

5) Adriana Petryna, "Drug Development."

6) A. T. Kearney Report, "Make Your Move: Taking Clinical Trials to the Best Location", 2006. www.atkearney.com 참조.

International Conference on Harmonization of Technical Requirements for Registration of Pharmaceuticals for Human Use)에서 정한 지침 사항들에 상업적인 약품 실험의 기준을 맞추는 데 동의한 국가들에서 일어났다. 당시에는 라틴아메리카와 동유럽 국가들이 주축을 이룬 가운데 인도는 아직 포함되지 않았다. 그러나 지난 2년 동안 인도는 임상실험의 설립과 성장이 진행되는 가장 활기찬 현장 중의 하나가 되었다.

인도의 토착 관계자들은 그곳이 서구로부터 하청받는 임상실험이 도달할 대단히 매력적인 종착지가 될 수 있을 것이라 본다. 인도의 제약산업계에서는 계약에 의한 연구가 이미 왕성하게 이루어지고 있고, 화학제약일반협회(Chemical Pharmaceutical Generic Association)의 추정에 따르면, 2005년 전체 계약 연구는 1억 달러에서 1억 2천 달러 정도의 규모에 이르며, 연간 20~25퍼센트의 성장을 보이고 있다.[7] 관계자들은 더 많은 국제적 임상실험의 유입을 손꼽아 기다리는 상황이다. 그렇다면 이 관계자들은 누구이며, 어떠한 근거로 장밋빛 미래를 꿈꾸는가?

그 핵심 세력은 아마도 급격히 성장하고 있는 임상연구 업계의 일원들일 것이다. 이들이야말로 인도에 들어오는 실험의 가장 직접적인 수혜자이므로 실험이 지속 가능하고 능률적인 방식으로 성장할 수 있는 조건을 창출하는 데 지대한 관심을 쏟는다. 임상연구 조직들은 임상연구의 하부구조를 설립하는 주요 동력이며, 특히 실험의 집행을 위한 규제적 틀을 세우는 데 영향력이 크다. 현재 인도에서 활동하고 있는 적절한 규모의 임상연구 조직은 대략 100여 개가 있는 것으로 추정된다. 일부는 꽤 탄탄히 자리 잡고 있으며, 그 가운데 둘은 15~20년의 긴 역사를 자랑한다. 비교적 잘 알려진 많은 임상연구 조

---

7) 인도의 브랜드자산연맹(Indian Brand Equity Federation)이 이를 인용한 바 있다. www.ibef.org 참조. 이러한 수치들은 해외 후원자가 의뢰된 임상실험 외에도 국내 후원자와의 계약에 의한 연구, 즉 효능 있는 의약 성분 제조도 포함한다.

직들은 1990년대 후반에 창립되었지만, 나머지는 아주 최근에 들어서야 출현했다.

인도의 제약업계는 또 다른 이익집단이다. 인도가 세계무역기구(WTO: World Trade Organization)가 부과한 특허 양식에 서명한 이후, 이 업계는 자신의 사업 모델을 재편성하고 있다. 과거 인도의 특허법은 치료 분자에 대해 상품이 아닌, 공정만을 인가했다. 이는 곧 상품 자체에는 특허권을 줄 수 없었고 오직 그 상품을 생산하는 특정한 제조 공정에만 특허를 내주었음을 의미한다. 그로 인해 인도의 제약회사들은 서구 국가에서 상품 특허 보호를 받고 있는 약품에 대해 상품 등록이 되어 있지 않은 공정을 역설계해낼 수 있었다. 그러나 이제 WTO 주도의 체제는 20년의 특허 기간 동안 그러한 역설계를 배제하고 있다. 수많은 주요 인도 제약회사들은 불가피하게 연구 개발에 치중된 사업 모델을 채택할 수밖에 없고, 그를 통해 서구 제약회사들과 마찬가지로 신약의 발견과 개발이라는 한층 더 위험천만한 과정에 뛰어든다. 신약 개발은 매우 복잡한 형태의 안전과 효능 검사 없이 이루어질 수 없으므로, 임상실험은 그러한 사업 모델의 필수적인 구성 요소가 된다. 다른 말로 하면, 인도의 제약업계는 스스로 임상연구 업계의 번영을 가속화하는 박차가 된 것이다. 또한 WTO의 개입은 하청 실험지를 찾던 서구 후원자들에게 인도를 한층 더 매력적인 정착역으로 만들어주었을 가능성이 높다. 그들의 지적 재산권은 그와 같은 체제 아래에서 더욱 견고하게 보호받기 때문이다.

세 번째 관련 집단은 인도 정부의 관리자들로 구성된다. 직접적인 인도의 책임 기관은 의약관리국(The Drug Controller-General of India)으로서, 미국 식품의약국(FDA: Food and Drug Administration)과 같다. 몇 년 전만 해도 인도의 약품 관리에서 다분히 주변적인 위치에 머물렀던 이 기관은 이제 중요한 의제설정 기구로 거듭나고 있는 중이다. 과학기술부(The Ministry of Science and Technology) 또한 자국을 세계적인 생명기술 강국으로 세워줄 더욱 광범위한 주도권 장악의 일환으로 임상실험을 바라보면서, 산하에 있는 생명기술과(Department of Biotechnology)를 통해 적극적으로 관여하고 있다. 이 부서는 생명기술과 자발적인 임상연구에 막대한 돈을 투자해왔는데, 주요 목적은 전국 각지에서 그러한 연구를 수행하고 촉진할 수 있는 협회를 개설하는 것이다. 생명기술과는 현재 인도 각지에 신설된 여러 임상연구 훈련센터를 재정 지원하고 있으며, 이 분야에 지금까지 100만 달러 상당의 지원을 해오고 있다.[8] 인도에서 실험을 진행하고 감독할 인력을 확보하는 일이 주요 도전 과제가 된 만큼, 많은 벤처기업들이 필요한 인력을 훈련하는 일에 매진하고 있다. 마지막으로, 실제로 실험을 수행하는 내과의들이 있으나 그들은 연구를 위한 하부구조와 규제 관련 의제설정에서 임상연구 조직들에 비해 존재감이 미약하다.

모든 관계자들은—상대적으로 미온적인 내과의들을 제외하고—연구를 위한 하부구조를 인도에 세우는 일뿐 아니라 인도를 국제적 임상실험의 종착지로 격상하는 일에 관심이 크다. 인도 국민들이 실험 대상으로 전락할 수 있는 암울한 가능성은, 실험의 유입으로 인도의 임상연구 조직들이 기대하는 막대한 시장가치에 무리 없이 융합되고, 이 융합은 인도 정부가 국제 포럼에서 투자자들을 향해 스스로에게 상표를 붙이고 판촉 활동을 하는 더 큰 역사적 맥락에서 한층 더 매끄럽게 이루어지고 있다.

경제와 윤리

임상실험을 둘러싸고 끓어오르는 인도 내의 뜨거운 의욕은, 인도로 임상실험 하청을 맡길 서구의 에이전트들에게서 일부 그대로 비쳐진다. 그러나 전반적으로 볼 때, 인도와의 실험 계약이 예상대로 급증할지는 확실치 않다. 하

---

[8] 이는 생명기술부를 이끄는 바한(M. K. Bhan)이 2006년 2월 9일 하이데라바드(Hyderabad)에서 열린 2006년 바이오아시아연맹(BioAsia 2006)의 개회사에서 밝힌 내용이다. 개회 전날, 생명기술과의 예산이 25퍼센트 증액되었는데, 이는 인도 정부가 생명기술에 진지하게 우선순위를 두었고, 특정한 종류의 과학과 기술에 대해서는 자원의 결핍이 더 이상 문제가 되지 않음을 의미한다.

부구조 건설은 인도에서 실제로 일어나고 있는 일이지만, 인도와의 계약 체결은 다른 투기와 마찬가지로 확실치 않은 결과에 대한 도박이다. 인도의 임상실험 관련 상황을 이해하려면, 서구 에이전트의 열의와 망설임을 모두 들여다볼 필요가 있다.

국제적인 임상실험의 인도 이전에 대한 기대는 그것이 서구의 실험 후원자들, 특히 미국의 바이오테크 회사와 제약회사들에게 이익을 가져다줄 것이라는 예측에서 비롯한다. 인도의 임상실험이 2010년에 이르면 10억 달러 상당의 산업이 될 것이라 평가한 2002년 매킨지 보고서[9]에서 볼 수 있는 것처럼, 그러한 기대는 일차적으로 포괄적인 시장 기대이다. 이 같은 종류의 평가는 그 자체가 반향을 불러일으켜 인도와 서구 국가 양쪽 에이전트들의 행동을 유발한다.

인도로 임상실험을 가져갈 때 생겨나는 여러 이득 중의 하나는 비용이다. 낮은 노동 비용과 하부구조 비용으로 다국적기업의 전체 임상실험 지출이 30~50퍼센트 감축될 수 있다는 평가들이 나왔다. 실험을 위해 인도인들, 특히 '치료 경험이 없는' 실험 대상을 얻는 것이 훨씬 용이하다는 전제와 함께, 인원 모집이 수월하다는 측면 또한 간과되지 않는다. 미국에서 실험을 수행하는 제약회사들이 겪는 주요한 문제 가운데 하나는 미국인들이 치료 약물 포화 상태에 있다는 점이다. 그들은 이미 너무 많은 약물을 복용하였기 때문에, 실험 데이터를 상당히 흐려놓는 약물 사이의 전체 상호작용을 다루지 않고서는 실험되는 분자의 효능을 가늠하기 어렵다.

임상실험의 거점으로서 한 나라의 매력을 평가할 때는 다른 요소들이 등장한다. 실험 근거지로서 여러 나라의 '인기도 색인'을 제공한 A. T. 키어니의 최근 보고서에서는 '규제적 조건', '관련 전문 지식', 그리고 '하부구조와 환경'을 고려했다. 인도 관계자들은 이 세 가지 핵심 영역에 역량 구축의 노력을

---

9) NASSCOM—McKinsey Report, 2002. www.nasscom.in 참조.

쏟아부었고, 그 결과 키어니는 미국 바깥에서 이루어지는 실험에 대해서 인도를 중국 다음으로 매력적인 지역이라 이미 평가한 바 있다. 인도는 환자층과 비용 면에서 미국보다 높은 점수를 획득했지만, 나머지 세 가지 영역에서는 미국에 미치지 못했다.[10]

그러나 현재 진행되고 있는 이 같은 상황은 서구의 다국적기업들이 값싼 노동력을 착취하기 위해 인도의 대문을 뜯어 부수고 쳐들어간다는 극본보다 복합적인 성격을 띤다. 특히 초기 단계의 실험에서는 서구 기업이 인도로 실험 하청을 해야 할 필요성이 그리 크지 않다. 비용과 실험 자원자 모집에서는 분명한 이점이 있지만, 생산된 실험 데이터가 FDA의 검열을 통과하는 것이 매우 중요한 상황에서, 제3세계 국가에서 실행되는 실험을 감독하는 일이 상대적으로 더 어렵다는 단점 또한 있기 때문이다. 제3세계에서 크게 잘못된 초기 단계 실험으로 인해 대규모의 홍보가 수포로 돌아갈 가능성도 존재한다. 이러한 면모를 키어니 보고서가 실제로 잘 보여주는바, 2005년 8월 상위 12개의 제약회사들은 인기도 색인에서 4.69점을 획득한 독일에서 175개의 실험을, 5.0점의 영국에서는 161개의 실험을 했다. 이에 비해 5.58점을 받은 인도는 26개를 유치하는 데 그쳤다. 2004년 파이저제약(Pfizer)은 인도의 임상실험에 대략 1천 3백만 달러를 투자하였으나, 이는 그들의 국제적 연구개발 비용 총액이 80억 달러라는 사실에서 조망되어야 한다. 이미 하청받은 일부 실험을 위해 새로운 거점 마련이 실제로 유용하다고 보는 측은 아마도 제약회사 당사자들보다는 서구의 임상연구 조직들일 것이다. 그러므로 인도로의 실험 이전이 설득력 있는 시장성을 지녔고 다국적 임상연구 조직들을 통해 실험의 활발한 유입이 이미 이루어지고 있지만, 인도에서 임상연구를 위한 역량 구축에 쏟는 많은 노력이 앞으로의 하청실험에서 기대한 결과를 낳을지는 여전히 미지수이다.

■

10) A. T. Kearney Report, "Make Your Move."

이와 같은 맥락에서 역량 구축이란 임상실험을 위한 실험적 하부구조보다 한층 더 포괄적인 어떤 것을 의미하는데, 그것은 아마도 물리적·재정적 자원이 풍부한 인도와 같은 나라에서는 가장 갖추기 쉬운 구성 요소가 아닌가 한다. 또한 역량 구축에서 가장 기초적인 이러한 측면은 인도 관계자들이 실험을 자국으로 끌어들이는 데 어려움을 초래할 소지가 가장 적은 부분이다. 더욱 까다로운 문제점은 적절한 규제적 하부구조를 확립하는 것으로서, 국제적인 실험을 유치하기 위해서는 한층 더 강력한 법적 제도가 갖춰져야 한다.[11] FDA의 엄격한 기준을 맞춰야 하는 미국 발주 실험들을 위해서는 더욱 더 그러하다. 패트리나는 임상실험에 적용되는 윤리적 절차가 제1세계와 제3세계 현장에서 달라야 함을 주장하며 "윤리적 변이성"이라는 명제를 옹호해 왔다.[12] 윤리 지침이 제1세계에서 궁극적으로 더욱 엄격하게 적용될 가능성이 실재하지만, 인도의 법률기관과 임상연구 조직들이 윤리성에 기울이는 매우 진지한 관심을 놓치지 않는 것이 중요하다. 그에 못지않게, 그와 같은 윤리가 무엇을 포함하며, 그로 인해 무엇이 배제되는지도 살펴보아야 할 중요한 문제이다.

윤리적 실험을 위한 규약은 우선 고지에 의한 동의(informed consent)라는 문제와 연관된다. 이 문제는 동의 과정에 관여하는 전체 기관, 특히 제도화된 재심리 기구를 포함한다. 인도의 윤리적 절차는 2001년 인도 정부가 발행한 지침서에 고스란히 담겨 있다. 이 지침들은 2005년에 스케줄 Y(Schedule Y)로 알려진 법 조항들로 전환되었다. 흥미롭게도 인도는 올바른 임상절차의 위반을 민사가 아닌 형사상의 범죄로 규정하는 유일한 국가이다. 동시에 FDA의 눈에 유효한 국제적 실험이 되려면 동질화를 위한 국제연맹(International Conference on Harmonization) 규약으로 알려진 것과 조화를 이루어야 한다.

■
11) 실험으로 생산된 데이터를 관리하는 토대 형성과 마찬가지로 역량 구축에는 인력 토대 형성 또한 필수적이다.
12) Petryna, "Ethical Variability", "Drug Development."

인도의 관리자들은 자국의 임상연구 업계의 독려 아래 대규모 표준화 과정에 참여하고 있다. 그리하여 법제화된 인도의 안전 지침은 최소한 미국의 임상연구 지침에 버금갈 정도로 엄격하며, 일부 면면에서는 그것을 능가하는 엄격함을 자랑한다.

인도의 임상연구 업계 종사자들은 윤리적 책임을 손쉽게 피해 갈 수 있기 때문에 인도에 임상실험이 유입된다는 견해에 발끈한다. 그러한 생각은 인도의 임상실험을 둘러싼 논쟁의 일부를 차지해왔고 앞서 언급된 눈디와 굴하티의 논문으로 인해 적잖은 비중과 정당성을 얻었다. 임상연구 업계의 지도자들은 업계를 위해 긍정적인 매체 이미지를 형성해야 할 필요성을 날카롭게 인식하고 있기 때문에 스케줄 Y가 동질화를 위한 국제연맹의 요구를 능가하는 면면을 크게 강조한다. 구체적으로 스케줄 Y는 글을 읽고 쓰지 못하는 실험 대상들로부터 고지에 입각한 동의를 구하는 데 예외 없이 각별한 주의를 기울이길 요구하며, 금전적 보상은 현실에서 강제적인 유인책으로 기능할 수 있다는 전제 아래, 초기 단계 실험에 모집되는 가난한 피실험자들에게 어떠한 '윤리적' 보상을 해줄 것인지 고민하길 요구한다. 뭄바이에 위치한 한 임상연구 조직의 중역인 아룬 바트(Arun Bhatt)는 스케줄 Y와 올바른 임상절차의 중요성을 힘주어 말한다. "우리는 새로 태어났습니다. 우리의 진화된 윤리를 가볍게 여길 생각은 추호도 없습니다."[13]

그러나 스케줄 Y의 장악력을 벗어나면, FDA 정도로 큰 규모의 규제기관은 여전히 부재한다. 앞서 언급했듯 인도의 의약관리국은 명목상의 기관일 뿐, 그 영역은 기본적으로 약품의 시장 출시나 수입을 승인하는 업무에 국한되어 있다. 현재 인도에서는 규제 관련 노력의 일환으로, FDA에 필적하는 감독 권한을 가지면서 그와 조화를 이룰 수 있는, 한층 더 내실 있는 감독기관 설립이 추진되고 있다. 이것이 바로 2005년 10월에 발표된 마셸카 위원회 보고서

---

13) 2006년 2월 24일, 저자와의 인터뷰에서 발췌함.

(Mashelkar Committee Report)의 핵심 권장 사항으로서, 그들이 제안한 것은 약품뿐만 아니라 농산물, 유전자 변형 곡물, 식품과 사료, 그리고 유전자 변형 동물과 수산물을 두루 규제하는 생명기술규제국가위원회(National Biotechnology Committee Authority)였다.[14]

법의 보호를 받고 계약으로 실행되는 윤리는 인도의 임상실험을 둘러싼 역량 구축 노력의 필수적인 부분을 차지한다. 임상연구 업계 종사자들은 윤리적 기준에 부합하는 규제적 토대 설립에 가장 열심이다. 그럼에도 이러한 윤리가 취하는 형식, 즉 지원자들이 서명하는 '고지에 입각한 동의'서는 제3세계에서 행해지는 임상실험에 내재한 근본적인 구조적 폭력성을 경감시키지 못한다. 이 점에 대해서는 생명자본과 잉여건강이라는 전 지구적 논리의 맥락에서 임상실험의 인도로의 이전에 대한 비판론을 앞으로 자세히 전개할 것이다. 인도에서 임상실험이 벌어지는 형국은, 간소한 절차가 규범이 되고 윤리가 손쉽게 희생되는 곳에서 탐욕스러운 다국적기업의 이익 추구가 지역 주민을 '실험실의 쥐'로 만드는 신식민지적 착취로만 단순화될 수 없다. 좀더 정밀한 분석의 렌즈를 들이대면, 자국을 국제적인 실험 지대로 만들려는 인도 정부와 기업가들의 열망 및 윤리성에 대한 포괄적인 관심이 세계적 생명자본의 구조적 폭력과 한 쌍을 이루고 있는 실상이 그 모습을 드러낸다.

---

14) 이 보고서를 쓴 위원회의 위원장인 라메시 마셸카(Ramesh Mashelkar)는 1995년부터 2006년 은퇴할 때까지 과학과 산업 연구를 위한 인도평의회(CSIR: India's Council for Scientific and Industrial Research)의 총재를 역임했다. 그는 인도 독립 이후, 가장 영향력 있는 과학정책 입안자 가운데 한 명으로 국립 과학기관을 통한 국제적인 시장가치의 열성적인 도입을 주도하였다. 마셸카와 CSIR에 대한 자세한 설명을 찾는다면, 졸저 *Biocapital: The Constitution of Postgenomic Life*, Durham, NC 2006, 특히 제5장 참조. 마셸카 보고서는 www.biospectrumindia.com에서도 볼 수 있다.

2. '올바른 임상절차': 사례 연구

올바른 임상절차라 불리는 것과 적절한 실험 감독에 대해 인도 관계자들, 특히 임상연구 업계들이 보여주는 관심은, 주로 실험 등록 시점에서 고지에 입각한 동의를 얻는 합당한 규약에 집중되어 있다. 생명자본과 잉여건강 비판론에 근접하기 위해서는 인도, 나아가 여타 제3세계 지역에서 실행되는 윤리적 절차의 문제점들을 보여줄 필요가 있겠다.

하이데라바드에 위치한 빔타연구소(Vimta Laboratories)의 예를 보자. 빔타연구소는 여러 면에서 최고 등급의 인도 임상연구 조직이라 불릴 만하다. 1991년에 설립된 가장 오래된 회사 가운데 하나로서, 뭄바이 증권거래소에서 거래되는 유일한 임상연구 조직이며, FDA의 감사를 두 번이나 당당하게 통과한 유일한 기업이다. 나와 대화한 미국 기업의 임상연구 담당자 한 사람은 빔타연구소야말로 자신이 협업을 고려하고 있는 바로 그런 종류의 인도 임상연구 조직이라고 말했다.

고지에 입각한 동의와 그것을 확보하는 과정에 대한 빔타연구소의 관심은 인도인의 올바른 임상절차에 대한 고집을 예증한다. 현지 조사차 빔타를 방문했을 때 내가 인도된 첫 번째 방은 제1단계 실험을 위한 준비가 이루어지는 대기검사실이었다. 기차역의 대합실처럼 보이는 이 방에 피실험자들이 들어오면, 이들이 해당 실험에 참가할 자격을 갖추었는지를 가늠하는 기본적인 설문지와 함께 동의서가 주어진다. 대기실의 모든 벽면은 하나의 게시판을 제외하곤 텅 비어 있다. 게시판에는 임상실험 참가자들에게 발생할 수 있는 위험들이 개괄되어 있지만 오직 영어뿐이다. 나는 실험에 참가하기 위해서는 글을 읽고 쓸 줄 아는 — 반드시 영어일 필요는 없었다 — 남성이어야 한다는 말을 들었다. 빔타는 실험 후원자가 여성 피실험자의 필요성을 명확히 할 때만 여성을 등록시킨다고 한다. 대기실을 지나면 기다란 복도가 이어지고 그곳에는 실험 지원자들이 각기 다른 종류의 건강검진을 받는 여러 개의 방이 있다. 우선 몸무게와 신장이 기록된다. 실험 대상의 몸무게가 55킬로그램 이하이면 합병증의 위험이 너무 커지므로 실험에서 제외된다. 그 다음엔 종합 신체검사가 있고 이후부터는 점차 신체의 내부 검사로 들어간다. 세 번째 방에서 심전도 검사가 이루어지고, 네 번째 방에서는 혈액이 채취되어 분석을 위해 병리실에 전달되며, 다섯 번째는 엑스레이 촬영이다. 복도를 걸으며 나는 지원자들이 대기실에서 서명한 동의서는 단지 건강검진 절차에 대한 것임을 들었다. 실험을 위해 선택된 이들은 등록된 특정 실험에 대한 별도의 서식에 서명하게 된다.

빔타연구소에서 수행하는 실험들 중 다수는 건강한 지원자에게 행해지는 제1단계 실험이다. 이미 밝혔듯이 초기 실험을 위해 실험 대상을 모집하는 일은 미국에서 점점 더 어려워지고 있다. "여기서는 사람들이 의사를 신뢰하기" 때문에 자발적인 실험 참가자의 지속적인 보유가 미국에서보다 훨씬 수월하게 이루어진다고 한다. 건강한 사람들을 모집하여 위험한 분자를 처방하는 것이 본질상 매우 어려운 일인 가운데 흥미롭게도 이곳의 전체 편제는 '선발'을 강조하는 것으로 보인다. 마치 실험이 충분한 자격을 갖춘 이들만 통과할 수 있는 일종의 시험이라도 되는 듯하다. 게다가 실험 참가자들은 의심할 여지 없이 자신들의 자율적이고 이성적인 주체성, 즉 동의서를 통해 성문화된 바로 그 주체성을 발휘하는 '자원자'로서만 지칭된다.

약품에 대한 접근의 부재

그러나 중앙법과 빔타와 같은 기업의 실무에 반영되어 있는, 고지에 입각한 동의와 올바른 임상절차에 대한 그토록 깊고 진지한 관심은, 약품에 대한 접근이라는 중요한 문제를 건들지조차 않는다. 미국 내의 임상실험은 최소한, 소수가 새로운 치료법 개발이라는 더 큰 사회적 선(善)을 위해 잠재적으로 위험한 약물을 접한다는 암묵적인 사회적 계약의 의미를 지닌다. 제1단계 실험에 모집되는 이들은 대개 미국 내에서도 경제적으로 윤택하지 못하다. 그러므로 위와 같은 사회적 계약은 존 롤스가 추정된 평등주의의 "원초적 입장"[15]이라 부르곤 했던 것 속에서 성립하는 합리적인 개인 간의 완전히 자유로운 계약이 될 수 없다. 그럼에도 그곳에는 치료제가 일단 개발되면 결국 모두에게 입수 가능한 품목이 될 거라 자신 있게 주장할 수 있는, 활기에 찬 자유주의적 정서가 있다. 시장을 통해 값을 치르고 얻어지는 접근성이므로 구매력과 분배의 정당성이라는 쟁점을 일으키기는 하지만, 이러한 쟁점들은 원칙적으로 자유주의적인 복지 구조를 통해 다뤄질 수 있다. 대조적으로 인도에서는 지역 주민들에게 실험된 약물이 승인된 이후에 그곳에서 판매된다는 보장이 없다. 하물며 합리적인 가격에 제공된다는 보장이 있을 리 만무하다. 인도 정부는 가령 의무적인 특허 규제와 같은 장치를 통해 이를 보장할 조처를 취한 바 없다. 그러므로 인도 국민들은 언젠가는 치료적 접근을 얻을 수 있다는 암묵적인 사회적 계약 없이 그저 실험 대상으로서만 이용당하게 될 가능성이 농후하다.[16]

약품에 대한 접근의 문제는 분명 인도의 의료 공동체에서 활발히 진행 중인 논제로서, 눈디와 굴하티의 글과 같은 비판들을 생산했다. 델리에 위치한 유명한 개인 병원에 재직하는 — 익명으로 남길 원한 — 어느 중견 정신의학 전문가는 "실험의 필요성을 이해하지만 좀더 균일한 법적 규제가 필요하다"[17]고 말했다. 그는 임상연구의 테두리 안쪽에서 수많은 정신과 약물을 실험하는 데 직접 관여하고 있는 사람이다. 그토록 저명한 내과의들이 실행하는 실

---

15) John Rawls, *A Theory of Justice* [1971], Cambridge MA 1999. 〔존 롤스, 『정의론』, 황경식 옮김, 이학사, 2003〕
16) 인도의 상황과 대조적으로 크리스틴 피터슨(Kristin Peterson)은 나이지리아에 대한 연구에서 그곳의 주된 쟁점은 약품에 대한 접근성임을 발견했다. 그러나 나이지리아의 윤리적·규제적 토대는 지극히 미약한 수준이다.
17) 2006년 2월 27일, 저자와의 인터뷰에서 발췌함.

험의 대부분은 제3단계 실험으로 분류되는 것으로 그들이 치료하는 환자들을 포함한다. 보살피는 의료(pastoral care)가 주를 이루는 그들의 활동은, 오로지 실험적 주체성만이 문제가 되는 건강한 자원자들에 대한 제1단계 실험 증가를 고대하는 임상연구 조직들의 활동과는 다른 윤리적 계산법에 적용된다. 실험과, 약품에 대한 접근성의 상관관계는 이 내과의에게 심각한 문제이며, 특히 실험 약물이 긍정적인 효과를 보여 지속적인 투여를 요구하는 환자에 대해서는 더욱 그러하다. 그러나 그러한 접근을 제공할 수 있는 유일한 기제는 실험을 후원하는 회사의 정책이나 실험을 수행하는 센터의 관심에서 탄생한다. 같은 의사가 내게 말했다. "마지막 두 실험에서 회사들은 약품들을 구입 가능하도록 만들겠다고 했습니다. 말대로 하는지 지켜봐야겠죠. 만일 일이 제대로 되지 않으면 우린 앞으로 확약을 주는 회사하고만 일을 할 것입니다."

이 의사와 그가 일하는 병원은 임상실험에 치료적 접근과 보살피는 의료를 연결하는 데 비타협적인 입장을 견지하지만, 임상연구 조직들, 특히 초기 단계 실험에 초점을 맞추는 조직들의 계산법에서 그와 같이 긴밀한 연결이 고려될 가능성은 적다. 그들 가치의 직접적인 원천은 환자들에게 손에 잡히는 치료 효과를 제공하는 것이 아니라, 그들이 맡는 실험의 수를 늘리는 일이다. 앞에서 언급한 바대로, 현재 인도에서 규제적 토대 설립을 추진하고 있는 축은 의사가 아닌 임상연구 업계이다. 델리의 의사에 따르면, 인도의 정신의학계 내부에서 임상실험과 약품 접근성의 관계에 대하여 격렬한 논쟁이 벌어지고 있지만, 의사 신분의 조사관들은 규제 절차를 능률화하는 노력에 매우 제한적으로 관여할 뿐이다.

실험에 응한 환자들에게 그에 상응하는 치료적 접근을 담보해주지 않은 채 그들을 실험의 구조에 종속시키는 현실은 서구 제약회사들이 인도에 약품 판매를 꺼려서 생기는 현상은 아닐 것이다. 현재 세계적인 약품 매출액의 85퍼센트가 미국과 유럽, 일본 시장에서 수금되는 것은 사실이나, 급격히 부상하는 인도의 중산층이 제약회사들의 향후 계획에 중요 요소가 될 수 있다. 그러나 현재로서는 실험 약품에 대한 치료적 접근을 가능하게 할 유일한 방안은, 수많은 제약회사들의 '특별 사용' 프로그램을 통하여 실험 종료 후 일정 기간 동안 제3단계 실험에서 사용된 약물을 아픈 자원자들에게 공급하는 것이다. 임상실험과 약물 접근성의 관계에 대해 왕성한 토론을 벌이고 있는 의사들과는 달리, 나와 이야기한 인도의 임상연구 업계 업자 가운데 그 누구도, 그리고 임상절차의 지침 개발에 적극적으로 개입한 그 누구도, 인도에서 실험된 약품의 현지 판매를 주장해야 할 필요성을 느끼지 못했다. 그러므로 현 시점에서 '윤리'란 잠정적이고 부분적인 것으로서, 주로 고지에 입각한 동의에 대한 관심에 불과하다.

건강이라는 명분에 자원한 실험 주체들은 법적·규제적 차원에서 — 배제의 조례들을 통해 — 치료적 접근과 분리되어 보살피는 의료의 틀 바깥에 머무른다. 다시 말해 이 실험 주체들은 자신을 실험 대상으로 만드는 야릇한 방식으로 건강의 수호에 기여하지만, 그것이 본인의 건강함이나 그들이 여러 위험에 자원한 결과로 생산되는 새로운 약품에 대한 여타 인도인들의 접근으로 반드시 연결되는 것은 아니다. 빔타에서 침대 네 개만 달랑 놓인 어둡고 외진 방에 안내되었을 때, 나는 그와 같은 위험성을 적나라하게 느꼈다. 그 방은 실험 대상에게 부작용이 발생했을 때 그를 수용하고 보살피는 집중 치료 병동이라고 들었는데, 산업 재해를 현장에서 돌볼 때 쓰이는 종류의 의료 응급실 같았다. 그것은 실험 주체성에 내재한 고위험성뿐만 아니라, 실험의 대상이 된다는 것이 특별히 위험 부담이 큰 **노동**임을 다시 한 번 일깨워주었다.

3. 수탈과 착취, 그리고 폭력

수탈과 착취의 논리에서 세계적인 규모의 생명의학 경제를 파악하는 비판론은 **생명자본**과 **잉여건강**이라는 핵심 개념들을 도입할 필요가 있다. 여기서 생명자본이란 여러 생명과학 분야들, 특히 생명의학이 기술과학의 비중이 점차 높아지는 자본과 시장의 틀에 보조를 맞추며 조직적으로 창출하는 생산물을 뜻한다. 생명자본에는 제도와 인식, 그리고 구조/시대라는 세 가지 특수한 층위가 있다.

첫째, 여타 산업과 마찬가지로 생명의학 산업은 그것만의 특수한 제도적인 영역을 갖는다. 이러한 영역이 미국에서는 '상류'와 '하류'로 구분된다. 시장에 약품을 공급할 인력과 자본력을 갖춘 거대한 다국적 제약회사들이 하류에 위치한다. 판촉 활동에 동참할 정도로 충분히 성장한 몇 개의 생명기술 기업들이 그들을 지원한다. 상류의 기업들은 정보과학과 진단 장비의 개발 및 여타 회사들에 대한 연구 장비 공급에 초점을 두고 좀더 기초적인 연구를 수행한다. 이 모델에서 임상연구 조직들은 하류의 흐름을 촉진하는 역할을 담당한다. 약품 개발(대략 15년)에 드는 엄청난 시간과 비용(과장되었겠지만 업계에 따르면 한 건당 8억 달러), 그리고 위험(약품 다섯 중 한 건의 임상실험 통과 비율)을 고려하면 이 시장에는 특수한 위험성들이 존재한다. 그리고 이 영역에는, 가치의 서열에서 대형 제약회사들이 작은 생명기술 회사들에 비해 압도적으로 우월한 위치를 점유하는 것과 같은 특정한 힘의 위계질서가 있다.

두 번째 특수한 층위는 인식론적인 것이다. 자본의 신자유주의적 논리가 가치에 대한 우리의 이해를 재구성하는 것과 같은 방식으로, 가령 게놈학과 같은 신생 생명과학 분야들은 생명에 대한 우리의 인식을 근본적으로 재구성하는 잠재력을 갖는다.[18] 여기서 이 점을 상술하진 않겠지만, 나의 믿음은 여러 생명과학 분야들의 제도적인 배열을 제시하는 것이 복합적인 생명자본의 속성을 파악하는 충분한 인식적 기반이 되지 못한다는 것이다. 새로 등장하

---

18) 이 논리에 대한 좀더 상세한 논의를 접하려면 Melinda Cooper, *Surplus Life: Biotechnics and the Transformation of Capital*, Seattle(출간 예정) 참조. 〔*Life as Surplus: Biotech-nology and Capitalism in the Neoliberal Era*, University of Washington Press, 2008 — 옮긴이〕

는 인식론들의 활용이 필수적이다.

앞선 두 특수 층위들이 생명자본의 내부에 해당한다면, 셋째는 자본주의의 전반적 흐름에서 일어난 한층 더 큰 시대적 변형들과 관련된다. 이 변형들은 생명자본을 구성하는 구조 논리의 일부를 탄생시켰다. 생명자본에 대한 적확한 이해를 돕는 이 변형은 조지프 더밋이 생명의학 산업의 논리 변화로 지적한 내용과 동일한 것으로서, 생명의학은 "자본의 한 지류"에서 "산업 그 자체"로 변모하였다.[19] 자본주의 전개의 초기 단계에서는 의학이 산업 생산을 가능하게 할 조건들을 재생산하는 데 필수적인 역할을 했다. 자본은 건강한 노동자들이 필요했기 때문이다. 그러나 상품 생산의 논리가 스스로를 영속시키고 지속시켜 상업 활동 자체가 목적이 되는 지점에까지 이르렀던 것처럼 노동을 위한 건강의 생산은 노동을 위해서가 아닌, 건강 그 자체를 위한 산업으로 변모되면서 스스로를 영속시키고 지속시켜왔다. 생명자본에서 건강은 노동자의 노동력에 매개되지 않는, 직접적인 가치의 지표로 기능한다. 푸코적인 개념을 빌리자면, 생명자본에서 가치의 현장이 되는 것은 노동이 아니라 생명 자체이고, 건강은 노동의 촉진제라기보다는 생명의 지표이다.

이러한 변형에 필수적인 것이 잉여건강이라는 가치 형태의 출현이다. 더밋은 잉여건강을 "'위험에 처하도록' 요구되는 수치를 낮춤으로써 우리의 삶에 약물을 가미시키는 능력"이라 정의한다.[20] 즉 잉여건강은 생명의학적 위험 수위를 설정함으로써 발생한다. 이와 같은 위험 수위 하향 조절이 이루어질 때 임상실험은 제도의 일부분이 된다. 『자본』 제1권에서, 기계는 임금에 합당한 노동량과 노동자의 잠재적 생산성 사이의 차이를 넓힘으로써 노동 감소가 아닌, 노동 증가에 복무한다고 카를 마르크스는 분석한다. 잉여건강 추구의

---

19) Joseph Dumit, "Drugs, Algorithms, Markets and Surplus Health", 2006년 어바인(Irvine)의 캘리포니아 대학 *Lively Capital* 워크숍에서 발표된 논문.
20) Dumit, "Drugs, Algorithms, Markets and Surplus Health."

원리는 이와 상동관계에 있다. 잉여건강이란 제약회사들이 미래의 질병이 자신들의 약품에 대한 소비자의 요구를 이끌어낼 가능성이 얼마나 큰가를 통해 추산한 시장가치로서, 치료제 시장을 성립시킬 구매력이 있는 그 누구라도 포함한다. 마르크스의 잉여가치 개념과 마찬가지로, 약품 관련 위험성이라는 논리의 맥락에서 잉여건강은 살아 움직이는 추상이다. 최저임금 설정이 잉여가치 전개를 위한 물리적 계산법이듯이, 생명의학적 위험 수위 설정은 잉여건강이 펼쳐지도록 돕는 물리적인 계산법이다. 그리고 기계가 임금으로 정산된 노동을 능가하도록 잠재적 노동성을 증가시킴으로써 ― 노동의 **능률** 향상을 통해 ― 잉여가치를 늘리는 데 기여하듯이, 임상실험은 치료적 효능을 보여줌으로써 잉여건강을 증진하는 데 복무한다.

  기계가 그것을 작동시킬 ― 산업자본 시대 내내 위험 부담이 높았던 ― 노동이 필요하듯이, 임상실험도 커다란 위험 부담을 안은 노동력으로서의 실험 주체가 필요하다. 더밋에 따르면, 부유한 자유주의 사회 ― 특히 미국 ― 의 생명의학 시장은 잉여건강의 생산에 달렸고, 잉여건강은 위험 수위 설정을 통해 작동한다. 사람들이 질병의 위험에 대해서 알고 있는 내용은 진단을 목적으로 한 실험적 역량으로 제공되고 설정된 위험 수위를 기준으로 측정된 것으로서, 이렇게 얻어진 인식이 점차 '만성'으로 재규정되는 질병들을 위한 약품 판촉 활동을 가능하게 한다. 과거 제1차 세계대전 당시 노동자 계급이 수행한 제조 활동의 많은 부분이 후에 제3세계 변방으로 수출되었듯이, 애초에는 미국 내 주변인들에게 행해진 제1단계 실험의 많은 부분이 이제 인도와 같은 제3세계 현장으로 수출되고 있다. 보살피는 의료와 치료를 위한 소비의 회로 바깥을 맴도는 그곳의 실험 주체들은 보상 없이 위험에 처하게 된다. 그러나 이러한 회로들은 그 자체의 조직을 위해 '보상 없이 위험에 처하는' 피실험자들의 존재에 의존한다. 잉여건강은 신자유주의적인 소비 주체들을 위해 생산되고, 제3세계의 실험 주체들은 그들을 위한 가능성의 조건들을 제공한다.

동의의 맥락

'보상 없이 위험에 처하는' 자원자는 내가 추적하려 애쓰는 생명자본의 구조적 논리에 없어서는 안 되는 수탈의 논리에 귀속된다. 그들의 육체는 제약자본의 가치 논리로 가동되는 국제적 규모의 시험기관들에 의해 좌지우지된다. 이러한 기관들이 세계적인 규모로 건립되는 것이야말로 자본이 가치를 고려한 결과이다. 제3세계에 임상실험 하청을 주는 일에 비용에 대한 고려가 없었다면, 그들의 세계화는 그토록 역동적인 지상 명령이 되지 못했을 것이다. 어찌 되었든 임상실험은, 그것이 해외로 수출되기 시작한 1990년대 중반 이전 거의 반세기 동안 미국 의약 개발의 지형에서 중요한 부분을 차지하고 있었던 것이다. 그리고 WTO를 통해 국제적으로 동질화된 후 적용된, 다국적 제약기업의 특허권을 보호해주는 소유권 행사 규약이 없었다면, 세계로 가는 자본은 그 열망을 실현할 수 있는 안전장치를 얻지 못했을 것이다. 같은 원리로, 자본의 고려는 인도의 임상연구 업계로 하여금 임상실험을 유치할 탄탄한 하부구조 확립에 힘쓰게 하고 모집자를 확충하게 하면서, 그들의 고민을 치료적 접근 실현을 위한 진지한 관심에서는 분리시킨다.

이러한 상황에서, '올바른 임상절차'에서 존중되는 그토록 부분적인 윤리는 자본의 구조적 폭력을 경감하기는커녕 오히려 부추긴다. 상황을 악화시키는 도구는 고지에 입각한 동의서에 구현되어 있는 자유 계약이다. 임금이 개인을 노예 신분에서 '해방'하여 산업자본을 위한 노동자로 전환하는 물질화된 계약 형식이라면, 고지에 입각한 동의서는 실험 주체들에게 그와 같은 계약을 통해 자율적인 주체성을 제공함으로써 그들을 강제된 실험실의 쥐가 되는 것에서 '해방'한다. 국제 임상실험의 윤리적 변이성에 대해 제기된 염려들은 윤리의 집행이 제1세계보다 제3세계에서 한층 더 느슨하기 쉽다는 판단에서 비롯될 때가 많다. 그러나 이 글의 목적은 '보상 없이 위험에 처하는' 제3세계 실험 참가자들이 실험에 종속될 수 있게 하는 것이 바로 윤리적 기준의 세계적 동질화이며, 나아가 윤리의 동질화가 소유권 제도의 국제적 동질화와 나란히 손잡고 가는 것임을 보여주는 데 있다. 함께 가는 이 두 움직임—윤리의 계약적 성문화와 배타적인 소유권 행사—은 힘을 합쳐 국제자본이 마음 놓고 건강한 인도 국민을 실험 주체로 변모시킬 수 있도록 돕는다. 보상 없이 위험에 처하면서 동시에 자유의지로 그렇게 되기를 선택할 수 있는 주체 말이다.

임상실험의 구조적 폭력성은 그것이 건강한 대상을 위험에 빠뜨려야만 작동될 수 있는 절차라는 사실에서부터 출발한다. 임상실험에 대한 인식론 자체에는 실험을 당하는 대상이나, 시장 출시 가능성이 불확실한 치료 분자에 막대한 돈을 투자하는 기업 양측 모두에 해를 끼칠 위험성이 적재되어 있다. 게다가 실험의 구조적 폭력성은 이미 존재하는 국제적 불평등으로 더욱 악화되어 제3세계에서 더 싼 비용에 더 많은 사람을 위험에 처하게 하는 결과를 낳는다. 전자의 폭력성이 인식론적이라면, 후자는 역사적이다. 구조적 폭력의 세 번째 층위는 자유 계약의 형태로 강제되어 실험 주체를 해방한다. 임상실험이 잉여건강 생산의 중심이 되기 때문에 해방된 실험 주체의 몸은 실험뿐 아니라 착취에도 노출된다.

구조적 폭력의 이 세 번째 층위로 제기되는 문제는 마르크스의 자본 분석에서도 핵심적인 내용으로서, 애초에 자본을 위한 노동력—이 경우는 임상실험을 위한 실험 대상의—확보를 가능하게 하는 조건과 관련된다. 「이른바 본원적 축적」(The So-Called Primitive Accumulation)에서 마르크스는 이 확보 가능성이 무산계급인 프롤레타리아를 탄생시킨 선행하는 폭력으로 생성된 것임을 보여준다.[21] 그와 같은 과정들은 역사적으로 각기 다르지만 일관된 형식을 공유한다. 예를 들면, 인도에서의 제1단계 임상실험을 위한 실험 참가자 모집은 외견상 신문 광고를 통해 이루어지지만, 이 모집의 외양은 실험 대

---

21) Karl Marx, *Capital: A Critique of Political Economy*, Volume One, translated by Ben Fowkes, Harmondsworth 1976. 〔카를 마르크스, 『자본·1』, 강신준 옮김, 도서출판 길, 2008〕

상이 되어 스스로를 위험에 처하게 하는 일이 지원자들에게 금전적인 유혹으로 다가가는 속사정을 드러내지 않는다.

그 하나의 예로 나는 다른 글에서 뭄바이의 공장 지대에 위치한 웰퀘스트(Wellquest)*에 대해 쓴 적이 있다.[22] 그곳의 과학자들은 이 임상연구 기관이 모집한 실험 참가자들 대부분이 지난 30년 동안 점진적으로 진행된 뭄바이 섬유산업의 쇠퇴로 인해 직장을 잃은 공장 노동자들이라고 내게 알려주었다. 실직자의 수는 20만 명이 넘었고, 그중 다수는 아직도 밀린 임금의 지불을 기다리고 있다. 그들은 제조 부문 자본의 사망 여파로 발생한 탈프롤레타리아화**라는 폭력에 이미 종속되어 있는 것이다. 이 폭력은 섬유 공장들이 재산 중식에 유익한 노른자위 땅에 위치하며, 과거 공장주들이 자본투자의 더욱 수익성 있는 원천으로 부동산 투기를 선택했다는 사실로 인해 더욱 심화된다. 이것이 의미하는 바는, 대체로 공장에 인접해 있는 노동자들의 공동 주택이 철거 위협을 받고 있어 그들이 임금과 생계뿐 아니라 보금자리까지 잃어버릴 지경으로 내몰렸다는 것이다. 철거는 공장 지대의 부동산 개발을 유보시킨 2005년 뭄바이 고등법원에 의해 잠시 주춤했지만, 2006년 3월 인도 대법원이 판결을 뒤집었다. 공장과 주택을 허물고 대신 중산층 주택을 짓는 것을 합법화한 것이다.

탈프롤레타리아화와 소유권 강탈이라는 폭력은 부동산 투기가 자본을 위한 가치 생산의 원천으로서 섬유 제조를 대체한 결과이다. 수많은 실직 노동자들이 생계를 위해 거리를 떠도는 행상인이 되었는데, 국가와 중산층은 이 행상인들을 배척하는 조직적인 캠페인을 벌인다. 그들을 시끄럽고 더러우며,

---

* 2000년 인도에 설립된 임상연구 조직으로 영국의 의료와 건강제품 관리국으로부터 최초로 '올바른 임상절차' 준수에 대한 표창을 받은 바 있음.

22) Sunder Rajan, "Subjects of Speculation: Emergent Life Science and Market Logics in the US and India", *American Anthropologist*, vol. 107, no. 1(2005), pp. 19~30. 또한 *Biocapital*, Chapter 2 참조.

**노동자의 신분을 박탈당함.

아마도 가장 중요하게는 소중한 주차 공간을 차지하는 해로운 존재로 고발하는 것이다.[23] 고지에 입각한 동의서에 서명을 유도하는 이 모든 선행적(先行的) 폭력의 계기들을 고려하지 않고 뭄바이 공장 지대에서 벌어지는 임상실험의 역학을 이해하는 것은 불가능하다. 첫째, 공장 노동자들은 직장에서 쫓겨났다. 그리고 자기 집에서도 쫓겨났다. 그 다음에는 길거리에서도 쫓겨났다. 이렇게 되어서야 그들은 자율적인 실험 '지원자'가 되는 자유를 획득한 것이다.

국제적 관계도

내가 지금껏 묘사한 수탈의 상황을 이해하는 한 가지 길은 신식민주의를 통해서이다. 신식민주의는 인도의 임상실험에 대한 비판론에서 눈디와 굴하티가 채용한 문구이다. 그것은 또한 만줄라 파드마나반의 디스토피아적인 연극 「추수」나 퍼트리샤 그레이스의 『베이비 노 아이즈』[24]와 같은, '생명식민주의'를 다룬 다양한 허구적 초상화들이 취하는 입장과도 공명한다. 이 모든 이야기들은 역사적으로 뿌리 깊게 지속되어온 불평등, 즉 부유한/제1세계의/백인 주체들이, 하층계급/제3세계의/유색인종 주체들을 물리적으로 강탈함으로써 그들의 건강—때로는 부까지—을 증진하는 불평등함을 그려낸다. 내가 이 글에서 추적하려 하는—데이비드 하비의 용어[25]를 빌리자면—강탈을 통한 축적은, 이 이야기들이 묘사하는 불평등과 통하지만 개별 주체의 문제가 아닌 구조적 문제로서, 그 구조에서 실험 주체를 '보상 없이 위험에 몰아넣는' 행위의 결과로 축적되는 것은 건강이 아니라—잘사는 자유주의적인 주체의 건강도 아닌—가치이다.

---

23) 뭄바이에서 벌어지는 행상인에 대한 폭력에 대해서는, Arvind Rajagopal, "The Menace of Hawkers", in Katherine Verdery and Caroline Humphrey, eds., *Property in Question: Value Transformation in the Global Economy*, Oxford 2004.
24) Manjula Padmanabhan, *Harvest*, London 2003; Patricia Grace, *Baby No-Eyes*, Honolulu 1998.
25) David Harvey, *The New Imperialism*, Oxford 2003.

이를 이해하기 위해서는 미국의 잉여건강에 대한 더밋의 설명을 참조할 필요가 있다. 더밋이 미국적 맥락에서 추적하는 의료경제의 알맹이는 보살피는 의료가 아니라 치료의 포화 상태이다. 더밋과 내가 진실로 제시했던 것은, 제약회사의 논리로 보았을 때 미국에서의 건강은 건강함이 아니라 치료제 시장의 팽창에 대한 것이라는 점이다.[26] 치료제 소비의 증가는, 특정 약품의 복용자 수를 늘리거나 — '라벨 표시 이외의 사용', 즉 약품의 원래 목적이었던 질병 이외의 경우에도 치료 목적으로 약품을 처방하는 행위로 가장 효과적으로 달성되는 것 — 질병을 일시적인 사건이 아닌 만성적인 상태로 재규정함으로써 복용 기간을 늘리는 방법을 통해 달성될 수 있다. 더밋은 현재 "미국인들이 평균적으로 연간 아홉에서 열세 종류의 처방약을 구입하고 있다"고 말한다. 그가 덧붙인 내용이다.

각기 다른 개인 300만 명을 샘플 조사한 익스프레스 스크립트사(Express Scripts)*와 같은 여러 제약 수익관리 회사와 보험회사에 따르면, 지난해 미국인의 11퍼센트, 50세 이상 연령의 40퍼센트가 콜레스테롤 수치를 낮추는 약물을 처방받았다. 2002년에는 40세 이상의 여성 중 20퍼센트 이상 그리고 10~14세에 해당하는 소년들 중 10퍼센트에 가까운 수가 항우울제를 처방받았다. 지난 10년 동안 거의 모든 등급의 약물 사용량이 낮은 두 자리 숫자의 성장률을 보였지만, 어린아이들을 위한 처방 비율은 연간 30퍼센트 이상 치솟았다. 이와 유사하게, 가까운 미래에 보급률(각 약물에 대한 복용자 수)과 집중도(연간 처방의 규모) 모두 모든 의약 범주에서 증가할 것으로 예측된다. 수치는 두려움과 보조를 맞추고, 여러 조사에 따르면 미국인들은 더욱 많은 시간과 에너지, 관심, 돈

---

26) Joseph Dumit and Kaushik Sunder Rajan, "Biocapital, Surplus Health and the End(s) of Biopolitics." 준비 중인 원고임.

* 미국의 대표적인 제약 수익관리 회사로 정부기관이나 기업, 조합에게 약품관리 서비스를 제공한다.

을 건강에 쏟아붓고 있다. 건강은 분명 줄어들어야 할 국가의 재정적 부담만이 아니다. 그것은 팽창되어야 할 시장이기도 한 것이다.[27]

『자본』 제1권에 새겨진 마르크스의 분석에는 이중의 의미가 있다. 첫째, 그가 추적한 당대 산업자본의 조건들은 임금으로 정산된 노동보다 언제나 이미 더 큰 노동 강도가 생산해낸 잉여가치를 통한 착취라는 특징을 지닌다. 이와 흡사하게, 잉여건강 역시 건강 유지에 필요한 정도를 언제나 이미 넘어서는 치료제의 잠재적 소비가 만들어낸다. 이러한 치료제의 과잉 소비는 무해하지 않다. 그것은 실제로 미국민의 상시적인 약물 과용을 초래하며 cox-2 억제제인 바이옥스*와 같은 거대하고 치명적인 부작용들을 초래해왔다. 이와 같은 약물 포화 상태는 또한 임상실험을 해외로 하청을 주는 생명의학적 정당화로도 귀결된다. 실험 분자와 상호작용을 일으키는 다른 많은 약물을 복용하는 사람들을 대상으로 실험 약품의 효능을 실험하는 것이 갈수록 더욱 어려워지고 있기 때문이다.

잉여가치 생산을 통한 착취의 가능성을 마련해주는 조건들은 마르크스가 보여주듯, 선행적 수탈에 의존하는바, 이 수탈은 애초에 사람들을 산업자본의 일꾼으로 몰아넣은 폭력적인 축적을 통해 달성된 것이다. 자본의 이와 같은 이중의 움직임 — 폭력적인 강탈에 이은 착취 — 은 마르크스의 분석에서 시간적인 성격을 갖는다. 그러나 임상실험의 경우에는 그 폭력의 성격이 공간적이며, 제3세계 실험 주체들이 수탈되는 목적은 제1세계 소비 주체들을 건강하게 만들기 위해서가 아니라 착취하기 위해서이다. 어느 편에서든 꾸준

---

27) Joseph Dumit, "Living in the Aggregate: Accumulating Prognoses, Growing Markets, Experimental Subjects." 이 글은 2006년 산호세(San José)에서 개최된 미국 인류학협회(American Anthropology Association)에서 발표된 논문이다.

* cox-2는 염증을 유발하는 효소이고, Vioxx는 cox-2를 억제하는 대표적인 항염증제이다. 장기, 과다 복용할 경우 심각한 심장질환을 유발하므로 2004년 자발적인 회수 조치가 이루어진 제품이다.

히 보존되고 증가하는 유일한 가치는 가치 그 자체이다.

　나의 논의의 많은 부분은 인도에서 임상실험이 치료적 접근에 연결되지 않는다는 사실에 비중을 둔다. 그러나 둘의 결합이 이루어지는 상황은 분명 상상 가능하다. 만일 약품 접근권을 지지하는 조직들의 개입이나, 공공의 선과 건강을 존중하는 생명정치에 대한 정부의 의지, 그 어느 것에 의해서도 그 결합이 이루어지지 않는다면, 아마도 인도를 치료제 소비의 잠재력 있는 시장으로 인식하는 시장 원리에 의해 달성될 가능성이 높다. 이 같은 각본에서 쉽게 예상할 수 있는 것은, 인도 내부의 치료제 소비자들에 대한 착취가 실험 주체들 ― 약품 구매력이 미흡하기 때문에 시장에서 밀려나는 사람들 ― 에 대한 지속적인 수탈과 보조를 맞추며 진행되는 상황이다. 파이저와 같은 회사들이 인도에서 어떻게 정신과 치료제를 판매하는지를 연구해온 스테판 엑스는 그들의 전략이 미국 내에서 활용되는 전략과 다르지 않음을 발견하였다.[28]

　우리가 제약회사의 논리로 생명자본을 이해하면, 문제의 핵심은 건강을 위한 치료적 접근이 아니라 가치를 위한 치료제 소비의 증가가 된다. 임상연구 조직들의 관점에서 보면 치료적 접근을 위한 임상실험이 아니라 가치를 위한 임상실험이다. 제약회사와 임상연구 조직들의 가치 생산 논리를 세계적 규모로 현실화하는 것은, 외견상 선해 보이는 기획을 수탈과 착취의 원리에 입각하여 구성하고 과잉결정함을 의미한다. 자본의 또 다른 경쟁 논리들 또한 자연스럽게 작동되는데, 그중에서 관리의료*가 대세를 이루는 미국적 맥락에서 특히 도드라지는 보험의 원리가 가장 주목할 만하다. 이는 늘어나는 치료제

---

28) 미국 내의 주요 판매 전략인 소비자에 대한 직접 광고만은 인도에서 허용되지 않는다. 대신 그러한 판매는 전적으로 의사들만을 대상으로 한다. Stefan Ecks, "Global Citizenship Inc: Big Pharma and 'Depression Awareness' in Urban India", 2006년 호놀룰루에서 열린 *Asian Biotechnologies* 워크숍에서 발표된 논문임.

* 특히 고용주의 의료 부담 억제를 목적으로 일정한 환자 집단의 의료를 의사 집단에게 도급을 주는 방식.

소비를 감당하기 어려운 유럽의 공중보건 부문에도 유효한 대안으로서, 가치의 논리가 치료적 포화 상태가 매개되지 않는 질병 예방에 주력할 것을 요구하는 것이다.

    어떠한 경우에도, 생명정치나 보살피는 의료가 문제의 핵심이라 처음부터 전제하지 말고, 가치에 대한 분석에 우선권을 두어야 한다. 그와 동시에 반드시 주목해야 할 많은 모순점들이 있는데, 임상실험의 도덕성과 규제에 대한 인도 정부의 지대한 관심은 그 주요한 모순 중의 하나이다. 아대륙에서 벌어지는 국제적인 임상실험의 구조적 폭력성은 윤리의 결핍이 아니라, 자본의 논리에 포획되고 제약회사와 임상연구 업계를 통해 매개된 가치가 새로이 형성되는 절차들을 과잉결정한다는 사실에서 기인한다.

〔안수진 옮김〕

대담
티베트인의 정체성과 중국

체링 샤캬(Tsering Shakya)

　선생께서는 기념비적인 현대 티베트사 『설역(雪域)의 용(龍)』(*The Dragon in the Land of Snows*)에서 1951년 이후의 발전 과정을 개략적으로 4시기로 제시하셨습니다. 첫 번째 시기인 1951~59년 사이에 중국 공산당은 17개조 협약에 의거해서 티베트의 전통적인 지배계급과 제휴를 모색했습니다. 즉 달라이 라마의 자치정부에 의해 통치되는 '하나의 국가 두 개의 제도'라는 방안을 만들었습니다. 달라이 라마가 망명하고 1959년의 봉기를 진압한 후 1960~78년까지의 두 번째 단계에서는 티베트 고원에서 공산주의 개혁의 확산과 사원 및 귀족들이 소유했던 토지의 재분배가 이루어지는데, 이는 집단화와 문화대혁명에 의한 대규모 동원을 통해 가속화됩니다. 1980년 이후 후야오방(胡耀邦) 정권하에서는 훨씬 큰 자유화와 '티베트화'(Tibetinization)의 시대가 개방 및 이주정책과 발맞추어 등장합니다. 그리고 1989년 이후의 탄압이 그 뒤를 잇습니다. 되돌아보면, 1980년대 후야오방 시절 티베트의 상황을 어떻게 특징지을 수 있을까요?

티베트 사람들은 1980년대의 개혁을 반겼습니다. 그들은 개혁정책을 중요한 전환(transition)이라고 보았으며 지금도 후야오방을 중국의 가장 뛰어난 지도자 중의 한 명으로 생각합니다. 당시 많은 이들은 그때〔1980년대 이전〕까지의 상황이 그렇게 좋은 적이 없었다고 생각했습니다. 그것은 티베트 사람들 각 개인 및 티베트 지역 전체를 위한 어떤 문화적·경제적 자치를 가져올 것이라고 생각한 한 시대의 시작을 알리는 사건이었습니다. 사람들은 그것을 전통문화를 부활시킬 기회로 보았습니다. 가장 눈에 띄는 첫 징후는 사람들이 푸른색 작업복 대신 티베트의 전통의상으로 되돌아간 것이지요. 경제적으로 당시 티베트 지역은 1960년에서 1980년까지의 실질적인 퇴보로부터 벗어났습니다. 그 시기는 심지어 1959년 수준보다도 더 나빴습니다. 경제침체는 일정 부분은 지역의 생산에 대한 총체적인 관리 실패 때문이었습니다. 지역의 생산체제는 인민공사와 협동조합제도가 시행되면서 극적으로 변하게 됩니다. 이런 제도들은 토착경제에는 치명적인 재앙이었지요. 후야오방의 개혁으로 이런 제도들은 해체되고 전통적인 체제들이 부활합니다. 생활수준은 1960년대 이전 수준으로 회복되었고, 압도적인 다수가 농민들인 티베트 고원의 사람들은 이런 변화를 반겼습니다. 당시 95퍼센트에 해당되는 사람들은 목축이나 농업에 종사하고 있었습니다.

그렇다면 1980년대의 항쟁은 무엇 때문이었을까요?

직접적인 계기는 불교 사원과 공산당 사이의 긴장 고조였습니다. 정부는 개혁이 소비 지출을 늘릴 것으로 기대했습니다. 그러나 많은 경우 사람들은 여분의 돈을 그저 사원을 다시 짓는 데 시주했습니다. 당시 승려들의 수는 급격히 늘어났고, 어떤 농촌 지방들에서는 지역의 학교에 다니는 사람들보다

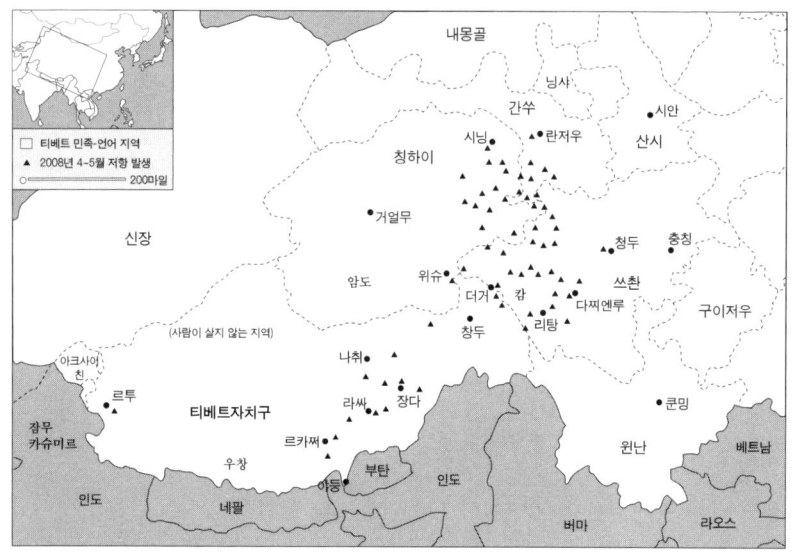

사원에 가는 사람들이 더 많았습니다. 정부는 이런 사원의 성장과 자금에 대해 우려하기 시작합니다. 사원은 방대한 양의 시주를 받아서는 사용처를 따로 밝힐 의무가 없었지요. 1980년대 중반이 되면 공산당의 좌파 인사들이 이런 발전 과정을 후야오방의 자유정책이 잘못되어가고 있는 근거로 지적하게 되고, 정부는 승려들의 수를 제한하고 사원의 자금을 통제하는 쪽으로 방향을 옮겨 갑니다. 이런 정책은 반대 세력을 만들었지요. 1980년대 말의 항쟁을 이끈 주요 세력은 사원과 보수집단이었습니다.

그때 사람들은 극도로 종교에 심취하기 시작합니다. 종교는 문화대혁명 동안 부정당했지만 이제는 접근할 수 있게 된 것이지요. 당시에는 종교 행위에 대한 더 큰 관용(허가)을 얻기 위해 싸우고자 하는 강렬한 욕구가 있었습니다. 그러나 항쟁은 개혁정책 아래서 일어나고 있는 티베트 사회의 변화에 반응한 것이기도 했습니다. 당시 티베트가 향후 취할 방향에 대한 중요한 논쟁이 있었습니다. 전통주의자들은 티베트를 보존하기 위해 유구한 전통적 방식으로 돌아가야 한다고 믿었던 반면, 더 젊고 대학 교육을 받은 사람들은 그런 전통들을 버리고 현대화된 티베트 문화를 모색하면서 새로운 정체성, 새로운 문학과 예술을 창조해야 생존할 수 있다고 생각했습니다. 이들 후자의 관점에 의하면 점령과 예속에 더 잘 대응할 수 있었을 〔새로운〕 티베트의 정체성 확립을 저해한 것은 바로 티베트불교와 그 전통들이었습니다. 그리고 티베트가 당면한 상황을 극복하기 위해서는 새롭고 강력한 정체성이 필요하다고 생각했습니다. '티베트 내부의 과거 비판, 즉 더 젊으며 교육을 받은 엘리트 계층 및 작가들이 제기한 자기반성〔自省〕'은 보수주의자들의 눈에는 어쨌든 불교에 대한 중국의 가면을 쓴〔기만적인〕 공격으로 보였습니다. 그러나 이 두 세력이 단지 연령에 의해서만 나누어진 것은 아닙니다. 수많은 젊은이들이 보수주의적인 견해를 가졌지요. 일반적으로 사원 공동체나 전통적인 제도에 의해 교육받은 사람들은 대학을 다닌 사람들보다 훨씬 보수적이었습니다. 이들 학생들은 항쟁에 전혀 참가하지 않았습니다. 심지어 지금도 대학 교육을 받은 사람들은 1980년대의 항쟁이 불필요한 것이었고, 개혁은 티베트를 바른 방향으로 끌고 가고 있었으며, 당시의 시위는 그 방향을 바꾸는 데 큰 손해를 끼쳤다고 생각합니다.

1980년대 말의 항쟁은 외부의 영향, 즉 미국 연방 의회 및 유럽 의회에서 달라이 라마가 한 연설로부터 얼마만큼 자극을 받았을까요?

1980년대는 티베트 사람들에게는 일종의 개방이었습니다. 티베트 땅의 사람들에게 인도 여행이 허락되었고, 달라이 라마 참견 순례를 할 수가 있었습니다. 그들은 국외의 티베트인 거주 공동체 및 정치적인 지도층과 새로운 연계망을 형성했고, 티베트 문제의 조직된 정치역학을 더 깊이 의식하게 됩니다. 동시에 달라이 라마가 유럽 의회와 미국 연방 의회에서 행한 연설로 그들은 티베트 문제에 관해 국제사회의 지지가 있다고 느끼게 됩니다. 그러나 실제로는 그들이 느끼는 것만큼의 지지는 없었습니다. 서방 국가들은 어떤 사회적인 문제들에 대해 입장은 천명하지만, 1980년대 중국이 고립에서 벗어났을 때 중국의 관심을 끌려는 서방 국가들의 욕구로 인해 티베트 문제는 결코 베이징의 커다란 장애가 될 수는 없었습니다.

1989~90년 계엄령을 선포한 이후 중국의 정책을 어떻게 특징지을 수 있을까요?

중국의 지도층 내부에서 개혁의 방향에 대한 우려가 있었습니다. 어떤 이들은 후야오방의 정책이 너무 극단적이어서 티베트에서 중국의 입지를 침식한다고 느꼈지요. 1980년대 말 승려들이 시위를 시작했을 때, 강경파들은 이를 더 자유주의적인 정책이 티베트의 민족주의를 고취하고 독립 요구를 고무한 증거로 보았습니다. 계엄을 선포한 후, 지금까지 베이징이 티베트를 다루는 방법에는 대단한 변화가 있었습니다. 이제 더는 타협은 없다는 것이었지요. 티베트는 더 강력한 행정적 통제 아래에 놓이고, 그 기반시설은 여타 중국과 더 밀접하게 통합되었습니다. 이전에 티베트 고원은 열악한 도로와 통신시설로 인해 중국과 격리되어 있었습니다. 그래서 중국의 지도층은 1980년대에 티베트를 위해 만든 별도의 조처〔조항〕들이 티베트와 국가의 기타 지역들의 차이를 부각했다고 믿었습니다. 그래서 1988년에서 1992년까지 당서기였던 후진타오(胡錦濤) 지휘 아래 최초로 취해진 정책은 경제적인 통합을 목표로 한 것이었습니다. 즉 도로를 건설하고, 칭짱(淸藏) 철도를 개통하고, 통신시설을 개선하는 등 기반시설의 연계망을 확립하는 것이었지요. 1990년 이래 지역 발전을 위해 수십억 달러를 써왔습니다.

이것은 중국 정부가 시짱 자치구*는 중앙정부의 보조를 받아야만 생존할 수 있다고 말할 때, 어느 정도는 그 말이 맞다는 것을 의미합니다. 지방정부는

---

* 시짱(西藏) 자치구는 중국식 행정 표기 단위이다. 중국에서는 티베트라는 단어를 금기시하고, 티베트인들은 시짱이라는 말을 금기시하지만, 여기서는 지명의 정치적인 의미를 고려하지 않고 일반적으로 통용되는 번역을 채택했다.

직원들의 급여를 줄 자금도 만들지 못합니다. 지금 지방정부의 세금 부과 능력은 극히 취약합니다. 모든 주요 기반시설들, 말하자면 철도·도로·전력체계 등의 개발은 중앙정부의 자금 수혈에 의존하여 이뤄집니다. 중앙정부에 대한 만성적인 의존은 티베트의 가장 큰 문제 중의 하나입니다. 지역이 베이징과의 협상에서 영향력을 행사할 경제적인 힘이 없기 때문에 중앙의 지시를 따를 수밖에 없습니다. 왜냐하면 이 지역의 발전에 드는 비용은 기본적으로 중앙정부의 돈에서 나오기 때문입니다.

지역의 자립 발전을 위한 어떤 운동들이 있었습니까? 예컨대 공업이나 농업 생산의 증대를 위한 조치 등 말입니다.

이것은 티베트에서 중국 정부가 맞닥뜨리는 모순 중의 하나입니다. 티베트에서 정부 지출을 보면 굉장한 양의 예산이 기반시설을 만드는 데 쓰입니다. 단 5퍼센트만이 농업 발전을 위해 쓰이지요. 지금도 인구의 85퍼센트는 농업에 의존하고 있는데 말입니다. 이것은 산업화를 농업의 우위에 두는 베이징의 정책과 관련이 있습니다. 그러나 동시에 당국이 티베트를 경제적으로 잠재력이 있다고 보기 때문입니다. 그렇지만 기반시설을 갖추지 않으면 실현할 수가 없는 것이지요. 예를 들면, 티베트는 엄청난 광물자원을 매장하고 있습니다. 그러나 이것을 개발할 수단이 없으면 아무 쓸모가 없는 것이지요. 구리나 금·은 등을 채굴할 수는 있지만 철로를 더 개발하지 않으면 운송비를 감당할 수 없고, 국제시장에서 수지를 맞추지 못하게 됩니다. 그래서 중국 정부의 장기 계획은 광산업을 개발하는 것인데, 최근 두 해 동안 그들은 외국 기업들을 티베트에서 사업을 하도록 끌어들였습니다. 기반시설과 전력체계를 구축하고 나면 자원 개발로 이 지역이 수지맞는 곳이 된다는 생각이지요. 농민과 목축민에게 날마다 실제로 필요한 것들은 이 계획 과정에 반영되어 있지 않습니다.

기반시설 개발에 티베트 사람들의 노동력은 얼마나 참여하고 있습니까?

예를 들어 철도를 건설할 때 대부분의 인력은 간쑤(甘肅) 성이나 산시(陝西) 성 같은 더 가난한 지역에서 온 이주민들로 구성되어 있는데, 이런 지역들에서 많은 농민들은 할 일이 없습니다. 중국 정부는 이들을 티베트로 가도록 고무하고 있는데, 이것은 강한 압력을 받는 지역들의 긴장을 완화하는 조치의 일환입니다. 그들이 해당 지역에 남아 있으면 당국에게 문제를 일으킬 것입니다. 많은 사람들에게 티베트로 가서 일을 하는 것은 생계를 유지하는 기회입니다. 실제로 이들 이주민들을 배출한 지역들은 티베트보다 훨씬 가난합니다. 일반적으로 티베트 농민들의 삶은 중국 대부분의 농촌 마을보다 훨씬 낫습니다. 인구는 600만 명도 안 될 정도여서 훨씬 적은 반면, 보유한 토지는 훨씬 크지요. 티베트에 있는 사람들은 누구도 기아를 겪지 않습니다. 물론 시장에 내다 팔 잉여분은 충분하지 않지만 이곳 사람들은 스스로 생존하기에 충분한 양을 생산합니다. 그러나 티베트 농민들은 또 다른 문제에 직면해 있습니다. 즉 주로 보리나 양고기 같은, 이들이 생산하는 것들이 시장에서 그다지 가치가 없다는 점입니다. 예를 들면 티베트는 엄청난 보리를 생산합니다. 그러나 중국의 맥주회사들에게는 보리를 국제시장, 즉 캐나다나 미국에서 사는 것이 티베트의 농부들에게 사는 것보다 실제로 더 쌉니다.

현재 시짱 자치구에는 얼마나 많은 유입인구가 있습니까?

이것은 매우 복잡한 문제인데요, 중국 정부가 티베트에서 일하고 있는 이주노동자에 관한 통계를 전혀 만들어내지 않았기 때문입니다. 단순한 이유는 중국의 조사 통계자료는 조사가 이루어지는 당시에 그 사람이 어디에 있느냐가 아니라 공식적으로 등록된 거주자의 수를 합산하여 산출하기 때문입니다.

대부분의 이주민들은 현지 거주 허가증이 없습니다. 그러니 중국의 기타 지방에 사는 것으로 계산됩니다. 그들은 하나의 유동인구(floating population)입니다. 중국 정부는 티베트에 있는 이주노동자들은 계절적이라고 지적하는데, 즉 여름에 그곳으로 일하러 가기 때문에 상주 거주민으로 계산할 수 없다고 합니다. 그러나 어쨌든 조사는 10년마다 한 번씩만 이루어집니다. 최근의 수치는 2000년의 것인데, 그때 이후 8년 동안 라싸(拉薩)에는 많은 변화가 있었습니다. 중국 전체를 볼 때 변화는 너무나 빠르고 극적이며, 인구의 유동성은 거대합니다. 그래서 지금 우리가 가지고 있는 수치는 매우 신뢰도가 낮습니다. 그러나 우연히 방문하는 사람이 보기에도 지금 라싸는 인구 측면에서 티베트인들의 도시라기보다는 한족(漢族)*의 도시라는 느낌이 훨씬 강하게 듭니다. 중국인 이주자들은 도시 지역에서 훨씬 숫자가 많은 경향이 있어서, 주로 라싸에 집중되어 있었습니다. 그러나 지금은 이들이 농촌 지역으로 침투하기 시작했습니다. 티베트 고원 전역에 걸쳐 식당을 열거나 조그만 행상을 하는 등의 일을 하면서요.

자치구의 발전을 다른 티베트인 거주지들, 예를 들면 칭하이(淸海)나 쓰촨(四川) 등의 경우와 비교하면 어떻습니까?

칭하이와 쓰촨의 티베트인들은 경제적으로 더 부유합니다. 이들이 여타 중국 지역과 더 통합되어 있고, 소득을 보충할 수단도 더 많기 때문입니다. 자치구는 또 남쪽으로 인도 및 동남아시아와 국경 무역을 거의 못 한다는 문제를 안고 있습니다. 역사적으로 이곳은 티베트의 무역이 집중된 곳입니다. 왜

---

* 통칭 중국인. 샤캬는 중국인(Chinese)이라는 말과 한족Han이라는 말을 병용하고 있다. 의미는 비슷하지만 종족의 차이를 강조할 때 한이라는 단어를 쓰고 있는 것 같다. 글에서는 모두 구분해서 직역한다.

냐하면 티베트의 상품들은 중국이 아니라 주로 남아시아에서 시장을 찾았기 때문입니다. 가장 가까운 항구는 캘커타인데, 이틀 정도의 거리에 있습니다. 그러나 (국경을 통해 직접 가지 않고) 중국의 여타 지방을 통과하면 8일에서 13일이 걸립니다. 그래서 예컨대 지금 티베트 고원에서 생산된 모(毛) 제품은 남쪽의 국경이 폐쇄되었기 때문에 남쪽으로 운반할 수 없어 채산성이 있게 수출할 수가 없습니다. 현재 인도-중국 간의 무역관계는 기본적으로 육로가 아니라 해로에 기반한 것입니다. 그 이유는, 관계 개선에도 불구하고 이 두 국가 간의 국경 분쟁이 아직 해결되지 않았기 때문입니다. 이것은 한편으로는 안보상의 문제입니다. 동시에 인도나 중국은 이 지역에 국경 무역을 개방할 경우 어떤 일이 벌어질지 확신을 못 하고 있습니다. 인도의 시장이 티베트로 더 강하게 침투할지 그 역일지 모른다는 것이지요.

지난 10년간 티베트의 정치적·문화적 분위기를 어떻게 묘사할 수 있을까요?

중국 정부의 정책은 독립이나 인권을 언급하지 않으면 모든 것이 허용된다는 것 같았습니다. 많은 잡지와 신문들이 신규로 발간되었고, 중국 정부는 많은 현지 토착 비정부기구들을 허가했는데, 이들은 가난에 대항한 캠페인을 효과적으로 수행해왔습니다. 또 북아메리카나 유럽의 티베트인 국외 거주 공동체들이 자신의 고향에서 비정부기구들을 설립하고 주택 건설에 자금을 대는 것을 허락했습니다. 외국으로 유학을 떠나는, 예컨대 서방, 즉 유럽과 미국 등으로 떠나는 티베트인들의 수는 1990년대에 늘어났습니다. 외부 세계에 대한 개방은 심화되었습니다. 그런 의미에서 그때는 희망적인 시기였습니다.

문화적으로는 두 개의 구분된 발전이 있었습니다. 한편 전통적인 티베트 문화와 미술 및 공예의 부흥이 있었습니다. 다른 한편으로 티베트 미술가들에 의해 현대적이고 상징적인 회화풍이 부상하고 있습니다. 이들 중에는 라싸에 미술가 조합을 만든 단체가 있습니다. 그들은 그림을 팔고 국제 전시회에 출품합니다. 그들의 작품에는 (언뜻 보아 바로 알 수 있도록) 직접적으로 티베트적인 것은 전혀 없습니다. 보수파들은 이것을 사실상 티베트에 대한 부정이자 서구의 모방으로 봅니다. 그들은 이런 작품들을 티베트의 예술로 보지 않습니다. 그러나 이것은 새로운 것이자 티베트에서 매우 중요한 것들로 우리 사회에서 보수파들과는 상당히 다른 관점을 가진 젊은 세대가 만들어낸 것입니다. 마찬가지로 문학에서도 티베트어로 작품을 쓰는 젊은 세대는 전통적인 운문체를 쓰지 않고, 자유로운 문체로 시를 쓰고, 새롭고 다른 주제를 가지고 소설을 씁니다. 물론 보수파들은 현재의 전통을 답습하지 않으면 이것들을 진정한 티베트적인 것으로 간주하지 않으려 합니다. 그러나 제가 보기에 현대 티베트 문학의 등장, 즉 1980년 이후의 장·단편소설과 시의 창작은 매우 흥미로운 발전입니다. 이들은 실제로 티베트에서 벌어지고 있는 일들과 일반인들의 욕망, 그리고 미래의 이 지역이 나아갈 수 있는 방향에 대해 각종 정치적인 항의나 운동보다 훨씬 많은 것을 표현해줍니다. 많은 티베트 소설가들이 중국어로 글을 쓰고 있고, 1985년 이후 이들은 중국에서 실질적인 문학적 존재가 되었습니다. 가장 유명한 작가는 알라이(Alai)로 그의 『붉은 양귀비』(Red Poppies)는 2002년 영어판이 나왔습니다. 마술적 사실주의 문체 같은 것을 도입해서 중국의 가르시아 마르케스라고 불리는 타시 다와(Tashi Dawa)도 있습니다. 물론 티베트어로 쓰는 작가들은 그렇게 저명하지 않습니다. 이것은 인도 작가들이 직면하고 있는 상황과 비슷합니다. 즉 작품을 영어로 쓰면 세계 시장에 접근할 수 있습니다. 그러나 힌디어를 쓰면 훨씬 적은 사람들이 그 작품을 읽게 되는 것이지요.

전통주의자들에게 중요한 것은 과거를 계발하는 것입니다. 그들은 전통적인 예술의 양식을 유지하는 것이 티베트의 정체성을 유지하는 데 필수적이라고 봅니다. 티베트 전역의 회화와 공예에서 이런 양식들은 부활했고 매우 인기가 높습니다. 이것들은 최근 티베트인들에 대한 애국적 적개심에도 불구하고 중국에서도 인기가 있습니다. 1980년 이래 중국에서 티베트의 문화와 전통에 대한 흥미는 계속 커져왔습니다. 티베트는 〔중국인들에게는〕 매우 다른 곳, 그리고 중국이 잃어버린 독특한 특징들을 가지고 있는 것으로 여겨집니다. 〔중국인들에게〕 티베트의 전통적인 의상과 회화, 그리고 삶의 방식에 대한 애착은 존경할 만한 것으로 여겨집니다. 많은 중국 작가들과 예술가들이 자연과 조화를 이룬 삶의 표본으로 티베트를 여행하고 여기에서 영감을 얻었습니다. 사실 서구보다는 중국인들 사이에서 티베트에 대한 훨씬 낭만적인 시각들이 생겨났습니다.

또한 시골 생활에 관한 구술사 프로젝트, 속담이나 민요를 녹취하는 등의 일들을 포함하여 현대 티베트의 역사기술(記述)이 번창했습니다. 상당히 많은 자전적 기록이 있었고, 티베트 여성들이 쓴 매우 흥미로운 자서전도 있었습니다. 이들은 물론 전통적인 보수주의적 시각에 의해 항상 무시당했지요. 다람살라의 티베트 학교에서 역사 교과서는 10세기에서 멈춥니다. 사실 저도 『설역의 용』을 달라이 라마가 아니라 아내에게 헌정한 일로 공격을 받았습니다. 저는 현재 비적단(匪賊團)에 대한 역사서술을 기획하여 일하고 있습니다. 티베트 역사에서 이것은 거의 야생의 서부(Wild West)*와 같은 요소입니다. 광대한 고원을 여행하는 사람들은 비적의 공격을 받고 강도를 당하곤 했습니다. 여기에 관해서는 많은 구술 자료와 기타 서술들이 있는데, 저는 이 사람들이 누구였는지 연구하고 있습니다. 이들을 부정적인 인물들로 보는 것이 아니라, 좀더 에릭 홉스봄(Eric Hobsbawm)의 견해를 따라 비적 행위를 사회적인 항의의 형태로 보는 것이지요. 전통적인 티베트 사회, 봉건 법에서 도망쳐 나온 후, 사람들은 종종 비적이 됩니다. 지배적인 서술에 의하면 이들은 나쁜 사람들입니다. 그러나 이들 거의 대부분은 사실상 현지의 지배자나 정부에 저항하고 있었습니다. 이들이 누구인지, 또 이들에게 무슨 일이 벌어졌는지를 확인해보면, 이들은 대체로 티베트 사회에서 한계 상황에 몰린 집단들이

* 미국 개척시대의 서부.

었다는 것을 알게 됩니다.

티베트어는 여전히 자치구의 공식 언어입니까?

헌법에 의하면 시짱 자치구의 교육 및 행정상의 언어는 티베트어이어야 합니다. 그러나 실제로 그렇게 실행되지는 않았습니다. 그 이유는 티베트의 공산당 지도층, 당서기 및 부부장들이 모두 중국인들로 티베트어를 쓰지 않기 때문입니다. 교육에서 보자면, 농촌 지역에서는 티베트어로 수업을 합니다. 그러나 도시 지역, 특히 라싸에서는 중국어를 쓰는 학교들이 늘어나고 있습니다. 대학 수준에서는, 물론 티베트 역사는 티베트어로 강의를 하지만 다른 부분들은 모두 중국어로 진행합니다. 이것은 단지 중국 정부의 정책 때문만은 아닙니다. 많은 부모들이 아이들에게 중국어로 진행되는 교육 기회를 주는 것을 선호합니다. 단순히 말해서 장기적으로 중국어 교육을 받은 이들이 더 나은 직업 기회를 갖게 되고, 또 중등학교 이후의 교육을 바라는 사람들의 대다수가—현재 매년 3,000명의 신규 졸업자가 배출되는데—티베트 이외의 중국 각지의 대학으로 가는 경향이 있기 때문입니다. 지금은 또 이른바 '내지(內地) 학교'라고 하는 곳들이 있습니다. 이들은 티베트 어린이들을 위한 기숙 학교로, 이들을 티베트에서 유치해서는 중국 전역에 흩어져 있는 학교로 보냅니다. 일부는 랴오닝(遼寧)이나 푸젠(福建)까지 멀리 떨어져 있습니다. 이들 학교가 티베트에 없는 표면적인 이유는 정부가 티베트에서 교사들을 충분히 채용하지 못하고, 타지의 자격을 갖춘 교사들을 자치구로 오도록 설득하지 못하기 때문입니다. 또 더 발달한 연해 지역의 입장에서는 현지에 학교를 짓는 자금을 제공함으로써 더 가난한 지역을 돕는 의무량을 채우는 수단이기도 합니다. 이것은 부분적으로는 '국가 통합'에 대한 감정과 중국에 대한 충성심을 강화하려는 시도입니다. 물론 일부 티베트인들과 외부인들은 이 제도를 영국과 캐나다 및 호주인들이 원주민들을 기숙 학교에 보내 기독교로 개종시키는 것에 비견되는 흉계로 봅니다. '내지 학교'의 수업은 거의 대부분 중국어로 이루어지며 교육은 매우 훌륭합니다. 그러나 이들 학교를 나온 학생들이 훨씬 더 민족주의적인 경향이 있습니다. 블로그나 웹사이트에서 이들은 종종 그들의 문화적 정체성과 언어를 박탈당했다면서 중국 정부에 대한 비난을 주도합니다.

1950년대 이후 언어 자체는 어떻게 변했습니까?

간소화된 표기체제와 함께 새로운 표준 티베트 문어(文語)가 등장했는데 구어(口語)에 훨씬 가깝습니다. 그 취지는 문자를 아는 모든 사람들과 소통을 할 수 있도록 더 쉬워야 한다는 것이었습니다. 그러나 일상 회화에서 점점 중국어 차용어가 늘어나고 있습니다. 옥스퍼드 대학에서 박사과정 학생 한 명이 티베트에서의 언어체계의 전이(code-switching)를 연구하고 있었는데, 사람들은 문맥에 따라 티베트어와 중국어를 바꾸어 사용했습니다. 그리고 그는 평균적으로 30~40퍼센트의 라싸 티베트어 단어는 중국어에서 차용한 것이라는 사실을 발견했습니다. 일반적으로 지금은 더 적은 티베트인들이 고등 수준의 티베트어를 공부하고, 그 수준이 낮아졌습니다. 그러나 티베트어가 사라져가고 있다고 생각하는 것은 중대한 오해일 것입니다. 사실 1985년 이후 티베트어 출판은 번창했습니다. 티베트어로 된 신문으로『라싸만보』(拉薩購報)와『시짱일보』(西藏日報) 두 개가 있고, 상당히 많은 정기간행물 및 잡지들이 자치구 및 기타 티베트인 지역에서 등장했습니다. 부분적으로 이것은 각 성이 문자로 된 일간지를 갖도록 규정하기 때문이고, 또 중국 헌법 조항의 결사의 권리(right of association) 조항에 의거해 티베트 지역에는 티베트어 출판물이 있어야 하기 때문입니다. 예를 들면 시짱 자치구뿐만 아니라 칭하이와 윈난(雲南)에도 티베트어 정기간행물이 있습니다. 대략 1995년까지 이들은 상당한 독자를 거느리고 있었습니다.『시짱문학』(西藏文學)은 10,000부를 찍었는데, 그렇게 할 수 있었던 이유는 보조금이 잘 지급되고 있어서 학교와 대학, 그리고 구독을 원하는 모든 이에게 무료로 배부할 수 있었기 때문입니다. 그러나 국가의 보조금은 점점 축소되거나 아예 철회되어 이런 간행물들도 이제 돈을 벌어야 합니다. 『시짱문학』은 지금 약 3,000부 정도를 찍는데 독자들은 값을 지불해야 합니다.

이 상황은 책에도 그대로 적용됩니다. 보조금 철회로 책값이 크게 올랐고, 티베트어 출판물이 손익분기점을 넘기기 어렵게 되었습니다. 1990년대에는 정말 티베트어 출판물의 르네상스가 있었습니다. 부분적으로는 7세기 이후 티베트어 출판물들을 거의 전부 개간(改刊)했기 때문입니다. 그 첫 물결은 끝난 것 같습니다. 그리고 자금의 부족은 작가들이 후원을 얻거나 출판을 자비로 해야 한다는 것을 의미합니다. 예를 들면 티베트어로 쓰는 소설가는 출판업자에게 1만 위안, 즉 1,400달러를 주고 책을 받습니다. 그는 인쇄한 3,000부의 반을 받아서는 직접 팔라는 말을 듣게 됩니다. 저는 마을의 소년이 시인이 되자 마을 사람들이 모여 시를 출판하는 비용을 공동으로 부담하는 것을 본 적이 있습니다. 다른 때에는 현지의 사업가가 출판을 후원하게 되겠지요.

텔레비전과 라디오는 어떻습니까?

티베트에서는 텔레비전 프로그램 창작이 활발합니다. 그러나 사람들은 중국의 쇼를 보는 것을 더 좋아하는 경향이 있는데, 단순하게 말해 티베트어 작품들이 매우 소규모이고, 현재 볼 수 있는 풍부한 중국의 새로운 채널들에 비해 훨씬 심한 통제와 검열을 받는 것으로 보이기 때문입니다. 이것은 활자 매체에도 그대로 적용됩니다. 티베트어 간행물이나 잡지들 중 독립적인 것은 하나도 없습니다. 이들은 모두 각기 다른 정부 부서들의 원조 아래서 제작됩니다. 지금 티베트에서는 점점 더 많은 사람들이 중국어를 쓸 수 있고, 읽을 것을 고를 선택권이 늘어났습니다. 그리고 이들은 엄청나게 다양한 중국의 잡지로 눈을 돌립니다. 지금 이들이 가지고 있는 언어의 선택권이 어느 정도는 티베트어 출판물 독자의 감소에 책임이 있습니다.

1980년대 이후 사원들은 어떻게 진화했습니까?

사원들의 승려 수를 제한하는 새로운 규제가 발동되었고, 승려가 되고자 하는 사람들은 모두 현급(縣級) 당국의 허가를 받아야 합니다. 이 법에 의하면 18세 이상이 되어야 승려가 되고 사원으로 들어갈 수 있습니다. 그러나 누구도 이런 규제에 전혀 관심을 가지지 않습니다. 지금 티베트에 가는 사람들은 누구나 사원에 있는 수백 명의 어린이들을 볼 것입니다. 정부는 딜레마에 빠졌습니다. 만약 강제적으로 정책을 집행하고 어린이들을 해산시킨다면, 항쟁의 물결에 직면하게 될 것이기 때문입니다. 그래서 사원들이 정치에 적극적으로 개입하지 않는 한, 정부는 이 상황을 눈감으려 했습니다. 그러나 1995년 이후 사원과 중국 당국의 관계는 쇠퇴하기 시작합니다. 1995년 중국 지도부는 티베트불교도들의 염원과 집회를 무시하고 10대 판첸라마를 직접 고르겠다는 주장을 고수합니다. 그 영향은 오랫동안 지속되었습니다.

비구와 비구니의 수를 추산하는 것은 상당히 복잡한 문제입니다. 정부는 단지 사원에 거주하도록 허가증을 받은 사람들만 포괄하는 통계를 발표합니다. 공식적으로 그 수는 모든 티베트인 지역에서 12만 명, 그리고 시짱 자치구만 46,000명입니다. 그러나 허가증이 없는 사람들을 포함한 실제 숫자는 훨씬 많습니다. 저는 총 18만 명으로 추산합니다. 이렇게 많은 이유는 부분적으로는 경제적인 변화를 반영하는 것입니다. 사원은 정부에서 돈을 받지 않습니다. 사원들은 전적으로 지역사회나 순례자들의 보시에 의존합니다. 1980년대의 개혁과 함께 사람들은 더 부유해졌고 사원들에 더 많은 돈을 기부합니다. 경제적인 성공이 사원의 부활에 도움을 준 것이지요.

학교 교육을 위해 사원에 가는 아동들을 공립 학교에 가는 학생들과 비교할 때 어떤 사회적인 차이가 있습니까?

사원에 가는 아이들은 주로 시골에 삽니다. 반면 도시 가정 중에 아이를 사원에 보내는 경우는 매우 드뭅니다. 이유는 두 가지입니다. 우선, 시골의 가족은 아이들이 많아서 부모들이 하나, 심지어 두 명의 아이를 사원에 보내기도 합니다. 그러고도 집에는 아이들이 몇 명 있습니다. 반면 도시 가정은 자녀를 하나, 혹은 많아야 두 명 두는 경향이 있습니다. 둘째로 시골 사람들이 개략적으로 말해서 전통적인 티베트 문화에 대한 태도나 관점이 더 보수적이라는 점입니다.

1980년대에는 사원의 학교 교육이 무료라는 점도 하나의 중요한 요인이 되었습니다. 그때는 시장화의 일환으로 국가의 무상 교육은 대규모로 폐기되었지요. 전체 중국을 통틀어 이제 사람들은 모든 영역에서 스스로 꾸려나가야 합니다. 학교 예산은 성(省) 정부 및 현(縣) 정부 차원에서 조성됩니다. 이들 정부는 초등 및 중등 학교들을 운영할 자금이 충분하지 않습니다. 그래서 교육은 무료로 하기로 되어 있었지만, 온갖 종류의 비용들이 부과되었습니다. 티베트에서는 많은 농민들이 더는 아이들을 학교에 보낼 여력이 없었습니다. 그리고 농업 생산이 사유화되었기 때문에 농경 지역에서는 많은 부모들이 아이들을 집에 데리고 일을 시켰습니다. 그들은 생산량을 늘리기 위해 아이들에게 밭일을 시켰는데, 생산량을 늘리는 것이 교육을 시키는 것보다 더 긴급했기 때문입니다. 문화대혁명 시기나 더 이른 '좌파' 시기에는 학교 입학은 의무였습니다. 그래서 문자해득률은 올라갔지요. 그러나 1980년 이후에는 확연히 떨어졌습니다.

이런 상황에서 사원들이 교육의 대안자 역할을 했습니다. 이것은 공교육 시스템은 비용을 부과하지만 사원은 비용을 받지 않았기 때문만은 아닙니다. 부모들이 보기에 문화대혁명의 발발로 사원의 전통이 무너졌으며, 자식들을 사원이나 비구니 사찰에 보냄으로써 전통의 부활에 기여할 수 있다고 느꼈기 때문이지요. 아이들을 사원에 보내는 것은 교육을 받는 것뿐만 아니라 티베트의 문화를 부흥하는 데 도움이 되는 것으로 간주되었습니다.

의료체계는 어떻습니까? 사원이 이 부분에서도 대안을 제시하나요?

중국의 기타 지역들처럼 티베트에서도 시장화로 인해 이제 의료는 무상이 아닙니다. 많은 경우 의료비는 극단적으로 비싸졌습니다. 라싸에 있는 저의 친척들은 치료를 받는 데 1만 5천~2만 위안 사이의 돈이 든다고 하더군요. 보통 가정의 10년 임금에 해당합니다. 라싸 지역에는 아주 훌륭하고, 시설을 잘 갖춘 정부 병원들이 있습니다. 그러나 비용 때문에 대부분의 사람들은 이 시설들을 이용하지 못합니다. 사원은 대개 전통 의학 수련을 받은 의사가 있고, 그는 현물 보상으로 환자들을 돌봐줍니다. 대가는 달걀 한 꾸러미나 양 다리 한 쪽, 이런 식이지요. 이런 관행은 매우 널리 퍼져 있습니다. 역시 비용을 지불하지 않기 때문이지요.

서양의 보고서들에 의하면 최근 10년 동안 시짱 자치구에서 중국의 여타 시골 지역들보다 사회적 항쟁이 (오히려) 덜 발생했는데요.

얼마만큼은 사실입니다. 그러나 북아일랜드가 기타 영국과 다르듯이 티베트가 기타 중국 지역과 다르다는 것을 기억해야 합니다. 1980년대에 일어난 항쟁 때문에 경찰의 감시와 통제는 기타 중국 지역보다 훨씬 강합니다.

올해(2008년) 3월 10일에 시작된 항쟁(1959년 봉기 49주년)과 1980년대의 항쟁을 어떻게 비교할 수 있을까요?

2008년 항쟁의 가장 특이한 점은 그 지리적인 범위입니다. 항쟁은 티베트인들이 거주하는 거의 모든 지역에서 동시에 일어난 것 같습니다. 저는 그 이유를 휴대전화와 문자 메시지가 소식을 퍼뜨리고, 시위에 사람들을 동원했기 때문이라고 생각합니다. 중국에서는 문자 메시지가 인터넷이나 전자메일보다 훨씬 널리 이용되고 있습니다. 서부 티베트에서 항쟁이 거의 발생하지 않은 점은 주목할 필요가 있습니다. 거기는 휴대전화망이 작동되지 않습니다. 반면 통신망이 잘 정비된 동부 티베트와 쓰촨 및 칭하이 경계지에서는 많은 항쟁이 발생했습니다. 이런 시위는 3월 10일 사원의 항쟁이 경찰에 의해 진압된 지 단 며칠 사이에 폭발했습니다.

둘째로 둘 사이에는 중요한 사회적 차이가 있습니다. 1980년대의 시위는 기본적으로 승려들이 이끌었습니다. 그러나 이번에는 티베트 사회 전체에 걸쳐 수많은 집단들과 연관이 되어 있습니다. (대학 이하의) 학생들, 대학생들, 지식인, 도시 노동자, 농민, 유목민에다가 베이징과 다른 도시의 티베트 대학생들까지 참여했습니다. 이렇게 티베트 사회의 각기 다른 부분들이 이런 수준으로 관여한 것은 유례가 없는 일입니다.

이 항쟁에 얼마나 많은 사람들이 동원되었습니까?

얼마나 많은 사람들이 참여했는지 말하기는 무척 어렵습니다. 중국 정부는 6,000명을 구류(拘留)했다고 하는데, 이것으로 보아 시위가 매우 격렬했고 수많은 사람들이 참여했다는 것을 알 수 있습니다. 그러나 이 시위는 진압에도 불구하고 몇 달 동안—3월 10일 이래 5월 중순까지—상당히 높은 수준에서 지속되고 있습니다. 시작부터 당국은 시위대를 향해 최루가스와 곤봉 세례를 퍼부었습니다. 사원은 진압경찰에 의해 봉쇄되었습니다. 3월 15일 무장 병력이 라싸로 보내졌고, 다음 날 체포된 사람들이 군용 트럭을 타고 라싸의 거리를 통과해 행진했습니다. 그러나 대규모 체포에도 불구하고 항쟁은 계속되었고 많은 학교와 대학에서는 학생들의 인종차별에 대한 항의시위가 벌어졌고, 깐수·칭하이·쓰촨의 관공서 밖에서도 시위가 있었습니다. 3월 19일부터 긴급 수배령이 매일 내려졌고 중국의 웹사이트들은 수배된 티베트인들의 사진을 게재했고, 중국 이동통신은 티베트의 모든 사용자들에게 항쟁에 참가하는 사람들에 대한 정보를 보내줄 것을 요청하는 문자 메시지를 발송했습니다. 3월 23일 깐수의 깐난짱족(甘南藏族) 자치구에서 신화통신이 보낸 전문에는 105개의 현이나 시급(市級), 113개의 향급(鄕級) 작업단위 및 22개의 촌급(村級) 위원회의 관공서에서 '심각한 항쟁'이 발생했다고 전했습니다. 항쟁이 발생한 곳으로 마취(馬曲)·샤허(夏河)·쭤니(卓尼)·허쭤(合作) 및 기타 현 및 시가 포함됩니다. 여기에 관한 제일 잘된 보고는 체링 외서(Tsering Woeser)씨의 블로그인데, 이 글들은 『차이나 디지털 타임스』(*China Digital Times*)의 웹에 영어로 번역되어 있습니다.

〔이 항쟁에서〕 티베트 민족주의가 가장 중요한 의제입니까, 아니면 몇몇 항쟁은 사회 및 경제적인 문제에 초점을 맞추었습니까?

사람들은 많은 것들을 이야기했습니다. 그러나 시위자들이 들고 다니는 슬로건과 현수막을 보면 독립에 대한 명시적인 요구는 없습니다. 저는 핵심 이슈는 중국이 달라이 라마의 티베트 귀환을 허락할 것과 인권 문제라고 생각합니다. 라싸의 항쟁이 중국 정부와 중국 공산당뿐만 아니라 라싸에 거주하는 일반 중국인들을 상대로 한 것이라는 점은 사실입니다. 중국인들 가게가 불탔고, 한족들은 구타를 당했습니다. 그러나 이런 일은 라싸에서만 일어났습니다. 다른 지역에서 시위대는 정부 관청이나 공산당 본부로 돌진해서 중국 국기를 내리고 티베트 국기를 올리고 관공서를 뒤지고 했지만, 중국인들에 대한 공격은 거의 없었습니다. 라싸에서 중국인들이 대중들의 분노의 표적이 되었지만, 다른 지역에서 그렇지 않았던 이유는 이렇습니다. 라싸에서 이주민의 성공과 토착민의 상태의 차이는 극명하게 드러납니다. 중국인들은 호텔·가게·식당 등을 가지고 있고, 그래서 훨씬 눈에 띕니다. 그러나 시골 지역에서는 티베트인들과 중국인들의 경제적인 차이는 미미합니다. 그래서 경제적인 적개심으로 인한 분노는 적었습니다. 물론 티베트인들과 외지인들 간의 알력은 있습니다. 예를 들어 동티베트에서 농민들은 여름에 버섯과 약초, 그리고 중국의 전통 의료법에서 매우 비싼 약재인 야르차 꾼부(동충하초) 등을 채취해서 수입을 보충합니다. 지금 많은 한족 이주민들이 정부에서 수수료를 부과하여 이들을 제한하려 함에도 불구하고 이것들을 수확하기 위해 언덕으로 올라갑니다. 수익이 충분히 커서 계속 이 일을 하는 것이지요. 현지인들은 외지인들이 무차별적으로 버섯류를 채취한다고 여기고, 이들의 채취가 장기적으로 초원에 손상을 끼치고 있다면서 반대를 합니다. 이 자원을 둔 경쟁은 최근 더 격렬해졌습니다.

그러나 개인적으로 저는 시위가 기본적으로 티베트인들이 겪는 경제적인 차별이나 불이익 때문이라고 보지는 않습니다. 저는 차라리 이것들을 민족의 정체성 문제와 관련된 방어적인 항쟁으로 봅니다. 베이징은 1980년대의 항쟁을 단순히 종교적인 차이에서 생겨난 것이 아니라 독자적인 티베트 정체성의 표현으로 해석했습니다. 시짱 자치구 주석 후진타오의 지휘 아래 민족 정체성을 표명하는 어떠한 정치 행동도 반대하는 정책이 시행되었습니다. 심지어 티베트어를 쓸 권리까지 민족주의와 분열주의로 색칠되었습니다. 모든 티베트인들의 중국에 대한 충성심을 의심했고, 모든 사람들은 혐의자가 되었습니다. 분열주의에 대한 정치 공세는 반대하는 목소리들을 억누르는 핑곗거리가 되었습니다. 공산당 안에서 정부의 방침을 반대하는 사람들은 분열주의자라는 비난을 받기도 했습니다. 그러나 그 정책은 역풍을 맞게 됩니다. 중국 정부는 그들의 정책을 적극적으로 반대하는 사람들과 그 나머지를 구분할 수 없게 되었습니다. 그래서 정부와 전체 티베트인들 사이에 커다란 간극을 만들게 되었지요. 그 효과는 단지 사원이 목표였을 때보다 훨씬 더 티베트인들을 결속시키는 것이었습니다. 실제로 최근의 항쟁에서 1980년대 말의 경우보다 훨씬 통일된 민족 감정을 표현했습니다. 한족 이주민의 수는 항상 중요한 요소였습니다. 전(全) 역사를 통틀어 티베트 고원의 사람들은 항상 동질적인 공동체에서 생활했습니다. 그러나 이제는 그렇지 않지요. 그들은 이전 어느 때보다 강하게 그들의 땅이 티베트인들만의 영역이 아니게 되었다고 느끼고 있습니다.

3월 4일에 또한 베이징 올림픽의 성화가 아테네에서 봉송되는 것을 보았습니다. 그때 소규모 시위가 있었지요. 그 후 성화의 봉송로를 따라 4월 6일 런던, 4월 7일 파리, 4월 9일 샌프란시스코에서 대규모의 티베트 지지파와 중국 지지파의 시위가 벌어졌습니다. 그리고 중국에서 까르푸, CNN-TV를 반대하는 시위가 벌어집니다. 1936년 베를린 올림픽 이래 올림픽은 부당 이익과 정치적 볼거리의 대명사였습니다. 올해 중국과 티베트의 대중 동원에서 올림픽 열광자(Olympomania)들은 어떤 역할을 했습니까?

베이징 올림픽은 확실히 2008년 항쟁의 중요한 한 요소였습니다. 국제적으로 중국이 집중 조명을 받을 것이라는 사실이 이전에는 왜 비슷한 항쟁이 일어나지 않았는지를 이해하는 데 핵심적입니다. 중국 내의 티베트인들과 망명 정치단체들은 모두 올림픽이 중국 정부에게 갖는 중요성을 이해했기에, 발언을 하여 그들의 목소리를 듣도록 할 기회를 감지했습니다. 중국 정부도 몇몇 상징적인 방법을 통해 올림픽을 정치화했습니다. 올림픽을 전 세계에 티베트 고원의 소유권을 홍보하는 수단으로 본 것이지요. 그래서 에베레스트 산으로 성화를 올리려는 계획을 세우고 티베트 영양을 올림픽의 마스코트로 채택한 겁니다. 이런 의미에서 티베트 시위자들이나 중국 정부 모두, 물론 서로 반대되는 목적을 가지고 있었지만 이 시기를 티베트를 부각하는 매우 중요한 계기로 본 것이지요.

그럼에도 제가 보기에는 중국이 올림픽 유치 활동을 벌일 때 순진하게도 항쟁의 표적이 될 것이라고 생각하지는 못했던 것 같습니다. 그러나 애초부터 올림픽은 국제적인 갈등의 원인이 되어왔습니다. 모든 올림픽마다 일정한 갈등이 있었습니다. 1972년 뮌헨 올림픽에서는 이스라엘과 팔레스타인의 대립이 있었고, 1976년 몬트리올, 1980년 모스크바, 1984년 LA 올림픽의 보이콧이 있었지요. 이들 모두가 주최국을 거대한 정치적인 게임에 연루되게 만들었습니다.

중국 밖의 티베트 지지운동의 정치적인 스펙트럼, 그리고 그것과 서방 정부들의 정책과의 관계는 어떻게 특징지을 수 있을까요?

서방에서 이 항쟁에 참여하는 사람들은 상당히 다양한 사람들의 집합입니다. 그러나 꼭 불교도이거나 티베트 애호가들만은 아닙니다. 티베트 지지자들은 전통적인 중산층, 좌파나 자유주의 그룹(Liberal groups)*에서 나오는 경향이 있습니다. 1970~80년대에 그들은 아프리카민족회의(ANC), 핵비무장운동(CND), 그린피스 등과 연대했을지도 모릅니다. 인권단체들도 초점을 옮겨서 1970~80년대에 국제사면위원회(Amnesty)와 휴먼 라이츠 워치는 동유럽과 소비에트 연방에서 벌어지는 일에 더 관심을 쏟았고, 중국은 그들의 보고서에서 그다지 중요하게 등장하지 않습니다. 지금은 관심을 중국으로 돌렸고, 티베트도 그동안 소홀히 해온 대상으로 주목합니다. 그러나 저는 서방 정부의 정책과 대중들의 감정을 분리하고 싶습니다. 대부분의 서방 정부는 기본적으로 중국 지향적입니다. 이는 주로 경제적인 문제와 관련이 있습니다. 베이징과 서방은 시장경제의 발전과 사유화, 그리고 무역의 세계화 등에서 포괄적인 협정을 맺고 있습니다. 서방 정부들의 주요한 목적이 중국을 세계

---

* 'Liberal'은 대체로 보수주의에 대응하는 '진보적인'이라는 의미를 가짐.

경제의 질서 안으로 통합하는 것인 한, 인권과 티베트는 그들에게 상당히 부차적인 문제입니다.

마찬가지로 티베트의 항쟁이 서방의 비정부기구들에 의해 만들어졌으며 미국민주주의지원재단(NED: US National Endowment for Democracy)의 자금을 받았다는 중국과 미국 내 인터넷상의 주장은 상당히 초점이 빗나간 것입니다. 중국에는 서방에서 자금을 대는 비정부기구들이 있습니다. 예컨대 트레이스재단(Trace Foundation)은 티베트에서 보건 및 교육을 지원합니다. 그러나 중국 공산당은 명백히 이들에 대한 엄격한 보안평가를 실시합니다. 트레이스재단은 반정부 단체 및 행동과 거리를 두는 것으로 유명합니다. 이것은 이 재단이 수십 년 동안 중국에서 활동을 할 수 있었던 이유 중의 하나입니다. 티베트를 지지하는 활동가들은 종종 이 재단이 너무 중국을 지지하고 있다고 비난합니다.

인도의 티베트 망명단체는 NED의 지원을 받습니다. 그러나 이것이 중국 내에서 사람들을 동원할 수 있다는 것을 의미하지는 않습니다. 시짱 자치구에 있는 티베트인들과 인도에 있는 사람들 사이에는 매우 큰 사회적·문화적 차이가 있습니다. 이것은 음악적 취향을 통해서도 드러나지요. 1995년 당시 티베트에서 가장 유명한 가수였던 다돈(Dadon)이 인도로 망명했을 때, 그녀는 인도에 자신의 음악을 듣는 청중이 없는 것을 보고 충격을 받았습니다. 그녀는 실제로 거의 알려지지 않았고, 망명자들은 그녀가 중국풍의 노래를 부른다고 비난했습니다. 심지어 서방에서 두 공동체가 조우할 때도 둘 사이에는 거의 상호 영향을 주고받지 않습니다. 인도의 망명자들은 그들이 '티베트스러움'의 진정한 대변인이며 티베트에 남아 있는 사람들을 단지 수동적이며 압제를 견디는 희생자들일 것이라고 여깁니다. 이런 보호자인 양하는 태도는 티베트에서는 잘 받아들여지지 않지요. 티베트에서 가장 큰 망명단체는 티베트청년당(Tibetan Youth Congress)인데, 그 구성원들은 대부분 인도에서 태어났습니다. 이들은 인도의 유구하며 용맹한 항쟁의 전통을 철저하게 흡수했으며, 델리·파리·뉴욕의 거리에서 큰 소리로 시위를 벌입니다. 그러나 그들은 자신들의 말을 티베트 본토에 투영할 방법이 없습니다.

중요한 영향을 미친 외부 요인 가운데 하나는 중국 당국 스스로가 만든 것입니다. 그들은 10대 판첸라마를 스스로 선택하는 정책을 고수함으로써 모든 사원들에 적대감을 심었습니다. 심지어 예전에는 정부를 지지했던 곳들까지 말입니다. 그리고 나서 당은 애국주의 교육을 주창하고, 비구와 라마승들에게 달라이 라마를 비난하라고 요구했습니다. 그 결과로 최고위 라마들 일부를 망명으로 내몬 것이었지요. 그중에는 카르마파(Karmapa)와 쿰붐 사원〔중국명으로 타얼쓰塔爾寺〕의 아르갸 린포체(Argya Rinpoche)가 있습니다. 과거에 사원은 종종 온건파이자 당의 중재자 역할을 했습니다. 1980년 독립 지지 시위는 라싸를 별로 벗어나지 못했는데, 그 이유는 라마승들이 명확한 태도를 취하지 않았고 또 그들이 추종자들을 말리는 데 영향력을 행사했기 때문입니다. 그러나 2008년에는 항쟁이 일어난 거의 모든 지역은 고위 라마승들이 떠난 곳들이었습니다. 칭하이와 쓰촨의 열성 신자들은 이들 라마승들이 인도에서 새로 세운 사원으로 끊임없이 몰려오고 있습니다. 그러나 이들 사원들은 홍콩·타이완·말레이시아·싱가포르의 중국인 티베트불교 신자들에게서 자금 대부분을 얻습니다. 만약 중국 당국이 음모를 지적하고자 한다면 그것은 서방이 아니라 '국민당의 음모'*라고 해야 할 것입니다.

그러나 외부에서 티베트인들에게 가장 큰 영향을 미친 것은 1991년 이래 미국의 소리(Voice of America)와 1996년부터 시작된 자유아시아방송(Radio Free Asia)의 티베트어 방송입니다. 그러나 이들도 은밀한 조직과는 거리가 멉니다. 이들은 단지 대안이 결핍되어 있는 사회에 뉴스 및 생각거리를 전해 줍니다. 티베트에는 독립적인 뉴스 매체가 없기 때문에 사람들은 자동적으로

---

*비유적인 표현으로 한때 중국이 문제가 있을 때마다 타이완 국민당의 음모라고 비난한 것을 빗댄 것.

정부에서 나온 들을거리 및 읽을거리를 상당히 의심하고 있습니다. 이들은 정보를 얻기 위해 미국의 소리나 자유아시아방송 등으로 관심을 돌리는 경향이 있습니다. 이 두 방송은 국외에서 달라이 라마가 하는 모든 말들, 인도 망명자들의 활동 등을 알려주어 티베트인들에게 상당히 국제적이며 정치적인 보도를 제공합니다. 이리하여 어떤 여론의 환경을 조성하는 데 도움을 주지요. 중국 정부는 전파를 방해하려고 하지만 사람들은 어떻게든 이것들을 듣습니다.

시짱 자치구에서 지금 압제의 정도는 어떻습니까?

지금 상황은 매우 좋지 않습니다. 시위에 관련된 사람들의 수가 많고 모든 계급을 망라하고 있기 때문에 정부는 사원과 같은 어떤 특정한 단체를 목표로 할 수 없습니다. 그들은 모든 사람들을 목표로 정해야 할 것 같습니다. 당국은 사회의 모든 수준에서 통제를 행사하려고 하고 있는데, 많은 이들이 문화대혁명을 떠올릴 정도입니다. 처벌을 받은 사람들은 구속된 사람들뿐만이 아닙니다. 정부는 초등 및 중등학교, 대학과 정부 관청 등에서 회의를 열어 모든 이에게 자아비판을 하게 합니다. 중국에 있는 티베트 대학생들도 마찬가지입니다. 티베트 사람들 모두가 이 정치 공세의 예봉을 정면으로 견디고 있습니다.

최근 티베트의 항쟁에 대해 반응한 중국의 민족주의 감정의 물결을 어떻게 특징지을 수 있을까요? 이것을 중국의 심리 상태의 중대한 전환점으로 볼 수 있을까요?

매우 흥미로운 문제입니다. 현재 인터넷과 해외에서 표출되는 중국의 민족주의는 기본적으로 중산층 현상입니다. 중국의 경제적인 성공의 수혜자들이 민족주의를 강하게 표출합니다. 이들은 국가의 국제적인 위상에 대한 자각이 가장 큽니다. 그들은 또한 외부 세계에서 일어나고 있는 일들을 알고 있습니다. 그들은 개혁이 그들에게는 올바른 방향으로 가고 있다고 생각하며, 중국의 경제적인 전진을 해치는 것은 무엇이든 우려합니다. 그러나 중국의 연해 지역과 내륙 지역은 엄청난 차이가 있습니다. 더 가난한 지역, 예컨대 간쑤나 칭하이 혹은 기타 지역에서 이런 식의 민족주의는 보이지 않음을 알 수 있습니다. 이곳 사람들은 현재 정책의 수혜자들이 아닙니다. 그러나 또, 5월 12일 원촨(汶川)에서 끔찍한 지진이 일어났을 때 불과 몇 주 전까지 수많은 사람들이 표출하던 중국에 대한 믿음은 산산이 부서지고 말았습니다. 왜 고급 호텔들과 민간 회사들은 무너지지 않았는데 학교는 무너지고 말았을까 하는 단순한 질문들이 제기된 것이지요. 토론이 심화되고 중국에 대한 새로운 질문들이 제기되고 있습니다.

티베트 항쟁 후에 발생한 민족주의 열풍이 정부에 의해 촉발된 것인가, 아니면 사회 안에서 자발적으로 발생했는가에 대해 중국 학자들 사이에 논쟁이 있습니다. 이것이 정부에 의해 조작되고 만들어졌다고 생각하는 사람들 쪽에는 강력한 논증이 있습니다. 분명히 국가가 관여했으니까요. 예를 들면 인터넷 토론방에 올라온 반대 의견들은 거의 실시간으로 삭제됩니다. 그리고 채팅방에서 이런 의견을 내는 사람들은 추방당합니다. 어떤 이들은 민족주의는 중국 내부에서 생긴 것이 아니라 외부, 즉 중국인 해외 유학생 사이에서 발생해서 중국으로 유입되었다고 주장합니다. 확실히 유럽이나 북아메리카에서 유학하는 학생들은 지금 중국의 변화에 대해 훨씬 신경을 많이 씁니다. 이들은 명백히 개혁의 수혜를 입었지요. 그들은 〔외부의〕 비판들이 정확하지 않고, 티베트는 어떤 의미에서 중국을 때리기 위한 수단으로 쓰였다고 생각합니다. 그들은 중국에서 비슷한 시위가 매일 일어나면서도 별로 주목을 받지 않는데 왜 서방의 언론들은 티베트에 그렇게 관심을 갖느냐고 항의합니다. 이 말은 어느 정도 맞습니다. 그러나 여전히 티베트 항쟁의 지리적인 범위는 전례가 없이 큽니다.

저는 또 중국 내부에 엄청난 다양성이 있다는 것을 지적하고 싶습니다. 중국은 외부에 보이는 것처럼 그렇게 동질적인 나라가 아닙니다. 왕리슝(王力雄)이 티베트의 불안에 관해 정부를 비난하고 대화를 촉구하며 돌린 청원서에는 300명 이상의 지식인이 서명을 했습니다.[1] 일련의 저작들에서 비슷한 글들이 실렸습니다. 일군의 중국 변호사들이 티베트인 구속자들을 변호하겠다고 선언했습니다. 이들은 그들의 생계를 담보한 것입니다. 정부는 변호사 면허를 갱신해주지 않겠다고 위협하고 있습니다. 이것들은 물론 매체들이 부각하지 않는 것들입니다. 애국주의 열정 속에서 많은 반대 목소리들이 묻혀버렸습니다.

베이징이나 다른 지방의 티베트인들이 공격을 받습니까?

중국 당국은 이런 일이 일어나지 않도록 실로 많은 주의를 기울였습니다. 대단한 반작용이 있을까 걱정을 했기 때문입니다. 베이징에는 5천 명 정도의 티베트인들이 있습니다. 그리고 베이징에 있는 저의 친척들에 의하면 그런 공격은 없었습니다.

다가오는 몇 달 동안, 그리고 또 장기적으로 티베트-중국의 관계는 어떻게 발전할 것 같습니까?

가까운 장래에 중국 지도부는 두 가지 문제에 직면하고 있습니다. 하나는 올림픽, 그리고 중국의 여론뿐만 아니라 국제 여론과 관련이 있습니다. 베이징은 자국 내에서 국제적인 비난 압력 때문에 약해지는, 즉 항의하는 티베트

---

1) *New York Review of Books* 2008년 5월 15일자에 "Twelve Suggestions for Dealing with the Tibetan Situation, by Some Chinese Intellectuals"이라는 제목으로 영문판이 발표됨.

인들 때문에 타협을 할 수밖에 없는 모습을 보일 수는 없습니다. 그래서 정부는 내부적으로든 전 세계적으로든 통합과 강대함의 인상을 제시할 필요가 있습니다. 둘째 문제는 후진타오 주석과 그의 수하들과 관련이 있습니다. 후진타오는 티베트의 서기를 지내면서 국가적인 인물로 부상했고, 1980년대의 불안 상황을 종식하고 티베트와 전체 서부 지역을 기타 중국과 잘 통합한 것으로 신뢰를 얻었습니다. 티베트는 후진타오의 리더십과 밀접한 관련이 있고, 그런 만큼 중국 공산당의 리더십과 밀접하게 연결되어 있습니다. 수많은 고위 인사가 티베트에서의 임무 수행을 통해 이름을 알렸고, 당의 최고위 인사들은 거의 모두 후진타오가 티베트에 재직할 당시의 수하들입니다. 현 베이징 시장 왕치산(王岐山)*은 그의 차관이었고, 공산주의청년단 전 단장(매우 중요한 관직으로 중국의 거의 모든 주석들이 어느 단계에서 거치는 자리)이며 현재 허베이성(河北省) 대리성장인 후춘화(胡春華)는 티베트에서 후진타오의 비서였습니다. 지금 이들의 성공은 비판을 받고 있으며 능력 있는 지도자로서 후진타오의 신뢰도는 의심을 받고 있습니다. 당내에서 후진타오가 그가 승진시킨 이들 일부를 해임함으로써 자신을 보전할지, 혹은 그의 전체 측근들이 공격을 받을지에 대한 논의들이 벌어지고 있습니다. 그러는 동안 원자바오(溫家寶) 총리는 외견상 일관되게 달라이 라마에 접근하는 언사들을 수없이 했습니다. 그러나 지금은 모든 것들이 올림픽에 집중되고 있습니다. 그때까지 정부는 아무것도 할 수 없습니다. 만약 정부가 올림픽 전에 어떤 행동을 취하더라도 이것은 의심과 불안정을 야기할 것입니다. 그래서 제가 보기에 그들은 올림픽이 끝나기 전까지는 어떤 중요한 변화도 행하지 않을 것 같습니다.

더 장기적으로 볼 때, 바로 중국 공산당이 영토적으로 중국을 통일하고 강하게 만들었다는 주장이 오늘날 중국 공산당의 정당성을 가장 강하게 떠받치고 있다는 사실을 이해해야 합니다. 중국인들에게 이것은 대단한 영향력이

---

* 이 대담이 있었던 당시에는 베이징 시장이었으나 2008년 3월에 부총리로 선출됨.

있습니다. 그래서 당은 티베트와 관련하여 주권 측면에서 어떤 양보도 할 수 없는 상황입니다. 왜냐하면 어떤 타협도 당의 정당성에 대한 호소력을 약화시킬 것이기 때문입니다. 이런 이유로 저는 올림픽 이전에 어떤 주요한 정책상의 변화를 보이리라 내다보지 않습니다.

만약 티베트인들이 요구를 자유롭게 분명히 표출할 수 있다면, 가장 핵심적인 요구 사항은 무엇일까요?

가장 큰 불만 중의 하나는 중국 당국이 티베트인의 정체성 표현을 무조건 분리주의와 동일시한다는 점입니다. 중국 정부는 만약 어떤 문화적 자치라도 허용하면, 이는 곧 분리 요구를 고취할 것이라고 생각하는 것 같습니다. 이것은 정부에서 완화해야 할 점입니다. 티베트에서는 신문과 잡지에서 음악의 보급에 이르기까지 모든 것들이 엄격한 감시를 받지만, 중국 전역에서 독립적인 출판사들은 늘어나고 있습니다. 티베트에서는 이런 농담이 있습니다. 달라이 라마는 '한 국가, 두 체제'를 원하지만, 지금 사람들이 원하는 것은 '한 국가, 한 체제'다, 즉 그들은 중국에 널리 퍼진 좀더 자유로운 정책이 티베트에도 적용되기를 바란다는 것이지요.

〔공원국 옮김〕

제3부
정치사상의 재구성

사르코지라는 이름이 뜻하는 것[†]
공산주의적 가설

알랭 바디우(Alain Badiou)

니콜라 사르코지의 승리 이후 프랑스의 시류 속에서는 우울함이 분명히 감지되었다. 예기치 않은 타격이 최악이라고 흔히들 말하지만 때로는 예상된 타격이, 예기치 않은 타격과는 다른 방식으로 사람들을 무기력하게 만들고 있음이 드러나기도 한다. 경마에서 예상마가 승리했을 때처럼, 처음부터 여론조사에서 앞서고 있던 후보가 선거에서 승리했을 때, 이상하게도 그 결과는 실망스러울 수 있다. 내기, 위험, 예외 혹은 단절에 대한 감각이 조금이라도 있는 사람이라면 차라리 승산이 없는 쪽이 우열을 뒤집는 것을 보고자 할 것이

[†] 이 논문은 *De quoi Sarkozy est-il le nom?*, *Circonstances*, 4 (Nouvelles Editions Lignes, Paris 2007)의 축약 편집본이다. 이 책의 영역본은 버소(Verso) 출판사에서 2008년 11월, *The Meaning of Sarkozy*라는 제목으로 출간되었다.

다. 그러나 대통령으로서의 사르코지라는 바로 그 사실 자체가 2007년 5월 이후 프랑스 좌파에 방향 감각을 잃을 정도의 타격을 가한 것처럼 보이지는 않는다. 문제는 다른 무엇, 여러 요소들이 복합적으로 뒤얽혀 형성하는 바로 그것이며, '사르코지'는 바로 이 요소들의 복합체에 붙여진 이름에 불과한 것이다. 그렇다면 '사르코지'라는 이름이 붙은 그 복합체를 어떻게 이해해야 할까?

첫 번째 요인은 선거 시스템 안에서는 어떠한 진정한 해방적 강령도 확실히 무력하다는 사실이 그 결과를 통해 확인된 방식이었다. 다시 말해 선택은 지진계와 같은 수동적인 방식으로 온전하게 기록되었지만, 그 과정은 그 성격상 반대 세력이 갖는 정치적 의지의 어떠한 구현도 배제하는 것이다. 2007년 5월 이후 좌파를 사로잡은 우울한 방향 상실의 두 번째 구성 요소는 저항할 수 없을 정도의 힘으로 한차례 몰아쳤던 역사적 향수였다. 제2차 세계대전 이후 프랑스에서 출현한 정치적 질서는, '좌파'와 '우파'라고 그 질서가 지칭한 명백한 지시 대상들과 함께, 또 독일의 강점, 레지스탕스, 해방으로 구성되는 대차대조표에 대해 그 질서가 보여주었던 합의, 그러니까 드골주의자와 공산주의*자들이 똑같이 공유했던 바로 그 합의와 함께 이제 붕괴되어버리고 말았다. 이것이 사르코지가 화려한 만찬을 열고 요트를 타며 휴가를 즐기는 이유이다. 달리 말해, 좌파는 이제 아무도 위협하지 않는다는 것이다. "부자

---

* 옮긴이는 이 글에서 문제 삼고 있는 communism을 '공산주의'로 옮기고자 한다. 최근 회자되고 있는 '코뮌주의'라는 번역은 그 단어 자체만 놓고 볼 때 상당한 타당성을 지닌 번역이다. 사실 공산주의라는 단어는 옛 소련을 비롯한 사회주의 나라들의 국가 이데올로기를 연상시키기 쉽기 때문에 '코뮌주의'라는 번역에 유혹을 느끼기도 한다. 그러나 오늘날 이 땅에서, '코뮌주의'라는 번역은 특정한 정치적 입장의 전유물이 되어버린 것도 사실이다. 그 입장이란 네그리가 대표하는 대안세계주의의 한국적 변종이다. 하지만 알랭 바디우의 입장은 어디까지나 보편성을 기반으로 하는 '이념'으로서의 유적 공산주의(generic communism)이기 때문에, 그들의 코뮌주의와는 그 궤를 달리한다. 주의 깊은 독자라면 바디우의 글 속에서 이를 충분히 발견할 수 있을 것이다. 또한 독자는 바디우가 말하는 '공산주의'가 옛 소련을 비롯한 현실 사회주의권의 공통된 국가 이데올로기로서의 공산주의와는 별 관계가 없다는 점에 유념해야 한다.

만세! 가난뱅이는 지옥으로!" 이해할 만한 일이지만, 이는 진지한 좌파들에게 호시절에 대한 향수를 불러일으킬 것이다. 프랑수아 미테랑, 샤를 드골, 조르주 마르셰, 심지어는 아무것도 하지 않는 것이 시스템을 고사시키는 가장 쉬운 방법이라는 것을 알았던 드골주의의 브레주네프인 자크 시라크조차도 이 향수에 포함된다.

사르코지는 이제 시라크가 통솔하던 드골주의의 송장 같은 형식을 마침내 끝장낸 것이다. 사회주의자들의 좌절은 2002년 대통령 선거에서 리오넬 조스팽의 패배에서 이미 예견되었다(그리고 2차 투표에서 시라크를 지지하는 파국적인 결정을 통해 더더욱 그러했다). 그러나 현재 사회당의 와해에서 문제가 되는 것은, 수년간에 걸쳐 분명하게 드러난, 사회당의 정치적 빈곤만이 아니다. 그것은 또한 현재의 득표율 문제로 한정할 수도 없다. 47퍼센트는 최근 성적보다 더 많이 나쁜 것도 아니다. 오히려 사르코지의 당선은 프랑스의 정치적 삶의 상징적 구조 전체에 타격을 입힌 것으로 여겨진다. 다시 말해 방향 설정(orientation)의 시스템 그 자체가 고배를 마신 것이다. 그것이 낳은 방향 상실의 중요한 징후는 사르코지 아래에서 관직을 차지하려고 몰려드는 구(舊)사회당 관료들의 숫자이다. 이들은 사르코지를 찬양하는 중도 좌파 여론주도자들이다. 상당수의 변절자들이 난파선을 버리고 도망쳤다. 물론 일차적 근거(underlying rationale)는 일당제의 원리이다. 기존의 자본주의적 질서, 시장경제 등의 논리를 모두가 받아들이는 이때, 왜 야당이라는 허구를 내세우는가?

오늘날 좌파의 방향 상실을 구성하는 세 번째 요소는 선거에서의 충돌 결과 자체에서 비롯되었다. 나는 사르코지와 세골렌 루아얄이 맞붙은 2007년의 대선을 두 가지 형태의 공포의 충돌로 특징지은 바 있다. 첫째는 자신들의 지위가 공격당할 수 있음에 놀란 이들, 즉 특권층이 느끼는 공포이다. 이는 프랑스에서 그 자체로 외국인, 노동자, 변두리 도시의 젊은이, 무슬림, 아프리카 흑인에 대한 공포로 드러난다. 본질적으로 보수적인 이 공포는 그가 장차 당신을 억압하고 가난하게 만드는 사람일지라도 어떤 보호자에 대한 열망을 만들어낸다. 물론 현재 이러한 모습이 구체화된 것은 과도하게 자극된 경찰 통치자인 사르코지를 통해서이다. 선거 기간 동안 이 공포는 자기규정적인 이질성에 대한 단호한 긍정이 아니라 이러한 공포에 대한 공포(fear of the fear)와 경쟁하였다. 이는 또한 사회당을 지지하는 프티 부르주아 유권자는 알지도 못하고 좋아하지도 않는 경찰 인사에 대한 공포였다. 공포에 대한 공포는 이차적이고 파생적인 정서이고, 감정 그 자체 너머에 있는 그 내용물은 거의 밝혀지지 않는다. 루아얄의 선거 캠프는 배제된 이들이나 피억압자들과의 어떤 동맹에 대한 구상도 없었다. 그 선거 캠프가 내다볼 수 있었던 최상의 것은 공포의 수상쩍은 이득을 수확하는 것이었다. 양 후보는 팔레스타인, 이란, 아프가니스탄과 레바논(프랑스 군대가 파병된 곳), 아프리카(프랑스의 군사 관리자들이 꽉 들어찬 곳)에 대해 철저한 합의를 이루고 있었고, 이러한 이슈에 대한 대안의 공적인 토론은 어떤 당의 일정에도 들어 있지 않았다.

첫 번째 공포와 '공포에 대한 공포' 사이의 충돌은 전자에 유리하게 굳어졌다. 본능적인 반사 작용이 여기서 작동하게 되는데, 이는 사르코지의 승리를 축하하기 위해 파티를 여는 이들의 표정에서 아주 명확히 드러났다. 선거 결과에 위축된 나머지 공포에 대한 공포에 사로잡힌 이들에게는 그에 대응하는 부정적인 반사 행동이 있었다. 바로 이것이 2007년의 우울한 방향 상실의 세 번째 구성 요소였다. 우리는 알튀세르가 '이데올로기적 국가장치'라고 불렀던 것의 역할을 과소평가해서는 안 된다. 이는 그러한 집단적 감정을 정식화하고 동원하는 데서 이제 텔레비전이나 라디오보다 더 정교한 역할을 하는 신문과 함께 그 역할이 점점 증가하고 있는 미디어를 통해 작동한다. 선거 과정 속에서 실재의 약화가 있어온 것처럼 보이며, 이는 반동적인 일차적 공포보다 이차적인 '공포에 대한 공포'와 연관하여 훨씬 더 진전된 양상을 드러낸다. 결국 우리는 실재적 상황에 반응하는 반면, '공포에 대한 공포'는 단지 이러한 반응/반동의 규모를 보고 겁에 질려 있다. 그러므로 이는 여전히 더욱 현실과 멀리 떨어져 있다. 이러한 입장의 공허함은 루아얄에 대한 공허한 찬양 속에서 그 자체로 완벽하게 나타난다.

선거주의와 국가

만약 우리가 정치의 정의를 '현재 지배질서에 의해 억압받는 새로운 가능성의 결과를 펼쳐내는 것을 목적으로 삼는, 일정한 원칙 아래 조직화된 집단적 행동'이라고 상정한다면, 우리는 선거의 동학이 본질적으로 비-정치적인 절차라고 결론지어야 할 것이다. 이는 투표에 참여하라는 강력한 형식적 명령과 부동층 사이의 심연에서 엿볼 수 있다. 그 부동층의 성격이 정치적 내지 이데올로기적 확신을 지니지 않는 것이 아니라 하더라도 말이다. 투표하는 것, 나의 공포에 형태를 부여하는 것은 좋다. 그러나 내가 누군가를 위해 표를 던지고 있는 것이 그 자체로 좋다는 것은 믿기 힘들다. 이는 선거 민주주의 시스템이 그 자체로 억압적이라는 말을 하고자 하는 것이 아니다. 오히려 이는 선거 과정이 국가적 형식, 자본주의적 의회주의의 형식에 편입되었고, 기존의 질서 유지에 적합하며, 따라서 보수적인 기능을 담당한다는 것을 말하고자 하는 것이다. 이는 한층 더한 무력감을 느끼게 만든다. 다시 말해 만약 평범한 시민이 투표하는 것 이외에 국가의 의사 결정을 관리할 그 어떤 수단도 갖지 못한다면, 어떤 길이 해방적 정치를 향해 열릴 수 있는지 알기는 힘들 것이기 때문이다.

만약 선거 메커니즘이 정치적 절차가 아니라 국가적 절차라면 그것은 무엇을 성취할 수 있는가? 2007년의 교훈들에 의거할 경우 나타날 수 있는 한 가지 결과는 공포, 그리고 '공포에 대한 공포' 양자 모두를 국가로 통합하는 것, 다시 말해 대중적 주체성의 요소들을 국가에 부과하고, 더 나아가 국가를 테러와 강제를 수행할 채비를 갖춘, 그 자체로 공포스러운 대상으로 합법화하는 것이다. 민주주의의 세계적 지평은 점점 더 전쟁에 의해 정의되기 때문이다. 서방은 전선(戰線)의 숫자를 늘리기에 바쁘다. 다시 말해, 엄청난 불균형을 함축하는 현 질서의 유지에는 불가피하게 군사적 요인이 뒤따를 수밖에 없다. 그렇게 부자와 가난한 자라는 세계의 이원성은 오로지 힘에 의해서만 유지될 수 있다. 이는 전쟁과 공포의 특수한 변증법을 만들어낸다. 우리 정부들은 그들이 자국에서 공포로부터 우리를 보호하기 위해 외국에서 전쟁을 수행한다고 설명한다. 만약 서방의 군대가 아프가니스탄과 체첸에서 테러리스트들을 추적해 잡지 않는다면, 그들이 버림받아 분개한 하층민을 조직하는 일이 본국에서 일어날 것이다.

전략적 신(新)페탱주의

프랑스에서 이러한 공포와 전쟁의 동맹은 고전적으로 페탱주의라는 이름으로 알려져왔다. 1940년과 1944년 사이 페탱주의의 광범위한 성공의 원인인 페탱주의의 대중 이데올로기는 제1차 세계대전을 통해 초래된 공포 위에 여전히 부분적으로 남아 있었다. 즉 앙리 페탱 장군은 전쟁을 피함으로써 제2차 세계대전의 파국적인 결과로부터 프랑스를 보호하고자 하였다. 페탱 자신의 말에 따르면, 패배보다 전쟁을 더 두려워하는 것이 필요했다. 프랑스인의 대다수는 합의에 의거한 패배가 주는 상대적 평온함을 받아들였으며, 또 전쟁 동안 그들 대부분은 러시아인들 또는 심지어 영국인들과 비교할 경우 아주 편안하다고 할 만한 상태로 지냈다. 오늘날의 유사한 기획은 프랑스가 단순히 미국이 주도하는 세계 모형의 법을 받아들이는 것이 필요하고 그러면 모든 것이 잘될 것이라는 믿음에 기초한다. 다시 말해 프랑스는 전쟁과 전 지구적인 불균형의 파국적인 결과로부터 보호받을 것이라는 말이다. 대중 이데올로기로서의 이러한 신(新)페탱주의의 형태는 실제로 오늘날 두 당에서 모두 선전하고 있는 것이다. 다음에서 나는 그것이 '사르코지'라는 이름으로 알려진 방향 상실을 이해하기 위한 핵심적인 분석적 요소라고 주장할 것이다. 그 이름을 그것의 종합적인 차원에서, 그것의 역사성과 명료함 속에서 파악하는 것은 우리에게 내가 그것의 페탱주의적 '초월자'(transcendentals)라고 부르는 것으로 돌아가기를 요구한다.[1]

물론 나는 오늘날의 정황이 1940년의 패배와 유사하다거나, 사르코지가 페탱과 유사하다는 말을 하고 있는 것이 아니다. 요점은 좀더 형식적인 것이다. 말하자면 사르코지라는 이름으로 알려진 것의 무의식적이고 민족사적인 뿌리는 이 페탱주의적 짜임(configuration) 속에서 발견되어야 한다. 그 짜임 속에서 방향 상실 자체는 국가수반으로부터 일어나고 역사적인 전환점으로서 현시된다. 이 모체는 프랑스 역사 속에서 순환적인 패턴이었다. 그것은 1818년의 왕정복고기로 거슬러 올라간다. 그때 망명 왕당파와 기회주의자들의 열성적인 지지를 받던 혁명 후 정부가 외국인 수하물 열차를 통해 송환되었고, 기진맥진한 시민들의 동의로 그 정부는 공공의 도덕성과 질서를 회복할 것임을 선언하였다. 1940년에 있었던 또 한 번의 군사적 패배는 국가 행위의 진정한 내용이 그 방향을 잃게 하는 역전을 위한 배경의 역할을 했다. 그렇게 비시(Vichy) 정부는 끊임없이 '민족'에 대해 이야기했지만, 그것은 독일의 점령하에 수립되었던 것이다. 과두정치가 중 가장 타락한 자가 도덕적 위기에서 벗어날 수 있도록 국가를 이끌게 된 것이다. 사유 재산에 봉사하는 늙은 장군이었던 페탱 자신은 민족 재생의 구현체이고자 했다.

이러한 신페탱주의적 전통의 수많은 양상들은 오늘날 명백하다. 전형적으로 굴복과 노예근성은 창안과 갱생으로 표시된다. 이런 것들이 사르코지의 선거운동에서 나타난 중심 테마였다. 뇌이(Neuilly) 시장〔사르코지를 지칭〕은 프랑스 경제를 바꿔놓을 것이고, 나라를 노동하도록 되돌려놓을 것이라는 것

---

1) 세계 안에서 다자성의 출현 질서를 지배하는 초월자 개념의 완전한 발전과 그것의 기능에 대해서는 나의 책 *Logiques des mondes*(Paris, 2006) 참조.

이었다. 물론 그 현실적 내용물은 국가적 쇄신의 이름으로 고급 금융의 요구에 끊임없이 복종하는 정치이다. 그 두 번째 특징은 재생의 이름으로 취해지는 억압적 조치를 정당화하는 타락과 '도덕적 위기'이다. 흔히 그런 것처럼 정치를 대신해서, 그리고 대중적 동원에 대항해서 도덕성이란 것이 환기된다. 근면, 훈육, 가족과 같은 미덕들에 대한 호소가 일어나는 것이다. '공로에는 포상이 뒤따라야 한다.' 이러한 도덕에 의한 정치의 전형적인 전치〔도덕으로 정치를 대체하는 것〕는 1970년대의 '신철학자들' 이후 역사적 심판을 '도덕화'하려 애썼던 모든 사람들에 의해 준비되어왔다. 그 목적은 실제로 정치적이다. 말하자면 국가적 쇠퇴는 자본의 고위 관리들과 아무 관계가 없는 것이고 그것은 나쁜 의도를 가진 일부 분자들 — 오늘날에는 외국인 노동자와 변두리 도시의 젊은이들 — 의 잘못이라고 주장하는 것이다.

신페탱주의의 세 번째 특징은 외국의 경험의 예증적 기능이다. 교정의 예는 항상 외국으로부터, 그들의 도덕적 위기를 오래도록 극복해온 나라들로부터 온다. 페탱에게 두드러진 예는 무솔리니의 이탈리아, 히틀러의 독일, 프랑코의 스페인이다. 〔말하자면 페탱에게〕 그들은 자신의 나라를 일으켜 세운 지도자들인 것이다. 정치적 미학은 모방의 미학이다. 이는 플라톤의 데미우르고스처럼, 국가는 외국의 모델에 주목하여 사회를 고안해야 한다는 것을 의미한다. 물론 오늘날, 그 예들은 부시의 미국과 블레어의 영국이다.

네 번째 특징은 현행 위기의 근원이 과거의 파국적인 사건에 있다는 관념이다. 1815년 왕정복고라는 최초의 페탱주의에게 이것은 물론 프랑스 혁명과 왕의 처형이다. 1940년의 페탱 자신에게 그것은 인민전선과 레옹 블룸(Léon Blum) 정부, 그리고 무엇보다도 1936년의 대파업과 공장 점거이다. 유산계급은 이러한 무질서가 일으키는 공포보다 독일의 강점을 훨씬 더 선호하였다. 사르코지에게 40년 전에 있었던 1968년 5월의 악(惡)은 현재의 '가치의 위기'의 원인으로 거론된다. 신페탱주의는 일반적으로, 부정적인 사건을 노동계급 또는 대중적 구조에 연계하고, 긍정적인 사건을 부정적 사건의 해결책인 군사 구조 또는 국가 구조에 연계하는, 역사에 대한 편리하고 단순한 해석을 제시한다. 1968년과 2007년 사이에 그려지는 궤적은 이렇게 해서 사르코지 정부를 위한 합법성의 근원으로서, 다시 말해 역사적 행위자, 그러니까 최초의 파괴적인 사건의 결과로 요구되는 수정에 마침내 착수하게 될 그런 역사적 행위자로서 제공될 수 있게 된다. 그 정부는 최초의 해로운 사건에 뒤이어 요구되는 교정에 마침내 착수할 역사적인 행위자이다. 마지막으로 인종주의라는 요소가 있다. 페탱 아래서 이는 엄연히 명백했다. "우리는 열등 인종이 아니다." 이는 '다른 인종들과는 다르다'는 것을 함축한다. "진정한 프랑스인은 자기 나라의 행위들이 갖는 합법성에 대해 의심할 필요가 없다." 알제리를 비롯한 그 밖의 곳에서 한 행위들이 그러하다. 이러한 기준에 비추어, 우리는 결국 이렇게 지적할 수 있다. '사르코지'라는 이름으로 알려진 방향 상실은 페탱주의적 초월자의 최신의 발현으로서 분석될 법하다.

유령

첫눈에도 그의 '재생' 과정이 목표로 삼는 나라의 도덕적 위기에 대한 해결책을 1968년 5월을 단호하게 버리는 데서 찾는 새 대통령의 고집에는 이상한 점이 있는 것처럼 보인다. 우리 대부분이 그것은 어쨌든 오래전에 지나갔다는 인상을 받았다. 1968년 5월의 이름 아래 이 체제는 무엇에 시달리고 있는가? 우리는 단지 그것이 공산주의의 마지막 실제적 발현 중 하나〔68년 5월〕에 깃들어 있는 '공산주의의 유령'이라고 추측할 수 있을 뿐이다. (그 특유의 의인법을 제시하며) 사르코지는 다음과 같이 말할 것이다. "우리는 무엇에 조금이라도 시달리는 것을 거부한다. 경험적인 공산주의가 사라진 것으로는 충분하지 않다. 우리는 그것의 모든 가능한 형태들을 떨쳐버리기를 원한다. 우리의 패배의 유적 이름인 공산주의의 가설조차도 입에 담을 수 없는 것이 되어야 한다."

공산주의적 가설이란 무엇인가? 그 가설의 정전(正典)인 『공산주의자 선언』에서 주어진 일반적 의미에서 '공산주의적'이라는 말은 우선 계급의 논리―노동의 지배계급에의 근본적 종속, 고대 이래로 지속되어온 합의―는 불가피하지 않고 극복될 수 있다는 것을 의미한다. 공산주의적 가설은 다른 집단적 조직이 실천 가능하다는 것이고, 부(富)의 불평등 그리고 심지어는 노동 분업을 제거하리라는 것이다. 〔이 가설에 의하면〕 거대한 재산의 사적 소유와 상속에 의한 그 재산의 양도는 사라질 것이다. 시민사회와 분리된 강제적 국가의 존재는 더는 필연성으로 인식되지 않을 것이다. 다시 말해 생산자들의 자유로운 연합에 근거한 장기에 걸친 재조직 과정은 국가를 소멸시킬 것이다.

'공산주의'는 그 자체로 바로 이러한 지적 표상의 일반적 집합만을 나타낸다. 그것은 강령이라기보다는 오히려 칸트가 규제 기능을 가진 이념이라 불렀던 것이다. 그러한 공산주의적 원칙들을 유토피아적이라고 부르는 것은 바보 같은 일이다. 내가 여기에서 정의해왔던 의미에 따를 경우 그러한 공산주의적 원칙들은 항상 다른 형태로 실연되는, 지적 패턴들이다. 평등의 순수 이념으로서의 공산주의적 가설은 확실히 국가의 성립 이래로 존재해왔다. 집단 행동이 평등적 정의의 이름으로 국가의 강제에 대항하자마자, 이 가설의 흔적들 또는 파편들이 출현하기 시작한다. 대중의 반역―스파르타쿠스가 이끈 노예들〔의 반역〕, 토마스 뮌처가 이끈 농민들〔의 반역〕―은 이러한 '공산주의의 불변항'의 실천적인 예증으로 확인되는 것인지도 모른다. 그 후 프랑스혁명과 더불어 공산주의적 가설은 정치적 근대성의 시대를 열었다.

남아 있는 것은 이제 공산주의적 가설의 역사 속에서 우리가 어느 지점에 위치하는지 규정하는 것이다. 근대적 시대의 프레스코 벽화는 공산주의적 가설의 발전 속에서 두 개의 커다란 시퀀스를 보여주는데, 그 둘 사이에는 40년의 간격이 있다. 첫째는 공산주의적 가설이 자리를 잡는 시퀀스이고, 둘째는 그 가설의 실현으로 향하는 예비적 시도의 시퀀스이다. 첫 번째 시퀀스는 프랑스 혁명에서 파리 코뮌까지 계속된다. 이를테면 그것은 1792년부터 1871년까지의 시기이다. 이 시퀀스는 기존 질서의 반역적 전복을 통하여 집단적 대중운동을 권력의 점유와 연결한다. 이 혁명은 사회의 낡은 형태를 파괴하고, '평등한 이들의 공동체'를 안착시킬 것이다. 이 시기 동안 도시 거주자들이나 장인, 학생으로 구성된 대중운동, 구체적 형식을 갖추지 않은 대중운동은 점차 노동계급의 지휘 아래 놓이게 된다. 이 시퀀스는 파리 코뮌의 인상적인 새로움—그리고 근본적인 패배—속에서 절정에 달하였는데, 그 이유는 코뮌이 대중운동과 노동계급의 지도력 그리고 무장봉기의 조합이 갖는 놀랄 만한 에너지와 그 한계들을 모두 증명했기 때문이다. 다시 말해, 코뮌 전사들은 전국적인 기반 위에서 혁명을 성립시키지도 못했고, 외국을 등에 업은 반혁명 세력에 대항하여 혁명을 방어하지도 못했던 것이다.

공산주의적 가설의 두 번째 시퀀스는 1917년에서 1976년까지 계속된다. 이는 볼셰비키 혁명에서 출발하여 문화대혁명의 종언, 그리고 1966년에서 1975년 사이에 전 세계적으로 고양되었던 투쟁의 종언까지의 기간을 의미한다. 이 시퀀스에서는 다음과 같은 문제가 지배적이다. 어떻게 승리할 것인가? [무너져버린] 파리 코뮌과는 달리 유산계급의 무장한 반혁명에 대항하여 어떻게 [혁명을] 유지할 것인가? 적들의 맹공세에 대항하여 혁명을 보호하기 위하여 어떻게 새로운 권력을 조직할 것인가? 공산주의적 가설을 정식화하고 시험하는 것은 이제 더는 문제가 아니다. 문제는 그것을 실현하는 것에 있었다. 19세기가 꿈꿔왔던 것을 20세기가 성취할 것이다. 조직의 문제에 집중한 승리에의 강박은 공산당의 '철의 규율'에서 자신의 주요한 표현을 발견했다. 이는 공산주의적 가설의 두 번째 시퀀스의 특징적인 구성이다. 당은 첫 번째 시퀀스로부터 물려받은 문제를 효과적으로 해결했다. 러시아, 중국, 체코슬로바키아, 북한, 베트남, 쿠바 등지에서, 봉기 또는 장기에 걸친 인민 전쟁을 통하여 혁명은 이루어졌고, 새로운 질서를 수립하는 데 성공했다.

그러나 두 번째 시퀀스는 그와 더불어 그 이상의 문제를 만들어냈다. 그 문제는 이 시퀀스가 첫 번째 시퀀스의 문제에 대한 해답 속에서 발전시켰던 방법을 사용하여 해결할 수 없는 것이었다. 당은 약화된 반동적 체제의 전복에 어울리는 것이었다. 하지만 당은 마르크스가 염두에 두었던 의미에서의 '프롤레타리아 독재'의 건설에는 부적합한 것으로 판명되었다. 그것은 비-국가로의 이행을 조직하는 임시적인 국가이다. 즉 이는 국가의 변증법적 '소멸'이다. 그 대신에 당-국가는 새로운 형태의 권위주의로 발전하였다. 이 체제 중 몇몇은 교육, 공공 의료(public health), 노동의 가치 부여(valorization of labor) 등에서 실질적 진보를 이루어냈고, 제국주의 열강들의 오만함에 대해 국제적인 압박을 가했다. 그러나 본질적으로 국가주의적 원칙은 결국에는 무능하고 타락한 것으로 판명되었다. 경찰 권력은 '사회주의' 국가를 내적인 관료주의적 타성으로부터 구해낼 수 없었다. 그리고 50년 이내에 그 국가가 자본주의의 적들에 의해 부과된 잔인한 경쟁에서 전혀 이기지 못할 것이라는 것은 명백했다. 두 번째 시퀀스의 마지막 대격동—문화대혁명과 가장 광범위한 의미에서의 1968년 5월—은 당의 부적절성(inadequacy)을 다루려는 시도들로 이해할 수 있다.

간주곡(interludes)

첫 번째 시퀀스의 끝과 두 번째 시퀀스의 시작 사이에는 40년의 간격이 있다. 그 기간 동안 공산주의적 가설은 지지될 수 없는 것으로 선언되었다. 1871년부터 1914년까지 수십 년 동안 세계 전역에 걸쳐 제국주의의 승리가 목격되었다. 1970년대에 두 번째 시퀀스가 끝난 이래 우리는 한 번 더 욱일승천하는 적과 함께 또 다른 휴지기 속에 있다. 이러한 정황들 속에서 문제가 되는 것은 공산주의적 가설의 새로운 시퀀스가 종국에 가서는 열리게 될 것이라는 점이다. 그러나 이것은 두 번째 시퀀스의 연속이 아닐 것이고 그럴 수도 없다는 것은 명백하다. 마르크스주의, 노동운동, 대중민주주의, 레닌주의, 프롤레타리아 정당, 사회주의 국가 등 모든 20세기의 창안들은 실제로 이제 더는 우리에게 유용하지 않다. 이론적인 수준에서 그것들은 확실히 그 이상의 연구와 숙고의 가치가 있다. 그러나 실천적 정치의 수준에서 그것들은 쓸모없게 되어버렸다. 두 번째 시퀀스는 끝났고, 그것을 복원하려 시도하는 것은 무의미하다.

이러한 지점에서는, 즉 적에 의해 지배되는 휴지기 동안, 그리고 새로운 실험이 단단히 제한되어 있을 때, 세 번째 시퀀스의 특징이 무엇인지 확실하게 말하는 것은 불가능하다. 그러나 일반적인 방향은 식별 가능한 것으로 보인다. 그것은 정치적 운동과 이데올로기적 층위 사이의 새로운 관계를 반드시 수반할 것이다. 이는 '문화혁명'이라는 표현 또는 1968년 5월에 '정신의 혁명'이라는 관념에서 예시되었던 것이다. 우리는 첫 번째 시퀀스에서 나온 이론적이고 역사적인 교훈과 두 번째 시퀀스에서 나온 승리의 중심적 역할을 여전히 보유할 것이다. 그러나 해결책은 네그리와 대안세계주의자들이 믿는 것과 같은 다중 지성에 의해 고취된 형태 없는 대중운동 또는 여러 형태의 대중운동도 아니고 몇몇 트로츠키주의자들과 마오주의자들이 희망하는 것과 같은 일신되고 민주화된 대중적 공산당도 아니다. 운동(19세기)과 당(20세기)은 공산주의적 가설의 특수한 양식이었다. 그것으로 돌아가는 것은 이제 가능하지 않다. 그 대신에 '사회주의' 국가들의 부정적 경험 이후, 그리고 문화대혁명과 1968년 5월이 양가적인 교훈을 제공한 이후, 공산주의적 가설을 또 다른 양식으로 존재하게 하는 것, 다시 말해 정치적 경험의 새로운 형태들 속에서 공산주의적 가설이 나타날 수 있도록 돕는 것이 우리의 과제가 되었다. 이것이 우리의 작업이 아주 복잡하고 아주 실험적인 이유이다. 우리는 그 가설의 방법을 그저 개선하는 것에 초점을 맞추기보다는 그 존재 조건에 초점을 맞추어야 한다. 우리는 공산주의적 가설 ─ 노동이 지배계급에 종속되는 것은 불가피하지 않다는 명제 ─ 을 이데올로기적 공간 속에 다시 설치할 필요가 있다.

이는 무엇을 수반하는가? 실험적으로 우리는 지배질서의 시간성 밖에 있는, 그리고 라캉이 일찍이 '부(富)의 봉사'라고 불렀던 것의 밖에 있는 한 지점을 찾는 것에 대해 생각해볼 수 있을지 모른다. 이와 같은 지점은, 그것이 라캉이 말한 부의 봉사와 같은 것에 형식적으로 반대되는 위치를 점유하는 한, 보편적 진리의 규율을 제공하는 것이 된다. 그러한 것은 다음과 같은 선언일지도 모른다. '오로지 하나의 세계가 있다.' 이것은 무엇을 의미하는 것인가? 물론 현대의 자본주의는 전 지구적인 질서를 창조하였다고 호언한다. 그 적수들 역시 '대안세계화'를 말한다. 본질적으로 그들은 정치의 정의를 있는 그대로의 세계에서 우리가 있기를 바라는 세계로 옮겨놓는 실천적인 수단으로 제안한다. 인간 주체의 단 하나의 세계란 실존하는가? 세계화의 '하나의 세계'는 다만 사물, 즉 팔기 위한 대상 중의 하나이고 화폐적 기호일 뿐이다. 마르크스에 의해 예견된 세계시장이 바로 그것이다. 인구의 압도적인 다수에게 이 세계로의 접근은 제한되어왔다. 그들은 종종 말 그대로 내쫓긴 상태에 있는 것이다.

베를린 장벽의 붕괴는 자유와 민주주의의 단 하나의 세계의 도래를 알리기로 되어 있었다. 20년 후 세계의 벽이 옮겨진 것은 명백하다. 즉 동방과 서방을 분리하는 대신, 그 벽은 이제 북방의 자본주의 부국과 가난하고 황폐해진 남방을 분리한다. 새로운 벽은 세계 도처에서 세워지고 있다. 팔레스타인과 이스라엘 사이에서, 멕시코와 미국 사이에서, 아프리카와 스페인 영토 사이에서, 부자의 만족과 가난한 자의 욕망 사이에서. 그 가난한 사람들이 마을의 농민이든지 빈민가, 교외 지역, 거주단지, 노동자 기숙사, 불법 점거 가옥, 판자촌 등에 사는 도시 거주자이든지 간에 말이다. 자본에 의해 통합된 것으로 가정되는 세계의 대가는 경찰견과 관료적 통제, [불법 이민을 막기 위한] 해군의 감시 순찰과 철조망 그리고 추방 등에 의해 분리된 지역들을 관통하는 인간 존재의 냉엄한 분할이다. '이민 문제'란 실제로 다른 나라 출신의 노동자들이 직면하게 되는 조건들이, 인간적인 용어로 말해, 세계화가 함축하는 '통합된 세계'가 위선임을 보여주는 살아 있는 증거를 제공한다는 바로 그 사실이다.

수행적 통일성

그렇다면 정치적인 문제는 역전되어야 한다. 우리는 세계의 실존에 대한 분석적인 동의로부터 출발하여 그것의 특성에 관한 규범적 행위로 나아갈 수는 없다. 의견의 불일치는 [세계의] 성질에 대한 것이 아니라 존재에 관한 것이다. 세계를 둘로 가르는—'서구'(The West)라는 바로 그 단어에 의해 명명된 분리—인공적이고 살인적인 세계의 분열에 직면하여, 우리는 반드시 출발점부터 줄곧 공리(axiom)와 원칙(principle)으로서 단일한 세계의 존재를 단언해야만 한다. '오직 하나의 세계가 있다'는 간단한 문장은 객관적인 결론이 아니다. 그것은 수행적(performative)이다. 다시 말해 우리는 이것이 우리에게 세계가 존재하는 방식이라고 결정하고 있는 것이다. 이러한 점에 충실하다면 이제 문제는 이와 같은 단순한 선언으로부터 비롯되는 결과들을 분명하게 설명하는 것이다.

첫 번째 결과는 모두가 나 자신과 마찬가지로 같은 세계에 속한다는 인식이다. 내가 식당 주방에서 본 아프리카 노동자, 내가 도로에서 본 땅을 파는 모로코인, 공원에서 아이들을 돌보고 있는 베일 쓴 여성 등이 그들이다. 지금 여기에서 살아가고 행동하는 존재들이라는 관점에서 통일성을 만들어내기 위해 우리가 대상과 기호를 통해 통합된 세계의 지배적 관념을 뒤집어야 하는 지점은 바로 그곳이다. 언어, 의복, 종교, 음식, 교육 등에서 나와 다른 이 사람들은 정확하게 나 자신이 존재하는 것과 똑같이 존재한다. 그들이 나와 마찬가지로 존재하기 때문에, 나는 그들과 토론할 수 있다. 그리고 다른 사람들과 마찬가지로 우리는 여러 사물에 대해서 의견을 같이할 수도, 달리할 수도 있다. 그러나 그것은 그들과 내가 같은 세계에 존재한다는 전제조건(precondition)

에서 그러하다.

 이 점에서 문화적 차이에 관한 반대 의견이 제기될 것이다. 그 의견은 다음과 같은 것이다. '우리의' 세계는 '우리의' 가치, 즉 민주주의와 여성의 존중, 인권을 받아들이는 사람들로 구성되어 있다. 이것에 반하는 문화를 가진 이들은 진정 같은 세계의 일부가 아니다. 만약 그들이 우리의 세계에 속하기를 원한다면, 그들은 우리의 가치를 함께해야 한다. 즉 그들은 '통합'되어야 한다. 사르코지는 그것을 다음과 같이 말한다. "만약 외국인들이 프랑스에 남기를 원한다면, 그들은 프랑스를 사랑해야 한다. 그렇지 않다면, 그들은 떠나야 한다." 그러나 조건을 다는 것은 이미 '살아 있는 남녀들의 오직 하나의 세계가 있다'는 원칙을 포기해버린 것이다. 아마도 우리는 각국의 법률을 고려할 필요가 있을지도 모른다. 그렇기는 하다. 그러나 법률은 세계에 속하는 것을 위한 전제조건을 세우지는 않는다. 그것은 단순히 단 하나의 세계의 특정한 지역에 존재하는 잠정적인 규칙이다. 그리고 아무에게도 그 법률을 사랑하라고 요구하지 않는다. 단지 그것에 복종하라고 요구할 뿐이다. 살아 있는 남녀들의 단 하나의 세계는 아마도 여러 법들을 가지고 있을 것이다. 그 세계가 가질 수 없는 것은 그 세계 안에서의 존재를 위한 주체적이거나 '문화적인' 전제조건, 즉 당신은 다른 모든 사람과 같아야 한다는 요구이다. 단 하나의 세계는 정확하게 차이들의 무제한적인 집합이 존재하는 장소이다. 철학적으로, 말하자면 세계의 통일성에 대해 의심을 던지기는커녕, 이러한 차이들은 그 통일성의 존재 원리이다.

 그렇다면 이러한 무제한의 차이들을 지배하는 어떤 것이 있느냐는 질문이 떠오른다. 오로지 하나의 세계가 있을지 모른다. 그렇지만 그것은 프랑스인이거나, 프랑스에 살고 있는 모로코인들이거나, 기독교 전통의 나라에 사는 무슬림이라는 것이 아무것도 의미하지 않는다는 것인가? 아니면 우리는 그러한 정체성의 지속을 하나의 장애물로 보아야 하는가? '정체성'(identity)의 가장 단순한 정의는 개인이나 집단을 '자기 자신'으로 인지하게 하는 일련의 특징과 속성들이다. 그러나 이 '자기 자신'이란 무엇인가? 그것은 정체성의 모든 특징적 속성들에 걸쳐 어느 정도 불변적으로 남아 있는 것이다. 그러면 정체성은 불변성을 지지하는 속성의 총체라고 말하는 것이 가능하다. 예를 들어, 예술가의 정체성은 그 또는 그녀의 스타일의 불변성을 인지할 수 있게 하는 것이다. 또 동성애적 정체성은 가능한 욕망 대상의 불변성과 밀접한 관계가 있는 모든 것들로 구성되어 있다. 한 나라에서 외국인 공동체의 정체성은 이 공동체에의 소속을 확인할 수 있는 것인데, 이는 언어·제스처·복식·식습관 같은 것이다.

불변항에 의해 이러한 방식으로 정의된 정체성은 이중적으로 차이와 관련된다. 한편으로 정체성은 나머지와 다른 것이다. 다른 한편으로, 그것은 다르게 되지 않는 것, 불변하는 것이다. 정체성의 확인(affirmation)에는 게다가 두 가지 측면[양상]이 있다. 첫 번째 형태는 부정적이다. 그것은 나는 다른 이가 아니라고 필사적으로 주장하는 것으로 이루어진다. 이것은 예를 들면 통합에 대한 권위주의의 요구에 직면할 때 필수 불가결한 경우가 많다. 모로코 노동자는 그의 전통과 관습이 유럽 소부르주아의 전통과 관습이 아니라는 것을 강력하게 주장할 것이다. 그는 심지어 그의 종교적이고 관습적인 정체성의 특징을 오히려 강화하기조차 할 것이다. 둘째는, 새로운 상황 속에서 정체성의 내재적 발전을 성취하려는 것과 관련된다. '본래의 너 자신이 되라'는 니체의 유명한 격언이 말해주는 것처럼 말이다. 그 모로코인 노동자는 사회적으로건 가족 내에서건 그의 개인적인 정체성을 만들어내는 것을 포기하지 않는다. 오히려 그는 점점 이 모든 것을 창조적인 방식으로 그가 점유하는 장소에 부합하도록 바꾼다. 이렇게 해서 그는 자기 자신을, 그러니까 파리에 있는 모로코 노동자라는 자신의 정체성을 창안하게 된다. 어떤 내적인 단절을 통해서가 아니라 정체성의 확장에 의해서 말이다.

'오직 하나의 세계가 있다'는 공리의 정치적인 결과는 정체성 내에 보편적인 것을 통합하도록 작동할 것이다. 그러한 국지적인 실험의 사례로 최근 파리에서 열린 회합을 들 수 있다. 여기서 신분 증명서가 없는 노동자들과 프랑스 국민들은 탄압법과 경찰 검거, 추방의 폐지를 요구하기 위해, 단지 외국인 노동자들을 그들의 현존에 걸맞게 인정하기를 요구하기 위해, 그들은 누구도 불법적이지 않다는 것을 요구하기 위해 모였다. 이것들은 기본적으로 동일한 실존적 상황에 있는 사람들에게, 다시 말해 같은 세계의 사람들에게는 아주 자연스러운 요구들이다.

시간과 용기

"그렇게 큰 역경 속에서, 당신에게 남은 것은 무엇입니까?" 코르네유의 메데이아에게 그녀의 절친한 친구가 질문했다. "나 자신! 그래, 나 자신, 그리고 그것으로 충분해"라고 그녀는 답한다. 메데이아가 간직한 것은 그녀 자신의 운명을 결정하는 용기이다. 그리고 용기는 바로 우리 시대의 방향 상실과 맞서는 주된 덕목이라고 나는 말하려 한다. 라캉 역시 우울성 무력증(depressive debility)에 대한 분석적인 치료에 대해 토론하면서 이 문제를 제기했다. 분석적 치료가 플라톤의 대화 모델에서의 용기와 정의에 대한 중요한 변증법적 토론으로 끝나서는 안 되는 것이냐고 말이다. 그 유명한 「용기에 대한 대화편」(Dialogue on Courage)〔인 『라케스』〕에서 라케스 장군은 소크라테스의 질문에 답한다. "용기는 내가 적을 보았을 때 그에게로 달려가 그와의 싸움에 뛰어드는 것입니다." 소크라테스는 물론 이 답에 특별히 만족하지 않고, 부드럽게 장군을 책망한다. "그것은 용기의 좋은 예(例)이군. 하지만 예는 정의(定義)가 아니라네." 라케스 장군과 같은 똑같은 위험을 무릅쓰고, 나는 용기에 대한 나의 정의를 내릴 것이다.

첫째, 나는 덕목으로서 용기의 지위를 유지하려 한다. 그것은 타고난 성향이 아니라, 자기 스스로를 구성하는, 또 우리가 실제로 구성하는 어떤 것이다.

그러므로 용기는 불가능 속에서 인내를 통해서 그 자신으로 나타나는 덕목이다. 이는 단순히 불가능과의 순간적 만남의 문제가 아니다. 불가능과의 순간적 만남이란, 용기가 아니라 영웅주의일 것이다. 영웅주의는 늘 미덕이 아닌 자세로, 다시 말해 누군가가 불가능과 마주하기 위해 돌아서는 순간으로서 재현되어왔다. 용기라는 덕목은 불가능 속에서 인내를 통해 그 자체를 구성한다. 그리고 시간은 그것의 원재료이다. 용기를 갖는 것은 세계의 법칙이 부과하는 것과는 다른 지속(durée)에 의해 작동하는 것이다. 우리가 찾고 있는 시점(point)은 또 다른 시간의 질서와 연결할 수 있는 시점이어야 한다. 그렇게 많은 사회주의 정당 추종자들이 그래왔듯이 지배질서가 우리에게 할당하는 시간성 속에 갇힌 사람들은 항상 소리치곤 한다. "시라크 치하에서 12년을 보내고, 지금 우리는 또 다른 선거가 돌아오기를 기다려야 해. 그럼 17년, 그리고 아마도 22년, 평생 동안일지도 몰라!" 그들은 최상의 경우, 방향 감각을 상실한 채 우울함에 빠지게 될 것이고, 최악의 경우 변절자가 되어버리고 말 것이다.

   많은 점에서 우리는 오늘날 20세기 혁명의 역사보다는 19세기의 문제들에 더 가까이 있다. 광범위하게 다양한 19세기의 현상들이 재연되고 있다. 광대한 빈곤 지역, 불평등의 확대, '부의 봉사'로 해소되는 정치, 광범위한 계층의 젊은이들의 허무주의, 많은 지식인들의 굴종(servility) 그리고 공산주의적 가설을 표현하는 방법을 찾는 몇몇 집단들의 비좁고 포위된 실험주의…… 19세기와 마찬가지로, 오늘날 문제가 되는 것은 가설의 승리가 아니라 그 가설의 존재조건인 것은 아마도 그러한 이유에서이다. 이것이 오늘날 우세한 반동적인 간주곡 동안의 우리 과제이다. 즉 항상 그 성격상 전 지구적이거나 보편적인 사유 과정들과 항상 국지적이거나 단독적이지만 전파 가능한 정치적 경험의 결합을 통해 우리의 의식 안에서 그리고 현장에서 공산주의적 가설의 존재를 일신하는 것.

〔서용순 옮김〕

매체론으로 본 사회주의의 역사

레지 드브레(Régis Debray)

　관념을 전달하는 물질적 형식과 과정에 대한 이해 없이는, 다시 말해 사유에 사회적 실존을 부여해주는 의사소통망(communication network)에 대한 이해 없이는, 어떤 한 시대의 의식적이고 집단적인 삶의 본질을 포착하기란 불가능하다. 사실, 이러한 전송 수단과 관계의 연속적인 변화 단계들은 — 우리는 이 전체를 매체계(mediasphere)*라는 용어로 부를 수 있을 텐데 — 사상사에서 하나의 새로운 시기 구분을 제안하고 있다.[1] 첫째, 우리가 문자계

---

* 통상 단순히 음독(音讀)하여 '미디어스페르', '로고스페르', '그라포스페르', '비디오스페르' 등으로 옮겼던 드브레의 용어 'mediasphere', 'logosphere', 'graphosphere', 'videosphere'는 여기서 각각 '매체계', '문자계', '활자계', '시각계'로 옮기기로 한다.

1) *Cours de médiologie générale*, Paris, 1991 참조. 이 글은 이 책의 "Neuvième leçon: Vie et mort d'un écosystème: le socialisme"에서 발췌한 것이다.

(logosphere)라고 부를 수 있는 것이 있는데, 이는 글쓰기의 발명(그리고 점토판, 파피루스, 양피지 두루마리의 발명)에서부터 인쇄기의 등장에까지 이르는 긴 시기이다. 이는 **로고스**(logos)의 시대이지만 또한 신학의 시대이기도 한데, 이 시대에 글쓰기는 무엇보다도 가장 먼저 신의 말씀을 새겨 넣는 일, 곧 상형문자의 '신성한 각인'(sacred carving)을 뜻하기 때문이다. 신은 구술하고 인간은 받아 적으며—성경 또는 코란의 경우—다시 인간이 이를 구술한다. 이러한 시대에 읽는 행위란 사람들 앞에서 소리 내어 하는 것이었으며, 인간의 책무란 발명하는 것이 아니라 〔신에게서〕 받아들인 진리를 전달하는 일이었다.

두 번째 시기는 활자계(graphosphere)로서 1448년부터 1968년경까지를 아우르는데, 이는 구텐베르크의 인쇄 혁명으로부터 텔레비전의 등장에 이르는 시기를 말한다. 이 시기는 곧 이성과 책과 신문과 정당의 시대이다. 이 시대에는 시인 또는 예술가가 진리의 담지자로 등장하였으며, 풍성한 문헌들에 힘입어 여러 창조적 활동들이 만개하였다. 이때 이미지는 텍스트에 종속된 것이었다. 셋째는 오늘날에도 여전히 확장되고 있는 시각계(videosphere)의 시기, 곧 이미지의 시대이다. 이 시대에는 책이 권좌에서 내려오게 되었고 가시적인 것들이 이전 시대의 위대한 비가시적인 것들—신, 역사, 진보—에 대해 승리를 거두었다.

우리는 이러한 매체학적(mediological) 시기 구분을 통해서 사회주의라는 삶의 주기, 곧 활자계 시대라고 하는 지난 150년 동안에 있었던 정치적 시도가 남긴 저 쓰러진 거목의 위치를 자리매김해볼 수 있으며, 또한 이른바 사회주의의 생태계를 사회주의의 전파 과정을 통해서 탐구해볼 수 있다. 여기서 나는 사회주의를 어떤 특정한 분파의 내재적인 가치에 의거해 다루지는 않을 것이다. 그보다 오히려 여기서 나의 목표는, 사회주의 교의를 지닌 모든 지류들—샤를 푸리에에서 카를 마르크스에 이르기까지, 로버트 오언에서 마오쩌둥(毛澤東)에 이르기까지, 그라쿠스 바뵈프에서 레옹 블룸에 이르기까지—의 기저를 이루고 있는 공통의 매체학적 기초를 파악하는 일이 될 것인데, 나는 이 문제를 사람들로 구성된 집단(투사, 지도자, 이론가), 전송 수단(책, 학교, 신문), 제도(파벌, 당, 연합) 등의 관점에서 접근할 것이다. 이러한 생태계는 특정한 소사회권(sociotope)*의 형태를 취하는데, 이는 곧 특정한 종류의 삶과 사유의 재생산을 위한 하나의 환경(milieu)을 의미한다. 전문적인 인쇄공(typographer)은 이러한 환경 안에서 특별한 생태적 지위(niche)를 점유하고 있는데, 그 지위는 프롤레타리아 이론과 노동계급의 조건 사이에 있는 중심적 연결고리라는 성격을 띤다. 바로 이 연결고리에 노동자의 당을 구성하는 이중의 운동, 곧 프롤레타리아를 지식인화하며 지식인을 프롤레타리아화하는 최상의 기술적 수단이 존재한다. 왜냐하면 인쇄업자야말로 참으로 '노동자 지식인' 또는 '지식인 노동자'라는 이름에 적합하기 때문이며, 또한 이는 사회주의의 중심축이 될 수 있는 가장 이상적인 인간 형태, 곧 '의식 있는 프롤레타리아'를 뜻하기 때문이다.

　이러한 사회주의적 생태계가 지닌 삶의 주기는 프랑스에서 적어도 7월 혁명 직후에 시작된다. 조직화된 생시몽주의는 1831년의 어느 겨울 밤, 파리에서 목수 고니(Gauny)가 서적 판매상 티에리(Thierry)를 만났을 때 탄생하였다. 생시몽주의적 '가족'을 위한 선전 작업은 파리의 모든 구(區)에서 계획되었고, 지방의 지도자들에게는 노동자 교육의 책무가 부여되었다. 그리하여 모자 판매상, 포목상, 가구 제작자, 타일 제작자, 서기, 인쇄업자, 조판공, 활자 제조자 사이에서 일련의 새로운 만남이 이루어졌는데, 그들은 자신들의 야학 운영을 담당하고 있었을 뿐만 아니라, 더욱 중요하게는 신문 제작의 책임을 맡고 있었다. 『지구』(*Le Globe*), 『인민의 집결지』(*La Ruche populaire*), 『연합』(*L'Union*) 등의 신문이 바로 그것이다. 이러한 삶의 주기는 시각계의 원년

---

* 'sociotope'란 '소생물권'(小生物圈)을 의미하는 'biotope'를 염두에 두고 만든 말로서, 인간과 환경의 상호작용 아래서 그 자체의 완결성과 지속 가능성을 갖는 권역을 뜻하는 말이다. 아직 널리 통용되는 합의된 번역어가 없는 것으로 알고 있기에, 여기서는 일단 '소사회권'(小社會圈)으로 옮기기로 한다.

이라 할 수 있는 1968년 5월의 여파 속에서 종언을 고하게 된다. 그러나 사회주의의 수명은 보다 광범위한 시간 단위 속에서, 곧 활자계 시대라는 시기 구분 속에서 가장 잘 이해될 수 있을 것이다. 초기 모더니즘 시대, 곧 '책의 등장'과 함께 태동한 활자계는 그 자체가 세 개의 연속되는 장들로 이루어져 있다. 종교개혁, 공화국, 혁명이 바로 그것이다.

나선형 유전자

'사회주의'라는 단어를 창안했던 이는 천재적인 인쇄공이자 백과전서파로서 1848년의 혁명에 참여했던 피에르 르루(Pierre Leroux)였다. 1797년에 바텐더의 아들로 태어난 르루는 파리 이공과 대학(École Polytechnique)에 입학하였고 나중에 인쇄소에 취직하여 피아노타이프(pianotype)라는 새로운 공정을 완성했다. 그는 1824년에 조르주 상드와 함께 『지구』지를 창간하고 1841년에는 『독립 비평』(Revue Indépendante)지를 창간하였다. 부사크로 거처를 옮기면서 그는 자신만의 출판사를 차리고 문하생과 독자들로 이루어진 소수의 공동체를 꾸렸다. 그는 1848년에 제헌 국민의회의 의원으로 선출되었고 1871년 사망 시에는 코뮌에 의해 공식적으로 추서되기도 했다. 노동자 운동의 나선형 유전자라 할 수 있을 책, 신문, 학교의 조합은 이렇게 르루라는 한 인간 안에서 예견되고 있었다. 사회주의는 인쇄업자들의 꼬리표를 목에 달고 태어났던 것이다.

책, 신문, 학교는 정치적 프로그램에 앞서는 실천적 문화를 떠올리게 한다. 사회주의는 하나의 정신 자세(mentality)이기 이전에 기술의 연마였다. 사회주의의 출발은 특정한 역사적 순간—1864년 런던에서의 제1인터내셔널 창립, 1866년 파리에서의 교육 동맹 창립, 1867년 인쇄에 10배의 성장을 가능케 한 마리노니의 윤전기 발명—과 함께 시작되었던 것이지만, 그것은 또한 특정한 형태의 의식(consciousness)과 함께 시작된 것이기도 하다. 직장(職長)이었던 피에르 브뤼노(Pierre Bruno)는 파리 코뮌 전야에 출간된 그의 회고록에서 이렇게 쓰고 있다. "19세기의 노동계급은 세 가지의 염원을 품고 있다. 첫째는 무지와 싸우는 것이고, 둘째는 빈곤과 싸우는 것이며, 셋째는 서로를 돕는 것이다."[2) 첫째의 가장 중요한 과제는 바로 무지에 맞서 싸우는 것이었으며, 이는 또한 이성의 힘을 표출하는 함성이기도 했다. 노동계급의 사회주의 또한 이성의 산물이었으며, 이는 활자계 시대의 지배적인 정신이었던 것이다.

인쇄공, 지식인, 교사는 사회주의 운동을 떠받치는 세 개의 지지대였으며, 이들은 각각 매체학적 삼각대의 다리 하나씩에 대응한다. 노동자 지부 또는 민중의 집(maison du peuple)에서 제공하는 것은 무엇이었나? 도서관, 신문, 야학과 강연이었다. 오늘날에도 여전히 연단과 책과 신문은 존재한다. 그러나 전송의 중심축은 다른 곳으로 이동했으며, 이전에는 책과 교사 또는 노동자 교육 연합이나 대중 대학(universités populaires)의 순회 강연자에게 기운을 불어넣어주던 찬양과 신망과 가치의 기제도 그와 함께 사라져버렸다.

집회에서의 대중 연설, 의회에서의 연설, 회의 등으로 대표되는 강력한 구두 문화(oral culture)도 물론 노동자 운동에 커다란 역할을 했다. 프레생제르 베에서 장 조레스(Jean Jaurès)의 연설, 붉은 광장에서 레닌의 연설, 1936년 투르 또는 나시옹 광장에서 블룸의 연설 등은 모두 확성기의 도움 없이 수만 명의 청중 앞에서 탈진에 이를 정도로 목이 쉬도록 지르는 육성만으로 이루어진 것이었다. 이러한 사회주의의 대변인들이 출판물만큼이나 연설에도 의지하고 있긴 했지만, 그럼에도 불구하고 그들의 수사법 안에는 독서 문화와 함께 문자 언어와의 오래된 친화성이 각인되어 있었다. 심지어 그들의 즉흥 연설 안에서도 우리는 독자나 학자로서의 느낌을 발견할 수 있다. 그들 중 많

---

2) Georges Duveau, *La pensée ouvrière sur l'éducation pendant la Seconde République et le Second Empire*, Paris 1947에서 재인용함.

은 이들이 고전적인 공화주의 전통 안에 있는 의회주의자·웅변가·연설가였지만, 그들의 연설은 형식적으로 문자 언어에 기반한 것이었으며 그러한 문자 언어야말로 그들의 눈에도 일반 대중의 눈에도 모두 법의 진정한 기초였던 것이다.

보이지 않는 것의 힘

1789년 혁명의 사상을 파리 코뮌으로 이어준 이들 중 한 사람인 오귀스트 블랑키는 다음과 같이 썼다. "1789년 이래로 관념만이 프롤레타리아의 힘과 구원을 구성해왔다. 프롤레타리아의 모든 승리는 관념에 빚지고 있다." 추상적 개념들은 투사가 되기 위해 갖추어야 할 기본 사항이었다. 프롤레타리아와 부르주아라는 개념들은, 그 개념들의 기반을 이루고 있는 노동력, 잉여가치, 생산관계 등의 개념들과 마찬가지로, 감각으로 이해할 수 있는 성질의 것이 아니다. 둘째, '그렇게 되어야 할 것'이라는 의미에서 혁명의 관념은, 그것이 하나의 계획이든 신화이든 관계없이, 즉각적인 것에 대한 부정과 초월 그리고 현재의 극복을 의미한다. 논리적 담론으로서든 도덕적 과업으로서든 사회주의적 유토피아는 '일상생활의 흐름'과 내적으로 단절할 것을 요구했다. 다시 말해 기존의 사회상을 '착취'와 같은 추상 요소로 분해할 수 있는 개념적 분석력을 발휘하는 신념의 행위를 요구했다.

글을 쓰는 행위는 개인적인 기억을 집단화하고, 글을 읽는 행위는 집단적 기억을 개인화한다. 이러한 쌍방향의 과정은 현재 안에 잠재된 힘을 발굴하고 배경과 전경을 창조함으로써 역사에 대한 감각을 일깨워주는데, 이는 사회주의의 관념에 근본적인 것이다. 바깥은 춥고 밤은 길 때, 기억은 우리가 혼자가 아니라는 사실을 말해준다. 헤겔이라면 이를 알파벳적인 기억이라고 말했을 것이다. 헤겔은 알파벳 문자로 읽고 쓰기를 배우는 일을 "무한한 교양의 수단"(unendliches Bildungmittel)*으로 보고 상형문자에 대비하는데, 그는 알파벳으로 글을 쓰는 과정 그 자체가 어떻게 정신으로 하여금 즉각적인 관념과 감각적인 인상에 주의를 기울이지 않고 "주관에서 내면성의 기반을 정초하고 순수화하는"(den Boden der Innerlichkeit im Subjekte zu begründen und rein zu machen) 방식으로 "보다 형식적인 것, 곧 음성 언어와 그 추상적 요소들"(das Formellere, das tönende Wort und dessen abstrakte Elemente)에 주의를 기울일 수 있게 하는지를 설명했다.[3]

체 게바라로부터 팜반동에 이르기까지 (독재자가 되기 전의, 한때는 반군이었던) 피델 카스트로를 통해 내가 만났던 모든 혁명적 활동가들은, 걸어 다니는 백과사전에 비견되는 트로츠키주의자들은 말할 것도 없이, 전부 강박적일 정도로 책을 읽는 이들이었다. 그들은 이미지에는 그다지 반응하지 않았지만, 책에 대한 애정은 남달랐다. 헤겔주의자라면, 글을 읽는 행위가 비판적 초연함을 낳는다고, 그리고 또한—"숨겨져 있지 않은 과학이란 없고" 또 과거의 "예행연습"(rehearsal) 없는 미래란 없다고 할 때—유토피아적 기대를 낳는다고 말함으로써 이러한 현상을 설명하려 할 것이다. 기억이 혁신을 낳는 것처럼, 추상(abstraction)은 행동을 북돋운다. 가장 위대한 현대적 인간들은 뒤를 향한 도약을 통해 자신의 진로를 개시하며, 또한 르네상스(renaissance)란 과거로의 회귀(return), 곧 일종의 재생(recycling), 따라서 하나의 혁명(revolution)을 통해 진행되는 것이다. 콜럼버스는 한 도서관에서 신비적 텍스트와 우주론에 대한 정독을 통해 아메리카를 발견하였다. 프랑스의 구체제(Ancien Régime)는 몽골피에나 워싱턴의 숭배자가 아니라 리쿠르고스와 카

---

* 이하 이 문장에서 헤겔의 인용은 본문의 영역(英譯)을 그대로 중역하지 않고 독일어 원문의 해당 부분을 번역하였음을 밝혀둔다. G. W. F. Hegel, *Werke, Band 10: Enzyklopädie der philosophischen Wissenschaften III* (Frankfurt am Main: Suhrkamp, 1986), p. 276(§ 459) 참조.

3) G. W. F. Hegel, *Encyclopaedia*, § 459. Jacques Derrida가 *De la grammatologie*(Paris, 1967), pp. 36~45에서 분석하고 있는 구절.

토의 숭배자들에 의해 전복되었다. 샤토브리앙과 위고는 고딕 시기의 유산을 통해서 문학을 혁명화했고, 니체는 소크라테스 이전 시기의 철학자들에 힘입어 쥘 베른을 뛰어넘었으며, 프로이트는 아이스퀼로스를 다시 읽었다.

혁명가들의 불행은 대부분의 사람들보다 과거의 유산을 조금 더 많이 물려받았다는 사실에 있다. 문자 언어는 이러한 집단적 기억의 전달자들에게 절대적으로 필요한 것인데, 왜냐하면 그들의 분석 도구는 문자 언어의 전통으로부터 주조된 것이기 때문이다. 사상적 유산은 자동적으로 전달되는 것이 아니다. 마치 전기를 전달할 때 더 좋은 전도체와 더 나쁜 전도체가 있는 것처럼, 추상적 개념들을 전하는 데서도 역시 더 좋은 역사적 환경과 더 나쁜 역사적 환경이 있다. 최상의 혁명적 활동은 향수(nostalgia)의 감각에서부터, 곧 잊혀진 텍스트로의 회귀 또는 잃어버린 이상으로의 회귀에서부터 출발한다. 종교개혁(reformation), 공화국(republic) 또는 혁명(revolution)이라는 단어 — 또한 예행연습(rehearsing), 재개(recommencing), 재독(rereading)이라는 단어 — 에 붙어 있는 접두사 '다시'(re-)의 이면에는, 책장을 끝에서부터 처음으로 거꾸로 넘겨가는 손이 존재한다. 반면에 테이프나 디스크를 앞으로 감는 (fast-forwarding) 버튼을 누르는 손가락은 결코 정립의 위험을 내포하지 않는다.

양피지 바통

뉴스 방송이 구경거리로서의 역사를 위한 매체라고 한다면, 기록보관소(archive)는 실천으로서의 역사를 위한 매체이다. 공산주의의 이야기 — 관료적인 독재체제가 아니라 혁명적 유토피아의 이야기 — 는 이제껏 기록보관인(archivist)과 오래된 문서들의 이야기였다. 공산주의라는 말은, 루소와 마블리와 고대 양피지 문헌들로부터 자신의 중심적 사상을 이끌어내었던 봉건법의 전문가 바뵈프가 만들어낸 문학적인 발명품이었다. 공산주의는 문자 언어의 위대한 보고 안에서 번성했다. 쥘 미슐레(Jeles Michelet)는 이렇게 말했다. "프랑스 혁명에 대한 나의 역사는 기록보관소 안에서 탄생했다. 나는 그 역사를 이 중심적인 저장소 안에서 썼다." 그 저장소란 곧 공식 기록보관소를 말한다. 사람들은 텍스트 사이에서 이야기를 직조하며, 텍스트는 사람들 사이에서 이야기를 직조한다. 신화는 신화를 낳는 행동들을 낳고, 역사를 서술하는 운동은 민중들의 운동을 자극한다. 로마의 역사는 1789년의 프랑스 하원에 영향을 끼쳤고, 알퐁스 드 라마르틴의 『지롱드당의 역사』와 루이 블랑의 『프랑스 혁명사』는 1848년의 혁명가들에게 영향을 끼쳤으며, 위고의 『레 미제라블』은 파리 코뮌에, 또한 위고의 『93』은 제3공화국의 탄생에 각각 영향을 끼쳤다.

중세 연구가이기도 했던 바뵈프가 조직한 평등한 이들의 결사(Society of Equals)에서부터 베이징 대학 도서관에서 일하던 젊은 시절의 마오쩌둥이 조직한 신민학회(新民學會)에 이르기까지, 바통은 전 세계적으로 손에서 손으로 건네졌다. 바뵈프(1760~97)보다 한 살이 어렸던 필리포 부오나로티(1761~1837)는 집정부(Directoire) 경찰의 손을 피해 바뵈프보다 40년을 더 오래 살았다. 부오나로티가 그들이 겪었던 역사에 대해 쓴 책인 『바뵈프의 평등 음모단』은 1837년 브뤼셀에서 출간되었는데, 브뤼셀은 나중에 마르크스가 1845년에 파리에서 추방된 이후 도피하는 곳이기도 하며 또한 그가 고문서학자이자 기록 수집가였던 청년 필리프 지고를 만나 자신의 첫 번째 사도로 삼게 되는 곳이기도 하다. 1815년 왕정복고 이후에 브뤼셀로의 망명은 일종의 형세 전환을 위한 시도라는 의미를 띠고 있었다. 여기서 부오나로티는 예전 혁명의회의 의원이었던 베르트랑 바레르와 바디에를 우연히 만나게 되는데, 이들은 7월 왕정 치하에서 싹트게 되는 여러 비밀결사들의 효시인 카르보나리(Carbonari)를 조직한다. 이로부터 나중에 의인동맹(League of the Just)이 출현하게 되고, 이는 다시 1847년에 마르크스와 엥겔스에 의해 공산주의자 동맹(Communist

League)으로 재정비되기에 이르는데, 이는 "프랑스 프롤레타리아 당의 머리이자 가슴"인 블랑키가 보낸 대표자들과 연합한 것이었다. 블랑키는 39년의 세월을 감옥에서 보냈으며 네 번의 사형 선고를 받았다. 자코뱅주의로부터 사회주의로의 이행, 그리고 1793년으로부터 파리 코뮌으로의 이행이 이루어질 수 있었던 것은 바로 '죄수' 블랑키(1805~81)에 의해서였다. 블랑키는 그 횃불을 에두아르 바이양에게 넘겨주었고, 바이양은 다시 그것을 조레스에게 넘겨주었다. 조레스는 『툴루즈 통신』(La Dépêche de la Toulouse)지에 기고했던 자신의 칼럼 필명으로 '독자'(The Reader)라는 이름을 사용했는데, 이는 『백색 비평』(La Revue blanche)지에 문학 비평을 실었던 블룸에 의해 그대로 계승되었다.

일종의 올림픽 마라톤 경기가 열렸다. 작열하는 문자가 — 불꽃이라기보다는 반딧불이 — 마치 혁명가가 운송업자라도 되는 것처럼 이전 주자에서 다음 주자로 연결되었고, 전언(message)의 핵심은 그 전송 과정 안에서 정확하게 보존되었다. 인간으로 이루어진 그러한 문자 신호들(semaphores)을 통해서 하나의 전보가 이 끝에서 저 끝으로 순식간에 전해졌던 것이다. 200년에 걸친 이야기가 골짜기의 속삭임을 간직한 채로 할머니에게서 아이에게로 전해졌다. "내 유년기는 여러 시대에 걸친 가난한 이들의 기나긴 행렬에 대한 이야기들로 가득 차 있다." 오랜 프랑스 공산주의자 제라르 벨루앵은 이렇게 회상한다.

바닥 위에 떨어진 빵 껍질 한 조각, 그릇에 남아 있는 수프 한 방울이 상기시켜주는 이야기들. 우리는 그 이야기들을 할머니들을 통해서 들었고, 또 할머니들은 어렸을 때 그 이야기를 누군가를 통해서 들었던 것이다. 완전히 사라졌다가 나중에 다시 솟아오르기에 그 행로를 측정할 수 없는 지하수의 흐름처럼, 고통에 신음하는 농민의 연대기가 어디서 기원하는지는 거의 알 수가 없었다. 그래도 그 물은 익명의 목소리에 실려 한 세대에서 다른 세대로 시련의 이야기를 전하며 계속 지하를 흐르고 있었다. 때때로 그 흐름은 강하게 솟아오르기도 했고 시들어 없어지는 것처럼 보이기도 했지만, 결코 사라지지는 않았다. 그 흐름은 끊임없이 과거와 현재를 뒤섞어놓았는데, 과거의 고난에 대해 이야기하는 것은 실로 현재의 고난에 주의를 기울이게 하는 하나의 방법이지 않은가? 그런 일은 오래전에 일어났나요? 오 그럼, 애야, 아주 오래전의 일이지. 하지만 어떻게 확신할 수 있는가? 그 아이에게, 오래전의 일이란 얼마나 먼 과거인가?[4]

노동자 언론과 사회주의 도서관은 무정부주의자, 프루동주의자, 레닌주의자, 개혁주의자 같은 이들에게 용광로와도 같은 곳이었다. 앙리 드 생시몽은 필경사, 교정원이자 서적상이었고, 조제프 프루동은 인쇄공이었다. 스페인 사회당의 창시자인 파블로 이글레시아스(1850~1925) 또한 그랬다. 프랑스의 사회주의 세력을 결집시켰던 쥘 게드에게 제1인터내셔널의 유산을 승계했던 이는, 프랑스로 망명했던 스페인의 언론인이자 인쇄공 호세 메사였다. 무정부주의자와 사회주의자는 서로 적대하는 배다른 형제였다. 소책자, 기사, 신문, 문예부록 등이 그들의 삶을 가득 채웠다. 무정부주의자와 사회주의자는 모두 각지에 '좋은 도서관과 서점'을 세우는 데에 돈과 수고를 아끼지 말라고 했던 마르틴 루터의 훈령을 따랐다. 마르크스와 바쿠닌의 후예들은 같은 교의를 공유하고 있었던 것인데, 그 교의란 곧 책을 읽으라는 것, 그리고 다른 이들도 책을 읽게 하라는 것이었다. 그들은 어디를 가든 그곳에 도서관을 남겼다. 에릭 홉스봄은 연간 출판물의 양을 비교함으로써 1890년과 1905년 사이 유럽 사회주의의 확산에 관한 정확한 수치를 측정할 수 있었다.[5]

책에 대한 숭배는 전도자적인 순간을 갖게 되었다. 위고는 문맹의 노동자

---

4) Gérard Belloin, *Nos rêves, camarades*, Paris 1979.
5) Eric Hobsbawm, "La diffusione del marxismo(1890~1905)", *Studi storici*, vol 15, no. 2(1974), pp. 241~69.

에게 이렇게 말한다.

> 그래서 그대는 잊었단 말인가, 그대의 해방자가
> 책이라는 사실을? 책은 저 높은 곳에 있다.
> 책은 반짝이며 밝게 비추기에 빛이 난다.
> 책은 단두대와 전쟁과 기근을 없애버린다.
> 책은 말한다, 더는 노예도 없고 천민도 없다고.[6]

하지만 이러한 책에 대한 숭배는 의기양양하고 유쾌한 반란의 어조를 띠기도 하는데, 쥘 발레스는 자신의 기사를 편집자에게 송고하면서 이렇게 경고한다. "이 주일 안에 교정쇄를, 두 달 안에 '인쇄 통과'를." "나는 숨을 깊게 들이쉽니다. 나는 의기양양합니다. '인쇄 통과'라는 건 발포 명령만큼이나 좋은 것입니다! 바리케이드 위에서, 그건 널빤지들 사이로 고개를 들이민 총신(銃身) 같은 것입니다." 위고 자신도 이렇게 썼다. "열려 있는 잉크 병만큼이나 포구(砲口)와 닮은 것은 아무것도 없다."[7]

동구권의 은밀함

1945년 이후에 이러한 알파벳적인 영웅주의는 폭풍우용 램프와 연습장과 볼펜으로 무장하고서 제3세계로 이동했다. 문예를 통한 해방이 추구되었고, 미신의 어두운 그림자는 점점 책의 흰 페이지들 아래로 묻혀갔다. 19세기 유

---

6) Victor Hugo, "À qui la faute?" *L'Année terrible*(1872). 〔위고의 이 시는 프랑스어 원문으로 번역하였다. ─옮긴이〕
7) Jules Vallès, *L'Insurgé*, Lausanne 1968, pp. 48~49; Victor Hugo, *Œuvres complètes*, Paris 1968, vol. VII, p. 678.

럽의 이러한 엘뤼아르 식 상징주의는 20세기 중반에 이르러 '제국주의 서양'에 대항하는 투쟁 안에서 그 안식처를 찾게 된다. 모든 반(反)식민지 혁명의 첫 번째 행동은 바로 대중문예운동에 착수하는 것이었다.[8] 홍보서(紅寶書, The Little Red Book)*는 마오쩌둥의 중국이 지닌 부적이었다.

전후(戰後) 시기에 동유럽이라고 하는 진부한 형태의 커다란 온실 안에서는 이러한 과정이 잘 이루어지지 못했다. 이 언어의 박물관 안에서 과거의 살아 있는 원천들은 화석이 되었던 것이다. 하지만 학습적이고 학술적인 '현실 사회주의'는 인쇄공의 영혼을 갖고 있었다. 인구당 책 보급 비율, 공공 도서관의 숫자, 가구당 평균 책 구입 비용 등에 관한 유네스코(UNESCO)의 지표를 보면, 냉전 시기 동안 공산주의 국가들은 — 이들 국가에서 경제 상황은 좋지 않았고 시청각(audiovisual) 문화는 거의 도래하지 않았는데 — 인쇄물에 관한 모든 기록을 보관하고 있었다. 서유럽의 19세기가 여전히 지속되고 있는 이곳 구세계 지역을 여행한다는 것은, 곧 책에 대한 보편적인 숭배와 작가에 대한 우상화를 목격하게 된다는 의미였다. 소비에트에서 스타란 배우나 음악가가 아니라 소설가이거나 시인이기 십상이었다. 텍스트의 비대함은 이미지의 왜소함을 낳았으며, 그러한 텍스트가 지닌 아우라는 검열에 의해 강화되었다.

당-국가는 자신들의 영원한 감시 아래 있는 언어의 힘을 이토록 존중했지만, 이러한 억압은 제정 러시아 시대의 '최고' 전통과 마찬가지로 모든 지하 출판사(samizdat)로 하여금 불타는 폭발력을 갖게끔 만들었다. 모든 것이 거꾸로 반복되었다. 스탈린 체제하에서 러시아의 지식인(intelligentsia)은 저 유서 깊은 인쇄공의 싸움, 곧 저 오래된 지하 작업을 다시 시작하게 되었다. 알

---

8) 1961년에 문맹의 농민 백만 명에게 글쓰기를 가르쳤던 쿠바의 국가적 운동에 참여하는 것은, 마치 책에 대한 진보적 상상력이 몸을 얻게 된 것과 같았다.

* 마오쩌둥 어록.

렉산드르 헤르첸의 『종』(Kolokol)에서부터 레닌의 『불꽃』(Iskra)에 이르기까지 러시아 지하 문학의 긴 역사에서, 비밀리에 이루어진 출판과 불법 신문 그리고 외투 안에 꿰매 넣어 감춘 책들에 관한 이야기를 제외한다면 다른 무슨 이야기를 할 수 있을까? 도스토예프스키의 『악령』에서 베르호벤스키는 교정에 묻혀 있는 인쇄기를 찾아오라고 샤토프를 보내 그를 함정에 빠트린다.

국가와 반체제 인사들처럼 서로 반대되는 다양한 집단들 사이에서도 전선(戰線)은 인쇄물을 통해, 특히나 신문을 통해 그어졌다. (마르크스주의 학습 집단과 당의 직계 선조인) 러시아 인민주의자들은 심지어 서유럽의 비밀결사들과 카르보나리 등의 단체보다 훨씬 더 많이 언론의 중요성을 강조했다. 레닌은 니콜라이 체르니셰프스키나 알렉산드르 헤르첸의 선례를 따라 스스로를 선전가(publicist)로 규정했다.[9] 헤르첸은 런던에 망명해 있을 때 러시아에서도 잘 쓰이지 않던 키릴 문자를 위해 힘쓰기도 했다. 브레주네프 시대 ─ 보다 잘 조직되어 있었기에 제정 러시아 시대의 전제정치 때보다 유혈 사태가 더 적었던 ─ 와는 반대로, 문자를 통한 선전이 행동을 통한 선전에 선행했고 또 그것을 대체하기도 하였다. 1880년대 러시아에서는 '편집자'에 가장 가까운 직업이 '테러리스트'였다. 제정 러시아 시대의 경찰들이 지겹도록 되풀이했던 말은 바로 "인쇄기는 어디 있나? 보도국은 어디야? 배급소는?"이었다. 음모의 주모자는 필시 서적 판매상 아니면 인쇄업자였던 것이다. 가장 성가신 문제는 언제나 여행 가방 안 깊숙이 넣은 물건들(위험한 문건이나 폭탄)을 어떻게 운반하는가 하는 것이었다.[10]

---

9) "우리 이론가들, 또는 이렇게 말할 수 있다면, 사회민주주의의 선전가들(publicists)": V. I. Lenin, "Two Tactics of Social Democracy in the Democratic Revolution"(1905), *Collected Works*, Moscow 1965, vol. 9, pp. 15~140.
10) 이 참에 이러한 '현실 사회주의'의 입장이 폴 포트의 캄보디아와는 얼마나 다른 것이었던가를, 곧 문예와 학습에 대한 도시적 신화가 농촌적 무지에 대한 야만적 숭배와 얼마나 거리가 먼 것이었던가를 지적할 수 있겠다. 크메르 루주는 책과 학교에 대한 금지를 선포했다. 그들은 프놈펜에 있던 언론사와 도서관을 유린했고 대학을 폐쇄했으며 고등학교의 문을 걸어 잠갔다. 허용된 유일

따라서 동구권에서의 공산주의의 몰락은 유럽의 마지막 문학적 전통의 절멸을 의미하는 것이기도 했다. 오래된 유럽의 인쇄문화가 미국에서 수입된 '대중문화'로 이행함에 따라, 범람하는 쇼 비즈니스는 염가판 책들에 대해 승리를 거두었고 고전을 읽는 독자의 수효는 점차 줄어들었다. 계몽에 대한 이러한 전체주의적 약탈은 새로운 전 지구적 상상력과는 반대되는 것으로서, 심지어 디즈니랜드를 통해 저 디드로의 좌절〔인쇄문화와 활자계의 쇠퇴〕을 마치 어떤 해방처럼 보이게 만들 수도 있는 것이다. 휴머니즘의 정치적 승리가 문화적으로는 인문학의 좌절을 초래했다는 사실은 놀랄 만한 역사적 아이러니이다. 동유럽에 텔레비전과 광고의 풍년이 찾아왔지만, 그것은 서점과 출판업자들에겐 흉년을 의미했던 것이다.

모교

학교의 역사가 언제나 정치적 중요성을 띠고 있었다고 한다면, 반대로 정치의 역사 역시 학교 교육과 밀접한 관련을 맺어왔다. '교육투쟁'은 좌파의 의제 중에서도 언제나 우선순위를 차지했다. 세계관에 대한 교육인 사회주의의 사활이 바로 여기에 달려 있었던 것이다. 사회주의 사상이라는 학교에 입학하는 모든 투사들은 가장 먼저 교실의 습관들을 몸에 익혔다. 사회주의자의 신사도란 모범적인 학생의 태도를 모델로 한 것이었다. 교실의 지루함을 참아낼 수 있는 학생이 계급의 적에 대해 승리를 거둘 수 있을 터였다.

초기 노동자 운동은 대중 교육의 도래 이전에 일어났다. 견직공들의 봉기,

한 매체는 라디오뿐이었다. 문건 없는 당인 것이다! 이렇게 정글로 회귀하고자 하는 폴 포트의 체제는 고집스럽게 진행되었다. 초등학교 이상을 나온 사람들은 교육받은 자라 하여 학살당했고, 외국에 대한 전면적인 혐오감이 퍼졌으며, 도시문화에 대한 거부, 정치적인 원리로서 연장자들에 대한 혐오(23세가 넘으면 조직에 속할 수 없었다)가 만연했다.

직조공들의 파업, 상조회사 등은 보편적 학교 교육 이전에도 존재할 수 있었다. 그러나 노동조합과 '노동자의 힘'은 그러한 사고방식 아래서는 제한적일 수밖에 없었고, 단지 인류애만으로는 성인들을 위한 교육 센터밖에는 만들 수 없었을 것이다. 조합과 길드를 넘어 사회주의의 전망을 한 단계 끌어올렸던 것은 바로 사회주의의 교육 계획이었다. 사회주의적 당은 계급이 생득적이라는 강한 확신 위에서 세워진 것이었지만, 사회주의 그 자체는 의식의 고양을 의미한다. 따라서 사회주의적 학교의 책무는 보육이 아니라 생산이었다. 이는 사회주의가 교육적 문제들에 강한 초점을 맞췄다는 사실을 잘 설명해주고 있다. "학교 하나가 열릴 때마다 감옥 하나가 닫힌다." 해방된 학교 또는 해방적인 학교라는 신화는 노동계급의 당이 부르주아 국가에 선사한 일종의 선물이었다.

예전에는 수많은 교사들(그중에서도 특히 게드와 조레스)이 교실과 연단 사이를 바쁘게 오갔다. 제1인터내셔널(1864)과 노동자교육연맹(1867)은 교원을 모으고 부지를 매입하며 정기간행물을 내는 기금을 공동으로 출자하였다. 파리 코뮌이 첫 번째로 취했던 행동들 중 하나는 바이양을 수장으로 하는 교육위원회를 임명하는 일이었다. 파리 코뮌에 대한 진압과 함께 누벨칼레도니로 추방당한 루이즈 미셸은 그곳에서 즉각 카나카족을 위한 학교를 열었다(미셸은 펄프와 활자를 즐겨 가까이했으므로, [그곳에 더 오래 있었다면] 아마도 그녀는 틀림없이 누벨칼레도니의 첫 번째 신문을 만들었을 것이다). 프랑스 공산당은 1920년 창당 때부터 학교 교사와 교수로 지도부를 충원했다. 양차 대전 사이 인터내셔널 지부들 중 가장 안정적이었던 곳은 실천적인 라틴어 학자 조르주 코그니오(Georges Cogniot)가 이끌었던 교육 노동자 분과였다.

제1차 산업혁명 기간 동안에는 방적공장 노동자들이 공산주의적 상상력에 초점을 두었고, 제2차 산업혁명 시기에는 광부와 제철 노동자들이 그 역할을 이어받았다. 그러나 조직화된 사회주의가 어느 정도까지 계몽이라고 하는 전(前) 산업적 문화에 뿌리를 두고 있는가를 보여주었던 이들은, 간소하고 간결한 겸손함을 지녔던 초등학교 교사들이었다. 앞서 언급했던 공산주의자 벨루앵은 레지스탕스 활동의 교화를 입어 독학을 통해 현장과 이론 모두에 정통한 사람이었는데, 그는 투사의 생태학에 관해 주목할 만한 한 사례를 제시하고 있다. "작은 단체에 소속되어 우리는 밤새 문 아래나 우편함에 소책자들을 끼워 넣으며 다녔는데, 집으로 갈 때에는 수업을 끝마친 교사처럼 의기양양해져서 돌아오곤 했다." 벨루앵은 당의 점수를 얻기 위해서가 아니라 순수한 헌신의 마음에서 앞으로 나아갔다. 그 시절에는(때는 1950년대, 장소는 루아르 강가이다),

> 아무도 교사의 사회적 지위를 실추시키거나 그 지위에 합당한 개인적인 노력을 의심하려고 생각하지 않았다. 사회적 계급을 설명하는 널리 인정된 가치에 따르자면, 오히려 그 반대였다. 교사들은 지식의 보고로서 의사, 신부, 세무조사관, 공증인, 약사와 함께 지역에서 인정받는 거의 유일한 사람들이었다. 〔……〕 우리는 학습, 책, 지식인에 대해 신성하고도 대중적인 존경심을 갖고 있었다.[11]

이러한 존경심이 지닌 제의적 성격은 벨루앵과 같은 부류로 대표되는 최선의 측면과 그 같은 부류를 포위해서 파괴하는 최악의 측면 두 가지 모두를 특징짓는 것이었다. 백과사전적 교육이 지닌 솔직함 속에서, 그리고 지성 안에 있는 아둔함 속에서, 스탈린주의의 한 싹이 자라났다. 그것은 곧 지도하는 자와 지도받는 자 사이를 가르는 치명적 구분이었다. 지식인의 권위는 정치적 지배를 위한 기반이 되었다. 사원이나 국가처럼 교의(doctrines)는 국경이 필요했고, 또한 그 국경을 지킬 무장한 성직자들이 필요했다. 속물적인 전제군주가 지식의 월계관으로 장식되어 있는 꼴이었다. 소비에트 사회 전반에

---

11) G. Belloin, *Nos rêves, camarades*.

퍼져 있던 아카데미즘, 박물관에 대한 광적인 숭배 등이 풍기는 케케묵은 냄새는, '전통'의 형식이 미래의 전형으로 추켜세워지면서 다른 곳에서는 볼 수 없는 소비에트만의 특징이 되었다. 기록보관소가 죽은 뒤에 창조적 행위에 대해 복수를 행하는 형국이었다. 소비에트 담론이 지닌 지루하고 엄숙한 교훈주의와 그 도덕주의적인 우울함은 학교가 사유를 공격하고 철권으로 억압하는 것에 따르는 귀결이다. 이는 단순한 참고서가 오히려 교과 과정 자체가 되는 꼴이며, 그 결과는 조잡한 단순화와 상투적인 생각들과 형식적인 표어인 것이다.

   사회주의 문화는 '귀족적'이라고 말할 수는 없지만 역설적이게도 상당히 '부르주아적'인 가치들을 반영하는 엘리트주의적 교과 과정과 밀착되어 있었는데, 그러한 가치의 쇠퇴가 또한 사회주의의 쇠퇴를 상당 부분 재촉하였다. 20세기 전반의 사회주의는 기술적 지식, 상업, 산업, 심지어 수학까지 경멸했던 반면, 라틴어와 희랍어를 현대어만큼이나 가르쳤던 교육계로 특징지을 수 있다. 오늘날의 독자들에게는, 공산주의자들에 의한 볼셰비키화나 사회주의자들에 의한 표준화에 앞서 먼저 프랑스 노동자 운동의 기록보관소로 달려가는 행위란 곧, 『헬로!』(Hello!) 잡지를 제쳐두고 『형이상학과 윤리학 비평』(Metaphysics and Ethics Review)을 집어드는 행위와도 같을 것이다. 조레스와 블룸은 마르크스와 레온 트로츠키처럼 문화적으로 비슷한 낡은 취향을 갖고 있었는데, 이는 그들의 반대파였던 모리스 바레스와 샤를 모라스도 마찬가지였다. 조레스와 바레스 사이에는, 조레스가 당대의 다른 사회주의 지도자들과 공유했던 친화성보다 더 깊은 친화성이 있다. 왜냐하면 조레스는 휴일에 루크레티우스의 『만물의 본성에 대하여』(De natura rerum)를 라틴어로 읽는 사람이었기 때문이다. 블룸 역시 루크레티우스의 번역본을 읽는 것으로 휴식을 취했다. 오늘날의 사회주의 거물이라면 그럴 때 계절용 블록버스터나 프랑스식 영어(franglais)로 된 신문을 집어들 것이다. 그가 만약 최근의 설문 조사 결과에 앞서 루크레티우스의 책을 먼저 집어든다면, 그는 아마도 곧 자신의 지도권을 상실할 것이다. 동물이 소생활권(biotope)을 형성한다기보다는 오히려 소생활권이 그 안에 사는 동물을 형성하는 것이다.

성스러운 조간신문

책, 학교, 신문. 이 중에서도 당의 투사가 최고로 강조했던 것은 바로 세 번째인 신문이었다. 짧은 기간밖에 간행되지 못했던 프랑스 노동계급의 첫 번째 출판물들은 1830년과 1840년 사이에 등장했다. 1840년에 '노동계급'이라는 말을 처음 만들어냈던 것은 필리프 뷔셰(Philippe Buchez)가 만든 신문 『작업장』(L'Atelier)이었다. 이 사이의 시기는 결정적인데, 왜냐하면 '학교 만들기'가 '당 만들기'로 변화한 시점이 바로 이때였기 때문이다. 교회에게 일간신문이란 하나의 여분(plus)이지만, 당에게 일간신문은 하나의 의무(must)이다. 성직자들에게 『십자가』(La Croix)지는 그렇지 않았지만, 『뤼마니테』(L'Humanité)는 프랑스 공산당(PCF)에게 전략적인 것이었다. 교회는 인쇄의 발명 이전에도 이미 오랫동안 존재해왔지만, 노동자 정당은 1860년경 대중 전단이 나오기 전까지는 존재하지 않았다. 사회주의 이데올로기는 당이라고 불리는 형식이 존재하는 동안 지속될 수 있었고, 또한 당이라는 형식은 당의 일간지가 존재하는 한 거의 백 년 동안 지속될 수 있었다. 예를 들어 벨기에 사회주의자들의 기관지였던 『인민』(Le Peuple)은 94년의 장수를 누리고 1979년에 영예롭게 폐간되었다. 이 신문은 조레스, 에밀 반데르벨데(Émile Vandervelde), 카미유 호이스만스(Camille Huysmans)와 함께 보통선거권, 여성해방, 인권을 위해 싸웠다. 그 이후에 그 신문은 단지 지속되기만 했으며, 같은 제호 아래 다른 실체를 띠게 되었다.

"신문은 단지 집단적인 선전원이나 선동가일 뿐만 아니라 또한 집단적인 조직자(organizer)이기도 하다"(레닌). 신문의 보급은 교환망과 연락망을 만들어내면서 사람들을 통합한다. 조레스와 트로츠키와 레닌은, 발레스의 『인민의 외침』(Le Cri du peuple), 엘리제 르클뤼의 『반역자』(Le Révolté), 그리고 장 그라브의 『신시대』(Temps nouveaux)와 동일한 과업을 수행했다. 마르크스를 전거로 삼든 혹은 바쿠닌이나 푸리에를 전거로 삼든 간에, 인쇄된 문자는 활동가들을 키우기 위해 직조된 것이었다. 레닌은 『불꽃』지와 함께, 게드는 『평등』(L'Égalité)지와 함께, 조레스는 『소공화국』(La Petite République)지와 함께 각각 자신의 당을 창당했다. 에티엔 카베가 [그만의 공산주의적 이상향이었던] 이카리아에 대한 꿈을 선전했던 도구와 방법들을 마르크스와 엥겔스도 도입하였다.

 정치적 신문은 사람들 사이에서 이루어지는 인간 관념의 활동적 매개를 증언한다는 중대한 함의를 지니고 있었다. 그것은 단기간에 얻을 수 있는 큰 효과였다. 거대 미디어 기업의 산물인 주류 신문들은 사건이 들어가면 정보가 나오는 블랙박스로 인식되었다. 계급 또는 당의 신문은 이와는 다른 역할을 한다. 곧, 그것은 세계의 개념을 작은 변화로 바꾸며, 철학적 체계를 일상의 슬로건으로 바꾸는 역할이다. 사건들은 관념에 의해, 그리고 그러한 관념 아래서 집중화되고, 개인적인 에너지들 또한 지도자에 의해 집중화된다. 거울로서의 신문과는 반대로, 안내자로서의 신문은 칸트가 도식(schema)에 부여했던 역할, 곧 순수 개념과 현상계적 사물들 사이의 매개자와 해석자라는 역할을 충실히 수행하는 것이다. 사회주의 언론의 전통 속에서 교의의 주창자는 그 자신이 스스로 매개자이기도 했는데, 이러한 특징은 동시대 다른 문필가들과 뚜렷이 구별되는 차이점이었다. 샤를 안들레르는 그의 책 『뤼시앵에르의 생애』에서 "'지식인들'이 지식인이라는 자신의 직업 외에 언제나 연마해야 할 다른 직업이 있다고 한다면 그것은 분명 인쇄업자의 직업이다"라고 썼다. 이어서 그는 또 이렇게 썼다. "언젠가 작가와 과학자들이 라이노타이프(linotype)[주조식자기(鑄造植字機)]의 조작 방법을 알아야만 할 때가 분명히 올 것이다. 책을 출판하고 싶다면 그들은 윤전기를 빌릴 수 있어야 할 것이다. 마치 운전하기 위해서 자동차를 빌려야 하는 것처럼 말이다."[12)]

에르 자신이 이 분야의 선구자였다. 고등사범학교(École Normale)의 사서이자 조레스와 블룸의 지지자였던 그는 수년 동안 『뤼마니테』(이 신문의 이름도 그가 지은 것이다)의 해외 뉴스 부문을 담당하는 익명의 편집자였다. 루이 아라공, 폴 니장, 에마뉘엘 다스티에 등도 그들만의 방식으로 같은 일을 하였다. 가장 최근에 이르기까지 인쇄에 대한 지식과 인쇄기의 취급은 몇몇 지식인들의 작업에 필수적인 것이었는데, 그들은 결코 인쇄와 관련된 허드렛일을 다른 이에게 맡기지 않았으며, 스스로 집필하고 문안을 작성하고 교정을 보며 디자인하고 경영하는 것을 선호했다. 신문사를 운영하는 일과 당을 운영하는 일은 종종 서로 겹쳤다. 문맹자가 지도자가 된다는 것은 생각할 수 없는 일이었다. 정치적 저널이 지식인들의 권력투쟁을 위한 내부 기관지였다고 한다면, 일반 신문은 일반인과 아마추어를 목표로 하고 있었다. 신문은, 레닌의 표현을 빌리자면 '전위의 이론'과 '계급의 자발적 운동' 사이, 그리고 조레스의 표현을 빌리자면 '형이상학'과 '세계' 사이의 가교를 형성했다. 신문은 사상가와 노동자를 결합했고, 학교가 공화주의자로 키워낸 지식인과 인민 사이의 일상적 연결고리를 사회주의에 제공하였다.

인쇄가 이러한 형태의 교류에서 중심적인 공통 영역으로 남아 있는 한에서, 정치라는 직업과 지식인이라는 직업은 — 위대한 사상가에서부터 인쇄공에 이르기까지 — 공통의 기반을 가지고 있었다. 하지만 그러한 공통 영역이 부재하게 되면서, 펜과 선반(旋盤)은 서로 등을 돌리게 되었다. 정치가라는 직업이 표를 좇는 기술자로 특화되면서 인쇄 분야와 저널리즘과 출판 역시 각각 특화되었다. 17세기부터 20세기에 이르기까지 인쇄라는 영역은 다양한 직업과 계급을 가진 사람들이 서로 만나는 합류점이자 접점이었으며, 거기서 사상의 교류(cross-pollination)란 거의 피할 수 없는 것이었다. 작가와 국회의

---

12) Charles Andler, *La Vie de Lucien Herr*, Paris 1977.

원은 더는 공통의 도구를 공유하지 못한다. 한때는 실천적이고 전문적이었던 한 관계가 이제는 칵테일 파티에서나 있을 법한 부적절한 관계로 쇠락해버린 것이다.

당

정당의 쇠퇴, 그리고 사회주의적 기획의 쇠퇴에 관해서는 많은 글들이 씌어졌다. 하지만 이러한 글들에서도 일반적으로 간과되고 있는 점이 하나 있는데, 그것은 바로 (유연하고 비중심적이며 적절한 가격이 드는) 문자적인 것으로부터 (산업적이고 가격이 비싸게 드는) 시청각적인 것으로의 이행이라는 측면이다. 이는 또한 인쇄 성장의 감소와 인쇄 기술의 변화를 뜻하는 것이기도 하다. 사진식자기(photocomposition)의 출현은 노동자 운동이 지니고 있던 마지막 문화적 기반을 파괴했다. 책을 만드는 사람이 갖고 있던 기술적 능력, 그리고 그가 전통적으로 지니고 있었던 권위자와 주석자로서의 사회적 지위가 모두 기술적으로 필요 없는 것이 되고 말았던 것이다. 인쇄는 자신의 인테르*를 잃었고, 비판적 지식인은 자신의 환경을 잃었으며, 사회주의 정치학은 자신의 논거를 잃어버렸다. 이 세 가지가 모두 위기에 처하게 된 것이다. 만약 "언론의 첫째 자유가 언론은 산업이 아니라는" 점에 있었다고 한다면, 우리는 1881년부터 1970년까지의 시기에 언론은 또한 산업이기도 하다는 점을 추가해야 할 것이다. 현재 언론은 그 무엇보다도 먼저 산업이다. 1904년에 에르, 블룸, 뤼시앵 레비브륄(Lucien Lévy-Bruhl)이 함께 ─ 이들은 각각 사서·변호사·대학교수였는데 ─ 초판만도 13만 8천 부를 찍고 단일 구독료만으로도 85만 프랑을 기록했던 『뤼마니테』 같은 일간신문을 창간할 수 있었다고 현재로서는 상

---

* 활자의 줄 사이에 끼우는 납 조각.

상하기 힘들다. 미디어 기업들은 자신의 규모에 맞게 그 성격을 변화시켜왔다. 소유권에 대한 집중, 광고비가 차지하는 결정적 비중, 필요한 투자의 규모 등의 요소로 인해 신문사 운영에 드는 비용이 소수의 가난한 지식인들이 감당할 수 있는 재정적이고 기술적인 역량을 훨씬 넘어서버렸다.

저널리즘의 영역에서 인쇄 제작자와 그 제작 수단을 분리하는 일은 곧 정치의 영역에서 이론과 실천을 분리하는 일과 일치한다. 타성적으로 '당'이라고 불리는 선거 기구가 여전히 존재하기는 하지만, 그리고 그 당이 무관심한 소속 의원들에게 내부 소식지를 계속 배포하고 있기는 하지만, 한때 행동과 미래를, 그리고 당과 지식인들을 연결해주던 고리는 이제 파괴되었다. 정당은 대안적인 생각들을 제시하지 못하고, 작가와 사상가는 지적인 창조나 유토피아적 이데올로기와는 무관한 산업적이고 상업적인 성격의 방송망에 운명을 걸어야 하는 처지가 되었다. 활자계로부터 시각계로의 변화는 당의 기술적 기반과 당의 교의적 논리 사이에 있는 연결고리를 와해시켰다. 정치에서 좌파와 우파의 구분은 상호 간의 불일치를 생산하는 수단, 곧 기술을 기반으로 하는 신문·비평·연구기관·독서회·협의체·협회 등등의 연결망에 의존했다. 사회적 계급 없이는 계급투쟁도 없다. 의견의 충돌 없이는 당파투쟁도 없고, 분쟁 없이는 정치도 없는 것이다. 하지만 돈이 방송 전쟁의 유일한 원동력이 되자 관념의 투쟁은 사라졌다. 그 대신 이미지와 개성의 투쟁이, 특종과 인터뷰를 따내려는 싸움이 도래한 것이다. 이러한 투쟁에서 당의 필요성은 사라져버렸다.

이전에 사회주의자 대회의 의사록은 6개월 후 고스란히 한 권의 책으로 출간되었고—프랑스 노동자 운동을 통합했던 1879년 마르세유 대회의 의사록은 무려 8백 쪽에 달했다—그 책은 곧 다음 개회 때까지 일종의 정전이 되었다. 오늘날에도 정치계에는 수많은 토론과 회의와 총회가 있지만, 그 결과물들을 묶어놓은 기록을 서점에서 찾는 일은 헛수고가 될 것이다. 참가자들은 마치 옷에 관해 말하는 것처럼 사상에 관해 '말한다.' (인쇄된) 발의는 단지 텔레비전 옹호자들 사이의 전술적 연합을 위한 구실일 뿐이다. 매체학적 견지에서 보자면, 그 논쟁의 내용이 출판되지 않았으므로 관념에 대한 요청이 없어졌다고 말하는 것은 단지 다소 과장된 표현에 불과하다. 흥행의 새로운 시험장인 텔레비전에게는 관념이 필요하지 않다. 따라서 이는 새로운 '반(反)이데올로기적' 이데올로기이며, 당의 프로그램을 개인적인 제안으로 대체하고 이론적인 지위를 사적인 지위로 대체하는 것이다.

　물론 현재에도 양적으로는 책과 학교와 신문이 보다 많아지고 있다. 책과 학생과 작가와 출판사가 지금보다 더 많이 있었던 적은 없을 것이다. 그러나 매체계는 통계학의 문제가 아니다. 실제로는 형식의 실추와 내용의 급증 사이에, 그리고 산출량의 규모와 그 지위 사이에 반비례의 관계가 있을지도 모른다. 대중 교육은 대학 또는 학교의 상징성을 희석하고 소멸시켰다. 교육은 이제 지하철과 전기 공급처럼 하나의 공공사업이 되었으며, 따라서 학생을 다룬다기보다는 고객을 다루는 분야가 되었다. 이 시각계의 시대에는 활자계의 시대보다 훨씬 더 많은 공공 도서관이 존재하고 있지만, "인간 정신의 작업장"(그레구아르Grégoire 신부의 말)이었던 도서관은 이제 정보를 운반하고 입수하는 장소가 되었다. 일찍이 이렇게 많은 책들이 출간된 적이 없었고—프랑스에서는 한 해에 3만 5천 권의 신간이 출간된다—이렇게 많은 판본들이 나온 적이 없었다. 그러나 독자층은 줄어들고 있고, 책이 지닌 아우라 혹은 책에서 남는 것이라고는 저자의 얼굴밖에는 없게 되었는데, 이는 텔레비전에 나오는 것이 바로 그 저자의 얼굴이기 때문이다. 예외적이기는 하지만 문자 언어는 여전히 무언가를 파괴할 수 있는 영향력을 갖고 있다. 하지만 문자 언어가 아직도 무언가를 산출할 수 있을까? 또 만약 그렇다면 무엇을 산출할 수 있을까?

시간, 속도, 그리고 환경

이 질문에 대답할 수 있는 첫 번째 요소는 시간성(temporality)이다. 확산의 은유는, 그것이 열기이든 액체이든 간에, 매우 느린 과정을 포함하는 경향이 있다. 1850년 또는 1880년에 성립되었던 하나의 아이디어는 처음에는 주목받지 못했지만 영원히 사라진 것은 아니었다. 그 화학 작용에는 시간이 필요했다. 하나의 전언이 후일의 만남을 기약하며 보류된 채로 살아남았다. 이렇게 연기된 행동의 작용들 중 가장 좋은 사례는 마르크스 저작의 보급이다. 마르크스의 출간 저작들이 효력을 나타내는 데에는 20년 또는 30년의 시간이 걸렸다. 생산에서 전달까지 걸리는 시간차가 교의의 궁극적 영향력에서는 중대했다. 『자본』 제1권의 프랑스어본 초판이 모두 판매되는 데에는 25년의 시간이 걸렸다. 『자본』 제1권 프랑스어판의 서문을 이루는, 1872년에 '모리스 라샤트르(Maurice Lachâtre) 시민 동지'에게 보낸 저 유명한 편지에서 마르크스는 이렇게 썼다. "『자본』(Das Kapital)의 번역을 정기적으로 분책(分冊)하여 출판하려는 당신의 생각에 저는 박수를 보냅니다. 이러한 형태로 나오게 된다면 노동자계급은 이 책에 보다 쉽게 접근할 수 있을 것입니다. 그리고 저에게는 바로 이 점이 다른 무엇보다도 우선합니다."* 마르크스가 말한 저 노동계급이 자신이 착취당하고 있다는 앎에 '접근'하는 데에는 시간이 걸렸다. 1872년에서 1875년 사이, 라샤트르는 각기 40쪽으로 이루어진 44개의 단락들을 건네받았다. 대담하게도 첫 번째 분책은 만 부를 찍었으며 가격은 10상팀

---

* 이 부분은 마르크스가 직접 불어로 쓴 수고(手稿)를 번역했다. 프랑스어판은 Karl Marx, *Le Capital. Livre I, sections I à IV*(Paris: Flammarion, 1985), p. 32 참조. 독일어판은 *Marx-Engels Werke, Band 23: Das Kapital. Erster Band*(Berlin: Dietz, 1962), p. 29(그리고 p. 31의 독일어 번역) 참조. 여기서 드브레는 이 부분만을 인용하고 있지만, 마르크스는 이 편지에서 바로 뒤이어 분책을 했을 경우 우려되는 점들 또한 밝히고 있다.

(centime)이었다. 발간 첫날이 판매의 최고조였는데, 234부가 팔려나갔다. 그러고 나서 재난이 닥쳤다. 광고 비용도 없었고 그 어떤 정치조직의 지원도 없었던 것이다. 게드의 노동당(Parti Ouvrier)으로부터 도움을 받아 25년이 지나서야 남은 책들을 모두 팔 수 있었다.[13] 사실 『자본』이 소수의 투쟁적이고 과학적인 집단들 사이에서 진지하게 주목받기 시작했던 것은—마르크스 사후 7년이 지난—1890년에 이르러서였다. 그때까지 『자본』은 단지 축약된 판본(델빌Delville이 1883년에 253쪽으로 줄인 요약본)으로만 읽히거나 폴 라파르그의 세미나 같은 곳에서만 소개되었을 뿐이었다.

런던에서 독일어로 출판된 『공산주의자 선언』(Communist Manifesto)은 거의 파장을 일으키지 못했다. 1871년 코뮌 시기 때까지 『공산주의자 선언』은 '서지학적 골동품'으로 간주되었다. 씌어진 지 24년이 지난 1872년에 이르러서야 겨우 마르크스의 딸 라우라 라파르그의 주도하에 프랑스어로 간행될 정도였다. 1885년에 이르자 그 책은 어느 정도 성공을 거두기 시작했다. 『철학의 빈곤』(The Poverty of Philosophy)은 1847년 6월에 파리에서 자비로 출판되었다. 6개월 동안 팔린 것은 96부가 전부였다. 출판사는 저자의 친구들에게 무료로 견본을 발송하면서 포장비와 우송료로 단지 15수(sou)만을 청구했는데, 견본을 받았던 모든 이들이 책을 다시 돌려보냈다. 알프레드 쉬드르(Alfred Sudre)가 1848년에 쓴 『공산주의의 역사』(Histoire du Communisme)에서는 532쪽을 통틀어 마르크스와 엥겔스에 대한 언급이 단 한 번도 나오지 않았다. 『자본』의 초판에 대해서는 프랑스어로 된 서평이 두 편 있었는데, 모두 모호하고 고답적인 잡지에 실렸던 것들뿐이었다. 하나는 모리스 블로크가 『경제학자 저널』(Journal des Économistes)지에 기고했던 것이고, 다른 하나는 외젠 드 로베르티가 『실증철학』(Philosophie positive)지에 기고했던 것인데, 이 서평들은 마르크스가 "미래에 대한 구체적인 제안은 하지 않은 채 단

---

13) Maurice Dommanget, L'Introduction du marxisme en France, Lausanne 1969 참조.

지 비판만을 하고 있다"고 비난했다. 마르크스의 저작에 관해 영어로 씌어진 기사는 여전히 매우 드물었는데, 그런 기사가 있다면 1881년 겨울 아내가 임종할 때 "그녀의 마지막 순간들을 밝혀주기 위해" 그 기사를 읽어주었을 것이라고 마르크스 자신이 쓰고 있을 정도이다. 마르크스의 생애와 사상적 지위가 인문과학 분야에서 이론적 연구를 행하는 모든 학파들을 뒷받침하고 있는 현재의 상황을 떠나 돌이켜 보자면, 난해한 책들을 쓰고 그 책들 중 어떤 것도 평판을 얻지 못했던 한 무명의 저자가 결과적으로 어떻게 백 년 동안 전 세계의 '성격을 결정지을'(inform) 수 있었던가 하는 것은 하나의 의문이다.

두 번째 요소는 환경(environment)이다. 1억 4천만 년에 걸친 중생대 시기 동안 포유류는 전 지구적으로 분포하지 못했다. 백악기 말에 공룡들이 갑작스레 멸종하고 나서야 포유류는 극히 제한적이었던 생태적 지위(niche) 밖으로 과감히 나와 육지에서 증식할 수 있었다. 대륙 기단들 사이에서 일어나는 지구물리학상의 대격변이 유리한 기후 변화를 일으키지 않았다면(그래서 식물계와 동물계에 변화가 일어나지 않았다면), 익룡과 50톤짜리 브라키오사우루스(brachiosaurus)를 상대로 한 경쟁은 물론이고 종들 사이에서 생존 수단의 불균형 같은 것 또한 생각할 수 없었을 것이다.

문화적 소생물권(biotope) 역시 〔생태학적 소생물권 못지 않게〕 가녀린 균형을 겨우 유지하고 있을 뿐이며, 사회적 관념들의 정글 속에서도 적자생존이 투쟁의 수단에 일정한 비율을 차지하고 있다. 마르크스는 전(前) 산업시대의 활자계라고 하는 이례적으로 온화한 기후 조건의 수혜를 입었다. 세계 인구는 지금보다 훨씬 적었고 서양에서 식자층은 제한되어 있었기 때문에, 소수의 책들만이 시장에 나왔고 따라서 인정투쟁의 조건이 보다 용이했으며 모든 무기들은 대동소이하였다. 마르크스, 위고, 미슐레가 살던 시대에 유통되던 '난해한' 책의 비율은 베스트셀러와 비교했을 때 1 대 10 정도의 적절한 선을 유지하고 있었으며, 보통은 1 대 5 정도의 비율이었다. 오늘날 그 비율은 1 대 1000 정도가 되었다. 1848년경 당시 청년 마르크스는 소책자와 정기간행물을 대략 각각 천 부 정도 출판하고 있었는데(『철학의 빈곤』이 8백 부, 『독불 연보』가 천 부 정도였는데, 마르크스는 바로 이 『독불 연보』에 「유태인 문제에 관하여」와 「헤겔 법철학 비판 서설」을 실었다), 일급 작가의 책이라고 할지라도 3천 부나 4천 부를 넘지 않았다. 독자 대중의 거대한 성장에도 불구하고 현재에도 이러한 숫자는 정치이론, 경제사, 사회학 분야의 저서들에서 여전히 평균적인 것인데, 반골 기질의 문화 연구 서적의 경우 2천 명의 독자만 얻는다 해도 축복받은 축에 속한다. 하지만 판매망을 지배하는 이들의 의지에 따라 움직이는 대규모 미디어의 공세는 그보다 영세한 많은 소규모 학술 출판사들을 옥죄고 있다. 이러한 작은 출판사들은 책의 가치를 철저히 평균 수명으로만 환원하는 세태 속에서 자신의 생태적 지위를 개척할 여유를 갖지 못하고 있다. 성공적인 출판물은 3개월 정도의 수명을 갖는 것이다. 서점의 진열대에 3주 동안 머물러 있는 것도 그러한 성공의 요소가 될 수 있다. 출판사의 숫자는 팽창했지만, 동시에 폐업 또한 증가해왔다.

만약 자본주의가 이미 상징 상품의 영역을 합병했다면, 아마도 자본주의에 대한 마르크스의 비판은 그리 널리 보급되지 못했을 것이다. 마르크스는 시장 생산의 회로에 비해 뒤떨어져 있던 문화적 회로의 후진성 덕분에 이득을 보았다. 그보다 백 년 후였다면 마르크스는 기회를 잡지 못했을 것이다. 이미지와 시장의 논리 안에서는(문학에 관한 토크쇼, 주간 인기 순위 등) 여러 영역에서 모든 것들이 동등하기 때문에, 『자본』은 그것이 처음 출간되었던 상태 그대로 남아 있었을 것이다. 다시 말해 서적 애호가의 현학적인 사치품이 되기만 할 뿐 대중 정치의 경향을 결정하는 원천이 되지는 못했을 것이다. 마르크스와 엥겔스의 글들은 두 기술적 시대 사이의 중대한 시기에 저술되었다. 그 두 시대란 곧, 단지 육체노동의 부담을 덜어주는 '소극적 기계'(mechanical machine)의 시대와 자연력 자체를 동력화하는 '적극적 기계'(energetic machine)의 시대를 말한다. 국가사회주의는 움직이는 기계의 시대와 정보 기계, 자동차, 텔레비전의 시대 사이에 있었던 두 번째 중대한 시기에 발전하게 된다. 이와 비슷하게 공산주의가 흥망성쇠를 이루었던 한 세기는 두 시대에 걸쳐 그 절정에 달했다. 문자적 기억의 시대와 아날로그적 기억의 시대가 바로 그것이다. '과학적 사회주의'는 전기 기계적 전송 방식(윤전기, 전보)이 전자 방송으로 변모하는 와중에서 살아남지 못할 운명이었다. 일당체제는 전화의 시대에 그리 적합하지 못했다. 당은 무선 전화의 시대에도 살아남았지만 사실 트랜지스터 라디오의 시대가 그 한계였다. 브라운관과 실리콘 칩은 전면적인 위기를 초래했다. 국경을 넘는 라디오 방송은 과거의 잔재를 일소해버렸고, 생방송 위성은 그러한 과거의 장례식을 주재하기에 이르렀다.

사회주의의 경우와 같은 문화적 재생산의 위기는 비슷한 양상에 처한 다른 문화들의 지배적 법칙들 또한 깨뜨리는 경향이 있다. 우리는 미국 트로츠키주의자들의 전철을 밟지 않도록 경계해야 한다. 전후(戰後)시대 미국에서 트로츠키주의의 전멸로 기록되고 있는 그들은 이데올로기가 지구 상에서 사라져버렸음을 기정사실화했던 것이다. 문화 자체를 특정한 하나의 문화와 혼동하고 한 시대의 종언을 시간 자체의 종언과 혼동하는 것은 전통주의자들이 범하는 전통적인 실수이다. 모든 몰락은 부활을 예고하며, 앞문을 통해 날아가버린 신은 곧 다시 창문을 통해 돌아올 것이다.

감옥, 망명, 전화

사회주의의 생태학은 한때 공동체의 결속을 보장했던 반문화적인(anti-cultural) 요소들은 말할 것도 없고 문화 외적인(extra-cultural) 요소들까지도 설명해야만 한다. 이슬람교도나 기독교도처럼, 실제로 정치적 투사는 결코 고립되어 있지 않다. 그는 언제나 집단의 한 일원인 것이다. 정치적 참여는 집단의 이미지가 개인에게 전이되면서 이루어지며, 투사가 지닌 소속감의 강도(强度)는 그의 활동 역량을 평가할 수 있는 척도가 된다. 행동학(ethology)

이 우리에게 가르쳐준 것은, 환경이 적대적이 될수록 영장류 사회는 더욱 결속력을 갖게 된다는 사실이다. 이러한 관점에서 모든 신자(信者)들과 마찬가지로 혁명가들 역시 그 무엇보다도 영장류에 다름 아니다.[14] 그들은 추방과 감금에 대한 본능적인(visceral) 욕구를 갖고 있다. 이는 고집스러운 불복종의 사유를 탄생시킬 수 있는 환경에 필요한 역사적 조건이다. '노동자 운동'은 관료주의화하면서 실패하게 되었는데, 억압받는 자라고 하는 부러운 위치를 억압하는 자라고 하는 치명적 지위와 맞바꿨던 순간 노동자 운동을 이끌었던 뇌의 기능은 정지하고 말았던 것이다. 따라서 동유럽의 반체제 인사들은 관료주의적 통치에 대해 정신적으로 크나큰 우월감을 가질 수 있었는데, 이는 예전에 모든 분리주의 지식인들이 지닌 자산들 중에서도 그들이 특히 감옥과 망명이라는 자산을 다시금 물려받았기 때문이었다. 한 세기에 걸친 사회주의의 확장과 수축의 역사에서 얻을 수 있는 교훈이 있다면, 그것은 억압이 있는 한 희망이 있다는 것이다.

 이를 설명해보자. 사회주의는 적대적인 환경 안에서 대항적인 보급 매체를 정립하기 위한 하나의 시도였다. 만약 이 무정형의 공간 안에서 미시적 회로의 연대가 그들만의 소환경(mini-milieu)을 정립하지 못했다면, 사회주의 사상이 하나의 '이데올로기'가 될 수 있었을까? 저렴하게 운영할 수 있는 정보망, 대안적인 공동체, 대항문화 등에 힘입어 그들은 그들을 포위하는 외부의 힘에 저항하는 역량을 키울 수 있었다. 문자에 대한 신화로부터 사회적인 행동으로 도약하는 불꽃을 일으키기 위해서, 노동자 해방이라는 책무를 맡은 전기공(電氣工)들은 주류적인 전선들과 연결을 끊고 그들만의 임시적인 전선을 가설해야만 했다. 지하 단체를 조직하는 방법론은 그러한 전선을 보호하는 일종의 피복(被覆)으로서 부르주아의 전파 방해와 혼선 장애로부터 프롤레타리아의 전신망을 지켜내기 위한 것이었다. 이러한 은밀함의 로맨스는 본질

---

14) 영장류(primate): 양손을 쓰며 완전한 치아 발생을 보이는 태반형성 포유류 동물.

적으로 통신상의 실용주의(communicative pragmatism)였다. 지난 두 세기 동안 혁명이 걸어온 발자취를 더듬어 가보자면, '불평(murmur)과 음모(plot)'가 생길 수밖에 없는 곳으로 프랑수아 라블레가 언급하고 있는 저 방호벽과 그늘진 구석을 만나게 된다.*

네 가지 버전의 똑같은 뉴스 방송이 매일 저녁 모든 이들의 이목을 집중시키게 되면서, 세포 또는 분파의 벽에는 구멍이 뚫리고 결국 그 벽들은 방송을 타고 날아가버린다. 지금까지는 그 벽들이 외부 세계와는 다른 압력과 기온을 그럭저럭 유지할 수 있었다. 상징적 흐름의 균질화는 순응하지 않는 세포핵들을 공통의 헤게모니 가스 안으로 녹인다. 이제 모든 사회 집단들의 주된 연결고리가 되어버린 텔레비전은 내부와 외부의 경계를 침식하면서 누구나 쉽게 정보에 접근할 수 있게 만든다. 텔레비전 뉴스가 8시간짜리 논쟁의 요점을 잘 요약해주는 마당에, 풀뿌리 당원인 내가 왜 당 회의에 굳이 참석해야 하는가? 회의장 밖 저쪽에 있는 내 이웃이 내가 당에 대해서 아는 것만큼이나 많은 것을 알고 있는 마당에? 저널리스트는 당 지도자만큼이나 때로는 그보다 더 많은 것을 알고 있기도 한데, 왜냐하면 그는 모든 사람들에게 이야기하고 사람들 또한 그에게 그렇게 이야기하기 때문이다. 텔레비전의 이데올로기적 영향력은 당의 영향력보다 우위에 있는데, 이는 텔레비전의 대중 조직 방식이 모든 사회주의 집단들을 집어삼켜 균질화하는 것이기 때문이다.

반면 혁명적 사회주의자가 이러한 텔레비전에 비해 특권적으로 진화시킨 두 가지 생태적 지위는 바로 감옥과 망명이었다. 집중하기 위해서 감옥이 있

---

* 여기서 드브레는 라블레가 쓴 『가르강튀아』(Gargantua)의 제52장 내용을 암시하고 있는 것인데, 이는 텔렘(Theleme)에 수도원을 지으면서 따로 벽을 세우지 않겠다고 말하는 가르강튀아에게 수도사가 다음과 같은 말로 동의를 표하고 있는 부분이다. "앞과 뒤로 벽(mur)이 있는 곳에서는 많은 불평(murmur)과 시기와 상호 간의 음모가 생겨납니다." Rabelais, Œuvres complètes (Paris: Gallimard, coll. "Bibliothèque de la Pléiade", 1994), p. 138 참조. 라블레는 여기서 '벽'(mur)과 '불평'(murmur)의 어원적 유사성을 이용하여 언어유희를 하고 있다.

었고, 운동을 벌이기 위해서 망명이 있었다. 사실 글읽기와 글쓰기는 정의상 사치스러운 일인데, 왜냐하면 이를 위해서는 여가 시간이 필요하기 때문이다. 19세기의 구치소만큼이나 많은 시간을 자기 자신에게 몰두할 수 있던 곳이 또 있었을까? 감옥은 반체제 인사들의 또 다른 대학이었으며, 고등교육을 받고 최상의 도덕적 자각을 얻을 수 있는 자리였다. 새뮤얼 존슨은 이렇게 말했다. "이 주일 후에 교수형 당할 것을 알고 있을 때, 사람의 마음은 놀랄 만큼 집중력을 발휘한다." 또한 프루동은 이렇게 말한다. "나는 내 모든 것을 절망에 빚지고 있다." 관료들이여, 지식인은 감옥에서 출현한다는 점을 명심하라. 그는 그곳에서 성숙하고 힘을 얻게 된다. 서구 자본주의와 동구 공산주의에 대항하는 사회적 항거의 실험실은 독재체제하의 강제수용소와 포로수용소였다. 우파와 좌파, 혁명가와 반혁명주의자(조세프 드 메스트르Joseph de Maistre나 솔제니친, 또는 도스토예프스키나 모라스) 모두 이러한 매체학적 특권의 수혜를 입었다. 그리스정교회 또한 소비에트의 유형지에서 더욱 나은 모습으로 등장하게 되었다.

　1840년부터 1930년까지 유럽의 감옥에 수감됐던 이들의 명단을 살펴보면, 우리는 그 속에서 영예로운 마르크스주의자들의 이름을 찾아볼 수 있다. 이러한 명예로운 명단의 전통은 동구에서는 스탈린의 강제노동수용소가 등장하면서(그리고 빅토르 세르주Victor Serge를 마지막으로) 막을 내린다. 서구에서는, 바뵈프에서 프루동을 거쳐 안토니오 그람시에 이르기까지, 그리고 블랑키에서 아우구스트 베벨을 거쳐 게드에 이르기까지, 자본에 의해 수감된 이들이 하나의 반자본주의적 계보를 형성하고 있다. 레닌이 상트페테르부르크 감옥에서 저술하기 시작한 그의 주저 『러시아 자본주의의 발전』(The Development of Capitalism in Russia)을 완성할 수 있었던 것은 그가 시베리아로 추방되고 나서였다. 카를 리프크네히트, 로자 룩셈부르크, 트로츠키, 블룸(감옥 안에서 자신의 최고작을 썼다) 등 사회주의 사상에 족적을 남긴 거의 모든 이들은 전부 투옥된 경험이 있다. 망명이라는 말은 우리로 하여금 청년기에 추방되었던 '마르크스와 엥겔스'를 떠올리게 한다. 반세기 동안 대부분의 러시아 지식인들은 차르 체제 때문에—하지만 바로 이 체제 때문에 지식인들의 조직화 또한 이루어질 수 있었는데—은밀하게 활동할 수밖에 없었다. 프랑스의 사회주의는 영국에서 탄생했으며, 이탈리아와 중국과 베트남의 공산주의는 프랑스에서 탄생했다. 어디서나 쫓기는 신세였던 예전의 사회주의는 국경을 넘는 일에 능숙하게 되었고, 따라서 유럽 문화가 낳은 순수한 산물로서 등장할 수 있었다. 에르는 문명화의 등급이 세계시민주의(cosmopolitanism)의 정도에 따라 측정될 수 있다고 말했다. 뿌리가 뽑히는 경험은 다른 것과 자신을 비교하기를 권하면서 이성을 일깨운다. 이는 언제나 좋은 시작인 것이다.

스탈린과 마오쩌둥의 이름은 저 망명자들의 명단에서 빠져 있다. 스탈린은 거의 러시아를 떠나지 않았고 마오쩌둥 역시 중국을 떠나지 않았다(모스크바에 간 적이 있긴 하지만, 거기서도 그는 바깥세상을 보려고 하지 않았다). 이러한 사회봉건주의의 독재자들은 정주(定住)하기를 좋아하는 영혼의 소유자들이었다. 대체로 이런 위대한 편집증 환자들은 오직 모국어만을 말할 줄 안다. 자신의 땅에 붙박여 있는 그들에게는 타자에 대한 호기심도 전혀 없고 타자에 도전하거나 그와 융합하고자 하는 충동 또한 전혀 없다. 전제군주들은 여행을 두려워하는데, 방향 감각의 상실과 불쾌한 만남에 겁을 먹는 것이다.

더욱이 매체계는 앞서 언급했던 사회주의자들의 생산성이 지닌 이산적 성격(diaspora)을 제거해왔던 것으로 보인다. 그들이 이산(dispersion)되어 있음으로써 서신 교환이 촉진되었고 따라서 〔오히려〕 지식인들의 창조성이 꽃필 수 있었던 것이다. 몸은 자주 만나지 못하더라도 마음은 서로 더 가까이 있었다. 사회주의적 글쓰기가 서간 문학에 지고 있는 빚을 고려해야 한다. 마르크스와 엥겔스는 이론적 작업의 절반을 편지로 수행했으며, 사실상 그들의 모든 정치적 활동은 우체통을 거쳐서 이루어졌던 것이다. 마르크스에게 제1인터내셔널은 노동계급의 중앙 통신 사무국을 의미했다. 오늘날 투사들은 더욱 사회화되고 있지만 각자가 지닌 생각들에 대해서는 점점 더 무지해지고 있다. 대화는 더 늘어났는데 논쟁은 더 줄어든 것이다. 전화는 서신의 기술을 파괴했고, 그러한 과정을 통해 합리적 체계화의 시도가 지니고 있었던 도덕적 지위가 손상되기에 이르렀다. 전자우편이 이를 회복시켜주진 못했다. 우리가 전화 수화기를 붙들고 일련의 복잡한 원리와 주제들에 관해 이야기를 나누는 일은 거의 없다. 우리는 수다를 떨기 위해 전화를 사용한다. 일반적인 담론은 내밀한 개인적 삶이 지닌 장신구 목록에나 어울릴 법한 것이 되었다. 휴대전화, 인터넷, 노트북 컴퓨터와 비행기는 국제화(internationalization)를 위해서는 좋은 것이지만 연대의 유기적 성격을 감소시키는 것이며, 따라서 오히려 국제(사회)주의(internationalism)에는 치명적인 것이다. 그것들은 개인적 관계의 영역을 확장하지만, 동시에 그 관계들을 사적인 것으로 만들 뿐이다. 말하자면 그것들은 세계화하면서도 오히려 특수화하고 있는 것이다. 휴대전화는 끝없는 일대일 관계일 뿐이며, 우리의 머리에서 보편적인 것을 몰아낸다.

그러므로 사회주의의 위기란, 비록 사회주의가 자신의 설립 원리들을 다시 세울 수 있다고 할지라도, 그러한 원리들이 가능했던 문화적 논리, 사유 생산의 회로와 보급의 단계로는 다시 돌아갈 수 없다는 사실에 있다. 활자계가 붕괴하면서 사회주의는 이전의 무기들을 버리고 시각계에 참여할 것을 강요받고 있는데, 이 시각계의 사유망은 사회주의 문화에서는 치명적인 것이다. 실제적인 사례를 하나 들어보자. 누군가에게 무슨 일이 일어나고 있는지를 알기 위해서 우리는 텔레비전을 봐야만 하고, 따라서 집에 머무를 수밖에 없다. 이는 말하자면 부르주아적 자택 감금이라고 할 수 있는데, 왜냐하면 '한 사람의 집은 곧 그의 성(城)이다'라는 말 아래에 웅크리고 있는 것은 '사람들은 모두 자기 일만 생각한다'는 의미이기 때문이다. 육체적으로 무기력한 방관자가 됨으로써 동시에 시민의 지위 또한 무력해지는 것이다.

우리는 문자계, 활자계, 시각계 ― 이는 곧 언어, 출판물, 영화를 가리키기도 하는데 ― 라고 하는 '세 개의 시기'로부터 사회적인 사유를 위한 어떤 깊은 함의들을 이끌어낼 수 있을까? 사회적 집단성이 가질 수 있는 일련의 규준과 기능을 일람표로 만들고 각각의 시기에서 그러한 규준과 기능에 부합하는 특정한 양태와 형식을 정리해보는 일이 가능할 것이다(다음 표를 보라). 이에 따르자면, 문자계의 상징적 권위는 보이지 않는 것(the invisible)에 있고, 활자계의 상징적 권위는 인쇄된 언어(the printed word)에 있으며, 시각계의 상징적 권위는 보이는 것(the visible)에 있다. 세 시기에 해당하는 개인의 지위는 각각 주체/백성(subject), 시민(citizen), 소비자(consumer)가 된다. 그리고 개인적인 권위를 이루는 금언은 각각 '신이 내게 말했다'(God told me), '나는 읽었다'(I read it), '나는 텔레비전에서 보았다'(I saw it on TV)가 되는 것이다.

	문자계 (글쓰기)	활자계 (인쇄)	시각계 (시청각)
집단적 이상, 정치적 경향	일자(一者) (도시, 제국, 왕국) 절대주의	전체(全體) (민족, 인민, 국가) 민족주의와 전체주의	각자(各自) (주민, 사회, 세계) 개인주의와 아노미
시간의 형상, 벡터(vector)	순환 (神, 반복) 과거지향적	직선 (역사, 진보) 미래지향적	점 (時事) 자기지향적, 현재 예찬
권위를 지닌 세대	연장자	성인	청년
정신적 계급	교회 (선지자, 성직자)	지식인 (교수, 박사)	미디어 (방송사, 제작자)
적법성의 근거	신적인 것 (그것은 성스러우므로)	이상적인 것 (그것은 진리이므로)	효과적인 것 (그것은 작용하므로)
추동력	신앙 (광신)	법 (교조주의)	의견 (상대주의)
개인의 지위	주체/백성 (지배받는)	시민 (설득당하는)	소비자 (유혹당하는)
동일시하는 신화	성자	영웅	유명인
개인적 권위의 금언	'신이 내게 말했다'	'나는 읽었다'	'나는 TV에서 보았다'
상징적 권위의 기반	보이지 않는 것	읽을 수 있는 것	보이는 것
주관의 무게중심	영혼	의식	육체

이러한 세 개의 체제들(regimes)이 각각 고유한 지배적 형식과 양태를 주창하면서 그 자신의 역사적 시대에 성공을 구가하기는 했지만, 우리 모두가 이 세 시대들을 전부 동시에 함유하고 있다는 사실은 말할 필요도 없을 것이다. 우리들 안에는 서예를 하는 동양과 인쇄를 하는 유럽과 영화를 상영하는 미국이 모두 들어 있는 것이다. 이 세 개의 대륙들은 각각 자신의 자리를 유지한 채 우리 안에서 서로 협상하고 있다. 우리들 각각은 동시에 신(God)이기도 하고 이성(Reason)이기도 하며 감정(Emotion)이기도 하다. 곧 우리는 동시에 신의 지배를 지지하는 자(theocrat)이고, 관념의 지배를 지지하는 자(ideocrat)이며, 시각의 지배를 지지하는 자(videocrat)이기도 하다. 우리는 성자이자 영웅이며 스타이다. 우리는 시간을 넘어 그 바깥에 있기를 꿈꾸기도 하고, 우리가 살고 있는 세기에 대해 사유하기도 하며, 오늘 저녁에 무엇을 할지 궁금해하기도 하는 존재인 것이다.

〔최정우 옮김〕

생명정치적인 것의 벡터들

맬컴 불(Malcolm Bull)

인간은 본성상 정치적 동물이다.
―아리스토텔레스, 『정치학』

이 아리스토텔레스의 한 문장에서 주목을 끄는 21세기의 두 가지 이론적 담론이 유래한다. 조르조 아감벤이 주권과 신체의 관계에 입각해 도발적으로 재정식화하는 미셸 푸코의 생명정치, 그리고 아마르티아 센과 마사 누스바움이 발전, 정의와 자유를 평가하고 증진하는 수단으로서 전개하는 능력 접근(capabilities approach)이 그것이다. 둘 다 서구 정치사상의 원천들에 대한 깊은 성찰, 그리고 현대 사회적·법적 문제들에 대한 긴박한 개입이 특징적이다. 둘 다 일정한 의미에서 생명정치적이며, 동일한 아리스토텔레스적 범주들―인간과 동물, 정치와 자연―을 교차시켜 형성되고 있다. 그러나 두 담론은 1960년대 이후 인문과학에서 개시된 분할의 반대편에 있으며, 그것들을 동시에 볼 수 있는 시각, 그들의 통찰을 통합하거나 비교할 길은 지금 없는 것처럼 보인다.

일부분 이것은 정치적 논쟁이 다양한 단일 쟁점들로 파편화되어 나타나는 상황을 반영한다. 고전적인 '누가 지배할 것인가?'와 근대적인 '누가 무엇을 가져야 하는가?'는, 전적으로 문화적·개인적이거나 아니면 전적으로 자연적인 사안들을 다루는 일련의 질문들로 보충되어왔다. 이전 시기에는 문화, 신체와 환경의 상대적 통합성과 경직성으로 인해 그런 질문들이 꼭 필요하지는 않았다. 이제 그것들은 대개 기존 정치 전통에서는 답변할 수 없는, 그리고 서로 비교할 수 없는 것으로 나타난다.

이런 확장된 영역에서, 생명정치와 능력 접근은 둘 다 별개라고 여겨지는 쟁점들을 함께 묶어낸다는 점에서 비범한 특징과 잠재력을 갖고 있다. 게다가 그것들이 좌표화될 수 있다면, 아마 우리는 새로운 영토의 지도를 그리기 시작할 수 있을 것이다.

벌거벗은 생명

『성의 역사』를 시작하는 제1권에서 푸코는 다음과 같이 지적했다. "수천 년 동안 인간은 아리스토텔레스가 이해한 존재, 즉 정치적 실존의 능력을 추가로 지닌 살아 있는 동물이었지만, 근대인은 살아 있는 존재로서 자신의 실존이 정치에 달려 있는 동물이다." 인간의 생물학적 삶은, 정치적 삶이 전제하는 "접근 불가능한 기반"을 가진 존재라기보다는 오히려 이제 "앎의 통제 분야와 권력의 개입 영역으로 넘어간다."[1]

푸코에 따르면, 이것은 신체 규율과 인구 조절의 발전을 통해 생겨났다. 그

---

[1] Michel Foucault, *The History of Sexuality: An Introduction*, tr. Robert Hurley, Harmondsworth 1984, pp. 143, 142. 〔이규현 옮김, 『성의 역사 1』, 나남, 2004, 160, 159쪽. 저자의 인용문 가운데 한국어판이 있을 경우 해당 쪽수를 병기한다. 그러나 번역은 그대로 따르지 않고 맥락에 맞게 수정한다. ─ 옮긴이〕

중에서 전자는 개별적인 인간 신체, "그 능력의 최적화를 통한" 점증하는 유용성과 경제적 통합에 초점을 맞추었다. 후자는 집합적 신체에 초점을 맞추었다. 즉 "출생과 사망, 건강 수준, 평균 수명과 장수" 그리고 그것들을 통제하는 환경 변수들이다.[2] 그 결과는 인간의 동물적 삶이 정치와 무관하기는커녕 이제 정치의 주제가 되었다는 것이다. "매우 정교해진 정치 기법을 통해 달성된 일종의 인간의 짐승화."[3]

한나 아렌트에게서 실마리를 취하는 아감벤은 정치적 실존과 짐승된 삶이 별개의 존재 유형을 대표한다고 주장한다.[4] 그는 그리스에서 조에(zōē)가 여타의 살아 있는 피조물들이 공유하는 영양 섭취와 재생산의 자연적 삶을 위한 용어였고, 반면에 비오스(bios)는 특유의 인간 삶을 사는 방식을 묘사하는 데 사용되었다고 주장한다.

> 플라톤이 『필레보스』(Philebus)에서 세 종류의 삶을 언급할 때, 그리고 아리스토텔레스가 『니코마코스 윤리학』(Nicomachean Ethics)에서 철학자의 관조적 삶(bios theōrētikos)을 쾌락적 삶(bios apolaustikos)이나 정치적 삶(bios politikos)과 구분할 때, 두 철학자 모두 조에라는 용어를 쓴 적은 없었으며 [……] 아테네 시민들의 정치적 조에(zōē politikē)라는 말은 성립하지 않았다.[5]

---

2) Foucault, *History of Sexuality*, p. 139. 〔『성의 역사 1』, 155~56쪽〕
3) Giorgio Agamben, *Homo Sacer: Sovereign Power and Bare Life*, tr. Daniel Heller-Roazen, Stanford 1998, p. 3(이하 *HS*)에서 푸코의 인용. 〔박진우 옮김, 『호모 사케르』, 새물결, 2008, 37쪽〕
4) "이 종별적으로 인간적인 삶의 주요 특징[……]은 삶 자체가 궁극적으로 하나의 이야기로 말해질 수 있는, 전기를 수립하는 사건들로 항상 가득 차 있다는 것이다. 바로 이런 삶, 단순한 조에(zōē)와 구분되는 비오스(bios)에 대해 아리스토텔레스는 '어쨌든 일종의 프락시스(praxis)'라고 말했다." Hannah Arendt, *The Human Condition*(1958), Chicago 1998, p. 97(이하 *HC*). 〔이진우·태정호 옮김, 『인간의 조건』, 한길사, 1996, 152쪽〕
5) *HS*, p. 1. 〔『호모 사케르』, 33~34쪽〕

정치적 삶과 "살아 있다는 단순한 사실"의 차이는 따라서 비오스와 조에의 근원적인 구별에 근거한다. 바로 이런 견지에서 우리는 아리스토텔레스의 다음과 같은 단언을 읽어야 한다. 폴리스(polis)가 "생존을 위해 존재하게" 될지라도, "그것은 좋은 삶을 위해 존재한다."[6] 폴리스는 '벌거벗은 생명', 단순한 인간 생존을 보호하려는 욕구에서 생겨났을지 모르지만, 그것은 더 이상 그런 욕구를 위한 것이 아니다. 단순한 자연적 삶은 "엄격한 의미에서 폴리스에서 배제되며, 오이코스(oikos) 즉 '가정'의 영역에 — 단순한 재생산을 위한 삶으로서 — 국한되어 있다."[7]

처음부터 서구 정치사상의 근본적인 이원성은 "벌거벗은 생명/정치적 실존, 조에/비오스, 배제/포함"이다. 푸코가 묘사한 이행은 따라서 세계사적 중요성을 지닌 사건이고, "조에가 폴리스 영역에 진입하는 것〔……〕은 근대성의 결정적 사건"이다. 하지만 푸코가 우선적으로 신체에 관한 19세기 담론과 규율의 발전을 통해 생명권력의 주체/객체가 되는 것으로 인간의 동물적 삶을 이해했다면, 아감벤은 "권력에 대한 법·제도적 모델과 생명정치적 모델 사이의 숨겨진 교차점"에서 대안적 원천을 정립한다.[8]

카를 슈미트를 좇아서 아감벤은 주권자가 예외를 결정하는 자이고, 정확히 법으로부터 배제되어온 것, 이른바 자연상태를 법 속에 재포함한다고 주장한다. 비오스가 아니라 조에는 자연상태에, 그리하여 주권자가 폴리스 속에 '벌거벗은 생명'을 재포함하는 효과를 갖는 예외상태에 특징적인 삶의 형식이다. 주권은 예외를 결정하는 능력에 의해 전적으로 정의되기 때문에, 당연히 "벌거벗은 생명을 정치 영역에 포함하는 것은 주권 권력의 — 은폐되어 있을지라도 — 원형적 핵심을 구성한다. 심지어 생명정치적 신체의 생산이 바로 주권

---

6) Aristotle, *Politics*, tr. Harris Rackham, Cambridge, MA 1932, 1252b30. 〔나종일·천병희 옮김, 『정치학/시학』, 삼성출판사, 1990, 43~44쪽〕
7) *HS*, p. 2. 〔『호모 사케르』, 35쪽〕
8) *HS*, pp. 8, 4, 6. 〔『호모 사케르』, 45, 38, 42쪽〕

권력의 원형적 활동이라고 말할 수 있다."⁹⁾

　아감벤은 한편으로는 사적인 것과 정치적인 것, 다른 한편으로는 자연과 문화를 전혀 구별하지 않는다. 그에게 "주권 권력의 근본적인 활동은, 원형적인 정치 요소로서 그리고 자연과 문화, 조에와 비오스 간의 절합의 문턱으로서 벌거벗은 생명의 생산이다." 이것의 함의는, 음성(동물과 공유하는 소통의 표현 형식)과 언어(폴리스에서 정의를 확립하는 데 필요한 합리적 소통) 간의 아리스토텔레스적 구별의 측면에서 정교해진다. "어떻게 해서 생명체가 언어를 갖게 되는가?"라는 질문이 "어떻게 해서 벌거벗은 생명은 폴리스에 거주하게 되는가?"라는 질문에 정확히 조응한다고 주장하면서, 아감벤은 예외상태의 특징을 소통이 박탈된 삶-형식들의 생산이라고 제시한다.¹⁰⁾

　19세기 생물학자 에른스트 헤켈(Ernst Haeckel)이 제시한 모델은 말(speech) 없는 원인(猿人)을 설정하는, 호모 사피엔스(homo sapiens)의 진화론적 선조인 호모 알랄루스(homo alalus)이다. 어떤 의미에서 말하지 않는 자는 유인원이기보다 사람일까? 피조물을 이미 완전한 인간으로 정립하고 나서 그에게서 말을 박탈하는 것이 간단한 문제일까? 동일한 방식으로, 예외상태는 "이미 그 자체로 인간적인 존재를 (아직) 인간이 아닌 존재로 배제함으로써, 즉 인간을 동물화함으로써 기능한다."¹¹⁾

　그런 움직임은 주권 권력이 잠재적으로 창조한 삶 형식들의 범위를 명료하게 하면서 확장한다. 그것은 호모 알랄루스 혹은 원인(猿人)만이 아니라, 무젤만(muselmann),* 수용소의 희망 없는 희생자, 식물인간이고 심층혼수상태

---

9) HS, p. 6. 〔『호모 사케르』, 42쪽〕
10) HS, pp. 181, 8. 〔『호모 사케르』, 341, 44쪽〕
11) Giorgio Agamben, The Open: Man and Animal, tr. Kevin Attell, Stanford 2004, pp. 34~38. 이런 측면에서 아감벤은 노예, 야만인, 외국인을 "인간 형식 속의 동물 형상"으로 취급하면서 동물적인 것을 인간화하는 경향이 있었던 고대성이 근대성과 다르다고 주장한다.
* 아우슈비츠의 무슬림.

에 빠진 인물이다. 무엇보다 주권성은 호모 사케르—누구든 자유롭게 죽여도 처벌받지 않는, 고대 로마의 '신성한' 추방자—와 같은 추방자들을 창조했다. 추방자의 삶은 "순수한 조에"이며,[12] 그리하여 폴리스에서 인간의 배제는 폴리스 내부의 벌거벗은 생명의 포함과 동등하다. 이것은 늑대인간이라는 전형적인 형상에서 이중적으로 대표된다.

숲과 도시 사이에서 분열되는 인간과 동물의 기묘한 잡종—늑대인간—은 따라서 원래 도시에서 추방된 인간의 형상이다. 〔……〕 신성한 인간의 삶처럼 추방된 자의 삶은 법과 도시와 무관한 동물적 자연의 일부가 아니다. 오히려 그것은 동물과 인간 사이의 비식별역이자 이행의 문턱이다.[13]

현대 정치에서처럼 예외가 점차 규범이 되는 곳에서, "벌거벗은 생명의 공간—이는 원래 정치질서의 주변부에 위치한다—은 점차 정치 공간과 일치하기 시작"하고, 또한 배제와 포함, 비오스와 조에는 "환원할 수 없는 비식별역"으로 진입한다. 그러므로 "모든 시민들은 잠재적으로 호모 사케르(homines sacri)로 나타난다고 〔……〕 말할 수 있다."[14]

능력들

아마르티아 센이 처음에 아리스토텔레스에게 주목한 것은 전혀 다른 이유에서였다. 즉 효용에 대한 단일한 집합 척도를 강조하는 공리주의에서 스스로

---

12) HS, p. 183. 〔『호모 사케르』, 348쪽〕
13) HS, p. 105. 〔『호모 사케르』, 215쪽〕
14) HS, pp. 9, 111. 〔『호모 사케르』, 46쪽, 225~26쪽〕

벗어나려는 것이었다. 아리스토텔레스는 쾌락들은 그것들과 결부된 활동들 만큼이나 서로 구별될 수 있으며, 그래서 쾌락을 유일한 척도로 취할지라도 여전히 서로 공약 불가능한 쾌락들이 남게 된다고 상기시킨다. 그럼에도 불구하고 센은 우리가 효용을 몇몇 별개의 구성 요소들을 가진 벡터라고 생각한다면, 그에 따른 다원성이 경쟁적이기보다 구성적일 수 있다고 주장했다.[15]

이런 기초 위에서, 그는 개별적 환경과 삶-성취가 '기능 벡터'로 결합될 수 있는 기능들로 고려될 수도 있다고 주장하면서, 다원적 효용에 관한 자신의 설명을 개작하기 시작했다. 한 개인의 잠재적인 기능 벡터들은 그러므로 능력 집합을 구성할 것이며, 이는 삶의 표준과 개인 간 평등을 비교하는 맥락-의존적 기초를 제공할 수 있다.[16] 능력에 관한 센의 분석이 인간 기능들에 관한 아리스토텔레스의 분석 — "인간의 선/좋음(good)은 인간의 기능 안에 있다" — 과 "어떤 공통점"을 갖고 있다는 것은 나중에 가서야 센에게 분명해졌다.[17]

이런 기획의 아리스토텔레스적 기초를 정교하게 만든 이는 바로 누스바움이며, 그녀는 다원적 효용에 관한 센의 개념화와 국가의 역할에 관한 아리스토텔레스적 개념화를 연결하는 데 필요한 증거 텍스트를 발견했다. "최상의 정체(政體, politeia)는 어느 누구라도 가장 잘 행위할 수 있고 충만한 삶을 살 수 있도록 하는 배열이라는 점은 분명하다."[18] 배열(taxis)이 분배 정의의 이론을 의미하고, "어느 누구라도"(hostisoun)가 "공동체의 각각의 모든 구성

---

15) Amartya Sen, "Plural Utility", *Proceedings of the Aristotelian Society*, 81(1980/1), pp. 193~215.
16) Amartya Sen, "Well-Being, Agency and Freedom", *Journal of Philosophy*, vol. 82, no. 4(1985), pp. 169~221.
17) Amartya Sen, *On Ethics and Economics*, Oxford 1987, p. 64 fn. 〔박순성·강신욱 옮김, 『윤리학과 경제학』, 한울, 1999, 94쪽 주 7〕 또한 Aristotle, *Nicomachean Ethics*, 1097b28. 〔이창우·김재홍·강상진 옮김, 『니코마코스 윤리학』, 이제이북스, 2006, 29쪽〕
18) Martha Nussbaum, "Nature, Function and Capability: Aristotle on Political Distribution", *Oxford Studies in Ancient Philosophy*, 6(1988) suppl. vol., p. 146(인용은 Aristotle, *Politics*, 1324a23~5). 〔『정치학/시학』, 270쪽〕

원"을 포함하며, 또한 "충분한 삶"(zoiē makariōs)이 특수한 개인에게 종별적인 기능들은 무엇이든 포괄하며 또한 완전한 삶을 위해 일반적으로 필요한 것도 모두 포괄한다고 해석함으로써, 누스바움은 위 문장을 "정부의 적절한 기능에 관한 아리스토텔레스적 개념화"라고 풀이할 수 있었다. "그에 따라 정부의 임무는, 완전히 좋은 인간 삶에 포함된 각각의 주요 기능들과 관련하여, 공동체의 각각의 모든 구성원이 그런 완전히 좋은 삶을 선택하고 살아가는 능력의 기초적인 필수 조건을 활용할 수 있도록 하는 것이다."[19]

그러나 좋은 인간 삶이란 무엇일까? 인간 존재 자체는 실제로 어떤 기능이나 활동을 갖고 있을까? 아리스토텔레스에 따르면,

> 단순히 살아가는 행위는 심지어 식물들도 공유하는 것으로 보이지만, 우리는 인간에게 고유한 기능을 찾고 있다. 그러므로 우리는 영양을 섭취하고 성장하는 삶은 제쳐놓아야 한다. 다음으로는 감각적 삶의 형식을 평가해야겠지만, 이것 또한 일반적으로 말과 소, 동물도 공유하는 것으로 여겨진다. 그러므로 남은 것은 이성을 가진 것의 실천적 삶이라고 부를 수 있는 것이다.[20]

---

19) Martha Nussbaum, "Non-Relative Virtues: An Aristotelian Approach", in Nussbaum and Amartya Sen, eds., *The Quality of Life*, Oxford 1993, p. 265.
20) Aristotle, *Nic. Ethics*, 1097b33~1098a4(번역은 수정 — 필자)[『니코마코스 윤리학』, 29쪽]. 이어서 아리스토텔레스는 이성(logos)이 "이성에 따른 혹은 이성이 없지 않은 영혼의 활동"을 포함한다고 설명하는데[『니코마코스 윤리학』, 30쪽], 이는 노예와 야만인조차 포함될 수 있는 정의이다. 비록 단어가 실제로 반복되지는 않지만, 실천적 삶(praktikē zoē)을 포함하여 조에가 여기서 세 종류의 삶을 각각 묘사하는 데 쓰인다는 점을 지적하는 것은 (이와 반대되는 아감벤의 주장에 비춰 볼 때) 흥미롭다. 누스바움에 따르면, "증거를 폭넓게 조사할 경우 조에와 비오스가 정확히 동일한 방식으로 기능함을 발견한다. 삶의 유형 내지 관습에 사용될 경우 그것들은 항상 삶의 총체적 양식 내지 방식—명명된 항목을 중심으로 조직되는—을 가리킨다." Martha Nussbaum, "Aristotle on Human Nature and the Foundations of Ethics", in James Altham and Ross Harrison, eds., *World, Mind and Ethics: Essays on the Ethical Philosophy of Bernard Williams*, Cambridge 1995, p. 116; 예를 들어 pp. 128~29, 주 50 참조.

이렇게 볼 때, 누스바움이 주장하듯이 "두 가지 별개의 문턱"이 있다. "하나는 기능할 줄 아는 능력의 문턱이며, 그 아래쪽에 있는 삶은 아주 피폐해서 전혀 인간적이지 않을 것이다. 다른 하나는 좀더 위쪽에 있는 문턱이며, 그 아래쪽에서는 인간에게 특징적인 기능들이 제한된 방식으로 유효할 수 있기에, 우리가 삶의 형식을 인간적이라고 판정할지라도 그것을 좋은 인간 삶이라고 생각하지는 않을 것이다."[21] 도시의 임무는 "능력의 한 수준에서 다른 수준으로", 단순한 삶에서 인간적 삶으로, 그리고 인간적 삶에서 좋은 삶으로 "이행시키는 효과를 발휘하는 것"이다. 후자의 경우, "인간 존재는 본성상 정치적 존재"이기 때문에, 도시는 단순한 도구가 아니다. 아리스토텔레스는 "인간 행복(eudaimonia)에 수반된 자기-충족성을 고립적 자기-충족성이 아닌 공동체적 자기-충족성"으로 구성하기 때문이다.[22]

따라서 실제로 문턱을 넘어서는 것은 사회적 이행을 이루는 것을 의미한다. 여성의 경우—이와 관련해 누스바움은 1980년대 말과 1990년대 초에 유엔이 후원한 기획에 관여했다—그것은 가족의 가계 외부에서 일하는 것을 함의할 수 있으며, 이는 여성들이 그렇게 하는 것을—심지어 생존이 걸려 있을 때조차—전통적으로 금지하는 사회에서 주요 쟁점을 이룬다. 이런 경우 이행은 "사람들이 상호 존중보다 오히려 사랑과 정서에서 유래하는 일들을 수행하는 사적 영역 또는 가정"으로부터, "대체로 동등한 자들 간의 호혜성을 특징으로 하는 공적 영역"으로 나아가는 것이다. 그러나 여성들이 가족을 떠나 공적 영역에 진입하는 만큼, 공적 영역이 또한 의미하는 바는 "가족이 정치적 제도이며, 정의에서 면제된 '사적 영역'의 일부가 아니라는 것에 대한

---

21) Martha Nussbaum, "Human Capabilities, Female Human Beings", in Nussbaum and Jonathan Glover, eds., *Women, Culture and Development: A Study of Human Capabilities*, Oxford 1995, p. 81.
22) Nussbaum, "Nature, Function", p. 146; "Human Nature", p. 103.

인정"이다.[23]

그러나 여성에게 문턱에 도달하는 것이 사적인 것에서 정치적인 것으로 이행함을 의미한다면, 누스바움은 또한 '정치적 동물'에 대한 강조를 좀더 아래쪽에 있는 동물적인 것을 향해 전환시키고 싶어 한다. 센에게도 "신체의 능력 및 기능은 본래 좋은 것이며, 단순히 다른 상위의 좋음을 위한 도구를 의미하지 [……] 않는다"고 강조하면서, 누스바움은 인간 존재가 '정치적 동물'이라는 아리스토텔레스적 개념화는, 인간이 "동물적 신체를 갖고 있으며, 이런 동물적 본성에 대립하는 존재라기보다 오히려 인간적 존엄성이 그 속에 그리고 그 시간적 궤적 속에 내재하는" 존재라고 본다는 것을 의미한다고 주장한다.[24]

이것은 인류의 동물적 삶만이 아니라 비인간적 동물에도 해당한다. 칸트는 "인간적 존엄성과 우리의 도덕적 능력이 [……] 자연 세계와 근본적으로 분리되어 있다"고 생각했을지 모르지만, 아리스토텔레스는 "인간의 능력과 여타 동물의 능력 사이에 있는 상당한 연속성"을 인식했다. 누스바움에게 인간 욕구는 "우리의 동물적 곤궁과 동물적 능력"을 포함해야 하며, 우리는 "우리의 존엄성이 단지 특정한 부류의 동물이 가진 존엄성"임을 승인해야 한다.[25]

동물적 능력이나 존엄성의 문턱을 넘어서는 것은 다른 유형의 이행을 함의할 수도 있다. 누스바움이 능력 접근의 범위를 상이한 재능, 국적이나 종(種)까지 확장하고 있는 『정의의 경계들』에서 논의되는 수많은 사례들에서, 이런 이행은 공적 영역에 진입함을 의미하지는 않는다. 그 가운데 장애와 결함이 있는 이들은 "우리가 관대하게 그들의 잠재성을 평가해도 정치적 선택

---

23) Matha Nussbaum, *Frontiers of Justice: Disability, Nationality, Species Membership*, Cambridge, MA 2006, pp. 105, 1(이하 *FJ*).
24) *FJ*, pp. 176 및 87, 또한 p. 158 참조.
25) *FJ*, pp. 130~32.

자의 집단에 포함될 수 없겠"지만, 그러나 만일 그들의 능력이 "다른 어떤 공동체보다 더 인간 공동체"와 연결되어 있다면, 그들은 그럼에도 불구하고 인간적 삶의 문턱에 도달할 수 있다.[26]

다른 종에게는 정치적 기능이 그 종의 규범적 능력 외부에 있다 해도, 이것은 다른 종들의 능력이 자연 속에서 유지될 수 있음을 의미하지는 않는다. 종적인 주권은 하나의 이상이며, 대부분의 동물들에게 그것은 단순히 가능성조차 되지 못한다. 예를 들어 개에게는 통상 "개들로만 이루어진 공동체에서 번식할 수 있는 선택지가 없다. 개들의 공동체는 항상 친밀한 인간 구성원을 포함하고 있다." 어떤 경우에도 "우리는 결코 홀로 자연을 그대로 내버려둘 수 없으며, 자연이 자체적으로 관리하기를 기대할 수 없다." 왜냐하면 "자연은 정의롭지 않으며, 모든 종이 훌륭하지는 않"기 때문이다. 능력 접근은 야생에서는 또는 인간의 개입 없이는 실현될 수 없다. 그것은 불구가 있는 알자스인을 위해 휠체어를 만들 것을 요구하고, "동물원과 자연동물원의 지적이고 신중한 사용"을 요구하는데, 왜냐하면 오직 그런 장소에서만 비인간적 동물들이 서로에게 해를 끼치지 않고 자신들의 능력을 실현할 수 있기 때문이다.[27]

벡터들

누스바움과 아감벤 모두 좋은 삶이나 정치적 삶과, 어떤 이유에서든 그런 성질을 결여한 삶을 구분하는 본질적인 이분법을 갖고 있다. 아리스토텔레스처럼 두 사람은 이런 이분법의 요점이 독특하게 인간적인 것과, 완전히 인간적이지 못한 것 사이의 차이라고 강조한다. 아리스토텔레스는 쾌락적 삶을

---

26) *FJ*, p. 188.
27) *FJ*, pp. 366, 388, 390, 370~71.

살아가는 이들이 실제로는 "동물들을 방목하는 바보의 삶을 선택"하고 있으며, 영구히 잠을 자거나 혼수상태에 빠진 이들은 식물의 삶을 살아가고 있다고 주장했다.[28] 누스바움은 기본 능력의 발전을 허용하지 못하는 실패는 그런 능력을 소유한 모든 이들에게 "일종의 조숙한 죽음, 충만함의 형식의 죽음"을 선고하는 것임을 시사하고 있으며, 반면에 아감벤은 운동이나 영양 섭취 없이 수년 동안 실험실에서 살아가는, 짧은 순간까지 온갖 방식으로 확장되는 벌거벗은 생명의 전체적인 우화집을 제시한다.[29]

그러나 아감벤에게는 벌거벗은 생명이 근대성의 논리가 향해 가는 희망 없는 행선지라면, 누스바움에게 그것은 능력들이 확장되고 기능들로 기쁘게 변형되는 토대이다. 양자는 동일한 것처럼 보이지만 그 방향은 다르다. 그렇다면, 인간적 충만함과 짐승화가 만나는 지점, 즉 반쯤 죽은 이들이 삶을 소생시키는 능력을 지닌 이들을 통과해 가는 림보(limbo)*가 존재할까?

이를 입증하는 한 방식은 아리스토텔레스를 통해 좌표를 구하는 것이다. 누스바움과 아감벤 모두에게 핵심적인 아래의 구절을 읽어보자.

> 도시국가가 자연적 성장물이고 인간이 본성상 정치적 동물이라는 것은 분명하며, 또한 단지 우연에 의해서가 아니라 본성상 도시가 없는 인간은 인류에 견주어 하위(열등한 존재)에 있거나 상위에 있다(호메로스가 비하한 "씨족 없는, 법 없는, 가정 없는" 인간처럼). 그만큼 그는 고립된 병사와 유사하다. 또한 인간이 어떤 벌이나 군집 동물보다 더 거대한 규모의 정치적 동물인 이유는 분명하다. 우리가 단언하듯이, 자연은 목적 없이는 아무 일도 하지 않는다. 그리고 모든 동물 중에서 인간만이 홀로 말(logos)을 갖고 있다. 진실로, 단순한 음성은 고통이나 쾌락을 나타낼 수 있고, 따라서 다른 동물들도 갖고 있지만(그들

---

28) Aristotle, *Nic. Ethics*, 1095b20. 〔『니코마코스 윤리학』, 20쪽〕
29) *FJ*, p. 347; Agamben, *The Open*, p. 47.
* 천국과 지옥의 중간계.

의 본성은 고통과 쾌락의 감각을 느끼고 이런 감각을 다른 동물에게 표시하는 정도까지 발전하기 때문에), 말은 이롭고 해로운 것, 따라서 또한 옳고 그름을 나타내도록 되어 있다. 다른 동물들과 구별되는 인간의 특별한 고유성은 바로 인간만이 홀로 선과 악, 옳음과 그름, 그리고 그 밖의 도덕적 성질에 대한 지각을 갖고 있다는 점이며, 바로 이런 지각들이 한데 모여 가족과 도시국가를 형성한다.[30]

이 유명한, 그리고 아주 논쟁적인 구절 — 여기서 한 쌍의 남녀에서 도시국가로 나아가는, 인류의 더 커다란 집합들의 진화에 관한 설명이 뒤따른다 — 에서, 아리스토텔레스는 적어도 개념적으로 구분할 수 있는 두 변수들에 입각해서 정치적 동물(zōon politikon)을 은연중에 정의한다. 한편으로 자연적 고립에 대립되는 자연적 군집성이 있고, 다른 한편으로 음성에 대립되는 말(logos)이 있다.

아리스토텔레스가 여러 곳에서 설명하듯이 군집성은 단지 함께 떼를 이루는 일이며, 또한 그만큼 땅, 하늘과 바다의 수많은 종들로 이루어진 피조물들에 공통적이다. 고립적인 동물들은 인간 자신, 호메로스가 묘사한 추방자 같은 사람들을 포함할 수도 있다. 이와 대조적으로 음성과 말의 구별은 인간적인 것을 동물적인 것과 구분하는 척도이다. 따라서 모든 군집 동물들이 이성적 말을 가진 것은 아니며, 말을 가진 모든 이들이 군집적인 것도 아니다.

아리스토텔레스의 분류 범주들 간에 함축된 관계는 대개 불분명하지만, 말-음성 축은 아마 군집-고립 축을 세분화하거나 확장하는 것보다 그것과 교차하는 것으로써 더 잘 사유될 것이다. 아리스토텔레스가 인간이 벌들보다 더 정치적이라고 말할 때, 그가 의미하는 바는 인간이 더 군집적이라는 것이 아니라, 오히려 인간이 어떤 다른 성질 또한 갖고 있다는 것이다. 정치적 동물은 공통 활동을 가진다는 점에서 단순한 군집 동물과 구분된다. 그 예로는

---

30) Aristotle, *Politics*, 1253a. 〔『정치학/시학』, 44쪽〕

"인간, 벌, 말벌, 개미, 두루미"가 있는데, 그 가운데 일부는 지배자 밑에서 살아가고 일부는 그렇지 않다.[31] 군집 동물들을 정치적으로 만드는 것은 모두가 공헌하는 공유된 삶의 방식이고, 인간들을 훨씬 더 정치적으로 만드는 것은 말을 갖고 있다는 점인데, 왜냐하면 이성적 소통은 보다 거대한 사회적·도덕적 복합체의 공통 활동을 허용하기 때문이다.

정치적 동물에 관한 아리스토텔레스의 개념화를 갖고 지도를 그린 지형에는 따라서 두 개의 축이 있는 것처럼 보인다. 하나는 고립에서 군집성으로, 사적인 것에서 공적인 것으로 확장되고, 다른 하나는 음성에서 말로, 혹은 자연에서 문화로 확장된다. 이런 축들을 사용함으로써 아감벤과 누스바움이 묘사한 벡터들을 아리스토텔레스와의 관계에서 그리고 서로 간의 관계에서 더 정확히 구성하는 일이 가능해진다.

푸코는 사적인 것에서 공적인 것으로 나아가는 축에, 그리고 신체와 인구의 조절을 통해 발생하는 이중적 중첩—공적인 것에 대한 사적인 것의 침투와 동시적인 사적인 것에 대한 공적인 것의 침투—에 우선적으로 관심을 기울였다. 아감벤은 사적-공적 축을 조에/비오스의 구별에 입각해 해석함으로써, 그리고 (조에와 말의 부재를 동일시하여) 푸코의 "인간의 짐승화"라는 표현을 보강함으로써 푸코의 사유화(privatization) 벡터가 자연화(naturalization)를 향하도록 돌려놨다. 이런 새로운 방향 설정은 아감벤이 주권 권력에 대한 강조로 전환할 때 완결된다. 그가 논증하듯이, 토머스 홉스는 자연상태를 선사(先史)시대가 아니라, "국가를 '마치 해체된 것처럼' 간주하는 순간에 드러나는 국가에 내적인 원리"로서 사고했다. 자연상태에서 인간은 인간에게 늑대이며, 그래서 "이런 인간의 늑대화와 늑대의 인간화는, 예외상태에 의해 개시되는 국가의 해체상태(dissolutio civitatis)에서 모든 순간에 가능하다."[32]

---

31) Aristotle, *Historia Animalium*, 1488a10.
32) *HS*, p. 106. 〔『호모 사케르』, 206쪽〕

국가의 해체상태는 사적 영역으로 복귀하는 효과를 낸다고 예상할 수도 있는데, 왜냐하면 아감벤은 "조에와 비오스, 사적 삶과 정치적 실존, 가정에서 단순한 살아 있는 존재로서의 인간과 도시에서 인간의 정치적 실존 간의 고전적 구별"을 작업 대상으로 삼는다고 주장하기 때문이다.[33] 그러나 그가 벌거벗은 생명을 "가정과 도시 사이의 경계 지역"에 위치시킬지라도, 도시에서 추방된 인간들의 사례를 볼 때 추방자가 자신의 가족과 함께하는 사적 삶으로 물러나는 것이 아님은 명백하다.[34] 늑대인간은 폴리스와 오이코스 사이의 중간이 아니라, "숲과 도시" 사이에서 찾아져야 한다.

누스바움은 벌거벗은 생명에 관한 루소의 인상적인 묘사를 그녀의 출발점으로 취하고("모든 사람은 벌거벗은 채로 가난하게 태어난다. 모든 사람은 삶의 비참함에 예속된다⋯⋯"), "사람들에게는 단순한 삶만이 아니라 인간적 존엄성과 양립할 수 있는 삶이 주어진다"고 주장한다.[35] 인간은 정치적이기 때문에, 인간적 존엄성의 획득은 소외된, 사적인, 비군집적인 것을 공적 영역으로 투사한다는 함의를 갖는다. 또한 인간은 동물적이기 때문에, 그것은 인간의 동물적 욕구와 동물적 존엄성이 공적 영역에서도 만족을 추구한다는 것을 의미한다. 적어도 초기에 누스바움은 우선적으로 사적-공적 축을 작업 대상으로 삼고 있으며, 여기서 그녀는 (푸코의 '신체 능력의 최적화'처럼) 벌거벗은 생명에서 공적 영역으로 이동하는 벡터를 묘사한다.

하지만 동물적 존엄성은 비인간적인 동물도 공유하는 종류의 것이기 때문에, 비인간적 능력의 최적화는 또한 사적 영역에서 공적 영역으로 나아가는 것뿐만 아니라 자연에서 문화로 나아가는 궤도를 기입한다. 그리고 『정의의 경계들』에서 그녀는 관심을 다른 축으로 돌린다. 호모 사케르가 가정으로 가

---

33) *HS*, p. 187. 〔『호모 사케르』, 352쪽〕
34) *HS*, p. 90. 〔『호모 사케르』, 189쪽〕
35) Rousseau, *Emile*, book 4; Nussbaum, "Human Capabilities, Female Human Beings", p. 63의 제사(題詞).

지 않고 그 대신에 오히려 자연의 일부가 되는 것으로 귀결하듯이, 발전된 능력을 가진 동물은 정치보다 오히려 문화에 관여한다. 비록 서로 90도 회전시킨 듯한 것을 다루고 있긴 해도, 누스바움과 아감벤이 묘사한 궤도들은 계속해서 벡터들을 대립시킨다. 즉 국가의 해체상태와 자연상태를 동일시하는 아감벤은 벌거벗은 생명이 동물적 형식을 취하도록 하고, 반면에 동물적 존엄성을 동물들의 존엄성으로 번역하는 누스바움은 자연을 문화의 영역으로 도입한다.

생명정치적인 것에 이르는 하나의 경로, 즉 사유화·자연화·문화화·사회화에 관한 단 하나의 수렴하는 벡터들은 없는 것처럼 보인다. 그러나 정치적 추방자, 늑대인간, 휠체어를 탄 알자스인과 직장여성 모두가 오늘날 힘겹게 향해 가는 미지의 지역이란 무엇인가?

부재하는 중심

아리스토텔레스에게는 고립-군집 축과 음성-말 축이 연속적이며 식별할 수 있다. 물론 그 중간 지대가 빈약하게 정의되어 있기는 하다. 고립과 도시의 군집성 사이에는 처음에 남녀 한 쌍이 있고, 그 다음에 가계, 그 다음에 마을이 있다. 이 중간 구역에 거주하는 자들은 많든 적든 흩어져 있으며, 이는 피조물들 중에서 특히 키클롭스(Cyclopes)와 종다리(ground larks)가 공유하는 조건이다.[36] 마찬가지로 음성과 말 사이에도 중간 상태들이 존재한다. 노예는 "이성을 소유하고 있지 않지만, 소유하고 있지 않음을 감지하는 한에서 이성에 참여"하고 있으며 영혼의 사고력은 결여하고 있다. 또한 여성은 영혼

---

36) David Depew, "Humans and Other Political Animals in Aristotle's *History of Animals*", *Phronesis*, vol. 40, no. 2(1995), pp. 156~81.

의 사고력을 갖고 있기는 하지만 그에 대한 완전한 권한은 없다. 그리고 아이는 미숙한 형태로 사고력을 소유한다.[37]

이 두 개의 축은 가계에서 만나는데, 이는 고립과 군집성 사이의 대략 중간이며, 말(logos)과 음성 사이의 모든 상태들 — 주인, 아내, 노예, 황소 — 을 잠재적으로 병합한다.[38] 아리스토텔레스는 "인간은 정치적 동물일 뿐 아니라 가내 동물(oikonomikon zōon)이기도 하"며, 두 축의 교차에서 모든 것이 생성되는 것 같다고 인정했다.[39] 그럼에도 아리스토텔레스는 주인 없는 가계, 또는 불연속적 사회 영역 외의 다른 영역을 가계들만이 점유할 수 있는 상황을 파악할 수 없었다. 그곳에 중간 지대가 있지만 인구 밀도는 희박하다.

그렇다면 인간이 생명정치적으로 가내 동물이 될 때 무슨 일이 일어나는가? 아감벤은 다음과 같이 지적한다. "비차이의 지대 〔……〕 그 내부에서 — 이미 실질적으로 현존하기 때문에 항상 결여되어 있는 '잃어버린 고리'처럼 — 인간과 동물, 인간과 비인간, 말하는 존재와 살아 있는 존재 간의 절합이 발생해야 한다. 모든 예외의 공간처럼, 이런 지대는 실제로는 완벽하게 텅 비어 있다."[40]

그러나 공백은 이름을 갖는다. 아렌트 — 『인간의 조건』에서 그녀의 논변은 아감벤이 다른 식으로 아주 가깝게 뒤따르고 있다 — 는 그것을 사회 또는 "사회적인 것"이라고 부른다. 고대에 가계는 "삶의 필연성을 〔……〕 돌보는 영역"이었으며, 근대 세계에서 사회는 일종의 "국가 가계"(national household)인데, 여기서는 "오직 삶만을 위한 상호 의존성이 공적 의의를 떠맡고, 순전히 생존과 연결된 활동들이 공적으로 드러나는 것이 허용된다."[41]

---

37) Aristotle, *Politics*, 1254b22~23, 1260a10~14. 〔『정치학/시학』, 50, 66~67쪽〕
38) Aristotle, *Politics*, 1252b12. 〔『정치학/시학』, 42~43쪽〕
39) Aristotle, *Eudemian Ethics*, 1242a23.
40) *The open*, pp. 37~38. 〔원문에는 HS라고 되어 있지만, 이 인용문은 *The Open*에 나온다. — 옮긴이〕
41) *HC*, p. 46. 〔『인간의 조건』, 99쪽〕

이런 "국가 가계" 내지 "사회" 또한 아리스토텔레스적 용어들로 이해되고 있다. 물론 아렌트는 그녀만의 방식으로 두 개의 축을 재해석한다. 고립에서 군집성으로, 사적인 것에서 공적인 것으로 나아가는 축은 노동(labour)과 행위(action)라는 두 대립항으로 정의된다. 노동은 인간 신체의 생물학적 과정을 포함하고 뒷받침하며, 타인의 현존이 필요하지 않다. 하지만 행위는 "사물이나 재료의 매개 없이 사람들 사이에 직접적으로 행해지는 유일한 활동"으로서, "타인의 지속적인 현존에 전적으로 의존한다."[42]

행위만이 정치적 삶(bios politikos)을 구성하며, 행위 없는 삶은 "더는 사람들 사이에서 사는 것이 아니기 때문에 인간의 삶이 아니게 된다." "자기 신체의 사생활에 갇힌" 노동하는 동물(animal laborans)의 삶처럼 말이다.[43] 그러나 경제적·기술적 진보가 인류를 필연성으로부터 자유롭게 하고, 공적 영역을 "소비자 사회"로 대체하면서 생산과 소비의 사적 활동들을 공적 영역으로 끌어들이는 만큼, 근대성은 노동하는 동물의 승리를 목도해왔다.

이와 나란히, 아렌트는 "세계"—곧 "인간의 가공물, 인간이 손으로 만든 제작물"—와 "지구 또는 자연"이 두 대립항으로 나타나는 다른 축에 관해 별개의 설명을 전개한다. 지구는 "인간 존재에게 움직이고 숨 쉴 수 있는 거주지를 제공"하지만, 노동과 대립되는 작업(work)을 통해서 "모든 자연적 환경과 뚜렷이 구별되는 사물들의 '인위적' 세계"가 형성된다. 따라서 작업은 "인간 실존의 비자연성에 조응하는" 활동이다. 그것은 인간을 자신의 자연환경과 분리한다. "삶 자체는 이런 인위적 세계 외부에 있고, 인간은 삶을 통해서 다른 모든 살아 있는 유기체들과 관계"하고 있을지라도 말이다.[44]

인간적 삶은 그것이 세계-구축물인 한에서 사물화(reification)에 참여하지

---

42) HC, pp. 97, 22. 〔『인간의 조건』, 152, 74쪽〕
43) HC, pp. 176, 118. 〔『인간의 조건』, 237, 175쪽〕
44) HC, pp. 52, 7, 2. 〔『인간의 조건』, 105, 55~56, 50~51쪽〕

만, 과학적 의심과 세속화는 문화의 지각된 영속성과 가치를 침식하고, 그래서 인간들은 자신들이 창조한 세계와 분리된다. '세계 소외'에서 이것은 "세계, 인간의 인공물을 자연으로부터 보호하고 구분하는 경계선을 마치 우리가 억지로 무너뜨리는 것과 마찬가지"이고, 남겨진 모든 것은 인간의 "탐욕과 욕망, 신체의 무분별한 충동이다." 이런 상태에서는 "인간과 자연의 신진대사에 필요하지 않은" 것은 무엇이든 간에 "잉여이거나, 아니면 다른 동물적 삶과 구분되는 인간의 특성에 입각할 때만 정당화될 수 있었다—그래서 누에가 명주를 생산하게 되는 것과 동일한 이유 및 유사한 충동으로 존 밀턴(John Milton)이 『실락원』(Paradise Lost)을 썼다고 생각되었다."[45] 여기서 언어는 음성이 되고, 문화는 자연으로 회귀한다.

두 축 모두에 이중적인 운동이 있다. 근대성은 과학과 기술의 추상화가 인간을 지구와 멀어지게 하는 만큼 세계 소외이자 지구 소외였다. 동시에 "공적 영역이 사라지는 최종 단계"는 "사적 영역의 파산"을 동반했으며, "사회적인 것의 영역으로 두 영역이 흡수"될 때까지, 두 영역은 "삶 과정 자체의 중단 없는 흐름에서 파도처럼 서로에게 부단히 흘러든다."[46]

격동 속으로

아렌트에게 생명정치적인 것의 벡터들은 사회적인 것의 소용돌이를 구성한다. 그러나 그녀는 격동으로부터 뒤로 물러나서, 평정심을 갖고 그것을 주시하는 타인들을 관찰했다. 특히 그녀가 주장하듯이 마르크스는 근대성의 소용돌이를 정치적 강령으로 전환시켰다. 순수한 행정이 국가를 대신하는 "공

---

45) HC, pp. 126, 320~21. 〔『인간의 조건』, 183, 389~90쪽〕
46) HC, pp. 67, 330, 69. 〔『인간의 조건』, 121쪽, 123쪽〕

적 영역의 소멸"은 마르크스의 "국가의 소멸"의 서곡이었다. "공산주의 사회의 맹아가 국가 가계의 현실에서 싹트고 있었"지만, "사회의 완전한 승리는 일종의 '공산주의적 허구'를 항상 생산할 것이며, 그 현저한 정치적 특징은 사회가 실제로 보이지 않는 손에 의해 지배되는 것"이라는 사실을 마르크스는 알지 못했고, 사실상 알 수도 없었다.[47]

거꾸로 말해서 마르크스의 '인간의 사회화'는 대립하는 벡터를 구현했다. 그것은 혁명적 몰수를 통해 달성될 수 있지만, "일반적으로는 사적 영역, 특수하게는 사적 소유의 느리지만 아주 확실한 '소멸'"은 사적인 것이 점차 정치적이 되는 만큼 이미 진행되고 있었다. 예를 들어 "근대 시기가 노동계급과 여성을 거의 동일한 역사적 순간에 해방시켰다는 사실은, 신체적 기능과 물질적 기능이 숨겨져야 한다고 더는 믿지 않는 시대의 특징들 가운데 하나로 확실히 간주되어야 한다."[48]

아렌트가 마르크스주의와 근대성을 동일시한 데에는 양자를 비판하려는 의도가 있었다. 그렇지만 센과 누스바움은, 능력 접근이 "인간 존재는 타자와의 관계에서 충만해지는 사회적·정치적 존재라는 아리스토텔레스적/마르크스적 개념화에서 출발"한다고 강조할 때 아렌트와 동일한 주장에 상응하는 것을 만들어낸다.[49] 누스바움은 "능력 접근에 관한 내 견해의 직관적인 기본 착상은 〔……〕 마르크스가 묘사한 의미에서 '진정한 인간적 기능'을 활용할 수 있는 삶"이라고 주장하고 있으며,[50] 그녀는 반복해서 마르크스의 인용문을 제사(題詞)로 사용한다.

---

47) *HC*, pp. 44~45. 〔『인간의 조건』, 96~97쪽〕
48) *HC*, pp. 72~73. 〔『인간의 조건』, 126~27쪽〕
49) *FJ*, p. 85. 누스바움이 아리스토텔레스에게 주목하기 전에, 마르크스는 센의 주요 참조점이었다. Sen, "Plural Utility", p. 198; "Well-being", p. 202 fn.; *On Ethics*, p. 46. fn. 참조.
50) *FJ*, pp. 74~75.

정치경제의 부와 빈곤을 어떻게 풍부한 인간 존재와 풍부한 인간적 욕구가 대체하는지 알게 될 것이다. 풍부한 인간 존재는 동시에 인간적 삶의 활동을 욕구하는 인간 존재이다 — 자신의 고유한 실현을 내적 필연성으로서, 욕구로서 갖고 있는 인간.[51]

인용한 구절은 공산주의에서 변혁된 인간의 삶을 묘사하고 있으며, 누스바움은 "진정한 인간적 기능"을 그런 조건과 명시적으로 동일화한다. "조야한 실천적 욕구에 사로잡힌 감각은 단지 제한적인 감각일 뿐이다"는 점을 승인하면서 마르크스는 "인간의 눈은 조야한 비인간적 눈과는 다른 방식으로 만족을 느끼며, 마찬가지로 인간의 귀는 조야한 귀와 다르다"고 『경제학 철학 수고』에서 주장했다. 기본 능력에서 완전한 기능으로 이행하는 데 필요한 것이 정확히 이런 변혁이다. 누스바움에 따르면, 도시의 핵심 임무는 "보는 눈, 듣는 귀 등을 생산하면서 기계적인 방식으로" 사람들의 "지각 욕구들"을 돌보는 데 있지 않다. 그것은 오히려 "사람들이 자신들의 신체와 감각을 진정한 인간적 방식으로 사용할 수 있도록 하는 것"이다.[52]

마르크스주의 사상과 생명정치적인 것의 벡터들 사이의 유사한 정렬은 자연-문화 축에서 발견된다. 아렌트에 따르면, "세계 소외"는 마르크스의 탈소외와 동등하며, 여기서 인간은 문화적 생산물을 유적 존재로서 재전유한다. 밀턴을 누에에 비유한 이는 바로 마르크스였으며, 마르크스주의적 유토피아 — 여기서는 그런 토대 위에서 모든 이가 시를 쓸 수도 있다 — 에서 "세계 소외는 예전보다 훨씬 더 현재적이다."[53] 아감벤은 "헤겔-마르크스주의적인 역사의 종말"에 관한 알렉상드르 코제브의 견해를 인용하면서 동일한 논점을

---

51) Marx, "Economic and Philosophical Manuscripts", 인용은 Nussbaum, "Nature, Function", p. 145. 〔김태경 옮김, 『경제학-철학 수고』, 이론과실천, 1987, 93쪽〕
52) Nussbaum, "Nature, Function", p. 183. 〔『경제학-철학 수고』, 89, 90쪽〕
53) HC, p. 254. 〔『인간의 조건』, 320쪽〕

만들어낸다. 거기에서 "인간은 새들이 둥우리를 짓고 거미들이 거미줄을 치 듯이 자신의 건축물과 예술품을 구성할 것이며, 개구리와 매미가 하는 식으 로 음악 연주회를 공연할 것이다."[54] 또한 "완성된 자연주의로서 공산주의는 인간주의이고, 완성된 인간주의로서 공산주의는 자연주의이다"라는 주장은 물론 마르크스의 것이며,[55] 이는 아감벤의 진술에서 의도적으로 반향되고 있 다. "인간의 늑대화와 늑대의 인간화는 국가의 해체상태에서 모든 순간에 가 능하다."

사회적인 것의 원자가

생명정치적인 것의 벡터들이 아리스토텔레스적 용어로 줄거리가 구성되 어 있을지라도, 그 궤도는 아리스토텔레스보다는 그에 관한 마르크스의 독해 에서 유래한다. 마치 마르크스의 초기 공산주의 판본이 양분되기라도 하는 것처럼, 아감벤은 탈정치화와 자연화에 관한 마르크스의 설명에 주목하고, 누스바움은 사회화와 인간화에 관한 마르크스의 견해에 주목한다. 그러나 생 명정치와 능력 접근이 마르크스의 총체적 이론을 각각 반쪽씩 대표하고 있다 면, 그것들은 또한 단일한 운동을 묘사하는 것으로 재통합될 수 있지 않을까?
반드시 그렇지는 않은데, 양분된 조각들이 아주 상이한 원자가(原子價)를 획득했기 때문이다. 센과 누스바움은 공산주의를 통해 구상된 인간 발전의 기획된 경로에 상응하는(그리고 아마 이것을 대체하는) 능력 접근을 제시하고, 반 면에 아렌트와 아감벤은 근대성의 논리를 전체주의 및 수용소로 나아가는 것

---

54) Agamben, *The Open*, p. 9.
55) Karl Marx, "Economic and Philosophical Manuscripts", *Early Texts*, tr. David McLellan, Oxford 1971, p. 148. 〔『경제학-철학 수고』, 84쪽〕

과 동일시한다. 어떤 점에서 아감벤은 모든 벡터들의 수렴을 묘사하는 데 근접해 간다. 즉 "오이코노미아(oikonomia)의 무조건적인 전개를 수단으로 하는, 또는 생물학적 삶 자체를 최고의 정치적(혹은 오히려 비정치적) 과제로 받아들이는 인간 사회의 탈정치화를 제외하면, 다시 동물적이 된 인류에게 남은 것은 전혀 없다." 그는 코제브의 역사의 종말에서 그 상상의 장소를 인정하지만, "20세기의 전체주의"에서 그 역사적 실현물을 발견한다.[56]

이런 이원성 가운데 어떤 것은 이미 마르크스에게 나타난다. 정치적 동물에 관한 아리스토텔레스의 정의에 입각해 독해할 때, 소외 상태와 공산주의 상태가 유사한 방식으로 창출된다는 것이 명백해진다. 마르크스 자신도 시민사회의 소외된 인간이 아리스토텔레스의 사회화된 정치적 동물과 아주 근접해 있다는 점을 인정한다.

> 18세기에 비로소 '시민사회'에서 사회적 연관성의 다양한 형식들은 개인의 사적 목적을 위한 단순한 수단으로서, 외적 필연성으로서 개인과 마주한다. 그러나 이런 관점을 창출하는 시대, 고립된 개인의 시대는 또한 정확히 지금까지 가장 발전된 사회적(이런 관점에서 볼 때 일반적인) 관계들의 시대이다. 인간 존재는 문자 그대로의 의미에서 정치적 동물(zōon politikon)이며, 단지 군집 동물일 뿐 아니라 사회의 한가운데에서만 개별화될 수 있는 동물이다.[57]

이런 유사성은 놀랍지 않은데, 소외와 공산주의 모두 동일한 모체 속에서 정의되기 때문이다. 즉 하나의 축은 자연으로부터 그리고 자신의 고유한 문화적 생산물로부터 인간의 동시적인 소외를 자리매김하고, 다른 하나는 공

---

56) Agamben, *The Open*, p. 76.
57) Marx, Introduction, *Grundrisse*, tr. Martin Nicolaus, Harmondsworth 1973, p. 84. 〔김호균 옮김, 『정치경제학 비판 요강』, 백의, 2000, 52쪽〕

적·사적 삶으로부터 인간의 소외를 자리매김한다. 소외에 관한 마르크스의 초기 문헌들은 그와 같은 이런저런 소외(estrangement) 형식들을 언급한다. "소외된 노동은 인간을 그의 생산 대상 〔……〕 그의 고유한 신체, 그의 외부 자연, 그의 지성, 그의 인간적 본질로부터 떼어낸다."[58] 이 모든 것이 유적 존재, 즉 완전하게 사회화될 경우 그리고 사회가 수단일 뿐 아니라 목적일 경우 인간이 살아가게 될 삶으로부터 소외를 구성한다.

소외가 적어도 네 가지 형식 — 문화, 자연, 사적인 것, 정치적인 것 — 을 갖는다면, 탈소외 또한 마찬가지이다. 공산주의는 "모든 소외의 적극적 폐지이며, 따라서 종교·가족·국가 등등〔마르크스는 자연을 추가할 수도 있었을 것이다〕으로부터 인간이 인간적 존재 즉 사회적 존재로 복귀"하는 것이다.[59] 탈소외는 공적-사적 축에서 — "인간 해방은 현실의 개별적 인간이 추상적 시민을 자신 속으로 흡수할 때, 그리고 자신의 일상생활, 자신의 작업, 자신의 관계에서 개별적 인간으로서 유적 존재가 될 때 비로소 완성될 것이다" — 그리고 자연과 문화의 축에서 — "사회는 인간과 자연의 본질적 통일을 완성한다. 〔……〕 인간의 완성된 자연주의와 자연의 완성된 인간주의" — 발생한다.[60]

그렇다면 공산주의와 소외의 차이를 구성하는 것은 무엇일까? 아렌트가 함축하듯이, 그것들은 동일한 것을 묘사하는 다른 방식일 뿐일까? 마르크스는 생명정치적인 것의 벡터들을 모호한 총체성의 일부로서 제시한다. 소외와 공산주의는 동일한 장소에서 발생하며, 둘 다 동일한 벡터들의 산물이다. 하

---

58) Marx, "Economic and Philosophical Manuscripts", *Early Texts*, p. 140. 〔『경제학-철학 수고』, 62~63쪽〕
59) Marx, "Economic and Philosophical Manuscripts", *Early Texts*, p. 149. 〔『경제학-철학 수고』, 85쪽〕
60) Marx, "On the Jewish Question", *Early Writings*, tr. Thomas Bottomore, London 1963, p. 31. 〔전태국 외 옮김, 『마르크스의 초기 저작: 비판과 언론』, 열음사, 1996, 361쪽〕; "Economic and Philosophical Manuscripts", *Early Texts*, p. 150. 〔『경제학-철학 수고』, 86쪽〕

지만 전자〔소외〕에서 인간은 오직 정태적 대립항들과 멀어지는 한에서 변혁되고, 후자〔공산주의〕에서 세계 자체는 그런 대립항들이 한데 모이는 한에서 변화된다. 시민사회의 소외된 인간 존재는 조숙하게 사회적이며, 세계의 사회화가 이루어지기 전의 사회에서 살아간다.

이런 맥락에서 공산주의는 복원 행위이다. "인간 세계의, 그리고 인간 자신에 대한 인간적 관계의 복원." 예를 들어 시민사회에서 인간은 한편으로 "시민사회의 구성원이고 〔……〕 다른 한편으로 시민"이며, 이 두 항 ―"개별적 인간이 추상적 시민을 자신 속으로 흡수"할 때 접근하는― 사이에는 간극이 존재한다.[61] 그것은 개인의 변혁보다는 국가의 소멸을 통한 세계의 변혁을 함의한다. 유사하게, 누스바움에게 동물적 봄(seeing)에서 인간적 응시(sight)로의 이행은 개인의 변혁을 통한 효과이고 사회적인 것은 단지 그런 변혁에 이르는 수단으로 기능하지만, 마르크스는 다른 것을 구상했다. 그에게 "감각의 인간적 성격은 〔……〕 오직 자신의 대상의 실존을 통해서, 인간화된 자연을 통해서 존재할 수 있다." 다시 말해서 눈은 "자신의 대상이 인간적·사회적 대상이 될 때 인간적 눈"이 되고, 이것은 오직 "인간 자신이 사회적 존재가 되고, 사회가 그런 대상 속에서 인간을 위한 존재가 되는" 경우에 발생한다.[62] 능력접근과 이를 실현하기 위해 탐구하는 마르크스주의적 기획 간의 차이가 여기서 명백해진다. 왜냐하면 완전한 인간적 기능의 벌거벗은 능력에서 멀어지는 것은 그것이 보편적이지 않은 한 그저 소외되고 있는 것이기 때문이다.

동일한 논점은 생명정치적인 것의 다른 벡터들에도 해당한다. 공적 영역에서 배제된 사람은 참정권이 박탈되지만, 모든 사람이 공적 영역에서 배제되는 시대는 사라졌다. 동물원의 동물은 일정하게 자연으로부터 소외되지만,

---

61) Marx, "On the Jewish Question", *Early Writings*, p. 31. 〔『마르크스의 초기 저작: 비판과 언론』, 361쪽〕
62) Marx, "Economic and Philosophical Manuscripts", *Early Texts*, p. 160~61. 〔『경제학-철학 수고』, 89쪽〕

가내 동물은 그렇지 않다. 가족의 유폐를 벗어난 여성은 사적 삶과 거리를 두지만, 대규모 자발적인 여성 노동력은 그렇지 않다. 우리 모두가 호모 사케르(homines sacri)가 될 수는 없다. 즉 고독한 늑대인간은 자신의 문화로부터 소외될 수 있지만, 우리 모두 늑대인간이 될 경우에는 늑대도 인간도 더는 존재하지 않는다. 소외와 탈소외의 매체들, 생명정치적인 것의 벡터들 또한 차별적인 인구 분배에 따라 각각에 대한 척도를 제시한다.

모든 사람이 정치의 해체, 자연의 문화화, 사적 삶의 정치화, 문화의 자연화 등을 동일한 비중으로 환영할 것 같지는 않다. 물론 대부분은 자신의 환경 속에서 관련 벡터들을 인지할 것이다. 이와 같은 벡터들이 근대성의 사회적 영역을 정의하는 단일한 운동을 어느 정도 대변하는지 ― 사회에 관한 항목들의 수렴 정도 ― 는 아마 별로 명확하지 않은 것 같다. 또한 그렇다고 해도 소실점 ― 참정권이 박탈된 사람이 원숭이 같은 시민이 되지는 않으며 직장여성이 늑대인간이 되지도 않는다 ― 은 존재하지 않는다. 단지 축소되는 경쟁 영역에서 모두가 함께 좋은 삶을 살려고 노력할 뿐이다.

벡터들의 재통합은 이처럼 개념적으로 확장된, 그러나 생명정치적으로는 수축된 영역의 정치를 명확히 하는 수단을 잠재적으로 제공한다. 특히 그것은 동등하게 사회적인 존재의 상태와 사회적으로 동등한 존재의 상태를 ― 마르크스와는 다른 방식으로 ― 구분하도록 해준다. 전자는 벡터들 간의 수렴을 통해 측정되고, 후자는 벡터들의 효과에 따른 분배를 통해 측정된다. 적어도 평등주의자에게 그것은 비사회적 평등 ― 시민, 가족 구성원, 자연 동물들의 ― 과 종별적인 사회적 평등 ― 이는 이동한 거리와 뒤에 남은 인원들의 함수이다 ― 을 변별하는 데 유용할 수 있다. 동등하게 사회적이 되는 것과 사회적으로 동등하게 되는 것은 유토피아적일 수 있지만, 이런 방향에서 진보를 측정하려는 탐구는 그렇지 않다.

〔김정한 옮김〕

세계화되는 현실에서의 정의, 새로운 틀구성 †

낸시 프레이저(Nancy Fraser)

세계화는 우리가 정의에 대해 논하는 방식을 바꿔놓고 있다. 사회민주주의가 호황을 누리던 그리 멀지 않은 과거에, 사람들은 내가 칭하고 싶은 말로 표현하자면, '케인스주의-베스트팔렌적인 틀'(Keynesian-Westphalian

---

† 이 텍스트는 2004년 암스테르담 대학의 스피노자 강좌로 처음 발표되었으며, 2004~05년 베를린 학술원에 체류하는 동안 수정되었다. 두 학술기관의 지원에 감사드리며, 도움을 준 제임스 보먼, 크리스틴 지스버그, 키스 헤이섬에게도 감사드린다. 원고를 읽고 유익한 논평과 흥미 있는 토론을 해준 에이미 앨런, 세일라 벤하비브, 버트 반 덴 브링크, 알레산드로 페라라, 라이너 포르스트, 존 주디스, 테드 코디첵, 마리아 피아 라라, 데이비드 페리츠, 엘리 자레츠키에게도 감사드린다.
〔낸시 프레이저가 이 글에 붙인 제목은 "Reframing Justice in a Globalizing World"이다. 이는 쉽게 이해되는 대로 옮기면, '세계화되어가는 세계에서 정의를 재고하다'쯤이 될 것이다. 그렇지만 이후 본문에서 전개될 프레이저의 생각을 감안하면, '세계화되는 현실에서의 정의, 새로운 틀구성'으로 옮기는 편이 더 좋아 보인다. 세계화되는 오늘날, 쟁점이 되는 정의 문제는 바로 '새로운 틀의 구성'(reframing)이며, 또 그래야만 한다는 것이 그녀의 생각이기 때문이다. ― 옮긴이〕

frame)을 상정한 가운데 정의를 논했다. 당시 정의에 관한 논의들은 전형적으로 근대 영토국가 안에서 이루어졌으며, 정의 논의란 시민들의 관계를 다루는 논의여야 하며 국민적인 공론장 안에서 벌어지는 토론에 종속되는 논의여야 하고, 민족국가가 시정해야 할 사항들을 세심히 고찰하는 논의여야 한다는 것이 당시의 통념이었다. 두 가지 군(群)의 주요한 정의 요구, 즉 사회경제적인 재분배 요구와 법적 혹은 문화적 인정 요구, 모두에서 그랬다. 브레턴우즈 체제가 국가 차원에서 케인스주의의 경제적 진두지휘를 촉진해주던 당시, 재분배 요구는 대개 영토국가 내의 경제적 불평등을 겨냥한 것이었다. 요구자들은 국가의 파이가 공정하게 공유되어야 한다는 국민 여론에 호소하는 가운데, 국민경제에 대한 민족국가의 개입을 요구했다. 베스트팔렌 조약의 정치적 허상, 즉 '국내'와 '국제'를 철저하게 나누는 영역 구분의 허상에 아직 사로잡혀 있던 당시, 인정에 대한 요구도 마찬가지로 한 국가 내에 존재하는 지위의 위계질서만을 주 타깃으로 삼았다. 무시(disrespect)의 국가적 제도화를 끝장내자고 국민의 양심에 호소하면서, 요구자들은 차별을 없애고 시민들 간의 차이를 조화시키라고 민족국가를 압박했다. 이처럼 두 경우 모두에서 케인스주의-베스트팔렌적인 틀은 당연한 것으로 받아들여졌다. 재분배가 주제든 인정이 주제든 간에, 즉 계급적 차이를 문제 삼든 지위의 위계질서를 문제 삼든 간에, 정의가 적용되는 단위는 말할 나위도 없이 근대의 영토국가였다.[1]

1) '케인스주의-베스트팔렌적인 틀'이라는 말로 나는 전후 민주주의적인 복지국가가 한창이던 대략 1945년에서 1970년대까지 이루어진 정의 논쟁의 민족국가적-영토적 토대를 가리킨다. '베스트팔렌적'(Westphalian)이라는 용어는, 근대의 국제적인 국가 시스템의 몇몇 주요한 특징들을 결정했던 1648년의 조약을 가리킨다. 하지만 내가 지금 관심을 두는 것은 그 조약의 실질적인 성과도, 그 조약과 더불어 출범한 체계가 거쳐온 지난 몇 세기 간의 기나긴 진화 과정도 아니다. 오히려 내가 불러내는 것은, 상호 인정하는 주권적 영토국가들의 체계인 양 세계를 지도화했던 정치적 허구로서의 '베스트팔렌'(Westphalia)이다. 전쟁 이후 제1세계의 정의 논쟁의 틀구성을 특징 짓던 것이 바로 그 허구라는 것, 심지어는 탈베스트팔렌적인 인권 레짐들이 막 시작되던 시점에서도 그랬었다는 게 내 주장이다. 베스트팔렌을 '사건'으로, '이념 또는 이상'으로, '진화의 과정'으로, '규범적 소득'으로 구별해 보는 논의로는 Richard Falk, "Revisiting Westphalia, Discovering

물론 예외는 늘 있었다. 이따금 기근과 대량학살이 국경을 뛰어넘는 여론을 활성화하곤 했으니까 말이다. 그리고 몇몇 코즈모폴리턴들과 반제국주의자들이 세계주의자의 시각을 퍼뜨리고자 시도하곤 했던 것도 사실이다.[2] 그러나 이것들은 오히려 규칙을 입증한 예들이었다. 그것들은 '국제적인 것'의 영역으로 분류되었기 때문에, 일차적으로 안보라는 주제하에 부각되던 문제군, 즉 정의에 반하는 것의 문제군으로 편입되었다. 그 결과 케인스주의-베스트팔렌적인 틀은 위협당했다기보다 오히려 강화되었다. 이렇게 제2차 세계대전이 끝난 때로부터 1970년대에 이르기까지 정의 논쟁의 이러한 틀은 분명하게 말해지지 않으면서도 아주 널리 퍼져 있었다.

당시에 사람들이 분명히 알아채지 못했다 해도, 이 틀은 사회적 정의에 관한 논의들에 어떤 독특한 형태를 부여했다. 근대 영토국가가 적절한 단위이며 그 시민들이 적절한 주체라는 점을 당연시했기 때문에, 사회적 정의에 대한 당시의 논의들은, 정확히 바로 그 시민들이 서로에게 지고 있는 의무가 무엇인지에 열중했다. 어떤 이들은 시민들이 법 앞에 형식적으로 평등하면 족하다고 했고, 다른 이들은 기회의 평등 역시 필요하다고 했다. 또 다른 이들은 정의란 모든 시민이 다른 자들과 대등하게 정치 공동체의 온전한 구성원으로서 참여하는 데 필요한 재화와 존중을 요구하는 것이라고 보기도 했다. 달리 말해, 당시 논증의 초점은 한 사회 내에서 사회적 관계들을 정의롭게 구성한다는 것은 정확히 무엇을 의미하는가에 있었다. 이렇게 정의의 '무엇'을 논하는 데 전념하던 그 논쟁자들이 '누구'의 문제를 논할 필요를 전혀 느끼지 못했

Post-Westphalia", *Journal of Ethics*, vol. 6, no. 4(2002), pp. 311~52 참조.
2) 제3세계의 시각에서는 베스트팔렌적 전제들이 명백히 사실에 반하는 것으로 여겨졌을 것이라고 추정할 수도 있다. 그렇지만 반식민주의자들의 압도적 대다수가 그들 자신의 독립적인 베스트팔렌적 국가를 성취해내려고 노력했다는 사실을 다시 한 번 떠올려볼 필요가 있다. 전 지구적인 틀 안에서 정의를 지속적으로 옹호한 사람들, 그것도 전적으로 납득할 만한 이유 때문에 그렇게 한 사람들은 소수에 불과했다.

다는 것은 명백하다. 케인스주의-베스트팔렌적인 틀이 확고하게 자리 잡고 있었으므로, 민족국가의 시민이 바로 이 '누구'라는 것은 말할 나위도 없이 분명했기 때문이다.

그러나 이제 이 틀은 자명성의 아우라를 상실해가고 있다. 그사이 세계화에 대한 자각 수준이 높아진 데다 탈냉전 시대의 지정학적 불안정성 때문에, 이제 많은 사람들은 자기 삶의 형태를 결정하는 여러 사회 과정들이 영토상의 국경을 일상적으로 넘나드는 것을 분명히 관찰할 수 있게 됐기 때문이다. 예를 들어 사람들은 이제 초국적 법인이나 국제 통화 투기자들, 대규모 제도적 투자자들의 행위가 그렇듯, 한 영토국가 내의 결정도 국가 밖 사람들의 삶에 자주 영향을 끼친다고 말한다. 또 많은 이들은 초국적이고 국제적인 조직들(정부 형태든 비정부 형태든 간에)과 초국적인 여론(전 지구적 매스미디어와 사이버 테크놀로지의 통로 속으로 흘러 다니면서 영토국가의 국경을 완전히 무시하는 초국적인 여론)이 현저하게 돌출되는 것을 목격하고 있다. 그 결과 사람들은 이제, 자신들이 초국적 세력에 취약하게 노출되어 있다는 것을 새롭게 자각하기에 이르렀다. 즉 지구 온난화, 에이즈의 확산, 국제 테러리즘, 초강대국이 요구하는 일방적 군비폐기론 등을 목격하면서 많은 이들은 이제, 좋은 삶을 영위할 가능성이 영토국가 내의 과정들에 좌우되는 바로 그만큼, 적어도 그만큼은 또한 국경을 초월해 가로지르는 과정들에도 달려 있다고 생각하게 된 것이다.

이런 조건하에서, 케인스주의-베스트팔렌적인 틀은 이제 더는 자명한 것이 아니다. 많은 사람들은, 근대 영토국가가 정의의 이슈를 사유하는 데 적합한 단위라는 것, 그리고 그 시민들이 적합한 준거주체라는 것을 이제 더는 공리로 보지 않는다. 그 결과 정치적 요구주장의 근간이 되던 과거의 구조는 동요하기에 이르렀고, 그런 까닭에 사회적 정의에 관한 우리의 논쟁 방식도 달라진 것이다.

이런 사정은 정의 요구의 두 가지 주요한 문제군 모두에 해당된다. 오늘날의 재분배 요구들은 점점 더 국민경제를 가정하기를 삼가고 있다. 초국화된 생산, 일자리의 아웃소싱, 이와 연관된 이른바 '극한 경쟁'의 압박에 맞서기 위해, 예전에는 국가 단위로 주력하던 노동조합들도 이제는 점점 해외의 동맹세력을 찾아 나서고 있다. 게다가 빈곤해져버린 소작농과 토착민도 사파티스타에 고무되어, 지역 세력과 국가권력의 횡포에 대항하는 자신들의 투쟁을 초국적 법인의 약탈과 지구적 규모의 신자유주의에 반대하는 비판과 결합하고 있는 추세다. 마지막으로 세계무역기구(WTO) 반대자들 역시 세계경제의 새로운 통치 구조를 직접적으로 겨냥하면서, 그런 통치 구조 덕에 그동안 거대 법인과 투자자들이 각 영토국가들의 규제력과 과세망을 피해 나갈 능력을 엄청나게 키워온 것이라고 비판의 목소리를 높이고 있다.

같은 방식으로, 인정을 목표로 싸우는 운동들 역시도 점점 더 영토국가 너머를 내다보고 있다. 예를 들어 전 세계의 페미니스트들은 '여권(女權)은 인권(人權)이다'라는 전체적인 슬로건 아래서, 각 해당 지역에서의 가부장적 관행에 대항하는 투쟁들을 국제법 개혁을 위한 캠페인들과 연결하고 있다. 게다가 영토국가 내에서 차별당하는 종교적·인종적 소수자들도 이제 자신들을 〔국가 내 소수자 집단이 아닌〕 국외 이산자들(diasporas)로서 재조직하고 있으며, 국가를 초월한 공론장을 만들고 이로부터 국제 여론을 조직해내고자 애쓰고 있다. 마지막으로, 인권행동가들의 초국적 연합체들도 인간 존엄을 훼손하는 국가를 징계하는 국제형사재판소(International Criminal Court) 같은 새로운 코즈모폴리턴적 제도들을 만들어내고자 힘쓰고 있다.

바로 그런 경우, 정의에 관한 논쟁들은 케인스주의-베스트팔렌적인 틀을 파열시킨다. 요구자들은 이제 오직 국가만을 상대로 하지는 않으며, 그들의 이야기가 국민 대중들 사이에서만 회자되는 것도 아니다. 그들이 초점을 두는 주제는 이제 시민들 서로의 관계만이 아니다. 논의의 문법이 달라진 것이다. 분배가 문제되든 인정이 문제되든 간에, 공동체의 성원들에게 정의의 실질적 내용으로서 응당 주어져야 할 것이 무엇인가의 논쟁은, 공동체의 성원으로 보아야 할 사람은 과연 누구이며 해당 문제에 관련되는 공동체는 대체

어느 것인가의 논쟁으로 재빨리 전환된다. 과거에는 전자의 논쟁에만 초점이 맞춰지곤 했지만, 이제는 '무엇'뿐 아니라 '누구'의 문제도 손에 잡히게 된 것이다.

달리 표현하면, 오늘날 정의에 관한 논의들은 중첩된 모습을 보이고 있다. 한편으로 이 논의들은 예전처럼 지금도, 실질 내용에 관련된 일차적 층위의 물음들(first-order questions of substance)을 다룬다. 어느 정도까지의 경제적 불평등이면 정의와 양립 가능한가, 얼마만큼의 재분배가 필요한가, 어떤 분배 정의의 원칙에 따라 재분배할 것인가? 과연 무엇이 동등한 존중을 구성하는가, 어떤 종류의 차이들이 공적으로 인정되어야 할 것인가, 그리고 어떤 수단과 방법에 의해 공적으로 인정되도록 할 것인가? 이러한 물음들 말이다. 그렇지만 오늘날 정의에 관한 논의들은 그런 일차적 층위의 물음들에서 더 나아가 이차적 층위의 물음들(second-order questions), 다시 말해 메타적 수준의 물음까지를 제기한다. 일차적 층위의 정의 물음들은 어떤 틀 안에서 적절히 고려되고 의제화될 수 있는가? 적절한 분배나 상호 인정을 받을 만한 해당 주체들은 과연 누구인가? 등이 그것이다. 그러므로 지금은 정의의 실질 내용뿐 아니라 정의의 적절한 틀까지도 함께 쟁점이 되고 있는 것이다. 그 결과, 우리의 사회 정의 이론들은 심각한 도전을 받기에 이르렀다. 이 이론들은 지금까지 분배 및/또는 인정의 일차적 층위의 이슈에만 완전히 사로잡혀, 틀과 같은 메타적 이슈를 사유하는 데 필요한 개념적 자원을 개발하는 것에는 실패했기 때문이다. 그러므로 지금 상태로는 이 이론들이 과연 세계화 시대의 정의 문제가 갖는 중첩된 성격을 제대로 드러낼 수 있을지가 결코 확실치 않다.[3]

---

3) 나는 주류 정의 이론에서는 틀의 문제가 빠져 있다는 사실에 관해 나의 첫번째 스피노자 강연, "Who Counts? Thematizing the Questions of the Frame"에서 이미 논한 바 있다. 이와 관련해서는 Nancy Fraser, "Democratic Justice in a Globalizing Age: Thematizing the Problem of the Frame", Nathalie Karagiannis and Peter Wagner eds., *Varieties of World-Making: Beyond Globalization*, Liverpool 2005 참조.

때문에 이 글에서 나는 틀의 문제에 관해 사유하기 위한 한 가지 전략을 제안하고자 한다. 나는 먼저 정의 이론은 인정의 문화적 차원과 분배의 경제적 차원, 이 두 차원의 곁에다 대의/표현(representation)*의 정치적 차원까지 함께 놓는 세 차원 형태가 되어야 함을 보일 것이다. 그런데 또 대의/표현과 관련되는 이 정치적 차원은 사실상 그 세 차원 모두를 포괄하는 것임을 다시 보일 것이다. 이 두 가지 사항이 논증되고 나면 결과적으로, '무엇'과 '누구'의 물음 외에도, 내가 '어떻게'의 물음이라고 칭하고 싶은 세 번째 유형의 물음이 시야에 들어올 것이다. 그리고 다시 이 '어떻게'의 물음이 패러다임 이동을 개시해줄 것이다. 케인스주의-베스트팔렌적인 틀에 힘입어 주조되던 사회적 정의 이론은 이제 **탈베스트팔렌적인 민주적 정의 이론**이 되어야 한다는 사실 말이다.

정치적인 것의 특유성

먼저 내가 생각하는 일반적 의미의 정의와 정의의 특수한 정치적 차원이

---

* 이 글에서 'representation'은 두 가지 의미를 중의적으로 갖는다. 우선 이 단어는 정치적인 것의 맥락에서 흔히 이해되듯, '대의'라는 의미를 갖는다. 그런데 보다 심층적인 수준에서 'representation'은 '표현'이라는 의미를 지닌다. 'representation'이라는 영어 말은 사전적으로도 본래 대의와 표현이라는 두 의미를 동시에 지니는데, 이 두 의미의 중첩성, 바로 거기에 이 글의 고유한 함축이 있다. 누군가를 적절히 '대의'한다는 것은 곧, 그의 목소리를 차단하거나 왜곡하지 않고 재현 혹은 '표현'한다는 것을 의미한다. 그렇다면 역으로, 적절한 대의가 결여된 정치적 부정의의 상태는, 누군가의 목소리가 '표현'되지 못하고 부당하게 가로막혀 있어서 동등한 참여의 기회가 거부되어 있는 상태이다. 바로 거기에 프레이저의 시선이 있다. 이렇게 'representation'이라는 한 단어에서, 정치적 부정의에 대한 그녀의 진단과, 정의 실현의 원칙으로 참여의 동등성을 내놓는 그녀의 전망이 한데 묶인다. 그 때문에 이 말에 들어 있는 중의적 의미를 놓치지 않는 것이 중요하다. 그러나 이 두 의미를 한꺼번에 드러내는 우리말이 없기 때문에, 이 글에서는 부득이하게 'representation'을 '대의/표현'으로 옮겼다.

무엇인지 설명하는 데서 시작하는 것이 좋겠다. 내가 보기에, 정의의 가장 일반적인 의미는 참여의 동등성이다. 모든 성원들은 동등한 도덕적 가치를 갖는다는 원칙의 급진민주주의적 해석 버전에 해당하는 이 참여의 동등성 원칙에 따르면, 정의는 모든 이들이 사회적 삶에 대등한 성원으로서 참여할 수 있게 해주는 사회적 제반 여건들을 요구한다. 그리고 부정의를 극복한다는 것은 어떤 사람들이 다른 사람들과 똑같은 정도로 대등하게, 다시 말해 완전한 사회적 상호작용의 상대자로서 참여하지 못하게 방해하는 제도화된 장애를 제거한다는 것을 의미한다. 예전에 나는 참여의 동등성을 해치는 두 가지 다른 종류의 장애, 즉 각기 두 가지 다른 종류의 부정의에 상응하는 장애들을 이미 분석한 바 있다. 한편으로 사람들은 대등한 구성원으로서 타자들과 상호작용하기 위해서 꼭 필요한 재화를 갖지 못하게 만드는 경제 구조 때문에 완전한 참여에서 밀려날 수 있다. 그런 경우에 사람들은 분배적 부정의라든가 잘못된 분배 때문에 고통을 겪는다. 다른 한편으로 사람들은 꼭 필요한 사회적 지위를 가질 수 없게 만드는 제도화된 문화적 가치의 위계 서열 때문에도, 대등한 관계에서 상호작용하지 못할 수 있다. 이런 경우 그들은 지위의 불평등이나 불인정(misrecognition) 때문에 고통을 겪는다.[4] 전자의 경우 문제는 사회의 계급 구조이며, 이는 정의의 경제적 차원에 해당한다. 후자의 경우 문제는 지위의 서열이며, 이는 정의의 문화적 차원에 해당한다. 현대 자본주의 사회에서 계급 구조와 지위 서열의 문제는 설령 서로 인과적으로 영향을 주고받는 것이 사실이기는 해도, 완전히 하나로 말끔하게 겹쳐지지는 않는다. 오히려 이 둘은 서로에 대해 어떤 자율성을 갖고 있다. 따라서 불인정이라는 문제는 분배적 정의에 관한 경제 이론들이 가정하는 것처럼 잘못된 분배에서

---

[4] 인정의 이 '지위 모델'은 표준적으로 받아들여지고 있는 '정체성 모델'의 한 대안이다. 정체성 모델 비판과 지위 모델의 옹호에 관련해서는 Nancy Fraser, "Rethinking Recognition", *New Left Review* 3, May~June 2000, pp. 107~20 참조.

파생되는 이차적인 효과로 환원될 수는 없다. 또 역으로 잘못된 분배 역시 인정의 문화 이론들이 상정하듯 불인정의 부수적 표현으로 환원될 수는 없다. 그러므로 인정 이론이나 분배 이론만으로는 자본주의 사회에서의 정의가 적절히 해명될 수 없다. 분배와 인정이라는 두 측면 모두를 포괄하는 이차원적 모델만이 사회 이론적 복합성과 도덕철학적 통찰의 측면에서 반드시 요구되는 정도의 수준에 이를 수 있다.[5]

최소한 그것이 바로 내가 과거에 옹호해왔던 정의관이다. 그리고 아직도 여전히 이런 이차원적 정의 이해는 그런대로 해나갈 만큼은 맞는 것 같다. 그렇지만 이런 형태의 정의 이해는 충분히 멀리까지 나갈 수는 없다는 것이 지금의 내 생각이다. 분배와 인정, 이 둘만이 정의의 차원을 구성하는 것처럼 보일 수 있다면, 이는 어디까지나 케인스주의-베스트팔렌적인 틀이 당연시되는 경우에 한해서일 뿐이다. 반대로 일단 틀의 문제가 쟁점으로 거론되기만 하면, 세 번째 차원의 정의가 곧장 가시화될 수밖에 없다. 바로 그 점을 많은 다른 철학자들은 물론이고 과거의 나 역시도 경시했었다.[6]

정의의 그 세 번째 차원이 바로 **정치적 차원**이다. 물론 분배와 인정 역시도, 투쟁의 대상이고 또 권력과 연루된 문제들이라는 의미에서는 그 자체로 분명 정치적인 것들이다. 그리고 항상 분배와 인정이 국가의 판결을 요하는 문제들로 간주되어왔다는 것 또한 사실이다. 그렇지만 내가 '정치적'이라는 말로 뜻하는 것은 보다 특유한, 구성적 의미의 정치적인 것이다. 국가가 내리는 판

---

5) 이 문제에 대한 완전한 논의를 보려면 Nancy Fraser, "Social Justice in the Age of Identity Politics", Nancy Fraser and Axel Honneth, *Redistribution or Recognition? A Political-Philosophical Exchange*, London 2003 참조.
6) 정치적인 것을 경시하는 경향은 자유주의나 공동체주의의 철학적 전제를 따르는 정의 이론가들에게서 특히나 두드러지게 나타난다. 그에 반해 토의 민주주의자, 투쟁적 민주주의자(agonistic democrats), 공화주의자 들은 정치적인 것을 이론화하려고 애써왔다. 그렇지만 이 이론가들 대다수도 민주주의와 정의의 관계에 대해서는 상대적으로 거의 말한 바가 없으며, 게다가 정치적인 것을 정의의 세 차원들 중 하나라고 개념화한 사람은 아무도 없었다.

결의 본성, 그리고 국가가 쟁론을 조직할 때 준거로 삼는 결정 규칙에 관련되는 것 말이다. 이런 의미의 '정치적인 것'은 분배와 인정에 관한 싸움들이 상연되는 무대를 제공한다. 다시 말해 정의의 정치적 차원은 사회적 소속의 기준들을 만들고 그리하여 누구를 구성원으로 볼 것인지를 결정함으로써 다른 차원들의 범위를 지정해준다. 즉 올바른 분배와 상호 인정을 요구할 자격이 있는 집단 안에 포함되는 자가 누구인지, 누가 그 집단에서 배제되는지를 우리에게 말해주는 것이다. 그런데 또 마찬가지로 정치적 차원은 결정 규칙들을 설립함으로써, 경제적 차원과 문화적 차원 안에서 논쟁들을 무대에 올리고 결정하는 데 필요한 절차들을 마련한다. 다시 말해 정의의 정치적 차원은 누가 재분배와 인정을 요구할 수 있는지뿐만 아니라, 그런 요구들이 어떻게 제기되고 판결되어야 할 것인지에 대해서도 말해주는 것이다.

이처럼 소속 구성원과 절차라는 이슈가 중앙에 놓이는 정의의 정치적 차원에서 주로 다뤄지는 것이 대의/표현이라는 문제이다. 정치적인 것의 한 측면인 경계선 설정(boundary-setting)과 관계된 수준에서, 대의/표현이라는 문제는 사회 소속 여부의 문제이다. 이 수준에서의 쟁점은 포함이냐 배제이냐이다. 즉 서로 정의를 요구할 자격이 있는 자들의 공동체 안으로의 포함이냐 아니면 그 밖으로의 배제냐. 정치적인 것의 다른 측면인 결정 규칙(decision-rule)과 관계된 수준에서, 대의/표현이라는 문제는 쟁론의 공적 과정을 조직하는 절차와 관계되는 문제다. 이 수준에서는 정치적 공동체 안에 포함돼 있는 이들이 자신들의 요구를 알리고 논쟁을 판결할 때 지반으로 삼는 조건들이 도마에 오른다.[7] 그리고 이 두 수준 모두에서 대의/표현하는 관계들이 정의로운가 그렇지 않은가 하는 물음이 제기될 수 있다. 즉 정치 공동체의 그 경

---

7) 대의/표현 문제에 관한 고전적 연구들은 내가 여기서 결정 규칙의 측면이라고 부르는 것을 주로 다루어왔을 뿐 구성원 문제의 측면은 도외시한다. 예를 들어 Hanna Fenichel Pitkin, *The Concept of Representation*, Berkley 1967; Bernard Manin, *The Principles of Representative Government*, Cambridge 1997 [버나드 마넹, 『선거는 민주적인가』, 곽준혁 옮김, 후마니타스, 2004] 참조.

계선들은 실제로 대의/표현되어야 할 자격을 가진 이들을 부당하게 배제하는가? 공동체의 그 결정 규칙들은 모든 성원들이 공적 토의 과정에서 평등하게 발언하도록, 공적 결정 과정에서 공평하게 대의/표현되도록 해주는가 같은 물음들이 제기될 수 있다. 대의/표현이라는 문제에 관한 그와 같은 이슈들은 특유의 정치적인 것들이다. 그런 유의 물음들은 경제적 물음, 문화적 물음 둘 다와 개념적으로 구분된다. 즉 그 물음들은, 우리가 이후에 보게 될 것처럼, 후자의 물음들과 풀 수 없을 만큼 얽혀 있기는 해도 환원될 수는 없다.

정치적인 것이 개념적으로 구분되는 정의의 차원이며, 따라서 경제적인 것이나 문화적인 것으로 환원될 수는 없다는 말은, 정치적인 것이 개념적으로 구분되는 특정 종류의 부정의를 야기할 수 있다는 뜻이기도 하다. 정의가 참여의 동등성을 의미한다면, 저 말은 다시, 동등성을 가로막는 특유의 정치적 장애가 있을 수 있음을 뜻한다. 이러한 장애는 잘못된 분배나 인정의 부재와 (다시) 뒤얽힐 수는 있어도 환원될 수는 없는 고유하게 정치적인 장애이다. 그런 장애들은 계급 구조라든가 지위의 위계질서가 아니라 사회의 정치적 구조 때문에 생겨나는 것들이다. 이 장애들은 사회를 조직하는 정치적 양식에 고유하게 토대를 두고 있기 때문에 분배, 인정과 함께 대의/표현을 정의의 근본 차원들 중 하나로 개념화하는 이론을 통해서만 적절히 포착될 수 있다.

세 수준의 대의부재/표현차단

정치적인 것의 고유한 이슈가 대의/표현이라면, 이 정치적 차원에서 독특하게 나타나는 부정의는 바로 대의부재/표현차단(misrepresentation)*이다. 정

---

* 'representation'이 '대의/표현'으로 이해되어야 한다면, 'misrepresentation'은 우선, '제대로 된 대의가 이루어지지 못하는 상태'를 가리켜야 한다. 그런데 이런 상태를 '부적절한 대의', '잘못된

치적 공간의 경계선들 및/또는 결정 규칙들이 사회적 상호작용(정치적 경연장에서의 상호작용뿐 아니라, 그것을 포함한 여러 형태의 상호작용들)에 대등하게 참여할 수 있는 어떤 이들의 기회를 부당하게 거부하는 기능을 할 때, 대의부재/표현차단이라는 문제적 상황이 벌어진다. 대의부재/표현차단은 대개 부당한 분배나 불인정과 얽혀 있는 것이 사실이지만, 그렇다 해도 이런 유형의 부정의들로 결코 환원되지는 않는다. 심지어 그런 후자의 부정의들이 없는 경우에도 대의부재/표현차단이라는 부정의는 있을 수 있다. 먼저 최소한 두 수준의 대의부재/표현차단이 구분될 수 있겠다. 〔우선〕 결정 규칙들이 이미 포함된 사람들 중 어떤 이들에게는 동등한 성원으로서 완전하게 참여할 기회를 주지 않을 때, 이런 대의부재/표현차단을 나는 **보통의 정치적**(ordinary-political) 대의부재/표현차단이라고 부른다. 이 경우에는 정해져 있는 공동체 테두리 안에서의 대의/표현 문제가 쟁점이 되는데, 여기서 우리는 대안적 선거 시스템들의 상대적 장점을 놓고 벌어지는 익히 잘 알려진 정치학적 논쟁의 영역에 들어서게 된다. 소선거구제(Single-member-district), 승자독식제(winner-take-all), 단순다수제(first-past-the-post) 같은 선거 시스템들은 수적 소수자들에게 동등한 참여를 부당하게 거부하는가? 만일 그렇다고 한다면, 비례대표제

━
대의', '부당한 대의' 같은 말로 옮기기보다는 오히려 '대의부재'로 옮기는 것이 더 적절해 보이는 이유는, 프레이저가 이 글에서 정해진 정치 공동체의 틀 안에서 대의되어야 할 사람이 누구인지 명백한데도 대의의 메커니즘이 제대로 작동되지 않고 부당하게 돌아가는 것만을 지적하는 데서 그치지 않기 때문이다. 오히려 그녀는 심층적인 차원에서, 정치 공동체의 틀이 잘못 분할됨으로써 고려되어야 할 사람들이 아예 배제되는 상태, 따라서 대의의 대상으로 고려되지 못하는 상태 자체를 부각하는 데 방점을 찍는다. 즉 세계화의 메커니즘에도 불구하고 민족국가의 틀이 고수되는 한, 대의되어야 할 이들이 오히려 대의부재로 인한 고통에 노출될 수밖에 없음을 지적하는 데 그녀의 시선이 있다. 그리고 이를 '표현'의 관점에서 다시 정식화하자면, 'misrepresentation'은 '세계화의 각 해당 문제에 특히나 영향을 받는 당사자들인데도 그들의 목소리가 표현되지 못한 채 차단되고 누락됨으로써, 동등한 참여의 기회가 거부되고 있다는 것'을 의미해야 한다. 따라서 이 글에서는 'representation'을 '대의/표현'으로 옮겼던 것에 상응하여, 'misrepresentation' 역시도 '대의부재/표현차단'과 같이 중의적인 꼴로 옮겼다.

나 누적투표제가 적절한 치유책인가? 마찬가지로, 젠더 문제에 무지한 여러 규칙들은, 젠더에 토대를 두고 있는 부당분배 및 불인정과 연합하여, 여성들의 동등한 정치적 참여를 가로막는 기능을 하는가? 만일 그렇다고 한다면, 여성할당제가 적절한 치료법인가? 이런 물음들은 케인스주의-베스트팔렌적인 틀 안에서 통상 실행되어오고 있던 보통의 정치적 정의 영역에 속하는 것들이다.

대의부재/표현차단의 두 번째 수준은 아마도 덜 가시적일 것이다. 이 수준의 대의부재/표현차단은 정치적인 것의 다른 측면인 경계선 설정과 관련돼 있다. 여기서는, 정의를 주제로 벌어지는 공동체의 권위 있는 쟁론에 참여할 기회에서 어떤 이들을 아예 부당하게 배제해버리는 식으로 공동체의 경계선들이 그려질 때 부정의가 벌어진다. 이 경우 대의부재/표현차단은 훨씬 더 심층적인 형식을 취하는데, 이를 일컬어 나는 **잘못된 틀구성**(misframing)이라고 부른다. 잘못된 틀구성이 보다 심층적인 성격을 갖는 이유는, 그것이 모든 사회 정의 물음에다 틀을 부여하는 결정적으로 중요한 기능을 하기 때문이다. 틀을 설정하는 것은 결코 사소한 의미만을 갖는 것이 아니다. 반대로 그것은 가장 중요한 정치적 결정들 가운데 하나이다. 이것은 한 번의 선긋기로 구성원과 비구성원을 동시에 구성하면서, 후자를 분배, 인정, 보통의 정치적 대의/표현과 관련해 공동체 안에서 응당 숙고되어야 할 사람들의 세계 밖으로 효과적으로 배제하는 결정이다. 때문에 그 결과는 심각한 부정의가 될 수도 있다. 만일 누군가를 숙고에서 부당하게 배제하는 식으로 정의 물음의 틀이 그려진다면, 어떤 이들은 그 주어진 정치 공동체 안에서 일차적 층위의 정의 요구를 말할 수 있는 기회 자체를 아예 거부당하는 특수한 종류의 메타적 부정의가 벌어지기 때문이다. 더욱이 어떤 한 정치 공동체에서 배제된 그들이 다른 정치 공동체의 정의주체로서 포함되어 있다 할지라도, 그 정치적 분할로 인해 정의의 몇몇 중요한 측면들이 그들의 손 닿는 범위 바깥에 놓이게 된 이상, 그 부정의는 여전히 남는다. 누군가가 어떤 정치 공동체를 막론하고 모든 곳에서 구성원 범위 바깥으로 배제되는 경우는 물론 훨씬 더 심각하다. 이런 부류의 잘못된 틀구성은 한나 아렌트가 '권리를 가질 권리'라 칭했던 것이 상실된 상태와 흡사하며 일종의 '정치적 죽음'과도 같다.[8] 이런 고통을 겪는 사람들은 박애나 자비심의 대상이 될 수 있을지 모르나, 일차적 층위의 요구를 말할 기회를 박탈당한 이상, 정의 문제에 관련해서라면 그들은 [아무런 사회적 자격도 없는, 사회에서 이미 잊혀진] 인간 아닌 자들(non-persons)이 되고 만다.

최근 세계화로 인해 가시화되기 시작한 문제가 바로 이 잘못된 틀구성 형태를 띠는 대의부재/표현차단이다. 예전에 전후 복지국가의 전성기, 즉 케인스주의-베스트팔렌적인 틀이 확고하게 가동되던 시절에는, 정의에 관한 사유를 주도하던 원칙적 관심사가 분배였다. 그 이후 신사회운동들과 다문화주의가 출현함에 따라 무게중심은 인정으로 옮겨 갔다. 그런데 이 두 경우 모두에서 근대의 영토국가는 암암리에 당연시되었기 때문에, 결과적으로 정의의 정치적 차원은 주변적인 문제로 치부되었다. 그리고 정의의 정치적 차원이 문제로 불거지는 경우에도, 이미 그 경계가 당연한 것으로 받아들여지는 정치체 내의 결정 규칙을 문제 삼는 보통의 정치적 형태를 띠는 논쟁이 고작이었다. 그러므로 성 할당분과 다문화적 권리를 보장하라는 요구들은 정치 공동체 안에 원칙적으로 이미 포함돼 있는 이들을 위해 동등 참여의 장애물을 제거하는 데 목적을 두고 있었다. 케인스주의-베스트팔렌적인 틀을 당연한 것으로 여겼기 때문에, 이들은 정의의 적절한 단위가 영토국가라는 가정을 문제 삼지는 않았던 것이다.

반대로 오늘날, 세계화는 틀의 문제를 곧장 정치적 의제로 올려놓았다. 케인스주의-베스트팔렌적인 틀은 점점 더 논쟁에 휘말리고 있다. 이제 많은 사

---

8) Hannah Arendt, *The Origins of Totalitarianism*, New York 1973, pp. 269~84. [『전체주의의 기원』, 이진우·박미애 옮김, 한길사, 493~523쪽] 다만 '정치적 죽음'이라는 용어는 아렌트의 것이 아닌 나의 말이다.

람들은 이 틀이 빈곤하고 무시당하는 많은 이들을 억압 세력에 도전하지 못하도록 차단하는 식으로 정치적 공간을 분할하기 때문에 오히려 부정의를 촉진하는 주범이라고 여긴다. 이 틀은 빈곤하고 무시당하는 자들의 요구가 완전히 무너지지는 않았을지라도 상대적으로 무력한 국가들의 국내 정치 공간 안으로 유입되도록 만들면서 해외의 권력들을 비판과 통제로부터 격리시킨다.[9] 훨씬 강력한 약탈국가, 외국인 투자자나 채권자 등의 초국적인 사적 권력, 국제 통화 투기자, 초국적 법인이 바로 정의의 도달 범위에서 벗어나 보호되는 권력에 속한다. 또 세계경제의 통치 구조들도 역시 보호된다. 이것들은 착취하는 상호작용의 제반 조건들을 설립하며, 또 일단 설립한 후에는 그것들을 민주적 통제에서 면제한다. 마지막으로 케인스주의-베스트팔렌적인 틀은 자기 스스로를 격리하여 보호하고 있다. 국가 간 체계라는 건축 양식은 정의 문제에 관해 국가를 초월한 민주적 의사결정을 내릴 가능성을 효과적으로 배제함으로써 자신이 제도로 정착시키는 정치적 공간 분할들을 보호하기 때문이다.

이런 관점에서 볼 때 케인스주의-베스트팔렌적인 틀은 가난한 자들과 무시받는 자들을 희생시키면서 정치적 공간을 자기 유리할 대로 개편하는 부정의의 강력한 도구이다. 초국적인 일차적 층위 요구들을 말할 기회를 아예 거부당한 사람들은, 잘못된 틀구성에 반대하는 투쟁과 연계하지 않고서는 부당분배와 불인정에 반대하는 싸움을 아예 시작할 수조차 없다. 그러니 성공하는 것이야 말할 나위도 없다. 따라서 사람들이 부당한 틀이 바로 세계화 시대

---

9) 특히 Thomas Pogge, "The Influence of the Global Order on the Prospects for Genuine Democracy in the Developing Countries", *Ratio Juris*, vol. 14, no. 3(2001), pp. 326~43; "Economic Justice and National Borders", *Revision*, vol. 22(1999), pp. 27~34; Rainer Forst, "Towards a Critical Theory of Transnational Justice", Thomas Pogge ed., *Global Justice*, Oxford 2001, pp. 169~87; "Justice, Morality and Power in the Global Context", Andreas Follesdal and Thomas Pogge eds., *Real World Justice*, Dordrecht 2005 참조.

의 고유한 부정의라고 말하는 것은 놀라운 일이 아니다. 이런 조건하에서 정의의 정치적 차원을 무시하기란 매우 힘들다. 세계화가 이렇게 틀의 문제를 정치적 문제로 만들고 있는 이상, 그것은 또 과거에는 자주 도외시되던 정의 문법의 한 단면을 분명히 볼 수 있게 해준다. 분명한 점은, 정의를 외치는 요구는 대의/표현에 관한 어떤 개념을 직접적으로든 암묵적으로든 전제하지 않을 수 없다는 것이다. 어떤 정의 요구든 간에 결국 어떤 틀을 상정하지 않을 수 없는 이상은 말이다. 그러므로 재분배와 인정에 대한 모든 요구 안에는 항상, 대의/표현[이라는 계기]이 이미 들어 있다. 달리 말해 정치적 차원은 정의 개념의 문법 안에 포함돼 있다. 아니 정말로 정치적 차원은 정의 개념의 문법상 필수적인 것이다. 그러므로 대의/표현 없이는 재분배도 인정도 없다.[10]

10) 나는 지금 정치적인 것을 정의의 가장 중요한 차원으로, 다시 말해 경제적 차원과 문화적 차원보다 더 근본적인 것으로 보자고 말하는 게 아니다. 오히려 이 세 차원들은 서로 얽혀 있으며 상호 영향을 주고받는 관계에 있다. 분배와 인정의 요구를 제기할 수 있는 능력이 대의/표현의 제반 관계들에 의존하듯, 자신의 정치적 목소리를 낼 수 있는 능력도 계급과 지위의 제반 관계들에 의존한다. 달리 말해, 공적 논쟁과 믿을 만한 정책적 의사결정에 영향력을 행사할 수 있는 능력은 형식적인 결정 규칙에만 달려 있는 게 아니라, 경제 구조 및 지위 질서에 뿌리를 둔 권력 관계들에도 의존하는 것이다. 대부분의 토의 민주주의 이론에서는 이 사실이 충분히 강조되지 않고 있다. 그러므로 부당분배와 불인정은, 모든 시민들이 동등한 정치적 목소리를 낼 수 있어야 한다는 원칙을 전복하는 데 공모한다. 심지어 민주적이라고 자신하는 정치체에서도 말이다. 물론 그 역도 참이다. 대의부재/표현차단으로 고통을 겪는 사람들은 지위와 계급의 부정의에 상처 입기가 쉽다. 정치적 목소리가 없기 때문에, 그들은 분배와 인정 문제에 관련해 자신들의 이해를 표현하고 지킬 수 없고, 그 때문에 다시 그들의 대의부재/표현차단의 상태가 더 악화된다. 그런 경우 결과적으로 세 종류의 부정의가 서로를 강화해가며 어떤 이들이 대등하게 사회적 삶에 참여할 기회를 갖지 못하게 거부해버리는 악순환이 벌어진다. 이처럼 세 차원은 서로 얽혀 있기 때문에, 부정의를 극복하려는 노력은 몇몇 드문 경우를 제외하고는 그중 단 하나의 차원만을 건드릴 수는 없다. 오히려 부당분배와 불인정에 대항하는 투쟁들은 대의부재/표현차단에 반대하는 투쟁과 연계되지 않고서는 성공할 수가 없다. 그리고 그 역도 마찬가지이다. 물론 셋 중 어디에다 강조점을 두어야 할 것인가는 전술적이며 전략적인 결정이다. 현재로서는 잘못된 틀구성의 부정의가 도드라지게 돌출되고 있는 상황이기 때문에, 나 자신은 '대의/표현 없이는 재분배도 인정도 없다'는 슬로건을 선호한다. 그렇다 할지라도, 대의/표현의 정치는 세계화되는 현실에서 사회 정의를 향한 싸움 안에서 서로 연결돼 있는 세 전선(戰線) 중 하나인 것으로 보인다.

그렇다면 일반적으로 말해, 우리 시대에 적절한 정의 이론은 반드시 삼차원적인 것이라야 한다. 재분배와 인정뿐 아니라 대의/표현까지 포괄함으로써 틀의 문제를 정의의 문제로 파악할 수 있게 해주는 이론이어야 한다. 달리 말해 경제적·문화적·정치적 차원을 포괄함으로써 잘못된 틀구성의 부정의를 알아볼 수 있게 해주어야 하며, 동원 가능한 해결책들 중 무엇이 적절한지 평가할 수 있도록 해주어야 한다. 무엇보다도 우리 시대에 적절한 정의 이론이라면, '어떻게 부당분배, 불인정, 대의부재/표현차단에 대항하는 투쟁들을 탈베스트팔렌적인 틀 안에서 통합할 수 있을까?'라는 우리 시대의 핵심적인 정치적 물음을 제기하고 답을 찾을 수 있게 해주어야 한다.

국가영토성으로부터 사회적 실효성*으로?

지금까지 나는 정의의 세 근본 차원 중 하나인 정치적인 것의 환원 불가능한 특유성이 무엇인지 거론했다. 그리고 보통의 정치적 대의부재/표현차단과

---

* 'social effectivity'는 적어도 두 가지 의미를 중의적으로 지닌다. 우선 이 말은 상태 개념으로서, 어떤 것이 발휘하는 '사회적 효력'을 가리킬 수 있다. 이런 의미에서 우리는 예컨대 오늘날 세계 금융체계는 사회적 효력을 발휘하고 있다고 말할 수 있다. 그런데 또 다른 한편으로 'social effectivity'라는 말은 일종의 원칙 개념으로 이해될 수도 있다. 사회적인 문제들은 이제 국가영토성이라는 원칙이 아닌, '사회적 실효성'이라는 원칙에 따라 고찰되고 논의되어야 한다고 말할 때가 가령 그런 의미이다. 이 글에서 프레이저가 'effectivity'라는 말로 특히, 어떤 세력·권력·제도·가치 등이 사회적 영향력을 발휘하고 있음을 지시하는 경우에는 전자의 의미대로 '효력'이라는 상태 개념으로 옮겼다. 그렇지 않은 대부분의 경우에는 후자의 의미에서 '사회적 실효성'이라는 원칙 개념으로 옮겼다. 그럼에도 불구하고 사회적 실효성이라는 원칙에 따라 정의의 문제를 고찰하고 다룬다는 것은, 실질적으로 사회적 효력을 발휘하고 있는 세력들을 고찰 및 비판 대상으로 상정함으로써 현 정세에서 사회적 실효를 발휘할 수 있는 정의 논의를 꾸리고 조직한다는 것을 의미하기 때문에, 이 글에서 'social effectivity'가 후자의 의미에서 '사회적 실효성'으로 번역된 경우에도 사실은 '사회적 효력'이라는 전자의 의미가 이미 그 안에 함축되어 있음을 떠올리는 것이 좋을 것 같다.

잘못된 틀구성을 각기 다른 두 수준의 정치적 부정의로 지적했다. 이제 나는 세계화되는 현실에서의 틀구성 정치(politics of framing)에 대해 살펴보고자 한다. 여기서 나는 수긍적(affirmative) 접근법과 전환적(transformative) 접근법을 구분하는 가운데, 적절한 대의/표현의 정치라면 [정치적 부정의의] 세 번째 수준에도 손을 대야 함을 보일 것이다. 즉 적절한 대의/표현의 정치는 한편으로 보통의 정치적 대의부재/표현차단, 다른 한편으로 잘못된 틀구성에 이의를 제기하는 데서 더 나아가, 틀을 정하는 과정까지도 민주화하려고 애써야 한다는 사실 말이다.

'틀구성 정치'라는 말로 내가 무엇을 의미하는지를 설명하면서 시작하는 것이 좋을 것 같다. 이 정치는 내가 앞서 언급했던 두 번째 수준, 즉 구성원과 비구성원을 나누는 분할선이 그려지는 곳에서 벌어진다. 즉 이 정치는 경계선 설정이라는 정치적인 것의 측면과 관계된다. 누가 정의의 주체로 간주되는가, 무엇이 적절한 테두리인가 하는 이슈에 초점을 맞추는 이 틀구성 정치는 정치적 공간의 권위 있는 분할[선]을 만들어내고, 공고하게 굳히고, 논쟁에 부쳐 다투고, 수정하려는 노력들을 포함한다. 잘못된 틀구성에 반대하는 투쟁들도 여기 포함되는데, 이런 투쟁들은 불이익을 겪는 자들이 억압 세력에게 정의를 요구하면서 맞서지 못하게 만드는 장애를 없애는 것을 목적으로 한다. 틀을 설정하고 틀에 대해 논쟁하는 데 주력하는 틀구성 정치는 이처럼 '누구'의 문제에 주목한다.

그런데 틀구성 정치는 두 가지 다른 형태를 취할 수 있다. 그리고 이 둘 모두는 세계화되어가는 우리의 현실 안에서 지금 실제로 행해지고 있다.[11] 첫 번째의 것은 내가 **수긍적인** 틀구성 정치라고 부르고자 하는 것인데, 이 접근법

---

11) '수긍적' 접근법과 '전환적' 접근법의 구분에서, 나는 과거에 내가 재분배와 인정에 관련해 사용해왔던 용어법을 그대로 고수한다. 이 문제에 관해서는 Nancy Fraser, "From Redistribution to Recognition? Dilemmas of Justice in a 'Post-Socialist' Age", *New Left Review* I/212, July-August 1995, pp. 68~93; "Social Justice in the Age of Identity Politics" 참조.

은 틀설정의 베스트팔렌적인 문법은 받아들이되, 현존하는 틀의 경계선들만을 문제 삼는다. 이런 형태의 틀구성 정치의 경우, 잘못된 틀구성으로 고통 받고 있다고 주장하는 자들은 실재하는 영토국가들의 경계선들을 다시 그으려 하거나, 어떤 경우에는 새로운 영토국가를 만들어내고자 한다. 그러나 그들은 영토국가가 적절한 단위이며 그 안에서 정의 논쟁을 제기하고 결정하는 것이 적합하다는 생각에는 변함없이 찬성한다. 그들은 베스트팔렌적 질서가 정치 공간을 분할한다는 일반 원칙이 잘못된 틀구성의 부정의를 유발하는 것은 아니라고 본다. 오히려 그 부정의는 이 원칙이 지금까지 잘못된 방식으로 적용돼왔기 때문에 비롯된 결과라는 것이다. 따라서 수긍적인 틀구성 정치를 수행하는 사람들은 국가영토성의 원칙이 정의의 '누구'를 구성하는 적절한 토대라는 데 찬성한다. 달리 말해 그들은, 근대 국가의 영토 안에 함께 거주하고 있다는 것, 그리고/또는 그런 한 국가에 상응하는 정치 공동체에 함께 성원으로 속해 있다는 것, 그것이 바로 어떤 주어진 무리의 개인들을 정의의 동료 주체로 만들어준다는 생각에 동의하는 것이다. 그러므로 수긍적인 틀구성 정치를 수행하는 이들은 베스트팔렌 질서의 기본 문법에 도전하는 것과는 거리가 멀다. 반대로 그들은 국가영토적인 원칙을 받아들인다.

그러나 두 번째 판본의 틀구성 정치는 정확히 그 원칙에 이의를 제기한다. 이런 판본의 틀구성 정치를 나는 **전환적인 접근법**이라고 부르려고 한다. 이를 지지하는 자들은, 국가영토성의 원칙이 이제 더는, 정의의 '누구'를 결정하는 모든 경우에 예외 없이 적절한 토대를 제공해줄 수는 없다고 본다. 물론 그들은 이 원칙이 여전히 여러 가지 목적들을 위해 중요하다는 점은 시인한다. 그러므로 전환의 지지자들이 이 국가영토성을 완전히 제거하려고 하는 것은 아니다. 그렇지만 그들은 이 국가영토성이라는 문법이 세계화되는 현실 안에서 부정의를 유발하는 구조적 원인들에는 전혀 들어맞지 않는다고 본다. 이 구조적 원인들은 그 특성상 전혀 영토적이지가 않다. 다음의 것들이 그 예이다. 누가 임노동을 하고 누가 하지 않아야 할지를 결정하는 금융시장, 해외 공장,

투자체제, 세계경제의 통치 구조. 그리고 소통 권력의 범위에 포함된 자와 그렇지 않은 자를 결정하는, 전 지구적 미디어의 정보 네트워크와 사이버 테크놀로지. 마지막으로, 누가 더 오래 살고 누가 더 일찍 죽을지를 결정하는, 기후·질병·마약·무기·바이오테크놀로지의 생명정치(bio-politics). 인간의 행복에 너무도 중요한 이런 문제들에 관련해 부정의를 범하는 권력들은 '장소의 공간'(the space of places)이 아닌 '흐름의 공간'(the space of flaws)에 속한다.[12] 이렇게 어떤 실제의 혹은 상정 가능한 영토국가의 관할권 안에 위치를 고정시킬 수 없는 이 권력들을 국가영토의 원칙에 따라 짜인 정의 요구들에 책임 있게 답하도록 만든다는 것은 불가능하다. 따라서 논증은 다음과 같이 진행된다. 이런 권력들이 문제되는 경우에는, 틀을 정하기 위해 국가영토적 원칙에 호소하는 것 자체가 부정의를 범하는 것이다. 이 원칙은 영토의 경계선에 따라 정치적 공간을 분할함으로써 영토 밖의 세력 그리고 비영토적인 세력들을 정의의 도달 범위로부터 격리시키기 때문이다. 그러므로 세계화되는 현실에서 이 원칙은 잘못된 틀구성의 치료법으로 기여하는 게 아니라, 오히려 잘못된 틀구성을 범하고 영속화하는 수단으로 복무한다.

탈베스트팔렌적인 틀구성

그렇다면 크게 볼 때, 전환적인 틀구성 정치는 세계화되고 있는 현실 안에서 틀설정의 심층적 문법을 바꾸려 한다고 말할 수 있다. 이 접근법은 베스트팔렌적인 질서의 원칙에 하나 또는 여럿의 탈베스트팔렌적인 원칙을 보완하려고 한다. 그 목적은 정의의 '누구'를 표시하는 현 경계선들뿐 아니라 그 구

---

12) 이 용어는 Manuel Castells, *The Rise of the Network Society*, Oxford 1996, pp. 440~60 [『네트워크 사회의 도래』, 김묵한 외 옮김, 한울, 2008]에서 빌려온 것이다.

성 양태까지 바꿈으로써, 즉 그 경계선들이 그려지는 방식까지 바꿈으로써 잘못된 틀구성의 부정의를 극복하는 것이다.[13]

 그렇다면 틀설정의 탈베스트팔렌적 양태는 어떤 모습을 띨 수 있을까? 하나의 명확한 견해를 갖기에 지금은 아직 이르다. 그럼에도 불구하고 지금까지는 '모든 당사자 원칙'이 가장 유망한 후보이다. 이 원칙이 견지하는 바는, 어떤 주어진 사회 구조나 제도에 영향을 받는 모든 이들이 그 구조나 제도에 관련한 문제에서 정의주체로서의 도덕적 입지를 가져야 한다는 것이다. 이 견해에 따르면, 어떤 한 무리의 사람들을 정의의 동료주체가 되도록 하는 것은 지리적 근접성이 아니다. 그들은 하나의 공통된 구조적 혹은 제도적 얼개 안에서 함께 엮여 있기 때문에 정의의 동료주체가 된다. 즉 그들의 사회적 상호작용을 규제하는 근본 규칙을 설립함으로써 이익과 불이익의 패턴 안에서 그들 각각의 삶의 가능성들을 결정짓는, 어떤 공통의 구조적 혹은 제도적 얼개 말이다.

 최근까지 많은 사람들의 눈에는 이 모든 당사자 원칙이 국가영토의 원칙과 일치하는 것처럼 보였다. 베스트팔렌적 세계상과 일치되게, 그들은 이익과 불이익의 패턴을 결정하는 그 공통의 얼개가 다름 아닌 근대 영토국가의 구조상의 질서라고 상정했던 것이다. 그 결과 그들에게는, 국가영토의 원칙을 적용하면 모든 당사자 원칙의 규범적인 힘도 동시에 발휘될 수 있는 것처럼 보였다. 물론 실상은 결코 그렇지 않았다. 식민주의와 신식민주의의 긴 역사가 증언해주듯이 말이다. 그러나 중심부(Metropole)의 시각에는, 국가영토성이 사회적 실효성과 한데 융합되는 것이야말로 해방적 추진력을 갖는 것처럼 보였다. 영토 안에 거주하지만 능동적 시민권에서는 배제되던 종속 계급

---

13) 탈-영토적인 '정치적 구분의 양태'라는 아이디어는 존 러기(John Ruggie)에게 빚진 것이다. 시사하는 바가 매우 큰 그의 글, "Territoriality and Beyond: Problematizing Modernity in International Relations", *International Organization* 47(1993), pp. 139~74 참조.

과 종속 지위 집단을 진보적으로 편입시켜 정의주체로 만드는 것을 정당화할 수 있게 기여한 것이 바로 이 융합이었기 때문이다.

그러나 오늘날 국가영토성이 사회적 실효성을 대리할 수 있다는 생각은 더는 개연적이지가 않다. 현재의 조건하에서 누군가가 좋은 삶을 살 수 있는 기회는 그가 거주하는 영토국가의 내적인 정치 구조에만 전적으로 달려 있는 게 아니다. 지금도 이것은 여전히 부인할 수 없을 만큼 중요하기는 하다. 그렇다 할지라도 이제 영토국가의 내적 정치 구조가 발휘하는 효력은 적어도 그것만큼은 중요한 영향력을 가진, 영토 밖의 그리고 비영토적인 구조들에 의해 매개되어 있다. 일반적으로 세계화는 국가영토성과 사회적 실효성 사이의 벌어진 간극을 점점 더 넓히고 있다. 이 두 원칙들이 점점 더 서로 멀어져 감에 따라, 전자는 후자의 부적절한 대리인에 불과한 것으로 드러났다. 그래서 '모든 당사자 원칙을 국가영토성이라는 우회로 없이 곧장 정의의 틀구성에 적용할 수 있을까?'라는 물음이 떠오르게 된 것이다.[14]

---

14) 모든 당사자 원칙에 대한 적절한 해석을 찾아내는 데 모든 것이 달려 있다. 핵심 이슈는, '[당사자로서] 영향받음'이라는 아이디어를 어떻게 좁혀 구체화해야 그것이 여러 틀의 정의를 평가하는 작동 가능한 원칙이 될 수 있는가이다. 이른바 나비 효과를 가정해 보면, 문제는 거의 모든 사람이 거의 모든 것에 의해 영향을 받는다고 증거를 예시하는 것도 가능하다는 것이다. 그러므로 도덕적인 입지를 부여하기에 충분한 효력을 갖는 수준 및 종류와 그렇지 못한 것을 구분하는 방식을 찾아야 한다. 캐럴 굴드(Carol Gould)가 내놓은 한 가지 제안은, 주어진 관행 또는 제도 때문에 인권을 침해당한 사람들에게로 도덕적 입지를 제한시키자는 것이다. 데이비드 헬드(David Held)의 또 다른 제안은, 삶의 기대 및 삶의 기회에 심각한 영향을 받는 사람들에게 도덕적 입지를 일치시키자는 것이다. 나 자신의 견해는 모든 영향 받는 당사자라는 원칙이 다수의 합리적인 해석들에 열려 있다는 것이다. 결과적으로, 그것을 어떻게 해석해야 하는지는 독백론적으로, 즉 철학적 엄명 같은 것을 통해서 결정될 수가 없다. 오히려 영향 받음이라는 아이디어에 관한 철학적 분석은 그 원칙의 의미를 놓고 벌어지는 공적 토론에 기여하는 것으로 이해되어야 한다. 어떤 주어진 제도나 정책에 의해 영향을 받는 사람이 누구인지에 관한 경험적 사회과학의 설명 역시도 마찬가지다. 대략적으로 말해, 모든 당사자 원칙은 대화의 방식으로, 즉 민주적 토의 안에서의 논거 주고받기를 통해 해석되어야 한다. 이 말은 그렇다면 다음의 한 가지 사실은 분명하다는 것을 뜻한다. 잘못된 틀구성의 부정의가 초래되지 않으려면, 도덕적인 입지가 어떤 주어진 제도의 공식적인 구성원으로서 이미 공인된 자들이나 기존 관행의 참여자로서 이미 인가된 사람들에게로

전환적 정치의 몇몇 수행자들이 시도하고 있는 게 바로 그것이다. 부당분배와 불인정을 유발하는 해외의 원인들에 대항하는 대척점을 모색하는 세계화 행동주의자들은, 정치 공간의 국가영토적 분할법을 공략하기 위해서 모든 당사자 원칙에 직접 호소하고 있다. 케인스주의-베스트팔렌적인 틀 때문에 자신들이 배제되고 있다고 항변하는 환경주의자들과 토착민들은, 자신들 삶을 침범하는 영토 밖의 세력들과 비영토적인 세력들에 대항할 수 있는 정의주체로서의 지위를 요구하고 있다. 이제는 실효성이 국가영토성을 기각시키며 무효화한다고 주장하면서, 그들은 자신들에게 해를 끼치는 구조들이 곳의 공간에 정박될 수 없을 때에도 그에 대항해 요구를 주장할 권리를 외치면서 개발 행동가들(development activists), 국제 페미니스트들, 그리고 다른 이들에게로 합류하고 있다. 이 요구자들은 베스트팔렌적인 틀설정의 문법을 내던지면서, 모든 당사자 원칙을 세계화되는 현실의 정의 문제들에 직접 적용하고 있다.

메타정치적 정의

그런 경우에, 전환적 틀구성 정치는 여러 차원과 여러 수준에서 동시에 진

만 제한되지 않아야 한다는 사실 말이다. 즉 그런 부정의들을 피하기 위해서는 도덕적 입지라는 것이 비구성원이고 비참여자이기는 하지만 문제의 제도나 관행으로부터 심각하게 영향을 받고 있음이 분명한 사람들에게도 합치되어야 한다. 그런 식으로 보면, 비자발적으로 세계경제에서 단절되어온 사하라 이남의 아프리카인들은, 실제로 그 안에 참여하고 있지 않다 하더라도 세계경제라는 문제와 관련하여 정의주체로 간주된다. 설령 그들이 실제로 그 안에 참여하고 있지 않아도 말이다. 인권의 해석에 관해서는 Carol Gould, *Globalizing Democracy and Human Rights*, Cambridge 2004 참조. 그리고 삶의 기대와 삶의 기회 해석은 David Held, *Global Covenant: The Social Democratic Alternative to the Washington Consensus*, Cambridge 2004, p. 99 이하 참조. 대화적 접근에 관해서는 Nancy Fraser, "Democratic Justice in a Globalizing Age" ; "Abnormal Justice", *Critical Inquiry*, vol. 34, no. 3(Spring 2006), pp. 393~422 참조.

행된다. 이 정치를 행하는 사회운동들은 먼저 한 수준에서, 부당분배·불인정·보통의 정치적 대의부재/표현차단이라는 일차적 층위의 부정의를 시정하는 것을 목적으로 한다. 그리고 두 번째 수준에서는, 정의의 '누구'를 재구성함으로써 잘못된 틀구성의 부정의를 제거하고자 한다. 더 나아가 국가영토의 원칙이 부정의에 도전하는 데 도움을 주기보다는 오히려 부정의를 면책하는 데 더 기여한다면, 이 운동들은 그 원칙 대신 모든 당사자 원칙에 호소한다. 이 운동들은 탈베스트팔렌적인 원칙에 호소함으로써 틀설정의 문법 자체를 바꾸고, 그럼으로써 세계화되어가는 현실에 맞는 정의의 메타정치적 토대를 재구축하려고 노력하고 있는 것이다.

그러나 전환적 정치의 요구들은 그보다는 훨씬 더 멀리 나간다. 이 운동들은 여러 다른 요구들 외에도, 탈베스트팔렌적인 틀설정 과정에서의 발언권도 요구하고 있기 때문이다. 이들은 틀을 설정하는 일이 국가와 초국적 엘리트의 특권이라고 보는 표준화된 견해를 거부하고, 정의의 얼개가 그려지고 수정되는 과정을 민주화하려고 한다. 정의의 '누구'를 구성하는 과정에 참여할 권리를 주장함으로써 동시에 '어떻게'를 전환시키고 있는 것이다. (이때 '어떻게'란 '누구'를 결정하기 위한 승인된 절차를 가리킨다.) 그에 따라 이 전환적 운동들은 자신들이 할 수 있는 만큼 최대한 사려 깊게 또 야심 차게, 틀에 관한 논의들을 환대하는 새로운 민주적 경연장을 창출할 것을 요구하고 있다. 게다가 어떤 경우에는 그들 스스로 그런 경연장을 만들어내고 있기도 하다. 예컨대 전환적 정치를 수행하는 몇몇 운동가들은 세계사회포럼(World Social Forum)에서 자신들이 타자와 대등하게 틀에 대한 쟁론을 발의하고 결정하는 데 참여할 수 있는 초국적인 여론의 장을 만들어오고 있다. 이런 식으로 그들은 **탈베스트팔렌적인 민주적 정의의 새 제도들이 성립될 수 있음을 선보이고 있다.**[15]

▪

15) 지금으로서는 틀설정 과정을 민주화하려는 노력들이, 국가를 초월한 시민사회 안에서 논쟁을 진행하는 형태로만 이루어지고 있다. 국가를 초월한 시민사회라는 지평이 꼭 필요한 것은 사실이

민주화를 꾀하고 있는 이 전환적 정치는 앞서 이야기된 정치적 부정의의 두 수준들 외에도, 세 번째 수준의 정치적 부정의를 표적으로 겨눈다. 나는 앞에서 보통의 정치적 대의부재/표현차단이라는 일차적 층위의 부정의와 잘못된 틀구성이라는 이차적 층위의 부정의를 구분했다. 그런데 지금 우리는 삼차적 층위의 정치적 부정의의 유형을 식별할 수 있게 됐다. 그것은 바로 '어떻게'라는 물음에 상응하는 정치적 부정의이다. 틀설정의 비민주적 과정에서 예시적으로 나타나는 이 부정의는, 메타정치적인 수준, 즉 '누구'의 문제에 관한 토론과 결정이 이루어지는 수준에서 동등 참여의 가능성이 제도화되어 있지 못하다는 것을 가리킨다. 이런 경우에는 일차적 층위의 정치적 공간을 구성하는 과정 자체가 벌써 위험에 처해 있기 때문에, 이런 부정의를 나는 메타정치적 대의부재/표현차단이라고 부르려고 한다. 이 메타정치적 대의부재/표현차단이라는 부정의는 국가와 초국적 엘리트가 틀설정을 독점할 때 벌어진다. 이 과정으로 인해 해를 입을지도 모를 이들의 목소리를 거부하면서, 또 이들의 요구가 알려지고 구제될 수 있는 민주적 경연장의 창출을 가로막으면서 그렇게 할 때 말이다. 그 결과 압도적으로 많은 수의 사람들이 정치적 공간의 권위 있는 분할[선]을 정하는 메타적 담론에 참여하지 못한 채 배제된다. 그런 참여를 위한 일체의 제도적 경연장이 결여돼 있고 '어떻게'의 문제에 비민주적으로 접근하는 지배적 흐름에 종속된 채, 대다수 사람들은 '누구'에 관한 의사결정에 동등하게 참여할 기회를 거부당하게 되는 것이다.

그렇다면 잘못된 틀구성에 대항하는 투쟁들은 새로운 종류의 민주적 결함을 폭로하고 있다고 대략적으로 말할 수 있을 것이다. 세계화가 잘못된 틀구성이라는 부정의의 문제를 가시화했던 것과 똑같이, 이 신자유주의적인 세계

■
지만, 초국가적 여론을 구속력 있고 강력력 있는 결정으로 만들어줄 수 있는 형식 제도들이 결여돼 있는 한, 틀설정 과정을 민주화하려는 노력들은 성공을 거둘 수가 없다. 그렇다면 초국가적 민주정치가 역주(力走)하고 있는 시민사회의 트랙은 반드시 형식 제도의 트랙과 맞물리면서 보충되어야 한다고 거칠게 말할 수 있다.

화에 대항하는 전환적인 투쟁들은 메타정치적인 대의부재/표현차단의 부정의를 가시화하고 있다. 이 투쟁들은 '누구'라는 문제에 관한 논쟁을 민주적으로 발의하고 결정할 수 있는 제도가 결여돼 있음을 드러내면서 '어떻게'의 문제에 초점을 맞춘다. 그런 제도가 갖춰지지 않으면 부정의를 극복하려는 여러 노력들이 성공을 거둘 수 없다고 논함으로써, 민주주의와 정의 사이의 깊은 내적 연관을 드러내 보이고 있는 것이다. 그 결과, 현 정세의 구조적 특징이 분명히 드러나게 되었다. 세계화되는 오늘날 정의를 위해 싸우는 투쟁이라면, 메타정치적인 민주주의를 향한 투쟁들과 손잡지 않고서는 결코 성공할 수 없으리라는 사실 말이다. 그렇다면 이 수준에서도 다시, 대의/표현 없이는 재분배도 인정도 없다.

독백적 이론과 민주적 대화

지금까지 나는 정의의 '누구'와 정의의 '어떻게' 둘 다를 문제 삼는 쟁론이 한층 강화되고 있다는 것이 현재적 정황의 주된 특징임을 보였다. 그런데 바로 이런 조건하에서 정의 이론 역시 모종의 패러다임 변동을 겪고 있다. 케인스주의-베스트팔렌적인 틀이 확고했던 과거에 대다수의 철학자들은 정치적 차원을 소홀히 했다. 다시 말해 철학자들도 영토국가를 당연시하면서 정의의 요건들을 이론적으로, 즉 독백하는 방식으로 확정하는 데 힘썼다. 그러므로 그들은 정의의 요건들을 규정할 때 민족국가라는 틀로 인해 배제된 자들은 물론이고, 정의의 요건을 규정하는 자신들의 작업에 종속되어 영향을 받게 될 사람들에게 어떤 역할을 맡길 것인지를 전혀 생각하지 않았다. 그들은 틀의 문제를 사유하는 것을 등한시했기 때문에, 틀이 어떻게 정해지느냐에 따라 자신의 운명이 결정되어버리는 사람들이 틀을 결정하는 과정에 참여할 수 있다는 것을 결코 상상도 못 했던 것이다. 그들은 이렇게 민주적 대화의 계기가 필요하다는 것을 부인하면서, 오직 독백하는 사회정의론을 생산해내는 데 만족했다.

그러나 오늘날 독백하는 사회정의론은 점점 더 설득력을 잃어가고 있다. 우리가 지금까지 살펴본 대로 세계화는 '누구'라는 물음을 정치적인 것으로 만들고 있기 때문에 결국 '어떻게'라는 물음을 문제로 부각할 수밖에 없다. 그 과정은 이를테면 다음과 같다. 틀설정〔과정〕에서의 발언권을 요구하는 사람들의 범위가 확장됨에 따라, '누구'에 관한 결정은 점점 더 정치적인 문제로 간주된다. 전문가나 엘리트에게 맡겨야 할 기술적인 문제가 아니라, 오히려 민주적으로 취급해야 할 정치적인 문제로 말이다. 그 결과 전문가의 특권을 주장하는 자들은 자기 변론을 요구받음으로써 논증 부담을 떠안게 된다. 그들은 이제 더는 소란스러운 싸움판 너머에서 고고하게 자기를 유지할 수 없으며, '어떻게'에 관한 쟁론에 연루되지 않을 수 없다. 그 결과 그들은 메타정치적인 민주화를 향한 요구들과 경합을 벌일 수밖에 없다.

규범적인 철학 안에서도 현재 그와 유사한 변화가 감지되고 있다. 엘리트들이 독점했던 틀설정의 특권을 민주적인 대중에게 넘겨주기 위해 몇몇 행동가들이 애쓰고 있는 것처럼, 몇몇 이론가들도 이론가와 민중(demos) 간의 고전적인 노동 분업을 재고하자고 제안하고 있기 때문이다. 이들은 정의의 요건들을 독백적 형태로 확정하는 데 만족하지 않고, 점점 더 대화적 접근법을 모색하고 있다. 정의의 중요한 측면들을 집단적으로 의사결정 해야 할 문제로, 즉 시민들 자신이 직접, 그것도 민주적 토의를 통해 결정해야 할 문제로 보는 접근법 말이다. 따라서 그들에게는 지금 정의 이론의 문법이 전환되고 있는 중이다. 과거에라면 이른바 '사회적 정의 이론'이라고 불렸을 것이 이제는 '민주적 정의 이론'의 모습을 띠면서 말이다.[16]

---

16) 이 표현은 Ian Shapiro, *Democratic Justice*, New Haven 1999에서 따온 것이다. 하지만 그 아이디어는 Jürgen Habermas, *Between Facts and Norms*, Cambridge, MA 1996〔『사실성과 타당성』,

그렇지만 이런 민주적 정의 이론도 지금 같은 형태로는 여전히 불만족스럽다. 독백적인 이론으로부터 대화 이론으로 넘어가는 패러다임 변동이 완성되려면, 대화적 전회의 유력한 주자들이 숙고해온 것들 너머로 한 발짝 더 나아가야 한다.[17] 이제부터는 결정의 민주적 과정은 정의의 '무엇'뿐 아니라 '누구'와 '어떻게'에도 적용되어야 한다. 바로 그 경우에, 즉 '어떻게'의 문제에 민주적으로 접근함으로써 비로소 정의 이론은 세계화되어가는 현실에 어울리는 모습을 갖출 수 있다. 이 이론은 모든 수준, 즉 보통의 정치적 수준은 물론이고 메타정치적 수준에서도 대화적일 때 탈베스트팔렌적인 민주적 정의 이론이 될 수 있는 것이다.

정의를 참여의 동등성으로 보는 시각이야말로 그런 접근법에 매우 잘 어울린다. 이 원칙은 민주적 정의의 성찰적인 성격을 표현하는 중첩된 특질을 갖고 있기 때문이다. 한편으로 참여의 동등성이라는 원칙은 결과 개념으로서, 어떤 사회적 짜임 상태를 평가할 수 있게 해주는 정의의 내용적인 원칙이다. 이에 준하면 어떤 사회적 짜임 상태는 모든 관계된 사회적 행위자들이 사회적 삶에 대등한 성원으로 참여하도록 허용한다면, 그리고 오직 그럴 때에만 정의롭다. 다른 한편으로 참여의 동등성 원칙은 또 과정 개념으로서, 규범들의 민주적 정당성을 평가할 수 있게 해주는 절차적 기준이다. 이에 준하면 어떤 규범은 모두가 동등하게 참여할 수 있는 공정하고 열린 토의 과정 안에서 모든 관련된 이들이 동의할 것을 명령할 수 있으면, 그리고 오직 그럴 때에만 정당하다. 이런 중첩된 특질에 힘입어 참여의 동등성의 정의관은 어떤 본

박영도·한상진 옮김, 나남, 2007〕에서도 찾을 수 있다. 그리고 Seyla Benhabib, *The Rights of Others*, Cambridge 2004〔『타자의 권리』, 이상훈 옮김, 철학과현실사, 2008〕; Rainer Forst, *Contexts of Justice*, Berkeley 2002에서도 발견된다.

17) 위의 각주에서 언급된 이론가들 중 그 누구도 '민주적 정의'의 접근법을 틀의 문제에 적용하려고 시도한 바가 없다. 포르스트가 여기 가장 가깝게 근접하기는 했으나, 그도 역시 틀설정의 민주적 과정에 대해 생각지는 못했다.

유의 성찰성을 지니게 된다. 이 정의관은 내용과 절차 둘 다를 문제로 부각할 수 있기 때문에, 이 두 측면의 사회적 짜임들이 상호 얽힘 관계에 있음을 가시화할 수 있다. 그러므로 이 접근법은, 흔히 민주적 의사결정을 왜곡해버리기 마련인 부정의한 배경 조건과, 실로 불평등한 결과들을 양산해낼 수밖에 없는 비민주적 절차, 둘 다를 폭로할 수 있다. 그 결과 이 접근법은 우리가 일차적 층위의 물음과 메타적 수준의 물음 사이를 필요한 만큼 오르내리면서 쉽게 수준 이동할 수 있게 해준다. 참여의 동등성의 정의관은 이렇게 민주주의와 정의의 상호 포함 관계를 분명히 드러냄으로써, 세계화 시대에 요구되는 종류의 성찰성을 제공해준다.

그렇다면 지금까지의 이야기를 모두 종합해 볼 때, 이 참여의 동등성이라는 규범은 탈베스트팔렌적 민주적 정의에 대해 이 글에서 내가 선보인 설명과 잘 어울린다. 탈베스트팔렌적인 민주적 정의에 대한 이 설명은 세 차원들과 여러 수준들을 아우르는 가운데, 오늘날의 정황에서 특징적인 부정의들을 볼 수 있도록, 또 비판할 수 있도록 해준다. 다시 말해 그것은 잘못된 틀구성과 메타정치적인 대의부재/표현차단을 개념화함으로써, 표준적인 이론들이 간과해버리는 핵심적인 부정의를 폭로한다. 정의의 '무엇'뿐 아니라 '누구'와 '어떻게'의 문제에까지 초점을 두는 이런 설명이야말로 우리가 세계화되는 현실에서 틀의 문제를 정의의 핵심 문제로 볼 수 있게 해준다.

〔이행남 옮김〕

제4부
자본주의와 미학

미학 혁명과 그 결과
자율성과 타율성의 서사 만들기

자크 랑시에르(Jacques Rancière)

『인류의 미적 교육에 관한 편지』 중 15번째 편지에서 프리드리히 실러는 하나의 역설을 진술하고 한 가지 약속을 한다. 그는 "인간은 유희하는 한에서만 온전한 인간"*이라고 선언하며, 이러한 역설은 "아름다운 것의 기예의 건축물, 그리고 그보다 훨씬 더 어려운 삶의 기예의 건축물 전체를 떠받쳐"**줄 수 있다고 우리에게 확언한다. 이러한 생각을 다음과 같이 재정식화해볼 수 있을 것이다. 개인들과 공동체를 위한 새로운 예술 세계 및 새로운 삶의 약속을 지킬 수 있게 해주는 특별한 감각적 경험 — 미감적인 것(the aesthetic)*** —

---

* 프리드리히 실러, 안인희 옮김, 『인간의 미적 교육에 관한 편지』, 청하, 1995, 88쪽.
** 같은 곳. 번역은 다소 수정.
*** 이 글의 번역에서 가장 어려운 문제는 'aesthetic'이 지닌 다의성을 어떻게 처리할 것인가이다. 주지하다시피 학문 및 담론으로서 '미학'(aesthetics)은 그리스어인 'aisthesis'라는 말에서 파생되었

이 존재한다. 이러한 진술 및 약속을 다루는 몇 가지 다른 방식이 있다. 여러분은 이러한 진술 및 약속은, 미학적 판단은 계급 지배에 의해 구조화된다는 현실을 감추는 데 사용되는 수단에 불과한 '미학적 가상'(illusion)에 대한 정의와 거의 동일하다고 말할 수 있다. 내 생각에 이는 가장 생산적인 접근법이 아니다. 역으로 여러분은 위의 진술과 약속은 너무나 맞는 말이며, 우리는 그러한 '삶의 기예'와 '유희'의 현실을, 자유주의 사회의 일상화된 심미적 삶 및 그 상업적인 연예 활동만이 아니라 공동체를 예술작품으로 만들려고 하는 전체주의적 시도에서도 경험해왔다고 말할 수 있다. 희화적인 태도로 비칠지도 모르지만, 나는 이러한 태도가 더 적절하다고 믿는다. 문제의 요점은 위의 진술도 약속도 비효과적(ineffectual)이지 않았다는 점이다. 여기서 문제가 되는 것은 어떤 사상가의 '영향'이 아니라 어떤 서사(plot), 우리의 경험 형식의 분할을 다시 틀 짜는 서사의 효력이다.

이 서사는 이론적 담론과 실천적 태도 속에서, 개인적인 지각의 양식과 사회적 제도—박물관, 도서관, 교육 프로그램 및 상업적인 발명 등—속에서 모습을 갖추어왔다. 나의 목표는 그것의 효력 및 가변적이고 반정립적인 변동의 원리를 이해하려고 시도하는 것이다. 어떻게 특수한 경험으로서의 '미감'이라는 통념이 순수한 예술 세계라는 관념과 동시에 삶 속에서 예술의 자기지양이라는 관념으로, 아방가르드 급진주의 전통과 동시에 일상 경험의 심미화로 인도할 수 있을까? 어떤 의미에서 문제 전체는 아주 작은 한 접속사*에 놓여 있다. 실러는 심미적 경험은 아름다운 것의 기예의 건축물, 그리고 삶의

는데, 이 말은 '감각' 내지 '감성'을 의미한다. 따라서 'aesthetic'이라는 말이 감각적 경험의 하나로서 다루어질 때에는 '미감적'이라고 옮기고, 일상적인 삶을 미학적으로 변화시키는 것을 가리키는 'aesthetization'이라는 용어는 '심미화'로, 그 이외의 다른 맥락에서는 모두 '미학'이나 '미학적'으로 옮긴다.

* 원문에는 'preposition'이라고 되어 있는데, 이는 바로 다음 문장에 나오는 '그리고'(and)를 가리키는 것으로 보인다. 따라서 번역문에서는 '접속사'라고 옮긴다.

기예의 건축물 전체를 지탱하게 될 것이라고 말한다. '미학의 정치'—다른 말로 하면 예술의 미학적 체제—의 문제 전체는 이 짧은 접속사에 달려 있다. 미감적 경험은 그것이 이러한 그리고의 경험인 한에서 실제적이다. 이러한 그리고의 경험이 예술의 자율성을 '삶을 변화시키기'의 희망과 연결하는 한에서, 그것은 예술의 자율성을 근거 짓는다. 우리가 간단하게—순진하게도—예술의 아름다움은 모든 정치화와 분리되어야 한다고 말하거나 아니면—영악하게도—예술의 공언된 자율성은 예술의 지배에 대한 의존을 은폐한다고 말할 수 있다면, 문제는 쉬울 것이다. 불행하게도 사실은 그렇지 않다. 실러는 '유희 충동'(Spieltrieb)이 예술의 건축물과 삶의 건축물 양자를 재구성하게 될 것이라고 말한다.

1840년대의 전투적인 노동자들은 대중적이고 투쟁적인 문학작품이 아니라 '고급'문학을 읽고 씀으로써 지배의 원환에서 벗어난다. 1860년대의 부르주아 비평가들은 '예술을 위한 예술'이라는 귀스타브 플로베르의 입장이 민주주의의 구현물이라고 비난한다. 스테판 말라르메는 시의 '본질적 언어'를 일상적인 말과 분리하고 싶어 하지만, 공동체에게 그것이 결여하고 있는 '봉인'(封印)을 제공하는 것이 시라고 주장한다. 알렉산드르 로드첸코[*]는 소비에트 노동자들이나 체조선수들을 머리 위의 각도에서 찍어서 그들의 신체와 운동을 수직으로 포착하는데, 이는 예술과 삶의 평등주의적인 등가성의 표면을 구축하기 위해서다. 테오도어 아도르노는 예술은 온전하게 자족적이어야 한다고 말하는데, 이는 무의식의 얼룩이 좀더 잘 나타나도록 하고 자동화된 예술의 거짓을 좀더 잘 비난하기 위해서다. 장 프랑수아 리오타르는 아방가르드의 과제는 예술을 문화적 요구와 분리하여 사유의 타율성을 아주 단호하게 입증할 수 있도록 하는 것이라고 주장한다. 우리는 이 목록을 무한정하게 확

---

[*] Aleksandr Mihaylovich Rodchenko, 1891~1956 : 러시아의 전위예술가로, 1917년 사회주의 혁명 이후 소련의 진보적인 전위예술운동을 이끌면서 특히 사진과 무대장치 쪽에서 많은 업적을 남겼다.

대할 수도 있을 것이다. 이 모든 입장들은, 그리고의 동일한 서사 만들기, 자율성과 타율성을 함께 묶어주는 동일한 매듭을 드러낸다.

미학적인 예술 체제에 고유한 '정치'를 이해하는 것은 실러의 정식에서 자율성과 타율성이 원초적으로 연결되는 방식을 이해하는 것이다.[1] 이는 세 가지 논점으로 요약될 수 있다. 첫째, 예술의 미학적 체제에 의해 무대화되는 자율성은 예술작품의 자율성이 아니라 경험 양식의 자율성이다. 둘째, '미감적 경험'은 이질성의 경험이며, 이러한 경험은 그 경험의 주체에게는 또한 모종의 자율성의 기각이기도 한 경험이다. 셋째, 이러한 경험의 대상은 예술이 아닌 한에서의 — 또는 적어도 단지 예술에 국한되지 않는 한에서의 — '미감'이다. 우리가 미학의 '원초적 장면'이라고 부를 수 있는 곳에서 실러가 설정하고 있는 것이 바로 이러한 삼중적 관계다.

여신의 감각중추

15번째 편지의 마지막에서 그는 그 자신과 독자들을 '자유로운 외양'

---

1) 나는 세 가지 예술 체제를 구별한다. 윤리적 체제에서 예술작품들은 아무런 자율성도 갖지 않는다. 예술작품들은 그것들의 진리 및 그것들이 개인들과 공동체의 에토스에 대해 미치는 효과가 무엇인지 질문되는 이미지들로 보인다. 플라톤의 『국가』는 이러한 체제의 완벽한 모델을 제공해준다. 재현적 체제에서 예술작품들은 모방의 영역에 속하며, 따라서 더 이상 진리나 공동의 유용성의 규칙에 종속되지 않는다. 그것들은 현실의 모사물이 아니라 질료에 형상을 부과하는 방식들이다. 그것들은 그 자체로는, 장르들 사이의 위계, 주제에 대한 표현의 적합성, 예술들 사이의 상응성 등과 같은 내재적인 규범들에 종속된다. 미학적 체제는 이러한 규범성 및 그것이 기초를 두는 형상과 질료 사이의 관계를 무너뜨린다. 이제 예술작품들은 그 자체로 정의되는데, 이것은 미학적 체제에서는 그것들이 정상적인 감각의 체제 — 이 체제는 우리에게 사유와 감각적 물질성 사이의 직접적인 일치를 제시해준다 — 에 대해 예외적인 것으로 존재하는 특수한 감각기관에 속함을 의미한다. 좀더 상세한 논의는 Jacques Rancière, *Le Partage du sensible. Esthétique et politique*, La Fabrique, 2000(오윤성 옮김, 『감성의 분할』, 도서출판 b, 2008 — 옮긴이) 참조.

(appearance)의 견본, 주노 루도비시(Juno Ludovisi)라고 알려진 그리스 조각상 앞에 위치시킨다. 이 조각상은 신성의 특징, 곧 온갖 근심이나 의무로부터, 온갖 목적이나 의욕으로부터 거리를 두고 있는 그녀의 '평온함'에 걸맞게 '자족적'이며, '자기 자신 안에 머물러 있다.' 여신이 이처럼 평온함을 보이는 것은 그녀가 아무런 의지나 목적의 흔적을 지니고 있지 않기 때문이다. 분명히 여신의 성질들은 조각상의 성질들이기도 하다. 그리하여 조각상은 역설적이게도 결코 만들어지지 않은, 결코 의지의 대상이었던 적이 없는 것을 형상화하게 된다. 다른 말로 하면 조각상은 예술작품이 아닌 것의 성질을 구현한다. (지나치는 김에 지적해두자면, 우리는 '이것은' 예술작품'이다'라거나 '이것은' 예술작품이 '아니다'라는 식의, 또는 '이것은 파이프다'라거나 '이것은 파이프가 아니다'라는 식의 정식들은 이러한 원초적 장면으로 소급되어야 한다는 점에 주목해야 한다. 만약 우리가 이러한 정식들을 진부한 농담거리 이상의 어떤 것으로 만들고 싶다면 말이다.)

이와 상응하여 '자유로운 외양' 앞에서 미감의 자유로운 유희를 경험하는 관객은 매우 특별한 종류의 자율성을 영위하게 된다. 이는 감각의 무정부 상태를 억누르는 자유로운 이성의 자율성이 아니다. 그것은 그러한 종류의 자율성의 중단이다. 그것은 힘의 철회와 엄밀하게 연결되어 있는 자율성이다. 주체는, 그가 어떤 식으로든 소유할 수 없는 이러한 형상에 의해 새로운 세계를 소유하도록 약속받는다. 여신과 관객, 자유로운 유희와 자유로운 외양은 능동과 수동, 의지와 저항의 대립을 무화함으로써 특수한 감각기관 속에 함께 포획된다. '예술의 자율성'과 '정치의 약속'은 대치되지 않는다. 자율성은 경험의 자율성이지 예술작품의 자율성이 아니다. 다르게 표현한다면, 예술작품(artwork)은 그것이 예술의 작품(work of art)이 아닌 한에서 자율성의 감각 중추 속에 참여한다.

이제 이러한 '예술의 작품이 아님'은 곧바로 새로운 의미를 띠게 된다. 조각의 자유로운 외양은 예술을 목표로 했던 것이 아닌 것의 외양이다. 이것이 의미하는 바는, 그러한 외양은 삶의 형식의 외양이며, 이 속에서 예술은 예술이 아니라는 것이다. 그리스 조각의 '자족성'은 자기 자신을 분리된 활동 영역으로 분할하지 않는 집합적인 삶, 곧 예술과 삶, 예술과 정치, 삶과 정치가 서로 떨어져 있지 않은 공동체의 '자기충족성'임이 드러난다. 삶의 자율성이 조각의 자족성 속에서 표현되고 있는 그리스 사람들의 경우가 바로 그러했다고 가정되고 있다. 고대 그리스에 대한 이런 식의 관점이 정확한 것인지 아닌지 여부는 여기서 문제가 되지 않는다. 중요한 것은 타율성의 관념과 연결되어 있는 자율성의 관념의 변화다. 처음에 자율성은 미감적 경험 대상의 '사용 불가능성'과 연루되어 있었다. 그 다음 자율성은 삶의 자율성임이 드러나는데, 이러한 삶에서 예술은 아무런 별도의 존재도 갖지 않으며, 예술의 생산은 사실상 삶의 자기표현이다. 이질성과의 마주침으로서 '자유로운 외양'은 더 이상 존재하지 않는다. 그것은 이제 형상과 질료, 능동과 수동의 대립의 중단이 아니게 되며, 감각적 외양의 표면을 그 자신의 활동의 거울인 새로운 감각 중추로 전환시키고자 하는 인간 정신의 산물이 된다. 실러의 마지막 편지들은 이러한 서사를 전개하는데, 이에 따르면 원시인은 점차로 자신의 팔과 도구 또는 그 자신의 신체를 심미적 시선으로 바라보는 법을 배우게 되어 대상의 기능성과 외양의 쾌감을 분리하게 된다. 그리하여 미감적 유희는 심미화의 작업이 된다. 수동적 질료에 대한 능동적 형상의 힘을 중지시키고 지금까지 알려진 바 없는 평등의 상태를 약속하는 '자유 유희'는 또 다른 서사가 되는데, 이에 따르면 형상은 질료를 복속시키고, 인류의 자기 교육은 세계를 자기 자신의 감각기관으로 전환함에 따라 물질성으로부터 인류의 해방을 낳게 된다.

그리하여 미학의 원초적 장면은 하나의 모순을 드러내는데, 이러한 모순은 예술 대 정치의 대립이나 고급예술 대 대중문화 또는 예술 대 삶의 심미화의 대립과 다르다. 이 모든 대립은 좀더 기본적인 모순의 특수한 모습들이자 해석들이다. 예술의 미학적 체제에서 예술은 그것이 예술과 다른 한에서 예술이 된다. 그것은 항상 '심미화'되는데, 이것의 의미는 그것이 항상 '삶의 형식'으로 정립된다는 것이다. 예술의 미학적 체제의 핵심 정식은 예술은 자율적인 삶의 형식이라는 것이다. 하지만 이는 두 가지 상이한 방식으로 읽힐 수 있는 정식이다. 곧 자율성이 삶보다 더 강조될 수도 있고 아니면 삶이 자율성보다 더 강조될 수도 있다. 그리고 이러한 해석 노선들은 대립할 수도 있고 서로 교차할 수도 있다.

이러한 대립들 및 교차들은 다음과 같은 세 가지 주요한 시나리오의 상호작용으로 소급될 수 있다. 곧 예술은 삶이 될 수 있다. 삶은 예술이 될 수 있다. 삶과 예술은 그들의 속성들을 교환할 수 있다. 이 세 개의 시나리오는 세 가지 형태의 시간성에 따라 서사화되는, 미감적인 것의 세 가지 공형상화(configurations)를 산출한다. 그리고의 논리에 따르면 각각의 공형상화는 또한 미학의 정치의 한 변이(variation) 또는 오히려 우리가 미학의 '메타정치'라고 불러야 하는 것 ― 즉 정치에 대해 정치의 공간을 재배치할 것을 제안하고 예술을 정치적 쟁점으로 재형상화하거나 자기 자신을 진정한 정치로 주장함으로써 그 자신의 정치를 산출하는 한 방식 ― 이기도 하다.

새로운 집합적 세계를 구성하기

첫 번째 시나리오는 '삶이 되는 예술'의 시나리오다. 이러한 도식에서 예술은 단지 삶의 표현일 뿐만 아니라 삶의 자기 교육의 형식이기도 하다. 이것이 의미하는 바는, 예술의 미학적 체제는 재현적 체제의 파괴에서 더 나아가 이미지의 윤리적 체제와 두 갈래의 관계를 맺게 된다는 점이다. 미학적 체제는 윤리적 체제의 시간과 공간, 장소와 기능의 분할을 거부한다. 하지만 그것은 윤리적 체제의 기본 원리, 곧 예술의 문제는 교육의 문제라는 원리를 승인한다. 자기 교육으로서 예술은 새로운 감각중추의 형성체다. 이것은 실제로는 새로운 에토스를 의미한다. 극단적으로 받아들이면 이것은 '인류의 미학적 자기 교육'이 새로운 집단적 에토스의 틀을 짜게 될 것임을 의미한다. 미학의 정치는, 정치의 미학이 공통의 세계에 대한 논쟁적인 공형상화와 함께 헛되이 추구했던 것을 성취하기 위한 올바른 길임이 입증된다. 미학은 공통의 세계에 대한 비논쟁적이고 상식적인 틀 짜기를 약속한다. 궁극적으로 정치에 대한 대안은 새로운 집합적 에토스의 구성으로 간주되는 심미화로 드러난다. 이러한 시나리오는 헤겔, 횔덜린, 셸링의 이름과 결부되어 있는 짧은 초고인 「독일 관념론의 최초의 체계 계획」에서 처음으로 제시된 바 있다. 이 시나리오는 국가의 죽은 메커니즘과, 살아 있는 사유의 힘에 의해 조형된 공동체의 살아 있는 힘 사이의 철저한 대립 속으로 정치가 사라지게 만든다. 시의 소명—'미학적 교육'의 과제—은 관념들을 살아 있는 이미지들로 전환하고, 엘리트와 일반 대중이 공유하는 공통의 경험의 틀로서 고대 신화의 등가물을 창조함으로써 관념들을 감각적인 것으로 만드는 데 있다. 그들의 말에 따르면 "신화는 보통 사람들을 이성적인 사람들로 만들기 위해 철학이 되어야 하며, 철학은 철학자들을 감각적인 사람들로 만들기 위해 신화가 되어야 한다."*

이 초고는 1790년대의 잊혀진 몽상에 불과한 것은 아닐 것이다. 그것은 새로운 혁명관의 기초를 다져놓았다. 비록 마르크스 자신은 결코 이 초고를 읽지 못했지만, 우리는 1840년대의 그의 유명한 글들에서 동일한 서사를 식별할 수 있다. 도래할 혁명은 철학의 완성임과 동시에 폐지가 될 것이다. 단지 '형식적'이고 '정치적'이지 않은 이 혁명은 '인간적인' 혁명이 될 것이다. 인간적 혁명은 미학적 패러다임의 후손이다. 바로 이 때문에 1920년대에 마르크스주의적 전위와 예술적 아방가르드 사이에 접합이 존재할 수 있었는데, 양쪽 모두는 정치의 자기지양이 예술의 자기지양과 상응하게 될 새로운 삶의 형식을 구성한다는 동일한 계획에 결부되어 있었다. 이러한 극단까지 나아가

---

* G. W. F. 헤겔, 정대성 옮김, 「독일 관념론의 최초의 체계 계획」, 『청년 헤겔의 신학론집』, 인간사랑, 2005, 436쪽.(번역은 다소 수정했다.)

게 되면 '미학적 상태'의 원초적인 논리는 전도된다. 자유 외양은 그것의 뒤에 또는 그것의 아래에 놓여 있는 어떠한 '진리'에도 준거하지 않는 외양이었다. 하지만 그것이 어떤 삶의 표현이 되면 그것은 다시 그것이 증거하는 진리에 준거하게 된다. 그 다음 단계에서 이러한 구현된 진리는 외양들의 거짓과 대립하게 된다. 미학 혁명이 '형식적' 혁명을 무효화하는 '인간적' 혁명의 모습을 띠게 되면, 원초적인 논리는 전복된 것이 된다. 평온한 신성의 자율성, 그것의 사용 불가능성은 새로운 평등의 시대를 약속했었다. 이제 그 약속의 성취는 그러한 모든 외양들을 제거하는 주체의 행위와 동일화되는데, 그 외양들이란 이제 주체가 현실로서 소유해야 하는 어떤 것에 대한 몽상이었을 뿐이다.

그렇지만 삶이 되는 예술의 시나리오를 예술작품으로서의 집합성이라는 전체주의적 모습 속에서 구현된 '미학적 절대'의 파국과 단순히 동일시해서는 안 된다. 동일한 시나리오는 예술을 삶의 형식으로 만들려는 좀더 냉철한 시도들로 소급될 수 있다. 예컨대 우리는 미술공예운동*의 이론과 실천이 영원한 아름다움에 대한 감각과 수공예와 장인 길드에 대한 중세적인 꿈을, 노동계급의 착취에 대한 우려 및 일상적인 삶의 방향에 대한 관심, 그리고 기능성에 대한 쟁점들과 결부했던 방식을 생각해볼 수도 있다. 윌리엄 모리스는 안락의자는 소유자의 시각적 환상을 만족시키기보다는 편안한 좌석을 제공할 경우에 아름다운 것이라고 주장했던 최초의 인물 중 한 사람이었다. 또는 예술적 순수주의의 구현자로 간주되는 말라르메의 예를 들어보자. '이 미친 글쓰기의 태도'라는 그의 문구를 텍스트의 '자동성'에 대한 정식으로 소중하

---

* 미술공예운동(Arts and Crafts movement)은 19세기 말에서 20세기 초에 걸쳐 존 러스킨의 사상에 영향을 받아 윌리엄 모리스(1834~96) 등이 중심이 되어 일어난 심미운동을 뜻한다. 이들은 19세기 말에 산업혁명이 심화되면서 대량 기계 생산품들이 쏟아져 나오자, 이러한 기계만능주의가 결국 생활 속의 미를 파괴하게 될 것을 우려한 끝에, 중세적인 수공예 및 장인 길드 방식을 도입하여 공예 개혁을 이룩하려고 했다.

게 생각하는 사람들은 그의 문장의 마지막 부분을 잊어먹곤 하는데, 이 뒷부분에서 말라르메는 시인에게 "우리가 존재해야 하는 그 자리에 우리가 현재 존재하고 있음을 보여주기 위해 회상으로부터 모든 것을 재창조"해야 하는 과제를 부과한다. 이른바 글쓰기의 '순수한' 실천은 인간의 거주를 일반적으로 다시 틀 짓는 일에 관여하는 형태들을 창조할 필요와 연결되어 있으며, 그리하여 시의 생산물들은 동일한 호흡 속에서, 바스티유 축제 때의 불꽃놀이와 같은 집합적인 삶의 의례들과 더불어 가정의 사적인 장식들과도 비교된다.

이마누엘 칸트가 『판단력 비판』에서 미감적 파악의 중요한 사례로 그림 장식을 들고 있는 것은 우연이 아닌데, 이 장식들은 어떤 주체를 표상하는 것이 아니라 단지 사회성의 장소의 향유에 기여하는 한에서 '자유미'다. 우리는 예술의 전환들과 그것의 가시성이 얼마나 장식에 관한 논쟁과 연루되었는지 알고 있다. 아돌프 로스*의 방식과 같이 모든 장식물을 기능으로 환원하려는 경우이든 아니면 알로이스 리글**이나 빌헬름 보링거***와 같이 장식물의 자율적인 의미화의 힘을 찬양하는 경우이든 간에 이 논쟁적인 기획들은 모두 동일한 기본 원리, 곧 예술은 무엇보다 공통의 세계 속에서 거주하는 문제라는 원리에 호소했다. 바로 이 때문에 장식에 대한 동일한 토론들이 추상 회화와 산업 디자인 양자의 관념을 각각 지지할 수 있었다. '삶이 되는 예술'이라는 통념은 단순히 '새로운 삶'이라는 데미우르고스적 기획을 장려하는 것만이

---

* Adolf Loos, 1870~1933: 오스트리아의 건축가로서, 예술과 공예를 통합하려는 근대 건축운동에 반대해서 현대 문명에 고유한 경향은 예술과 실용의 분리를 그대로 받아들여야 한다는 입장을 제시했다.
** Alois Riegl, 1858~1905: 현대 미술사학을 확립한 비엔나학파의 창시자 중 한 사람으로, "양식사로서 미술사"라는 미술사 방법론을 개척하여 현대 미술사학에 큰 영향을 끼쳤다.
*** Wilhelm Worringer, 1881~1965: 『추상과 감정이입』(Abstraktion und Einfühlung, 1907), 『고딕의 형식 문제』(Formprobleme der Gotik, 1911) 등을 통해 인간이 세계에 대해 갖는 감정을 '추상'과 '감정이입'이라는 두 가지 충동으로 설명함으로써 독일의 표현주의 미술 및 미국의 문학비평 등에도 큰 영향을 주었다.

아니다. 그것은 또한 예술의 공통적인 시간성을 엮어내기도 하는데, 이는 새로운 삶은 새로운 예술을 필요로 한다는 간단한 정식으로 요약될 수 있다. '순수' 예술과 '참여' 예술, '고급' 예술과 '응용' 예술은 이러한 시간성에 똑같이 참여한다. 물론 이 두 가지 예술은 이러한 시간성을 아주 다르게 이해하고 또 아주 다르게 충족시킨다. 1897년에 말라르메가 『주사위 던지기』를 썼을 때, 그는 자신의 관념의 형상, 곧 주사위의 떨어짐에 상응하도록 페이지 위에 글자들의 행과 크기를 배열하고 싶어 했다. 몇 년 뒤에 페터 베렌스*는 독일 전기회사의 상표와 팸플릿, 램프와 주전자를 디자인했다. 이들의 공통점은 무엇인가?

그 답은 디자인에 대한 특정한 관점이라고 나는 믿는다. 시인은 시의 표상적인 주제를 일반적인 형상의 디자인으로 대체하고 시를 무용술이나 선풍기의 회전과 같은 것으로 만들고 싶어 한다. 그는 이러한 일반 형상들을 '유형들'이라고 부른다. 공학자-디자이너는 상업적인 치장으로 꾸미지 않고, 용도에 맞는 형태를 지닌 대상들 및 정확한 정보를 제공해주는 광고를 만들고 싶어 한다. 그 역시 이러한 형태들을 '유형들'이라고 부른다. 그는 자신을 예술가라고 생각하는데, 이는 그가 진부한 상업 활동 및 소부르주아적인 소비보다는 산업 생산과 예술 디자인의 진보와 보조를 맞추는 일상생활의 문화를 창조하려 시도하기 때문이다. 그의 유형들은 공통의 삶의 상징들이다. 하지만 말라르메의 유형들 역시 그러하다. 그것들은 화폐경제의 수준을 넘어서는 상징경제, 집합적인 '정의' 내지 '기품'을 전시하고 이제는 종결된 왕권과 종교의 의례를 대체하는 인간의 주거를 예찬하는 그러한 상징경제를 건설하려는 기획의 일부다. 각자 서로에 대해 상징주의 시인과 기능주의 엔지니어로 비쳐지기는커녕, 그들은 예술 형식들은 집합적인 교육의 양식이 되어야

* Peter Behrens, 1869~1940: 20세기 독일의 가장 영향력 있는 디자이너 중 한 사람으로, 독일의 유겐트스틸(Jugendstil) 운동을 주도했다. 그는 장식이 배제된 실용적인 디자인을 추구했다.

한다는 관념을 공유한다. 산업 생산과 예술적 창조 양자는 그것들이 하는 것과 다른 어떤 것, 곧 단지 대상들만이 아니라 감각중추(sensorium), 지각될 수 있는 것의 새로운 나눔을 창조하는 데 헌신한다.

예술의 삶의 틀을 짜기

이것이 첫 번째 시나리오다. 두 번째 시나리오는 '예술이 되는 삶', '예술의 삶'이라는 도식이다. 이 시나리오는 프랑스 예술사가 엘리 포르(Elie Faure)의 저작인 『형식의 정신』(*L'esprit des Formes*)의 제목으로 표현될 수 있을 것이다. 곧 그것은 삶이 예술이 되는 일련의 형식들의 전개 과정으로서 예술의 삶이다. 이는 사실 건물과 제도로서가 아니라, '기예의 삶'을 가시화하고 가지적이게 해주는 한 양식으로서의 박물관의 서사다. 우리는 1800년 무렵 이러한 박물관이 탄생했을 때 격렬한 논쟁이 일어났음을 알고 있다. 박물관의 반대자들은 예술작품은 그것들의 무대, 곧 이 작품들을 탄생시킨 물리적이고 정신적인 토양에서 분리되어서는 안 된다고 주장했다. 오늘날에도 이 논쟁이 때때로 재개되곤 한다. 곧 박물관은 예술의 삶에서 분리된 죽은 도상들에 대한 관조(觀照)를 위해 세워진 영묘(靈廟)로 비난받는다. 다른 이들은 반대로 박물관은 관객들이 현재 진행 중에 있는 예술의 문화화 및 역사화에 구애받지 않고 예술작품 그 자체와 대면할 수 있는 텅 빈 표면이 되어야 한다고 주장한다.

내 생각에는 두 주장 모두 잘못되었다. 삶과 영묘 사이에, 텅 빈 표면과 역사화된 인공물 사이에는 아무런 대립도 존재하지 않는다. 처음부터 예술 박물관의 시나리오는, 주노 루도비시가 거장 조각가의 작품이 아니라, '자유로운 외양의 독립성 및 공동체의 생생한 정신을 표현하는 '살아 있는 형식'으로 존재하는 예술적 조건의 시나리오였다. 순수예술 작품으로 이루어진 우리의 박물관은 순수예술의 순수 견본을 전시하지 않는다. 그것들은 역사화된 예술을 전시한다. 군주의 장엄함과 종교적 열정에 대한 피렌체의 관념의 틀을 형성하는, 조토와 마사초 사이에 위치한 프라 안젤리코나 네덜란드의 일상적인 시민들의 삶과 부르주아의 상승을 표현하고 있는, 프란스 할스와 얀 베르메르 사이에 위치한 렘브란트 등이 그렇다. 이것들은 사상을 구현하는 각각의 순간들로서 예술의 시공간을 전시한다.

이러한 서사의 틀을 짜는 것은 '미학'이라는 이름이 붙은 담론의 첫 번째 과제였으며, 우리는 어떻게 헤겔이 셸링 이후에 이것을 완수했는지 알고 있다. 이러한 틀 짜기의 원리는 명백하다. 그것은 미감적 경험의 속성들을 새로운 삶 속으로 투사하는 것을 취소하고 미학 혁명을 무효화하면서 그 속성들을 예술작품 자체로 전이하는 것이다. '형식의 정신'은 미학 혁명의 전도된 이미지가 된다. 이러한 재작업은 두 가지 주요 흐름을 함축한다. 첫째, '미감적 경험'을 특징지었던 능동과 수동, 형상과 질료의 등가성은, 이제 의식과 무의식, 의지와 비의지의 동일성으로 정립된 예술작품 그 자체의 지위임이 드러난다. 둘째, 이러한 대립물의 동일성은 동시에 예술작품들에게 그것들이 지닌 역사성을 부여해준다. 미감적 경험의 '정치적' 성격은 말하자면 조각상의 역사성 속으로 전도되고 봉쇄된다. 조각상은 살아 있는 형식이다. 하지만 예술과 삶의 연결의 의미는 변화되었다. 헤겔의 관점에서 볼 때 조각상은 예술이 아닌데, 그것은 이 조각상이 집합적 자유의 표현이기 때문이 아니라, 그 조각상이, 집합적 삶과 그 조각상이 자기 자신을 표현하는 방식 사이의 거리를 형상화하기 때문이다. 그에 따르면 그리스 조각상은 예술가가 자각하면서 동시에 자각하지 못하는 어떤 관념을 표현하는, 예술가의 작품이다. 그는 신성의 관념을 돌의 모습 속에 구현하고 싶어 한다. 하지만 그가 표현할 수 있는 것은 그가 느낄 수 있고 돌이 표현할 수 있는 신성의 관념일 뿐이다. 조각상의 자율적 형식은 그리스인들이 인식할 수 있었던 최대한의 신성, 곧 내면성을 결여한 신성을 구현하고 있다. 우리가 이러한 판단에 동의할 것인지 아닌지 여부는 중요하지 않다. 문제는 이러한 시나리오에서 예술가와 그의 관념, 그의 대중의 한계는 또한 예술작품의 성공의 조건이기도 하다는 점이다. 예술은 예술에 저항하는 질료 속에서 예술 자신에게 불명료한 어떤 사유를 표현하는 한에서 살아 있다. 예술은 그것이 예술과 다른 어떤 것인 한에서, 곧 믿음이자 삶의 방식인 한에서 살아간다.

형식의 정신이라는 이러한 서사는 예술의 애매한 역사성을 낳는다. 한편으로 이 서사는 새로운 종류의 발전에 대해 열려 있는 역사의 표현으로서 예술의 자율적인 삶을 창조한다. 바실리 칸딘스키가 새로운 추상 표현에 대해 내적인 필연성 — 원시예술의 충동과 형식을 부활시키는 — 을 요구할 때, 그는 형식의 정신을 고수하면서 아카데미주의에 대해 그 유산을 대립시키고 있는 것이다. 다른 한편으로 예술의 삶이라는 서사는 죽음의 평결을 포함한다. 조각상은 그것을 생산하는 의지가 타율적일 경우에만 자율적이다. 예술이 더 이상 예술이 아닐 때 예술은 사라진다. 사유의 내용이 자기 자신에 대해 투명해지고 어떠한 질료도 그것에 더 이상 저항하지 않을 때, 이러한 성공은 예술의 종말을 의미한다. 예술가가 자신이 원하는 것을 할 때 그는 종이나 캔버스에 상표를 붙이는 일로 되돌아가는 것에 불과하다고 헤겔은 주장한다.

이른바 '예술의 종말'의 서사는 단지 헤겔의 개인적인 이론화가 아니다. 그것은 '형식의 정신'으로서 예술의 삶의 서사와 결부되어 있다. 이러한 정신은 '이질적인 감각적인 것', 예술과 비예술의 동일성이다. 이 서사는 예술이 비예술이 아니게 될 때, 예술도 더 이상 예술이 아니게 된다고 주장한다. 헤겔에 따르면 시는 산문이 시와 혼융되는 한에서 시다. 산문이 단지 산문일 뿐일 때에는 이질적인 감각적인 것은 존재하지 않는다. 집합적 삶의 진술과 설비는 단지 집합적 삶의 진술과 설비일 뿐이다. 따라서 삶이 되는 예술이라는 정식은 무효화된다. 새로운 삶은 새로운 예술을 필요로 하지 않는 것이다. 반대로 새로운 삶의 특수성은 그것이 예술을 요구하지 않는다는 점에 있다. 미학적 체제 속에서 예술 형식 및 미학의 정치의 역사 전체는 다음과 같은 두 가지

정식의 충돌로 상연될 수 있을 것이다. 곧 새로운 삶은 새로운 예술을 요구한다. 새로운 삶은 예술을 요구하지 않는다.

골동품 상점의 변모

이러한 관점에서 핵심 문제는 어떻게 '이질적인 감각적인 것'을 재평가할 것인가가 된다. 이는 단지 예술가들과 관련될 뿐만 아니라 새로운 삶의 관념 그 자체와 관련된다. '상품 물신숭배'의 문제 전체는 이러한 시각에서 재고찰되어야 한다고 나는 생각한다. 마르크스는 상품이 수수께끼를 지니고 있으며, 그것은 일상적인 삶의 교역에 존재하는 이질적인 점을 가리킨다는 점을 입증할 필요가 있다. 혁명은 가능한데, 왜냐하면 주노 루도비시처럼 상품은 이중적 본성을 갖고 있기 때문이다. 곧 그것은 우리가 그것을 파악하려고 시도할 때 그로부터 벗어나는 하나의 예술작품이다. 그 이유는, '예술의 종말'의 서사는 근대성의 공형상화를 아무런 이질적인 점도 갖고 있지 않은 감각적인 것의 새로운 나눔으로 규정하기 때문이다. 이러한 나눔에서 상이한 활동 영역의 합리화는 낡은 위계질서 및 '미학 혁명' 양자에 대한 응답이 된다. 이렇게 되면 미학적 체제의 정치의 전체 모토는, '이질적인 감각적인 것을 구원하자'는 것으로 표현될 수 있다.

이러한 구원에는 두 가지 방식이 존재하는데, 이 두 방식 각자는 자율성과 타율성을 연결하는 독자적인 방식과 더불어 각자의 고유한 정치를 함축하고 있다. 첫 번째 방식은 넓은 의미에서 낭만주의 시학에 고유한 시나리오, 곧 '서로 각자의 속성을 교환하는 예술과 삶'이라는 시나리오다. 낭만주의 시학은 예술과 예술가에 대한 신성화를 포함하고 있었다고 생각되곤 하지만, 이는 일면적인 관점이다. '낭만주의'의 원리는 오히려 예술 자신의 경계선들을 침투 가능한 것으로 만드는 예술의 시간성의 복수화에서 발견해야 한다. 예술의 시간성의 선들을 복수화한다는 것은 삶이 되는 예술 내지 예술이 되는 삶, 예술의 '종말' 같은 직선적인 시나리오들을 복잡하게 하고 궁극적으로는 폐기한다는 것을 의미하며, 또한 그것들을 잠복성(latency)과 재현재화의 시나리오들로 대체한다는 것을 의미한다. 이는 '진보적인 보편 시학'이라는 프리드리히 폰 슐레겔의 관념이 떠맡아야 할 과제다. 진보적인 보편 시학이라는 것은 어떤 직선적인 전진 과정을 의미하지 않는다. 반대로 과거의 작품들을 '낭만주의화'한다는 것은 그것들을 변모하는 요소들로, 잠들고 깨어나고, 새로운 시간성의 노선에 따라 서로 다른 재현재화로 나타날 수 있는 요소들로 간주한다는 것을 의미한다. 과거의 작품들은 새로운 내용을 위한 형식들이나 새로운 형성체를 위한 원료들로 간주될 수 있다. 그것들은 다시 조명되고 다시 틀 지어지고 다시 읽히고 다시 만들어질 수 있다. 이렇게 해서 박물관은 '예술의 종말'로 인도하는 '형식의 삶'이라는 경직된 서사를 몰아냈으며, 새로운 실천으로 인도하는 예술의 새로운 가시성의 틀을 짜는 데 일조했다. 예술가의 활동의 단절도 역시 가능해졌는데, 왜냐하면 박물관은, 예컨대 에두아르 마네가 디에고 벨라스케스와 베첼리오 티치아노를 다시 그림으로써 근대적인 삶의 화가가 될 수 있게 해준, 예술의 시간성의 복수화를 제공해주었기 때문이다.

이제 이러한 복수의 시간성은 또한 예술의 경계선들의 침투 가능성을 의미하기도 한다. 예술이냐 아니냐의 문제는 일종의 변모의 지위를 지닌다는 점이 드러난다. 과거의 작품들은 잠에 빠져들고 예술작품이 아닌 것이 될 수 있으며, 다양한 방식으로 잠에서 깨어나 새로운 삶을 얻을 수도 있는 것이다. 그리하여 작품들은 변모하는 형식들의 연속체를 이룬다. 동일한 논리에 따르면 공통의 대상들은 경계선을 넘어서 예술적인 결합의 영역에 들어설 수도 있다. 예술적인 것과 역사적인 것은 이제 함께 연결되어 각각의 대상은 공통의 활용 조건에서 벗어나 자신의 역사의 흔적들을 지니고 있는 시적인 몸체로 간주될 수 있는 만큼 이는 더욱더 쉽게 이루어질 수 있다. 이런 식으로 '예술의 종말'이라는 주장은 뒤집힐 수 있다. 헤겔이 죽은 해 오노레 드 발자크는 『신비한 도톨가죽』(*La Peau de chagrin*)을 출판했다. 소설 첫머리에서 주인공 라파엘은 큰 골동품상의 진열실에 들어가는데, 거기에는 오래된 조각상과 그림 들이 낡은 가구와 기계장치 및 세간과 섞여 있다. 거기에서 "이 집기와 발명품, 예술작품과 유물의 바다는 그에게는 끝없는 시와 같았다"고 발자크는 쓴다. 골동품 가게의 잡다한 물건들은 또한 대상들과 시대들, 예술작품들과 장신구들의 메들리이기도 하다. 이 대상들 각각은 자기 몸에 한 시대 또는 한 문명의 역사를 걸치고 있는 화석과 같은 것이다. 조금 뒤에서 발자크는 새 시대의 위대한 시인은 우리가 시인이라는 단어로 이해하고 있는 것과 같은 시인이 아니라고 언급한다. 그 시인은 조지 고든 바이런이 아니라 조르주 퀴비에, 곧 화석화한 흔적들에서 숲을, 흩어진 뼛조각에서 거인 종족을 재구성할 수 있는 박물학자다.

낭만주의의 진열실에서 주노 루도비시의 힘은 어떤 시대를 가리키는 시적인 대상, 신성문자가 새겨진 조각이 될 수 있는 일상생활의 여느 물품으로 전이된다. 오래된 골동품 가게는 순수예술의 박물관과 민속학적인 박물관을 등가적인 것으로 만든다. 그것은 평범한 사용이나 상품화라는 논거를 기각한다. 만약 예술의 종말이 상품이 되는 것이라면, 상품의 종말은 예술이 되는 것이다. 일상적인 소비생활에는 쓸모없고 사용 불가능하게 된 상품이나 친숙한 물품이 예술에게는 한 역사를 나타내는 물건이자 '무관심한 쾌감'의 대상으로서 유용한 것이 된다. 그것은 새로운 방식으로 다시 심미화된다. '이질적으로 감각적인 것'은 도처에 있다. 일상생활의 산문은 거대한, 환상적인 시가 된다. 어떤 대상이든 경계선을 넘어서 미감적 경험의 영역에서 다시 거주할 수 있다.

우리는 이 상점에서 무엇이 나왔는지 알고 있다. 40년 뒤 주노 루도비시의 힘은 에밀 졸라에 의해 레알(Les Halles)*의 야채와 소시지, 상인 들로 전이되며, 그가 『파리의 복부(腹部)』(*Le Ventre de Paris*)에서 만들어낸 인물인 인상주의 화가 클로드 랑티에(Claude Lantier)로 전이된다. 그 다음에는 여러 가지 중에서도 다다의 콜라주나 초현실주의, 팝아트 및 현재 이루어지고 있는 재생상품이나 비디오클립 전시가 존재하게 될 것이다. 물론 발자크의 진열장을 가장 탁월하게 변모시킨 것은 파리 오페라 거리에 있는 낡은 유형의 우산 상점의 진열대인데, 루이 아라공(Louis Aragon)은 여기에서 독일 인어의 꿈을 인지하고 있다. 『파리의 농부』(Le Paysan de Paris)의 인어는 주노 루도비시, 곧 자신의 사용 불가능성을 통해 새로운 감각적 세계를 약속하는 '사용 불가능한' 여신이기도 하다. 발터 벤야민은 그 나름의 방식으로 이 여신을 인지하게 될 것이다. 곧 구식 상품들이 진열된 아케이드는 미래의 약속을 품고 있다. 그는 단지 여기에다가, 그 약속이 지켜지기 위해서는 아케이드는 문을 닫아야 하며 쓸모없게 되어야 한다는 말을 덧붙일 것이다.

그리하여 예술과 삶의 침투 가능성에 대한 낭만주의 시학에는 하나의 변증법이 존재한다. 이 시학은 이질적이고 사용 불가능한 감각적인 것을 연기하기 위해 모든 것을 다 활용한다. 이 시학은 일상적인 것을 비범한 것으로 만듦으로써 또한 비범한 것을 일상적인 것으로 만들기도 한다. 이러한 모순으로부터 그것은 자기 자신의 시학 — 또는 메타정치학 — 을 만들어낸다. 이러한 메타정치학은 기호의 해석학이다. '평범한' 대상들은 해독되어야 할 역사의 기호들이 된다. 그리하여 시인은 단지 화석들을 캐내고 그것들이 지닌 시적인 잠재력을 이끌어내는 자연학자나 고고학자가 되는 것만은 아니다. 그는 또한 이상적인 사물들의 신체 그 자체 속에 새겨져 있는 전언들을 간파하기 위해 사회의 어두운 밑바닥이나 무의식 속을 파고드는, 일종의 증상학자가 된다. 새로운 시학은 사회로 하여금 그 자신의 비밀을 깨닫게 만드는 과제를 스스로 떠맡으면서, 정치적 주장과 교의로 가득 찬 시끄러운 무대를 떠나 사

---

* 레알은 프랑스 파리의 교통, 문화의 중심지 중 하나로 퐁피두 센터와 피카소 미술관 등이 자리 잡고 있다. 에밀 졸라 당시에는 오래된 시장 거리였다고 한다.

회의 심층으로 파고들어가 일상생활의 내면적인 실재 속에 감추어져 있는 수수께끼와 환상을 드러내는 새로운 해석학의 틀을 짠다. 이러한 시학의 결과로 상품은 요술환등기로 나타날 수 있다. 곧 처음에는 사소한 것처럼 보였던 사물은 가까이에서 보게 되면 신성문자의 조각이자 신학적인 궤변의 수수께끼를 담고 있는 것으로 드러난다.

무한한 복제?

마르크스의 상품 분석은 '예술의 종말'을 감각적 세계의 동질화로서 거부하는 낭만주의 서사의 일부를 이룬다. 우리는 마르크스의 상품은 발자크의 상점에서 나오는 것이라고 말할 수 있다. 상품 물신숭배가 벤야민으로 하여금 파리 아케이드의 지리와 한가로운 구경꾼이라는 인물을 통해 보들레르 상상계의 구조를 설명할 수 있게 해준 것은 바로 이 때문이다. 왜냐하면 보들레르는 아케이드 그 자체가 아니라 새로운 감각중추로서, 일상생활과 예술 영역이 교환되는 장소로서의 상점의 서사 속을 어슬렁거리며 걸어다녔기 때문이다. 설명항과 피설명항은 동일한 시적 서사의 일부를 이룬다. 이 때문에 그것들이 그처럼 잘 들어맞는 것이다. 아마도 너무 잘 들어맞을 것이다. 좀더 일반적으로 본다면 이는 다양한 모습을 띠고 있는 문화비평의 담론에 대해서도 타당하다. 이러한 담론은 예술에 대해, 미학의 가상들 및 그것들의 사회적 지주(支柱)에 대해, 일상 문화 및 상품화에 대한 예술의 의존에 대해 진리를 말하려고 한다. 하지만 이 담론이 예술과 미학은 진실로 무엇인지 드러내려고 시도하는 그 절차 자체는 미학적 무대에 의해 처음으로 틀이 짜인 바 있다. 그것들은 동일한 시의 형상들이다. 문화비평은 낭만주의 시학의 인식론적 모습으로, 예술의 기호들과 삶의 기호들의 낭만주의적인 교환 방식으로 간주될 수 있다. 문화비평은 낭만주의 시학의 생산을 탈주술화된 이성의 시선으로 보고 싶어 한다. 하지만 이러한 탈주술화 자체는 낭만주의적 재주술화의 일부를 이루고 있는데, 이러한 재주술화는 쓸모없는 대상들의 장으로서 예술의 감각중추—문화를 부호화하고, 해독되어야 할 환상의 영역을 무한하게 확장하며, 이러한 탈부호화의 절차를 양식화하는—를 무한하게 확대해왔다.

따라서 낭만주의 시학은 '예술의 종말' 및 예술의 '탈미학화'의 엔트로피에 저항한다. 하지만 낭만주의 시학 자신의 재미학화의 절차들은 또 다른 종류의 엔트로피에 의해 위협받는다. 곧 이 절차들은 자신의 성공 자체에 의해 위험에 빠진다. 이 경우 위험은 모든 것이 범속하게 된다는 데 있지 않다. 위험은 모든 것이 예술적이게 되어, 교환 및 경계선을 넘어서는 과정이, 경계선 자체가 완전히 무너져서 아무리 평범한 것일지라도 예술의 영역에서 벗어나지 못하는 지점까지 나아가게 된다는 데 있다. 단순히 소비 대상 및 상업 비디오의 복제물을 있는 그대로 이름 붙여서(labelling) 우리에게 제시하면서도, 이 인공물들은, 그것들이 상품들의 정확한 복제물이라는 그 이유 때문에 상품화에 대한 근본적인 비판을 제공해준다고 가정하고 있는 예술 전시회에서 일어나는 일이 바로 이것이다. 이러한 〔상품과 예술작품의〕 식별 불가능성은 사실은 비판적 담론의 식별 불가능성임이 드러나는데, 비판적 담론은 이름 붙이기에 관여하거나 아니면 예술의 감각중추 및 일상적인 삶의 감각중추는 지배가 반영되면서 동시에 부인되는 '스펙터클'의 영원한 재생산에 불과하다는 주장 아래 이러한 이름 붙이기를 무한정하게 비난하는 일 중 하나로 귀착될 수밖에 없다.

역으로 이러한 비난은 놀이의 일부가 된다. 이러한 이중 담론의 흥미 있는 한 사례는 처음에 미국에서 "즐겨보자"(Let's Entertain)는 표제 아래 열리고 그 이후 프랑스에서는 "스펙터클을 넘어서"(Beyond the Spectacle)라는 표제 아래 열린 최근의 전시회다. 파리 전시회는 세 가지 수준에서 작용했다. 첫째, 팝의 반고급문화적 도발로서. 둘째, 소외된 삶의 승리를 뜻하는 스펙터클로서의 즐김(entertainment)에 대한 기 드보르의 비판. 셋째, '외양'에 대한 해독제로서 '놀이'라는 드보르의 개념과 '즐김'의 동일시. 자유 놀이와 자유 외양 사이의 만남은 당구대, 테이블 축구대, 회전목마와 제프 쿤스(Jeff Koons)와 그의 아내의 신고전주의적인 흉상들 사이의 대결로 환원되었다.

전위예술의 엔트로피

이러한 결과는 예술의 탈미학화의 난점들에 대한 두 번째 답변, 곧 '이질적인 감각적인 것'의 힘을 다시 옹호할 수 있는 대안적인 방식을 촉구한다. 이는 첫 번째 답변과 정확히 반대의 것이다. 두 번째 답변은, 예술이 막다른 골목에 이르게 된 것은 예술이 낭만주의적으로 자신의 경계선들을 무너뜨렸기 때문이라고 주장한다. 이 답변은 공통적인 삶의 미학화의 형식들로부터 예술을 분리하는 것이 필요하다고 주장한다. 이러한 요구는 순전히 예술 그 자체를 위해서 제기될 수도 있지만, 또한 예술의 해방적인 힘을 위해서도 제기될 수 있다. 두 가지 경우에서 제기되는 것은 똑같은 기본 요구인데, 그것은 감각 중추들이 분리되어야 한다는 것이다. 키치라는 단어가 존재하기 훨씬 전에 제시된 첫 번째 반(反)키치 선언은 플로베르의 『보바리 부인』에서 찾을 수 있다. 사실 이 소설의 서사 전체는 예술가와 그의 인물 사이의 차이화의 서사인데, 이 인물이 저지르는 주요한 죄는 예술을 그녀의 삶으로 가져오고 싶어 한다는 점이다. 자신의 삶을 심미화하고 싶어 하고 예술을 삶의 문제로 만들고 싶어 하는 그녀는 문자 그대로 죽어 마땅하다. 아도르노가 보바리 부인의 등가물인 이고르 스트라빈스키, 곧 어떤 종류의 화성(harmony)이든 불협화음(disharmony)이든 모두 사용 가능하다고 생각하면서 자신의 부르주아 관객의 흥취를 돋우기 위해 고전적인 화음과 현대적인 불협화음, 재즈와 원시 리듬을 뒤섞는 음악가에 대해 동일한 비난을 가할 때, 소설가의 잔혹성은 철학자의 엄격함이 될 것이다. 아도르노가 『신음악의 철학』에서 19세기 살롱 음

악의 몇몇 화음은 '모든 것이 사기'가 되지 않는 한 더 이상 들릴 수 없다고 주
장할 때, 그 구절의 어조에는 비범한 파토스가 존재한다. 만약 그러한 화음들
이 여전히 사용될 수 있고 여전히 들릴 수 있다면, 미학적 무대의 정치적 약속
은 거짓임이 입증되며, 해방으로 나아가는 길은 사라지고 만다.

    추구하고 있는 것이 예술뿐이든 아니면 예술을 통한 해방이든 간에 무대
는 동일하다. 이 무대에서 예술은 자기 자신을 미학화된 삶의 영토에서 분리
시켜야 하며, 넘어설 수 없는 새로운 경계선을 그어야 한다. 이는 우리가 예술
의 자율성에 대한 전위예술의 강조에 대해 쉽게 부여하기 힘든 입장이다. 왜
냐하면 이러한 자율성은 사실 이중적인 타율성임이 입증되기 때문이다. 만약
보바리 부인이 죽어야 한다면, 플로베르는 사라져야 한다. 첫째로 그는 문학
의 감각중추를, 자갈이나 조개껍질 또는 모래 알갱이처럼 느끼지 못하는 사
물들의 감각중추와 동류의 것으로 만들어야 한다. 이렇게 하기 위해서 그는
자신의 산문을 등장인물의 산문, 일상생활의 산문과 구분할 수 없게 만들어
야 한다. 마찬가지로 아도르노가 개념화한 아널드 쇤베르크의 음악은 이중적
으로 타율적이다. 자본주의적인 분업과 상품화의 치장을 비난하기 위해서는
그 음악은 이러한 분업을 훨씬 더 멀리 밀고 나가야 하며, 자본주의적인 대량
생산물보다 훨씬 더 기술적이고 더 '비인간적'이어야 한다. 하지만 역으로
이러한 비인간성은 억압되어온 것의 얼룩이 나타나도록 만들며, 작품의 완벽
한 기술적 배치를 파열시킨다. 전위예술 작품의 '자율성'은 두 개의 타율성
사이의 긴장, 오디세우스를 돛대에 묶은 밧줄과 오디세우스가 귀를 막으려고
하는 세이렌의 노랫소리 사이의 긴장이 된다.

    우리는 또한 이러한 두 가지 입장에 대해 아폴론과 디오니소스라는 한 쌍
의 그리스 신들의 이름을 부여할 수 있다. 이들 사이의 대립은 단지 청년 니체
의 철학적 구조물에 불과한 것이 아니다. 그것은 '형식의 정신' 일반의 변증
법이다. 의식과 무의식, 로고스와 파토스의 미학적인 동일화는 두 가지 방식
으로 해석될 수 있다. 형식의 정신은 자기 자신의 불투명성과 재료들의 저항

을 통해 자신의 길을 뚫고 나아가 조각상의 미소나 캔버스의 빛이 되든가—
이는 아폴론적인 서사다—아니면 억견(doxa)의 형식들을 파열시키고 예술
을 혼돈과 근원적인 타자성의 힘의 기입으로 만드는 파토스와 동일화되든가
둘 중 하나다. 예술은 작품의 표면 위에다가 로고스 안에 존재하는 파토스의,
사유 안에 존재하는 사유 불가능한 것의 내재성을 기입한다. 이는 디오니소
스적인 서사다. 양자는 모두 타율성의 서사들이다. 심지어 헤겔의 『미학 강
의』에 나오는 그리스 조각상의 완전성조차 부적합함의 형식이다. 쇤베르크의
완벽한 구성물에 대해서는 이와 동일한 것이 훨씬 더 잘 들어맞는다. '전위'
예술이 미학적 무대의 약속에 충실히 남아 있기 위해서는 전위예술은 자신의
자율성을 지탱하는 타율성의 힘을 훨씬 더 강조해야 한다.

상상력의 패퇴?

이러한 내적 필연성은 또 다른 종류의 엔트로피로 인도하는데, 이는 자율
적인 전위예술의 과제를 순전한 타율성을 증언하는 과제와 동류의 것으로 만
든다. 이러한 엔트로피는 리오타르의 '숭고의 미학'에 의해 완벽하게 예시된
다. 처음 보기에 이는 그 자신의 논리의 전도물로 뒤틀린 전위예술의 변증법
의 급진화인 것 같다. 전위는 예술을 상품문화와 분리하는 분할선을 무한정
하게 그어야 하며, 예술과 '이질적인 감각적인 것' 사이의 연결을 끝없이 기
입해 넣어야 한다. 하지만 그것이 이렇게 해야 하는 것은 미학적인 약속 자체
의 '속임수'를 무한정하게 무효화하기 위해서, 혁명적인 전위주의의 약속들
과 더불어 상품 미학화의 엔트로피를 비난하기 위해서다. 전위는 인간 사유
의 태초적인 의존성을 증언하는 역설적인 의무를 부여받고 있는데, 이러한
의무는 모든 해방의 약속을 기만으로 만든다.

이러한 논증은 칸트의 『판단력 비판』에 대한 급진적인 재독해라는 모습,

실러의 비전에 대한 암묵적인 논박으로 제시되는 미감적인 감각중추의 틀을 다시 짜기라는 모습을 띠고 있으며, 따라서 일종의 반(反)원초적 장면이라고 할 만하다. 리오타르는 현대 예술의 '의무' 전체를, 근원적인 불일치의 경험으로서 숭고에 대한 칸트의 분석으로부터 연역하는데, 이러한 분석에서 상상력의 종합의 힘은 감각적인 것과 초감각적인 것 사이에 간극을 만들어내는 무한의 경험에 의해 패퇴하게 된다. 리오타르의 분석에서 이는 재현 불가능한 것의 발현으로서, '감각적인 것과 가지적인 것 사이의 안정적인 관계의 상실'의 발현으로서 현대 예술의 공간을 정의한다. 이는 역설적인 주장이다. 첫째, 칸트의 설명에서 숭고는 예술의 공간을 정의하는 게 아니라 미학에서 윤리적 경험으로의 이행을 표시하기 때문이다. 둘째, 이성과 상상력 간의 부조화의 경험은 상위의 조화에 대한 발견, 곧 주체가 자신을 이성과 자유의 초감각적 세계의 성원으로 지각하는 것으로 나아가는 경향이 있기 때문이다.

리오타르는 칸트의 숭고의 간극을 헤겔의 미학화에 대립시키고 싶어 한다. 하지만 그는 헤겔로부터, 사유와 그 감각적인 현시(顯示, presentation) 사이의 일치 불가능성이라는 그의 숭고 개념을 빌려와야 한다. 그는 '형식의 정신'의 서사로부터 원초적 장면의 반(反)구성의 원리를 빌려와야 하며, '형식의 삶'의 서사에 대한 반(反)독해를 가능하게 만들어야 한다. 물론 이러한 혼동은 흔하게 볼 수 있는 것과 같은 오독(誤讀)은 아니다. 그것은 미학에서 정치학으로 나아가는 원래의 길을 가로막고, 동일한 교차로에서 미학에서 윤리학으로 인도하는 일방 우회로를 강제하는 한 방식이다. 이런 식으로 해서 예술의 미학적 체제와 재현적 체제 사이의 대립은 재현 불가능한 것의 예술과 재현의 예술 사이의 순전한 대립으로 귀속될 수 있다. 그렇다면 '현대적인' 예술의 작품들은 재현 불가능한 것에 대한 윤리적 증언이 되어야 한다. 하지만 엄밀히 말해 여러분이 재현 불가능한 주제들, 곧 형상과 질료가 어떤 식으로든 결코 서로 들어맞지 않는 것들을 발견할 수 있는 것은 바로 재현적 체제 속에서다. 감각적인 것과 가지적인 것 사이의 '안정적 관계의 상실'은 관계

짓는 힘의 상실이 아니라 그 형식들이 복수화된 것이다. 예술의 미학적 체제에서는 어떤 것도 '재현 불가능'하다.

홀로코스트는 재현 불가능하며, 예술이 아니라 증언만을 허락한다는 식의 주장이 많이 제기된 바 있다. 하지만 이러한 주장은 증언 작업에 의해 논박된다. 예컨대 프리모 레비나 로베르 앙텔므*의 병렬적인 글쓰기**는 나치의 비인간화의 경험을 증언하는 데 잘 들어맞는 글쓰기 양식으로 간주되어왔다. 하지만 간단한 지각과 감각의 연쇄로 이루어진 이러한 병렬적인 문체는 19세기 문학 혁명의 주요 특징 중 하나였다. 앙텔므의 책 『인간이라는 종』의 첫머리에 나오는, 부헨발트에 있는 수용소의 화장실을 기술하고 수용소의 무대를 설정하는 지문은 엠마 보바리의 농장 마당에 대한 기술과 동일한 패턴을 보여주고 있다. 마찬가지로 클로드 란츠만(Claude Lanzmann)의 영화 「쇼아」(Shoah)는 재현 불가능한 것을 증언하는 것으로 간주되어왔다. 하지만 란츠만이 미국 텔레비전 연속극인 「홀로코스트」의 재현적인 서사에 대치시킨 것은 또 다른 영화적인 서사다. 곧 수수께끼로 남아 있거나 삭제되어 있는 어떤 과거를 재구성하려는 현재적인 탐구에 대한 서사가 그것인데, 이는 「시민 케인」에 나오는 오손 웰스의 로즈버드까지 소급될 수 있는 것이다. '재현 불가능한 것'이라는 논거는 예술가의 실천 경험과 잘 들어맞지 않는다. 오히려 그것은, 예술의 실천 속에 윤리적 우회의 필연성을 기입하기 위해서는 재현 불가능한 어떤 것, 사용 불가능한 어떤 것이 존재해야 한다는 욕망을 충족시킨다. 재현 불가능한 것의 윤리는 여전히 미학적 약속의 전도된 형식일 수도 있다.

* Robert Amtelme, 1917~90: 프랑스의 작가로, 제2차 세계대전 당시 레지스탕스로 활동하다가 포로로 붙잡혀 나치의 강제수용소에 감금된다. 전후에 강제수용소에서 겪었던 끔찍한 생활을 기록한 『인간이라는 종』(L'Espèce humaine, 1947)을 출간했는데, 이는 강제수용소 기록 문학의 걸작 중 하나로 평가받고 있다.
** '병렬적인'(paratactic) 글쓰기는 '종속적인'(hypotactic) 글쓰기와 대비되는 글쓰기 기법 중 하나로, 접속사를 사용한 긴 문장 대신, 짧고 간결한 문장의 형태를 띠며 사실을 객관적으로 서술하거나 보고하는 글에서 애용된다.

미학의 정치의 이러한 엔트로피적인 시나리오들을 소묘하는 동안 내가 비관주의적인 관점을 제안하는 것으로 비췄을지도 모르겠다. 하지만 이는 전혀 나의 목적이 아니다. 분명히 예술 및 그 정치적 참여의 운명에 대한 모종의 우울증적인 반응은 오늘날 여러 방식으로 표현되고 있으며, 우리나라인 프랑스에서는 더 그렇다. 예술의 종말, 이미지의 종말, 통신과 광고의 지배, 아우슈비츠 이후 예술의 불가능성에 대한 선언들과, 구현된 현존이라는 실낙원에 대한 향수, 미학적 유토피아는 전체주의 내지 상품화를 낳는다는 고발 등으로 분위기는 우울하다. 나의 목적은 이러한 애도의 성가대에 가담하는 것이 아니었다. 반대로 나는 우리가 '예술의 종말'을 '근대성'의 유해한 운명이 아니라 예술의 삶의 이면으로 이해한다면, 이러한 현재의 분위기와 거리를 둘 수 있다고 생각한다. 미학적 정식이 처음부터 예술을 비예술과 연결하는 한에서, 그 정식은 예술의 삶을 두 개의 소실점, 곧 단순한 삶이 되는 예술이나 단순한 예술이 되는 삶 사이에 위치시키고 있다. 나는 '극단적으로 밀고 나감으로써' 이러한 시나리오들 각자는 자기 자신의 엔트로피, 자기 자신의 예술의 종말을 포함하게 되었다고 말했다. 하지만 미학적 체제에서 예술의 삶은 정확히 말하면 왕복 운동하는 것, 곧 타율성에 맞서 자율성을 실행하고, 자율성에 맞서 타율성을 실행하고, 예술과 비예술 사이의 한 가지 연결에 맞서 다른 연결 방식을 수행하는 것이다.

이 두 가지 시나리오 각자는 특정한 메타정치학을 포함한다. 지각 가능한 것에 대한 위계적 분할을 논박하고 공통의 감각중추의 틀을 짜는 예술이나 감각적인 세계의 공형상화로서 정치를 대체하는 예술 또는 일종의 사회적 해석학이 되는 예술, 또는 더 나아가 자신의 고립 바로 그 속에서 해방의 약속의 수호자가 되는 예술 등이 그것이다. 이러한 입장들 각각은 유지될 수 있고 또 유지되어왔다. 이것이 의미하는 바는 '미학의 정치'에는 모종의 결정 불가능성이 존재한다는 것이다. 미학적 예술은, 그 자신이 충족시킬 수 없는, 하지만 바로 이러한 애매성 위에서 번성하는 어떤 정치적 성취를 약속한다. 바로 이 때문에 이러한 예술을 정치학으로부터 고립시키려고 하는 사람들은 문제의 요점을 얼마간 잘못 파악하는 것이다. 또한 바로 이 때문에 이러한 예술이 자신의 정치적 약속을 충족시키도록 하려고 하는 사람들은 모종의 우울증에 빠져들 수밖에 없다.

〔진태원 옮김〕

문화적 포장지로서의 예술

일본의 터미널 데파트

우친타오(吳金桃)

 서구인들은 사고파는 행위를 심미적 즐거움과 분리하는 것을 선호하는 것처럼 보인다. 이와 대조적으로, 일본의 소비문화는 수십 년 동안 이 둘을 사이좋게 결합하는 관습을 오래전부터 유지했다. 20세기 이래로, 일본의 백화점은 고객을 끌어들이기 위한 특별한 유인책으로 구내에 전시 공간을 만들었다. 이와 같은 발전은 기모노 상점만큼이나 기원이 오래된 진화의 과정이었다. 다른 경우처럼, 시간이 흐르면서 이런 상점들은 원래의 상업적 기능을 넘어 도시 근대성을 상징하는 기념비로서 새롭고 더 폭넓은 역할을 할 수 있을 것으로 기대를 받았다. 파리에 있는 봉마르셰처럼, 도쿄의 상점들은 "영구적인 장터이자 제도, 환상의 세계이면서 특별한 비율로 이루어진 스펙터클인 것인데, 그래서 이런 상점에 간다는 것은 일종의 행사이자 모험이 되는" 곳이었다.[1] 상점들은 소비의 장소(sites) — 말하자면, loci — 이자 또한 소비의 광경(sights) — 스펙터클 — 이었다.[2] 메이지(明治) 시대를 압도한 서구화는 이런 특징에 구체적인 형식을 부여했다. 판매를 위해 전시된 외국 상품들뿐만 아니라, 매장을 개설할 수 있도록 지어진 장식적인 르네상스 양식의 건물이 이런 것들이다.

서구화의 스펙터클을 구경할 수 있는 — 물론 실제라기보다 상상의 서구가 일본의 가치에 주입되거나 서로 융합하는 — 장소로서 도쿄의 상점들은 처음부터 명품의 이미지로 소비를 부추겼다. 외국 상품은 시각적이고 신비스러운 모습으로 일본 제품을 능가했다. 전시성과 외양성, 이미지 마케팅이 판매 전략으로 거듭났다. 눈을 현란하게 만들기 위해 패키지 판매 방식을 고안했는데, 이것은 상품의 진열 방식뿐만 아니라 생활 잡지와 광고물, 그리고 모든 최첨단 시설들은 말할 것도 없이 음악과 연극, 그리고 다른 문화 행사, 예술품 전시, 작은 동물원, 도쿄의 풍경이 파노라마처럼 펼쳐진 지붕 위의 정원, 사우나, 신사(神社), 연주 무대, 차를 마실 수 있는 오두막과 정자를 갖춘 복합 공간을 만들어냈다. 새로운 소비주의의 발양과 더불어서 전체 삶의 양식을 바꾸는 일이 벌어졌던 것이다.[3]

일본에만 해당하는 특이한 것은 터미널 데파트의 탄생이다. 1929년 한큐 철도회사는 오사카 우메다 역에, 쇼핑의 새로운 형태뿐만 아니라, 일본 당대 도시 생활의 완전한 전환을 알리는 최초의 건물을 세웠다. 초기 백화점이 기모노 상점을 단골로 삼던 훨씬 부유한 상층 중간계급 고객의 요구를 충족시켰

---

1) Michael Miller, *The Bon Marché: Bourgeois Culture and the Department Store, 1869~1920*, Princeton 1981, p. 167.
2) 스튜어트 유언과 엘리자베스 유언이 이에 대해 익살스럽게 말했는데, 다음을 볼 것. *Channels of Desire: Mass Images and the Shaping of American Consciousness*, Minneapolis 1994. p. 45.
3) 일본의 백화점에 대한 역사학적 분석을 보려면 Tohru Hatsuda, *The Birth of Department Stores*, Tokyo 1999; Yuki Jinno, *The Birth of Taste*, Tokyo 1994; Tomoko Tamari, "On the Social Functions of Japanese Department Stores", *Cultural Economics*, vol. 1, no. 4, September 1999, pp 53~63 참조. 인용 문헌은 모두 일본어이다.

다면, 터미널 데파트는 철도를 일상생활의 일부로 이용하는, 성장 중인 중하층 중간계급을 겨냥했다. 철도 노선의 종점에 터미널 데파트를 만든 대중교통 회사들은 기존의 백화점에서 활용하는 판촉 전략을 모방했다. 예를 들어 이런 판촉 전략은 미장원과 결혼식장을 스위스롤과 슈크림 에클레어(이런 식품들은 즉시 새로운 식생활의 유행을 만들어냈다) 같은 군것질거리를 파는 레스토랑들과 함께 배치해놓는 것이다.[4] 또한 가족들의 주말 관광을 위한 놀이동산도 만들어졌다. 열차를 이용하는 통근자의 수를 늘린다는 명목으로 주택 단지들을 철도와 근접성이 높은 곳에 빠른 속도로 건설했다.

이런 토목 공사의 궁극적인 목표는 소비주의를 진작하고 북돋우는 것이었다. 그래서 승객들을 백화점으로 끌어들여서 전략적으로 도시 철도의 터미널 내에 머물게 하는 것이었다. 각기 다른 철도 재벌 그룹이 만들고 유지했던 끝없는 소비주의의 연쇄고리에서 터미널 데파트는 도쿄로 출퇴근하는 이들이 일상적으로 지향하는 소비주의의 열반, 모든 욕구를 충족하고 모든 욕망의 만족을 잠정적으로 느끼는 상태 — 달리 말하자면, 열차의 도착을 알리는 시간표일 뿐만 아니라 궁극적인 그 열차의 목적지인 것처럼 보였다.

소비자 전위주의

기나긴 경기침체의 영향을 받긴 했지만, 터미널 데파트는 한때 일본에서 백화점 미술관의 가장 훌륭한 본보기를 만들어내기도 했다. 1980년대 거품경제가 한창이던 시절에 도쿄를 처음 방문해본 사람이라면 누구나 자영 백화점 어디에도 '문화 홀'이라는, 전임 큐레이터를 채용해서 전문적인 전시회를 여

---

4) Brian Moeran, "The Birth of the Japanese Department Store", Kerrie MacPherson, ed., *Asian Department Stores*, Honolulu 1998, p. 164.

는 작은 규모의 전시 공간이나 훨씬 규모 있게 꾸며놓은 박물관이 있다는 사실을 눈치 챘을 것이다.

크기야 어떠하든지, 이것들은 항상 백화점의 꼭대기에 위치하고 있다. 이런 설계는 소나기 효과(the shower effect)의 일본식 적용이다. 이런 식으로 일단 방문객이 꼭대기에 있는 예술작품을 보기 위해 올라가면, 관람을 마치고 내려오면서 아래층에서 돈을 쓸 것이다.[5] 이런 인간공학적인 규칙에서 예외는 거의 없는데, 그래서 전시관이 상점의 일층이나 옆 건물에 있는 경우는 드물다. 말하자면, 구내 박물관은 백화점으로 가는 경로를 일러주는 선명한 표지판인 셈이다. 그러나 이런 '소나기 효과'가 얼마나 백화점의 매출을 올렸는지는 알 수 없다. 전시회 초대권은 언제나 사람들이 전시관을 거쳐서 백화점으로 입장할 수 있도록 발행되었다. 내부 관계자는 전시회가 있을 때 20퍼센트 정도로 매출이 상승했다고 평가하지만, 백화점이 자체적으로 내놓은 기록 이외에 예술작품을 전시해서 어떤 상업적인 혜택을 보았다는 통계는 없다.[6]

예술계에 기업이 개입하는 다른 형식과 마찬가지로, 직접적인 자금 회수가 궁극적인 사업의 관심 사항은 아니다. 전시관을 운영함으로써 얻을 수 있는 진정한 대가는 구체적인 것과 관계가 멀고 현실적인 것도 아니다. 그것은 후원자의 사회적 이미지를 강화하는 것일 뿐이다. 이에 부합하는 가장 성공적인 사례가 세이부 박물관이다. 비평가에 따르면, 여기는 "현대 미술의 메카"로 불린다.[7] 세이부 사이손 그룹에 의해 운영되고 이케부쿠로 터미널 백화점에 위치한 세이부 박물관은 1975년 문을 열었을 때, 백화점 박물관으로서는

---

[5] 1998년 11월 13일 가즈오 요시다 토부 박물관 관장의 인터뷰; 또한 Millie Creighton, "Something More: Japanese Department Stores' Marketing of 'A Meaningful Human Life'", MacPherson, *Asian Department Store*, p. 211 참조.

[6] 가즈오 요시다의 인터뷰.

[7] Mita Haruo, "The Recession and the Future of the Art Museums", *Mainichi Daily News*, 12 March 1999.

처음으로 전임 큐레이터를 임명한 곳이다. 참으로 독특한 것은 이 박물관이 그룹에서 수행하는 모든 이미지 전략의 뼈대가 되었다는 사실이다. 이 박물관이 그룹에게 얼마나 중요한 것인지를 보여주는 사례는 이 그룹의 회장인 쓰쓰미 세이지가 백화점의 전 홍보부서를 책임지고 있다는 사실에서 가늠할 수가 있다. 그 이유는 세이부 백화점의 명성이 1952년에 처음 개장한 이래로 세간의 이목을 끌기 어려웠기 때문이다. 우선적으로 무엇보다도 세이부 이케부쿠로 철도 노선이 뻗어나가는 지역을 따라서 도쿄의 북서쪽에 위치한 이케부쿠로는 도시 근교 농촌 사람들이 압도적으로 다수를 차지하는 노동계급 주거 지역이었다. 세이부 백화점의 각 층은 "근교에서 온 하층 쇼핑객들의 게다와 샌들에 묻어온 진흙으로 떡칠이 되어 있다"고 전해지고 있다.[8]

그러나 전시회에 관한 한 세이부 미술 박물관은 예를 들어, 인상파나 후기 인상파전을 주관하거나 서구 미술 거장전을 개최한다고 해도 쉽게 관람객을 모을 수 있는 곳이 아니었다. 1976년처럼 비교적 초기에 에드가르 드가와 에두아르 뷔야르를 특별 전시하긴 했지만, 또한 같은 해에 바실리 칸딘스키와 안토니 타피에 같은 작가의 작품도 전시했다. 1977년에는 막스 에른스트의 작품을 거장전과 나란히 걸었다. 1976년에 있었던 '19세기에서 20세기까지 헝가리 회화전'과 1977년에 있었던 훈데르트바서전(展)은 말할 것도 없었다.[9] 초기 전시회를 보았던 어떤 평론가가 "엄청난 관람객의 폭주"라고 묘사하긴 했지만 — 예를 들어 칸딘스키의 경우는 대략 7만 명의 관람객이 다녀갔다 — 이런 전위적인 전시회를 보러 오는 관객은 셀 수 있을 정도로 적은 숫자였다. 그러나 이들은 일상적인 미술관 애호가들이 아니었다. 이들은 전문직 종사자이자 중간계급의 취향을 주도하는 사람들인데, 이들의 관람이 미디어와 일반

---

8) Thomas Havens, *Architects of Affluence: The Tsutsumi Family and the Seibu-Saison Enterprises in Twentieth-Century Japan*, Cambridge, MA 1994, p. 51.
9) *The Seibu Museum of Art – Sezon Museum of Art: 1975~1999*, Tokyo 1999.

인의 시선을 끌고 이로 인해 백화점과 미술관이 선전 효과를 올린 것이다.

1970년대 중반에, 인접한 동네를 중심으로 형성되었던 백화점 고객들은 이제 도쿄의 동부와 남부로 확대되었다. 이 결과로 지역 상점에서 탈피해서 세이부 백화점은 상대적으로 고소득을 올리는 단골들을 유치할 수 있는 진정한 대도시 백화점으로 변모했다. 물론 이런 전환은 박물관의 역할만으로 가능했던 것은 아니다. 1960년대 초부터 백화점은 비타협적인 상업적 자기확신이라는 새로운 이미지를 진작하기 위한 거대한 마케팅 작전을 실시했다.[10] 박물관이 좁게는 이케부쿠로 터미널 데파트에, 그리고 넓게는 세이부 사이손 그룹의 섬세한 지성주의로 인해 부수적으로 발생한 아우라가 이렇게 거의 이윤을 발생시키지 못하는 사업에 그룹이 의무감을 느끼고 오랜 시간 관여해야 할 것처럼 만들었던 것이다. 이 사업을 그들은 무려 25년 동안이나 유지한다. 소비주의와 예술계라는 어울리지 않는 결혼을 위한 필수품은 다양하게 다른 이해관계들을 한곳에 끌어 모으거나(예술적인 숭고가 이윤 동기를 만나다), 서로 다른 사회적이고 경제적인 규범들을 기꺼이 결합하기도 한다(문화비평가 같은 무역업자들, 탐욕스러운 쇼핑객 같은 미술관 애호가를 한 지붕 아래에 놓는다). 그리고 상징적 위계를 무너뜨릴 준비가 언제든지 되어 있다(돈벌이와 미술을 연계시켜서 고급예술을 바닥으로 끌어내린다). "소비사회를 구성하는 바로 그 요소"라고 프레드릭 제임슨(Fredric Jameson)이 범주화한 문화가 필연적으로 뇌리에 떠오른다.

재벌과 식민지

다른 어떤 요소보다도 '소비의 궁전'인 일본의 백화점을 문화의 후원자로

---

10) Ueno Chizuko, "Seibu Department Store and Image Marketing", MacPherson, *Asian Department Stores*, pp. 182~96.

만들 수 있었던 것은 거대 미디어의 이해관계와 결합한 끈끈한 유대였다. 서구에서 신문 또는 텔레비전의 연계는 그냥 예술 관련 행사를 후원하는 것으로 끝난다. 일본의 경우는 훨씬 적극적인 역할을 수행하는데, 실제로 그 기획 자체를 조직하는 것이 보통이다. 비록 여기에서 일본의 미디어 재벌이 예술에 개입하는 다양한 방식을 자세히 논의할 수는 없지만, 이들은 백화점이 전시회와 다른 문화 행사를 기획하는 것만큼이나 거의 동일하게 그렇게 한다는 사실을 지적해야 할 것이다. 매스미디어 그룹이 일본의 예술계에서 얼마나 중요한 역할을 수행하고 있는지를 알려고 한다면, 우리는—아마도 런던의 『타임스』(The Times)에 준하는—아사히신문(朝日新聞) 그룹의 예를 살펴보면 족할 것이다. 이 그룹은 2001년에 30건의 전시회 기획을 직접 관장한 18명의 직원을 두고 있는데, 이들 말고도 다른 30명의 직원들이 후원자로 이름을 빌려주고 있다. 10년 전, 일본의 거품경제가 최고조에 달했을 때, 아사히신문 그룹은 이렇게 저렇게 90건이나 되는 예술 전시회와 관련을 맺고 있었다.[11]

물론, 통계는 일본에서 일어나고 있는 예술에 대한 미디어 개입을 전부 말해주지 않는다. 그러나 서구와 마찬가지로, 미디어 사업이 후원하는 예술은 자동적으로 홍보를 할 수 있게 마련이다. 백화점 박물관의 입장에서 보면, 큰 신문사 그룹과 힘을 합치는 것은 공동 협력 전시회를 돕는 든든한 조력자를 제공받는 것이자 또한 더 광범위한 영역까지 백화점의 명성을 알리는 것일 뿐만 아니라 전시회 홍보를 위한 전국적인 발판을 확보하는 것이다. 그러므로 일본에서 백화점 전시관이나 미디어 그룹이 예술 전시회를 개최하는 것, 그리고 국립 박물관으로 옮겨 가기 전에 상업적인 공간에서 전시회를 먼저 여는 것은 당연한 일로 받아들여졌다. 물론, 국가적인 영역과 협력하는 것은 문화 영역에 백화점이 개입하는 것에 더 강한 합법성을 부여해주는 것이기도 하다.

---

11) 2002년 2월 9일에 이루어진 『아사히신문』 고바야시 도시오 부장의 인터뷰.

전 지구적인 경제에서 일본의 백화점 박물관은 해외의 분점, 특히 일본이 한때 압도적인 제국주의 권력을 행사했던 아시아에 수출되었다. 물론 일본의 헤게모니와 영향력은 이전 식민지들이 독립했다고 해서 순식간에 사라지는 것은 아닌데, 그래서 에드워드 사이드가 "연결의 유산"이라고 명명한 것이 일본에 점령당했던 영토들을 여전히 연결해주고 있는 것이다. 예를 들어 일본의 식민통치가 50년 동안 지속된 타이완에는 각각 '문화 홀'을 거느리고 있는 많은 일본 백화점의 분점들이 있다. 그러나 결정적이고 중요한 차이들이 있다. 일본의 고객들에게, 백화점은 카를스루에 박물관에서 빌려온, 렘브란트 아내의 초상화 같은 것을 볼 수 있게 해주는 곳이다. 한편, 타이완 고객들에게 '문화 홀'은 기껏해야 소소한 미술품과 잡동사니 따위를 모아놓고 전시를 하거나 파는 방에 불과하다. 본국과 외국 고객들에 대한 이런 불평등한 취급은 시대착오적인 일본 기업의 식민주의를 어느 정도 반영하고 있는 것이 아닐까? 글로벌 재벌의 이해관계는 외국 땅에까지 그들의 무역을 확대하라는 정언 명령을 만들어내고 있는 것인지도 모르지만, 이윤을 만들어내는 기계인 백화점은 그들에게 고유한 문화적인 메커니즘을 공평한 토대의 원칙에 맞춰 수출하는 것을 보장하지 않는다. 타이완 고객들에게 일본 백화점은 상징적이고 말 그대로 시늉에 지나지 않는 후원자로 자리매김하고 있다. 아마도 오늘날 경제적 전 지구화는 혁신적인 문화 교환과 포용성을 초래하고 있는 것이 아니라, 훨씬 19세기적인 특성을 지닌 오랜 문화적 습속과 배타성을 만들어내고 있는 것일지도 모른다.

상품 포장하기

1960년대 후반 롤랑 바르트는 일본으로 여행을 갔다. 물론 여행객으로 간 것이 아니라("동양의 본질을 향해 시선을 주는 것을 나는 즐기지 않는다. 나에게 동양은 관심 밖의 문제이다"고 그는 썼다), 문화적 기호체계를 공부하는 학생의 자격으로 갔다. 그는 일본에 대해 "강제적 조작이 — 이것은 날조한 상호작용이기도 한데 — 우리 자신의 것과 완전히 동떨어진, 들어본 적 없는 상징체계에 대한 생각을 '즐기도록' 허락하는 특질들을 보전하고 있다"고 썼다. 바르트는 무엇보다도 일본의 일상에서 드러나는 인공성, 세련된 예의범절과 깊이를 압도하는 표면에 대한 선호로부터 깊은 인상을 받았다. 한마디로, 외국인이 들여다 볼 수 없는 일본 문화의 불투명성이 이것이다. 『기호의 제국』(*Empire of Signs*)은 정치적인 것이나 경제적인 것의 존재를 거의 인정하지 않지만, 그의 비판적 관심을 끄는 대중적인 제도가 있었는데, 그것이 그를 일본의 백화점에 그 어느 때보다 가깝게 다가가게 했다. 그는 다음과 같이 쓰고 있다. 도쿄에서,

철도역은 커다란 기차들과 경전철·지하철·백화점, 그리고 모든 지하상가를 품고 있는 거대한 유기체이다. 철도역은, 어떤 도시주의자들에 따르면, 도시가 의미를 획득할 수 있는, 읽힐 수 있는 랜드마크를 지역에 부여한다. 일본의 철도역은 여행과 구매, 의복과 식료품에 이르기까지, 수천 개의 기능적인 궤도들이 가로지르는 공간이다. 기차의 객실 문은 구두 판매대 앞에서 열린다. 상품 거래에, 환승에, 출발에 기능성을 맞춰서, 독특한 구조를 유지하는 철도역은 (그런데 이런 새로운 복합체를 이렇게 불러도 될까?) 성당, 교회, 시청, 역사적 기념비처럼, 우리네 도시들의 주요한 랜드마크들에 드리운 신성성을 벗겨낸다. 여기에서 랜드마크는 전적으로 산문적이다. 의심할 것도 없이 시장은 역시나 서구적 도시의 핵심 장소이다. 그러나 도쿄에서 상품 거래는 어떤 의미에서 철도역의 불안정성으로 인해 무화된다. 끊임없는 발차는 집중력을 방해한다. 우리는 단지 짐을 꾸릴 물건들과 수하물 그 자체가 통행권이고, 탑승을 허락받을 수 있는 승차표라고 말할 수 있을 것이다.[12]

바르트가 하늘 높이 치솟은 철도 터미널 백화점의 미술관을 보았다면, 도쿄의 철도역이 갖고 있는 다기능적인 성격에 훨씬 더 깊은 인상을 받았을지도 모른다. 그 핵심에, 서구의 눈에는 낯선 기표들로 비치는 복잡한 문화적 기호체계에서 병치의 능력이 존재한다. 이 기표들은 양립 불가능하거나 심지어 모순적인 단위들처럼 보인다. 예술은—바르트의 이미지를 차용하자면—포장지의 기능을 충족시킨다. 달리 말하면, 소비주의적 수하물을 꾸며주는 문화적 포장. 이것은 상품의 지위를 문화적 의미의 투여를 통해 강화하는 과정이다. 후일 잘 알려진 패션에 대한 연구에서 "의미는 사물을 팔리게 만드는 것이다"라고 말한 것으로 보아 일본의 백화점 박물관은 바르트의 통찰을 더욱 깊게 만든 것으로 볼 수 있을 것이다.

〔이택광 옮김〕

---

12) Roland Barthes, *Empire of Signs*, New York 1982, pp. 3, 38~39.

자본주의와 형식

테리 이글턴(Terry Eagleton)

　대체로 지배계급은 자신이 그 속에서 태어난 피와 더러움을 역사적 기억으로부터 지워버리고자 노력했다. 블레즈 파스칼이 『팡세』에서 노골적으로 솔직하게 보여주고 있는 것처럼, "〔기원적〕 강탈의 진리는 명백하게 드러나서는 안 된다. 이런 강탈은 기원적으로는 근거/이성(reason) 없이 일어났으며 〔나중에―옮긴이〕 근거 있는/이성적인(reasonable) 것으로 바뀌었다. 이런 강탈을 쉽게 종식시키고 싶지 않다면, 그것을 본래적이고 영원한 것으로 생각하게 만들기 위해 그 기원을 반드시 은폐해야 한다."[1] 이마누엘 칸트 또한 정치권력의 기원에 대한 성찰을 경계했는데, 그는 이런 성찰을 국가에 대한 위협으로 생각했다.[2] 이런 정치권력의 기원들이 피비린내 나고 제멋대로이기

---

1) Blaise Pascal, *Pensées*, Harmondsworth 1966, pp. 46~47.

때문에 칸트가 이를 경계한 것만은 아니다. 그것은 또한 기원 자체라는 적나라한 스캔들을 경계했기 때문인데, 왜냐하면 탄생한 것은 언젠가 죽을 수 있기 때문이다. 『인간 본성에 관한 논고』에서 데이비드 흄이 적고 있듯이, 모든 민족의 기원에서 우리는 반란과 강탈을 발견할 수 있을 것이다. "인간을 권위와 화해시키고 권위를 정당하면서 이성적인 것으로 보이게 만드는 것"은 오직 시간이다.[3] 마치 범죄가 오랜 벗처럼 우리에게 점점 익숙해지는 것처럼, 한마디로 정치적인 합법성은 희미한 기억과 무딘 감수성 위에 기초하고 있다. 영국·프랑스·아일랜드, 그리고 도처에서 후기 부르주아 시기의 역사기술에 만연한 수정주의는 신경증적 증상학을 수반하는 자기망각의 예식으로, 혁명에서 드러난 영웅성을 권력의 실용성으로 재(再)기술하고 있는 것이다.

이런 정치적 헤게모니의 원리를 자애로운 건망증으로 본 위대한 영국의 변호론자가 에드먼드 버크인데, 그는 합리적 기초와 합법적인 제1원리에 대한 급진주의자들의 요구를 이미 자라난 것은 어떤 것이든 옳다는 원리에 근거해서 반박했다. 권력의 원천의 원초적 장면은 들여다보는 것을 참지 못하는데, 그래서 버크는 이런 권력의 원천을 폭로하려는 시도를 일종의 성적인 외설성으로 보았다. 아일랜드인으로서 그는 관습, 전통, 도덕경제, 종족적인 충성심에 충분히 익숙했고, 따라서 혁명적 형이상학자들이 합법적 기원을 불경하게 추적하는 것에 대항할 수 있는 보루로서 영국 정부에 이런 가치들을 제안하는 것을 당연한 권리로 여겼다. 코크 주의 변두리 학교로부터 출몰한 이 눈부신 의회 수사학자를 통해서, 오랫동안 영국의 폭력의 대상이었던 아일랜드는 그의 제국주의 주인들에게, 정작 주인들이 할 수 있는 것보다 더 복잡하고 설득력 있게 약탈의 정당성을 뒷받침할 수 있는 근본 이유를 제공하기 위해 자신의 전근대적인 유산을 이용했다. 흄에게는 습관에 해당하던 것

---

2) Hans Reiss, ed., *Kant: Political Writings*, Cambridge 1970, p. 143.
3) David Hume, *Treatise of Human Nature*, Oxford 1960, p. 556.

이 그의 게일인 친구에게는 헤게모니가 된 것이다.

프로이트나 후기 디킨스의 경우처럼, 버크에게도 기원이란 것은 언제나 범죄적인 것이다. 그는 이런 기원을 말소하고자 가장 열렬한 해체주의자처럼 열성을 부렸다. 그러나 이것은 부르주아의 진보 이데올로기에 문제를 제기하는 꼴이었다. 왜냐하면 이런 진보를 가늠하는 것은 과거를 돌이켜 보는 시선을 함축하며, 다시 이런 시선은 그로부터 어떤 것이 전진적으로 상승하면서 진화해 나오는 원천에 대한 응시를 함축하기 때문이다. 그래서 이상적인 조건이라는 것은 언제나 이미 진보하는 것이었어야 하는데, 그것은 기원이나 목적성이 없는 영원한 운동의 상태이다. 이런 영원한 운동이라는 것이, 전통주의자 버크에게는 아무런 감흥을 줄 수 없는 근대성 특유의 시간성에 거북하게도 가까운 것이기 때문에, 이런 상태는 하나의 위험을 피하면서 또 다른 위험을 불러들이는 것이기도 하다. 이런 것이 바로 프랑코 모레티가 오노레 드 발자크의 서사 양식에서 밝혀냈던, "시작과 끝이 없는 완전한 서술에 대한 욕구만을 가진 〔……〕 새로운 것에 대한 영원한 허기"이다.[4] 결정적인 차이는 버크에게 진보라는 것은 매정하게 뿌리칠 수 없는 과거에 대한 구속적인 부담을 짊어지게 된다는 것이다. 순수한 시간의 경과가 합법성 그 자체의 토대 내지 논거가 되며, 그렇게 되면 이 합법성은 현재와 미래를 형성하게 될 것이다. 그러나 이런 과거를 정초하는 것은 바로 앞의 과거일 수밖에 없고, 그래서 역사는 토머스 페인과 같은 모더니스트에게서와 마찬가지로 사실상 권위를 잃게 된다. 페인은 버크가 국가를 보전하기 위해 기원으로 돌아가는 것을 거부하는 것과는 반대로, 국가에 도전하기 위해 기원 — 정치적인 공동체를 운영해야 할 합리적인 원칙들 — 으로 돌아간다.

---

4) Franco Moretti, *The Way of the World*, London 1987, p. 146.

부르주아적인 안정성과 자본주의적 무질서

혁명의 기원들에 대한 질문은 특히 부르주아지에게 당황스러운 것이다. 그것은 모든 사회계급 중에서도 중간계급은 온화하고 유순하게 길들여진 계급이고, 또한 자신의 물질적인 이해관계를 관철하기 위해 안정적이고 예측가능하며 지속적인 것에 전력을 다하며, 약탈적이고 마구잡이라고 욕먹기보다 태평하고 느릿느릿하다고 욕먹기를 바라는 그런 계급이기 때문이다. 실제로는 역사적 장면에 선혈이 낭자하게 출현했으면서도 이렇게 이상적으로 변해버린 것을 어떻게 딱 들어맞게 설명할 수 있을까? 그리고 어떻게 부르주아지의 안정에 대한 희구가, 이 계급의 혁명만이 유일무이하게도 결코 현실적으로 종결되지 않는다는 사실—카를 마르크스가 우리에게 상기시킨, 자본가계급은 영원히 도발하고, 폭로하고, 분출하고, 와해시키는, 생리적으로 위반을 일삼는 힘이라는 사실과 화해할 수 있을까? 영구적으로 혁명적인 지배계급이라는 이미지가 환기하는 깜짝 놀랄 만한 역설은 어떤 것인가? 영원한 위반의 질서, 무작위적인 것과 예외적인 것으로 규정되는 정상성, 언제나 자기 자신과 분리되어 있거나 이미 그 자신을 벗어나 있는 본래적 자아, 미래에 의해 이미 공허해져버린 과거의 소멸을 재현하는 현재, 무질서를 끊임없이 조장하는 것에 지나지 않는 안정을 우리는 어떻게 생각해야 하는가? 진실로 위반을 용인할 수밖에 없을 뿐만 아니라 어쩔 수 없는 것으로 받아들이는 삶의 형식을 어떻게 생각해야 할까? 무엇보다도 그러한 침입으로부터 주이상스나 금지된 즐거움을 앗아가려고 하는 책임감, 그래서 처음부터 반항을 통해 우리를 즐겁게 만드는 것이 사실은 법이라는 프로이트적인 통찰을 만들어내도록 하는 책임감을 어떻게 생각해야 할까?

법과 욕망의 상호 공모에 대한 이 심원하게 탈주술적인 발견이 해방된 욕구를 시대의 질서로 여기는 문명 형식의 지적 성취라는 것은 우연한 일이 아니다. 상호 훼방을 통해, 자본주의의 무정부적인 작동은 자신이 의지하고 있는 기존의 정치·윤리·법률 체제를 약화한다. 그러나 반대로 자본주의의 창조적 힘은 동일한 기존 체제에 의해 속박당한다. 이런 교착 상태를 어떤 방식으로 바라보든, 우리는 환상·욕망·분출이 기실은 주어진 질서의 일부분이라는 사실을 — 얼치기 해방주의자와 속류 포스트구조주의자는 받아들일 수 없는 사실이겠지만 — 받아들여야 한다. 그리고 만일 이런 질서가 구조적으로 자기해체적이고 영원한 분란 속에 빠져 있는 것이 사실이라면, 이 사실은 이에 대항하는 저항의 이념에 어떻게 영향을 줄 수 있을까? 그래서 문화이론이 거쳐온 지난 20여 년 동안, 욕망이 지닌 궁극적인 타협과 공모적인 본성을 회의적인 시각에서 인정하긴 하지만, 여전히 욕망의 전복성에 절박하게 집착하고 있는 어떤 포스트구조주의는 환상이야말로 현재의 사회적 현실성에 필수적이고, 이런 환상이 현실성을 더욱 호소력 있게 만든다는 사실을 주장하는 어떤 포스트모더니즘에 자리를 내주게 된 것이다.

　이런 조건에서 미학은 명백하게 호소력을 지닌다. 참으로 현대 유럽 철학에서 심미적인 것이 기묘하게도 압도적이라는 사실은 부르주아지의 편에서 촉촉하게 젖은 눈으로 예술을 바라보는 열성만으로 설명하기 불가능한 것이기 때문에, 대신 그것을 자율성의 개념이나 형식과 내용의 관계와 같은 긴급한 이데올로기적 문제를 바꿔 말하는 다른 방식으로 설명해볼 수 있을 것이다. 형식과 내용이라는 문제에 관한 한, 형식은 더 이상 무정부적인 사회질서에 내재적인 것으로 보일 수 없다는 것이 문제이다. 그러나 이것이 사실이라면 — 격동적인 사회경제적 주체의식에 외재적이라는 의미에서, 정치적이고 윤리적이고 법률적인 형식들이 '형식주의적'이라면 — 형식들은 쉽게 신뢰를 잃을 수밖에 없다. 만일 형식이 더 이상 형이상학적으로 사회적 관계 속에 내재하는 것이 아니라면, 그래서 만일 자기 아이러니화하는 모더니스트적 제스처에 이런 문제를 모르는 척 떠넘길 수 없다면, 우리는 형식을 본질적인 위조인 것으로 물리치거나(이것은 청교도와 자유주의자라는 상호 대립적 진영에 공통적인 교리인데), 또는 형식이라는 것이 단순하게 객체의 구성적 부분들 사이의 복합적인 상호 접합으로 받아들여지는 질서를 꿈꿔볼 수도 있다. 이런 질서를 체현한 소우주야말로 예술작품이다. 이것은 예술작품을 단호하게 세속화하고 신플라톤적인 영역으로부터 지상의 영역으로 추방해버리는 것이긴 하지만, 형이상학자들의 유기체론적인 향수를 만족시킨다. 그러나 이것은 또한 형식이 내용의 역동성으로부터 논리적으로 성립할 수 있게 해주는데, 이것은 중간계급 사회의 분할된 세계에서는 거의 불가능한 것이다. 예술작품, 또는 단순하게 말한다면 아마도 상징이라고 할 수 있는 것은 활력을 보존하고, 자본주의적 역동성과 부르주아의 안정성 사이에서 발생하는 모순을 해결하면서, 흐름들을 정적인 것으로 응결시킨다. 사실적인 모순은 정신적인 가치로 바뀐다. 합리적인 인간주의는 공허한 형식주의와 형체 없는 자유주의 모두에 단호하게 맞선다.

 모든 미학 담론은 부르주아 질서 그 자체에 고유한 형식과 내용의 괴리를 해결하기 위한 것이다. 이런 괴리는 도덕적이고 문화적인 영역의 정태성과 물질세계의 운동성이라는 그 격차 때문에 발생한다. 형식 또는 한계를 잠재적으로 무한한 역동성의 본질적 조건으로 간주함으로써 양자를 화해시키는 것은 언제나 가능하다. 예를 들어 요한 고틀리프 피히테는 대상을 일시적인 저항물로 간주했고 주체는 이러한 저항에 부딪혀 자신에게 되돌아옴으로써 자신이 지닌 무궁무진한 힘을 알게 된다고 생각한 반면, 윌리엄 블레이크는 영원한 에너지의 흐름을 무력화할 뿐만 아니라 신비화하는 것으로서 에칭화의 형식을 파악했다. 니체와 푸코에게 힘이란 것은, 팔씨름을 할 수 있는 상대방을 열심히 찾아 헤매는 남성처럼, 자신의 근육을 과시할 수 있는 저항력을 발생시키는 것이다. 만일 형식이 행동을 추동하는 고삐처럼 힘에 내재적인 것이라면, 많은 난제를 해결할 수 있을지도 모른다.

 그렇다 하더라도 [부르주아 계급이] 이론상으로 유지하려고 애를 쓰는 질서와 전복 사이의 구분을 실제로 해체하는 것처럼 보이며, 그리하여 [부르주아 계급이) 자신의 정치적 적대자들의 투쟁에서 기괴하게 풍자화된 자신의 모습을 발견할 수밖에 없게 만드는, 삶의 형식이라는 관념은 부르주아 계급의 정신에게는 소화하기가 쉽지 않다. 부르주아 질서는 이러한 적대자들에게 모종의 교훈을 주지 않을 수 없는데, 그중 가장 명백한 교훈은, 만약 지배질서가 자신의 혁명을 이룩할 수 있다면 적대자들 역시 그렇게 할 수 있다는 것이다. 좀더 정확하게 말하자면, **부르주아**가 통치하는 질서는 자신의 아랫것들의 마음속에 세계는 본래 가소성(plasticity)을 지니고 있다는 생각을 끊임없이 심어주게 되는데, 이는 전혀 부르주아 질서가 의도한 바가 아니다. 그러나 이보다 훨씬 덜 명백한 메시지는 다음과 같은 것이다. 곧 만약 반자본주의 혁명이 맞서는 [자본주의] 체계가 영속적으로 유동하는 것이라면, 이러한 혁명은 자극적인 삶의 이름만이 아니라 평온한 삶의 이름에 따라서도 진행되어야 한다는 점이다. 그리하여 청년들만이 아니라 중년들까지도 자신의 통찰력으로 혁명이론에 대해 기여할 수 있게 된다. 진정한 유물론은 인류에게 현재를 훨씬 넘어서 전개될 수 있는 힘을 상상하게 할 뿐만 아니라 또한 인류가 피조물로서 지니는 한계에 대해, 인류는 허약하고 약점이 많은 종이라는 점에 대해 냉정하게 상기시킨다. 진정한 유물론은 자본주의의 끔찍한 오만함(hubris)에 제동을 걸면서 투쟁을 벌여야 하는데, 이것은 발터 벤야민이 사회주의 혁명을 폭주 기관차가 아니라 비상 브레이크에 비유할 때 염두에 두었던 것이다. 급진적인 것은 공산주의가 아니라 자본주의라고 주장했을 때 베르톨트 브레히트는 벤야민과 아주 똑같은 생각을 표현한 것이다. 자본주의 이후에, 역동성과 혁명을 직관적으로 연결하는 태도는 반드시 새롭게 검토되어야 한다.

상업적 삶의 서사시

따라서 이와 마찬가지의 설득력을 얻고 있는 평범한 것과 비범한 것 사이의 구분 역시 새롭게 점검되어야 한다. 사실, 이러한 대립을 와해시키는, 소설이라고 알려진 것은 중간계급의 가장 놀라운 문화적 성취 중 하나를 나타낸다. 역사소설이라는 새로운 장르를 옹호하면서 월터 스콧(Walter Scott)은 로망스를 리얼리즘과 결합하고, 과거 분리파가 장악했던 스코틀랜드에서 벌어진 현란한 전투와 종교, 정치 드라마를 덜 이목을 끄는 윌리엄 시대의 권력 균형과 결합하고 싶어 했다. 문학 장르의 정치학에서 일상의 서사가 하노버적이라면 로망스는 자코뱅적인 것이다. 로망스는 경이로움을 거래하고 소설은 평범함을 거래한다. 그래서 이런 두 가지 서사의 형식을 하나로 교직하면서 스콧은 초기 부르주아 시대의 혁명적 격동과 일상의 분위기 모두에 진솔한 문학 장르를 벼려낼 수 있었던 것이다. 그러나 이런 상호 교직은 완전한 것이 아니다. 스콧으로 인해 문제는 역사에 내재한 두 가지 공시성의 층위─중간계급적 근대성의 지루함과 변화무쌍함─에 대한 것이 아니라, 하나에서 다른 것으로 결정적 변화를 이루어내는 통시적인 이행에 대한 것이 되었다. 여기에서 문제가 되는 것은 양자 사이의 대비이지 결탁이 아니다. 우리는 원시적이고 전근대적인, 고귀하면서도 야만적인 하일랜즈의 숭고성에서 로랜즈의 계몽주의와 윌리엄 시대의 안정이 상징하는 예의 바름과 정상성, 그리고 중용이라는 무미건조한 여명기로 이동한다. 우리가 최초의 정착으로부터 출발해서 분쟁과 혼란의 시대를 거쳐 마침내 최종적인 안정기로 이동한 것처럼, 다소간 이와 비슷한 연대기를 『톰 존스』(*Tom Jones*)로부터 『빌헬름 마이스터』(*Wilhelm Meister*)로 이어지는 교양소설(Bildungsroman)에서 찾을 수 있다.

　스콧에게 참인 것은 스탕달에게도 어느 정도 참이다. 고상한 스탕달의 주인공들에게 문제가 되는 것은 과거 나폴레옹 시대의 혁명적 이상주의와 현재의 타락한 권력 정치 사이에서 일어나는 마찰이다. 중요한 차이점은 스콧에게 과거의 상실은 대체로 환영할 만하지만, 환멸을 느낀 스탕달의 허구에게 과거의 상실은 명백한 비극이라는 것이다. 그렇기는 하지만, 스탕달은 정치가 궁정의 음모와 군사적 용맹성이라는 로망스의 재료를 여전히 공급할 수 있는 마지막 지점 중 하나를 나타낸다. 귀스타브 플로베르의 『감정교육』(Sentimental Education)이 나온 시기에, 정치 혁명과 일상생활은 두 가지 모두를 가치 절하하는 방식으로, 오직 우발적으로만 서로 엮일 뿐이다. 서사시와 일상생활이 완전하게 결합한 경우는 발자크가 유일한데, 그의 소설 『인간극장』(Comédie humaine)은 중간계급의 정치적 이상주의보다 혁명 이후에 그들이 처한 사회경제적인 조건을 더 많이 다루고 있다. 왜냐하면 발자크는 영웅주의와 멜로드라마, 그리고 괴물성이 부르주아지의 평범한 일상에서 어떻게 서로 교직되어 있는지 — 이 초창기 무렵에서는 아직도 가장 정직하지 못하고 멍청한 동기들이 어떻게 에너지와 야망으로 넘쳐나는 흥미진진한 서사 드라마를 만들어낼 수 있는지를 보았기 때문이다.

마르크스가 『루이 보나파르트의 브뤼메르 18일』(The Eighteenth Brumaire of Louis Bonaparte)에서 그 자식들에 대해 언급하게 되듯이, 은행가와 거대 변호사, 고급 콜걸이 자신들의 멋지고 영웅적인 의상들을 고대로부터 훔쳐와야 한다는 것은 문제가 되지 않는다. 이와 반대로, 영웅적 부르주아지의 용두사미 같은 퇴락이 발자크의 소설에 기록되어 있음 — 그리고 플로베르의 시기가 되면 이러한 용두사미야말로 다소간 기록되는 것 전부가 될 것이다 — 에도 불구하고, 이렇게 기괴할 만큼 엄청난 식욕으로 끝 모를 탐욕에 휩싸인 채, 재빨리 인격을 바꾸고 죽음의 거래와 삶을 강화하는 능력들을 변화시킬 수 있는 피조물들이야말로 훌륭한 서사시의 소재인 것이다. 고전적인 서사시라면, 군사적·신화적·정치적 재료들에서나 도출될 수 있는 엄청난 활력과 비극적 파괴성, 거인 같은 인물들 및 파노라마 같은 관점을 상업적인 것으로부터 짜낸다는 것은 결코 상상할 수 없는 일이다. 낭만주의자들은 권력과 영광이 근대성의 시작과 함께 사라졌다고 믿는 실수를 저질렀다. 그것들은 별 어려움 없이 시민사회에 재배치되었고, 그래서 모더니즘은 인간 주체의 내면에 고향을 설정하기 위해 그 영역을 벗어나야만 했을 것이다. 비록 일상적인 평범함에 대한 제임스 조이스의 까다로운 존중이 (그는 식료 잡화상 같은 마음을 가졌다고 스스로 말했다) 분명하게 실제 사물에 대한 호의를 보존하고 있긴 했지만, 『율리시즈』(Ulysses)에서 부르주아의 서사시는 조롱의 서사시가 되었다. 그러나 이보다 앞서, 에밀 졸라의 『부인백화점』(Au Bonheur des dames)은 후기 19세기 자본주의에서 ─ 확신하건대, 생산의 지루한 강박충동이 아니라 바야흐로 등장하고 있는, 에로틱하고 화려한 백화점과 감각적인 쾌락의 축제로 충만한 거대한 규모의 소비주의 세계로부터 ─ 영웅적 신화의 마지막 조각을 그럭저럭 잡아챌 수 있었다.

위장과 재현

그러나 철저하게 세속적인 상업계급을 영웅화하는 프로젝트로부터 멀찍이 떨어진 발자크가 어려움을 겪지 않을 수 없다. 토마스 만의 『부덴브로크 가 사람들』(Buddenbrooks)과 같은 뚜렷한 예외들이 있지만, 일반적으로 당신은 기업가를 단지 다른 어떤 인물 ─ 무인도의 조난자(로빈슨 크루소), 철학자이자 마법사(괴테의 파우스트), 군 장교나 작업반장(토머스 칼라일), 뻔뻔스러운 귀족(벤저민 디즈레일리), 아마조네스 같은 여성 주인공(샬롯 브론테의 셜리), 자기고문형 악마(허먼 멜빌의 에이허브), 무대 위의 악한(찰스 디킨스의 돔비 또는 바운더비) 또는 우리가 실제로는 본 적이 없는, 조지프 콘래드의 『노스트로모』(Nostromo)에 나오는 찰스 굴드나 D. H. 로런스의 『사랑에 빠진 여인들』(Women in Love)에 나오는 제럴드 크리치, 그리고 로베르트 무질의 『특성 없는 남자』(The Man Without Qualities)에 나오는 아른하임 같은 가짜 지식인 ─ 로 보여줌으로써만 그를 소설의 주인공으로 승격시킬 수 있을 것처럼 보인다. 이런 인물을 재현하기 위해 사람들은, 목가적인 것과 신화, 고대적인 것과 봉건주의, 귀족주의 같은 것들을 찾으면서, 그 인물에 합당한 시간과 장소와는 동떨어진 형상적 양식들을 이용하도록 강요받는 것처럼 보인다. 자본주의에는 분명 서사시에 어울리는 무언가가 존재하지만 또한 천박한 어떤 것도 존재하기 때문에 이런 주제를 다루는 문학적 양식은 점강법과 과장법 사이를 불편하게 오락가락하게 마련이다. 예를 들자면, 자연에 대한 자본주의의 영웅적인 투쟁을 강조하기 위해 당신은 기업가를 사무실이나 공장에서 불러내 삭막하고 훨씬 원시적인 영역으로, 멜빌로 치자면 대양 또는 콘래드로 치자면 밀림으로 보낼 수 있다. 하지만 이렇게 하는 것이야말로 전체 기획을 약화하도록 위협하는 일이다.

재현의 다른 문제들이 있다. 그중 하나에 대해 말하자면, 자본주의 사회는 무엇보다도 역사의 무대에 현존하는 새로운 형태의 주인공, 즉 대중에 의해 특징지어지는데, 졸라야말로 이들을 가장 잘 다룬 작가였다. 그러나 개인주의 문화는 집단적인 인물들을 그려내는 것에 익숙하지 않고, 리얼리즘 소설은 냉혹한 무리, 폭풍우가 몰아치는 대양 또는 화산 분출 같은 오래되고 진부한 이미지들로 후퇴하지 않고는 이런 무시무시한 새로운 행위자(벤야민이 우리에게 보여준 것처럼, 보들레르 시의 배경에서 끊임없이 웅성거리는 소음으로서 이미 비가시적으로 현존하고 있던)를 묘사하기 매우 어렵다는 사실을 발견했다. 대중은 기묘하게도 자연화하지 않기가 어렵다. 또 다른 문제에 관하여 말하자면, 부르주아 사회의 기초 원리 — 자유 — 는 정의상 비규정적이고, 그래서 재현의 그물망을 빠져나간다. 자유에 대한 확정적 이미지를 제공한다는 것은 곧바로 그 행위에서 그것을 죽이는 것이기 때문에, 부르주아는 천성적으로 우상파괴적인 존재이다. 인물에 대한 모든 문학적 숭배에도 불구하고, 말로 나타낼 수 없는 개인의 독특성을 형상화할 수 있는 적절한 방식은 없으며, 개인은 칸트의 예지계(noumenal realm)만큼이나 포착 불가능한 존재로 남아 있어야 한다. 디킨스에서, 이런 독특성은 괴짜 같은 속성을 거쳐서 출현한다. 그러나 충동적으로 그 자체를 되풀이하는 것이 이런 괴짜성에 속하는 것이기 때문에, 바로 그 인간 삶의 특이성은 인물에 대한 질서 정연한 분류법을 제공하는 것으로 귀결된다. 모더니즘은 이렇게 불확정성이 내용뿐만 아니라 형식에도 스며들어 있는 지점이다. 자유를 이미지화하는 유일한 방식은, 거미줄처럼 촘촘한 헨리 제임스의 통사 구조가 자신이 다루어야 하는 소재의 중력에 의해 끊임없이 붕괴하는 것처럼 보이듯이, 그 자신이 거의 규정되어 있지 않은 까닭에 언제든지 증발해버릴 수 있는 형식에 의지하는 길뿐이다.

부르주아 질서는 안정적으로 확립되었기 때문에 흔들리지 않는다. 그러나 그것이 정박해 있는 자유의 원리는 순수한 부정이거나 숭고한 비규정성이며, 따라서 그 질서는 실제로는 확립되어 있지 않은 것이다. 이런 의미에서도 중간계급의 견고함은 자본주의적 모험성과 불화할 수밖에 없는 것으로 증명된다. 이런 사회의 구성원들은 독실한 토대주의자이자 대가를 바라지 않는 자가발명가로서 이론에서는 형이상학자이면서 실천에서는 실용주의자가 될 것을 요청받는다. 스탕달의 자아는 수행적인 자아로서 그 작위성과 기회주의는, 중간계급이 그토록 지속적으로 찾아 헤매는 든든하고 충만한 존재에 문제를 제기한다. 디킨스에서 두 가지 — 수행적이고 본질주의적인 — 주체성의 형식은, 민중과 유덕한 중간계급 사이 어디쯤에서 정답게 볼 맞대고 존재한다. 심지어 후기 근대성의 세계가 가장 광범위하게 물화하고 규격화했을 때에도 우리는 여전히 확정성이라는 것은 중간계급적 인간성의 본질을 부정하는 것이라는 사실을 믿지 않을 수 없다. 그러나 후기 부르주아 소설은 다른 측면을 제시한다. 만일 이제 소설이 더는 영웅적일 수 없다면, 그것은 전쟁과 혁명이 부족하기 때문이 아니라 이것들이 허구에 충실하게 들어맞는 것이 아니기 때문이거나 아니면 개인이 이제는 그 자신의 운명을 구성할 수 없기 때문일 것이다. 조이스의 『율리시스』가 서사시라면, 그것은 행위자 없는 서사시이다.

부르주아적 질서가 비밀스럽게도 처음부터 혁명적이라고 주장하는 것은 이런 질서라는 것이 경찰이자 범죄자, 홈스이자 모리아티라고 제안하는 것이다 — 오히려 영국에서 부르주아 시대가 탄생했던 그 시대에 존 밀턴의 사탄처럼 거만한 왕자와 열렬한 반항아가 공존하는 것이라고 말하는 게 더 나을 것이다. 그리고 이 사실은 윤리적·법률적·가정적·문화적 영역들에서 길러진 시간을 초월한 가치들이 시장을 통해 만들어진, 변화무쌍하고, 산만하고, 일시적인 삶의 형식들과 불화하는 것을 의미한다. 치명적인 이중성이 이런 지킬과 하이드의 질서 아래에 놓여 있는데, 이러한 이중성은, 이론 내에서만이 아니라 오히려 현실 세계 안에 존재하는 선과 악의 형이상학적 안티테제를 해체하는 것이다. (말하건대, 우리는 이런 해체를 단테의 연옥에 비교할 수가 있다. 이 연옥은 선악의 중간이라는 모호한 지역이 아니라 그 자체의 엄밀한 경계와 전례, 그리고 승인의 규율들을 갖춘 세계다.) 근대 시기에 낭만주의의 훨씬 더 조야한 변종들은 선/악이라는 쌍을 단순히 역동성/정태성으로 다시 쓰는 것에 지나지 않는다. 그러나 사회질서에서 역동성은 종종 파괴적일 뿐만 아니라 대체로 정태적인 측면을 갖고 있는데 — 말하자면 생산력은 주어진 사회적 관계의 틀을 유지할 수 있는 방식으로 발전해야만 한다 — 이것은 명백하게 불충분한 것이다(예를 들어 『돔비 부자 Dombey and Son』라는 작품의 유명한 기찻길 장면이 잘 보여주듯이, 디킨스는 역동적인 것에 놀라면서도 매료되었다).

범죄와 맺은 계약

진짜 상황은 훨씬 복잡하다. 어떤 수준에서, 부르주아지는 분리와 거부의 전략을 사용하여 그들 자신의 '악마적'이고 위반적인 자질들을 다른 괴물적인 타자들에게 투사해서, 가장 덤덤하게 단조로운 종류의 미덕을 자신들에게 부여하며, 그리하여 한 가지 주요한 문화적 문제를 안게 된다. 중간계급이 미덕을 전통적인 아리스토텔레스적·토마스 아퀴나스적인 의미에서 에너지, 생명력, 충만한 삶으로 정의하지 않고 신중함·절제·검소·절약·순결·자기규율로 정의했을 때, 어떻게 〔이러한 미덕에 따라 규정되는〕 좋은 삶이 유혹적일 수 있다고 상상할 수 있겠는가? 어떻게 악마가 최고의 음률들을 가지지 않을 수 있겠는가? 만일 이것이 도덕적인 문제일 뿐만 아니라 문화적인 문제라면, 그것은 부분적으로는 예술 자체에 무엇인가 위반적인 것이 내재해 있는 것처럼 보이기 때문이다. 상상력의 핵심은 기성 질서를 넘어서는 데 있으며, 그리하여 훨씬 단정하고 고분고분한 미덕을 긍정하는 『클라리사』(Clarissa)나 『맨스필드 파크』(Mansfield Park) 같은 소설을 놓고 보더라도, 무엇인가 이상한 자기해체가 일어나고 있다. 만일 새뮤얼 리처드슨이 실제로 성자 같은 클라리사와 일치하는 사람이었다면, 아마도 자유분방한 러블레이스 같은 인물을 상상할 수 없었을 것이고, 그래서 그런 소설을 쓰지도 못했을 것이다. 그러나 악이 거부할 수 없을 정도로 현실적이지 않다면, 그에 저항하는 미덕 또한 비현실적인 것으로 남아 있기 마련이다. 따라서 예술 생산 자체는 생산품의 요구를 거스르게 된다. 정직한 부르주아는 아마도 예술가를 위험한 위반자라고 거부하겠지만, 포르노그래피에 대한 청교도적인 비판처럼, 오히려 그런 적의는 그가 거부하고 있는 그것의 일부분이 참을 수 없는 그 자신의 이미지라는 것을 은연중에 드러낸다.

게다가 초기 근대사회의 어떤 시점에서, 마치 피카레스크 소설에 나오는 악한이 시민의 억압된 욕망뿐만 아니라 시민의 실제 행동의 선명한 단면을 보여주는 거울이 되는 것처럼, 범죄와 불량함은 흥미로운 것이 된다. 정태적이고 검열관 같은 윤리는, 올리버 트위스트가 패긴을 가능하게 하고 리틀 넬이 악한 퀼프를 존재하게 하듯이, 그 자신에게 적대적인 무법자를 낳는다. 그러나 다른 수준에서 본다면, 이런 안티테제는 단순하게 자신의 가장 비밀스러운 죄의식에 대해 쓰는 것에 불과하다. 말하자면, 맥히스와 몰 플랜더스로부터 요한 가브리엘 보르크만에 이르는 모든 인물들 중에서 진짜 아나키스트는 사업가뿐이다. 발자크가 창조한 암흑가의 은행가인 보트랭은 이런 정체성에 대한 좀더 과장된 인물 중 하나다. 디킨스의 머들도 마찬가지이다. 공민과 방랑자, 시민과 범죄자, 법과 위반 사이에는 진정한 적대관계뿐만 아니라 기만적인 공모도 있다. 이것이 바로 근대 유럽 문학이 이런 원칙들 사이에서 벌어지는 일련의 모호한 조우들로 점철되어 있는 이유이다. 오셀로와 이아고, 『실락원』(Paradise Lost)에서 신과 사탄, 리처드슨의 클라리사와 러블레이스, 블레이크의 유리즌과 오르크, 괴테의 파우스트와 메피스토펠레스, 올리버와 패긴, 캐서린과 히스클리프, 에이허브와 모비딕, 알료샤와 이반 카라마조프, 레오폴드 블룸과 스티븐 디덜러스, 만의 『파우스투스 박사』(Doktor Faustus)에 나오는 차이트블룸과 레버퀸. 이 모든 대결은 확신하건대 그것들 각각의 변모하는 역사적 환경에 의해 형성된 것이다. 그러나 이런 대립쌍에 공통적인 것은, 프랑코 모레티가 괴테의 파우스트와 메피스토펠레스에 대해 논평했듯이, 이런 파트너들의 연대와 적대 여부를 결정하는 것이 불가능하다는 사실이다.[5]

또는 모든 경우에서 결정 불가능한 것은 아니라면, 적어도 흥미롭게도 양면적이기는 하다. 각각의 경우에, 고결하고 영웅적이거나 아니면 긍정적인 원칙이라고 여겨지는 것이 어떤 비밀스러운 친화성을 드러내는 파괴적인 힘과 마주한다. 밀턴의 사탄은 타락한 천사이고, 이아고는 도착적으로 오셀로에게 매료되어 있다. 심지어 클라리사와 그의 유혹자 러블레이스는 아마도 서로 사랑에 빠져 있을 것이다. 캐서린과 히스클리프는 친족일 것이고, 불안한 디덜러스는 영적으로 안정적인 블룸에게서 아버지의 대리자를 발견한다. 한편, 둔감한 부르주아 차이트블룸은, 자유주의적 자본주의가 파시즘과 두려운 친근 관계를 맺고 있듯이, 사악한 레버퀸에게서 두려운 친근감을 느낀다. 선이 악에게 매혹당하는 것은 고색창연한 주제이지만, 악과 은밀하게 계약을 맺는 선, 또는 이 둘 사이의 숭고한 결합은 보기 드문 일이다. 비슷한 양면성이 헨리 제임스의 말년 작품에 나오는 주인공들에게서 나타나는데, 이들은 천사 같으면서도 악마 같고, 성자 같으면서도 음모가처럼 읽힌다. 실로 제임

---

5) Franco Moretti, *Modern Epic*, London 1996, p. 25.

스로 인해 이런 구분은 최종적으로 해독 불가능하게 되어버렸다. 다른 방식으로 표현하자면, 제임스의 소설에서 도덕적 인식의 섬세함은 문명화한 삶에 매우 의존적이고 경제적 착취에도 의존하게 되어 도덕적 상부구조와 경제적인 토대의 해체는 다소간 완벽하게 이루어진다. 그러나 아이러니하게도 이것은 잔인한 유물론적 이해관계에 맞선 도덕적 가치가 물질세계를 넘어가는 자신의 '아름다운' 초월을 강력하게 긍정할 수밖에 없을 때 이루어진다.

부인(否認)과 회복

그러나 이런 친화성은 우리를 적대로부터 벗어나게 해서는 안 된다. 악마적인 활력과 도덕질서는 서로 엮여 있다. 그러나 자본주의 사회 또한 어떤 분리와 부인(denial)의 메커니즘이 필요하고, 그래서 파괴적인 에너지는 분출하거나 아니면 가치의 영역까지도 이에 따라 욕망의 영역으로부터 격리해야 하는 것인지도 모른다. 프로이트의 에고처럼, 또는 (프로이트 말년의 생각에서) 타나토스와 불편한 관계를 맺고 있는 에로스처럼, 문명은 자신을 질서 짓기 위해 그것이 또한 다른 한편으로는 거부하는 역동성에 의지한다. 또는—다른 철학의 언어로 이 문제를 바꿔 말한다면—궁극적인 도덕적 가치와 실제적이고 물질적인 존재라는 형식 아래 필연적으로 소설의 직물 안에서 상호작용할 수밖에 없는 칸트의 예지계와 현상계는 이데올로기적으로 말한다면 엄격하게 분리되어야 한다. 콘래드는 바다 사나이의 절대적인 도덕규범을 긍정할 수 있었지만, 그렇게 하기 위해서 그의 사나이들이 충성을 바치면서 확고부동하게 서 있는 갑판 몇 피트 아래에 놓여 있는 화물의 존재와 이 화물과 함께 전적으로 착취를 기반으로 하는 경제 사업에 선원들이 묶여 있다는 사실을 은폐해야 했다. 모레티는 어떻게 메피스토펠레스가 괴테의 『파우스트』 제2부에서, 주인공의 경제 문제를 해결하기 위해 불쾌한 노동을 수행해야 하는지를 지적하고 있다. 이는 파우스트 자신으로부터 이 일에 따르는 죄의식을 벗겨내어 마침내 훨씬 효과적으로 파우스트의 구원이 이루어지게 하기 위해서다.[6] 그 자신의 어둠을 모비딕에게 투사하는 에이허브 또한, 비극적 영웅이라는 그의 지위 때문에 그가 중요한 위치에 있는 포경 산업에 대한 비판적 관심이 비껴가기 때문에, 그 자신 내에 존재하는 일종의 전위(displacing)의 장치처럼 간주되어왔다.[7]

그렇다면 유행을 따라서 투사와 거부를 통해 문제를 해결할 수 있다. 그러나 또한 이런 문제는 이상화라는 프로이트의 다른 전략을 통해서도 풀릴 수 있다. 그리고 이것은 괴테가 『파우스트』에서 이룩한 위대한 성취의 일부이다. 파우스트와 더불어 위반은 초월로 바뀐다 ― 현세에서 휴식을 거부하는 영원한 영적인 노력, 악마적 욕망의 천사적인 판본이 이것이다. 확실히 파우스트는 더 노력을 하지 않을 때 저주를 받을 것이고, 그의 영적 추구는 메피스토펠레스와 공모함으로써 맺은 결실이면서 또한 그에 대한 거부다. 능란한 평형 상태에서 욕망은 구원이고, 그래서 욕망이 지닌 파괴적이고 오만한 자질은 제거된다. 욕망의 무한성은 천국의 영원성에 대한 세속적인 등가물이다. 그리고 파우스트가 낙원으로 들어갈 때, 그 천국은 지옥이라는 것이 판명 난다.

그렇다면, 이제 질문은 안정적인 도덕성과 불안정한 물질세계 사이의 갈등에 대한 것이 아니다. 반대로 잘 사는 것은 역동적으로 사는 것인데, 이것은 니체가 나중에 그 자신의 스타일대로 재공표할 교의이다. 그러나 이것의 대가는 안정성을 버리는 것인 듯 보인다. 그리고 자본주의 체계의 가공할 만한 에너지에 의해 분출된 무질서가 아주 명백해지기 직전 단계, 다시 말해서 자본주의 진화의 초기 지점으로 돌아간 사회에서야 이런 일이 가능할 것이다.

---

6) *Modern Epic*, chapter 1.
7) Paul Royster, "Melville's Economy of Language", Sacvan Bercovitch and Myra Jehlen, eds., *Ideology and Classic American Literature*, Cambridge 1986, pp. 313~14.

이것이 가능하다고 해도 부르주아지는 종교적 도덕성의 '나쁜' 정태적 내세성(otherworldliness)을, 현실을 받아들이기를 거부하는 욕망의 긍정적인 '내세성'과 교환하면서, 이제 도덕의 세계와 물질적 세계 모두에서 최고의 것을 안전하게 보장하고자 노력할 수 있다. 라캉의 관용구로 표현한다면, 파우스트의 영웅주의는 그의 욕망을 포기하지 않는 것이다 — 메피스토펠레스가 그에게 재촉하는 것처럼, 사소한 쾌락을 만들어내는 갖가지 장식품들을 결여의 자리에 억지로 밀어넣거나, 아니면 단일한 대상에 그것을 고정시키는 것이 아니라, 말하자면 결여(언제나 죽음의 전조이기도 한)를 받아들이는 것이다. 동시에 파우스트에게 욕망의 무한성은 헤겔의 의미에서 '나쁜' 무한성이 될 필요가 없다. 왜냐하면 만일 욕망이라는 것이 내세적인 것이라면, 또한 전적으로 현세의 문제, 말하자면 파우스트의 강력한 수로 계획 같은 확고한 성취의 문제일 것이기 때문이다. 무한은 간단히 말하면 당신이 성취해야 하는 것을 의미하는데, 이는 당신이 이미 이룩한 성취를 전통적인 '영적' 방식으로 상대화하지만, 이러한 상대화는 오직 당신이 여전히 비영성적인 방식으로 획득할 수 있는 것의 빛에 따라 이루어진다.

 상품형식처럼 욕망은 대상의 감각적인 품속에서 편히 안식하기를 거부하기 때문에 자신의 대상의 특수성에 무관심하다. 욕망이 현재와 마찬가지로 텅 비어 있는〔공허한〕 어떤 미래의 이름으로 현재를 비워낼 때 욕망이 그처럼 불안정하게 만드는 이유 중 하나가 바로 이것이다. 그것은 발자크의 서사적 양식, 곧 실체적인 내용 없는 일종의 순수한 서사성의 등가물과 같다. 그러나 만일 파우스트처럼 실존적인 순간에 개입해서, 당신의 업적을 구원하고 죽기를 희망할 수 있다면, 당신은 쉴 새 없이 자기변화하는 세계 어디쯤에 단단히 닻을 내릴 수 있을 것이다. 그리고 그곳이 실로 부르주아의 유토피아이다. 왜냐하면 부르주아 사회의 문제점은 그것의 자유가 세계 안에서 확고부동한 토대를 요구하는 것과 항상 불화하기 때문이다. 그리고 그 토대는 그 자체로 바람직한 것이 아니지만, 개인의 자유가 실현되기 위해서 필수적인 것이다. 어떻게 당신은 자율적이면서 동시에 안락하게/집에(at home) 있을 수 있는가? 『파우스트』는 시공간을 장엄하게 주유하면서 모종의 대답을 암시하는데, 이는 집에 대한 당신의 감각(sense)을 재정의하는 것과 관련이 있다. 만일 전 지구가 당신의 거처라면, 자유와 소속은 결코 불화하지 않을 것이다. 괴테로부터 지구화까지의 여정은 보기보다 그렇게 고통스럽지 않다. 그러나 비록 당신 자신의 집에 있음/소속돼 있음이 당신의 자유를 침해하지 않는다고 해도, 누군가 다른 이는 항상 그렇게 될 수 있다. 『파우스트』에서 이런 장애는 늙은 농민 부부인 필레몬과 바우키스가 재현하고 있는데, 이들의 소박한 오두막이 파우스트의 거대한 재개발 계획을 가로막고 있기 때문에 이들은 파우스트의 부하들에게 쫓겨 무참하게 강제 이주를 당해야 할 처지이다. 이들과 달리 우리 시대의 필레몬과 바우키스 들은 훨씬 더 비타협적이라는 사실을 증명하고 있다.

〔이택광 옮김〕

제5부
회고

회고
격변의 시대 이탈리아의 정치와 삶[†]
밀라노에서 온 동지

로사나 로산다(Rossana Rossanda)

로사나 로산다의 글에 대한 서문

유럽 공산주의 역사는 다양한 시각에서 씌어져왔다. 그것에 참여했던 사람들, 반대파들 그리고 노동운동 연구자들은 다양한 시각으로 유럽 공산주의 역사를 분석했다. 공산주의 역사에 대한 회고록을 저술한 사람들 중 로사나 로산다는 독특한 예외적 사례를 보여준다. 1924년 대공황으로 황폐화된 이스트리아(Istria)에서 성공한 공증인의 딸로 태어난 그녀는 1941년 밀라노의 대학에 입학한다. 입학 당시까지 그녀는 상당히 비정치적인 입장을 가지고 있었다. 2년 후 독일군이 북부 이탈리아를 통제하게 되고, 무솔리니의 사회공화국(Social Republic)이 살로(Salo)에 수립되었을 때 그녀는 19살의 나이로 레지스

[†] 이 글은 로사나 로산다의 La Ragazza del secolo scorso, Einaudi: Turin 2007에서 편집한 것이다.

탕스가 된다. 지하 공산당원으로서 그녀는 1947년까지 이탈리아 공산당(PCI)을 위해 모든 것을 바친다. 이후 밀라노 당 연맹(Milan Federation)을 거쳐 1960년에는 중앙위원회에 진출하게 된다. 그때까지 그녀는 당의 영향력 있는 주간지 『재생』(Rinascita)의 편집인이었다. 그녀의 재능을 인정한 팔미로 톨리아티는 1962년 그녀에게 PCI 문화부의 책임을 맡긴다. 곧 이탈리아 의회의 하원의원으로 선출된다. 그러나 1967~68년 학생 봉기가 발생했을 때, 그녀는 PCI 지도부가 곱지 않은 시선으로 바라보고 있던 이 운동에 대해 동조를 표시하게 된다. 이러한 일련의 사건들은 그녀가 당의 역사상 당의 공식적 입장을 비판하는 최초의 좌파 정기간행물인 『선언』(Il Manifesto)을 만드는 데 개입하게 한다. 제12차 당대회에서 비난받은 후 『선언』 그룹은 1969년 11월 PCI에서 쫓겨난다. 그 후로 『선언』은 독립적인 일간지가 되었으며 같은 이름으로 지금까지 발간되고 있다.

냉정하고 과장되지 않은 글쓰기로 이탈리아 언론계에서 독특한 위치를 차지한 로산다는 거의 40년 동안 『선언』의 논설위원이자 논평가였다. 그녀의 개입이 보여준 특징적인 면은 매우 좁은 의미로 이해된 정치적인 것(the political)이 지배적인 문화에서 사회적인 것(the social)에 대한 일관된 관심이었다. 2005년 그녀의 삶의 전반기 45년에 대한 회고록, 『지난 세기에서 온 여인』(La Ragazza del secolo scorso)이 출판되어 문학적으로 광범위한 찬사를 받았으며, 다음 글은 그 책의 일부이다. 회고록에서 당에 책임을 져야 하는 한 사람의 젊은 여성으로서 자신의 역할과 그것을 수행하는 데서 느꼈던 망설임들을 반추하면서 회고록 전체의 성격의 일단을 보여주는 어투로 다음과 같이 말한다. "여자들이 권력을 좋아하지 않는 것은 아니다. 그들은 사적인 것에서 그리고 서로서로에 대해서 무자비하게 권력을 행사한다. 그러나 사적인 생활 밖에서 타자들이 이미 결정해놓은 길을 따라가고 싶다는 유혹을 받는다. 우리는 그러한 결정들에 어떤 영향도 끼칠 수 없다고 느낀다. 그리고 버지니아 울프처럼 마지막 순간에 눈물을 머금지 않고, 불만을 갖지 않은 채 그렇게〔결정의 외부에 머무는 것〕할 수 없다. 그러나 우리는 그 느낌을 거의 문제 삼지 않는데, 그 이유는 그것이 폭력에 덜 노출시키기 때문이다〔아마도 일종의 미덕일 수 있다〕. 그러나 그것은 동시에 책임감을 약화한다. 나는 이 두 가지 측면이 공존할 수 있다고 생각하지 않았다."

* * *

이 글은 역사적 서술이 아니다. 단지 주변 사람들이 다음과 같은 질문에 대해서 의심스러운 표정을 짓는 것을 볼 때마다 나의 기억이 되살려준 것일 뿐이다. 당신은 왜 공산주의자인가? 왜 당신은 여전히 공산주의자라고 말하는가? 그렇게 말하는 의미는? 그것은 고집스러움과 경직된 생각 때문에 당신이 집착하고 있는 환상은 아닌가? 자주 누군가 당신을 불러 세우고 "당신들은 나의 영웅이었소"라고 말할 것이다. 하지만 그것이 도대체 무슨 의미란 말인가? 20세기의 공산주의와 공산주의자들의 순환은 너무 안 좋게 끝나버려서 이러한 질문들을 제기하지 않는 것은 불가능하다. 1943년에 공산주의자가 되는 것은 무엇을 의미했는가? "나는 그것과 아무런 관련이 없소"라고 말함으로써 자신의 입장을 정당화할 수 있는 [당에 대한] 철학적 지지자가 되는 것이 아니라 한 사람의 당원이 된다는 것. 나는 이러한 질문들을 스스로에게 던지기 시작했고 답을 찾으려고 노력했다 — 책이나 문서를 보지 않고서, 그러나 [기억을] 완전히 신뢰하지 않은 채.

1939년 9월

그때 그것은 단절로 느껴지지 않았다. 우리 가족은 돌로미테*에 살고 있었고 여동생 미마와 나(동생은 12살 나는 15살이었다)는 곧 밀라노로 옮겨 가게 될 것을 암시하는 듯한 초원의 첫 가을 빛깔을 바라보고 있었다. 폴란드가 독일

---

* 이탈리아 북동부 알프스 지대.

과 러시아에 분할당하고 있는 동안 일상은 아무 일 없이 흘러가고 있었다.*
폴란드는 너무 멀리 있었고, 소련은 더욱더 멀리 있었다. 언제나 군대와 관련
된 시끄러운 뉴스들이 라디오에서 흘러나왔다. 스페인 내전은 목이 잘려 죽
은 수녀와 신부들, 이탈리아에서 이륙하는 비행기들, 피에 굶주린 공산주의
자들, 알카사르, 테루엘, 과달라하라, 마드리드의 점령에 대한 소란스러운 선
전전을 전해주었다. 이러한 일들에 대해서 우리 가족의 선택은 표준적인 것
이었다. 침묵과 듣지 않기. 두려움에 관한 문제가 아니었다. 우리와 가까운 그
누구도 파시스트에게 두들겨 맞지 않았고 무솔리니 체제의 폭력은 1930년대
들어서 점차 사라지고 있었다. 우리의 입장은 비파시즘(non-fascism)이었지만
반파시즘은 아니었다. 무관심한 채로 남아 있기 위해 약간의 경멸적인 태도.

심지어 전쟁이 가시적인 일들로 물질화되기 시작했을 때도(도로 통제, 물자
부족, 포고령들) 그것은 인간이 만들어낸 재앙이라기보다는 자연적인 재앙인
것처럼 보였다. 나는 밀라노의 리세오 만초니에 살고 있었다. 나는 카펫 위에
엎드려 아버지가 나를 위해 가져다주는 철학 책들(오이켄과 빈델반트)**에 빠져
있었다. 그리고 1941년 가을에 시작하는 대학의 예비학년(a year early)에 들
어가기로 결심했다. 나는 포르타 로마나 거리(Corso di Porta Romana)의 아
름다운 안뜰에 들어설 때만큼 피부로 와 닿는 상쾌함을 느껴본 적이 없다. 나
는 그곳에서 마테오 마란고니(Matteo Marangoni)에게서 예술사 수업을 들었
고 안토니오 반피(Antonio Banfi)의 철학과 미학 수업을 수강했다. 이 두 명의
선생님들은 나를 재창조했다. 마란고니는 흑백 슬라이드 위에 드리워진 그의
교편의 긴 그림자로 "여기를 봐, 여기를. 얼마나 정확한가(how right it is)"라
고 지시함으로써 어떻게 그림과 동상을 감상해야 하는지 가르쳐주었다. 정확

---

* 1939년 9월 1일 독일의 폴란드 침공 이후, 서부 지역은 독일이 동부 지역은 소련이 분할 점령하였
다. 독일과 소련은 독소 불가침 조약을 체결하고 있었다.
** 루돌프 크리스토프 오이켄(Rudolf Christoph Eucken, 1846~1926): 독일의 철학자. 1908년 노벨
문학상 수상자; 빌헬름 빈델반트(Wilhelm Windelband, 1848~1915): 독일 바덴학파의 철학자.

함(right; guisto)은 절대적인 어떤 것을 지칭했다. 바로크 시대 예술에 대한 그의 저작은 위대한 책들 중 하나로 남아 있다. 이 책은 봉기와 폭력의 시대와 그것의 합리화에 대해서 말했다. 혼란스러웠던 우리는 마란고니가 우리에게 알려준 대로 그러한 시대들에 대해서 생각할 필요를 느꼈다. 반피는 바르부르크 도서관의 사상가들의 세계를 우리에게 열어주었다. 파노프스키, 뵐플린, 카시러.* 그의 접근은 결정론자들과 정반대였다. 그는 목적(ends)도 종말(end)도 없는, 실재와 가능성 사이에 엮인 역사를 만들어내는 과거의 혼동, 모순적인 부딪힘과 충돌을 우리에게 보여주었다.

1943년 봄

그 누구도 더는 '전격전'(lightning war)에 대해서 이야기하지 않았다. 철의 맹약(Pact of Steel)**의 승리 선언은 닥쳐오는 재앙의 징조들을 감추지 못했다. 처음에 연합군의 폭격은 거의 비현실적으로 보였다. 사이렌 소리가 나자 어머니와 나는 창가에 서서 하늘에서 접근해오는 비행기들을 보았다. 바로 우리 위에서, 비행기 한 대가 폭탄을 투하했다. 폭탄들은 우리를 향해서 천천히 떨어지다가 가속이 붙더니 급기야 겨우 수백 미터 거리에 떨어져 폭발했다. 창문의 유리가 부서져 들어오면서 우리는 뒤로 나가떨어졌다.

며칠 후 폭발의 충격이 공습 대피소의 문을 날려버릴 때, 우리는 그곳에 뛰

---

* 에르빈 파노프스키(Erwin Panofsky, 1892~1968): 미국으로 망명한 유태계 독일 예술사가; 하인리히 뵐플린(Heinrich Wolfflin, 1864~1945): 스위스의 예술비평가; 에른스트 카시러(Ernst Cassirer, 1874~1945): 유태계 독일인으로 신칸트학파 철학자.
** 1939년 파시스트 이탈리아와 나치 독일 사이에 맺어진 맹약. 일명 '독일-이탈리아 친선연합 조약'(the Pact of Friendship and Alliance between Germany and Italy). 양국의 군사·경제적 협력을 내용으로 한다.

어들고 있었다. 먼지가 머리 위로 폭포처럼 쏟아졌다. 대피소에서 나왔을 때 집이 파괴된 것을 발견했다. 가능한 한 가재도구를 수습하고 전차와 수레로 머물 장소를 찾기 시작했다. 마침내 밀라노로부터 약 48킬로미터 떨어진 코모와 칸투 사이의 언덕 마을인 올메다에서 방 2개에 부엌이 딸린 집을 찾을 수 있었다. 어머니는 칸투로 소개(疏開)된 기계공장의 사무실에서 일했다. 어머니가 버는 돈은 10년 전 아버지가 베니스에서 사업에 실패한 후 유일한 고정 수입이었다. 나는 밤에 밀라노에서 전차로 귀가하거나 친구의 방에 머물곤 했다.

    1943년 여름 내내 패배는 계속되었다. 연합군이 시칠리아를 침공했지만 '조국 방어'는 없었다. 그리고 하룻밤 사이 체제는 붕괴했다. 7월 25일 무솔리니는 체포되었고, 피에트로 바돌리오 원수가 그의 자리를 대신했다. 왕당파들과 파시스트들은 서로를 비난하기에 바빴다. 그들 모두(왕, 장관들, 파시스트 지도자들)는 보잘것없는 사기꾼들, 종이로 만들어진 가짜 독수리와 월계수 잎사귀임이 만천하에 드러났다. 너무나도 강력해 보였던 국가기구의 갑작스러운 와해는 충격적이었다. 바돌리오 정부가 의미하는 것은 무엇이었나? 나는 신문 보도에 달려들었지만 불만족스럽거나 의심스러운 기사들뿐이었다. 온 나라가 웅크리고 두려움에 떨면서 독일인들을 축출하기를 원하는 것 같았다. 그 여름 독일인들은 그곳에 있었지만 드러나지는 않았다. 내가 들은 첫 번째 반대의 목소리는 '정의와 자유'(Giustizia e Libertà) 조직*의 그것이었다. 그들이 가진 정보는 불확실했다. 신문, 강령, 소문. 그들은 다른 종류의 사람들이었다. 그들은 우리하고는 다른 차원의 규칙에 따라 사물을 측정하는 것처럼 보였다.**

---

* 1929년에 창설되어 1945년 해방 때까지 존속했던 이탈리아 반파시스트 조직.
**1939년 전쟁 발발을 전후해서 영국은 이탈리아가 독일 편에 서지 않기를 고대하고 있었지만 프랑스는 이탈리아가 점령하고 있었던 리비아에 대한 욕심과 니스와 사보이 등 영토 문제 때문에 이탈리아와 적대적이었다. 협상은 결렬되고 이탈리아는 1940년 6월 10일에 영국과 프랑스에 선전

1943년 9월

바돌리오는 연합군에게 항복했다. 하루가 채 안 되는 동안 우리는 일종의 슬픈 열광 상태에서 전쟁이 끝났다고 믿었다. 그러나 사실은 정반대였다. 왕은 남부의 연합군의 품속으로 도망쳐버렸고 북부에서는 독일의 점령이 시작되었다.* 이탈리아는 마치 빵 조각처럼 두 동강 나버렸다. 도처에 독일인들의 긴 오버코트가 보였고, 그들의 가혹한 명령들이 벽들에 나붙었다. 대학의 공기도 긴장으로 가득 찼다. 선택의 시간이었다―파르티잔의 편에 설 것인가 아니면 독일의 명령하에 연합군과 싸울 것인가. 이탈리아의 군대는 전혀 믿을 수 없었다. 우리는 모두 경계심을 늦출 수 없었고 누구에게 말해야 하는지 조심스러웠으며 주위의 모든 사람들을 경계의 눈초리로 바라보았다.

나중에, 이 기간은 독일인에 대한 전국적 봉기의 시기로 다시 씌어질 것이었다. 그러나 우리에게 그것은 애국적 열정의 문제가 아니었다. 1943년 9월 8일** 이전에 이탈리아는 어떤 국민적 정체성을 가지고 있었는가? 통일운동(Risorgimento)은 엘리트들의 것이었고 그 이상이기 힘들었다. 파시즘이 정체

포고함으로써 독일 편에 서게 된다. 승승장구하던 독일 편에서 이익을 얻었던 이탈리아는 1943년 여름 이후 어려움에 직면한다. 연합군의 폭격이 강화되고, 파시즘에 저항하는 노동자들의 파업이 전면화한다. 여기에 1943년 7월 연합군의 시칠리아 상륙은 위기감을 고조시킨다. 이에 파시스트 당 내부에서 반란이 일어나고 왕이 전면에 나서 무솔리니를 권좌에서 몰아내게 된다. 바돌리오(Pietro Badoglio) 원수가 권력을 차지하고, 무솔리니는 체포되어 구금된다. 바돌리오는 이탈리아에 주둔하고 있는 독일군 때문에 독일 편에서 전쟁을 계속하겠다는 의사를 표명하는 동시에 연합군과 협상을 시도한다. 급기야 1943년 9월 3일 연합군과 휴전을 선언하고 10월 13일 독일에 선전포고한다. 이러한 일련의 사태는 이탈리아를 내전 상태로 몰고 간다. 독일에 저항하는 쪽과 그 반대편으로 나누어지게 되는 것이다.

* 무솔리니를 축출했던 국왕 비토리오 에마누엘레 3세와 바돌리오는 독일을 피해 로마를 버리고 도망한다. 이것은 이탈리아군의 와해와 내전 상태를 초래한다.

** 바돌리오 정부와 연합국 사이의 휴전 문서(바돌리오가 9월 3일에 서명한)가 공식 발표된 날.

성을 주었을 수도 있지만 그것은 붕괴했다. 우리는 2.5세대들이었다. 어떤 종류의 국가적 전통이 (기껏해야) 우리의 조부모 세대에 시작되었는가? 이탈리아인들은 불확실한 사람들이며, 종교개혁, 프랑스 혁명 또는 그 후의 봉기들의 시대에 그들이 했던 선택에 의해서 한 번도 시험된 적이 없는 사람들이다. 용광로(melting pot)는 한 번도 융합을 결과하지 않았다. 1943년 당시 선택은 (왕이 도망가 있는) 브린디시와 데센자노에 있는 무솔리니의 은신처에 있지 않았다. 우리는 우리가 알고 있는 이탈리아와 함께할지 아니면 그것의 붕괴를 위해 일해야 하는지를 결정해야만 했다. 파시즘과 비파시즘의 경계를 모호하게 만들었고, 전쟁이 없다면 이런 상태를 지속할 그런 이탈리아의 종식을 위하여.

내가 왜 스스로 무엇을 하고 있는지 가장 확실하게 알고 있는 사람들이 공산주의자들이라고 결론을 내리게 되었는지 — 또는 누가 나에게 "그러나 반피는 공산주의자였다"고 말했는지 — 모르겠다. 나는 무지했고 그래서 수업이 끝나자 곧장 그를 찾아갔다. 그는 휴게실 창문 옆의 라디에이터에 기대어 있었다. "누군가 당신이 공산주의자라고 말하더군요." 그는 나를 쳐다봤다. 나는 이미 그가 하는 두 개의 강좌를 수강했다. 그는 겉으로 드러난 나의 모습(방향 제시가 절실하게 필요한, 하지만 방금 한 말의 치명적 의미에 대해 알지 못하는)이 바로 나의 진실이라고 판단했음이 틀림없다. "무엇을 찾고 있지?" 나는 내가 본 리플릿에 대해서, 나의 혼란스러움과 이해할 수 없는 것들에 대해서 그에게 말했다. 그는 라디에이터에서 일어서서 책상으로 가 작은 글씨로 목록을 써내려갔다. "이 책들을 읽어봐. 다 읽은 후에 다시 찾아와." 나는 기차역으로 달려갔고 기차 위에서 종이쪽지를 펼쳤다. 해럴드 라스키,『근대국가에서의 자유』,『위기의 민주주의』; 카를 마르크스,『루이 보나파르트의 브뤼메르 18일』,『프랑스의 계급투쟁 1848~1850』. 드 루기에로의 책과, 아마도 레닌의『국가와 혁명』. "네가 찾을 수 있는 S가 쓴 모든 것."*

나는 몹시 놀랐다. 그는 정말로 공산주의자 — 볼셰비키 — 였다. 스페인으로부터의 이미지가 머리에 떠올랐다. 나는 코모에서 기차를 내려서 공공 도서관으로 갔다. 그곳에는 친절한 중년의 사서가 있었다. 그에게 목록을 보여주었다. 그는 오래된 서류함을 가리켰다. 맨 아래 서랍은 마치 비어 있는 것처럼 아무것도 쓰여 있지 않았다. 그것을 당겨서 열었다. 모든 것이 거기에 있었다. 붉은 가죽 표지의 아반티 판의 『자본』도 거기에 있었다. S의 것은 아무것도 없었다. 소련에 관한 책은 어떤 기술자가 쓴 여행 안내 책자가 전부였다. 나는 대출 양식을 작성했고 사서가 책들을 가져다주었다. "집으로 가져가도 되나요?" 그가 고개를 끄덕였다.

올메다로 돌아가는 밤 전차는 일을 마치고 귀가하는 사람들로 붐볐다. 내 옆에는 거친 손에 손가락이 새까만, 녹초가 된 노동자 세 명이 있었다. 그들은 취한 것처럼 보였다. 그들의 축 늘어진 머리는 전차가 움직일 때마다 흔들렸다. 앞으로 나는 그들과 함께해야만 할 것이었다. 그날 밤, 그리고 다음 날과 그 다음 날 집에 틀어박혀 모든 것을 다 읽었다. 라스키를 먼저 읽고 『브뤼메르 18일』과 『국가와 혁명』으로 옮겨 갔다. 열이 났다. 모든 것이 자리를 찾았다. 그것은 새로운 발견이라기보다는 내가 더 지연시킬 수 없는 수용이었다. 그것은 잘 계획된 나의 미래, 나의 훌륭한 야심과 순수함이 끝나는 순간이었다.

나는 반피를 다시 찾아갔다. "모두 다 읽었습니다." "전부 다?" 나는 끄덕였다. "이제 무엇을 해야 하죠?" 그는 코모의 학교 선생님 이름을 알려주었다. 그녀는 나를 기다리고 있었다. 그녀는 갈색 머리에 눈꺼풀이 두꺼운 중년 여자였다. 그녀의 말투는 약간 느리면서 차분했다. 그녀가 말했다. "가명이 필요합니다. 당신은 미란다로 불릴 거예요, 알았죠?" 미란다, 바보스러운 이름이었다. 나는 탈출이 계획된 포로의 누이를 돌보는 임무를 맡았다. 그 포로는 걸출한 파르티잔인 루치아노 라이몬디였다. 그의 누이는 중년 여성이었는데 놀란 표정을 하고 있었다. 나는 그녀에게 음식을 가져다주고 차분하게 마

---

* 아마도 스탈린(Stalin)을 지칭하는 것 같다.

음을 가라앉히도록 도와주었다. 나는 사람들을 돌보는 것에 익숙하지 않았다. 지루할 수밖에 없었다. 여하튼 탈출은 성공했다. 눈꺼풀이 두꺼운 여성은 코모에 있는 옷가방 상점의 주소를 주었다. 그곳의 남자가 나의 다음 임무를 말해줄 것이었다. 그가 작전의 책임자였고 나는 그와 함께 일해야 했다. 그날 밤에 거기로 갔다. 작은 옷가방 상점은 곁길의 구석에 있었다. 손님이 한 사람 있었다. 그 손님이 떠난 다음 안쪽으로 걸어들어갔다. "미란다예요." 카운터 뒤 남자는 회색 머리에 심각한 얼굴과 맑은 눈을 가지고 있었다. 그는 미심쩍게 나를 쳐다보았다. 우리의 목숨은 상대방의 손에 달려 있었다. 대다수의 사람들은 그 어떤 것과도 비교될 수 없는 이런 종류의 관계를 경험조차 하지 않고서 인생을 보낸다. 그러나 우리는 이런 위험한 관계를 만들었다. 그리고 나중에 우리가 가는 모든 곳에서 그랬다. 그의 이름은 레모 멘타스티였다.

레지스탕스

1943년 가을에 이송(deportations)*은 이제 '독일만의 일'로 은폐되지 않았다. 이송자들로 가득 채워진 트럭들이 한밤중에 떠나곤 했다. 로마에 있었던 게토의 소집에 대해서 들었다. 나는 자주 두려움을 느꼈다. 나는 내가 감시받고 있는지 아닌지에 대해서 전혀 알지 못했다. 밀라노에는 언제나 독일 주둔군 군사총독이었던 알베르트 케셀링 원수의 새로운 포고령들이 벽마다 나붙었다. 우리가 교수형에 처해질 수 있다고 경고하는 것들이었다. 그런 상상은 나를 공포로 가득 차게 했다. 광장에서 교수형을 당한 주검들을 목격하는 것은 흔한 일이었다. 그들의 목은 뒤틀려 있었고 사지는 축 늘어져 있었다. 그것은 단순한 죽음이 아니었다. 우리는 처진 머리들 옆을 걸었고 그것을 항상

* 유대인을 수용소로 이송하는 것.

거기에 있는 어떤 것으로 인정함으로써 죽음에 익숙해져버렸다. 사지가 벌려진 채로 쌓인 죽은 육신들의 더미처럼, 죽은 자들은 밀라노의 중앙광장에서 입과 눈을 크게 벌린 채로 그들이 했던 일들의 흔적들을 보여주고 있었다. 독일군과 이탈리아군은 찌는 듯한 8월 하루 종일 시신들을 그곳에 놓아두었다. 마치 우리가 스스로를 비난하게 되고 감히 그들 옆에 설 수조차 없으며 "나도 동참하겠소"(Me, too)라고 외칠 수 없다고 생각하게끔 강제당하는 것 같았다.

모든 긴급하지 않은 질문은 내일로 미루어졌다. 나는 나에게 전해진 정보의 조각들을 꿰맞추려고 노력했다. 사망한 가스파로토, 살해당한 큐리엘, 실패한 접선들, 보복 행위들.[1] 동시에 나는 학업도 계속했다. 반피는 초기 르네상스의 미학적 저술들에 대한 논문을 쓰도록 했다. 나는 빛과 원근법의 이론화에 매료되었다. 그리고 연애 사건이 있었다. 그것은 너무 많은 것을 기대하지 말아야 한다는 것을 가르쳐주었지만 전쟁 후의 삶을 상상할 수 있게 하는 유일한 것이었다. 우리는 잔인하고 불확실한 시대에 갇혀 있었다. 1939년 15살이 되고 1945년 21살이 되는 것은 어떤 의미가 있었던 것일까? 나는 지금도 정상적인 젊은 시절을 누리지 못한 것에 대해서, 여름 내내 춤을 춰보지 못한 것에 대해서 어색한 느낌이 있다. 그런 조건은 나를 불안하게 했다. 아마 지루하기도 했던 것 같다.

코모의 옷가방 가게 이외에 밀라노에는 몇몇의 센터가 있었다. 길모퉁이 회합 장소, 커피가 없는 카페들, 안전가옥들, 그리고 대학. 반피 교수는 마젠타 거리에 살았는데 파쇼네 거리를 따라 기차역까지 선생님과 함께 한가롭게 거니는 것은 아주 자연스럽게 보였다. 반피로부터 나는 CLNAI(북부 이탈리아 해방위원회)*에 대해서 알게 되었다. 반피는 나의 모든 질문에 대해서 답해줄

---

[1] 레오폴도 가스파로토(1902~44): 반파시스트 그룹인 '정의와 자유'(Giustizia e Libertà)와 함께 롬바르디아에서 싸웠다; 유제니오 큐리엘(1912~45): 이탈리아 공산당 전사, 전쟁 중에 지하에서 발간되던 『통일』(Unità)과 공산당 저널인 『우리의 투쟁』(La nostra lotta)을 운영했다.

수 있는 유일한 사람이었다. 큐리엘이 잠입자가 쏜 총에 맞았다는 것 그리고 우리들 중에도 상당수의 잠입자들이 존재한다는 것을 말해준 것도 반피였다.

때때로 너무 늦어서 통금을 알리는 사이렌이 막 울릴 시간이 되면 운반하고 있던 물건들을 어떻게 해야 할지 막막할 때가 있었다. 그런 때마다 접근해서는 안 되는 사람들이 너무 많아 보였고, 동지들은 겁을 먹고 멀리 떨어져 있곤 했다. 몇 가지는 집에 보관되어 있었다. 총기류와 돈은 전혀 없었지만 배달에 실패한 약품과 등사기로 만든 리플릿, 미마와 내가 붕대용으로 긴 조각들로 잘라서 단단히 감아둔 오래된 천들. 어느 날 아침 어머니가 매우 이른 시간에 내의 차림으로 급하게 방으로 들어왔다. "감기에 걸렸어, 손수건 가진 것 없니?" 어머니는 서랍을 열었다. "이게 다 뭐냐?" 그곳에는 붕대, 약품, 그리고 무엇인지 모를 것들이 잔뜩 있었다. 나는 화들짝 놀랐지만 미마는 그냥 어깨를 으쓱할 뿐이었다. "그래서?" 어머니는 아마 그것이 우리의 정리하지 못하는 천성의 일부라고 생각했던 것 같다. 그녀는 서랍을 닫고 곧 방을 나갔다.

어느 날 밤에 코모로 가는 기차를 파시스트 민병대가 멈춰 세웠다. 눈 덮인 시골 마을이었다. 이탈리아인의 목소리가 각자의 짐을 가지고 열차를 내려 수색하기 위한 순서를 기다리라고 명령했다. 나는 란초 계곡에 주둔하고 있는 여단에 전달할 물건을 운반하고 있었다. 삼등칸은 피곤에 지친 사람들로 가득 차 있었다. 어떤 사람은 서 있고, 어떤 사람들은 기다란 나무로 만든 의자에 앉아 있었다. 그들이 보는 앞에서 나는 커다란 가방을 자리 밑으로 밀어 넣었다. 나는 그것을 가지고 나갈 수 없었다. 아무도 말을 하지 않았다. 우리는 객차를 따라 줄을 섰다. 민병대원 몇 명이 그들이 체포한 소녀 한 명과 함께 왔다. 그녀의 얼굴은 잿빛처럼 창백했다. "그녀와 무얼 하려 했나?" "아무

---

* 민족해방위원회(CLN: Comitato di Liberazione Nazionale)는 독일 점령기 이탈리아의 파르티잔 조직. CLNAI는 북부 이탈리아 조직이다.

것도 아닙니다. 그녀는 일을 위해 독일로 가려 합니다." 그들은 우리의 소지품을 검사했다. 하지만 객차 안은 수색하지 않았다. 우리가 되돌아갔을 때 가방은 그곳에 있었다. 아무도 말하지 않았다. 코모에서 기차를 내렸을 때 그들 모두는 황급히 나에게서 멀어지려 하는 것처럼 보였다.

또 한 번은 올메다에 있는 우리 집 건물이 독일군들에 의해 한밤중에 소개된 적이 있었다. 그들은 건물 밑을 지나는 지금은 사용하지 않는 철로에 파르티잔들이 설치한 폭발물을 찾는다고 말했다. 나는 그곳에 젤리그나이트〔폭약〕가 없다는 것을 알고 있었다. 하지만 당연하게도 그것을 말할 수는 없었다. 우리가 담요를 뒤집어쓰고 춥고 어두운 건물 밖에 서 있었기 때문에, 우리를 보고 있는 사람들 중의 상당수가 나에게 두려움의 시선을 보내고 있다고 느꼈다. 그러나 그들은 금방이라도 폭발로 죽을 수 있다고 생각하고 있었으면서도 아무도 말하지 않았다.

그들은 말이 없었지만 사람들은 경계를 늦추지 않았다. 독일군은 파르티잔들 — 그들이 산적(Banditen)이라고 부르는 — 이 영토의 통제를 놓고 그들과 경쟁하고 있다는 사실을 참을 수 없었다. 그러나 희망이 없는 나라에서 게릴라전은 패퇴시킬 수 없다. 그것이 독일군이 유대인을 검거할 때 그렇게까지 무자비했던, 그리고 후퇴 중에 대량학살을 멈추지 않았던 이유이다. 우리는 수용소에 대해서 알지 못했지만 작전을 수행하는 독일군들을 보았고 그들의 눈 위로 비스듬히 내려온 철모를 보았다. 우리는 그들이 두려웠다. 독일군에 대한 전쟁 — 또는 파시스트에 대한 전쟁, 그리고 결과적으로 내전? 나는 후에 클라우디오 파본의 책 『내전』을 두고 폭발한 스캔들을 보고 놀랐다.[2] 두 가지 모두 사실이었다는 것은 명백하다. 이탈리아인 — 왕, 무솔리니, 파시스트들 — 이 아니라면 누가 우리를 이 지경에 이르게 했는가? 이탈리아의 지배계급이 아니라면 누가 우리를 독일인들에게 넘겼는가? 다니엘 게렝의 『파시

---

2) Claudio Pavone, *Una guerra civile: saggio storico sulla moralità nella Resistenza*, Turin 1991.

즘과 거대 자본』은 매우 중요한 저작이었다. 분명히 둘은 밀접하게 관련되어 있었다.[3]

1944년

우리는 혁명을 원했는가? 곰곰이 생각해보았다. 우리는 공산주의자들이었고, 새로운 나라를 원했다. 그러나 우리는 봉기를 준비하지는 않았다. (나중에 알게 되었듯이) 파르티잔 부대들의 상당수는 (성향을 파악하기 힘들었던 피에트로 세키아[4]에 의해서 조장되고 억제되었던) 봉기를 원했을지라도 내가 있었던 밀라노의 어떤 곳에서도 그렇지 않았다. 그러나 급진적 말과 급진적 행동은 별개의 문제다. 우리에게 공산주의자가 되는 것은 무엇보다도 행동에 가장 단호해지는 것이었다. 상당수의 매우 과단성 있는 왕당파 장교들을 알게 된 후에도 이런 생각에는 변함이 없다. 레지스탕스 운동 중 당에 들어온 사람들은 그 시대 동안 형성된 독특한 유형을 보여준다. 과단성 있지만 또한 대단히 현실적이었다.

매우 드물지만 CLNAI 내부의 다른 당에서 온 사람들을 상대하는 경우에 나는 불편함을 느꼈다. 눈썹이 짙은 자유주의자 변호사이자 전직 하원의원이었던 사람은 알아차릴 수 있을 만큼 불안해하면서 나를 맞이했다. 내가 유일하게 거절했던 임무가 그가 요청했던 것이었다. 코모의 파시스트—아마 그는 스카셀라티로 불렸던 것 같다—는 오후에 그의 딸을 돌보아줄 사람이 필요했다. 나는 그 역할에 딱 맞았다. 나는 파시스트인 척했고 그들은 나에게 추천장을 써줄 수 있었다. 나는 주의 깊게 이야기를 들었고 정보를 넘겨주었

---

3) Daniel Guérin, *Fascisme et grand capital*, Paris 1936.
4) Pietro Secchia, 1903~73: 이탈리아 공산당 전사, 전쟁 중 공산주의 가리발디 여단의 정치장교 역임.

다. "정보를 얻기 위해 이곳저곳을 살펴보았나?" "아니요." 나는 즉각 대답했다. 전직 의원은 강하게 주장하지 않았다. 얼마 있지 않아 나는 군사기밀 서류를 연합군에게 넘겨주었다. 그러나 그것은 신뢰를 얻고 그것을 이용하기 위해 누군가의 집에 들어가는 것과 같은 일은 아니었다. 나는 마타 하리의 역할을 하고 싶지 않았다.

당의 소조 구조는 매우 엄격했다. 내가 접선할 수 있는 이곳의 한 동지 그리고 다른 곳의 또 다른 동지에 한정되어 있었다. 그것은 네트워크의 안전을 보장하기 위한 것이었다. 코모의 멘타스티처럼 그 지방에서 가장 큰 칸투의 공장 섹션의 대표였던 디오니시오가 있었다. 디오니시오는 멘타스티보다 어렸고 훨씬 대담했다. 그는 노동자였지만 내가 전차에서 보았던 피곤한 모습의 노동자와는 완전히 다른 사람이었다. 심지어 내가 만난 나이 든 노동자들도 그들 같지는 않았다. 그들은 항상 경계를 늦추지 않았으며 말수가 적어서 비밀조직 활동이 습관이 되어버린 것처럼 보였다. 우리가 인쇄해서 배포한 팸플릿들에는 계급 전략에 관한 내용이 많지 않았지만 언제나 나이 든 노동자들에게서 배울 수 있는 많은 것들이 있었다. 인생의 단편들, 투쟁들, 붕괴된 노동조합들, 투옥된 동지들. 그들로부터 나는 1930년대 좌파의 분열에 대해서 배웠다. 그러나 나는 1937년 재판*에 대해서 거의 알지 못했고 안토니오 그람시에 대해서는 단지 이름만을 알고 있었다.

1944년 1월 미군이 겨울 동안 공중 보급을 보장할 수 없다고 알려왔다. 아마도 파르티잔들이 하산하는 것이 더 나은 선택이었을까? 마치 게릴라전이 마음 내키는 대로 할 수 있는 시골로의 여행인 것처럼 말이다. 이탈리아는 점령된 나라였고 독일군은 '산적들'을 추적하고 있었다. 게릴라 부대들과 함께 싸우기 위해 떠난 사람들은 집으로 걸어 돌아올 수 없었다. 그러나 공중 보급은 필수적이지 않았다. 최소한 나에게는 그렇게 보였다. 산중의 사람들에게

---

* 스탈린이 부하린, 지노비예프, 카메네프 등의 정적을 숙청한 모스크바 공개 재판을 말하는 것 같다.

공급을 해주는 것은 도시의 네트워크들이었다. 알렉산더 장군*의 공식 성명은 연합군이 금방 진주하지는 않을 것이라는 내용이었다. 우리는 우리 스스로를 방어해야 했다.

CLNAI의 지도부는 세계적 사태 발전에서 위안을 얻고 있었다. 노르망디 상륙, 파리의 해방. 밀라노와 코모를 오가면서도 나는 그렇게 시야가 넓지 못했다. 나는 한 가지 실수를 저질렀다. 나에게 말을 걸고 때때로 나를 도와주었던 여자 대학생 한 명이 있었다. 아름다운 눈에 금발이었다. 한번은 그녀에게 나를 위해 어떤 것을 보관해달라고 부탁했다. 우리는 브루나테에 있는 반파르티잔 부대(Decima MAS unit)에 대한 작전 준비를 겨우 마친 상태였다.[5] 그들은 몇몇 새로운 배의 설계도를 가지고 있었는데, 선원 한 사람이 나에게 그 설계도의 복사본을 넘겨주기로 되어 있었다. 그는 스위스로 가는 통행증을 가지고 있었고 국경을 넘어 탈출할 수 있었다. 나는 설계도를 손에 넣은 후 그것을 넘겨주었다. 그때는 10월 초의 어느 날이었다. 오후 동안 사라져 있는 것이 현명한 선택이었다. 나는 자전거로 바레세 근처의 베네고노로 갔다. 그곳에서 나는 카프로니 도서관에서 찾기가 매우 어려운 레온 바티스타 알베르티의 책을 읽고 있었다. 밤이 가까워져 자전거로 집에 가고 있을 때, 코모 중앙광장에서 그 금발의 여학생이 나를 불러 세웠다. 그녀의 얼굴은 창백했다. "집에 가지 마. 너의 아버지에게 이미 경고했어." 그녀는 독일군 장교 한 사람과 연루되어 있었고 그에게 나에 관한 정보를 주었다는 것이 드러났다. 그녀는 내가 도망쳐야 한다고 말했다. 나는 너무 충격을 받아서 그녀가 뭐라고 말하는지 거의 알아들을 수도 없었다. 누군가를 때린 것은 내 인생에서 그때가 처음이자 마지막이었다. 손이 저절로 움직였다.

동지들에게 사실을 말하자마자 나는 가족들이 체포되었을 수도 있다는 것

---

* F. M. Harold Alexander: 15군을 이끌고 시칠리아 상륙 작전을 지휘했던 영국 군인.
5) Decima Flottiglia MAS: 전쟁 중 연합군의 상륙을 막고 지상에서 파르티잔을 공격하기 위해 창설된 잠수부 부대. [Decima Flottiglia Mezzi d'Assalto, 또는 La Decima or X$^{\underline{a}}$ MAS — 옮긴이]

때문에 공포에 질려 집을 향해 최고 속도로 페달을 밟았다. 몹시도 창백한 아버지를 발견했다. 아버지는 "네 방에서 찾을 수 있는 모든 것을 태워버렸다"고 짧게 말했다. "또 다른 것이 있니?" "아니요." "어떤 사람들과 같이 일하고 있니?" "공산주의자들이오." 거의 긴장을 풀고 그가 "그나마 다행이구나"라고 말했다. 그나마 다행이구나(meno male) — 나는 아버지가 한 이 말이 무엇을 의미하는지 전혀 이해하지 못했다. 독일군 세 사람이 도착했다. 둘은 군복을 입고 있었고 하나는 사복을 입은 장교였다. 후자는 코모에서 공포의 대상인 인물이었다. 그들은 아무것도 찾지 못했다. 아버지와 나는 그들이 우리에게 던진 몇 개의 질문에 대답했다. 그들은 우리를 체포하지 않았다. 그들이 떠나자마자 아버지가 물었다. "왜 나에게 말하지 않았니?" "이런 일을 하도록 허락하지 않으셨을 거잖아요." 그건 사실이었지만 나는 덧붙였다. "다시 같은 일을 할 거고 아버지에게는 아무런 말도 하지 않을 거예요." 이 모든 것은 내게 너무 잔인한 것이었다. 그것은 여느 때의 고통처럼 가벼운 것이 아니었다. 아버지는 주춤하더니 이내 방을 나갔다. 이것이 우리 둘 사이의 긴 사랑과 아버지에 대한 나의 특별한 신뢰의 끝이었다. 나에게 책을 가져다주던 아버지, 모든 큰 질문에 관해서, 모든 중요한 것들에 대해서 토론했던 아버지는 더는 존재하지 않았다. 아버지는 나와 거리를 두었고 2년 후에 돌아가셨다. 그날 이후 아버지가 돌아가시던 날까지 우리는 전처럼 이야기하지 않았다.

내가 왜 체포되지 않았는지 지금도 모른다. 독일군은 Decima MAS 문건들 자체를 추적하고 있었고 — 둘 사이에는 긴장 관계가 있었다 — 내가 좀더 중요한 접선에 나설 때를 기대하고 있었을 가능성이 있었다. 그것이 우리가 서로 이야기할 수 있게 되었을 때 동지들이 제시한 가설이었다. 당분간 나는 고립되어 있었고 죄책감에 시달렸다. 거리에서 사람들과 마주칠 때 밀라노 사람들이 나를 경멸하고 지나가는 것 같았다. 한 달 후 CLNAI에 소환되었다. 파비오가 밀라노 북역의 군중들 사이에서 나를 기다리고 있었다. 나중에 나는 그를 시의 노동자위원회(Camera del lavoro)*의 비서 베르가니로 알게 될 것이었다. 그는 차분한 중년 남자였다. 그는 목소리를 높이지 않고 가장 기본적인 규칙을 지키지 않음으로써 네트워크 전체를 위험에 빠뜨렸다는 사실을 자각하고 있느냐고 물었다. 그것은 간단하지만 효과적인 질책이었다. 나는 완전히 바보가 된 느낌이었다. 그의 얼굴은 그가 생각하고 있는 것을 전달하고 있었지만 그는 아무 말도 하지 않았다. 나와 같은 사람들과 함께 일을 해야 한다는 것이 레지스탕스에게 주어진 문제들이었다.

베르가니는 관계가 재개될 수 있을 때 신호가 주어질 것이라고 말했다. 그때는 굉장히 빨리 왔다. 그 겨울에 독일군은 코모 지역을 떠나기 시작했다. 밀라노에는 새로운 바람이 불어왔다. 1945년 3월의 파업들은 매우 강력했고 만족스러웠다. 카도나 광장(Piazza Cadorna)에서 출발하는 전차(tram)들은 찾아볼 수 없었고 많은 상점들이 문을 열지 않았다. 산중으로부터의 회보는 지난해 겨울의 그것과는 완전히 다른 분위기였다. 이제 수많은 사람들이 파르티잔에 결합했다.

끝이 보이고 있었지만 손실은 여전히 심각했다. 단명한 오솔라(Ossola)의 자유 공화국은 독일군에 의해 진압되었다.** 목에 표식을 걸고 폰도토체(Fondotoce)에서 교수형 당한 시신들의 사진이 지금도 남아 있다.6) 그리고 4월 28일 독일군과 함께 탈출을 시도하던 무솔리니가 파르티잔들에 의해서 포로로 잡혔다.*** 공식 언론과 라디오는 열광했다. 모두가 이야기하고 있었다.

---

* 이탈리아 생디칼리스트 노동조합들의 중앙조직.
**오솔라는 북부 이탈리아에 있는 지역 이름. 1944년 연합군의 협조 아래 이탈리아 레지스탕스는 독일 점령 지역 안에서 봉기를 일으킨다. 북이탈리아의 많은 지역에 파르티잔 임시정부가 수립되었는데, 오솔라의 임시정부가 가장 중요했다. 스위스와 연합국이 승인했지만 한 달 만에 독일군에 의해 붕괴되었다.
6) 1944년 6월 20일, 폰도토체에서 42명의 파르티잔들이 처형되었다. 오솔라 자유 공화국은 그해 가을 43일간 존속했다.
***국왕과 바돌리오가 남부로 도망간 후 히틀러는 구금되어 있던 무솔리니를 구출(1943년 9월 12일)하고 권력을 되찾아준다. 이때 살로(Salo)에 이른바 사회공화국(Social Republic)이 만들어지는데,

그것은 사실이었다. 우리는 슈스터 추기경(Cardinal Schuster) — 밀라노의 비오 12세*와 같은 인물 — 이 중재하려고 시도하고 있는 협상에 관해 들었다. 5월 5일, 파르티잔들은 밀라노로 진격했다. 나는 론고 옆에서 행진하고 있는 파리[7]를 두오모 광장에서 처음 보았다. 그들은 민간인 복장을 하고 있었다. 거기에는 전에 알지 못했고 그 이후로도 느껴보지 못했던 일종의 자부심과 만족감이 있었다. 곳곳에 기쁨에 들뜬 군중이 있었다. 그들은 기념물에 올라가기도 하고 가로등에 오르기도 했다. 올메다의 코모도 마찬가지였다. 이탈리아의 삼색기가 곳곳에서 펄럭였고 한 달 전만 해도 기피 대상이었을 사람들이 목에 붉은 스카프를 두르고 나타났다. 한 시대의 종말이었다. 모든 것이 새롭게 시작할 참이었다.

나는 무솔리니, 클라라 페타치**와 다른 이들의 시신을 보았다. 그들의 죽은 육신은 로레토 광장에 거꾸로 매달렸다. 그들은 거칠게 다루어졌다. 그들의 얼굴은 부어올라 있었고 마치 살아 숨 쉰 적이 없었던 사람들처럼 구별할 수 없었다. 누군가 측은한 마음에 페타치의 치마를 그녀의 무릎 언저리에 묶어놓았다. 그들 앞에 분노한 군중들이 몰려들었다. 여자들은 소리치고 있었고, 남자들은 분노에 얼굴이 하얗게 변해 있었으며 소리 지름으로써 그들의 분노와 무기력함을 발산하려 하고 있었다. 그들을 위한 정의는 누군가 다른 사람에 의해서 이루어졌다. 거기에는 조소가 있었지만 그것은 대개 분노에

이것은 나치 독일의 꼭두각시 정권이었다. 그 후 1945년 4월 27일 전쟁 막바지 후퇴하는 독일군과 함께 스위스로 향하던 무솔리니는 파르티잔 부대에 체포된다.
* Pius XII: 1939년 교황으로 선출되어 전쟁 기간 동안 평화주의를 천명하고 협상을 중재하려 했으나 성공하지 못했다. 나치에 반대했으나 실제로 나치에 의한 유대인 학살을 묵인했다는 비판을 동시에 받고 있다.
7) Ferruccio Parri, 1890~1981: CLNAI의 멤버, 1945년 6~12월까지 통합정부의 수상; Luigi Longo, 1900~80: 이탈리아 공산당의 창립 당원 중 한 명. 1943~45년까지 가리발디 여단의 사령관 역임. 1964~72년 팔미로 톨리아티의 뒤를 이어 당 서기장 역임.
**Clara Petacci: 무솔리니의 애인.

가까웠다. 나는 등을 돌렸다. 그것은 아마도 필요한 의식이었을 것이다. 하지만 너무 공포스러웠다.

해방(Liberation)

세상에 '깨끗한' 전쟁이란 없다. 전쟁을 통해 우리는 상처 받았고 고통 받았으며 소련군과 미군처럼 단지 집을 향해 행진해 돌아갈 수 없었다. 내전은 예약된 시간에 끝나지 않으며 그것을 도저히 잊을 수 없는 사람들을 뒤로한 채 충분한 시간이 흐른 후에만 끝난다. 내전의 후과는 수많은 보복들을 낳았다. 때로는 아주 사소한 것들이었고, 때로는 (파르티잔 지도자였던 네리와 약간 정신이상이었던 소녀 지아나의 경우처럼) 양심의 문제였다. 지아나는 수차례 산을 내려왔는데 코모에서 체포되고 말았다. 하지만 그녀는 몇 주 후에 풀려났다. 파르티잔들은 그녀가 정보를 누설했다고 의심했다. 네리는 그녀를 두둔했다. 내가 알고 있는 몇몇 사람들을 포함한 파르티잔 법정은 유죄 판결을 내렸고 둘은 처형(총살)되었다. 나는 이 사실을 절망적인 상태에 있었던 레모 멘타스티로부터 들었다. 그는 나에게 개입할 것을 요청했는데 최소한 배신의 누명만은 벗어나게 해달라는 것이었다. 나는 밀라노의 지도부를 통해 조사를 요청했지만 그들은 들으려 하지 않았다. 모두가 그랬다. 아마도 파르티잔들은 그들의 실수를 인정하길 원하지 않았던 것 같다. 어쩌면 (지아나와 네리가) 용서받을 수 없는 짓을 했다고 생각했을지도 모르겠다. 1970년대에 네리와 지아나의 이야기가 되살아났을 때, 나는 개입하지 않았다. 1945년 그 사건에 관한 어떤 것도 나를 확신시키지 못했지만 당을 떠날 생각을 하지는 않았다. 나는 그것을 자랑스럽게 생각하지도 않았지만 참회를 해야 할 만큼 잘못된 일이라고 생각하지도 않았다.

브레라 미술관이 다시 문을 열었고 연합군의 공격 기간 동안 상자들에 담겨 서둘러 운반되었던 미술관의 아카이브를 위한 책들을 다시 풀었다. 우리는 즐거운 무질서 가운데 일했으며 중요한 책들이 넘어올 때마다 일을 멈추고 쪼그리고 앉아 그것을 읽었다. 공기 중에는 감동의 감정이 가득했다. 작가들과 사진작가들이 브레라 밖의 지아마이카 바에 몰려들었다. 나는 1946년 2월 6일 졸업했다. 2월 7일 호에플리 엔사이클로피디아(Hoepli Encyclopedia)를 편집하는 일자리를 얻었다. 그날 오후 나는 공산당의 지부에 등록을 했다. 한 세기의 잔해 밑에 그대로 묻혀 있다고 생각했던 그 길을 되살려내는 것은 쉬운 일이 아니었다. 우리는 (나는) 오직 사회주의, 즉 거대 자본의 지배를 종식시키는 것만이 압제, 식민주의, 파시즘, 전쟁으로부터 해방을 가져다줄 것이라고 확신했다. 그러나 제1차 세계대전 직후에 그랬던 것처럼 임박한 혁명에 대한 기대는 없었다. 우호적인 분위기였지만 우리는 파르티잔이 무기를 양도했던 미군에 점령된 상태에 있었다. 1945년 가장 긴급한 일은 모든 것을 제대로 작동하도록 되돌려놓는 것과 파괴된 것을 재건하는 것이었다. 밀라노는 완전히 파괴되었으며 나라 전체는 절망적일 정도로 가난했다. 우리는 파시즘 치하 20년 동안 세계와 완전히 단절되어 있었다. 파시즘이 등장하기 전의 우스꽝스러운 '아름다운 시대의 이탈리아'*가 있었을 뿐이다. 20세기를 부정당한 우리는 이제 배고픈 어린 표범처럼 세차게 20세기 안으로 달려들었다. 우리가 탐닉한 20세기는 단지 미국 또는 소비에트 문화가 아니라 근대 유럽 전체였다. 우리는 전후의 잔해 가운데 1920년대와 1930년대 예술을 발견했다. 책들 — 마르셀 레몽의 『보들레르에서 초현실주의까지』(De Baudelaire au surréalisme)를 집어들었을 때 나의 심장은 멈추었다. 오랫동안 갈망했던 작업이 모든 자물쇠의 열쇠처럼 다가왔다 — 음악: 매리언 앤더슨(Marion Anderson)**의 첫 공연, 첫 스윙, 영화, 극장. 우리는 격랑에 휩쓸려서 처음에

---

* 아름다운 시대(the belle époque; beautiful era)는 1871년 보불전쟁에서 제1차 세계대전까지의 예외적인 유럽의 평화 시대를 일컫는다.
** 미국의 흑인 여가수, 콘트랄토.

는 검열이 다시 시작되고 있음을 눈치 채지 못했다. 이번에는 교회에 의한 것이었다.

흥분의 시대였다. 공기 중에는 놀라운 쾌활함이 가득했다. 튀니지 가(Viale Tunisia)에 위치한 에이나우디 출판사의 중앙 사무실은 온갖 종류의 작가와 편집인들의 회합 장소였다. 그들은 거기에서 읽고, 출판하고 먹고 잤다. 줄리오 에이나우디, 파베세,* 칼비노,** 세라티,[8] 반도 알드로반디(Vando Aldrovandi). 나는 지금도 헤밍웨이에 대해서 내가 그들에게 했던 말들을 기억할 때 무안해지곤 한다. 나는 무엇을 말해야 할지 거의 알지 못했다. 자정이면 다음 날 초판 신문을 읽기 위해 카부르 광장에 있었던 『통일』(L'Unità)*** 의 사무실로 가곤 했다. 엘리오 비토리니는 아직도 그곳의 편집장이었다. 비록 톨리아티의 긴 탄핵 연설 후 곧 그곳을 떠나야 했지만 말이다. 그는 『일 폴리테크니코』(Il Politecnico)를 창간했다. 그 이름은 카를로 카타네오가 주도했던 피에몬테의 혁명적 공화주의(라브리올라, 크로체, 그람시의 로마적 전통의 후예들과는 상반되는)의 19세기 저널을 연상시키지만, 실제로 비토리니와 그의 동료들이 생각했던 것은 파리, 뉴욕, 그리고 1920년대 베를린이었다.[9] 이것은 실천적인 당원들을 지식인들과 대립시키는 것이 아닌, 지적일 뿐만 아니라 정치적인 의미에서 상반되는 두 개의 관념들(밀라노와 로마) 사이의 첫 번째 충돌이었다. 우리는 공산주의와 근대성, 공산주의와 아방가르드 사이의 연계를 강조했다. 반면에 로마와 나폴리는 공산주의와 민족 형성, 이탈리아적 전통

---

* 체사레 파베세(Cesare Pavese, 1908~50): 이탈리아의 시인, 소설가, 비평가, 번역가. 반파시스트 운동에 참여했고 공산당원이었다.
** 이탈로 칼비노(Italo Calvino, 1923~85): 이탈리아의 저널리스트, 단편소설 작가. 반파시스트 운동에 참여했고 공산당원이었다.
8) 로베르토 세라티: 1945년부터 에이나우디의 편집자.
*** 이탈리아 공산당의 기관지. 1924년 2월 그람시에 의해 창간되었다.
9) 원래 『일 폴리테크니코』는 혁명적 공화주의 저널로서 1839년 카타네오에 의해 창간되었다. 비토리니의 저널은 1945년 9월에서 1947년 12월 사이에 발간되었다.

사이의 결합을 강조했다. 우리는 거대 자본에 관심이 더 많았지만 로마는 대토지 소유(latifundia)에 저항하는 남부의 농민투쟁에 더 관심이 많았다. 피렌체는 루포리니와 무세타의 저널 『소시에타』(Società)[10]의 입장과 비슷하게 그 중간쯤에 위치해 있었다. 어쩌면 그때 우리에게 그렇게 보였을 수도 있다.

우리는 로마는 기회주의적인 태도로 모든 것을 조화하려는 뻔뻔함 때문에 이해할 수 없다고 말했다. 북부의 지식인들 가운데에서도 (특히 레지스탕스로부터의 유산으로 형성된 비공산주의 지식인 그룹에서) 남부의 후진적인 상태와 보조를 맞추어야 한다는 생각이 존재했다. (나는 도망치는 왕의 우스꽝스러운 광경에도 불구하고 1946년 여름에 있었던 공화국과 군주정을 결정하는 국민투표가 근소한 차이로 통과된 사실에 당황했다.)[11] 말하자면 밀라노는 항상 비주류였다. 비토리니는 『통일』에서 손을 뗐다. 반피는 그가 장 카나파(Jean Kanapa)*의 공격으로부터 사르트르를 옹호했다는 이유로 프랑스 공산당이 항의한 직후 철학연구소(Studi Filosofici)의 문을 닫아야 했다. 그러나 교육이라는 더 포괄적인 문제에 대해서는 아직 상호 간의 이해가 있었다. 계몽주의적 전통도 아방가르드적 입장

---

10) 체사레 루포리니(Cesare Luporini)와 카를로 무세타(Carlo Muscetta)를 포함한 일군의 공산주의 지식인들에 의해 1945년 창간, 1961년에 종간되었다.
11) 1946년 6월 이탈리아 국민투표는 천 2백만 대 천만 표로 공화국을 선택했는데, 남부는 군주정을 선호했다. 좌파 정당들이 1946년 제헌의회 선거에서 기독교민주당의 207석보다 많은 219석을 얻었는데도 톨리아티와 네니는 데 가스페리의 연합정부에서 소수파의 역할을 받아들였다. 문제는 데 가스페리 정부가 바티칸과의 라테란 조약과 파시스트 형법을 온존시켰다는 것에 있었다. [PCI의 이러한 타협 노선은 1944년 톨리아티가 주도한 이른바 살레르노 대전환에 따른 것이었다. 대전환은 이탈리아 공산당의 우선 과제는 민족적 요구를 실현하는 것에 있다고 주장했다. 민족해방전쟁이 사회경제적 개혁에 우선하기 때문에 민족적 이익과 계급적 이익이 대립할 경우 계급적인 것을 지연시킬 수도 있다는 것이었다. 이러한 타협 노선의 뿌리에는 프롤레타리아, 농민, 중산층의 대연합을 실현한다는 통일전선론이 자리 잡고 있었다. 톨리아티는 자신의 통일전선론을 정당화하기 위해 그람시의 진지전 개념을 이용했다. 라테란 조약은 1929년 무솔리니 정부와 교황청 사이에 맺어진 조약으로 바티칸은 하나의 국가로서 독립성을 보장받았다. 무솔리니는 이 조약을 통해 교황청의 지지를 얻었다. ─ 옮긴이]
* 프랑스 공산당의 이론가.

도 인기가 없었지만 당분간 그건 가장 중요한 문제가 아닌 듯이 보였다. 사람들은 단절되고 배제되어 있었다. 문화에 접근하는 것은 특권의 문제였다. 대중추수주의와 지역주의에 대한 양보는 없었지만 민중과 문화 모두 당시의 상태로 머물러 있을 수 없다는 공통된 가정이 존재했다.

그 시절 공산주의자들과 사회주의자들은 다양한 스펙트럼을 보였다. 밀라노의 사회주의자들은 로마로부터 의심의 눈총을 받고 있었던 렐리오 바소와 리카르도 롬바르디 덕분에 이단으로 몰리는 분위기였다. 바소는 그 누구도 동조하지 않았던 룩셈부르크주의자라는 입장 때문이었고, 롬바르디는 로마가 제헌의회에서 브레스치아니 투로니와의 문제를 일으키지 않기 위해서 매우 신중한 태도를 취하고 있을 때, 주식 거래에 대한 일률 과세를 제안했기 때문이었다.[12] 로돌포 모란디는 전쟁 후 노동자 자주관리(self-management) 평의회의 문제를 제기했기 때문에 이탈리아 공산당으로부터 의심받았다.[13] 그러나 밀라노 지역은 전국적 정치 지도자를 배출하기 못했는데 좌파는 더욱 그랬다. 전국적 무대에서 눈에 띄는 유일한 롬바르디아 출신들은 시청이 위치한 쇠락한 마리노 궁(Palazzo Marino)의 건너편에 당당하게 서 있었던 밀라노 상업은행(Milan's Banca Commerciale)에서 나왔다. 사회주의자 시장이었던 안토니오 그레피가 항상 진지한 말투와 함께 시의 부흥을 고대하면서 볼품없는 책상 뒤에 앉아 있는 동안 상업은행의 무뚝뚝한 은행장 라파엘레 마치올리(그는 프랑코 로다노[14]를 통해 톨리아티와 피에로 스라파와 긴밀한 관계를 유지하고

---

12) 렐리오 바소(Lelio Basso, 1903~78): 이탈리아 사회당(PSI)의 당원이자 레지스탕스 투사. 1967년 출간된 룩셈부르크의 『정치적 저작선』(Political Writings)의 이탈리아판을 편집했다. 리카르도 롬바르디(Ricardo Lombardi, 1901~84): 레지스탕스 투사, 1947년 사회당에 결합했다. 코스탄티노 브레스치아니 투로니(Costantino Bresciani Turroni, 1882~1963): 경제학자, 1945년 로마은행의 은행장으로 임명되었다.
13) Rodolfo Morandi, 1903~55: '정의와 자유' 조직과 밀라노 PSI의 투사.
14) Franco Rodano, 1920~83: 가톨릭 반파시스트, 전시에 공산주의 가톨릭 운동(Movimento dei Cattolici Comunisti)에 참여했다.

548

있었다)는 테이블 위에 금융과는 전혀 상관없는 책더미와 함께 길 반대편에서 멋지게 힘을 얻어가고 있었다. 부근의 로벨로 거리에 위치한 노동자 사교 클럽으로 쓰이던 건물에는 피콜로 극장이 있었는데 그곳에서 조르조 스트렐러와 파올로 그라시가 장 빌라의 '국립민중극장'(Théâtre National Populare)*을 이탈리아에서도 시도하고 있었다. 엄청난 혼돈이 있었다. 밀라노는 여전히 포탄 구멍들과 흩어진 건물 잔해로 가득했고, 가로등은 거의 없었으며, 범죄가 만연했다. 그러나 모든 것이 전시보다는 안전했다. 케셀링의 포고문, 죽은 자들의 더미, 교수형 당한 사람들에 비한다면. 우리는 평화롭게 살 수 있었다.

당에 관련된 일들

1946년 2월 내가 이탈리아 공산당의 지부에 등록했을 때는 당의 구성원이 변화된 후였다. 비밀 연결망과 파르티잔들은 넓은 당원 층 아래로 숨어 있었다. 나는 전쟁 중에 고생했던 몇몇을 알아보았으나 그렇지 않은 사람들도 많이 섞여 있었다. 그 사람들은 독일 치하의 사건들에 굴복했던 사람들로 전쟁 후 비빌 언덕을 찾고 있었다. 너무 넓게 열린 당의 문은 나를 놀라게 했다. 입당 절차는 거의 존재하지 않았다. 그것은 분명 레닌 식의 정당이 아니었다.

내가 거대한 공장들의 세계를 발견한 것이 그때였다. 그것은 칸투나 브리안차의 조그만 작업장들이 아니었고 밀라노의 이노센티, 알파, 보렐티, 세스토 산조반니(Sesto San Giovanni)의 브레다, 마렐리, 팔크의 높은 벽들로 둘러싸인 거대한 조립 라인을 갖춘 작업장들이었다. 이러한 공장의 문들은 트럭

---

* 장 빌라(Jean Vilar)는 1951년 국립민중극장의 대표로 임명되면서 연극의 대중화를 위해 노력했다. 장면을 간략화하기도 하고 극장 입장료를 대폭 낮추기도 하였다.

타이어와 드나드는 사람들의 발자국으로 바닥의 흙이 쟁기질 친 것처럼 되어 있었는데, 도시는 공장으로부터 18미터 뒤로 물러나 있거나 혹은 그 반대로 공장이 도시로부터 멀찌감치 물러나 있는 듯이 보였다. 공장들은 언제나 반쯤만 지어진 모습을 하고 있었다. 나무로 만들어진 정문 또는 1900년대의 돌림무늬 벽 뒤의 콘크리트와 주름 잡힌 철제 건물. 이브레아의 올리베티 건물들이 들어설 때까지 근대 운동의 징표는 존재하지 않았다.* 공장은 건축이 아니라 컨테이너에 불과했다. 유일한 아름다움은 기계에 있었다. 철제 봉들에 걸린 기름 밴 헝겊 조각들은 기계의 부분들이 원활한 리듬에 맞추어 그들 나름의 템포에 따라 움직이는 것을 도와주는 노동자들의 흔적이었다.

우리는 당 기관지를 들고 토론하고 당원을 조직하기 위해 그곳에 갔다. 처음에 거대한 공장들 중 상당수는 우리에게 개방되어 있었다. 우리는 공장 노조 사무실에 가판대를 만들거나 집에서 준비해온 것을 먹기 위해 정오에 차가운 햇볕 아래로 나오는 노동자들을 기다리곤 했다. 이노센티에서는 노동자 관리위원회가 회사를 운영하는 것처럼 보였다. 그것은 신랄한 롬바르드 식 위트를 가진 대단히 지적인 동지였던 무네기나(Muneghina)가 이끌고 있었다. 그는 공중에 달린 쇠사슬에 연결되어 있는 커다란 고리로 우리를 쫓으면서 즐거워하곤 했다. 때때로 그것으로 우리를 공중으로 들어 올리기도 했다. 노동자들은 독일군이 후퇴할 당시 이전(transfer) 또는 파괴 행위로부터 그들이 지켜낸 공장들은 정당하게 자신들 것이라고 생각했다. 그러므로 우리의 것, 즉 이탈리아의 것이었다. 여성 노동자들(찡그린 표정에 쇠로 두른 파마 머리에 회색 얼굴을 한)은 말 걸기가 더욱 어려웠다. 그들은 언제나 급하게 움직였다. 아침에 분주히 정확한 시간에 출근 시간을 기록하고 상점들이 문을 닫기 전 우유를 사기 위해 서둘러 공장을 빠져나가거나 또는 한밤중까지 다음 날 도

---

* Camilio Olivetti가 창업한 이탈리아 기업으로 전자계산기를 생산했으며 지금은 컴퓨터와 프린터를 생산하고 있다. 올리베티는 디자인으로 유명하며 공장과 사무실 건축으로도 잘 알려져 있다.

시락을 준비하기 위해 집으로 서둘러 돌아갔다. 공장의 사이렌이 울리면 모든 노동자들이 전차를 향해 돌진하곤 했는데 그것은 도시의 재개발 사업이 그들을 도시 바깥쪽 교외 지역으로 몰아내서 매일 아침 사람들의 호흡과 증기로 가득 차서 정신을 몽롱하게 하는 객차에 실려 여행하게 만들었기 때문이었다. 당의 회합들은 저녁때 열렸는데, 종종 오래된 공공 주택(council estates)들의 지하실이 그 장소였다. 공공 주택들은 난간이 딸린 집들이 모여 있는 카사 디 링기에라(case di ringhiera) 바깥쪽에 있었으며 밀라노를 둘러싼 커다란 띠를 형성하고 있었다. 그 집들의 안마당 안쪽에는 망치와 낫으로 표시된 문이 있거나 지난번 회합에 관한 벽보가 붙어 있었다. 몇 걸음 내려가면 사방으로 뻗어나가는 파이프들, 실내장식을 하는 동지가 칠을 한 벽들, 회합이 끝날 때마다 조심스럽게 개켜 보관했던 기다란 붉은 천으로 덮인 탁자와 함께 건물 내부에 있게 된다. 종종 방은 완전히 가득 찼지만 더 많은 사람들은 공산주의자들이 어떤 사람들인지 궁금해하며 머뭇거리며 계단을 내려와 뒤편에 멀찍이 떨어져 앉았다. 지부 비서의 보고서는 세계적 상황에 대한 요약으로 시작해서, 국제적·국내적 사건들의 개관, 당의 지도적 기관들과 중앙위원회의 결정 사항에 대한 설명으로 이어졌다. 보고서는 지부의 전화요금까지 모든 것을 포괄했다. 물론 세계적 무대로부터 밀라노의 교외, 역사적 사건들로부터 그에 상응하는 당의 결정들로 옮겨 가는 데서 도식적인 어떤 것이 존재했다. 그러나 이것은 거대한 문화 접변(acculturation)이었다.

보고서 다음에는 토론이 있었는데, 그것은 길게 이어진 적이 없으며 많은 논쟁도 없었다. 누군가 당의 노선에 도전하는 발언을 하면 (언제나 톨리아티의 지도부가 너무 많은 양보를 하고 있다고 주장하는 좌파로부터 나왔다) 다른 쪽에서 누군가 당의 노선을 방어하기 위해 반사적으로 벌떡 일어났다. 그러한 방어는 의장석으로부터만 나오는 것은 아니었다. 그러한 방어는 민중을 거대한 도시와 공장의 고립으로부터 구원하고 하나로 결집하는 또 다른 이탈리아의 싹을 분열시키는 것을 막기 위한 어떤 것이었다. 이런 생각은 1970년대와 1980년대

서서히 사라져갈, 그리고 1989년의 정치적 변화로 와해될 당의 단단한 현실이었다. 또 다른 전통 안에서 좌파 사람들을 조직한, 지쳤지만 여전히 살아 있는 네트워크가 존재하기는 했다. 그들은 대중 매체의 동질화에 반대 입장을 표명했다.

하루의 노동 후에 지친 몸을 이끌고 지하실 회합을 가득 채우거나 당원 카드에 도장을 받기 위해 집집마다 돌아다녔던 사람들은 노동자, 교사, 기술자, 그리고 몇몇의 학생 들이었다. 전부는 아니었지만 대부분 가난했고 옷차림은 단정했다. 진짜 가난이 있는 곳에 꾸며진 빈곤 상태는 없었다. 그들은 억압받고 착취받지만 세계를 돌아가게 하는 법칙들을 대부분의 사람들보다 더 잘 이해하고 있다는 확신에서 오는 순수함과 자기확신이 있었다. 그리고 그들은 이상을 위해서 목숨을 던질 수 있다는 확신이 있었기 때문에 도덕주의적이었고 다른 사람들을 위험에 빠뜨리는 사람들과 그들 자신의 일부에 대해서 엄격했다. 나는 다른 사람들처럼 회의장으로 내려와서, 듣고, 가끔 발언하고 나에게 돌아온 몫의 임무를 수행했다. 많은 것을 배웠다. 항상 설득당한 것은 아니지만 통상적으로 그런 것 같았다. 나는 더는 청소년이 아니었고 신앙의 형식을 추구하거나 찾지 않았다. 나의 생각과 의장 또는 나의 옆자리에 앉은 사람들의 생각은 완전히 별개의 문제였다. 나는 단 한 번도 그것들이 일치해야 한다고 생각하지 않았다. 이것이 전후 기간 동안 내가 속했던 당이었다.

냉전의 시대에서

낙관적인 날들은 단명한 것으로 드러났다. 1947년 데 가스페리*는 전후의 동맹을 깨뜨렸고 좌파를 정부로부터 축출했다. 지부 비서의 보고서는 이것의

---

* Alcide De Gasperi, 1881~1954: 이탈리아 기독교민주당의 정치인.

배경으로 풀턴에서 있었던 처칠의 연설*과 트루먼 독트린을 언급했다. 연합국은 서로 대립했고 우리는 일상에서 냉전의 날카로운 끝을 느낄 수 있었다. 우리 발밑의 땅이 움직이고 있었다. 우리는 수세적 입장으로 내몰리고 있었고 회합을 무산시키고 구타하는 경찰에 익숙해져야만 했다. 물론 그들도 회합이 열리는 장소의 안마당에 갇히게 되면 수세에 몰릴 수 있었다. 사법부는 로코 코드(Rocco code)**를 들먹이며 야단법석을 떨었다. 얼마 가지 않아 옥내 회합에도 허가가 필요하게 되었고 공장에서 쟁의가 시작되면 돌이 날아다니고 유리창들이 부서지곤 했다.

 1948년 4월의 선거들이 전환점이었다. 나는 데 가스페리가 그 자신의 정치 선전을 믿었다고 생각하지 않는다. 그의 정치 선전은 공산주의자들과 사회주의자들이 신의 존재를 부정하는 독재를 강요할 것이며 우리는 단지 민주주의를 끝장낼 바로 그 순간을 기다리고 있을 뿐이라고 주장했다. 그는 지적이었고 그 시절 모든 미군 기지들을 통해서 이탈리아에서 혁명은 상상조차 할 수 없었다는 것을 알 수 있을 만큼 충분한 정보를 가지고 있었다. 하지만 그는 우리의 힘과 영향력을 두려워했다. 실제로 민주적 과정에서 배제될 위험에 처한 것은 이탈리아 공산당이었으며 밀라노와 롬바르디아의 많은 사람들은 좌파가 승리한다면 선거 결과를 뒤집을 것은 부르주아 국가일 것이라고 생각했다.

 그것은 나의 최초의, 그리고 고통스러운 선거운동이었다. 저지대 롬바르디아의 마을들이 나의 기억 속에서 미끄러지듯이 스쳐 지나간다. 차는 매번 나를 그 마을들의 광장에 내려주었고 그때마다 뱃속에 혹이 생기는 것 같았다. 내가 여기서 무엇을 하고 있는 걸까? 나는 식은땀을 흘리면서 심각하고 무표정한 얼굴들, 노동자들, 여타의 사람들 그리고 작업복 차림의 농장 노동자들을 찬찬히 바라보면서 자신을 청중 앞에 내세워야 했다. 나는 '밀라노에

---

* 철의 장막(iron curtain)이 처음으로 등장하는 공산주의권에 대한 비판 연설.
**1930년에 제정되고 1931년 7월 1일부터 발효된 파시스트 법.

서 온 어린 여자가' 그들이 혼자가 아님을 느끼게 하는 데 성공하고 있는지를 확인하고 싶었다. 그것은 익숙지 않은 감정이었다. 우리는 강했고 조직화된 유일한 당이었다. 그러나 우리는 신부들과 우리의 해로운 영향을 몰아내기 위해 곳곳에 운반되어온 도금된 성모 마리아 상의 바다에 둘러싸였다. 개표는 몹시도 느려서 며칠이 걸렸다. 처음 발표된 시골의 의석 몇 개가 기독교민주당에게 돌아갔고 뒤이어 도시 지역의 몇몇도 그랬다. 그러고 나서 홍수가 몰려왔다. 기독교민주당, 기독교민주당, 기독교민주당. 3분의 1의 투표가 집계된 후 기독교민주당은 우리를 멀찌감치 앞서고 있었다. 믿을 수가 없었다. 심지어 노동계급 거주 지역들에서도 우리는 가장 비관적인 전망보다도 못한 결과를 얻었다. 그 결과는 향후 수십 년 동안 기독교민주당을 지배적인 정치적 존재로 만들어준 치명타요 결정적인 패배였다. 우리는 정부를 떠나야 했고 만년 야당으로 전락했다. 이탈리아 공산당은 다양한 층에서 표를 얻기 시작한 때에도 야당 신세를 면하지 못했다. 우리는 그때 당시 이탈리아 정부와 공산주의자들을 격리한다는 계획(conventio ad excludendum)*을 아직 알지 못했다. 그것은 두 개의 강대국 사이의 투쟁, NATO의 창설, 글라디오 작전(Operation Gladio)**의 더러운 음모와 함께 나중에 정식화될 것이었다.

새로운 봄

1960년대는 훨씬 더 흥미로웠다. 이탈리아에서 이 시기는 성장하는 노동

---

* 이탈리아 공산당의 성장을 경계하기 위해 교회, 이탈리아 부르주아, 미국의 이해관계가 일치하여 공산당을 정부에서 축출한다는 계획.
** gladio는 이탈리아어로 검(sword)를 의미하며 바르샤바 조약기구의 침공에 대비해 게릴라 전쟁과 첩보전 등의 작전을 준비했다. 주로 반공주의자들로 충원되었는데, 이들 중 상당수가 나치나 파시스트 경력이 있는 사람들이었다.

자 투쟁과 혼란스러운 도시 성장의 해들이었다. 우리에게 1968년은 1967년 토리노와 베네치아의 건축학과에서 시작되었고, 사회학과의 점거와 함께 트렌토에서 폭발했으며 그해 12월부터 다음 해인 1968년 내내 거의 모든 곳으로 퍼져나갔다. 나는 학생운동이 투쟁을 시작했을 때 의회 안에서 정부의 대학 관련 입법이라는 재난과 싸우고 있었다. 나는 저항 시위에 몸을 던졌고 학생들의 요구 사항에 전적으로 동의했다. 이러한 동조는 제20차 당대회,* 헝가리, 중소분쟁 등에 대해서 공산당 지도부에 대한 비판을 제기했다는 이유로 이탈리아 공산당 내부에서 비판을 받기 시작한 상황에 따른 것이었다.[15] 한동안 국제적 무대는 격동의 상태에 있었는데, 이 모든 것이 같은 물결의 부분처럼 보였다. 하노이는 미국의 확전에 저항하고 반격을 시도했다. 소련이 물질적 지원을 주고 있었다는 것은 분명한 사실이었다. 알렉산데르 두프체크는 사회주의적 민주주의의 형식에 제자리를 찾아주기 위한 시도를 하고 있었다.** 그때 중국은 혁명 이후의 사회는 어떠해야 하느냐는 질문을 적극적으로 제기하고 있었다. 이탈리아 공산당 지도부는 1960년 이후 줄곧 소련의 편에서 있었으며 문화대혁명으로부터 중국 공산당 상층부의 권력투쟁을 제외하고는 그 어떤 것도 볼 수 없었다. 즉 문화대혁명은 아무것도 아니었다. 장뤼크 고다르와 마르코 벨로치오의 영화들이 중앙위원회보다 훨씬 더 강렬하게 중국에서 벌어진 소동의 역사적 사건의 규모를 보여주었다.***

---

* 소련 공산당 제20차 당대회(1956년 2월 14~26일). 흐루시초프가 공개적으로 스탈린을 비판했다.
15) 이 시기 이탈리아 공산당의 논쟁에 대해서는 Perry Anderson, "Debate of the Central Committee of the Italian Communist Party", *New Left Review* I/13~14, January~April 1962; Lucio Magri, "Italian Communism in Sixties", *New Left Review* I/66, March~April 1971; Luciana Castellina, "*Il Manifesto* and Italian Communism", *New Left Review* I/151, May~June 1985 참조.
**Alexsander Dubcek(1921~91): 소련의 노선을 이탈하여 체코슬로바키아 공산주의 체제를 개혁하려 했다. 이른바 인간의 얼굴을 한 사회주의를 표방하였으며 프라하의 봄으로 알려져 있다.
***Jean-Luc Godard는 프랑스의 영화인으로 1960년대 마오주의에 심취했다. Marco Bellocchio는 이탈리아의 영화감독, 시나리오 작가, 배우.

모든 것들이 속도를 높이기 시작했다. 베트남, 체코슬로바키아, 중국의 사건들이 모두 그랬다. 유럽은 젊은이들이 거리로 뛰쳐나와 그 전에는 전혀 언급된 적이 없는 것들을 분명히 했을 때 멍한 상태로 그들을 지켜보았다. 5월 초에 낭테르가 폭발했다. 낭테르는 급속하게 파리로 번져나갔으며 곧 전 세계의 상징이 되었다. 몇 주 안에 프랑스는 총파업으로 마비되었다. 나는 친구들과 그곳에 갔다. 우리는 카롤(K. S. Karol)의 집에 캠프를 설치하고 바리케이드가 설치된 라틴 지구(Latin Quarter)로 내려가서 수많은 군중들로 가득 채워진 오데온에서 첫 밤을 보냈다. 모든 사람이 발언할 권리를 가지고 있었다. 어떤 사람이 말을 더듬거나 원자화된 주체성(subjectivity of atomization)에 대해 표현하려고 노력할 때마다 "그들로 하여금 말하게 하라!"는 외침이 있었다. 우리가 밀라노로 되돌아가고 있었던 6월까지 프라하에도 심상치 않은 기운이 감돌고 있었다. 8월 21일 자정 알프레도 레이츨린(Alfredo Reichlin)이 『통일』 사무실에서 전화를 했다. 소련 탱크가 도시 안으로 진주하고 있다는 것이었다. 카롤과 나는 쿠바 대사관으로 달려갔다. 대사는 언제 올지 모르는 아바나로부터의 비난 성명을 기다리고 있었다. 다음 날 아침 레이츨린이 다시 전화를 했다. "당신의 친구 카스트로는 침공을 비난하지 않을 것이오." 뒤이은 며칠은 열광적이었다. 프라하에서 소련군은 불신의 인사를 받았다. 부다페스트와는 달리 저항은 없었다. 체코 사람들이 탱크의 포탑에 머리를 고정시키고 있는 병사들을 향해 "왜 당신들이 여기에 있는가?"라고 꾸짖었을 때 병사들은 뭐라고 답해야 할지 알지 못했다.

침공 후 처음 열린 2월의 이탈리아 공산당 제12차 당대회에서 소란이 일었다. 지도부의 문건들은 모든 것에 대해서 모호했다. 학생들, 내부적 상황, 프라하. 나는 우리 그룹 중 처음 마이크를 잡은 사람이었다. "우리는 스스로를 사회주의라고 부르는 나라의 군대가 또 다른 사회주의 국가를 점령하고 있는 지금 여기에 모였습니다." 탕! 포노마리오프(Ponomariov)가 이끄는 소련 대표단 전부가 일어나서 나가버렸다. 포노마리오프는 밀라노에 있는 나의 집에 굉장히 자주 머물렀던 사람이었다. 다른 나라 대표단들도 모두 소련 대표단을 따랐다. 오직 베트남 대표단만이 떠나지 않았다. 그들이 번역상의 문제들을 가지고 있었다는 것을 알기까지 우리는 이 사태를 중대하게 생각했다. 최고간부단의 침묵은 냉정했으나 청중들의 환호는 대단했다. 알도 나톨리(Aldo Natoli)가 사회적 투쟁들에 대해서 이탈리아 공산당이 보이고 있는 미적지근한 태도를 공격했을 때 그리고 루이기 핀토(Luigi Pintor)가 당내 체제의 경직화와 권위주의를 공격했을 때도 같은 반응이 있었다. 셋째 날까지 우리에 대한 지지가 얼마나 강력한지 알게 되었다. 비록 훨씬 적은 수가 당 지도부의 테제에 맞서는 우리의 문건에 찬성표를 던졌지만 말이다. 당을 분열시키지 않기 위해서, 우리를 소수파로 드러내놓지 않기 위해서. 상투적인 이유들이었다. 나는 '정책위원회'에서 우리의 문건을 당대회에 상정하는 것을 주장할 수 있는 유일한 사람이었다. 우리는 계속할 수 있었다. 매우 적은 표를 얻게 될 것이었다. 그러나 그때는 아직 희망이 있었다.

엔리코 베를링구에르가 발언했는데 그것은 사실상 그의 대표 취임 연설이었다.[16] 비록 소련에 관한 것은 어느 것도 인정하지 않았지만, 그는 무심코 우리가 제기했던 몇 가지 문제점들을 인정했다. 총회 대표들은 그것을 우리의 견해에 대해 개방적일 수 있는 가능성을 보여준 것으로 보았다. 우리의 문건에 표를 던지려 했던 소수의 동지들이 내 주위에 몰려들었다. 그들의 얼굴 표정은 우호적이었지만 걱정에 차 있었다. 그들은 새 총서기에게 자신들의 신념을 걸기를 원했다. 나는 당대회에 문건을 발표했고 우리가 그것을 표결에 부치지 않기로 결정한 이유를 설명했다. 영광스러운 순간은 아니었다. 내 주변의 모든 사람들로부터 갑작스럽게 터져나온 열렬한 박수 소리는 나를 더욱 불쾌하게 했다. 그 환호는 내가 저항적인 입장을 취하는 것을 포기함으로써

---

16) Enrico Berlinguer, 1922~84: 1943년부터 이탈리아 공산당 투사. 1972년부터 사망할 때까지 총서기 역임.

나왔기 때문이었다. 연단을 떠나서 가방을 집어들고 대회 장소를 빠져나왔다.

그 후의 두 달은 견디기 힘든 시간이었다. 어떻게 그렇게 엄청난 보수주의가 당 안에 축적될 수 있었단 말인가? 아직 무언가 새로운 것이 있는 것 같았다. 당이 외피 안으로 몸을 감추는 것으로 1968년에 대응하게 될 것이라는 사실이 미리 결정되어 있었던 것은 아니었다. 소련은 무력을 사용하지 않고서는 자기 진영의 질서를 유지할 수조차 없게 되었다. 소련은 식민지를 벗어난 국가들에서 무엇을 해야 하는지 아무 말도 하지 않았고 중동의 미덥지 않은 진보주의를 지원하는 것에 스스로를 한정하고 있었다. 소련은 더는 포위된 요새가 아니었다. 하지만 군비 경쟁으로 스스로를 소진하고 있었다. 그리고 계속 안으로부터 스스로를 허물고 있었다. 1969년, 소련 지도부의 중대한 변화 없이는 어떤 희망도 없었다. 대중은 마비되었다. 그것은 공포가 아니라 회의(scepticism) 때문이었다. 1943년 나 자신을 걸었던 생명체이자 격동의 시절을 함께 여행했던 이탈리아의 당은 어떤가. 고통과 욕망과 무기력함이 어떤 지경에까지 이른 것인가? 나는 거대한 건반을 연주하는 것처럼 당 안에서 움직이는 것에 익숙하도록 성장했다. 그 거대한 건반은 나의 감촉을 등록하고 그것을 다시 메시지로 전달하는 그런 종류였다. 당시 나는 그 건반들로부터 멀어져 있었다. 그러나 우리는 당을 포기하지는 않았다. 한 번의 전투에서는 패배했지만 아직 전쟁에서 패배하지는 않았다는 희망이 여전히 남아 있었다. 공격을 다시 시작하고 새로운 월간지를 창간하지 못할 이유가 없었다. 우리는 잃을 것이 없었다.

『선언』(Il Manifesto)에 대한 생각을 처음으로 그리고 가장 열성적으로 제기한 것은 루치오 마그리(Lucio Magri)였다. 핀토, 나톨리, 루치아나 카스텔리나(Luciana Castellina), 엘리세오 밀라니(Eliseo Milani)와 내가 시작부터 마그리와 함께했고 다른 사람들은 일단 일이 시작된 후 편집진에 합류했다. 우리는 바리에 있는 조그만 출판사를 발견했다. 우리의 피는 다시 한 번 용솟음치기 시작했다. 공정함을 위해 당에 이 사실을 알려야만 했다. 베를링구에르에게 이야기하는 임무가 나에게 주어졌다. "월간 평론지를 시작하려 합니다. 조언을 구하러 오지는 않았습니다. 왜냐하면 당신이 안 된다고 말할 것이라고 생각했기 때문입니다. 제가 여기에 온 것은 당신에게 사실을 알려주기 위해서입니다." 그는 나에게 화내지 않았는데, 그는 거의 통제력을 잃지 않는 사람이기 때문이기도 했지만, 아마도 사태의 전말에 대해서 곰곰이 생각하고 있었던 것 같다. 그는 우리가 누구인지 알고 있었고 우리가 이야기할 수 있는 기회를 얻게 될 것이라는 점도 알고 있었다. "어떻게 하고 싶으신지 설명해주세요." 내가 그에게 말했다. 그는 심드렁하게 우리의 입장에 반대되는 조언을 했다. 그는 우리의 결심이 섰다는 것을 이해했다. "규율에 따른 제재가 있을 것이라 생각하십니까?" 내가 물었다. "그렇지 않을 거요." 나는 초교를 보여주겠다고 약속하고 그와 헤어졌다.

1969년 6월

최종적으로 『선언』으로 결정하기까지 우리는 새로운 저널 이름을 두고 토론하느라 많은 시간을 보냈다. 이름을 결정하면서 우리는 1848년을 생각했다. 우리 모두가 첫 호에 기고를 했다. 나는 교정본을 베를링구에르에게 보냈고, 그는 곧바로 전화를 걸었다. "그리고 당신들은 이것을 분석을 위한 저널이라고 생각하나요? 이건 정치적 개입일 뿐입니다." "같은 것이잖아요." 그는 창간을 2주만 늦추어달라고 요청했다. 그는 모스크바 대회(Moscow Congress)에서 체코슬로바키아 침공을 공격하기를 원했다. 그는 소련 공산당이 그의 얼굴에 대고 우리의 잡지를 흔드는 꼴은 보고 싶지 않았다. 우리는 동의했다. 『선언』의 초판은 6월 말에 나왔고 32,000부가 팔렸다. 곧 바리 출판사에게 금전적인 도움을 줄 수 있는 80,000부까지 늘어났다. 베를링구에르는 8월에 수차례 전화를 걸어왔다. 그는 우리를 출당하는 것을 원하지 않았고 일련의 타협안을 제안했다. 타협안은 『선언』이 계속 발간되게 허용하는 대신 편집위원회에 당 지도부로부터 파견된 사람들이 포함되어야 한다는 것이었다. 그것은 우리가 가야 할 길이 아니었다. 저널은 명시선집이 아니다.

문제를 일으킨 것은 체코슬로바키아 침공 1주년 후인 1969년 9월호 『선언』에 실린 마그리의 사설이었다. 「프라하는 외롭다」는 제목의 사설은 두프체크의 길은 모스크바에게는 매우 긍정적인 의미가 있지만 워싱턴과는 아무런 관련이 없었다고 주장했다. 큰 혼란이 일었다. '중앙위원회'가 소집되었고 『선언』의 폐간이 공식적으로 요청되었다. 역설적인 것은 1969년 이탈리아의 '뜨거운 가을'이 막 시작되는 시점이었다는 것이었다. 휴가철 후 항상 그랬던 것처럼 공장이 다시 가동되는 대신 모든 공장들이 노동자들에게 점거되고 있었다. 거대한 피아트 공장이 선두에 있었다. 그러나 당은 우리의 사건에만 모든 것을 집중하고 있었다. 뜨거운 가을은 전쟁 이후 가장 크고 가장 잘 조직화된 노동자 투쟁이었다. 그것은 단순한 파업이 아니라 경영상의 위계를 밀어버리고 전체 생산 과정을 그들 손에 장악한 노동자들의 문제였다. 그리고 이 노동자들은 수십 년 동안의 탄압에 단련된 경험 많은 세대가 아니라 젊은 노동자들이었다. 그들은 종종 자격증을 가지고 있지 않았다. 그들은 그들이 성장한 사회의 혼란스러운 발전으로부터 교육받았다. 그들은 여전히 반향하고 있었던 한 해 전 학생들의 저항으로부터 무엇인가를 성취해 그것을 자신들의 것으로 만들었다.

공장 문을 뚫고 행진하고 조립 라인을 점거했을 때 젊은 노동자들이 마음에 담고 있었던 것이 혁명이었을까? 결정은 공장에서 공장으로 불꽃처럼 퍼져나갔다. 그들은 작업장을 변화시키고 그것을 그들의 통제 아래 두기 위해 싸웠다. 그들은 복종의 습관을 벗어던졌다. 집회에서 발언할 때, 노조 대표들은 비숙련 노동자들처럼 마이크 앞에서 줄을 서야만 했다. 1년 전 파리의 오데온에서 그랬던 것처럼. 그러나 원자화되는 감정은 존재하지 않았다. 노동자들은 그들이 있어야 할 곳에 있었다. 그들은 그때까지 어떻게 일이 진행되었는지, 어떤 것을 할 수 없을지, 어떻게 일들이 진행될 수 있을지에 대해서 이야기했다. 위험은 매우 컸다. 자본에게 그것보다 더 큰 도전은 있을 수 없었다.

미디어는 그것을 잘 알고 있었다. 처음에 언론은 공산당과 노조들이 결합하지 않는 것을 보고 만족해했지만 곧 겁을 먹기 시작했다. 1년 전 대학 점거 사태와는 다른 일이었다. 어린아이들의 반란이 아니라 기성 사회가 상상할 수 있는 공장들이 돌아가는 유일한 방법에 대한 거부였다. 그들은 피아트가 그들이 하찮게 여기던 노동자들에 의해서 돌아가고 있다는 것, 공장 노동자들이 서로 다른 조립 라인들에서 발생하는 생산의 문제들을 토론할 수 있다는 것, 그리고 무엇인가를 지시해야 하는 경영진 없이도 합의에 이를 수 있다는 것에 충격을 받았다. 1968년 학생들의 조롱이 용서받을 수 없었다면, 1969년 '뜨거운 가을' 산업 생산을 지탱하고 있었던 낡아빠진 권력 메커니즘의 베일을 벗겨낸 노동자들도 용서받을 수 없었다. 기성 사회가 노동자들의 투쟁을 받아들일 수 없는 더 큰 이유는 노동자들이 공장을 점거하면서 스스로 강령을 만들어내고 직접 선거를 통해 대표단을 구성했다는 것에 있었다.

내 생각에 1969년 가을은 전후 시대에 생산체제의 심장부에 존재하는 투쟁의 잠재력이 제한되지 않고 표출되었던 (잠깐 동안 실제로 그랬다) 유일한 시간이었다. 유럽은 아직 1968년의 여파로 흔들리고 있었고 미국은 베트남 전쟁에 반대하는 운동으로 요동치고 있었다. 중국 문화대혁명의 메아리도 아직 사라지지 않고 있었다. 라틴아메리카는 게릴라 투쟁과 군부독재에 의해 상처받은 채로 혼란에 빠져 있었다. 보편적이지만 조직화되어 있지 않았던 공통의 정세에서의 첨예한 위기였다. 전율이 사회의 모든 부분으로부터 올라왔다. 오직 소련만이 1968년과 1969년의 충격에서 벗어나 있었다. 소련 사회가 경직되어 있다는 더 확실한 증거였다.

1969년의 폭발은 『선언』의 존재 이유였다. 공산당은 생산수단들에 대한 포위공격을 계속해서 확대하지 않는 한 그 반란을 지도할 수 없었으리라. 당은 자본 도피(a flight of capital)를 자극하지 않으면서 소유에 대한 결정권을 장악하는 것이 필요했다. 쉬운 일이 아니었다. 하지만 어떤 것도 시도되지 않았고 어떤 것도 숙고되지 않았다. 이탈리아 공산당은 자신의 노선을 발전시켜온 케인스주의적 틀에서 한 발도 나아가지 않았다. 케인스주의 그 자체가 머지않아 전복될 것이었다. 현재를 설명하는 것은 바로 그때 몇 년의 시간이다. 1969년 11월 24일 중앙위원회는 우리의 출당에 대해 표결하기 위해 재소집되었다. 그들이 이용한 공식은 우리가 적, 배신자 또는 간첩은 아니라는 것을 의미했다. 접근 방법이 서로 다를 뿐이라는 것이었다. 베를링구에르는 보고 이후 나의 중재 노력에 시한을 정하지 않을 것이라고 말했다. 회의장 입구에서 그가 나를 잡아끌었다. "아직 시간이 있어." "복종의 제스처를 보일 시간 말인가요?" "아니 충성의 제스처야." 나는 대략 40분 동안 연설했고 나톨리도 같은 길이의 연설을 했다. 그들은 "공산주의자가 되기 위해 당원 카드가 필요하지는 않다"는 그의 발언을 용서하지 않았다.

그렇다. 공산주의자가 되기 위해 당원 카드가 필요하지는 않다. 하지만 하나의 국가를 이끌기 위해서는 대중 정당이 필요했다. 이탈리아 공산당은 그런 정당이 아니었거나, 혹은 더는 그렇지 못했다. 최소한 나톨리와 나는 그것을 대체할 수 있는 또 다른 당을 만들 수 있다고 믿는 바보스러운 짓을 다시 하지는 않았다. 『선언』을 통해 우리는 치열하게 벌어지던 노동자들의 투쟁과 첨예하게 드러나던 대학들의 위기 현장으로 뛰어들었다. 우리는 젊은 세대의 새로운 희망과 영광스러운 시절을 가지고 있었던 구좌파의 지식 사이에 교량 역할을 할 수 있기를 바랐다. 그런 방향으로 일이 진행되지는 않았다. 하지만 그것은 다른 차원의 이야기였다.

〔서영표 옮김〕

| 출전 |

제1부 세계정세의 현황

페리 앤더슨, 「21세기 세계는 어디로 가는가」(Jottings on the Conjuncture)
　　New Left Review 48(2007. 11~12), pp. 5~37.

로빈 블랙번, 「세계 경제위기의 신호탄, 서브프라임 위기」(The Subprime Crisis)
　　New Left Review 50(2008. 3~4), pp. 63~106.

키스 반 데어 페일, 「신자유주의에 포섭된 로크적 유럽?」(A Lockean Europe?)
　　New Left Review 37(2006. 1~2), pp. 9~37.

피터 고언, 「미국에 종속된 역사 속의 유엔」(US : UN)
　　New Left Review 24(2003. 11~12), pp. 5~28.

로버트 웨이드, 「세계경제의 남반구 목조르기」(Choking the South)
　　New Left Review 38(2006. 3~4), pp. 115~27.

제2부 각 지역의 쟁점들

타리크 알리, 「미국의 이라크 점령 이후 중동 정세」(Mid-Point in the Middle East?)
    New Left Review 38(2006. 3~4), pp. 5~19.

왕후이, 「탈정치화된 정치, 동에서 서로」(Depoliticized Politics, From East to West)
    New Left Review 41(2006. 9~10), pp. 29~45.

마이크 데이비스, 「두바이의 공포와 돈」(Fear and Money in Dubai)
    New Left Review 41(2006. 9~10), pp. 47~68.

커식 선더 라한, 「실험되는 가치들: 인도의 임상실험과 잉여건강」(Experimental Values, Indian Clinical Trials and Surplus Health)
    New Left Review 45(2007. 5~6), pp. 67~88.

(대담) 체링 샤캬, 「티베트인의 정체성과 중국」(Interview: Tibetan Questions)
    New Left Review 51(2008. 5~6), pp. 5~27.

제3부 정치사상의 재구성

알랭 바디우, 「사르코지라는 이름이 뜻하는 것: 공산주의적 가설」(The Communist Hypothesis)
    New Left Review 49(2008. 1~2), pp. 29~42.

레지 드브레, 「매체론으로 본 사회주의의 역사」(Socialism: A Life-Cycle)
    New Left Review 46(2007. 7~8), pp. 5~28.

맬컴 불, 「생명정치적인 것의 벡터들」(Vectors of the Biopolitical)
    New Left Review 45(2007. 5~6), pp. 7~25.

낸시 프레이저, 「세계화되는 현실에서의 정의, 새로운 틀구성」(Reframing Justice in a Globalizing World)
    New Left Review 36(2005. 11~12), pp. 69~88.

제4부 자본주의와 미학

자크 랑시에르, 「미학 혁명과 그 결과: 자율성과 타율성의 서사 만들기」(The Aesthetic Revolution and its Outcomes, Emplotments of Autonomy and Heteronomy)
  New Left Review 14(2002. 3~4), pp. 133~51.

우친타오, 「문화적 포장지로서의 예술: 일본의 터미널 데파트」(Tokyo's High-Art Emporia)
  New Left Review 27(2004. 5~6), pp. 121~28.

테리 이글턴, 「자본주의와 형식」(Capitalism and Form)
  New Left Review 14(2002. 3~4), pp. 119~31.

제5부 회고

(회고) 로사나 로산다, 「격변의 시대 이탈리아의 정치와 삶: 밀라노에서 온 동지」(The Comrade from Milan)
  New Left Review 49(2008. 1~2), pp. 76~100.

| 지은이 소개 | (게재순)

페리 앤더슨(Perry Anderson)은 1938년 영국 런던에서 태어나 중국, 미국, 아일랜드에서 소년 시절을 보냈으며 옥스퍼드 대학을 졸업했다. 1962년 이후 오랜 기간에 걸쳐 『뉴레프트리뷰』의 편집을 맡은 바 있고, 지금도 이 잡지의 편집위원으로 있다. 현재 UCLA에서 역사학과 사회학을 가르치고 있다. *A Zone of Engagement*(1992), *The Origins of Postmodernity*(1998), *The New-Old World*(2009)를 비롯하여, 국내에 번역된 『고대에서 봉건제로의 이행』(창비, 1991), 『역사적 유물론의 궤적』(새길, 1994), 『절대주의 국가의 계보』(까치, 1997), 『서구 마르크스주의 읽기』(이매진, 2003), 『스펙트럼: 20세기 사상의 궤적』(도서출판 길, 2009 근간) 등의 저서가 있다.

로빈 블랙번(Robin Blackburn)은 1940년 영국 런던에서 태어났다. 옥스퍼드 대학과 런던 정경대학(LSE)에서 역사사회학, 비판적 사회이론, 현대 자본주의, 제3세계 등을 주제로 연구하고 강의했으며, 킹스 칼리지, 케임브리지, FLACSO(Latin American Social Science Faculty), 우드로윌슨센터 등을 거쳐 현재 영국 에식스 대학과 석좌교수로 있는 미국 뉴욕 뉴스쿨에서 사회사와 정치경제를 가르치고 있다. 『뉴레프트리뷰』 편집위원장을 역임했고(1981~99), 1962년부터 현재까지 편집위원을 맡고 있다. 1970년 이후 버소(Verso) 출판사에서 편집자문위원으로도 활동하고 있다. 저서로는 *The Overthrow of Colonial Slavery, 1776~1848*(1988), *The Making of New World Slavery: From the Baroque to the Modern, 1492~1800*(1997), *Banking on Death or Investing in Life: The History and Future of Pensions*(2002), *Age Shock and Pension Power:*

Grey Capital and the Challenge of the Aging Society(2007) 등이 있으며, 편저로는 『몰락 이후』(창비, 1994)가 있다.

키스 반 데어 페일(Kees Van Der Pijl)은 1947년 네덜란드 도르트레히트에서 태어나 라이덴 대학에서 법과 정치경제학을 공부하고 암스테르담 대학에서 박사학위를 받았다. 암스테르담 대학에서 수년간 가르친 데 이어 2000년부터 영국 서식스 대학 국제관계학 교수로 재직하고 있으며 이 대학의 지구정치경제학 연구소에 참여하고 있다. 저서로 *The Making of an Atlantic Ruling Class*(1984), *Transnational Classes and International Relations*(1998), *Global Rivalries: From the Cold War to Iraq*(2006), *Nomads, Empires, States: Modes of Foreign Relations and Political Economy*(2007) 등이 있다.

피터 고언(Peter Gowan)은 런던 대학 국제관계학 교수이며, 국제관계학 석사과정 학과장을 맡고 있다. 주요 연구 주제는 현대 대서양 양안 국가들의 대외정책 방향, 국제정치학과 국제 정치경제를 국제관계 이론과 결합시키는 것이다. 1980년대와 1990년대 중반까지는 유럽에서의 자본주의 진영과 공산주의 진영의 관계를 연구했으며, 1990년대 후반 이후로는 미국 자본주의와 미국 대외정책의 관계 그리고 대서양 양안과의 관계에 대해서 연구해오고 있다. 저서로는 *The Twisted Road to Kosovo*(2000), *The Global Gamble*(1999), 국내에 번역된 『세계 없는 세계화: 금융패권을 통한 미국의 세계 지배전략』(시유시, 2001) 등이 있으며, 논문으로는 "Triumphing to International Disaster: The Impasse of American Grand Strategy" (*Critical Asian Studies*, vol. 36, no. 1, 2004), "The New Liberal Cosmopolitanism" (Daniele Archibugi, ed., *Debating Cosmopolitics*, Verso, 2003) 등이 있다.

로버트 웨이드(Robert Wade)는 런던 정경대학 정치경제학 교수이다. 1980년대 세계은행에서 일했으며, 동아시아 산업화 과정에서 발전국가 모형이 수행한 역할에 대한 연구로 세계적으로 잘 알려져 있다. 또한 그는 세계화된 세계에서 개발도상국의 발전 방안, 특히 개발도상국 발전을 돕기 위한 국제경제 시스템의 역할에 관심을 갖고 있으며 세계화가 경제성장, 소득분포, 불평등에 끼치는 영향 등을 연구하고 있다. 저서로 *Governing the Market: Economic Theory and the Role of Government in East Asian Industrialization*(1990) 등이 있으며, 한국에 소개된 논문으로는 프랭크 베네로소(Frank Veneroso)와 공동 집필한 「아시아 위기: 고부채 모델과 월가-미국 재무부-IMF 복합체의 대결」(삼인, 1998)이 있다. 그 외 다수의 논문이 있다.

타리크 알리(Tariq Ali)는 1943년 파키스탄 라호르에서 태어났다. 라호르 대학을 다닐 때, 군사독재에 맞서 저항하다 영구 추방되어 영국 옥스퍼드 대학으로 유학을 떠났다. 옥스퍼드 유니언의 회장으로 선출되어 베트남 전쟁 반대시위를 계획하면서부터 정치적 명성을 얻었다. 격동의 시기였던 1960년대를 반전운동가로 활동했으며, 현재 『뉴레프트리뷰』 편집위원으로 있다. 국내에 번역된 저서로 『1968: 희망의 시절, 분노의 나날』(공저, 삼인, 2001), 『근본주의의 충돌』(미토, 2003), 『술탄 살라딘』(미래인, 2005), 『1960년대 자서전: 열정의 시대 희망을 쏘다』(책과함께, 2008) 등이 있다.

왕후이(汪暉)는 1959년 중국 장쑤성(江蘇省) 양저우(揚州)에서 태어났다. 1988년 중국 사회과학원(社會科學院)에서 박사학위를 취득하였고, 1991년부터 『쉬에르언』(學人) 총간(叢刊)을 발행하기 시작하였으며, 1996년부터 2007년까지 잡지 『뚜수』(讀書)의 편집인을 맡았다. 2002년부터 칭화 대학(淸華大學) 교수로 재직하고 있다. 저서로 『反抗絕望: 魯迅及其文學世界』(1988), 『無地彷徨: 五四及其回聲』(1994), 『汪暉自選集』(1998), 『現代中國思想的興起』(2005), 국내에 번역된 『새로운 아시아를 상상한다』(창비, 2003), 『죽은 불 다시 살아나: 현대성에 저항하는 현대성』(삼인, 2005), 『고뇌하는 중국』(공저, 도서출판 길, 2006) 등이 있다.

마이크 데이비스(Mike Davis)는 1946년 미국 캘리포니아 주 샌버너디노에서 태어났다. 정육점 직원, 트럭 운전수, '민주사회를 위한 학생연대' 등의 일과 학업을 병행하며 정육노조의 장학금으로 캘리포니아 대학에 입학하여 로스앤젤레스 캠퍼스에서 역사학을 공부했다. 1960년대에 민권운동, 반전운동, 노동운동에 참가한 그는, 현재 캘리포니아 대학 어바인 캠퍼스 역사학 교수로 재직 중이며, 강의를 하면서 노동운동을 계속하고 있다. 또한 1998년 맥아더 펠로십(MacArthur Fellowship)을 수상했고, 게티인스티튜트의 연구원이기도 하다. 1980년 『뉴레프트리뷰』 편집위원에 참여했으며, 다수 잡지에 고정 필자로도 활동하고 있다. 저서로 *City of Quartz: Excavating the Future in Los Angeles*(1990), *Buda's Wagon: A Brief History of the Car Bomb*(2007), 국내에 번역된 『미국의 꿈에 갇힌 사람들』(창비, 1994), 『슬럼, 지구를 뒤덮다』(돌베개, 2007), 『조류독감』(돌베개, 2008), 『엘니뇨와 제국주의로 본 빈곤의 역사』(이후, 2008), 『제국에 반대하고 야만인을 예찬하다』(이후, 2008) 등이 있다.

커식 선더 라한(Kaushik Sunder Rajan)은 일찍이 생물학을 공부했고, 2002년 MIT에서 과학과 기술의 역사사회학(History and Social Studies of Science and Technology) 분야로 박사논문을 썼다. 2003년까지 하버드 케네디 스쿨이 주최하는 과학과 기술, 정책 연구 프로그램에서 박사 후 특별연구원으로 활동하였다. 2006년에는 미국과 인도에서 펼쳐지는 게놈 과학의 정치경제적 함의를 파헤치는 『생명자본』(*Biocapital*)을 출간하였다. 현재 어바인 소재 캘리포니아 대학 인류학과 조교수로 재직하고 있다.

체링 샤캬(Tsering Shakya)는 1959년 티베트 라싸에서 태어났다. 그의 아버지는 티베트어로 가르치는 작은 사립학교의 교장으로 그가 아직 어린아이일 때 죽었다. 문화대혁명이 일어나자 형 한 명과 누나는 좌파 세력에 헌신하였고, 다른 형은 거기에 반대하다가 감옥에 갇혔다. 1967년 그의 어머니는 가장 어린 아들인 샤캬와 딸 한 명을 데리고 네팔로 떠났다. 샤캬는 북부 인도 무수리(Mussoorie)의 티베트 학교에 몇 년간 다녔다. 1973년 햄프셔의 기숙학교에 장학금을 받아 들어가서는 런던대학 동양학 및 아프리카학 스쿨에서 공부를 계속하였다. 1983년에서 1990년 사이에는 노동당 주도의 런던 시의회들과 함께 반(反)인종주의 캠페인에 참가해 활동했다. 1947년 이후의 티베트 역사를 다룬 걸작 『설역의 용』을 1999년에 출간했으며, 불교 승려인 팔덴 갸초(Palden Gyatso)의 자서전 『눈 아래의 불꽃』(Fire Under the Snow, 1997)을 번역했고, 현대 최초로 티베트의 짧은 이야기와 시를 다룬 시집 『눈 사자의 노래』(Song of the Snow Lion)를 공동 편집했다. 지금은 밴쿠버의 브리티시컬럼비아 대학에서 학생들을 가르치고, 현대 티베트 문학에 관해 연구하고 있다.

알랭 바디우(Alain Badiou)는 1937년 모로코 라바에서 태어나 파리 고등사범학교에서 수학한 후 교수로 재직했으며, 1969년부터 2000년까지 파리 8대학 교수를 역임했다. 1999년 파리 고등사범학교 철학과 교수로 복귀하며 현대프랑스철학연구소를 설립하였고, 현재 같은 연구소 소장으로 재직하고 있다. 저서로 Théorie du sujet(1982), Le nombre et les nombres(1990), Abrégé de métapolitique(1998), Court traité d'ontologie transitoire(1998), Petit manuel d'inésthétique(1998), Le Siècle(2005), Logiques des mondes(2006), 국내에 번역된 『들뢰즈: 존재의 함성』(이학사, 2001), 『조건들』(새물결, 2006), 『사도 바울: '제국'에 맞서는 보편주의 윤리를 찾아서』(새물결, 2008), 『철학을 위한 선언』(도서출판 길, 2009 근간) 등이 있다.

레지 드브레(Régis Debray)는 장기적인 견지에서 문화적 의미망의 형태와 변화를 연구하는 매체학(médiologie)의 권위자로, 1940년에 출생하여 루이 알튀세르의 지도 아래 파리 고등사범학교에서 수학했고 1965년에 철학교수 자격을 취득했다. 1960년대 후반 쿠바의 아바나 대학에서 철학을 가르쳤고 체 게바라와 함께 활동하던 중 1967년 볼리비아에서 투옥되었다가 장 폴 사르트르와 앙드레 말로 등의 구명운동에 힘입어 1970년에 석방되었다. 1980년대 프랑스 미테랑 대통령 정부 당시 외교 부문 자문위원을 역임하기도 하였다. 대표적인 저서로 Critique de la raison politique(1981), Introduction à la médiologie(2000), 국내에 번역된 『이미지의 삶과 죽음』(시각과언어, 1994) 등이 있다.

맬컴 불(Malcolm Bull)은 옥스퍼드 대학에 있는 러스킨 스쿨 오브 드로잉 앤드 파인 아트(Ruskin School of Drawing and Fine Art)에서 예술사를 가르치고 있다. 옥스퍼드 대학 세인트 에드먼드 홀 연구위원이며, 『뉴레프트리뷰』 편집위원이다. 미학과 철학, 사회과학을 아우르는 다양한 주제들을 연구하고 있다. 저서로 Apocalypse Theory and the Ends of the World(1995), Seeing Things Hidden: Apocalypse, Vision and Totality(2000), The Mirror of the Gods: Classical Mythology in Renaissance Art(2006), Anti-Nietzsche(2009) 등이 있으며, 국내에 소개된 글로는 「손칼로는 새로운 사회를 만들 수 없다」(『제국이라는 유령: 네그리와 하트의 제국론 비판』, 이매진, 2007)가 있다.

낸시 프레이저(Nancy Fraser)는 1947년 미국 볼티모어에서 태어났으며, 1969년 브린모어 대학 철학과를 졸업하고, 뉴욕 시립대학 철학과에서 석사·박사학위를 받았다. 1995년부터 현재까지 미국 뉴욕 뉴스쿨(the New School for Social Research)에서 Henry A. and Louise Loeb Professor of Political and Social Science로 재직하고 있으며, 저널 『Constellations』의 편집자문위원으로 활동하고 있다. 오늘날 대표적인 젠더 이론가들 중 한 사람이자 페미니스트 정치철학자로 꼽히는 그녀의 저서로는 Unruly Practices(1989), Feminist Contentions(공저, 1994), Justice Interruptus(1997), Redistribution or Recognition?(공저, 2003), Scales of Justice(2008), Adding Insult to Injury(Kevin Olson 편집, 2008) 등이 있다.

자크 랑시에르(Jacques Rancière)는 1940년 알제리에서 태어났다. 파리 고등사범학교를 졸업하고, 파리 8대학에서 1969년부터 2000년까지 미학과 철학을 가르쳤다. 알튀세르의 영향 아래 인간주의적 마르크스 해석과 단절하고 마르크스를 과학적으로 읽기 시작했으며, 그러던 중 68운동을 경험하면서 알튀세르주의자들이 주장하는 이론적 실천이 내포한 '앎과 대중의 분리', 그들의 이데올로기론이 함축하는 '자리/몫의 배분'에 반대하며 『알튀세르의 교훈』(1974)을 썼다. 1970년대 초반부터 노동자들의 문서고를 살피기 시작했고, 1975년부터 1985년까지 잡지 『논리적 반란』을 통해 그 결과물들을 내놓았다. 아울러 구소련의 붕괴와 더불어 선포된 정치의 몰락/회귀에 맞서 정치와 평등, 그리고 민주주의에 대해 고민하면서 다수의 역작을 펴냈다. 저서로 Les noms des l'histoire: Essai de poétique du savoir(1993), Le philosophe et ses pauvres(1987), Politique de la littérature(2007), Le spectateur émancipé(2008) 등이 있으며, 국내에 번역된 『감성의 분할』(도서출판b, 2008), 『정치적인 것의 가장자리에서』(도서출판 길, 2008), 『무지한 스승』(궁리출판, 2008), 『미학 안의 불편함』(인간사랑, 2008) 등이 있다. 2008년 12월, 궁리출판, 도서출판 길, 도서출판b 초청으로 한국을 방문한 바 있다.

우친타오(吳金桃)는 1997년 런던 대학에서 서양미술사로 박사학위를 받았으며, 2001~04년 난화(南華) 대학 미술 및 예술관리연구소 조교수를 역임했다. 현재 중앙연구원 구미연구소 조연구원으로 활동하고 있다. 저서로 *Privatising Culture: Corporate Art Intervention since the 1980s*(2002)가 있다. 최근에는 영국 런던에서 열린 '문화와 자본 사이: 미술 기구와 기업 후원'이라는 회의에서 "Catwalks and Artworks: Showing and Selling on the Global Stage"를 발표함으로써 미술의 세계화와 미술과 상업의 관계에 주목하고 있다.

테리 이글턴(Terry Eagleton)은 생존하는 비평가 중 가장 영향력 있는 마르크스주의 문학비평가로 알려져 있다. 1992년에서 2001년까지 옥스퍼드 대학에서 영문학과 교수로 재직했고, 그 후 2008년까지 맨체스터 대학에서 문화이론 교수를 역임했다. 2008년 이후 랭커스터 대학 영문학과에서 가르칠 예정이다. 저서로 *The Idea of Culture*(2000), *How to Read a Poem*(2006), *The Meaning of Life*(2007), *Trouble with Strangers: A Study of Ethics*(2008)를 비롯하여, 국내에 번역된 『문학이론입문』(창비, 1989), 『미학사상』(한신문화사, 1995), 『셰익스피어 다시 읽기』(민음사, 1996), 『포스트모더니즘의 환상』(실천문학사, 2000), 『우리 시대의 비극론』(경성대학교 출판부, 2006), 『성자와 학자』(한울, 2007), 『성스러운 테러』(생각의나무, 2007), 『이론 이후』(도서출판 길, 2009 근간) 등이 있다.

로사나 로산다(Rossana Rossanda)는 1924년 이탈리아 폴라에서 태어났다. 제2차 세계대전 중 19살의 나이에 레지스탕스 운동에 가담했으며 공산당에 입당했다. 전후에 당의 영향력 있는 주관지인 『리나시타』(*Rinascita*)의 편집인으로 일했다. 이탈리아 공산당 서기장인 톨리아티에게 발탁되어 1962년 이탈리아 공산당의 문화부장에 임명된다. 출당 당하는 1969년까지 국회의원을 역임했다. 그녀는 1967~68년의 학생운동에 공감을 표시하면서 당 지도부와 갈라서게 되는데, 출당의 결정적인 원인은 당의 공식 입장에 비판적인 최초의 좌파 정기간행물 『선언』(*Il Manifesto*)의 창간에 개입했기 때문이었다. 『선언』은 제12차 당대회에서 공개적으로 비판받았으며, 관련자들 모두 출당 조치되었다. 그 후 그녀는 『선언』을 위해 일하며 많은 글을 기고했다. 『선언』은 단순한 저널을 넘어서 독립 좌파의 정치조직 역할을 해왔으며, 지금은 일간지로서 로마에서 발행되고 있다. 그녀는 이탈리아 정치운동과 여성주의에 관한 다수의 저작을 출간했다.

| 옮긴이 소개 |

공원국은 1974년 경북 안동에서 태어났다. 서울대 동양사학과 및 같은 대학교 국제대학원(중국지역학)을 졸업했다. 등반장비업체 '산중인'의 대표로, 생활·탐구·독서의 조화를 목표로 지금까지 10년째 중국의 오지를 여행하고 있다. 현재 티베트와 신장(新疆), 중앙아시아 및 몽골 지역을 포함하는 중앙유라시아의 역사와 지리에 관한 저술과 번역에 몰두하고 있다.

김정한은 1970년 서울에서 태어나 서강대 철학과를 졸업했다. 같은 대학교 대학원에서 정치학으로 석사학위를 받았으며, 현재 박사과정을 수료하고 대중운동의 이데올로기를 주제로 박사학위 논문을 준비하고 있다. 저서로 『대중과 폭력: 1991년 5월의 기억』(이후, 1998)이 있으며, 역서로는 『폭력의 세기』(이후, 1999), 『레닌에 대해 말하지 않기』(공역, 이후, 2000), 『마키아벨리의 가면』(공역, 이후, 2001), 『저항과 반역 그리고 재즈』(공역, 영림카디널, 2003), 『제국이라는 유령: 네그리와 하트의 제국론 비판』(공역, 이매진, 2007), 『혁명가: 역사의 전복자들』(공역, 도서출판 길, 2008) 등이 있다. 주요 논문으로는 「권력은 주체를 슬프게 한다: 1991년 5월 투쟁 읽기」 「대중운동과 민주화: 1991년 5월 투쟁과 1968년 5월 혁명」 「현실 민주주의와 정치적 행위」 「민주화 세대의 역사적 좌표」 「5·18 광주항쟁의 이데올로기 연구」 등이 있다.

서영표는 1970년 서울에서 태어나 서울대 국사학과를 졸업하고 같은 대학교 대학원 사회학과에서 석사를 수료했다. 1996년 국제연대정책정보센터(PICIS: Policy and Information Center for

International Solidarity) 설립에 참여했다. 2001년부터 영국 에식스 대학 사회학과에서 석사·박사학위를 받았다. 영국 체류 중 적녹연구그룹(Red-Green Study Group)에 참여하였다. 논문으로 「영국 신좌파 논쟁에 대한 재해석」(『경제와 사회』 제80호)이 있으며, 박사학위 논문인 「급진적 런던 광역시의회(1981~86)와 영국 신좌파운동」을 수정 보완한 단행본 출간을 준비하고 있다. 현재 성공회대 '민주주의와 사회운동 연구소' 연구교수로 재직하고 있다.

서용순은 1968년 서울에서 태어나 성균관대를 졸업하였다. 1992년 프랑스로 건너가 정치사회철학을 전공하였고, 알랭 바디우의 지도 아래 「마르크스주의적 객관주의 비판: 주체적 정치를 위하여」라는 논문으로 박사학위를 받고, 2005년 귀국하여 성균관대, 고려대, 한국외국어대, 경희대, 건국대 등에서 강의하였다. 현재 세종대 교양학부 초빙교수로 재직하고 있다. 「바디우 철학에서의 공백의 문제」, 「철학과 정치의 철학적 포착」 「변혁주체의 이름에 대한 비판적 연구」 등 정치사회철학과 관련된 여러 편의 논문을 썼으며, 저서로 『청소년을 위한 서양철학사』(두리미디어, 2006)가 있다. 현재 바디우 철학에 대한 연구서인 『알랭 바디우: 철학의 도전』을 집필하고 있다.

안수진은 1970년 여수에서 태어나 서울대 영어영문학과를 졸업하였다. 같은 대학교 대학원 석사를 거쳐 「18·19세기 미국 소설에 나타난 '유혹의 주제'」로 박사학위를 받았고, 미국 버지니아 주립대학 방문학자를 지냈다. 19·20세기 미국 소설에 관련된 여러 편의 논문을 썼으며, 최근 『간결하고 힘찬 영어쓰기』(지식의날개, 2008)를 펴냈다. 역서로 『소크라테스 스트립쇼를 보다』(새물결, 1995) 등이 있다. 2004년부터 서울대 대학영어 강의교수로 재직하고 있다.

이강국은 1970년 부산에서 태어나 서울대 경제학과와 같은 대학교 대학원을 졸업하고 미국의 매사추세츠 주립대학 경제학과에서 자본자유화에 관한 연구로 박사학위를 받았다. 2002년부터 일본의 리쓰메이칸 대학 경제학부 교수로 재직하면서, 주로 개발도상국 출신의 대학원생들을 지도하고 있다. 전공 분야는 국제금융, 발전경제학, 동아시아 경제 등이며 자본자유화와 금융세계화, 그리고 한국의 금융위기와 구조조정에 관한 논문들을 국내외의 여러 학술지에 발표했다. 저서로 『다보스, 포르투 알레그레, 그리고 서울: 세계화의 두 경제학』(후마니타스, 2005), 『가난에 빠진 세계』(책세상, 2007) 등이 있으며, 역서로는 『인터넷 공황』(이후, 2001), 『반세계화의 논리』(월간 말, 2001), 『이상과열: 거품증시의 탄생과 몰락』(매일경제신문사, 2003), 『신경제 이후』(필맥, 2004), 『자본의 반격: 신자유주의 혁명의 기원』(공역, 필맥, 2006) 등이 있다.

이택광은 영국 워릭 대학에서 철학석사 학위를 받고 셰필드 대학 대학원에서 문화이론전공으로 박사학위를 취득했다. 현재 경희대 영미문화전공 교수로 재직하고 있으며, 문화평론가로도 활동하고 있다. 저서로는 『한국 문화의 음란한 판타지』(이후, 2002), 『민족, 한국 문화의 숭고 대상』(로크미디어, 2007), 『근대 그림 속을 거닐다』(아트북스, 2007), 『중세의 가을에서 거닐다』(아트북스, 2008), 『미래주의 선언』(그린비, 2008) 등이 있다.

이행남은 1977년 광주에서 태어나 서울대 동양사학과를 졸업했으며, 같은 대학교 대학원 철학과에서 「헤겔의 인정개념에 관한 연구」로 석사학위를 받았다. 현재 독일 프랑크푸르트 대학에서 헤겔의 윤리학을 주제로 박사논문을 준비 중이다.

장시복은 서울대 경제학부에서 「1980년대 이후 미국 초국적기업의 유연화와 금융화」로 박사학위를 받았다. 현재는 경상대 사회과학연구원 연구교수로 있으며 미국경제와 세계경제, 위기이론 등을 연구 주제로 삼고 있다. 저서로 『세계화 시대 초국적기업의 실체』(책세상, 2004), 『풍요 속의 빈곤, 모순으로 읽는 세계경제 이야기』(책세상, 2008)가 있으며, 역서로는 『자본의 반격: 신자유주의 혁명의 기원』(공역, 필맥, 2006)이 있다.

정병선은 연세대 신문방송학과를 졸업했으며, 현재 번역과 집필, 다큐멘터리 작업 등의 활동을 하고 있다. 편역서로 『우리는 어떻게 비행기를 만들었나』(지호, 2003) 등이 있고, 역서로는 『모차르트』(책갈피, 2002), 『벽을 그린 남자, 디에고 리베라』(책갈피, 2002), 『축구 전쟁의 역사』(이지북, 2002), 『렘브란트와 혁명』(책갈피, 2003), 『브레인 스토리』(지호, 2004), 『전쟁과 우리가 사는 세상』(지호, 2004), 『미국의 베트남 전쟁』(책갈피, 2004), 『그 많던 지식인들은 다 어디로 갔는가』(청어람미디어, 2005), 『전쟁의 얼굴』(지호, 2005), 『한 뙈기의 땅』(밝은세상, 2006), 『존 리드 평전』(아고라, 2007), 『조류독감』(돌베개, 2008), 『타고난 반항아』(사이언스북스, 2008) 등이 있다.

진태원은 1966년 서울에서 태어나 연세대 철학과와 같은 대학교 대학원을 졸업했으며, 서울대 철학과 대학원에서 「스피노자 철학에 대한 관계론적 해석」으로 박사학위를 받았다. 스피노자, 알튀세르 및 현대 프랑스 철학에 관한 논문들을 썼으며, 『라캉의 재탄생』(창비, 2002), 『서양 근대철학의 열 가지 쟁점』(창비, 2004) 등을 공동 저술했다. 역서로는 『헤겔 또는 스피노자』(이제이북스, 2004), 『스피노자와 정치』(이제이북스, 2005), 『법의 힘』(문학과지성사, 2004), 『마르크스의 유령들』(이제이북스, 2007) 등이 있다. 현재 고려대 민족문화연구원 HK연구교수로 재직하고 있다.

최정섭은 1971년 대구에서 태어나 연세대 중어중문학과를 졸업했다. 같은 대학교 대학원에서 「이탁오 문학사상 연구」로 석사학위를 취득하고, 해군사관학교에서 교관과 전임강사로 재직했다. 현재 연세대에서 박사학위 논문을 준비하고 있다. 역서로 『텍스트의 제국』(소명출판, 2005), 『고대 중국의 글과 권위』(미토, 2006), 『도와 로고스』(공역, 강, 1997), 『새로운 아시아를 상상한다』(공역, 창비, 2003) 등이 있다.

최정우는 1977년에 태어나 서울대 미학과와 같은 대학교 대학원 불어불문학과를 졸업했고, 연극과 무용 등 무대음악 작곡가와 번역가로 활동하고 있다. 2000년 『세계의 문학』에 비평을 발표하며 등단했고, 역서로 『바르트와 기호의 제국』(이제이북스, 2003), 『자유 연상』(이제이북스, 2005), 『거세』(이제이북스, 2005), 『사도마조히즘』(이제이북스, 2006), 『학교의 대안, 대안의 학교 I』(서울시대안교육센터, 2007) 등이 있다.

홍기빈은 서울대 경제학과와 외교학과 대학원을 마치고 요크 대학 정치학과 박사과정에 있다. 현재 금융경제연구소 연구위원으로 있다. 저서로 『아리스토텔레스 경제를 말하다』(책세상, 2001), 『투자자-국가 직접 소송제: 한미 FTA의 지구정치경제학』(녹색평론사, 2006), 『소유는 춤춘다: 세상을 움직이는 소유 이야기』(책세상, 2007) 등이 있고, 역서로는 『전 세계적 자본주의인가 지역적 계획경제인가』(책세상, 2002), 『다수 문명에 대한 사유』(책세상, 2005), 『거대한 변형: 우리 시대의 정치적 경제적 기원』(도서출판 길, 2009 근간) 등이 있다. 온라인과 오프라인의 여러 매체에 지구정치경제 칼럼니스트로 정기·비정기 기고를 하고 있다. 주요 연구 분야는 지구정치경제의 구조 변화와 일본 자본주의 구조 변화이며, 서구 정치경제사상사에 대한 연구를 병행하고 있다.

황정아는 1967년 경남에서 태어나 서울대 영어영문학과를 졸업하였다. 같은 대학교 대학원 영어영문학과에서 석사학위를 받은 데 이어, D. H. 로렌스 연구로 박사학위를 받았으며 20세기 후반의 영국 소설과 이론에 관한 논문을 썼다. 현재 이화여대 영어영문학과 BK연구교수로 재직하고 있다. 역서로 『도둑맞은 세계화』(창비, 2006), 『이런 사랑』(미디어 2.0, 2008), 『내게 진실의 전부를 주지 마세요』(실천문학, 2008), 『종속국가 일본: 미국의 품에서 욕망하는 지역패권』(공역, 창비, 2008) 등이 있다.